Dieter Ahlert • Jörg Becker
Rainer Olbrich • Reinhard Schütte (Hrsg.)

Informationssysteme für das Handelsmanagement

Springer
*Berlin
Heidelberg
New York
Barcelona
Budapest
Hongkong
London
Mailand
Paris
Santa Clara
Singapur
Tokio*

Dieter Ahlert · Jörg Becker
Rainer Olbrich · Reinhard Schütte (Hrsg.)

Informationssysteme für das Handelsmanagement

Konzepte und Nutzung in der Unternehmenspraxis

Mit 148 Abbildungen

Univ.-Prof. Dr. Dieter Ahlert
Westfälische Wilhelms-Universität Münster
LS für Betriebswirtschaftslehre insb. Distribution und Handel
Am Stadtgraben 13-15
48143 Münster

Univ.-Prof. Dr. Jörg Becker und
Dr. Reinhard Schütte
Westfälische Wilhelms-Universität Münster
LS für Wirtschaftsinformatik und Informationsmanagement
Steinfurter Straße 107
48149 Münster

Univ.-Prof. Dr. Rainer Olbrich
FernUniversität GHS Hagen
Lehrgebiet Marketing
Postfach 940
58084 Hagen

ISBN 3-540-63584-x Springer-Verlag Berlin Heidelberg New York

Die Deutsche Bibliothek - CIP-Einheitsaufnahme
Informationssysteme für das Handelsmanagement : Konzepte und Nutzung in der Unternehmenspraxis / Hrsg.: Dieter Ahlert ... - Berlin ; Heidelberg ; New York ; Barcelona ; Budapest ; Hongkong ; London ; Mailand ; Paris ; Santa Clara ; Singapur ; Tokio : Springer 1998
ISBN 3-540-63584-x

Dieses Werk ist urheberrechtlich geschützt. Die dadurch begründeten Rechte, insbesondere die der Übersetzung, des Nachdrucks, des Vortrags, der Entnahme von Abbildungen und Tabellen, der Funksendung, der Mikroverfilmung oder Vervielfältigung auf anderen Wegen und der Speicherung in Datenverarbeitungsanlagen, bleiben, auch bei nur auszugsweiser Verwertung, vorbehalten. Eine Vervielfältigung dieses Werkes oder von Teilen dieses Werkes ist auch im Einzelfall nur in den Grenzen der gesetzlichen Bestimmungen des Urheberrechtsgesetzes der Bundesrepublik Deutschland vom 9. September 1965 in der jeweils geltenden Fassung zulässig. Sie ist grundsätzlich vergütungspflichtig. Zuwiderhandlungen unterliegen den Strafbestimmungen des Urheberrechtsgesetzes.

© Springer-Verlag Berlin Heidelberg 1998
Printed in Germany

Die Wiedergabe von Gebrauchsnamen, Handelsnamen, Warenbezeichnungen usw. in diesem Buch berechtigt auch ohne besondere Kennzeichnung nicht zu der Annahme, daß solche Namen im Sinne der Warenzeichen- und Markenschutz-Gesetzgebung als frei zu betrachten wären und daher von jedermann benutzt werden dürften.

Sollte in diesem Werk direkt oder indirekt auf Gesetze, Vorschriften oder Richtlinien (z.B. DIN, VDI, VDE) Bezug genommen oder aus ihnen zitiert worden sein, so kann der Verlag keine Gewähr für die Richtigkeit oder Aktualität übernehmen. Es empfiehlt sich, gegebenenfalls für die eigenen Arbeiten die vollständigen Vorschriften oder Richtlinien in der jeweils gültigen Fassung hinzuzuziehen.

Satz: Reproduktionsfertige Vorlage vom Autor
Umschlaggestaltung: de`blik, Berlin

SPIN:10638512   7/3020 - 5 4 3 2 1 0 - Gedruckt auf säurefreiem Papier

Vorwort

Im Zuge des Übergangs von der Industrie- zur Dienstleistungsgesellschaft steigen die Anforderungen an den institutionellen Handel. Der sich weiter verschärfende Wettbewerb in Handel und Industrie erfordert neben einer effizienten Logistik insbesondere eine hohe Individualität und Flexibilität im Marktauftritt. Diese Herausforderungen lassen sich nur mit Hilfe flexibler und integrierter Informationssysteme erfüllen, welche die Geschäftsprozesse im Handel und in der Wertschöpfungskette in geeigneter Weise unterstützen. Handelsinformationssysteme sind umfassender als klassische Warenwirtschaftssysteme zu verstehen, da sie auch die administrativen Aufgaben, das Controlling sowie die Unternehmensführung (Führungs-Informations-Systeme) funktionell abdecken müssen.

Mit der kundenorientierten Fokussierung auf Prozesse bedarf es einer grundlegenden organisatorischen Neugestaltung. Hierbei sind die Prozesse unternehmensübergreifend zu optimieren, da für die Wettbewerbsfähigkeit horizontale und vertikale Kooperationen immer wichtiger werden. Interorganisationssysteme, Efficient Consumer Response (ECR), Category und Supply Chain Management und Electronic Commerce belegen die hohe Aktualität institutionenübergreifender Kooperationen. Es fehlen jedoch Aussagen zu der konkreten inhaltlichen Ausgestaltung und den informationstechnischen Konsequenzen dieser Konzepte.

Die Anregung für das Buch stammt aus einer Tagung, die gemeinsam vom Institut für Handelsmanagement (Prof. Dr. Dieter Ahlert) und vom Institut für Wirtschaftsinformatik (Prof. Dr. Jörg Becker) im Frühjahr 1997 veranstaltet wurde. Mit der Tagung wurden zukunftsweisende Perspektiven der Handelsinformationssysteme für das Handelsmanagement und das Distributionsmanagement der Industrie aufgezeigt. Dieser Intention folgend richtet sich das Buch zunächst an Entscheidungsträger in Handel und Industrie, die sich mit Informationssystemen und organisatorischen Implikationen des Informationstechnologie-Einsatzes beschäftigen. Darüber hinaus bietet es Studierenden des betriebswirtschaftlichen Hauptstudiums, insbesondere mit den Fachgebieten Distribution und Handel, Marketing und Logistik und denen des Wirtschaftsinformatik-Hauptstudiums wichtige Informationen zur theoretischen Gestaltung und zum praktischen Einsatz von Informationssystemen im Handel.

Das Buch ist in drei Bereiche gegliedert. Im *ersten Teil* werden die Architektur von Handelsinformationssystemen und die betriebswirtschaftlichen Grundlagen aus der Perspektive von Handel und Industrie beleuchtet. Im Beitrag von Ahlert werden die Anforderungen an Handelsinformationssysteme aus Anwendersicht skizziert, indem, ausgehend von Aufgaben des Handelsmanagements, der Informationsbedarf und die Informationsaufbereitung thematisiert werden. Becker geht in seinem Artikel auf die Architektur von Handelsinformationssystemen, das sog. Handels-H-Modell, ein. Er beschreibt, wie handelstypische Aufgaben in das Handels-H-Modell eingeordnet werden können und wie eine referenzartige Aufgabenbeschreibung mit Hilfe semi-formaler Sprachen erfolgen kann. Barrenstein definiert die kritischen Erfolgsfaktoren in Industrie- und Handelsunternehmungen aus Sicht einer international renommierten Unternehmensberatung. In dem Beitrag von Hansen wird die provokante These vertreten, daß dem institutionellen Handel durch neue Technologien seine ökonomische Legitimationsbasis entzogen werden kann. Er zeigt anhand diverser Einflußfaktoren auf, wie eine Handelsunternehmung die Eliminationsgefahr ermitteln kann und welche strategischen Chancen aus dem Existenzrisiko abgeleitet werden können. Eine marketingorientierte Betrachtung der Kundenbewegungen der letzten zwanzig Jahre in den USA präsentiert Robicheaux.

Im *zweiten Teil* werden Konzepte und Lösungen von Handelsinformationssystemen aus theoretischer und praktischer Perspektive betrachtet. Schütte skizziert, wie Informationsstrategien von der Ist-Analyse bis zur Implementierung von Informationssystemen unter Nutzung von Informationsmodellen entwickelt werden können. Salfeld analysiert die Anforderungen an und die Ausgestaltung von Führungs-Informations-Systemen und demonstriert die Umsetzung an einer Fallstudie aus der Handelspraxis. Piquet untersucht die zukünftige Bedeutung von Informationssystemen in Handelsorganisationen angesichts moderner Handelsstrategien. Der Beitrag von Milde beleuchtet die Situation und die Bedeutung des Category Managements aus der Perspektive eines Marktforschungsinstitutes. Im Beitrag von Niederhausen werden zukünftige Anforderungen an Warenwirtschaftssysteme aus derzeitigen Handelsstrategien abgeleitet. Kagl beschreibt die Erfahrungen mit dem Einsatz der SAP R/3-Software in einer mehrstufigen Lebensmittelhandelsunternehmung. Die Bedeutung von Informationssystemen für das Marketing von Handelsunternehmungen wird bei Thaler anhand des Einsatzes von Multimedia-Systemen in einem Warenhaus untersucht.

Im *dritten Abschnitt* wird die Integration von Handelsunternehmungen in die Wertschöpfungskette betrachtet. Überlegungen zu unternehmensübergreifenden Konzepten, insbesondere Fragen der Ausgestaltung von Efficient Consumer Response-Konzepten werden diskutiert. Die Voraussetzung einer überbetrieblichen Kooperation ist ein adäquates Chancen-/Risikoprofil. Demzufolge untersucht Zentes die Chancen und Risiken zwischenbetrieblicher Kooperationen. Die informationstechnischen Möglichkeiten, die Standardsoftware bei der Realisierung interorganisationaler Prozesse bietet, werden von Saddei aufgezeigt. Exemplarische Erfahrungen bei der Schnittstellengestaltung zwischen Industrie- und Handelsunternehmen aus der Sicht der Karstadt AG vermittelt Eierhoff, während prognostizierte und in Projekten der ECR Europe-Mitglieder realisierte Nutzenpotentiale von Wiezoreck dargestellt werden.

Unser besonderer Dank gilt allen Gesprächspartnern, die mit wertvollen Informationen zum Gelingen des Buches beigetragen haben. Hierzu zählen nicht zuletzt sämtliche Autoren aus der Praxis und Wissenschaft, die mit ihren Beiträgen einen unverzichtbaren Anteil zu diesem Buch geleistet haben.

Für die Hilfe bei der redaktionellen Gestaltung des Buches möchten wir insbesondere Herrn Dipl.-Kfm. Oliver Altenhövel danken. Schließlich danken wir Frau Hestermann-Beyerle für die engagierte verlegerische Betreuung und die schnelle Drucklegung des vorliegenden Buches.

Münster, im Dezember 1997

Dieter Ahlert
Jörg Becker
Rainer Olbrich
Reinhard Schütte

Inhaltsverzeichnis

Kapitel 1: Architektur von Handelsinformationssystemen und betriebswirtschaftliches Umfeld 1

Dieter Ahlert
Anforderungen an Handelsinformationssysteme aus Nutzersicht - Auswertungspotentiale für das Handels- und Wertschöpfungsprozeß-Management - 3

1 Die Grundprobleme bei der Nutzung von Informationssystemen für den Managementprozeß 3
   1.1 Die Information als Basis und Medium des Managementprozesses 3
   1.2 Das Informationssystem als Dreh- und Angelpunkt des Controlling 6
   1.3 Die offenen Fragestellungen 11
2 Die Besonderheiten des Handelsmanagement - Konsequenzen für das Handelsinformationssystem und das Handelscontrolling 11
   2.1 Der spezifische Informations- und Koordinationsbedarf in verzweigten Handelsunternehmungen 11
   2.2 Konsequenzen und Herausforderungen für das Informationsmanagement im Handel 15
   2.3 Die differenzierten Informationsansprüche des operativen und strategischen Handelsmanagement 18
3 Ein Stufenmodell des nutzerorientierten Aufbaus von Handelsinformationssystemen 24
   3.1 Das computergestützte Warenwirtschaftssystem als Fundament des Handelsinformationssytems 25
   3.2 Der erweiterte Informationsbedarf der Handelsmanager 34
   3.3 Die Informationsbasis des operativen Handelscontrolling 38
   3.4 Vom operativen zum strategischen Handelscontrolling 44

    3.5   Neue Formen der Arbeitsteilung in verzweigten Handelssystemen und stufenübergreifenden Distributionssystemen bei der Gewinnung und Auswertung von Informationen 47
4   „Pflicht und Kür" bei der Konzeption von Handelsinformationssystemen .. 54
    4.1   Zur Frage der Abhängigkeit der HIS-Architektur vom individuellen Informationsbedarf der Nutzer 54
    4.2   Die Differenzierung in standardisierte Basismodule und unternehmensspezifische Auswertungsmodule 60
Literaturempfehlung 61

Jörg Becker
Die Architektur von Handelsinformationssystemen 65

1   Notwendigkeit eines Ordnungsrahmens 66
2   Begriffsdefinitionen 66
3   Vorschlag für eine Architektur: das Handels-H-Modell 68
    3.1   Funktionssicht 73
    3.2   Datensicht 78
    3.3   Prozeßsicht 87
4   Die Geschäftsarten 91
5   Überbetriebliche Integration 96
    5.1   Intention einer überbetrieblichen Integration 96
    5.2   Potentiale und Standardisierungsmöglichkeiten des Geschäftsdatenaustauschs 98
    5.3   Auswirkungen der überbetrieblichen Kommunikation 101
Literaturempfehlung 105

Peter Barrenstein
Kritische Erfolgsfaktoren in Handel und Industrie 109

1   Übereinstimmung strategischer Ziele zwischen Handel und Industrie 109
2   Strategische Stoßrichtungen für den Handel 110
    2.1   Basisstrategien 110
        2.1.1 Ertragsverbesserung im bestehenden Geschäft 110
        2.1.2 Kernprozeßoptimierung 112
        2.1.3 Erneuerung von Betriebsformen 112

2.2 Differenzierungsstrategien 114
2.2.1 Vertiefung der Kundenbeziehungen 114
2.2.2 Eintritt in neue Kanäle 115
2.2.3 Globalisierung 115
2.2.4 Aufbau von / Experimentieren mit handelsfremden Geschäften 115
3 Strategische Stoßrichtungen für Industrieunternehmen 116
3.1 Basisstrategien 116
3.1.1 Globalisierte Marktbearbeitung 116
3.1.2 Produkt- und Konzeptinnovation 116
3.1.3 Transnationalisierung der Geschäftssysteme 117
3.1.4 Kernprozeßoptimierung / Efficient Consumer Response 117
3.2 Differenzierungsstrategien 118
3.2.1 Vertiefung der direkten Kundenbeziehungen 118
3.2.2 Eintritt in parallele neue Kanäle / Experimentieren mit neuen Absatzwegen 118
3.2.3 Erzielung von Kategoriedominanz 118
4 Kompatibilität von Industrie- und Handelsstrategien 119
5 Fazit 121
Literaturempfehlung 121

Hans Robert Hansen
Ausschaltung des institutionellen Handels durch Informations- und Kommunikationssysteme 123

1 Einführung 123
2 Veränderungen von Distributionsstrukturen durch die Kommerzialisierung des Internets 125
3 Initiatoren und Arten der Ausschaltung 128
4 Ursachen der Bedrohung: Vorteile des WWW-Marketing 137
5 Formen elektronischer Märkte 139
5.1 Direktbezug/-vertrieb 140
5.2 Vermittlung durch Broker 142
5.3 Einzelhändler (WWW-Shops und Malls) 145
5.4 Auktionen 148
6 Bestimmungsfaktoren der Ausschaltung 149
7 Strategien gegen die Ausschaltung 162
Literaturempfehlung 162

Robert A. Robicheaux
Ausgabenstruktur privater Haushalte - eine empirische Studie zum
Ausgabenverhalten in den USA von 1973-1994 167

1 Überblick 167
   1.1 Hintergrund 168
   1.2 Resultate 170
2 Eine geschichtliche Betrachtung des Ausgabenverhaltens der
   Konsumenten 171
   2.1 Jüngere Trends 175
   2.2 Detaillierte Ergebnisse 179
3 Zusammenfassung und Folgerungen 186
Literaturempfehlung 186

Kapitel 2: Konzepte und Lösungen von Handelsinformationssystemen 189

Reinhard Schütte
Analyse, Konzeption und Realisierung von Informationssystemen - eingebettet
in ein Vorgehensmodell zum Management des organisatorischen Wandels 191

1 Informationssysteme in Handelsorganisationen 191
   1.1 Bedeutung von Informationssystemen im Handel 191
   1.2 Anwendungssystem- und Organisationsgestaltung 192
2 Die Entwicklung einer Informationsstrategie als Aufgabe des geplanten
   organisatorischen Wandels 194
   2.1 Vorgehensmodell zur Problemlösung auf unterschiedlichen
       Abstraktionsebenen 194
       2.1.1 Der Zyklus des organisatorischen Wandels 194
       2.1.2 Differenzierung des Zyklus nach der Bedeutung des
           Problems 196
   2.2 Einbettung der IS-Strategieentwicklung in das Vorgehensmodell 201
3 Entwicklung einer Informationssystem-Konzeption 203
   3.1 Problemidentifikation (Istanalyse, grob) 203
   3.2 Selektion und Modellierung der Prozesse (Istanalyse, detailliert) 203
       3.2.1 Selektion der zu modellierenden Prozesse 203
       3.2.2 Modellierung der Ist-Situation 204
           3.2.2.1 Detaillierungsgrad der Istmodellierung 204
           3.2.2.2 Künstliche Sprachen zur Istmodellierung 205

              3.2.2.3 Exemplarische Modellierung eines Istprozesses.........208
    3.3   Vergleich der Istprozeßmodelle mit Referenzmodellen...................210
          3.3.1 Vergleich auf strategischer Ebene mit dem best practice.........210
          3.3.2 Vergleich auf taktischer Ebene mit Informationsmodellen......210
    3.4   Konkretisierung der isoliert betrachteten Systemlösungen zu
          Zwecken der Entscheidungsvorbereitung...212
          3.4.1 Entwicklung eines Integrationskonzepts für die Teilsystem-
                lösungen..213
          3.4.2 Definition einer Implementierungsstrategie............................214
          3.4.3 Wirtschaftlichkeitsrechnung..220
    3.5   Implementierung..224
          3.5.1 Konkretisierung der Implementierungssituation.....................224
                3.5.1.1 Ausgewählte implementierungsbegleitende Ziele......224
                3.5.1.2 Inhaltliche Konkretisierung des Implementierungs-
                        umfelds...225
          3.5.2 Projektmanagement..226
          3.5.3 Inhaltlich-funktionale Ausgestaltung der Implementierung.....229
    3.6   Prozeßcontrolling...232
4   Fazit...233
    Literaturempfehlung..234

André Salfeld
Integrierte Führungs-Informations-Systeme im Handel..239

1   Informationsgrundlagen der Unternehmensführung.................................239
2   Die besonderen Anforderungen an ein Führungs-Informations-
    System im Handel..242
3   Das betriebswirtschaftliche Referenzmodell eines integrierten
    Führungs-Informations-Systems für den Handel......................................248
4   DV-technische Plattform eines integrierten Führungs-Informations-
    Systems..252
5   Fallstudie zur Nutzung eines integrierten Führungs-Informations-
    Systems..256
6   Unterstützungspotentiale eines integrierten Führungs-Informations-
    Systems im Handelsmanagement..277
    Literaturempfehlung..279

Jean Piquet
Customer Category Management 281

1 Strategiewechsel 281
   1.1 Weiterentwicklung: Ein „Muß" fürs Überleben 281
   1.2 Zeitlicher Wandel der Erfolgsfaktoren 283
2 Die zukünftige Informationstechnik und ihre organisatorische
   Bedeutung 284
   2.1 Informationstechnik als Enabler 284
   2.2 Änderungen der Organisationsstrukturen 285
3 Fazit 286
Literaturempfehlung 287

Heidrun Milde
Category Management aus der Perspektive eines Marktforschungsinstitutes 289

1 Wesentliche Veränderungsbereiche im deutschen Handel 289
   1.1 Konzentration im Handel und neue Technologien 289
   1.2 Charakteristika des deutschen Konsumenten 291
2 Category Management als Bestandteil von Efficient Consumer
   Response 293
   2.1 Efficient Consumer Response als Antwort auf die Veränderungs-
      tendenzen 293
   2.2 Der Category-Management-Prozeß 294
      2.2.1 Definition der Category 294
      2.2.2 Rolle der Category 296
      2.2.3 Bewertung der Category 296
      2.2.4 Ziele, Strategien und Taktiken der Category 299
      2.2.5 Implementation 302
3 Fazit 302
Literaturempfehlung 303

Peter S. Niederhausen
Konsequenzen der strategischen Herausforderungen für die Warenwirtschaft im Handel 305

1 Einführung 305

2 Ausgangssituation 306
3 Weiterentwicklungen im operativen Geschäft... 309
4 Blick auf den Kunden 311
5 Zusammenarbeit mit Lieferanten 313
6 Business-Reengineering 314
Literaturempfehlung 315

Rudolf Kagl
Erfahrungen bei der Einführung des Standardsoftware-Systems SAP R/3
in einem Unternehmen der Lebensmittelbranche 317

1 Einführung... 317
2 Auswahl und Einführung einer Standardsoftware..................................... 318
    2.1   Ausgangspunkt: Informationssysteme bei MEINL im Jahr 1992 318
    2.2   JULIUS MEINL als Pilotkunde bei SAP.. 319
    2.3   Ziele der Systemeinführung 320
    2.4   Projektplan und Projektorganisation 322
3 Erfahrungen bei der Einführung des SAP-Systems................................... 323
    3.1   Probleme bei der Einführung des Warenwirtschaftssystems
           bei MEINL 323
    3.2   Erkenntnisse aus der Einführungsphase 324
    3.3   Bewertung des Systemnutzens und weitere Projektschritte 326
4 Fazit 326
Literaturempfehlung 327

Georg Thaler
Vertriebsunterstützung im Einzelhandel mit Multimedia-Systemen 329

1 Warenhaus der Zukunft 329
2 Strategische Ansatzpunkte für die Multimedia-Vertriebsunterstützung.... 330
3 Bisherige Erfolge bei Kaufhof... 332
    3.1   Stationäre Multimedia-Systeme 332
    3.2   CD-ROM 336
    3.3   Internet-Auftritt 337
4 Weitere Perspektiven 340
5 Fazit 340
Literaturempfehlung 341

Kapitel 3: Interorganisationssysteme in der Wertschöpfungskette 343

Joachim Zentes
Trends im Handel - Chancen und Risiken zwischenbetrieblicher
Kooperationen 345

    1 ECR - Renaissance integrierter Warenwirtschaftssysteme 345
    2 Entwicklungsperspektiven der ECR-Konzepte 349
    3 Voraussetzungen für erfolgreiche ECR-Implementierungen 350
    Literaturempfehlung 351

Dietmar Saddei
Value Chain - das Szenario der Zukunft 353

    1 Motivation 353
    2 Die Marktpartner 354
        2.1 Der Konsument als Ausgangspunkt der Betrachtung 354
        2.2 Die Integration zwischen Handel und Industrie 355
        2.3 Spezielle Anforderungen an den Einzelhandel 358
        2.4 Spezielle Anforderungen an den Großhandel 359
        2.5 Die Bedeutung der Konsumgüterindustrie 361
    3 Kooperation versus Konfrontation 361
    4 Rückbesinnung auf die Kernkompetenzen 363
    Literaturempfehlung 364

Klaus Eierhoff
Efficient Consumer Response - Ein neuer Weg in der Kooperation zwischen
Industrie und Handel 365

    1 Einleitung 365
    2 Definition und Inhalte 366
    3 Vereinfachung der Geschäftssysteme 370
    4 Vorgehensweise 383
    5 Fazit 386
    Literaturempfehlung 386

Heinz Wiezorek
Efficient Consumer Response - Kooperation statt Konfrontation 387

1 Motivation 387
    1.1   Verbraucher 388
    1.2   Händler 388
    1.3   Hersteller 389
2 Konfliktstrategie oder Kooperationsstrategie 390
    2.1   Allgemeines zum Spannungsfeld Industrie-Handel 390
    2.2   Organisation des ECR-Europe 390
    2.3   Kooperationsformen 392
            2.3.1 Allgemeines 392
            2.3.2 Value Chain Analysis 393
            2.3.3 Efficient Replenishment 393
    2.4   ECR-Potentiale 394
            2.4.1 ECR für Wachstum 394
            2.4.2 Category Management 395
            2.4.3 Probleme für ECR 397
            2.4.4 Zusammenarbeit von Handel und Herstellern 397
3 Fazit 398
Literaturempfehlung 399

Allgemeine Literaturempfehlung 401

Autorenverzeichnis 403

Kapitel 1:
Architektur von Handelsinformationssystemen und betriebswirtschaftliches Umfeld

Anforderungen an Handelsinformationssysteme aus Nutzersicht
- **Auswertungspotentiale für das Handels- und Wertschöpfungsprozeß-Management -**

Dieter Ahlert

Zusammenfassung

In dem Beitrag werden die Anforderungen an Handelsinformationssysteme aus Anwendersicht skizziert. Ausgehend von den Grundproblemen der Nutzung von Informationssystemen und den Besonderheiten des Handelsmanagements werden in einem Stufenmodell der Informationsbedarf sowie die Informationsaufbereitung thematisiert. Der Beitrag geht insbesondere auf die Abhängigkeit zwischen HIS-Architektur und dem individuellen Informationsbedarf der Nutzer ein.

1 Die Grundprobleme bei der Nutzung von Informationssystemen für den Managementprozeß

1.1 Die Information als Basis und Medium des Managementprozesses

„Information ist zweckorientiertes Wissen" (Wittmann, 1959). Diese in der Betriebswirtschaftslehre seit mehreren Jahrzehnten einhellig vertretene Begriffsdefinition besagt, daß aus *Daten* und *Nachrichten* erst dann *Informationen* werden, wenn diese einem bestimmten Zweck dienen: Aus den *Verwendungszwecken der Nutzer* leiten sich die Ansprüche an Informationssysteme ab.

Hat beispielsweise der Entscheidungsträger in einem Handelsbetrieb die optimale Sortimentsstruktur zu disponieren, so bildet die Warenkorbanalyse eine wichtige Entscheidungsgrundlage. Das Beispiel macht deutlich, daß Informationen eine syntaktische Ebene (artikelgenaue Warenkorbdaten), eine semantische Ebene (Ordnung und Aufbereitung der Scanningdaten, z.B. in Diagrammen) und eine pragmatische Ebene (dispositionsorientierte Interpretation der „Nachrichten aus der Datenkasse") aufweisen (vgl. Abb. 1).

Ebenen der Information	... am Beispiel der Warenkorbanalyse
DATEN (Ebene der Syntaktik) 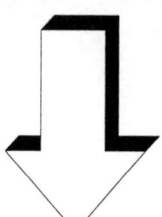	Datensatzstruktur und -inhalt einer artikelgenauen Warenkorbdatei

Datum	Uhrzeit	EAN	Bontext	WG-Nr.	Preis	Menge	Umsatz	Bon-Nr.
01.07.93	09:01	4011200612906	SOFTLAN 214	91	4,99	1	4,99	1
01.07.93	09:01	4056100042545	IGLO SUPPENG	53	0,89	1	0,89	1
01.07.93	09:01	4063800064005	SPAR H.-FILE	63	0,99	1	0,99	1
...	...	...	...	...	...	...	...	...
30.09.93	18:30	4000339335725	JOCCA 200G	32	1,59	1	1,59	1
30.09.93	18:30	4001686128060	HARIBO STAFE	75	1,59	1	1,59	1
30.09.93	18:30	4025700001337	MILKA SAHNEC	75	0,99	1	0,99	1
30.09.93	18:30	4000125010119	LUX BEAUTY S	102	2,99	1	2,99	1
NACHRICHT (Ebene der Semantik) 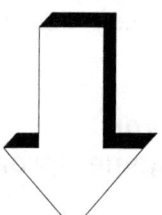	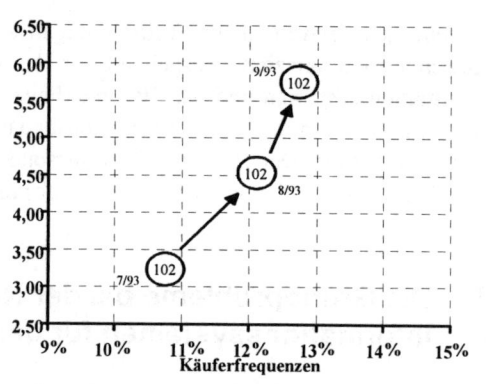
INFORMATION (Ebene der Pragmatik)

Information = "zweckorientiertes Wissen ..., das zur Erreichung eines Zweckes, nämlich einer möglichst vollkommenen Disposition eingesetzt wird."
(Wittmann, 1959) | Entscheidungsproblem:
Ist die Sortimentsverbreiterung in einem Lebensmittelsupermarkt durch die Warengruppe „Kosmetik" (WG 102) als erfolgreich zu beurteilen, und sollte sie beibehalten werden?

Ergebnis:
Die Warengruppe führt zu dem Ergebnis, daß innerhalb des dritten Quartals'93 sowohl die Durchschnittsumsätze als auch die Käuferfrequenzen in der Warengruppe „Kosmetik" angestiegen sind. Da jeder siebte Kunde der Einkaufsstätte einen Artikel dieser Warengruppe kauft und zudem die Umsätze pro Käufer angestiegen sind, ist die vorgenommene Sortimentsverbreiterung als erfolgreich zu beurteilen und beizubehalten. |

Abb. 1: Der Informationsbegriff

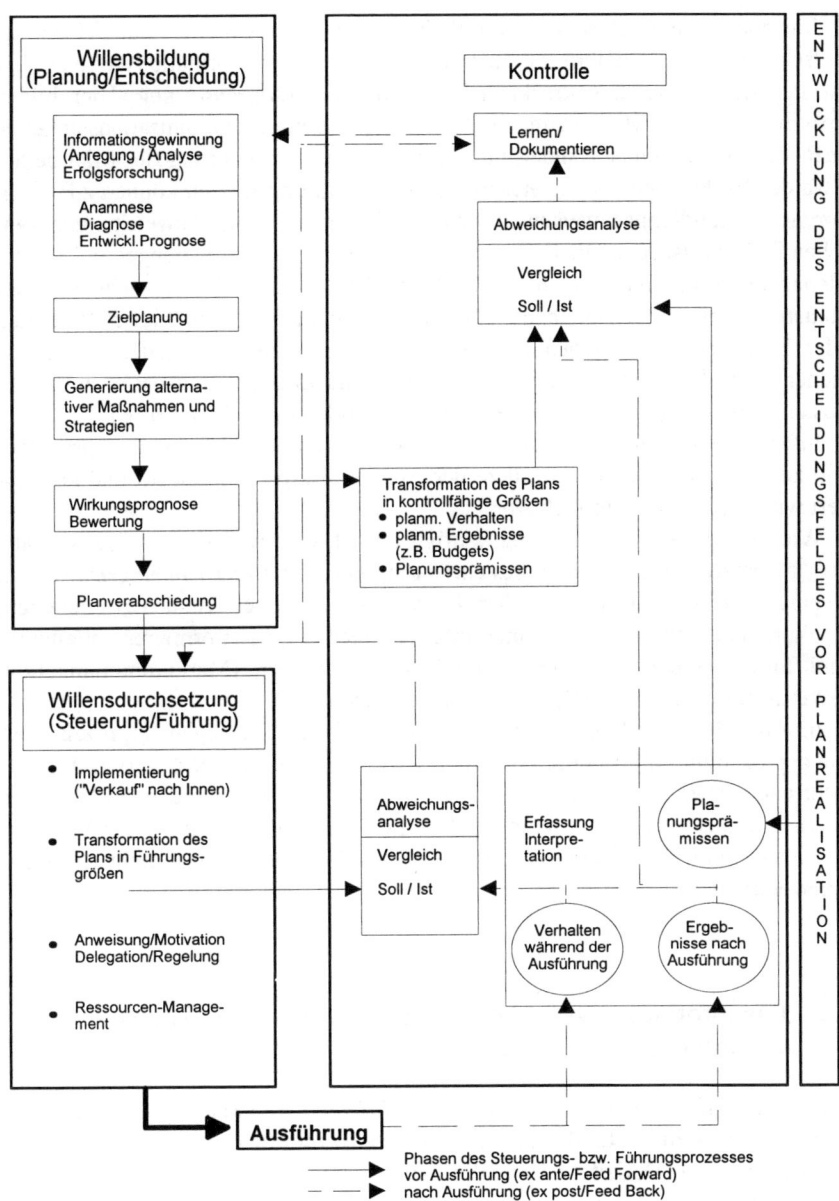

Abb. 2: Prozeßphasen des Management

Informationen als Basis für die *Willensbildung* in der Unternehmung (Planung/ Entscheidungen) zu liefern, ist eine erste Aufgabe des Informationssystems. Ein zweiter Zweckbereich erstreckt sich auf die *Willensdurchsetzung*. Hier bilden Informationen das Medium für die Steuerung dezentraler Organisationseinheiten (z.B. der Filialen einer Handelsunternehmung) und die Führung der Mitarbeiter, etwa des Verkaufspersonals. Steuerungs- bzw. Führungsgrößen können z.B. Zielvorgaben, Handlungsanweisungen, aber auch Berichte über Abweichungen zwischen Soll und Ist sein. Die Erfassung und Analyse von Abweichungen obliegt der Managementfunktion *Kontrolle*. Kontrollinformationen dienen nicht nur der Steuerung bzw. Führung, in dem beispielsweise bei unplanmäßigem Verhalten oder Ergebnisverlauf in den laufenden Leistungsprozeß eingegriffen wird. Sie dienen auch der Verbesserung der Planungs- und Entscheidungsbasis; in diesem Zusammenhang kann von lernorientierter Kontrolle gesprochen werden.

Informationen sind somit die Grundlage des gesamten Managementprozesses und zugleich das Medium, mit dem der Ausführungsprozeß gelenkt und kontrolliert wird (vgl. zum Überblick Abb. 2).

Wie immer die Unternehmung konfiguriert ist, eine weitere wichtige Aufgabe der Informationsverarbeitung besteht darin, *mit der Unternehmungsumwelt zu kommunizieren*. So sind z.B. Marktforschungsdaten über Kunden, Lieferanten, Konkurrenten etc. in Managementinformationen zu transformieren. Weiterhin sind Informationen an externe Empfänger abzugeben (Marktkommunikation, Dokumentationen etwa in Form von Jahresabschlüssen).

In Abb. 3 wird für den Zusammenhang zwischen Managementprozeß, Leistungsprozeß und Informationssystem das „Bild des Keilriemens" verwendet. Das Informationssystem kann als „Antriebsaggregat" aufgefaßt werden, welches den internen und externen Informationsfluß in Bewegung hält und die Transformation von Daten und Nachrichten in nutzerrelevante Informationen betreibt (Informationsverarbeitung).

1.2 Das Informationssystem als Dreh- und Angelpunkt des Controlling

Die *Sicherstellung einer zweckgerechten, effizienten Informationsversorgung* des Management wird heute als eine *erste Kernfunktion des Controlling* angesehen. Sie besteht darin, Defizite in der Informationswirtschaft zu beseitigen, welche in den Bereichen der Informationsverarbeitung, der Informationsübermittlung und der Informationsnutzung angesiedelt sein können. Im Hinblick auf die Schnittstellen zwischen Informationssystem und Informationsnutzern (Management) obliegt dem Controlling eine besondere Koordinationsaufgabe.

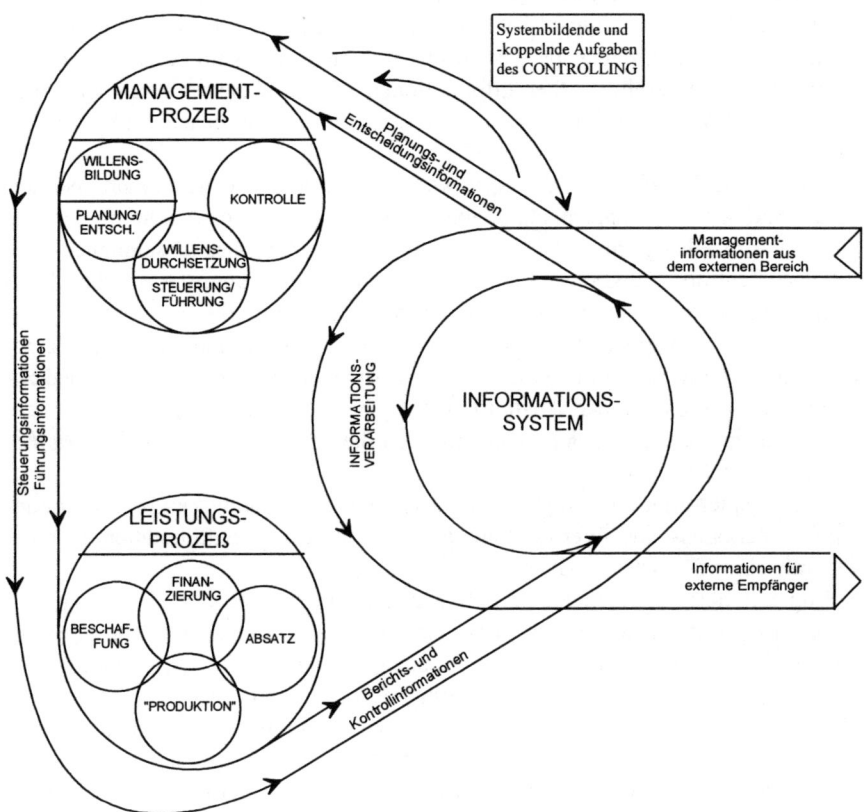

Abb. 3: Der Zusammenhang zwischen Management und Information

Diese Brücken- oder Bindegliedfunktion besteht einerseits darin, den (laufenden und fallweise auftretenden) *Informationsbedarf des Management* unternehmungsindividuell zu erforschen, daraus die *Ansprüche an das Informationsprogramm* abzuleiten und diesen bei der *Gestaltung des Informationssystems* Geltung zu verschaffen. Die Bemühungen um eine benutzerorientierte Gestaltung und laufende Perfektionierung der Informationswirtschaft wird auch als *systembildende Funktion des Controlling* bezeichnet (vgl. Horváth, 1991, S. 123ff.).

Andererseits ist sicherzustellen, daß die Nutzer die Potentiale eines modernen Informationssystems auszuschöpfen bereit und befähigt sind. Dies schließt die Teilnahme des Controlling an der Informationsverarbeitung insofern ein, als eine situationsabhängige, nutzerspezifische Interpretation und Aufbereitung, also eine „Veredlung" der bereitgestellten Informationen erfolgt. In diesem Sinne wird auch von der *systemkoppelnden Funktion des Controlling* gesprochen (vgl. Horváth, 1991, S. 123ff.).

Eine *zweite Kernfunktion des Controlling* besteht in der (Unterstützung bei der) Koordination von Managementaufgaben. Sofern in einer Unternehmung der Managementprozeß (vgl. nochmals Abb. 3) auf mehrere Organisationseinheiten (z.B. Filialen, Zentrale, Funktionsabteilungen) verteilt ist, sind unterschiedliche Management-Teilprozesse aufeinander abzustimmen. Dadurch soll sichergestellt werden, daß alle Management-Instanzen „an einem Strang ziehen" und die übergeordneten Unternehmungsziele nicht aus den Augen verlieren. Im Unterschied zur (Primär-)Koordination der Ausführungsaufgaben - diese obliegt den Managementinstanzen selbst - handelt es sich hier um die *Sekundärkoordination verteilter Managementaufgaben*.

Ein Beispiel bildet die Abstimmung zwischen den Planungsaufgaben der Einkaufs-, Verkaufs- und Werbeabteilungen etc. in den Geschäftsstätten und der Zentrale eines filialisierten Handelssystems.

Eng mit diesen beiden Kernfunktionen hängen die *weiteren Funktionen des Controlling* zusammen, die z.B. in der *methodischen Beratung und konzeptionellen Unterstützung des Management* oder auch in der Unterstützung des *systematischen Lernens* aus eigenen Erfahrungen oder von externen Vorbildern (Benchmarking) gesehen werden. Auf einen gemeinsamen Nenner gebracht (vgl. Abb. 4), handelt es sich bei allen Tätigkeitsfeldern des funktionalen Controlling um *Koordinationsaufgaben*, deren Basis und Medium die Information bildet (vgl. zum koordinationsorientierten Controllingansatz u.a. Schmidt, 1986, Küpper, 1987a, 1987b, Weber, 1992, 1993, Ahlert, 1997).

Die *nutzerorientierte Konzeption von (Handels-)Informationssystemen*, die Gegenstand dieses Beitrages ist, kann somit als *Dreh- und Angelpunkt des funktionalen (Handels-)Controlling* aufgefaßt werden. Diese Aussage gilt auch für jene Unternehmungen, die (noch) über keinen eigenen Controllingapparat verfügen: Die aufgeführten Koordinationsaufgaben sind in einer jeden Unternehmung zu erfüllen, gleichgültig, ob man dafür den Begriff Controlling verwendet oder sie anders bezeichnet, und gleichgültig, ob diese Aufgaben vom Linienmanagement selbst wahrgenommen werden (in diesem Fall wird auch von „Selbstcontrolling" gesprochen) oder ob sie an separate Institutionen (die dann häufig „Controller" genannt werden) ausgelagert werden (vgl. zur Abgrenzung von funktionalem und institutionalem Controlling Abb. 5).

Abb. 4: Funktionales Controlling

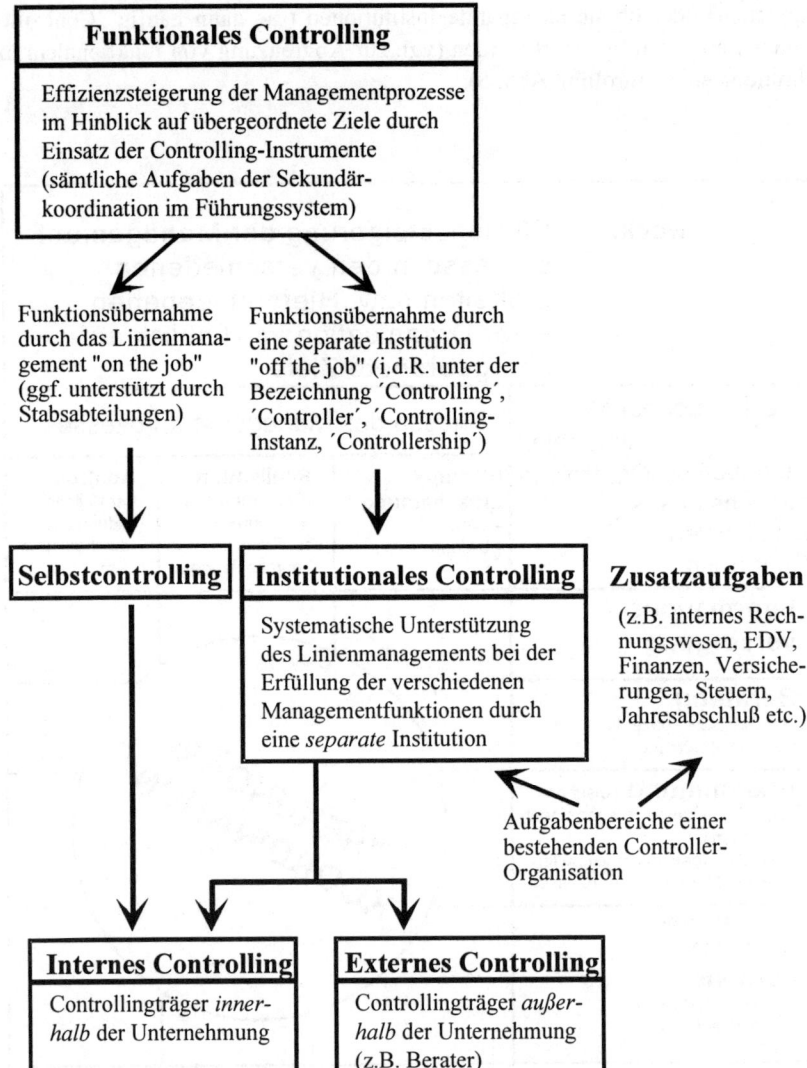

Abb. 5: Funktionales versus institutionales Controlling

1.3 Die offenen Fragestellungen

Der vorliegende Beitrag befaßt sich nicht allgemein mit den Nutzungspotentialen moderner Management-Informations-Systeme, sondern will die *Besonderheiten im Bereich des Handelsmanagement und des Management stufenübergreifender Wertschöpfungsprozesse* herausarbeiten.
Aus diesem Ziel leiten sich folgende Fragestellungen ab:
1. Gibt es überhaupt nennenswerte Besonderheiten, durch die sich der Informations- und Koordinationsbedarf in Handelsunternehmungen auszeichnet?
2. Welche Basis- und Auswertungsmodule des Handelsinformationssystems werden für das operative und strategische Management in Handelsbetrieben, verzweigten Handelssystemen und stufenübergreifenden Distributionssystemen benötigt?
3. Ist die Architektur von Handelsinformationssystemen von den individuellen Informationsansprüchen der Nutzer abhängig, oder können unabhängig vom spezifischen Informationsbedarf allgemeine Anforderungen an die Gestaltung dieser Informationssysteme formuliert werden?

2 Die Besonderheiten des Handelsmanagement - Konsequenzen für das Handelsinformationssystem und das Handelscontrolling

2.1 Der spezifische Informations- und Koordinationsbedarf in verzweigten Handelsunternehmungen

Planung und Entscheidung, sachbezogene Steuerung und personenbezogene Führung, eingriffs- und lernorientierte Kontrolle sowie die Erstellung von Berichten und Dokumentationen für externe Informationsempfänger sind, so wurde in Abschn. 1.1 dargelegt, ganz allgemein die Zweckbereiche, für die Informationssysteme aus Daten bzw. Nachrichten zweckorientiertes Wissen abzuleiten und bereitzustellen haben.

Bezogen auf Handelsunternehmungen, kommt es darauf an, aus spezifischen Datenquellen, wie etwa der Marktforschung, den Computergestützten Warenwirtschaftssystemen (CWWS), dem Internen Rechnungswesen usw. die *Module eines Handelsinformationssystems* zu speisen (vgl. Abb. 6).

Mit Bezug auf die Ausführungen in Abschn. 1.2 kann die These formuliert werden, daß die *Implementierung einer Controllingkonzeption* in jenen Unternehmungen ein besonderes Gewicht gewinnt, in denen ein *besonders hoher und komplexer Informations- und Abstimmungsbedarf* vorliegt. Die eher zögerliche Verbreitung der Controllingphilosophie im Handel legt die Vermutung nahe, daß hier keine nennenswerten Defizite bzgl. der Informationsversorgung und Koordination anzutreffen seien und daher kein gravierender Unterstützungsbedarf durch ein funktionales oder gar institutional separiertes Controlling vorliege.

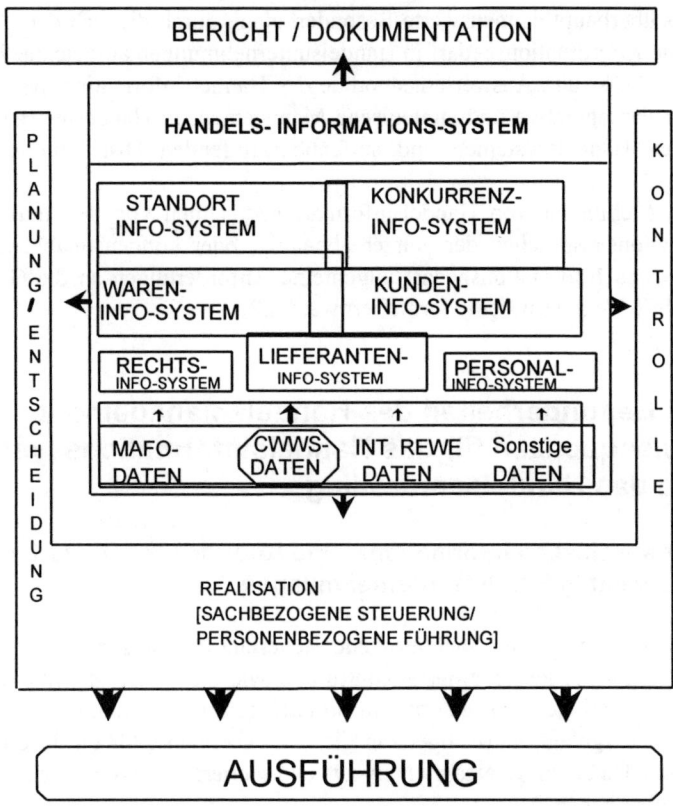

Abb. 6: Das Handelsinformationssystem als Keimzelle des Handelsmanagement

Daß diese Vermutung zumindest für größere Handelsunternehmungen bzw. -systeme unzutreffend ist, soll nachfolgend näher begründet werden. Zu diesem Zweck erscheint es notwendig, zumindest in groben Zügen die *Besonderheiten des Management stationärer Einzelhandelsunternehmungen* - etwa im Vergleich mit der Industrieunternehmung - aufzuzeigen und die daraus resultierenden Anforderungen an die Informationswirtschaft und die Controllingfunktionen abzuleiten.

Die Unterschiede zur Industrie werden besonders deutlich, wenn wir uns als Beispiel das über alle Handelsstufen hinweg operierende Handelssystem mit mehreren Geschäftsstätten, Mehrbranchensortimenten und einer organisatorischen Trennung der Funktionen Einkauf und Verkauf vor Augen führen:

Erstens ist auf die *Abhängigkeit aller Entscheidungen von standortspezifischen Besonderheiten* in jeder einzelnen Betriebsstätte hinzuweisen. Die standortspezifischen Einflußgrößen kennzeichnen sich durch eine hohe Dynamik, die sich in sehr häufigen, schlecht prognostizierbaren Änderungen mit überwiegend relativ kleinen Änderungsraten äußert.

Die Informationswirtschaft kann sich daher nicht darauf beschränken, alle zwei oder drei Jahre eine großangelegte Standortanalyse zu veranstalten, sondern sie muß die kleinen, aber wichtigen Veränderungen am Standort fortlaufend überprüfen.

Zweitens erwächst der betrachteten Unternehmung ein *hoher Anpassungsbedarf aus der großen Umstellungsflexibilität*, mit der die konkurrierenden Unternehmungen auf die zahlreichen Umweltveränderungen schnell reagieren können. In kaum einem Wirtschaftssektor ist die Flexibilität so groß wie im Einzelhandel.

Ausschlaggebende Bedeutung hat daher die Schnelligkeit, mit der aktuelle Informationen bereitgestellt werden können, um rechtzeitig zu reagieren.

Drittens kommt erschwerend hinzu, daß *Betreibungskonzepte des Handels sich nicht durch gewerbliche Schutzrechte absichern lassen,* so daß sie, wenn sie erfolgreich sind, jederzeit von der Konkurrenz „abgekupfert" werden können.

Kein Handelsunternehmer kann sich daher auf den „Lorbeeren genialer Einmallösungen" ausruhen, sondern er muß sein Konzept ständig fortentwickeln. Das setzt voraus, unablässig aus den Erfahrungen des laufenden Marktexperimentes zu lernen.

Aus den bisher aufgeführten Besonderheiten leitet sich der Anspruch her, ein *verzweigtes Standort-Informations-System* für sämtliche Betriebsstätten aufzubauen, das sowohl die Geschäftsführung „vor Ort" als auch die Handelszentrale mit Entscheidungs- und Kontrollinformationen versorgt. In einem engen Zusammenhang damit steht das *Konkurrenz-Informations-System*, das nicht nur die Entwicklung der auf den Beschaffungsmärkten konkurrierenden Handelssysteme sowie deren globalen Marktauftritt auf den Absatzmärkten zentralseitig abzubilden hat. Vielmehr ist es auch mit der Vielzahl standortindividueller Einzelinformationen über die „vor Ort" agierenden Konkurrenzbetriebe zu speisen, die z.B. durch regelmäßige Konkurrenzbegehungen gewonnen werden.

Soweit das Controlling die hier angesprochene Informationsversorgungsfunktion (oder auch nur einen Teil davon) wahrnehmen soll, ist es innerhalb des Handelssystems zwingend dezentral zu organisieren.

Viertens hat der Einzelhändler mit einem breiten und tiefen Sortiment einen geradezu *unermeßlichen Informationsbedarf*; denn er muß sich auf mehrere, im Extremfall eines klassischen Warenhauskonzerns auf fast alle Konsumgüterbranchen verstehen und in allen Marktfeldern absatz- und beschaffungsseitig operieren.

Dieses Informationsvolumen kann ohne technologische Unterstützung durch ein rechnergestütztes *Waren- und Lieferanten-Informations-System* in Zukunft kaum noch bewältigt werden.

Fünftens ist auf ein gegenüber dem industriellen Marketing *Vielfaches an einschlägigen Rechtsrestriktionen* hinzuweisen, die bei der Planung und Durchsetzung von Beschaffungs- und Absatzmaßnahmen im Handel zu beachten sind (vgl. Näheres bei Ahlert/Schröder, 1996).

Besonders komfortabel wäre es, wenn eine *Datenbank mit den relevanten Rechtsinformationen* zur Verfügung stünde, auf die man nach Bedarf zugreifen könnte.

Sechstens hat das Einzelhandelsmanagement eine *Vielfalt von Abstimmungsproblemen* zu meistern, und zwar
– zwischen den Artikeln innerhalb der einzelnen Abteilungen,
– zwischen den verschiedenen Abteilungen innerhalb einer Betriebsstätte,
– zwischen der Zentrale und den Filialen sowie auch
– zwischen den verschiedenen Filialen, insbesondere wenn diese in Vertriebslinien aufgeteilt sind, und insbesondere
– zwischen den Funktionen Einkauf und Verkauf.

Allein die letztgenannte Koordination zwischen dem in den Betriebsstätten dezentralisierten Verkauf und einer zentralen Einkaufsorganisation prädestiniert das verzweigte Handelssystem für die *Implementierung einer Controllingkonzeption*; denn das Management der Schnittstellen, die Bewältigung von Abstimmungsprozessen im Hinblick auf übergeordnete Ziele, wurde in Abschn. 1.2 als die Kernfunktion des koordinations- bzw. steuerungsorientierten Handelscontrolling bezeichnet.

Siebtens ist auf *spezifische Personalführungsprobleme* zu verweisen, die mit der Eigenart insbesondere der Funktionen des Verkaufspersonals zusammenhängen. Die Interaktion mit dem Kunden - eine, wenn nicht *die* Schlüsselaufgabe des Einzelhandels „vor Ort" - läßt sich schwer steuern, operationalisieren und kontrollieren. Quantitative Ergebnisse des kaufmännischen Rechnungswesens (wie Umsatz oder Deckungsbeitrag) bilden die Qualität des Verkäuferverhaltens, das auch auf langfristige Kundenbindung ausgerichtet ist, bekanntlich nur unzulänglich ab. Die Gestaltung eines aussagekräftigen *Personal-Informations-Systems*, das automatisch durch die Daten aus dem warenwirtschaftlichen Informationssystem gespeist, aber durch weitere qualitative Informationen laufend angereichert wird, bildet eine der besonderen Herausforderungen im Handel, wie sie in vergleichbarer Form allenfalls im Vertriebs-Außendienst einiger Industrieunternehmungen auftreten.

Achtens kann in dem *systematischen Lernen aus eigenen Erfahrungen* einer der spezifischen Defizitbereiche des Handelsmanagement erblickt werden. Gemeint ist die Gewinnung und Auswertung von Erfahrungen außerhalb der sog. internen Modelle (also der Köpfe) der Handelsmanager in den Betriebsstätten und Zentralen, also das Lernen in extern dokumentierter, intersubjektiv überprüfbarer Form. Diese Gewinnung von substantiellem und strukturellem („theoretischen") Wissen über das Entscheidungsfeld der Betriebsstätten und des gesamten Handelssystems bildet die Kernfunktion des *lernorientierten Handelscontrolling*.

Neuntens ist eine Handelsunternehmung, die ein breites Konsumgütersortiment unter einem Dach anbietet, mit allen nur denkbaren *Kaufverhaltenseigenschaften, Wertewandelungen, Modeströmungen, Lebensstiländerungen etc.* der Kunden konfrontiert, die an den unterschiedlichen Standorten ihrer Betriebsstätten domizilieren.

Ohne ein verzweigtes *Kunden-Informations-System*, das ebenfalls computergestützt funktionieren kann, wird kein Händler auf Dauer kundennahes, kundenindividuelles Marketing als Profilierungsinstrument gegenüber der Konkurrenz einsetzen können.

Zusammenfassend kann festgehalten werden, daß größere Handelsunternehmungen und erst recht verzweigte Handelssysteme einen besonders hohen und komplexen Informations- und Abstimmungsbedarf aufweisen und daher zur Implementierung eines anspruchsvollen Informationssystems und einer ausgefeilten Controllingkonzeption geradezu prädestiniert sind.

2.2 Konsequenzen und Herausforderungen für das Informationsmanagement im Handel

Der *Terminus Management-Informations-System* dürfte auf manch eine (mittelständische) Handelsunternehmung eine *eher abschreckende Wirkung* entfalten, da er recht akademisch klingt und mit hohen Investitionsausgaben und Folgekosten bei geringem Nutzen assoziiert wird. Die geringen Nutzenerwartungen sind u.a. darauf zurückzuführen, daß sich viele Handelsmanager überfordert fühlen, das (zu) reichhaltige Informationspotential sachgerecht auszuschöpfen und ins Tagesgeschäft umzusetzen (vgl. zu dieser Problematik auch Reinke, 1996, S. 211 und Ahlert/Olbrich, 1997, S. 229).

Um ein derartiges Vorurteil zu entkräften, sei auf die folgenden Sachverhalte hingewiesen:
- Jede Handelsunternehmung verfügt seit eh und je über ein (Management-) Informations-System, wenn auch i.d.R. nicht unter diesem klangvollen Namen; denn es ist nichts anderes als die gedanklich zusammengefaßte Summe aller informationswirtschaftlichen Aktivitäten, die zumeist über die gesamte Unternehmung verstreut angesiedelt sind. Daß es ökonomisch sinnvoll sein kann, statt vielfältiger Insellösungen *ein in sich geschlossenes Informationssystem auf der Basis eines unternehmungsweiten Datenmodells* zu organisieren, wird in dem Beitrag von Becker, begründet (vgl. Becker, S. 65). Weiterhin kann die *Computerunterstützung der Informationswirtschaft* auch und gerade im Handel zunehmend als eine Selbstverständlichkeit angesehen werden. Ein solches komplexes, regelmäßig rechnergestütztes System wollen wir im folgenden Handelsinformationssystem nennen; es bildet die „Keimzelle des Handelsmanagement" (vgl. nochmals Abb. 6).
- Die Qualität eines Handelsinformationssystems äußert sich darin, inwiefern es die Handelsmanager gerade nicht überfordert und sie vor dem viel zitierten „informations overload" bewahrt. Zeitgemäße Handelsinformationssysteme zeichnen sich daher nicht nur durch eine möglichst genaue, lückenlose, zeitnahe und wirtschaftliche Datenerfassung, sondern auch durch die Bereitstellung nutzbarer Informationen in empfängeradäquater Darstellung und Verdichtung aus. Einer der wichtigsten Ansprüche an das Informationsmanagement lautet folglich, die *Benutzerfreundlichkeit des Informationssystems* sicherzustellen und die Kosten/Nutzen-Relation dadurch zu verbessern, daß die Informationsversorgung des Management nicht maximiert, sondern optimiert wird.

Worin bestehen nun konkret und detailliert die *Herausforderungen an das Informationsmanagement* im Handel?

Zur Klärung dieser Fragen ist noch einmal auf Abb. 6 zu verweisen, in der das Handelsinformationssystem in diverse Subsysteme aufgegliedert wird. Dabei handelt es sich einerseits um die im vorigen Kapitel herausgearbeiteten *Informations-Teilsysteme*, die, auf bestimmte interne und externe Bereiche des Entscheidungsfeldes (Standortsituation, Konkurrenz, Lieferanten, Kunden, Personal usw.) spezialisiert, unmittelbar relevante Informationen für das Handelsmanagement bereitstellen. Andererseits ist auf eine Reihe von *Datenquellen bzw. Datentöpfen* zu verweisen (in Abb. 6 sind exemplarisch die Marktforschung, das Warenwirtschaftssystem und das interne Rechnungswesen aufgeführt), aus denen die Informationssysteme gespeist werden.

Abstimmungsaufgaben im Beziehungsfeld zwischen Handelsmanagement und Informationssystem, die die Einrichtung eines institutionalisierten Controlling rechtfertigen könnten, sind nun in mehrfacher Hinsicht zu erfüllen:

1. *Vernetzung der Datentöpfe untereinander*
   In einem komplexen System, wie es die Handelsunternehmung darstellt, benötigt jeder Teilprozeß Daten von anderen Prozessen und erzeugt wiederum für andere Prozesse relevante Daten. In einem ganzheitlichen Informationssystem ist daher schon auf der Ebene der Daten eine Integration, zweckmäßigerweise auf der Basis eines einheitlichen Datenmodells, sicherzustellen.

2. *Umwandlung von Daten in Informationen*
   Informationen sind zweckorientierte, d.h. letztlich auf die externe Berichterstattung sowie die Gestaltung der Planungs-, Realisations- und Kontrollprozesse gerichtete Nachrichten und setzen sich i.d.R. aus mehreren Daten der unterschiedlichen Datenquellen zusammen. Dieser Vorgang, aus den großen Datenmassen, die z.B. in der Warenwirtschaft, im Rechnungswesen, aber auch in den Kontaktstellen zu den Beschaffungs- und Absatzmärkten mehr oder weniger zwangsläufig anfallen, managementrelevante Informationen zu generieren, kann heute als eine der klassischen Funktionen des Handelscontrolling bezeichnet werden.

3. *Vernetzung der Subsysteme des Handelsinformationssystems untereinander*
   Die in Abb. 6 gezeigte Aufspaltung in bereichsbezogene Informations-Teilsysteme mutet willkürlich an; die Überschneidungen sind realiter sehr viel umfangreicher, als es darstellungstechnisch zum Ausdruck gebracht werden kann. Gleichwohl dürfte es in den meisten Handelsunternehmungen zweckmäßig sein, eine derartige oder eine ähnliche Subsystembildung einschließlich einer organisatorischen Trennung der Zuständigkeiten für die Systempflege vorzunehmen, vorausgesetzt, es gelingt eine interne Verknüpfung; denn für die Erfüllung der Managementaufgaben werden i.d.R. zusammengesetzte Informationen benötigt, die aus mehreren der aufgeführten Teilsysteme stammen.

4. *Integration unterschiedlicher Management-Informations-Systeme*
   Am Beispiel des stufenübergreifenden Warenwirtschaftsmanagement (vgl. Abschn. 3.1) wird deutlich, daß eine gravierende Effizienzsteigerung die Vernetzung und Integration der Warenwirtschaftssysteme sowohl innerhalb der Handelssysteme als auch in mehrstufigen Distributionssystemen (Wertschöpfungsketten) voraussetzt. Die Realisierbarkeit einer derartigen Integration wird dadurch begünstigt, daß der über die Unternehmungsgrenzen hinweg laufende Waren- und Geldstrom einen „natürlichen" Ansatzpunkt für kooperatives

Schnittstellenmanagement liefert. Eine Steigerung der Integrationsidee könnte darin gesehen werden, daß die Vernetzung von den Warenwirtschaftssystemen auf die kompletten Management-Informations-Systeme ausgedehnt würde.

5. *Koordination zwischen dem Handelsinformationssystem und dem Handelsmanagement*
Aus „Datenfriedhöfen" werden Handelsinformationssysteme dadurch, daß die Manager zur regelmäßigen Nutzung der verfügbaren Informationen veranlaßt und befähigt werden, vorausgesetzt, die Informationen genügen den Relevanzkriterien, die aus den spezifischen Managementaufgaben abzuleiten sind.

2.3 Die differenzierten Informationsansprüche des operativen und strategischen Handelsmanagement

Um nunmehr die spezifischen Ansprüche des Handelsmanagement an Informationssystem und Controllingkonzeption zu präzisieren, ist darzustellen, *welche Aufgaben das Handelsmanagement im einzelnen umfaßt*. In der Literatur sind unterschiedliche, z.T. stark differenzierende Einteilungen der Managementaufgaben wie etwa in strategisch, taktisch und operativ oder in politisch, administrativ und dispositiv anzutreffen, wobei die Termini keineswegs einheitlich verwendet werden. Dagegen hat es sich in der Handelspraxis als durchaus hinreichend erwiesen, *das Handelsmanagement in einen strategischen und einen operativen Bereich einzuteilen*. Diese pragmatische Vorgehensweise soll auch den folgenden Ausführungen zugrunde gelegt werden, wobei insbesondere zu untersuchen sein wird, ob sich die Differenzierung in einen strategischen und operativen Aufgabenbereich auch für das Handelscontrolling anbietet.

Ganz allgemein betrachtet, kann Handelsmanagement gleichgesetzt werden mit dem *Management von Erfolgspotentialen*. Dabei handelt es sich um die spezifischen Voraussetzungen, die es einer Handelsunternehmung erlauben, langfristig überdurchschnittliche Ergebnisse zu erzielen. Häufig wird auch von spezifischer Kompetenz, unverwechselbarem Unternehmungsprofil, Unique Selling Proposition (USP) oder komparativem Konkurrenzvorteil (KKV) gesprochen. Stark vereinfacht, wird nun das Wesen des strategischen Management in der Schaffung *neuer* Erfolgspotentiale gesehen, während operatives Management die Ausschöpfung *vorhandener* Erfolgspotentiale bedeutet (vgl. Näheres bei Ahlert/Kollenbach /Korte, 1996, S. 185ff.).

Detaillierter beschrieben, umfaßt *strategisches Handelsmanagement* den gesamten Phasenzyklus von der Willensbildung über die Willensdurchsetzung bis hin zur Kontrolle (vgl. nochmals Abb. 2), bezogen auf den *Vorstoß in neue Betätigungsfelder*.

Dabei kann sich der Vorstoß erstrecken auf
- *neue Standorte* (Standortsubstitution, Filialisierung, Aufnahme neuer Mitgliedsbetriebe in eine kooperierende Handelsgruppe),
- *neue Zielgruppen auf der Seite der Lieferanten und/oder Kunden* (Ausdehnung der Marktreichweite),
- *neue Branchen bzw. Sortimentsbereiche* (einschl. der Diversifikation in Dienstleistungen),
- *neue Funktionskomplexe* (Übernahme zusätzlicher Distributionsfunktionen),
- *neue Technologien „hinter den Kulissen"* und/oder
- *neue Formen des Marktauftritts* (Entwicklung und Durchsetzung neuer Betreibungskonzepte, die Wahl neuer Betriebsformen, Vorstoß in neue Vertriebslinien).

Mit diesen Vorstößen in neue Betätigungsfelder verbinden sich in der Regel *grundlegende Änderungen des Gesamtkonzeptes* der Geschäftsstätten und (damit verbunden) der einzelnen Instrumentalstrategien wie etwa der
- Sortimentsstrategie (z.B. Qualitätsniveau),
- Standortstrategie (z.B. Geschäftslage),
- Preisstrategie (z.B. Preisniveau),
- Verkaufsstellenstrategie (z.B. Atmosphäre-Konzept),
- Servicestrategie (z.B. Fullservice-Niveau),
- Kommunikations- und Kundenkontaktstrategie (z.B. personenbezogenes Kundenbindungskonzept, Werbestil).

Demgegenüber obliegt es dem *operativen Handelsmanagement*, die *vorhandenen Geschäftsfelder optimal auszuschöpfen*. Es umfaßt also den kompletten Phasenzyklus (vgl. Abb. 2) in bezug auf die folgenden Aufgabenkomplexe:
- *Die Sicherstellung einer rationellen Abwicklung des „täglichen Geschäftes"*
  Rationell bedeutet vor allem, das Umsatzpotential möglichst reibungslos auszuschöpfen (z.B. Fehlmengen vermeiden), die Warenlogistik, den Personaleinsatz etc. kostengünstig zu bewerkstelligen, die Kapitalbindung (insbes. in der Warenwirtschaft) auf das notwendige Maß zu reduzieren usw.
- *Die Perfektionierung der Arbeitsabläufe im Rahmen eines im wesentlichen unveränderten Betreibungskonzeptes*
  Beispiele für die hier zu treffenden Entscheidungen sind die Festlegung von Höchst- und Mindestbestandsmengen je Artikel, die Festlegung von Kalkulationsaufschlägen und Preisabschriften im Saisonverlauf, Entscheidungen über den zeitweisen Einsatz von Teilzeitkräften und Distributionshelfern u.v.a.m.

- *Die laufende Anpassung des Betreibungskonzeptes vor allem durch den Einsatz der marktpolitischen Instrumente, jedoch innerhalb einer vorgegebenen strategischen Leitlinie*
Hier geht es z.B. um konkrete Listungsentscheidungen im Rahmen einer vorgegebenen Sortimentsstruktur, um die Feinsteuerung der Preishöhe und Konditionen im Rahmen eines festgelegten Preisniveaus, die Entscheidungen über die konkrete Warenplazierung, Regaloptimierung und „instore-promotions" im Rahmen eines feststehenden atmosphärischen Konzeptes oder über den konkreten Werbemitteleinsatz innerhalb der Grenzen eines festliegenden Werbestils.

Es stellt sich nunmehr die Frage, ob sich der *Informationsbedarf des strategischen und des operativen Handelsmanagement* grundlegend voneinander unterscheidet.

Zunächst ist darauf hinzuweisen, daß eine bestimmte *Information nicht per se strategischen oder operativen Charakter* hat. Vielmehr kann ein und dieselbe Information aus der laufenden Geschäftstätigkeit für operative wie strategische Entscheidungen gleichermaßen relevant sein, und auch das operative Management benötigt außer vergangenheitsbezogenen Ergebnisgrößen entscheidungsrelevante, und das sind stets zukunftsbezogene Informationen.

Gleichwohl erscheint die Tendenzaussage plausibel, daß die *quantitativen, statischen Ergebnisgrößen* aus dem Warenprozeß und dem internen Rechnungswesen (z.B. Kosten, Erlöse, Deckungsbeiträge) für das *operative Management* die größere Bedeutung haben, während das *strategische Management zusätzlich* auf *qualitative Indikatoren* angewiesen ist, die auf weit in die Zukunft reichende Entwicklungen schließen lassen. In diesem Sinne ist auf die sogenannten Frühwarnindikatoren, schwachen Signale und vorökonomische Größen wie z.B. Marktpotentiale, Einkaufsstättenimages, Kundenzufriedenheit u. dgl. zu verweisen.

Dementsprechend hat das Handelscontrolling im Rahmen seiner Informationsversorgungsfunktion tendenziell unterschiedliche Maßgrößen zu erheben, je nachdem ob es dem operativen oder dem strategischen Handelsmanagement zuarbeitet. Dieser Sachverhalt soll durch Abb. 7 verdeutlicht werden.

Dennoch erscheint es i.d.R. nicht zweckmäßig, zwischen einem operativen und einem strategischen Handelsinformationssystem zu trennen. Es ist vielmehr der Anspruch zu formulieren, *daß das Informationssystem für sämtliche Managementaufgaben relevante Informationen bereitzustellen hat.* Dabei sind die routinemäßig anfallenden Massendaten aus dem operativen Geschäft ebenfalls routinemäßig, bei selteneren strategischen Fragestellungen aber auch fallweise (in Form von Sonderuntersuchungen) durch qualitative Daten z.B. aus Positionierungs-, Portfolio-, internen und externen Erfolgsforschungsanalysen zu ergänzen.

OPERATIVES CONTROLLING

statische, quantitative Maßgrößen
z.B. Umsatz
Marktanteil
Deckungsbeitrag
ROI-Kennzahlen

qualitative Informationen
z.B. wahrgenommene Eignungsdefizite
Einkaufsstättenimage
Marktadäquanz

betriebsformenspezifisches
Marktpotential
unternehmungsspezifische
Absorptionsquoten

STRATEGISCHE ERFOLGS-POSITIONEN

STRATEGISCHES CONTROLLING

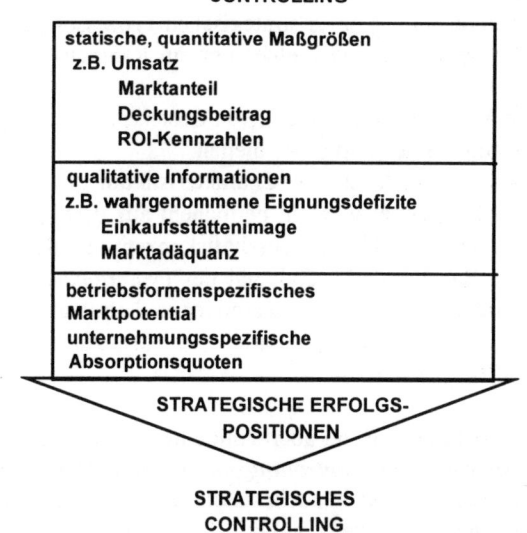

Abb. 7: Maßgrößen des Controlling

Weiterhin ist darauf hinzuweisen, daß gerade im Handel *das strategische und operative Management i.d.R. aufs engste miteinander verzahnt* ist. In vielen Fällen ist die eindeutige Abgrenzung zwischen diesen beiden Bereichen kaum möglich. Dieser Sachverhalt kann wie folgt begründet werden:

1. Im Handel ist der *strategische Vorstoß* in neue Betätigungsfelder i.d.R. keine Alternative, sondern eine *Ergänzung zum operativen Management*. Die meisten Handelsunternehmungen kombinieren die Bewirtschaftung altbewährter Geschäftsfelder mit dem besonders risikobehafteten Versuch der strategischen Erneuerung. Eine Trennung in den strategischen und den operativen Teil des Handelsmanagement ist dann vielfach nur gedanklich möglich.
2. Zum strategischen Management gehören nicht nur die grandiosen Vorstöße in völlig neue Geschäftsfelder (z.B. in Form der sog. Diversifikation), sondern auch kleinere Vorstöße wie etwa die Repositionierung einer Geschäftsstätte in den Augen der Konsumenten. Mitunter treten solche Positionsveränderungen als (gewollte oder ungewollte) Begleiterscheinungen des Einsatzes der marktpolitischen Instrumente im Rahmen des operativen Management auf. *Der Ein-*

satz eines marktpolitischen Instrumentes ist also nicht per se strategisch oder operativ, sondern kann
- sowohl der Realisierung eines strategischen Prozesses (etwa dem Vorstoß aus einer Ausgangs- in eine Zielposition im Rahmen des Positionierungsmanagement)
- als auch der Abwicklung des operativen Geschäftes
- oder gleichzeitig beiden Aufgaben dienen.
3. Schließlich kann es gerade als ein Charakteristikum des erfolgreichen Handelsmanagement bezeichnet werden, permanent auf dem „evolutionären Weg in die Exzellenz" zu sein, d.h. das Geschäftskonzept und der Marktauftritt bilden „eine ewige Baustelle". Im Rahmen des *evolutionären Handelsmanagement* wird die strenge Trennung in operatives und strategisches Agieren weitgehend entbehrlich und kann häufig nur im Nachhinein gedanklich-abstrahierend vollzogen werden.

Damit drängt sich die Frage auf, ob überhaupt eine *Trennung zwischen einer operativen und einer strategischen Controllingkonzeption* im Handel zweckmäßig ist.

Diese Frage ist weder in der handelswissenschaftlichen Literatur noch in der Handelspraxis auch nur ansatzweise geklärt. Es spricht u.E. jedoch vieles dafür, die Frage positiv zu beantworten.

Auch wenn im Einzelfall die Grenzen zwischen dem operativen Geschäft und dem strategischen Vorstoß in neue Betätigungsfelder verschwimmen mögen, so sind damit doch im Kern *recht unterschiedliche Anforderungen* an die Informationsversorgungs-, Beratungs- und Unterstützungs-, Kontroll- und insbesondere die Koordinationsfunktion des Handelscontrolling verbunden:
1. Auf die *tendenziell unterschiedlichen Maßgrößen,* die im Bereich des operativen und strategischen Handelscontrolling Bedeutung erlangen, wurde bereits hingewiesen (vgl. nochmals Abb. 7).
2. Selbst wenn eine Handelsunternehmung gänzlich auf strategische Vorstöße in neue Betätigungsfelder verzichtet, erscheint es keinesfalls gerechtfertigt, dem Handelscontrolling die strategische Dimension abzusprechen; denn *auch der Verzicht auf einen Vorstoß in neue Geschäftsfelder* stellt eine evident *strategische Entscheidung* mit einem „strategischen Informationsbedarf" dar, und auch diese Entscheidung ist von Zeit zu Zeit im Rahmen der „strategischen Kontrolle" auf ihre Richtigkeit hin zu überprüfen. Also auch in diesem Falle können Informationsversorgungs-, Beratungs- und Abstimmungsfunktionen auftreten, die zum *strategischen Handelscontrolling* zu rechnen sind.
3. *Sofern strategische Vorstöße aber tatsächlich geplant und umgesetzt werden sollen,* sind die herkömmlichen Controllingfunktionen, die eine fortwährende

Effizienzsteigerung im bisherigen operativen Geschäft bezwecken, zwingend um die folgenden *zusätzlichen Funktionen des Handelscontrolling* zu ergänzen (vgl. Abb. 8):
- Erstens die *Umsetzung des strategischen Plans* in operatives Management sowie die Steuerung der etappenweisen Geschäftstätigkeit im Rahmen der strategischen Leitlinie. Hierbei geht es um die *Koordination zwischen dem strategischen Management und dem operativen Geschäft.*
- Zweitens die *Übernahme wesentlicher Teilfunktionen der strategischen Kontrolle,* d.h. die regelmäßige, frühzeitige Überprüfung der Richtigkeit der strategischen Ziele und des strategischen Weges, aber auch der eingesetzten Managementsysteme.
- Drittens die Sicherstellung eines Prozesses des *systematischen Lernens aus eigenen Erfahrungen,* die mit der Realisation der Strategien gemacht werden.

Das Fazit dieses Abschnittes lautet: Die *Verwendungszwecke von Informationen aus dem Handelsinformationssystem* sind sehr unterschiedlich, je nachdem ob es um den Vorstoß in neue Betätigungsfelder *(strategisches Management),* die Ausschöpfung vorhandener Erfolgspotentiale *(operatives Management)* oder um die Kombination beider Aufgabenkomplexe im Rahmen des *evolutionären Management* geht.

Das Handelsinformationssystem in eine strategische und operative Variante einzuteilen, erscheint indessen nicht sinnvoll; vielmehr bildet *ein und dasselbe Informationssystem die Basis für sämtliche Managementaufgaben.*

Das Handelscontrolling weist dagegen sehr unterschiedliche Ausprägungen auf, je nachdem ob es der Unterstützung des strategischen oder des operativen Management dient. *Die Trennung zwischen einer operativen und einer strategieorientierten Controllingkonzeption* kann daher in der Regel als zweckmäßig angesehen werden.

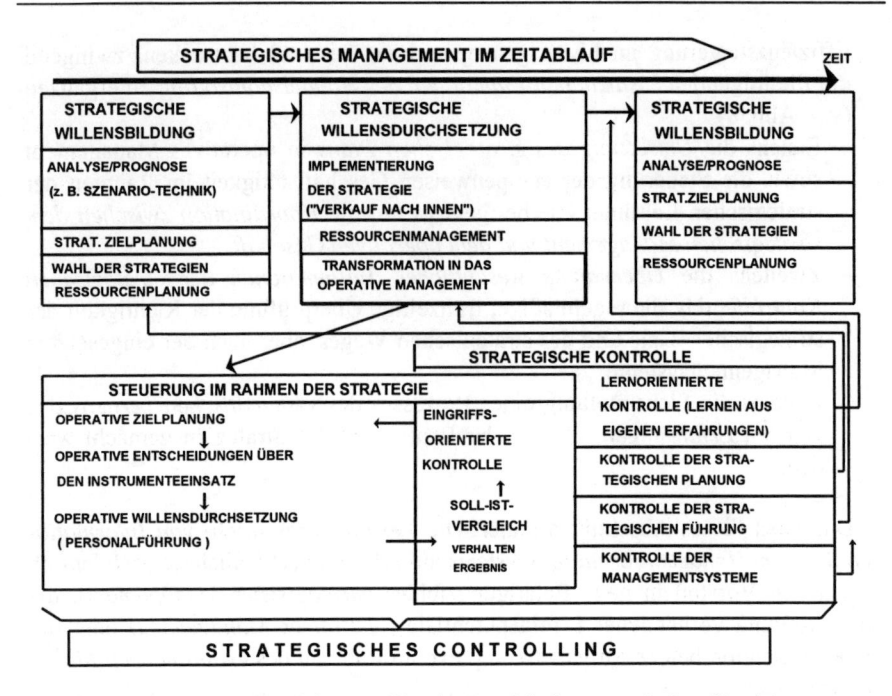

Abb. 8: Funktionen des Handelscontrolling im Bereich des strategischen Handelsmanagement

3 Ein Stufenmodell des nutzerorientierten Aufbaus von Handelsinformationssystemen

Bei der unternehmungsindividuellen Konzeption eines Handelsinformationssystems ist den Besonderheiten der vorstehend aufgeführten Handelsmanagementaufgaben Rechnung zu tragen. Aus dem *spezifischen Informationsbedarf der Nutzer* sind die *Auswertungsmodule* und daraus wiederum die Ansprüche an die *Basismodule des Informationssystems* abzuleiten. Aus informationsökonomischen Gründen ist es zweckmäßig, so weitgehend wie möglich auf die bereits existierende Informationsbasis zurückzugreifen.

In den meisten Handelsunternehmungen sind bereits diverse Komponenten eines Informationssystems vorhanden, häufig als Insellösungen, seltener zu einem integrierten Führungsinformationssystem miteinander verbunden. Zunehmend verfügen Handelsunternehmungen über moderne Warenwirtschaftssysteme, und in Ansätzen findet schon eine Vernetzung mit den wichtigsten Transaktionspartnern (Lieferanten, Banken, Logistikdienstleistern etc.) statt. Auch die Systeme des Internen Rechnungswesens und der Marktforschung liefern routinemäßig eine Fülle von Daten, die für die Gewinnung managementrelevanter Informationen herangezogen werden können. Weniger ausgereift sind in der Regel die Auswertungsmodule, die unmittelbar an den Verwendungszwecken der Nutzer orientiert sind.

Für bereits existierende Handelsunternehmungen wird ein stufenweiser Aufbau des Informationssystems vorgeschlagen. Zunächst ist zu klären, ob das *Warenwirtschaftssystem* schon den Stand der Kunst erreicht hat. Es kann als obligatorisches Fundament eines jeden nutzerorientierten Handelsinformationssystems angesehen werden. Ein erheblicher Teil der nutzerrelevanten Informationen, insbesondere für das *Warenwirtschaftsmanagement*, kann unmittelbar und ohne weiteres aus dem Warenwirtschaftssystem gewonnen werden. Darauf wird in Abschn. 3.1 nur kurz eingegangen.

Den Schwerpunkt der weiteren Ausführungen bildet die Frage, welche zusätzlichen Vorkehrungen zu treffen sind, um relevante Informationen über das Warenwirtschaftsmanagement hinaus bereitzustellen (Abschn. 3.2). In Abschn. 3.3 wird die Nutzung der Basismodule im Rahmen des *operativen Handelscontrolling* behandelt. Abschn. 3.4 befaßt sich mit dem erweiterten Informationsbedarf im Rahmen des *strategieorientierten Handelscontrolling*. Schließlich wird auf *neue Formen der Arbeitsteilung in verzweigten Handelssystemen und stufenübergreifenden Distributionssystemen* im Rahmen der kooperativen Erfolgsforschung in groben Zügen eingegangen (Abschn. 3.5).

3.1 Das computergestützte Warenwirtschaftssystem als Fundament des Handelsinformationssystems

Die *Warenwirtschaft* bildet das „Herzstück" des Handelsmanagement und des stufenübergreifenden Wertschöpfungsprozeßmanagement. Sie umfaßt einerseits die ausführenden Tätigkeiten im Zusammenhang mit der Ware (*Warenprozeßsystem*) und andererseits die auf den Warenprozeß gerichteten Managementtätigkeiten (*Warenprozeßgestaltung*). Basis und Medium des Warenwirtschaftsmanagement ist wiederum die Information. Die Keilriemendarstellung in Abb. 3 läßt sich unschwer auf diesen Kernbereich der Handels- und Distributionstätigkeit übertragen: Auch hier bildet das (*warenwirtschaftliche*) *Informationssystem* den „Antriebsmotor" (vgl. Abb. 9).

Als *Warenwirtschaftssystem* werden in Literatur und Praxis *sowohl die Gestaltungs- als auch die Informationsaktivitäten mit Bezug auf die Ware* bezeichnet (vgl. nochmals Abb. 9). Die Aufgaben sind, nach Teilbereichen gegliedert, in der Tab. 1 exemplarisch aufgeführt (vgl. Näheres dazu bei Ebert, 1986). Mitunter wird der Begriff Warenwirtschaftssystem mit Scanningsystemen oder warenwirtschaftlichen Softwarepaketen gleichgesetzt, was zu einer erheblichen Begriffsverwirrung beigetragen hat. Wie die begrifflichen Abstufungen in Abb. 10 zeigen, verfügt jeder Handelsbetrieb seit eh und je über ein Warenwirtschaftssystem. Dieses kann, muß aber nicht zwingend ein geschlossenes oder ein computergestütztes oder gar ein auf Scanning beruhendes System sein.

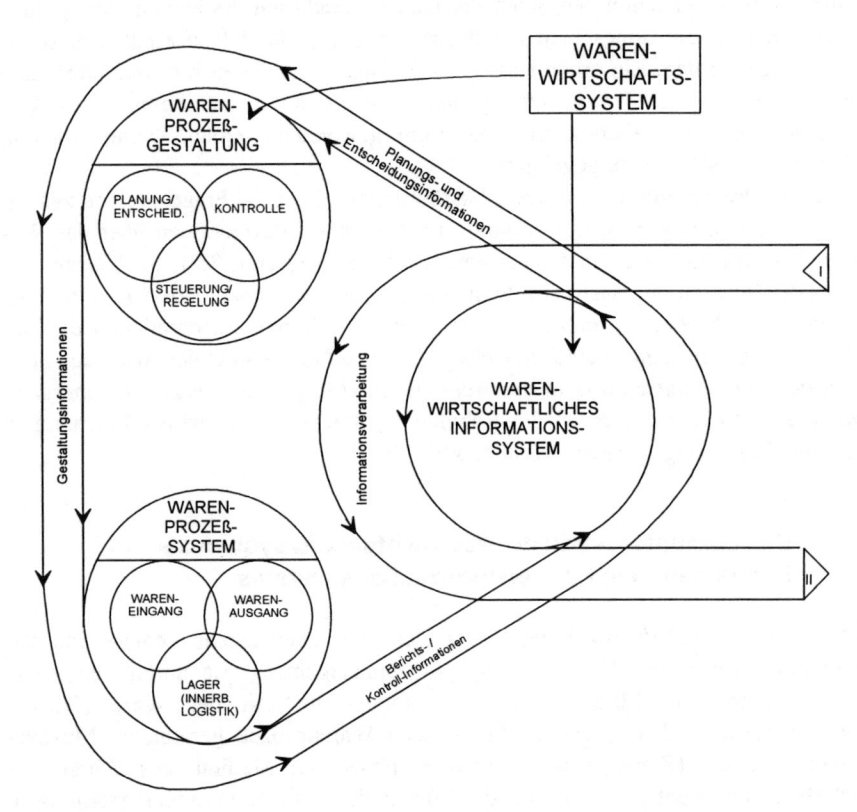

Abb. 9: Die Information als Basis und Medium des Warenwirtschaftsmanagement

Subsysteme		Aufgaben	Anfallende Informationen
Wareneingangssystem	Antransport	- Steuerung des Fuhrparks in bezug auf den Antransport	- Informationen über Art und Menge der Ware, Lieferant usw., - Leistungs- und Kapazitätsinformationen (Transportstrecken und -zeiten, Auslastung der Fahrzeuge usw.)
	Tourenverwaltung	- Optimierung der Fahrtstrecken und des Einsatzes der Fahrzeuge für den Antransport	- Tourenplan
	Warenannahme und -kontrolle	- Erfassung der Wareneingangsdaten, - Abgleichung mit Lieferschein und Bestellung, - Überprüfung des Zustandes der Ware, - Abwicklung von Retouren	- Wareneingangsdaten (Art, Menge, Anlieferungsdatum), - Differenzen zu Lieferschein und Bestellung, - Liefermínüberschreitungen, - Frachtkosten, - Retouren
Lagerwirtschaft	innerbetrieblicher Transport	- Steuerung des innerbetrieblichen Transportes der Ware	- Informationen über Art u. Menge der transportierten Ware, - Leistungs- und Kapazitätsinformationen (Transportzeiten und -strecken, Auslastung der Fördersysteme usw.)
	Transportplanung	- Optimierung der Förderwege und des Einsatzes der Förderzeuge	- Transportplan
	Warenmanipulation	- Steuerung der Manipulationsvorgänge	- Informationen über Art u. Menge der eingesetzten und erstellten Waren, - Leistungs- und Kapazitätsinformation
	Warenauszeichnung	- Steuerung der Warenauszeichnung	- Informationen über Art u. Menge der ausgezeichneten Waren, - Leistungs- und Kapazitätsinformation
	Lagerung und Umlagerung	- Steuerung der Einlagerung, Lagerung und Umlagerung, - Durchführung der Inventur	- Informationen über Art und Anzahl der Einlagerungseinheiten (z.B. Paletten), - Informationen über freie Lagerplätze, - Informationen über Häufigkeit und Art von Umlagerungen, - Informationen über Inventurmengen, Werte und Verfallsdaten

Tab. 1: Beispiele für Aufgaben der Subsysteme des Warenwirtschaftssystems und darin anfallende Informationen

Subsysteme		Aufgaben	Anfallende Informationen
Lager-wirt-schaft	Lagerplatz-verwaltung u. Lagerbe-stands-führung	- Steuerung (u.U. Optimie-rung) der Lagerplatzver-gabe, - Verwaltung des Lagerbe-standes nach Menge, Wert, Lagerdauer und Verfallsdaten	- Lagerplan, - Informationen über Mengen, Preise, Lagerdauer und Verfallsdaten, - Informationen über Lagerbelegung und Auslastung
Waren-aus-gangs-system	Kommissio-nierung	- Steuerung der Kommis-sioniervorgänge	- Informationen über Art und Anzahl der Kommissioniereinheiten, - Informationen über Fehlmengen, - Leistungs- und Kapazitätsinformation (Kommissionierzeiten u. -wege, An-zahl, Art der Kommissioniervorgänge)
	Kommissio-nierplanung	- Optimierung der Kommis-sionierabläufe bzgl. Strecken u. Zeit	- Kommissionierplan
	Warenaus-gangskon-trolle	- Erfassung der Warenaus-gangsdaten, - Abgleichung mit Liefer-schein und Auftrag, - Überprüfung der Ware, - Abwicklung von Retouren	- Warenausgangsdaten (Art, Menge, Verkaufspreis der Ware, Konditio-nen), - Differenzen zu Lieferschein und Auftrag, - Retouren
	Auftrags-bearbeitung	- Erfassung der Auftrags-daten, - Auftragsbearbeitung (Verfügbarkeitskontrolle, Kreditlimitüberprüfung, Verkaufspreis- u. Kondi-tionenermittlung), - Termingeschäftsbe-arbeitung, - Lieferscheinschreibung, - Verwaltung des Auftrags-bestandes, -rückstandes, - Erstellung von Kommis-sionierunterlagen - Führung v. Kundendateien - Reklamationsbearbeitung, Gutschriften/Stornos	- Informationen über den Auftragsein-gang und den Auftragsbestand (Auftragsart, -anzahl, -zusammen-setzung, Geschäftsart), - Informationen über Auftragsrück-stand, Fehlbestände, - Informationen über gewährte Kondi-tionen, - Informationen über Reklamationen, Gutschriften/Stornos
	Verpackung	- Steuerung der Verpak-kungsprozesse	- Informationen über Anzahl und Art der Verpackungseinheiten, - Leistungs- und Kapazitätsinformation

Tab. 1 (Fortsetzung): Beispiele für Aufgaben der Subsysteme des Warenwirtschaftssy-stems und darin anfallende Informationen

Subsysteme		Aufgaben	Anfallende Informationen
Waren-ausgangssystem	Versandabwicklung bzw. Auslieferung	- Steuerung des Versandes, - Steuerung des Fuhrparkes in bezug auf die Auslieferung	- Informationen über Versand- bzw. Auslieferungsdaten, Versandarten, - Leistungs- und Kapazitätsinformation
	Tourenverwaltung	- Optimierung der Fahrtstrecken und des Einsatzes der Fahrzeuge	- Tourenplan
Einkaufsystem	Angebotsverwaltung und Rechnungskontrolle	- Erfassung und Verwaltung von Einkaufspreisen und -konditionen sowie Mindestbestellmengen, - Führung von Lieferantendateien, - Konditionen- und Einkaufspreiskontrollen	- Einkaufpreise und -konditionen, Mindestbestellmengen, - Informationen der Rechnungskontrolle
	Bestellwesen	- Bestellschreibung, - Verwaltung des Bestellbestandes und der Bestellrückstände, - Liefertermüberwachung	- Informationen über den Bestellbestand und den Bestellrückstand, - Informationen über Lieferterminüberschreitungen
	Disposition	- Lagerbestandsüberwachung, - Bestellauslösung, - Bestellmengen- und Bestellzeitpunktermittlung (u.U. durch Optimierungsmodelle), - Limitkontrolle, - Entscheidungen über Einzel- oder Sammeldispositionen, - Führung von Artikeldateien	- Informationen über Bestellmengen und -zeitpunkte, - Informationen über Restlimits

Tab. 1 (Fortsetzung): Beispiele für Aufgaben der Subsysteme des Warenwirtschaftssystems und darin anfallende Informationen

Gleichwohl kann heute im Regelfall davon ausgegangen werden, daß Handelsunternehmungen über *Computergestützte Warenwirtschaftssysteme* verfügen, die als Fundament des Handelsinformationssystems gelten können (vgl. dazu ausführlicher Ahlert, 1997, S. 17ff.). Wenn über Nutzungspotentiale von Handelsinformationssystemen nachgedacht wird, so ist ein erheblicher Teil unmittelbar bereits in den *Auswertungsmodulen moderner Warenwirtschaftssysteme* angelegt (vgl. Tab. 2).

WWS (Warenwirtschaftssystem)
Summe aller warengerichteten Informations-
und Entscheidungsprozesse

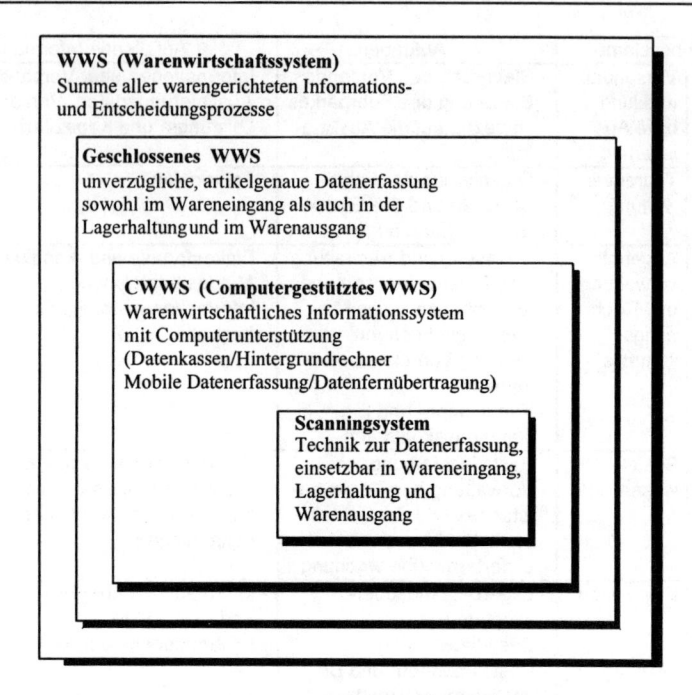

Geschlossenes WWS
unverzügliche, artikelgenaue Datenerfassung
sowohl im Wareneingang als auch in der
Lagerhaltung und im Warenausgang

CWWS (Computergestütztes WWS)
Warenwirtschaftliches Informationssystem
mit Computerunterstützung
(Datenkassen/Hintergrundrechner
Mobile Datenerfassung/Datenfernübertragung)

Scanningsystem
Technik zur Datenerfassung,
einsetzbar in Wareneingang,
Lagerhaltung und
Warenausgang

Abb. 10: Begriffliche Abstufungen des Warenwirtschaftssystems

---

Einkauf
- Simulationssysteme für die Lieferanten- und Artikelauswahl
- verbesserte Leistungsbewertung der Lieferanten durch Protokollierung aller Kontakte, damit Auswertung aller vom Lieferanten verursachten Kosten
- stärkere Position in den Einkaufsverhandlungen durch diese bessere Information über die Leistung der Lieferanten
- Reduzierung von Listungsaufwand und Fehlerhäufigkeit durch automatischen Stammdatenaustausch mit SINFOS
- Beurteilung und Bewertung alternativer Logistikwege (Lager, Strecke), d.h. die Möglichkeit, einen Artikel sowohl über Lager, als auch über Strecke führen zu können, ohne dafür getrennte Artikelnummern anlegen zu müssen
- Berücksichtigung *aller* ausgehandelten Einkaufskonditionen

Tab. 2: Qualitative Nutzenpotentiale moderner Warenwirtschaftssysteme (Quelle: Hertel, 1997, S. 103ff.)

Disposition
- Erhöhung der Lieferfähigkeit durch leistungsfähigere Prognosesysteme und Einbeziehung der echten Laden-Abverkaufsdaten
- Personaleinsparung durch vollautomatische Disposition
- Verbesserung der Dispositionsergebnisse durch selbstlernende Saison-, Aktionen- und Trenderkennungsmodelle
- Einkaufsvorteile durch bessere Ausnutzung von Mengenstaffeln
- besserer Ausgleich der Wareneingangskapazitäten im Lager durch automatische Berechnung von Lieferdatum und Anlieferungszeit bereits bei der Bestellauslösung

Warenabwicklung
- leichterer Wechsel zwischen den Logistikwegen
- Reduzierung des Warenbestands in den Lägern und in den Filialen durch eine integrierte Just-in-Time-Logistik
- Einführung der direkten Produktrentabilität
- Personaleinsparung durch Kommissionierer-Leistungsmessung
- Reduzierung der Nachschubsteuerung durch verbesserte Einlagerungsstrategien
- flexiblere Kommissionierstrategien (gang-, filial-, artikelweise Kommissionierung, Behälterkommissionierung mit Überwachung des Füllgrades und Reduzierung der Schichtungskosten) reduzieren die Warenausgangskosten
- bessere Personaleinsatzplanung durch Wareneingangskapazitätsüberwachung und automatische Anlieferzeitberechnung
- automatisierte Schnittstellen zu Speditionssystemen
- Verkürzung der Auftragsbearbeitung durch Online-Kommissionierung
- Profit-Center-Bewertung des Lagers durch die Einführung von Lagerabgabepreisen (als interne Verkaufspreise an die Filialen)
- Personaleinsatzplanung in allen Unternehmenseinheiten und dadurch Kostensenkungen und Erhöhung des Servicegrades (letzteres vor allem in den Filialen)

Marketing/Verkauf
- Integration von Scanning
- Wegfall der Preisauszeichnung/ Preisumzeichnung
- Beschleunigung des Kassiervorgangs
- Aufwandsreduzierung durch Wegfall der körperlichen Bestandsaufnahmen (bei Aktionen)
- Verringerung der Inventurdifferenzen
- Erhöhung der Warenpräsenz bei gleichzeitigen Bestandssenkungen
- verbesserte Sortimentssteuerung in allen Unternehmenshierarchien durch Kenntnis und Auswertung der Absatzzahlen auf Einzelartikelebene
- Erforschung der Preiselastizität durch Scanning
- verbesserte Warenpräsentation durch Warenkorbanalysen

Tab. 2 (Fortsetzung): Qualitative Nutzenpotentiale moderner Warenwirtschaftssysteme (Quelle: Hertel, 1997, S. 103ff.)

Marketing/Verkauf
- Verbesserung der Deckungsbeiträge durch Regalplatzoptimierungssysteme
- bessere Abschöpfung der Marktanteile durch Erweiterung der Absatzwege
- Deckungsbeitragsoptimierung durch Verkaufspreiskalkulation
- Einführung von Konkurrenteninformationssystemen und damit neue Vorteile bei der Verkaufspreisgestaltung
- verbesserte Planung und Erfolgskontrolle von Aktionen durch Scanning- und Warenkorbanalysen
- Einführung von Konsumenteninformationssystemen
- verbesserte Zielgruppenbeschreibungen und damit bessere Möglichkeiten im Database-Marketing
- Schnittstellen zu Marktforschungsinstituten

Abrechnungssysteme
- Flexibilität in den Abrechnungsphilosophien
- Personaleinsparung und Beschleunigung des Ablaufs in der Rechnungsprüfung durch Datenträgeraustausch mit den Lieferanten und durch die automatische Rechnungsprüfung
- Kontrolle über die Gewährung aller ausgehandelten Einkaufskonditionen durch den Lieferanten, insbesondere auch nachträglicher Konditionen wie Jahresrückvergütungen, Werbekostenzuschüsse usw.
- Korrekturvereinfachung bei Einkaufskonditionenfehlern
- automatische Rechnungsprüfung auch im Streckengeschäft
- bessere Ausnutzung von Skonti

Planungs- und Informationssysteme
- durch die artikelgenaue Bestandsführung Wegfall eines entscheidenden Unsicherheitsfaktors im gesamten Informationssystem
- flexible integrierte Leistungsstellenerfolgsrechnung
- schnellere Erfolgskontrolle durch zeitliche Hochrechnungen, auch auf der Basis von Stichproben
- schnellere Erfolgskontrolle durch Online-Verrechnung
- aussagekräftigere Kennzahlensysteme
- vielfältige Verknüpfungsmöglichkeiten von statistischen Daten durch relationale Konzeptionen der Datenbasis
- individuelle Auswertungsmöglichkeiten durch die Integration der individuellen Datenverarbeitung über den Einsatz von Workstations

Organisation
- Personalkosteneinsparungen durch Verringern der administrativen Aufgaben
- produktivere Arbeitsabläufe durch Integration von Subsystemen
- Reduzierung des Schulungsaufwandes und damit leichtere Austauschbarkeit des Personals durch einheitlichere Organisationskonzepte
- einheitliche Abwicklungen im Lager- und Streckengeschäft

Tab. 2 (Fortsetzung): Qualitative Nutzenpotentiale moderner Warenwirtschaftssysteme (Quelle: Hertel, 1997, S. 103ff.)

Der Trend zur internen und externen Vernetzung der (computergestützten) Warenwirtschaftssysteme in Handels- und Distributionssystemen kann seit Anfang der 80er Jahre beobachtet werden. *Integrierte Computergestützte Warenwirtschaftssysteme* bilden zweifellos eine der größten Herausforderungen in der Konsumgüterwirtschaft (vgl. Abb. 11). Dabei kann sich die Integration im weitesten Sinne auf sämtliche Informations- und Koordinationsaktivitäten erstrecken, die mit den Waren-, Dienstleistungs-, Geld-, Kredit- und Informationsströmen im Spannungsfeld zwischen Lieferanten und Verbrauchern zusammenhängen (vgl. Abb. 12).

Vernetzung mit den wichtigsten Transaktionspartnern

- Banken, Kreditkarteninstitute
- Internationale Einkaufsverbände
- Marktforschungsinstitute
- Zentrales CWWS in der Zentrale des Handelssystems
- Dezentrales CWWS in den einzelnen Geschäftsstellen (Filialen, Mitgliederbetriebe)
- interne Integration
- Lieferanten
- Logistik-Dienstleister
- Kunden

externe Integration

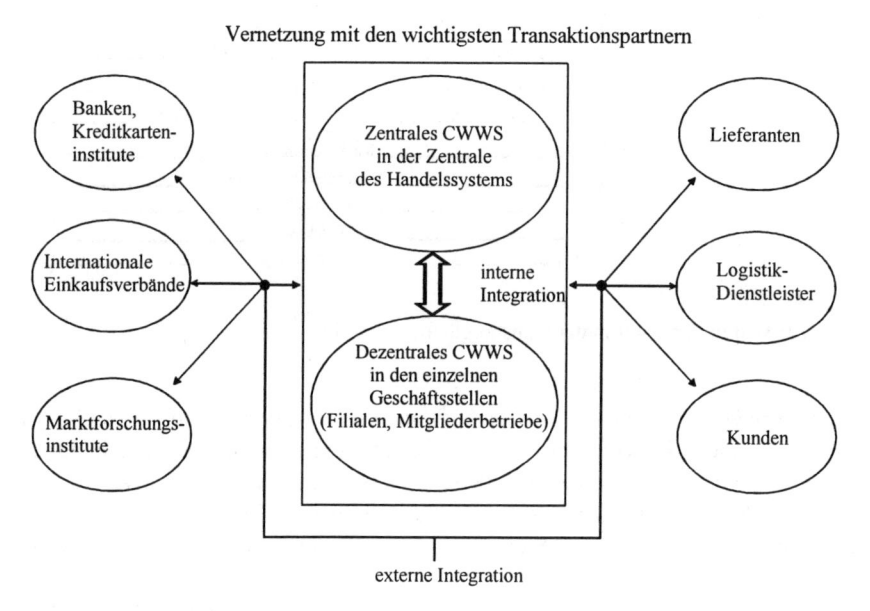

Abb. 11: Integrierte CWWS

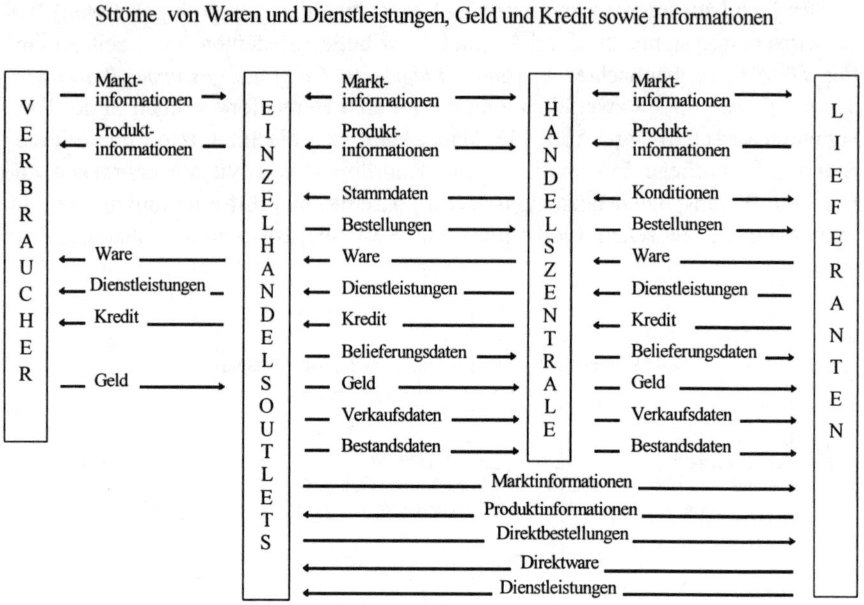

Abb. 12: Warenwirtschaft in der Konsumgüterdistribution

Die *Kernaufgabe des warenwirtschaftlichen Informationssystems* besteht darin, das Management des Warenprozesses, sei es im einzelnen Handelsbetrieb, auf der Ebene des verzweigten Handelssystems (Filialsystem oder kooperative Handelsgruppe) oder auf der Ebene des stufenübergreifenden Distributionssystems mit den notwendigen Planungs-, Steuerungs- und Kontrollinformationen zu versorgen.

Im folgenden ist zu untersuchen, welche Bedeutung Warenwirtschaftsdaten *über den engeren Bereich des Warenwirtschaftsmanagement hinaus*, z.B. für das Beschaffungs- und Absatzmarketing der Handelsunternehmung, erlangen können.

3.2 Der erweiterte Informationsbedarf der Handelsmanager

Jeder Handelsmanager verfügt über ein spezifisches Bild von den Parametern und Strukturen des sog. *handelsbetrieblichen Entscheidungsfeldes* (vgl. Abb. 13). Dieses Bild kann als internes Modell „in den Köpfen" der Entscheidungsträger verborgen sein oder in extern dokumentierter Form, d.h. intersubjektiv überprüfbar und nutzbar vorliegen. Eine der wesentlichen Funktionen des Handelscontrolling besteht darin, die zahlreichen, z.T. einander widersprechenden internen Modelle der verschiedenen Handelsmanager zu externalisieren und im Dialog zu verbessern.

Dabei gilt es, die folgenden Informationsdefizite des Handelsmanagement zu beseitigen:

1. *Substantielle* Ungewißheit über die konkreten gegenwärtigen und für die Zukunft zu prognostizierenden Merkmale des sog. Zustandsraums im Entscheidungsfeld (*Mangel an faktischem Wissen*).
2. *Strukturelle* Ungewißheit über die gegenwärtigen und zukünftig zu erwartenden Kausalbeziehungen bzw. Gesetzmäßigkeiten im Entscheidungsfeld (*Mangel an theoretischem Wissen*). „Strukturelle Ungewißheit liegt dann vor, wenn in einer Situation nicht nur die konkreten Werte der Variablen unbekannt sind, sondern wenn man zu einem beträchtlichen Teil überhaupt nicht weiß, welche Variablen relevant sind und wie sie untereinander verknüpft sind" (Malik, 1984, S. 292).
3. *Konzeptionelle* Ungewißheit über relevante Vorgänge außerhalb des eigenen Entscheidungsfeldes, insbesondere über exzellente Handelskonzepte, die nachahmenswert und/oder bedrohlich sein mögen (*Mangel an Ideen und Anregungen*).

Die Beseitigung der *strukturellen Ungewißheit* („Arbeiten am Entscheidungsfeldmodell") obliegt schwerpunktmäßig dem strategischen Handelscontrolling, während das operative Controlling vorwiegend der Effizienzsteigerung des laufenden Geschäftes durch Beseitigung der *substantiellen Ungewißheit* im Rahmen eines gegebenen Entscheidungsfeldmodells dient.

Die Informationsversorgungsfunktion des Handelscontrolling würde allerdings unzulänglich erfüllt, wenn es sich auf die Erfassung und Auswertung *eigener Erfahrungen* innerhalb der Handelsunternehmung beschränkte. Vielmehr ist es von mindestens ebenso großer Bedeutung, auch aus den *Erfahrungen mit exzellenten Konzepten anderer Unternehmungen* zu lernen. Ob diese Aufgabe der *Beseitigung konzeptioneller Ungewißheit* allerdings in den Zuständigkeitsbereich des Handelscontrolling fällt, d.h. allgemeiner betrachtet, welches Verhältnis zwischen der externen Erfolgsforschung und dem Handelscontrolling besteht, ist bislang in der Controllingliteratur noch nicht ausdiskutiert (vgl. zur internen und externen Erfolgsforschung im Handel grundlegend Ahlert/Schröder, 1992). Ebenso ungeklärt ist, ob und in welcher Form das Handelscontrolling für die *Erstellung von Prognosen* zuständig ist (vgl. zur Einordnung der Informationsquellen des Handelsmanagement den Überblick in Abb. 14).

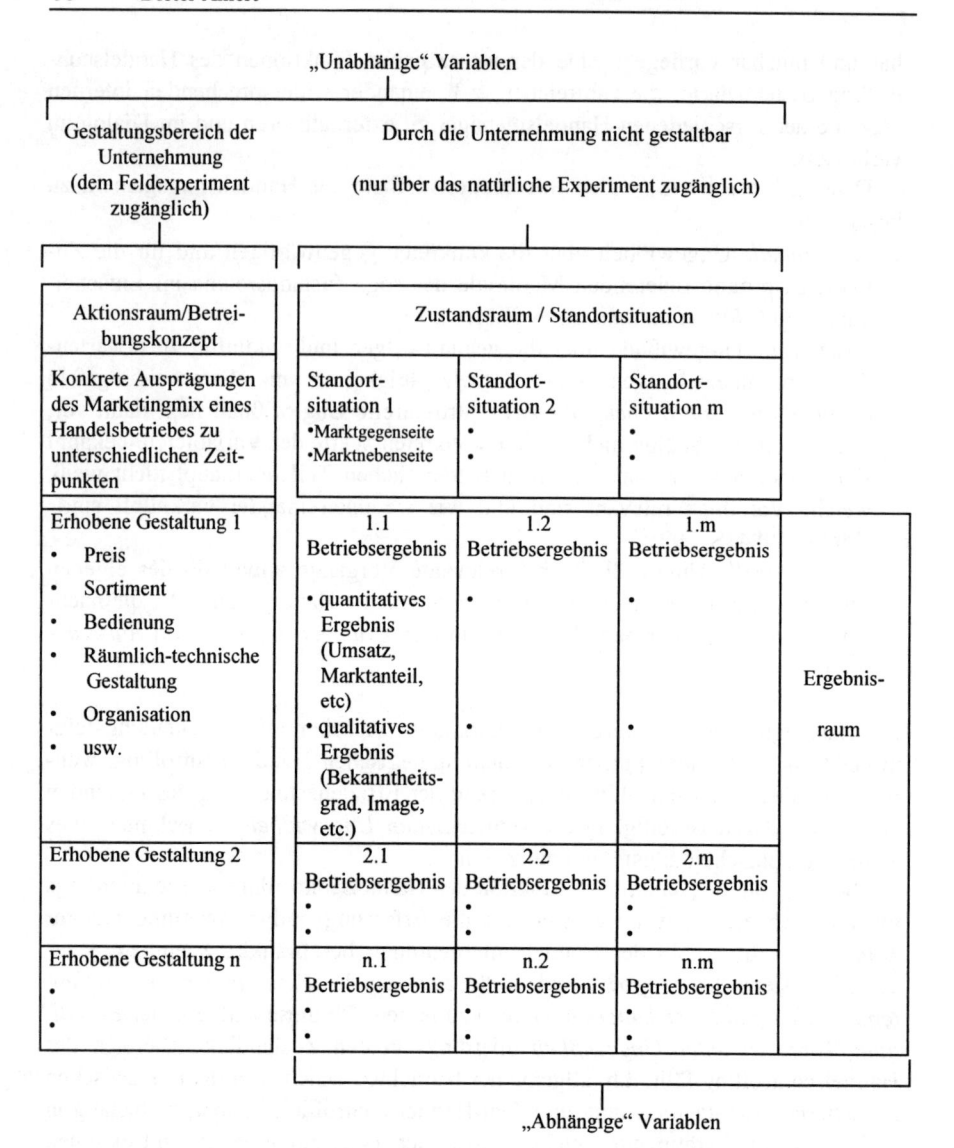

	"Unabhänige" Variablen			
Gestaltungsbereich der Unternehmung (dem Feldexperiment zugänglich)	Durch die Unternehmung nicht gestaltbar (nur über das natürliche Experiment zugänglich)			
Aktionsraum/Betreibungskonzept	Zustandsraum / Standortsituation			
Konkrete Ausprägungen des Marketingmix eines Handelsbetriebes zu unterschiedlichen Zeitpunkten	Standortsituation 1 •Marktgegenseite •Marktnebenseite	Standortsituation 2 • •	Standortsituation m • •	
Erhobene Gestaltung 1 • Preis • Sortiment • Bedienung • Räumlich-technische Gestaltung • Organisation • usw.	1.1 Betriebsergebnis • quantitatives Ergebnis (Umsatz, Marktanteil, etc) • qualitatives Ergebnis (Bekanntheitsgrad, Image, etc.)	1.2 Betriebsergebnis • • •	1.m Betriebsergebnis • • •	Ergebnisraum
Erhobene Gestaltung 2 • •	2.1 Betriebsergebnis • •	2.2 Betriebsergebnis • •	2.m Betriebsergebnis • •	
Erhobene Gestaltung n • •	n.1 Betriebsergebnis • •	n.2 Betriebsergebnis • •	n.m Betriebsergebnis • •	

"Abhängige" Variablen

Abb. 13: Das handelsbetriebliche Entscheidungsfeldmodell

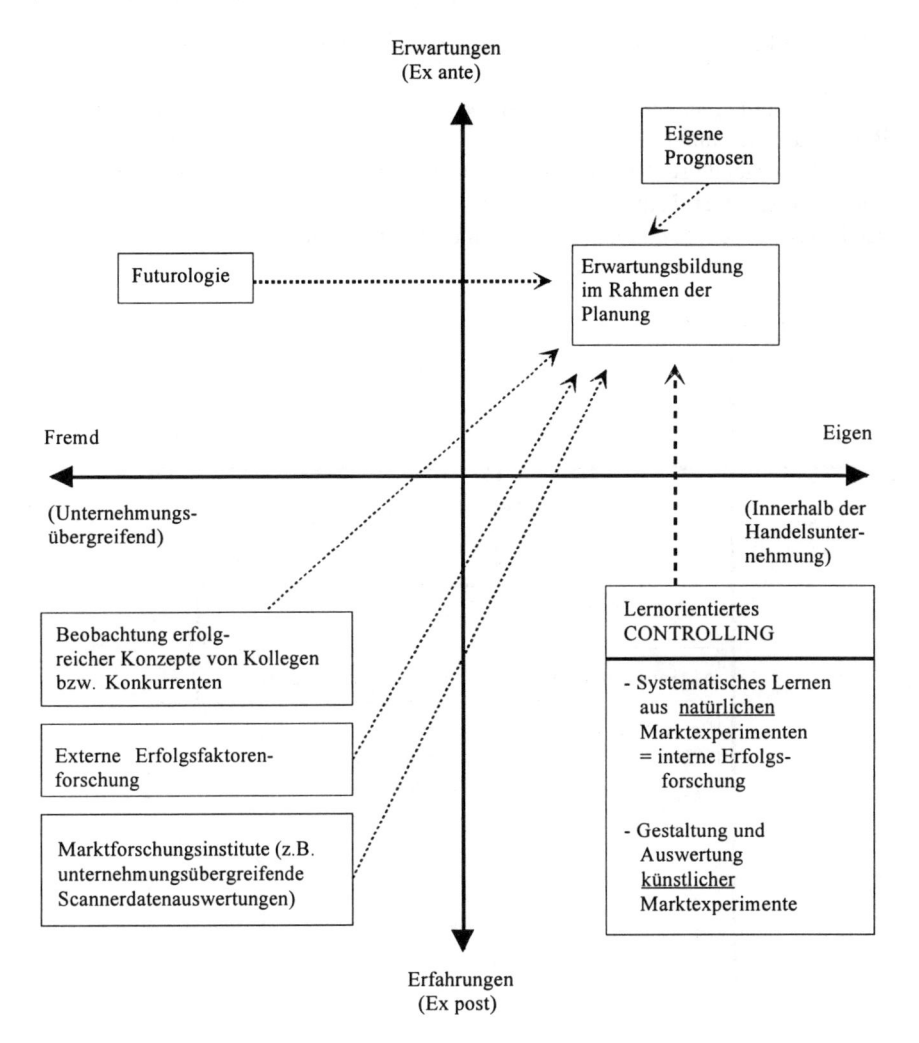

Anforderungen an Handelsinformationssysteme aus Nutzersicht 37

Abb. 14: Informationsquellen des Handelsmanagement

Festzuhalten bleibt, daß der Informationsbedarf der Handelsmanager weit über die quantitativen Daten aus dem Warenwirtschaftssystem hinausreicht und sich auch auf qualitative Informationen interner und externer Art sowie zukunftsgerichtete Informationen erstreckt.

3.3 Die Informationsbasis des operativen Handelscontrolling

Die Betrachtung in diesem Abschnitt konzentriert sich auf die Frage, welchen Beitrag die Gewinnung und Auswertung von *Daten aus dem eigenen Erfahrungsbereich* der Handelsunternehmung im Rahmen der Informationsversorgungsfunktion des operativen Handelscontrolling zu leisten vermag und welche *Bedeutung der Warenwirtschaftsdaten* dabei konstatiert werden kann.

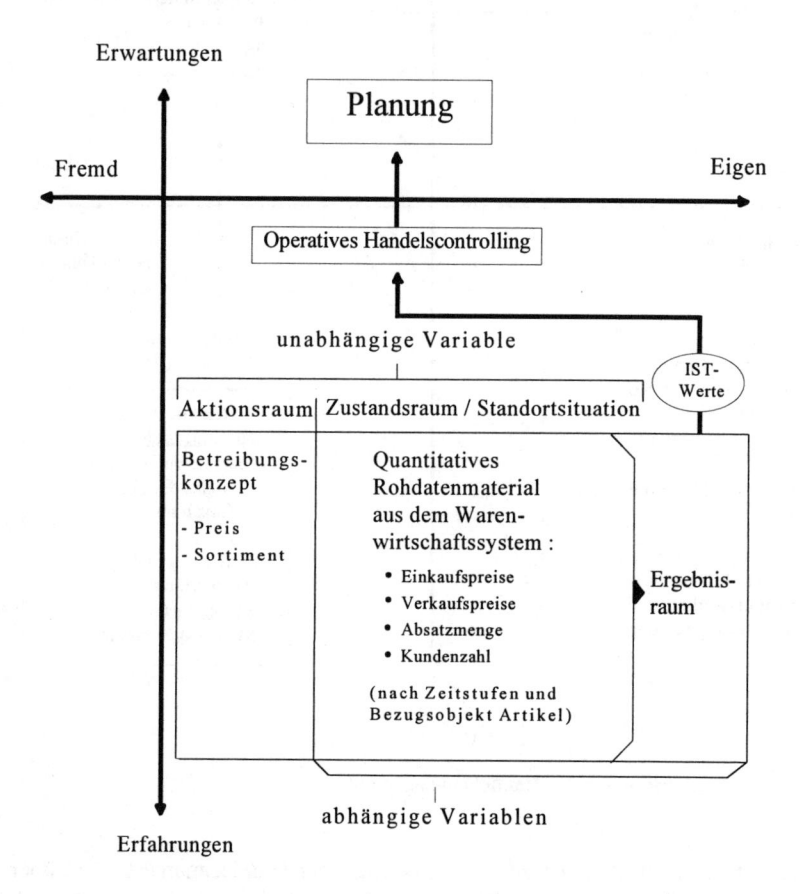

Abb. 15: Informationsversorgung auf der Basis des quantitativen Rohmaterials aus dem Warenwirtschaftssystem

Betrachten wir exemplarisch den Ausschnitt der *absatzseitigen Marktbearbeitung eines Einzelhandelsbetriebes*, so umfaßt das Entscheidungsfeld (in Abb. 15 vereinfacht dargestellt) als
- *Aktionsraum* das Maßnahmenbündel, das im Betreibungskonzept seinen Niederschlag findet, als
- *Zustandsraum* die konkrete Standortsituation (Konkurrenz, Bevölkerung, Geschäftslage, Parkplätze etc.) und als
- *Ergebnisraum* die Auswirkungen des Betreibungskonzeptes in der konkreten Standortsituation auf die relevanten Zielgrößen.

Den Ausgangspunkt der Informationsversorgung bilden *die routinemäßig anfallenden Warenwirtschaftsdaten*. Sofern der Handelsbetrieb über ein geschlossenes Warenwirtschaftssystem (artikelgenaue Warenausgangsdatenerfassung z.B. über Scanner-Kassensysteme) verfügt, liegt ein *Rohdatenmaterial* vor, das nach *Absatzmengen, Einkaufs- und Verkaufspreisen artikel- und zeitgenau differenziert* ist.

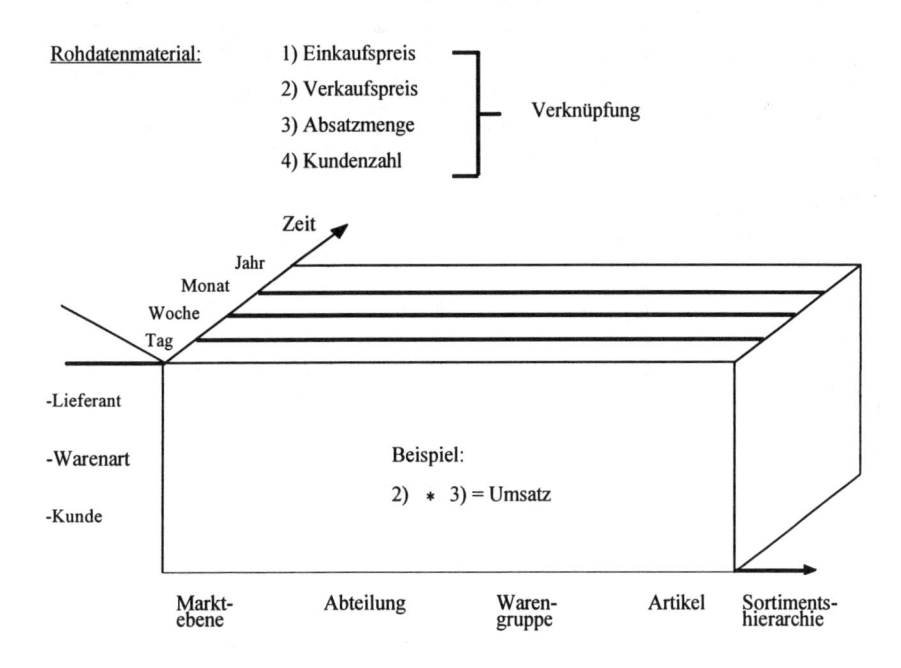

Abb. 16: Rohdatenmaterial aus dem Warenwirtschaftssystem und seine Aggregations- und Verknüpfungsmöglichkeiten

Erste Aggregations- und Verknüpfungsmöglichkeiten können nach den Segmenten des Würfels in Abb. 16 vorgenommen werden. Hierdurch kann bereits eine Fülle interessanter Auswertungen vorgenommen werden, z.B. die *Ermittlung des zeitlichen Umsatzverlaufes oder der Kundenzahl auf Artikel-, Warenbereichs- oder Marktebene.* Für *Warenkorbanalysen* bedarf es allerdings schon einer Zusatzeinrichtung in den Scanner-Systemen, die eine separate Abspeicherung der Warenkörbe erlaubt (vgl. dazu im einzelnen Fischer, 1993).

Der in der Handelspraxis übliche weiterführende Auswertungsschritt besteht in dem *Einsatz von Kennzahlensystemen*, wobei die Warenwirtschaftsdaten auf die unterschiedlichsten quantitativen Größen bezogen werden können. In Tab. 3 ist eine Auswahl der gebräuchlichen handelsbetrieblichen Kennzahlen aufgeführt. Exemplarisch werden die Aggregations- und Verknüpfungsmöglichkeiten in Abb. 17 am Beispiel der Einsatzfaktoren Raum und Personal verdeutlicht.

Leistungskennzahlen der betrieblichen Einsatzfaktoren			Kostenkennzahlen	Rentabilitätskennzahlen	Finanzierungskennzahlen	Kennzahlen für die Faktorenkombination
Personal	Ware	Raum	Kostenarten in % vom Umsatz	Umsatzrentabilität	Eigenkapital (EK) und Fremdkapital (FK) je in % vom Gesamtkapital (GK)	Zahl der qm Verkaufs-/ Geschäftsfläche je beschäftigte Person
Umsatz / Person	Lagerumschlag / Sortimentsstufe	Umsatz / Sortimentsstufe		steuerlicher Reingewinn in % des Jahresumsatzes		
Rohgewinn/ Person	Rohgewinn/ Umsatz	Rohgewinn / Sortimentsstufe	Anteile der Kostenarten an den Gesamtkosten		Eigenkapital in % vom Anlagevermögen	Lagerbestand je qm Verkaufsfläche
qm / Person				betriebswirtschaftlicher Reingewinn in % des Jahresumsatzes		
Einkaufsbetrag / Kunde	Anzahl Artikel / Kunde	Umsatz / Regalmeter			Kreditverkäufe in % vom Gesamtumsatz	Lagerbestand je beschäftigte Person
Rohgewinn / Kunde		Rohgewinn/ Regalmeter	Kostenindex	Kapitalrentabilität:	Liquiditätsgrade	Lagerumschlag
Umsatz / Kasse		Umsatz / Kontaktstrecke		Reingewinn x 100 / Gesamtkapital	Kapitalumschlag = Umsatz / Gesamtkapital	
Rohgewinn / Arbeitsstunde		Rohgewinn/ Kontaktstrecke		Reingewinn x 100 / Eigenkapital	Umschlagshäufigkeit des EK = Umsatz / Eigenkapital	
					Umschlagshäufigkeit des langfristigen FK = Umsatz / langfristiges FK	
					Kreditorenumschlag = Wareneingang / ⌀ Kreditorenbestand	
					Debitorenumschlag = Umsatz / ⌀ Debitorenbestand	

Tab. 3: Eine Auswahl handelsbetrieblicher Kennzahlen

Kennzahlen dienen der Bewältigung der Datenflut aus Warenwirtschaftssystemen und erleichtern zwischenzeitliche und insbes. zwischenbetriebliche Vergleiche. Vor allem erlauben sie die Erarbeitung aussagekräftiger Sollwerte für die Steuerung des Handelsbetriebes. Die Aufgaben des operativen Handelscontrolling erweitern sich dabei auf
- die Transformation der Pläne in Soll-Kennzahlen,
- die Transformation des erhobenen Rohdatenmaterials in die entsprechenden Ist-Kennzahlen und
- die Abweichungsanalyse (vgl. Abb. 18).

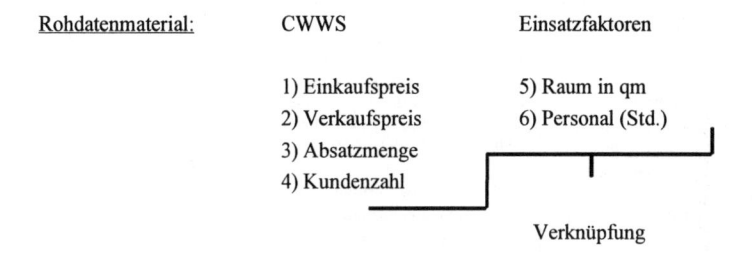

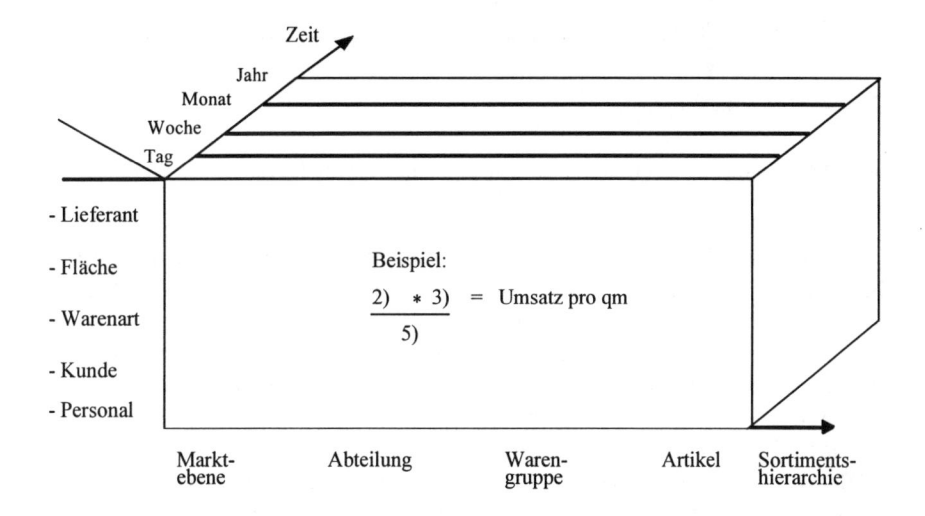

Abb. 17: Rohdatenmaterial aus dem Warenwirtschaftssystem bezogen auf die Einsatzfaktoren Raum und Personal

```
                Erwartungen
                     ▲
                     │        ┌──────────┐         ╭────╮
                     │        │ Planung  │─────────│SOLL-│
                     │        └──────────┘         │Werte│
     Fremd          │             ▲                ╰────╯        Eigen
  ◄──────────────────┼─────────────┼─────────────────────────────────►
                     │   ┌─────────────────────────────────────┐
                     │   │ Operatives kennzahlenorientiertes Handelscontrolling │◄──┐
                     │   └─────────────────────────────────────┘                   │
                     │                                                        ╭────╮
                     │                                                        │IST-│
                     │                                                        │Werte│
                     │                                                        ╰────╯
                     │   Aktionsraum  │  Zustandsraum
                     │   ┌────────────┼─────────────────────────┐
                     │   │Betreibungs-│                         │
                     │   │konzept     │ Quantitatives Rohdatenmaterial
                     │   │ - Preis    │ aus dem Warenwirtschaftssystem
                     │   │ - Sortiment│ und dem internen Rechnungs-
                     │   │ - Bedienung│ wesen, bezogen auf relevante
                     │   │ - räumlich-│ Größen des Aktions-, Zustands-
                     │   │   technische│ oder Ergebnisraums, z.B.    │ Ergebnis-
                     │   │   Gestaltung│                             │ raum
                     │   │   usw.     │ * Flächenkennzahlen
                     │   │ - Fläche   │ * Personalkennzahlen
                     │   │ - Personal │ * Kundenkennzahlen
                     │   │   usw.     │ * Finanzkennzahlen
                     │   │            │ • etc.
                     │   └────────────┴─────────────────────────┘
                     ▼
                Erfahrungen
```

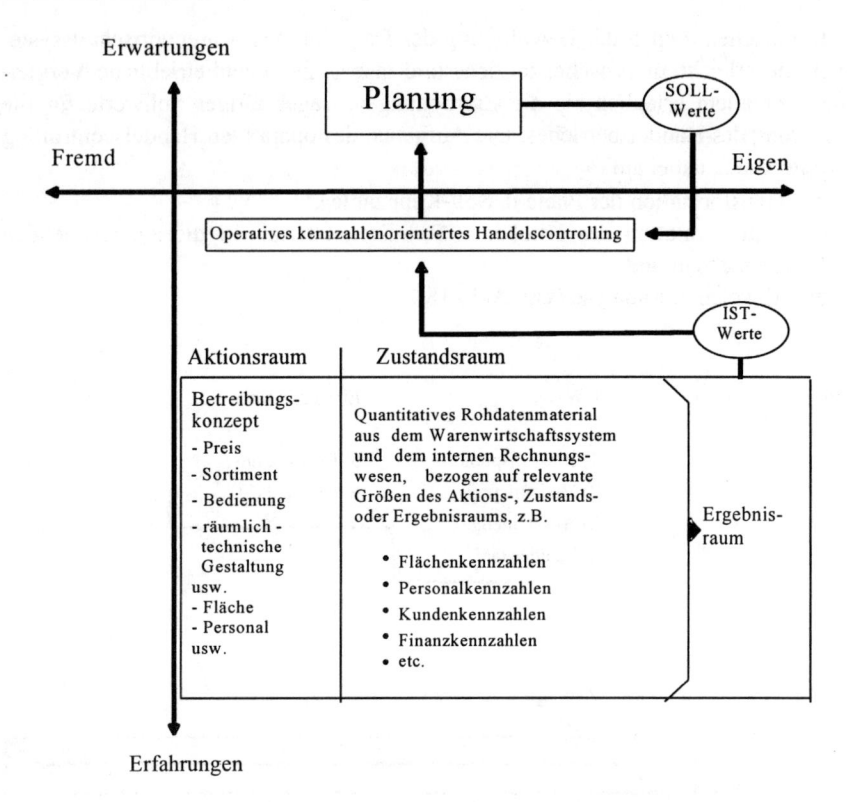

Abb. 18: Einordnung des Kennzahlensystems als Instrument des Handelscontrolling

Wenn heute das Controlling in Handelsunternehmungen einen als fortschrittlich geltenden Stand erreicht hat, dann kennzeichnet es sich dadurch, daß es auf der Basis quantitativer Größen aus dem Warenwirtschaftssystem, ergänzt um Kosteninformationen aus dem internen Rechnungswesen, Soll- und Ist-Kennzahlen ermittelt, zwischenzeitliche (z.T. auch zwischenbetriebliche) Vergleiche ermöglicht und damit die Entscheidungs-, Steuerungs- und Kontrollfunktionen des operativen Handelsmanagement unterstützt.

Bei der *Begründung positiver oder negativer Abweichungen* zwischen geplanten und eingetroffenen Umsatz- bzw. Deckungsbeitragswerten oder darauf aufbauender Kennzahlen, die notwendig ist, um *Korrekturempfehlungen für die handelsbetrieblichen Aktivitäten* abzuleiten, können sich allerdings erhebliche Schwierigkeiten ergeben, wenn die Informationsgewinnung auf derartige quantitative Größen beschränkt ist. Ohne *ergänzende Informationen qualitativer Art* (z.B. über konkrete, von den Konsumenten subjektiv wahrgenommene Eignungsdefizite) bleibt nur Raum für Unzufriedenheit und Spekulation.

Die *Unzulänglichkeiten einer Ex post-Überprüfung des handelsbetrieblichen Planens und Handelns* allein anhand statischer Kennzahlen aus der Warenwirtschaft und dem internen Rechnungswesen soll abschließend mit einer *Anekdote aus der Handelspraxis* verdeutlicht werden.

Wir wollen sie Heiligenerzählung (Legende) nennen:

In die Filiale eines Warenhauskonzerns wird ein junger Filialleiter entsandt mit dem Auftrag, „den Laden auf Vordermann zu bringen". Die Konzernleitung ist mit der Entwicklung des Filialdeckungsbeitrages unzufrieden.

Der Neue schafft es innerhalb von nur zwei Jahren, den Deckungsbeitrag hochzupuschen: Er streicht den gesamten Aufwand für Einkaufsstättenprofilierung (sprich Imagewerbung, Gebäudeerhaltung etc.) rigoros zusammen; er dünnt das Bedienungspersonal radikal aus; unter Verzicht auf Vollständigkeit der Sortimente forciert er die Schnelldreher mit Sonderpreisaktionen; und er vermietet die defizitäre Lebensmittelabteilung nach dem Store-in-the-Store Prinzip an eine Discountkette.

Aufgrund der höchst beachtlichen Sanierungserfolge wird dieser Filialleiter in die zentrale Verkaufsleitung berufen. Die Rendite des sanierten Hauses geht in der Folgezeit drastisch zurück, und unser Manager genießt fortan eine Legende:

Die Filiale hatte Schieflage, bevor *Er* kam, sie blühte auf unter *Ihm*, und sie ging nieder, nachdem *Er* sie verließ.

Die Beurteilung von Führungskräften allein anhand der Maßgrößen Umsatz, Deckungsbeitrag (oder Return on Investment) führt fast zwangsläufig zur *Fehlsteuerung dezentraler Organisationseinheiten*, und zwar aus zwei Gründen:
1. Nach wie vor ist die perioden- und sachgerechte Erfolgszurechnung ein ungelöstes Problem des internen Rechnungswesens. Es ist das Charakteristische statischer Erfolgsgrößen (Umsatz, Kosten), daß *sachliche und insbesondere zeitliche Interdependenzen zerschnitten werden*, d.h. die Neben- und Folgewirkungen von Maßnahmen unbeachtet bleiben.
2. Das vorstehend beschriebene Kontrollvorgehen entspricht einer „*Heckwasserbetrachtung*" vergangenheitsbezogener Handlungsergebnisse. Handelscontrolling hat sein Augenmerk verstärkt (auch) auf sog. vorökonomische Faktoren zu richten, welche die ökonomischen Handlungsergebnisse mit einem zeitlichen Vorlauf ankündigen („*Bugwasserbetrachtung*").

Welche Ergänzungen des operativen Handelscontrolling zweckmäßig sind, soll nachfolgend skizziert werden (vgl. dazu ausführlicher Ahlert, 1990, S. 21ff. sowie Ahlert/Günther, 1986, S. 67ff. und 1992, S. 57ff.).

3.4 Vom operativen zum strategischen Handelscontrolling

Der Übergang von den Aufgaben des operativen zu jenen des strategischen Handelscontrolling ist fließend. Keineswegs wäre die Aussage sinnvoll, im strategischen Handelscontrolling hätten quantitative Daten aus den computergestützten Warenwirtschaftssystemen nun keine Bedeutung mehr (ebensowenig kommt das operative Handelscontrolling allein mit Warenwirtschaftsdaten aus). Vielmehr wurde schon mehrfach darauf hingewiesen, daß im Rahmen des strategieorientierten Controlling zusätzliche, zu den quantitativen Daten hinzutretende Größen qualitativer Art zu berücksichtigen sind, um den Prozeß des systematischen Lernens aus eigenen Erfahrungen sicherzustellen. Dies wurde in Abschn. 3.2 in der Weise zum Ausdruck gebracht, daß das *Arbeiten am Entscheidungsfeldmodell* in den Vordergrund rückt, d.h. die Klärung der Fragen, warum bestimmte Kombinationen der absatzpolitischen Variablen des Aktionsraumes in bestimmten Konstellationen des Zustandsraumes die gemessenen quantitativen Ergebnisse erbracht haben.

Um die im Rahmen des operativen (kennzahlenorientierten) Handelscontrolling ermittelten (positiven oder negativen) Abweichungen erklären zu können, sind die *Beobachtungsfälle zusätzlich qualitativ zu beschreiben*. Als Beobachtungsfall kann *jedes Zusammentreffen einer bestimmten Konstellation des Aktionsraums mit einer bestimmten Konstellation des Zustandsraums* bezeichnet werden. Ein solcher Beobachtungsfall kann das Ergebnis einer *gesteuerten (strategiegeleiteten) Änderung* des Betreibungskonzeptes sein. Er kann sich *aber auch zufällig* ergeben. So sind etliche Innovationen im Handel das Resultat „glücklicher" Umstände. Ein Beispiel wäre das Zusammenbrechen eines Warenträgers kurz vor Öffnung des Geschäftslokals zur Zeit des Saisonschlußverkaufs; dem gestreßten Personal fällt nichts anderes ein, als die Ware schnell noch auf einen freien Tisch zu häufen, und die Geburtsstunde des „Wühltisches" hat geschlagen. Möglicherweise ist es sogar der „Faktor Glück", der die Überlegenheit des evolutionären Managementansatzes im Handel wesentlich mitbestimmt. Allerdings setzt die Ausschöpfung von Glücksfällen eine adäquate Führungskonzeption (Freiräume für eigenverantwortliches Handeln) voraus, die es in dem (fiktiven) Beispiel erst ermöglicht hat, daß das Personal den Wühltisch kreierte. Eine weitere Voraussetzung für die Ausschöpfung des Faktors Glück ist, daß diese Diskontinuitäten (überraschende Abweichungen) überhaupt bemerkt und auf ihre Ursachen hin analysiert werden.

Dies setzt die *ganzheitliche Erfassung der Beobachtungsfälle im Rahmen des lernorientierten Controlling* voraus. Dazu ist es notwendig, ein Protokoll über relevante Veränderungen des Betreibungskonzeptes und der Standortsituation anzufertigen, von Zeit zu Zeit auch qualitative Ergebnisgrößen (z.B. Kundenzufriedenheit, Einkaufsstättenimages) zu erheben und diese Informationen über den Faktor Zeit an die routinemäßig anfallenden quantitativen Ergebnisinformationen aus dem Warenwirtschaftssystem und dem internen Rechnungswesen zu koppeln (vgl. Abb. 19).

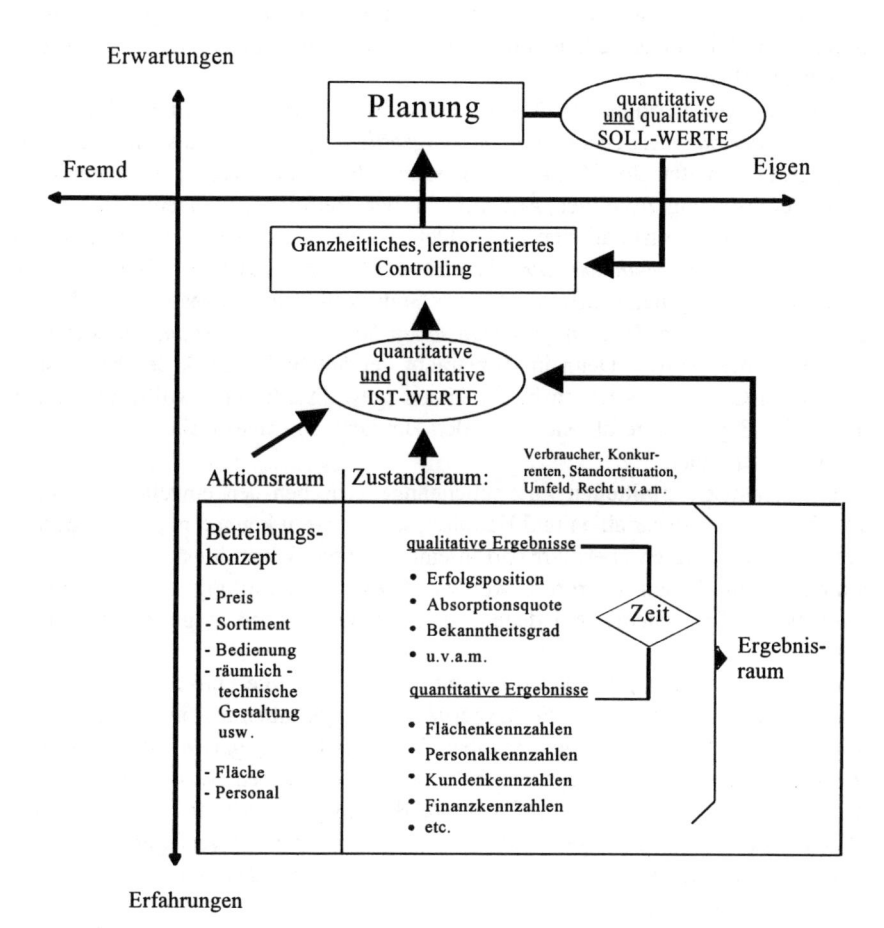

Abb. 19: Warenwirtschaftsdaten als Basis des strategischen Handelscontrolling

Eine hervorragende Basis für derartige Analysen haben jene Handelsunternehmungen, die ein *Kundenkartensystem* eingeführt haben und damit Längsschnittanalysen des Kaufverhaltens der Konsumenten einbeziehen können (vgl. zu dieser Vorgehensweise Mohme, 1993).

Sofern nun überraschende Abweichungen zwischen den quantitativen Soll- und Istwerten festgestellt werden, lassen sich anhand dieser Aufzeichnungen die qualitativen Konstellationen rekonstruieren, um so den Abweichungsursachen auf den Grund zu gehen.

Nach einigen Perioden verfügt das Handelscontrolling über eine *größere Anzahl von periodenbezogenen Beobachtungsfällen*, ggfs. auch aus unterschiedlichen Betriebsstätten des Handelssystems, mit denen die Erfolge geplanter oder auch durchsetzungszufälliger Änderungen der Betreibungskonzepte in jeweils bestimmten Standortsituationen abgebildet werden. Diese Fälle können nun *mit Hilfe statistischer Methoden ausgewertet* werden, um das theoretische Wissen über die Wirkungsbeziehungen im Entscheidungsfeld zu verbessern. In diesem Sinne wurde in Abb. 14 vom „*systematischen Lernen aus natürlichen Marktexperimenten*" gesprochen. Denn in Anbetracht der hohen Dynamik des handelsbetrieblichen Geschehens laufen in der Praxis (gewollt oder ungewollt) permanent natürliche Experimente ab; sie laden den Betrachter geradezu ein, aus ihren Ergebnissen zu lernen.

Die statistisch ermittelten Zusammenhänge zwischen den einzelnen Aktionsvariablen, Zustandsvariablen und Handlungsergebnissen können in einem zweiten Schritt in Hypothesen überführt und in einem dritten Schritt hinsichtlich der vermuteten Kausalitäten überprüft werden. Dieser Überprüfung dienen *gezielte (künstliche) Experimente*, bei denen der Änderungsprozeß in gesteuerter Form abläuft.

Dem strategischen Controlling kommt hier die wichtige Funktion zu, entsprechende experimentelle Tests (Feldexperimente) zu gestalten und auszuwerten. Da allzu häufige Experimente in derselben Einkaufsstätte negative akquisitorische Wirkungen auf die Konsumenten entfalten können, haben Massenfilialsysteme den Vorteil, die Experimente auf mehrere Betriebe verteilen zu können und zugleich über weitere Betriebsstätten als Kontrollgruppen zu verfügen. Es ist zu erwarten, daß sich die *Qualität des Entscheidungsfeldmodells im Zeitablauf sukzessive verbessern* läßt.

Aber auch ohne solche Experimente kann das strategische Controlling (in engen Grenzen) durch Auswertung der natürlichen Experimente zur *verbesserten Gestaltung der Betreibungskonzepte* beitragen. Indem den jeweiligen Zustandsräumen diejenigen Aktionsparameterkonstellationen zugeordnet werden, die ausweislich der erhobenen Beobachtungsfälle (in unterschiedlichen Betriebsstätten des Handelssystems oder zu unterschiedlichen Zeiten) die vergleichsweise besten Handlungsergebnisse erbracht haben, kann die Handlungssicherheit in Zukunft erhöht werden. Diese „Optimierung im Rahmen gemessener Muster" entspricht der *Erfolgsfaktorenforschung*, die in diesem Falle nicht unternehmungsübergreifend, sondern innerhalb des Handelssystems durchgeführt wird.

Zusammenfassend ist festzustellen, daß das Lernen aus natürlichen und künstlichen Marktexperimenten die zeitgleiche Erfassung quantitativer und qualitativer Daten erfordert.

Sofern die quantitativen Daten, in geeigneter Form aufbereitet, schon quasi automatisch aus den computergestützten Warenwirtschaftssystemen auflaufen, also nicht eigens erhoben werden müssen, sind die vorstehend beschriebenen Auswertungen mit vergleichsweise geringem Zusatzaufwand möglich. Die mit den neueren Warenwirtschaftstechnologien ausgestatteten Handelsunternehmungen können somit erhebliche Informationsvorsprünge gegenüber den Handelsunternehmungen erlangen, die noch nicht über Datenkassensysteme verfügen. Informationsvorsprünge bestehen dann auch gegenüber der Industrie, die darauf angewiesen ist, für analoge Auswertungen Warenwirtschaftsdaten erst eigens (z.B. von Marktforschungsinstituten) erheben zu lassen.

3.5 Neue Formen der Arbeitsteilung in verzweigten Handelssystemen und stufenübergreifenden Distributionssystemen bei der Gewinnung und Auswertung von Informationen

Die *Vernetzung Computergestützter Warenwirtschaftssysteme* in Filialsystemen, kooperativen Handelsgruppen und stufenübergreifenden Distributionssystemen wird in den 90er Jahren erheblich an Bedeutung gewinnen. Die damit verbundenen *Rationalisierungseffekte* im Bereich des (operativen) Warenwirtschaftsmanagement *(„harte Nutzenpotentiale")* sind unbestritten (vgl. dazu die Beiträge in Kapitel 2, S. 189).

Das mindestens ebenso große, wenn nicht größere Nutzenpotential integrierter Informationssysteme kann im Bereich der sog. *soft savings* gesehen werden, d.h. bei der Schaffung einer *geeigneten Informationsbasis für operative und strategische Entscheidungen* im System der Konsumgüterdistribution. Dabei ist nicht nur an kooperative Direct Product Rentability-Rechnungen, Regaloptimierungssysteme und scannerdatengestützte Marktforschung zu denken, sondern auch an die betriebsübergreifende Erfolgsforschung.

Die systematische *Auswertung der eigenen Erfahrungen* des Handelsbetriebes bildet nur eine von mehreren Quellen managementrelevanter Informationen (vgl. nochmals Abb. 14). Mindestens ebenso nützlich ist es, aus den *Erfahrungen ande-*

rer, vor allem der überdurchschnittlich erfolgreichen Unternehmungen, zu lernen. Dazu wäre es besonders vorteilhaft, wenn über die Begutachtung des nach außen sichtbaren Marktauftrittes hinaus auch Einblick in die internen Informationssysteme, und hier nicht zuletzt auch in die warenwirtschaftlichen Informationssysteme und das interne Rechnungswesen der anderen Unternehmungen genommen werden könnte. Dadurch könnten besonders vorteilhafte Problemlösungen in Teilprozessen des operativen Geschäftes ebenso aufgedeckt werden wie ganzheitlich vorbildliche Betreibungskonzepte. *Die Suche nach markanten Erfolgsvorteilen*, die dann auch zur Richtschnur des eigenen Handelns gemacht werden könnten, wird neuerdings unter dem Terminus *„Benchmarking"* diskutiert (vgl. Leibfried/ McNair, 1992).

Allgemeiner betrachtet, kann die systematische Auswertung der eigenen und fremden Erfahrungen unter dem Begriff *Erfolgsforschung* zusammengefaßt werden, die in drei eng miteinander verzahnte Forschungsbereiche aufgegliedert werden kann (vgl. zum Überblick Abb. 20):
- Die ganzheitliche Erforschung *kompletter Konzeptionen* exzellenter Handelsbetriebe.
- Die Erforschung besonders geeigneter *Teilkonzepte (Konzeptbausteine)* des absatz- und beschaffungsmarktgerichteten Handelsmarketing.
- Die *Erfolgsfaktorenforschung*, d.h. die Erforschung der *Schlüsselfaktoren*, die exzellente von weniger erfolgreichen Handelsbetrieben signifikant unterscheiden.

Wie schon in Abschn. 3.4 näher dargelegt wurde, steht das Lernen aus den Erfahrungen der eigenen Handelsunternehmung im Rahmen der *innerbetrieblichen Erfolgsforschung* in engem Zusammenhang mit dem strategieorientierten Handelscontrolling. Hierbei kommt es darauf an,
- die *Schlüssel-Erfolgsfaktoren (Erfolgspotentiale) des eigenen Betriebes* zu identifizieren und in Teamarbeit zu stabilisieren und auszubauen (z.B. durch Personal- und Organisationsentwicklung),
- die *erprobten Teilkonzepte des Handelsmarketings* mit besonders hohem „situativen Fit" zu perfektionieren und (damit)
- die *Gesamtkonzeption des Handelsbetriebes* den sich ständig ändernden Rahmenbedingungen fortwährend anzupassen und fortzuentwickeln.

Anforderungen an Handelsinformationssysteme aus Nutzersicht

Räumliche Dimension
- standortspezifisch
- regional
- national
- international

Sachliche Dimension
- Einzelbetrieb
- Handelssystem
- Distributionssystem
- Geschäftsstätten Agglomeration

Branche:
- branchen-intern
- branchen-übergreifend

Zeitliche Dimension
- Querschnitt Analyse
- Längsschnitt Analyse

Erfolgsforschung im Handel
DER MÜNSTERANER ANSATZ

A Ganzeitliche Erforschung exzellenter Handelsbetriebe

B Erfolgsfaktoren-Forschung

C Partialanalytische Erforschung exzellenter Teilkonzepte

Typologie exzellenter Betreibungskonzeptionen und Konzeptlinien

[mit zugriffsorientiertem Ausweis der Anwendungsvoraussetzungen]

vor allem Typologie exzellenter Management-Konzepte

[mit hohem Fit in differenten situativen Kontexten]

Typologie exzellenter Konzeptbausteine

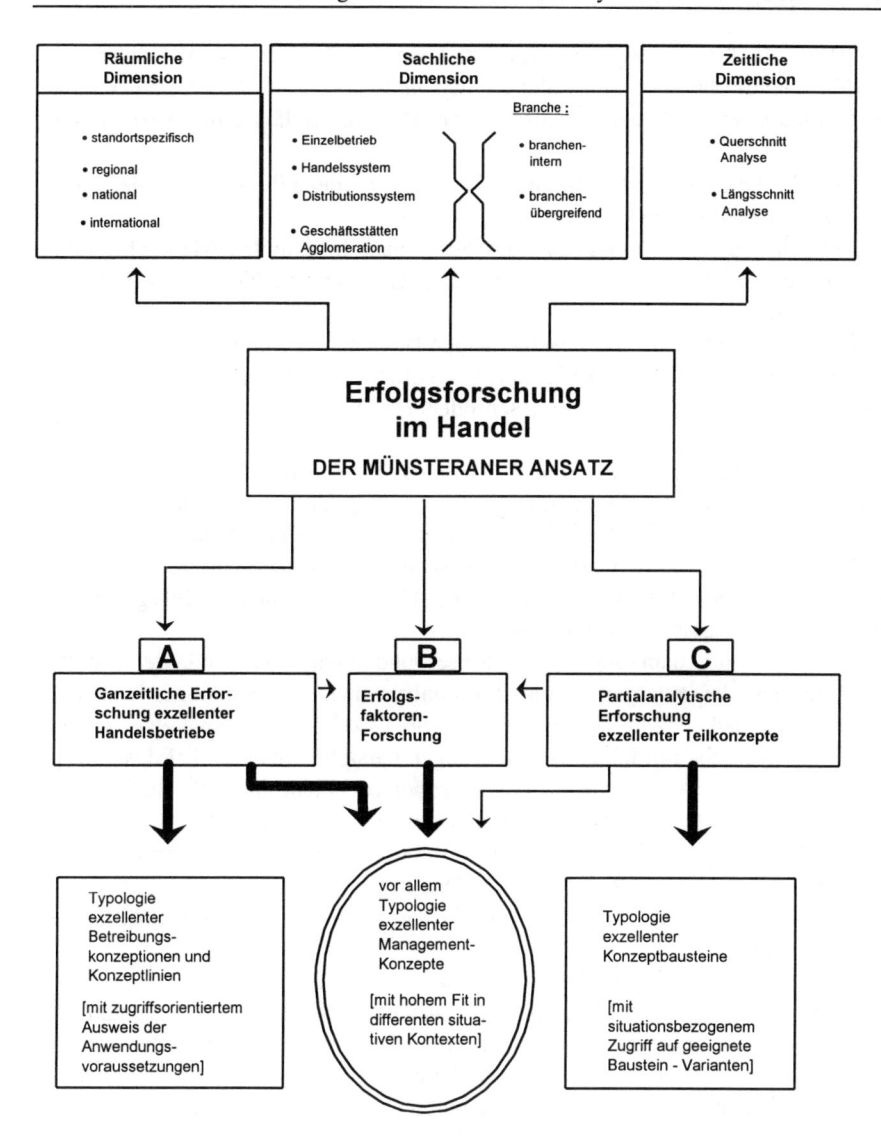

[mit situationsbezogenem Zugriff auf geeignete Baustein - Varianten]

Abb. 20: Dimensionen und Formen der Erfolgsforschung

Die zweite Ausprägung der Erfolgsforschung ist das Lernen aus Erfahrungen anderer Handelsbetriebe im Rahmen der *überbetrieblichen Erfolgsforschung*. Hierbei kann weiterhin danach differenziert werden, ob die „anderen Handelsbetriebe"

– *demselben Handelssystem* (kooperative Gruppe oder Filialsystem) oder unterschiedlichen Handelssystemen,
– *demselben Distributionssystem*, das aus einem bestimmten Markenhersteller und „seinen" Vertragshändlern besteht, oder unterschiedlichen Distributionssystemen,
– *derselben Branche* oder unterschiedlichen Branchen und/oder
– *demselben Land* (national) oder unterschiedlichen Ländern (international)

angehören (vgl. Näheres bei Ahlert/Schröder, 1992).

Was nun die Frage *neuer Formen der Arbeitsteilung in Handels- und Distributionssystemen* anbetrifft, ist auf den folgenden Sachverhalt hinzuweisen:

Der einzelne Handelsbetrieb kann zwar grundsätzlich neben der innerbetrieblichen auch die überbetriebliche Erfolgsforschung zum Gegenstand seiner eigenen Bemühungen machen. Es fragt sich aber, ob dies nicht *auf betriebsübergreifender Ebene effizienter* geleistet werden könnte.

Abgesehen von dem erheblichen Reise- und Analyseaufwand, der mit der Durchführung der externen Erfolgsforschungsstudien verbunden ist, ist darauf hinzuweisen, daß gerade die überbetriebliche Exzellenzforschung eine wissenschaftliche Aufgabe mit hohen Anforderungen darstellt. Denn die Erfolgskonzepte müssen ganzheitlich erhoben werden, wobei vor allem auch die Bedingungskonstellationen (z.B. Standortumfeld) systematisch miterfaßt werden müssen, von denen der Erfolg abhängig ist. Insbesondere sind die Übertragbarkeits-Voraussetzungen explizit zu erforschen. Diesem Anspruch werden z.B. auch die herkömmlichen Betriebsvergleiche und Erfahrungsaustausch-Programme in der Regel nicht gerecht.

Der einzelne Handelsbetrieb hat also schon aus Gründen der Informationsökonomie nur begrenzte Möglichkeiten, aus eigener Kraft eine systematische Erfolgsforschung bei anderen (fremden) Handelsbetrieben außerhalb des eigenen Standortes durchzuführen. Er ist hier auf die Unterstützung der professionellen, überbetrieblichen Erfolgsforschung angewiesen. Soweit er Mitglied einer Handelsgruppe oder eines Filialsystems ist, kann er von der standortübergreifenden Erfolgsforschung (innerhalb oder außerhalb des Handelssystems) profitieren, für welche das Zentralmanagement geradezu prädestiniert ist. Dagegen ist der einzelne Handelsbetrieb sehr gut in der Lage, eine aussagekräftige Erfolgsforschung bei

Kollegen- bzw. Konkurrenzbetrieben innerhalb seines Standortgebietes durchzuführen.

Darüber hinaus bietet sich die Erfolgsforschung im eigenen Betrieb hauptsächlich im Wege der Längsschnittanalyse an. Die Ergebnisse der standortgebundenen Erfolgsforschung können wiederum in die Forschungsarbeit der Systemzentrale eingespeist werden (vgl. zu den Informationsquellen des einzelnen Handelsbetriebes zusammenfassend Abb. 21).

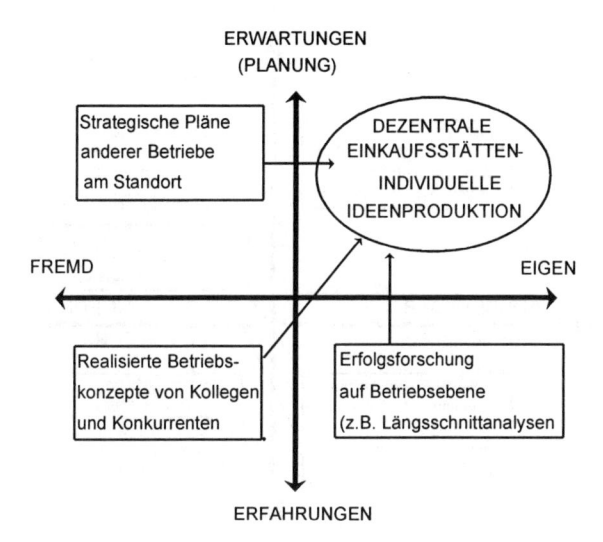

```
                        ERWARTUNGEN
                         (PLANUNG)
                             ▲
    ┌─────────────────────┐  │   ╱─────────────────╲
    │ Strategische Pläne  │  │  │    DEZENTRALE     │
    │ anderer Betriebe    │──┼─▶│  EINKAUFSSTÄTTEN- │
    │ am Standort         │  │  │   INDIVIDUELLE    │
    └─────────────────────┘  │  │  IDEENPRODUKTION  │
                             │   ╲─────────────────╱
  FREMD                      │                      EIGEN
  ◀──────────────────────────┼──────────────────────────▶
                             │         ▲
    ┌─────────────────────┐  │  ┌─────────────────────┐
    │ Realisierte Betriebs│╲ │  │ Erfolgsforschung    │
    │ konzepte von Kollegen│ ╲│  │ auf Betriebsebene   │
    │ und Konkurrenten    │  │  │ (z.B. Längsschnittanalysen│
    └─────────────────────┘  │  └─────────────────────┘
                             ▼
                        ERFAHRUNGEN
```

Abb. 21: Die Informationsquellen der strategischen Erfolgsforschung auf der Ebene des einzelnen Handelsbetriebes

Das Zentralmanagement des Handelssystems (Filialsystem bzw. Kooperationsgruppe) hat sehr viel weiterreichende Möglichkeiten der Exzellenzforschung, die gegenwärtig häufig nicht einmal ansatzweise genutzt werden (vgl. Abb. 22).

Erfolgsforschung *innerhalb eines Handelssystems* bedeutet u.a. auch, die Hypothesen über die zentralen Erfolgsfaktoren (die aus externen Studien stammen) experimentell zu überprüfen und weiterführende Erkenntnisse zu generieren. Es scheint schon bemerkenswert, daß unternehmungsübergreifende, z.T. auch branchenübergreifende Studien der Erfolgsfaktorenforschung Hochkonjunktur haben, während die *internen Studien innerhalb verzweigter Handelssysteme* erst im Anfangsstadium sind, obwohl gerade hier die weitaus bessere Informationsbasis gegeben ist.

Ebene des einzelnen Handelsbetriebes

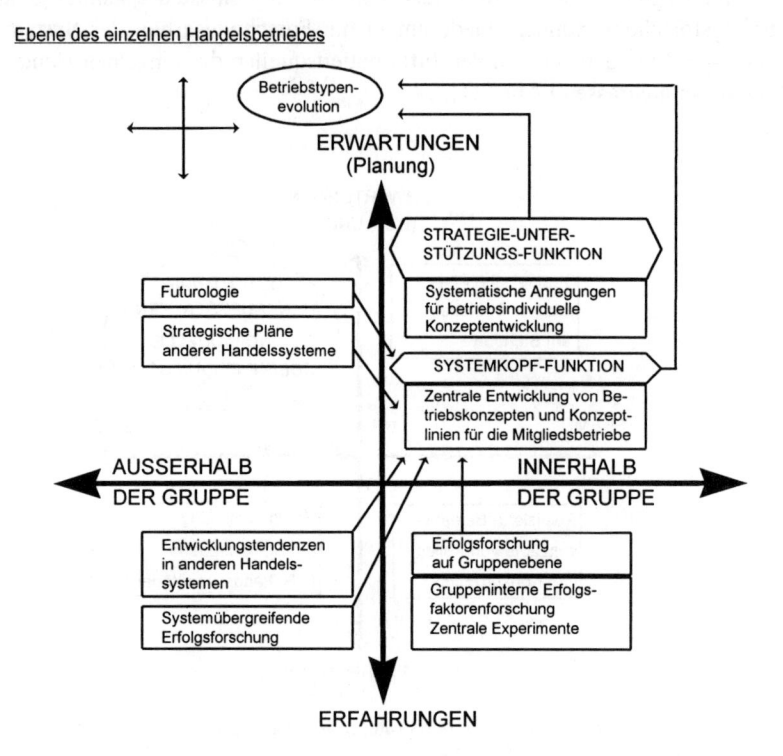

```
                    Betriebstypen-
                    evolution
                    ERWARTUNGEN
                     (Planung)

                   STRATEGIE-UNTER-
                   STÜTZUNGS-FUNKTION
   Futurologie     Systematische Anregungen
                   für betriebsindividuelle
   Strategische Pläne   Konzeptentwicklung
   anderer Handelssysteme
                   SYSTEMKOPF-FUNKTION
                   Zentrale Entwicklung von Be-
                   triebskonzepten und Konzept-
                   linien für die Mitgliedsbetriebe

   AUSSERHALB                    INNERHALB
   DER GRUPPE                    DER GRUPPE

   Entwicklungstendenzen    Erfolgsforschung
   in anderen Handels-      auf Gruppenebene
   systemen
                            Gruppeninterne Erfolgs-
   Systemübergreifende      faktorenforschung
   Erfolgsforschung         Zentrale Experimente

                   ERFAHRUNGEN
```

Abb. 22: Die Informationsquellen der strategischen Handelsforschung auf der Ebene der Handelszentrale

Zusammenfassend kann festgehalten werden, daß die *Kooperation zwischen den Mitgliedsbetrieben eines Handelssystems auf dem Gebiet managementrelevanter Informationen* insoweit *notwendig* ist, als es um Informationen geht, die auf der Ebene des einzelnen Betriebes überhaupt nicht gewonnen werden können. Zu denken ist einerseits an Erfahrungsaustausch-Programme, systeminterne Betriebsvergleiche und die systeminterne Erfolgsfaktorenforschung. Andererseits fällt auch das Austesten neuer Konzepte, das den betriebsübergreifenden Vergleich zwischen Testbetrieben und Kontrollbetrieben voraussetzt, in die Zuständigkeit der Zentralebene. Soweit die Mitgliedsbetriebe der Handelszentrale einen institutionalisierten Einblick in ihr warenwirtschaftliches Informationssystem und internes Rechnungswesen gewähren, was in Filialsystemen verordnet werden kann, in kooperativen Gruppen jedoch häufig noch auf massiven Widerstand stößt, liegen geradezu ideale Voraussetzungen für die systeminterne Erfolgsforschung vor.

Die Kooperation ist überdies *unter Wirtschaftlichkeitsaspekten i.d.R. zweckmäßig*, soweit es um eine professionelle Form der systemexternen Erfolgsforschung geht. Weiterhin sind sogar Konstellationen in Handelssystemen vorstellbar (und anzutreffen), in denen auch die betriebsindividuellen Auswertungen der eigenen Scanningdaten für Entscheidungen effizienter zentralseitig durchgeführt werden, insbes. wenn es an einem dafür notwendigen Know how in den Anschlußbetrieben mangelt. Außerdem hat es sich in Handelssystemen mit vergleichsweise homogener Mitgliederstruktur als durchaus hinreichend erwiesen, verfeinerte Formen der Marketingforschung nur stichprobenweise in ausgewählten Musterbetrieben durchzuführen.

Von existentieller Bedeutung für das Überleben der meisten Handelssysteme ist nicht nur die Ausstattung mit computergestützten Warenwirtschaftstechnologien, sondern auch die Akzeptanz der neuen Arbeitsteilungsformen bei der Informationsgewinnung und -nutzung.

Dieser Gedanke kann auf *komplette Distributionssysteme* übertragen werden. So kann der *Hersteller einen besonderen Wettbewerbsvorteil* in den Augen „seiner" Absatzmittler erlangen, wenn er *nicht nur Ware, sondern auch relevantes substantielles und strukturelles Wissen* für das Handelsmanagement liefert und in professioneller Weise Erfolgsforschung für seine Absatzkanalmitglieder betreibt. Auch hier können die Erfolgsaussichten erheblich gesteigert werden, wenn sich die Mitglieder des vertikalen Marketingsystems vorbehaltlos Einblicke in ihre Informationssysteme zugestehen. Voraussetzung dafür ist, daß sich *Hersteller und Händler als Mitglieder einer Schicksalsgemeinschaft* verstehen, wie dies in Vertragshändler- und Franchisesystemen unschwer vorstellbar ist. In der Mehrzahl der Distributionssysteme arbeiten Hersteller und Händler allerdings bezüglich des Informationsaustausches eher gegeneinander oder schotten sich entsprechend ihrer „Wagenburgmentalität" voneinander ab. Hier kommen dann Marktforschungsinstitute zum Zuge, die die benötigten Informationen auf meist recht kostspielige Weise generieren, und ein beträchtliches Potential der Distributionsökonomisierung durch effizientere Arbeitsteilungsstrukturen in den konventionellen Distributionssystemen liegt brach; dies hat schon mehrfach den „Wettbewerb als Entdeckungsverfahren" auf den Plan gerufen und das Entstehen neuer, effizienter arbeitender Konzepte der Konsumgüterdistribution begünstigt.

4 „Pflicht und Kür" bei der Konzeption von Handelsinformationssystemen

4.1 Zur Frage der Abhängigkeit der HIS-Architektur vom individuellen Informationsbedarf der Nutzer

Bei der Neugestaltung oder Restrukturierung von Handelsinformationssystemen ergibt sich ein klassisches *Reihenfolgeproblem der konzeptionellen Überlegungen bezüglich Architektur und Nutzung* (vgl. Abb. 23).

Alternative A bedeutet, zunächst das Handelsinformationssystem „nach den allgemeinen Regeln der Kunst" zu entwerfen und danach die Nutzungspotentiale unternehmungsindividuell auszuloten.

Alternative A

Architektur → Nutzung

Alternative B

Architektur ← Informationsbedarf ← Nutzungspotential

Alternative C

Basisprogramm für HIS "Pflicht" ⇒ Standard-Informationsbedarf in jeder Handelsunternehmung

⇓

spezifische Auswertungsmodule "Kür" ⇐ Unternehmungsindividueller Informationsbedarf in Abhängigkeit von
- Struktur der Handelsunternehmung
- Zentralisationsgrad
- Organisationstyp
- usw.

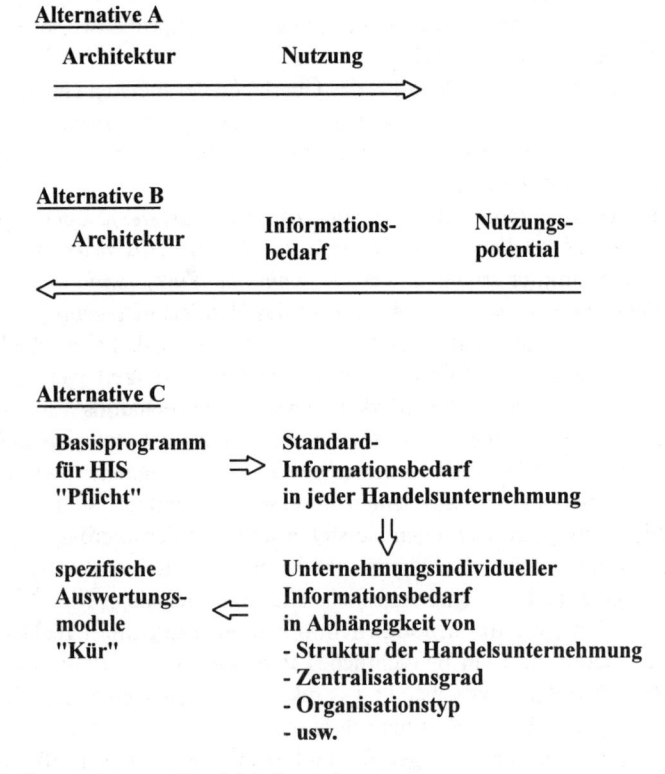

Abb. 23: Die Konzeption von Handelsinformationssystemen

Bei der Alternative B bildet der Informationsbedarf der (potentiellen) Nutzer den Ausgangspunkt für die Ableitung spezifischer Anforderungen, nach deren Maßgabe das Handelsinformationssystem unternehmungsindividuell zu konstruieren ist.

In bezug auf die Architektur des Informationssystems drängt sich die Analogie zum Entscheidungsproblem Standard-Software versus Individual-Software auf.

Es erscheint typisch für die *akademische Sichtweise*, die Alternative B zu präferieren. Dies entspricht auch der finalen Interpretation des Informationsbegriffes (vgl. nochmals Abb. 1): *Die Nutzungszwecke determinieren die Architektur der Datenmodelle.*

Bei dieser Vorgehensweise treten allerdings in der *Handelspraxis* gravierende Probleme auf. Sie kommt dem Unterfangen gleich, einem Fahrschüler, der noch keine Fahrpraxis hat, seine Wünsche und spezifischen Anforderungen an ein Automobil zu entlocken oder ihn einen Führerschein machen zu lassen, ohne ein Automobil bereitzustellen. Der Vergleich mag überzogen sein; jedoch ist aus zahlreichen Praxisprojekten des Münsteraner Instituts für Handelsmanagement zu berichten, daß alle Versuche gescheitert sind, aus einer *abstrakten Erhebung des Informationsbedarfs* von Handelsmanagern konkret umsetzbare Ansprüche an *Warenwirtschaftssysteme oder Handelsinformationssysteme* abzuleiten. Soweit sie noch keine einschlägigen Erfahrungen im Umgang mit Informationssystemen sammeln konnten, fällt es den Führungskräften in Handelsunternehmungen in der Regel schwer, ihren Informationsbedarf zu artikulieren. Bei der nutzerorientierten Restrukturierung vorhandener Informationssysteme ist es allerdings eher möglich, auf die spezifischen Wünsche und Ansprüche der Informationsverwender zu rekurrieren.

Erschwerend kommt bei dieser Vorgehensweise B hinzu, daß *der Nutzerkreis nicht a priori feststeht*. Inwieweit außer den Entscheidungsträgern in den Geschäftsstätten auch die Manager der Handelszentrale oder gar Prozeßteams in stufenübergreifenden Wertketten bis hin zu den weiteren Transaktionspartnern (etwa Marktforschungsinstitute, Logistikdienstleister, aber auch die Kunden) Zugriff auf die Informationen haben sollen, hängt wesentlich von der Konfiguration der „integrierten Informationssysteme" ab (vgl. nochmals Abb. 11).

Angesichts dieser praktischen Schwierigkeiten ist zu fragen, ob der weniger naheliegenden Alternative A der Vorzug gebührt: Das in einer Handelsunternehmung implementierte *Handelsinformationssystem determiniert die Nutzungspotentiale.*

Aber auch diese Vorgehensweise hat ihre Tücken. Zwar ist die Informations- und Kommunikationstechnologie zweifellos inzwischen soweit ausgereift, daß es unschwer gelingen mag, jedem Händler einen „Rolls Royce auf den Hof zu stellen", d.h. ein Handelsinformationssystem, welches *den höchsten Ansprüchen der Nutzung* gerecht wird. Wenn aber die Handelsmanager als Nutzer nicht bereit oder befähigt sind, die *Nutzungspotentiale voll auszuschöpfen,* oder - um im Bild zu bleiben - wenn ihnen „nur Feldwege zur Verfügung stehen", dann ist der Rolls Royce ineffizient, dann hätte es besser ein „Land Rover" sein sollen.

Mit diesem Bild soll zum Ausdruck gebracht werden, daß die *Nutzungsanforderungen an Informationssysteme im Handel nicht homogen* sind. Tatsächlich sind sie unternehmungsindividuell sehr unterschiedlich; sie sind insbesondere abhängig
- von der *Struktur der Handelsunternehmung* und dem *Typ des Handelssystems bzw. des Distributionssystems,* in das die Handelsunternehmung eingebettet ist (vgl. zu den differenten Systemtypen der Konsumgüterdistribution Abb. 24) und
- von dem in der Handels- bzw. Distributionsorganisation *praktizierten Managementsystem.*

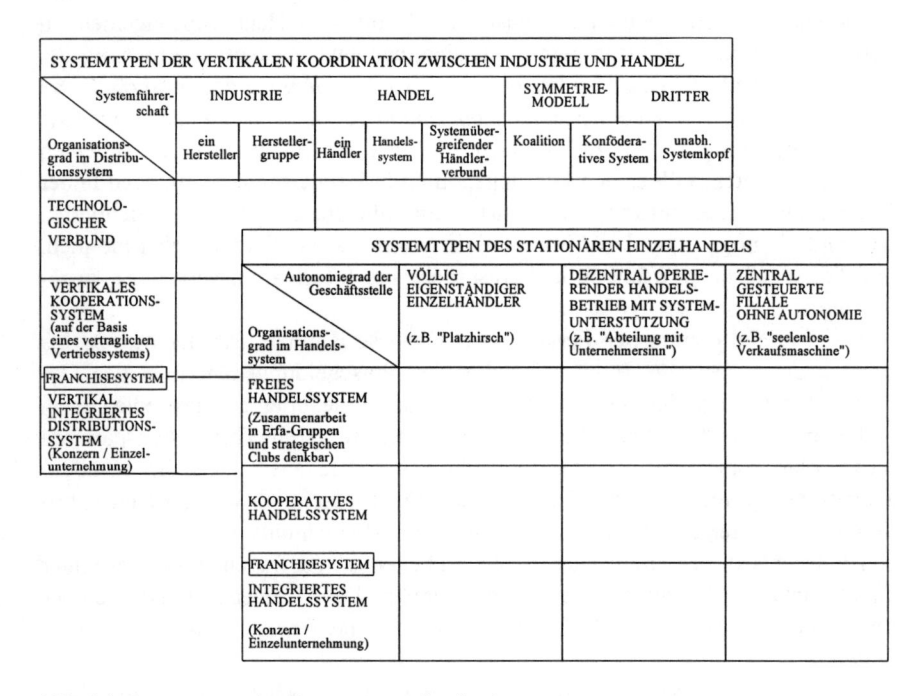

SYSTEMTYPEN DER VERTIKALEN KOORDINATION ZWISCHEN INDUSTRIE UND HANDEL								
Systemführerschaft / Organisationsgrad im Distributionssystem	INDUSTRIE		HANDEL		SYMMETRIE-MODELL		DRITTER	
	ein Hersteller	Herstellergruppe	ein Händler	Handelssystem	Systemübergreifender Händlerverbund	Koalition	Konföderatives System	unabh. Systemkopf
TECHNOLOGISCHER VERBUND								
VERTIKALES KOOPERATIONSSYSTEM (auf der Basis eines vertraglichen Vertriebssystems)								
FRANCHISESYSTEM								
VERTIKAL INTEGRIERTES DISTRIBUTIONSSYSTEM (Konzern / Einzelunternehmung)								

SYSTEMTYPEN DES STATIONÄREN EINZELHANDELS			
Autonomiegrad der Geschäftsstelle / Organisationsgrad im Handelssystem	VÖLLIG EIGENSTÄNDIGER EINZELHÄNDLER (z.B. "Platzhirsch")	DEZENTRAL OPERIERENDER HANDELSBETRIEB MIT SYSTEMUNTERSTÜTZUNG (z.B. "Abteilung mit Unternehmersinn")	ZENTRAL GESTEUERTE FILIALE OHNE AUTONOMIE (z.B. "seelenlose Verkaufsmaschine")
FREIES HANDELSSYSTEM (Zusammenarbeit in Erfa-Gruppen und strategischen Clubs denkbar)			
KOOPERATIVES HANDELSSYSTEM			
FRANCHISESYSTEM			
INTEGRIERTES HANDELSSYSTEM (Konzern / Einzelunternehmung)			

Abb. 24: Systemtypen der Konsumgüterdistribution

Mit Bezug auf das Managementsystem ist vor allem auf drei wesentliche *Einflußfaktoren einer adäquaten Architektur von Handelsinformationssystemen* hinzuweisen:

1. *Der Zentralisationsgrad der Entscheidungen im Handelssystem*
   Wird der einzelne Handelsbetrieb „*zentralistisch geführt*", liegen also die wichtigsten Entscheidungs- und Weisungsbefugnisse bei der Managementzentrale, so sind die Auswertungsmodule auf völlig andere Nutzeransprüche auszurichten als bei *dezentraler Führungsorganisation*. Hier werden wesentliche Entscheidungen in den Profitcentern (z.B. in den Filialen) getroffen, und die Geschäftsleitung des Handelssystems ist bemüht, möglichst weitgehend marktwirtschaftliche Koordinationsmechanismen bei der Steuerung wirken zu lassen und damit „Unternehmertum an die Basis zu tragen". Nicht nur der Nutzerkreis ist hier ein anderer, sondern auch die Verwendungszwecke der bereitgestellten Informationen.

2. *Das Koordinationsprinzip im Distributionssystem*
   Jede Handelsunternehmung ist i.d.R. eingebettet in eine Mehrzahl von Distributionssystemen. Ein Distributionssystem umfaßt außer den an der Vermarktung eines bestimmten Absatzgutes (bzw. Produktprogramms) teilnehmenden Einkaufsstätten (und spezialisierten Hilfsbetrieben) auch den Hersteller (vgl. Näheres dazu bei Ahlert, 1996a, S. 8ff.). Die Koordinationsprinzipien in der Konsumgüterdistribution können nach dem *Bindungsgrad* und dem *Autonomiegrad* geordnet werden (vgl. Abb. 25).
   In jedem Feld der dargestellten Matrix sind der Kreis von Personen, die als Nutzer von Informationen aus den Informationssystemen der angeschlossenen Handelsunternehmungen infrage kommen, sowie deren Nutzungsanforderungen recht unterschiedlich. Ein einheitliches Handelsinformationssystem zu implementieren, das allen diesen differenten Nutzeranforderungen zugleich gerecht wird, läuft auf ein aufgeblähtes, zum großen Teil redundantes Informationssystem hinaus, welches dem Prinzip des sog. „lean information" diametral entgegensteht.

3. *Die organisatorische Konfiguration der Geschäftsabläufe*
   Herrscht eine *funktionale Fragmentierung* der Aufgaben in der Handelsunternehmung vor, sind also z.B. Einkauf, Verkauf, Logistik, Marktkommunikation etc. organisatorisch separiert, so sind die Nutzeransprüche weitgehend anders geartet als in einer *prozeßorientierten Organisation*. Hier werden komplette Wertschöpfungsprozesse in die Verantwortlichkeit einzelner Prozeßteams (innerhalb der Handelsunternehmung oder auch stufenübergreifend) gegeben. Diese Prozeßteams sind nicht nur für die Ausführung der kompletten Leistungsprozeßaktivitäten zuständig, sondern übernehmen i.d.R. auch wesentli-

che Aufgaben des Prozeßmanagement (Planung, Entscheidung, Steuerung und Kontrolle).

Der Übergang von einer Funktions- zu einer Prozeßorganisation erfordert auch eine Restrukturierung der Managementbasis in der Handelsunternehmung (vgl. Abb. 26). Hat sich das Top Management im Rahmen einer politischen Grundsatzentscheidung für die kundenorientierte Prozeßorganisation entschieden, muß es sich mit gravierenden Änderungen der eigenen Aufgaben und Zuständigkeiten abfinden. Nicht mehr die Anweisung, sondern die *Strategie-Moderation und ein Coaching der selbständig agierenden Prozeßteams* bilden den Aufgabenschwerpunkt (vgl. dazu im einzelnen Ahlert 1996b, S. 22 ff.) Die *Konsequenzen für die Gestaltung der Controllingkonzeption und der betriebswirtschaftlichen Informationssysteme* sind bislang nicht einmal ansatzweise erforscht.

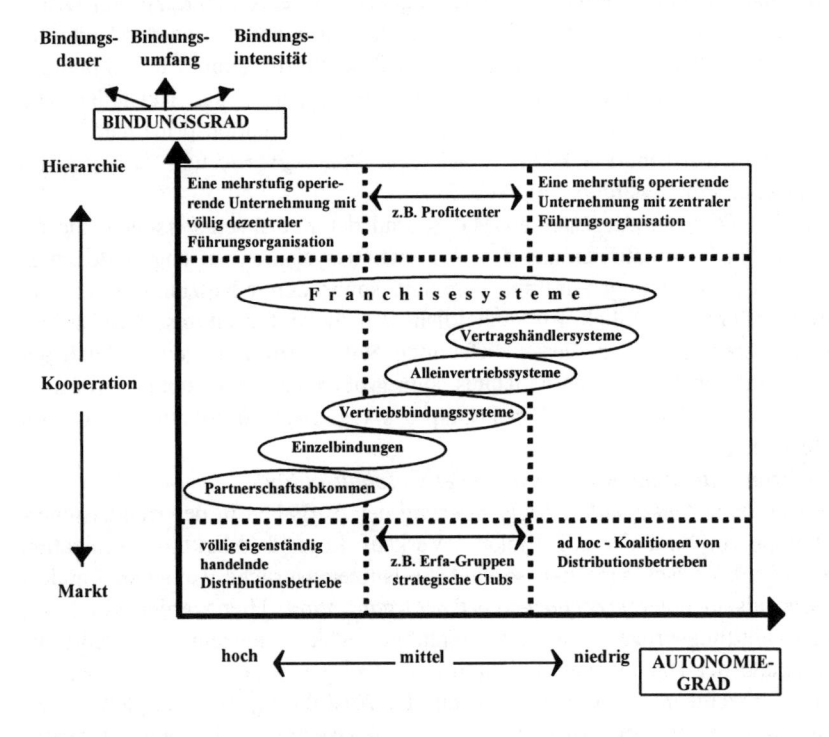

Abb. 25: Koordinationsprinzipien in der Konsumgüterdistribution

Phasen der Restrukturierung

Managementbasis

```
Philosophie
    ⇩
Optimierungsansatz
    ⇩
Erforschung der Kundenprobleme
    ⇩
Profilierungsstrategie
    ⇩
Problemlösungsprozeß
    ⇩
Prozeßorganisation
    ⇩
Entlastung durch Funktionsauslagerung und Kooperation
```

"Politische" Grundsatzentscheidung des TOP MANAGEMENTS

Strategie-Moderation, Coaching

Informationsversorgung
- Marktforschung
- Benchmarking (intern/extern)
- Führungsinformationssystem
- Prozeß - Kostenrechnung
- usw.

CONTROLLING

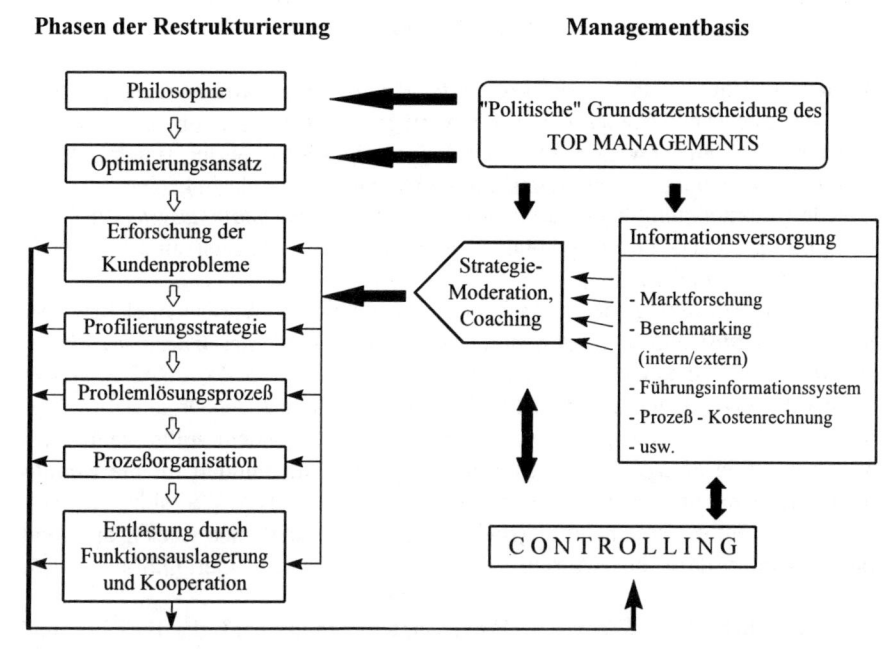

Abb. 26: Auswirkungen der Restrukturierung auf das Management

Zusammenfassend kann festgestellt werden, daß weder der Alternative A (erst das Handelsinformationssystem konzipieren, dann über Nutzungspotentiale nachdenken) noch der Alternative B (erst den Informationsbedarf der Nutzer ermitteln, dann das Handelsinformationssystem gestalten) eindeutig der Vorzug gebührt. Statt dessen ist ein *geeigneter Kompromiß* zwischen diesen beiden Vorgehensweisen zu suchen, und der kann darin gesehen werden, zwischen einem *nutzerunabhängigen Pflichtprogramm* und einem *nutzerspezifischen Kürprogramm* bei der Konzeption des Handelsinformationssystems zu unterscheiden (vgl. Alternative C in Abb. 23).

4.2 Die Differenzierung in standardisierte Basismodule und unternehmungsspezifische Auswertungsmodule

Mit der „Pflicht" ist ein *Basisprogramm für Handelsinformationssysteme* gemeint, über das alle Handelsunternehmungen verfügen sollten. Es ergibt sich aus den allgemeinen, immer wiederkehrenden Informationsbedarfen im Handel. Diese muß man nicht erst unternehmungsindividuell erheben, um sie zu kennen.

Jede Unternehmung benötigt ein *Berichts- und Dokumentationssystem* in Form einer Bilanz-, GuV- und Liquiditätsrechnung sowie eine Kosten- und Leistungsrechnung als Grundrechnung.

Jede Unternehmung, deren Aufgabenschwerpunkt im Warenhandel bzw. der Konsumgüterdistribution liegt, benötigt überdies ein modernes *Warenwirtschaftssystem*. Ob es sich dabei um ein Standardsystem (z.B. auf der Basis SAP R 3) oder ein den Besonderheiten der Branche, des Betriebstyps bzw. des Organisationstyps des Handelssystems entsprechendes Individualsystem handeln sollte, kann nicht allgemeingültig gesagt werden. In Abb. 27 ist ein Stufenmodell für die Einführung eines computergestützten Warenwirtschaftssystems (CWWS) skizziert, welches bereits auf die unternehmungsindividuellen Besonderheiten Rücksicht nimmt (vgl. Näheres dazu bei Olbrich, 1997, S. 115ff. und Ahlert/Olbrich, 1997, S. 229ff.).

Festzuhalten bleibt: Wenn eine Handelsunternehmung bzgl. der Berichts- und Dokumentations- sowie der Warenwirtschaftssysteme den „Stand der Kunst" noch nicht erreicht hat und noch über keine adäquate Controllingkonzeption verfügt, braucht über Kürprogramme erst gar nicht nachgedacht zu werden.

Mit der „Kür" sind *spezifische Auswertungsmodule* gemeint, die nur im Hinblick auf den unternehmungsindividuellen Informationsbedarf der Nutzer maßgeschneidert konzipiert werden können. Während die Basismodule der Handelsinformationssysteme heute schon als recht ausgereift charakterisiert werden können, befinden wir uns im Bereich der spezifischen Auswertungsmodule vielfach noch „im Mittelalter". So bilden Handelsbetriebe und verzweigte Handelssysteme, die bereits über ein den Mindestansprüchen genügendes *integriertes Führungsinformationssystem* verfügen, eine seltene Ausnahme. Wenn man einmal von Renner- und Pennerlisten, die in Warenwirtschaftssystemen mehr schlecht als recht bereitgestellt werden, absieht, so ist festzustellen, *daß die für die Informationsversorgungsfunktion des operativen und strategischen Handelscontrolling erforderliche Informationsbasis in der Handelspraxis i.d.R. (noch) nicht verfügbar ist.* Erst recht steckt die handelswissenschaftliche Forschung in bezug auf *Informationssysteme,* die *für die Implementierung einer kundenorientierten Prozeßorganisation* im Handel und in der Wertschöpfungskette unverzichtbar sind, gegenwärtig noch "in den Kinderschuhen". Diese bilden einen der Forschungsschwerpunkte des Münsteraner Instituts für Handelsmanagement.

Erste Forschungsergebnisse liegen mit den Beiträgen des Readers „Integrierte Warenwirtschaftssysteme und Handelscontrolling" (Ahlert/Olbrich, 1997), dem Buch zum „Kostenmanagement und prozeßorientierte Kostenrechnung im Handel" (Battenfeld, 1997) sowie dem Beitrag „Führungsinformationssystems im Handel" bereits vor (vgl. Salfeld, S. 237).

Stufen	STUFENSPEZIFISCHE AUFGABEN		STUFENÜBERGREIFENDE AUFGABEN
1. Stufe	▪ Entwicklung des CWWS in Zusammenarbeit mit den späteren Nutzern ▪ Lauftest und Anpassung des CWWS ▪ Auswahl der Pilotbetriebe ▪ Sicherstellung der Lauffähigkeit bis zur Nutzung als Hintergrundsystem moderner Kassentechnologien		▪ Erhebung des zentralen u. dezentralen Informationsbedarfs ▪ Erstellung von Anforderungen hinsichtlich des Leistungsspektrums des CWWS
2. Stufe	▪ Auswahl der Vergleichsbetriebe ▪ Schaffung wechselseitiger Datenzugriffsmöglichkeiten von der /zur Systemzentrale ▪ Sicherstellung der Lauffähigkeit bis zum wechselseitigen Datentransfer	▪ Bestimmung des Zentralisationsgrades der Dateninterpretation, Datenauswertung und Datenverwaltung	▪ Festlegung des Standardisierungsgrades u. Anpassungsmöglichkeiten der Software ▪ Organisationsentwicklung ▪ Aufbau und Koordination der Informationsbeziehungen zwischen Systemzentrale und Geschäftsstätten
3. Stufe	▪ Abschließende Festlegung des Integrationsgrades ▪ Sicherstellung der Lauffähigkeit bis zur Nutzung der Daten für die zentralen Geschäftsprozesse	▪ Reorganisation und laufende Anpassung der Informationsprozesse für das Einkaufs-, Lager- und Logistikmanagement des Handelssystems ▪ Organisation der Dateninterpretation, Datenauswertung und Datenverwaltung ▪ Durchführung der Dateninterpretation, Datenauswertung und Datenverwaltung (fakultativ)	▪ Installation der CWWS ▪ Koordination der Nutzung der gewonnen Abverkaufsinformationen ▪ Weiterentwicklung des CWWS/Programmpflege
4. Stufe	▪ Realisation des zieladäquaten Ausstattungsgrades ▪ Sicherstellung der Lauffähigkeit bis zur Nutzung der Daten für das Controlling im Handelssystem	▪ Reorganisation der Informationsprozesse für das Controlling im Handelssystem	

Abb. 27: Die erforderlichen Aufgaben zur Schaffung der organisatorischen Voraussetzungen auf den Einführungsstufen dezentraler CWWS

Literaturempfehlung

Ahlert, D. (1990): Strategisches Controlling als Kernfunktion des evolutionären Managements - Dargestellt am Beispiel der Betriebstypenevolution im stationären Einzelhandel - , in: Finanz- und Rechnungswesen als Führungsinstrument, (Hrsg.) Ahlert, D., Franz, K.-P., Göppl, H., Wiesbaden.

Ahlert, D. (1996a): Distributionspolitik, Das Management des Absatzkanals, 3. Aufl., Stuttgart, Jena.

Ahlert, D. (1996b): Auf der Suche nach den Spitzenleistungen in Handel und Distribution - Evolution mit Benchmarking oder Revolution durch Business Process Reengineering als 'Königsweg zum Erfolg'?, in: Größenmanagement und kundenorientierte Restrukturierung, Wege in neue Strukturen aus der Perspektive von Industrie und Handel, Schriften zur Textilwirtschaft, Bd. 49, (Hrsg.) Ahlert, D., Dieckheuer, G., Münster.

Ahlert, D. (1997): Warenwirtschaftsmanagement und Controlling in der Konsumgüterdistribution - Betriebswirtschaftliche Grundlegung und praktische Herausforderungen aus der Perspektive von Handel und Industrie, in: Integrierte Warenwirtschaftssysteme und Handelscontrolling: Konzeptionelle Grundlagen und Umsetzung in der Handelspraxis, 3., neubearb. Aufl., (Hrsg.) Ahlert, D., Olbrich, R., Stuttgart, S. 3-112.

Ahlert, D. / Günther, J. (1986): Die Controllingfunktion im Steuerungssystem des stadionären Einzelhandels, in: Handelsforschung 1986, Jahrbuch der Forschungsstelle für den Handel Berlin (FfH) e.V., (Hrsg.) Trommsdorff, V., Heidelberg, S. 67-87.

Ahlert, D. / Günther, J. (1992): Strategisches Controlling und Experimentelle Optimierung im Handel, Arbeitspapier Nr. 8 des Lehrstuhls für Betriebswirtschaftslehre, inbs. Distribution und Handel, 3., neubearb. Aufl., Universität Münster.

Ahlert, D. / Kollenbach, S. / Korte, C. (1996): Strategisches Handelsmanagement - Erfolgskonzepte und Profilierungsstrategien am Beispiel des Automobilhandels, Wiesbaden.

Ahlert, D. / Olbrich, R. (1997): Die Einführung computergestützter Warenwirtschaftssysteme in Handelssystemen als Problem des geplanten organisatorischen Wandels, in: Integrierte Warenwirtschaftssysteme und Handelscontrolling: Konzeptionelle Grundlagen und Umsetzung in der Handelspraxis, 3., neubearb. Aufl., (Hrsg.) Ahlert, D., Olbrich, R., Stuttgart, S. 229-253.

Ahlert, D. / Olbrich, R. (1997): Integrierte Warenwirtschaftssysteme und Handelscontrolling: Konzeptionelle Grundlagen und Umsetzung in der Handelspraxis, 3., neubearb. Aufl., Stuttgart.

Ahlert, D. / Schröder, H. (1992): Strategische Erfolgsforschung im Handel - ein Forschungsprogramm -, Arbeitspapier Nr. 15 des Lehrstuhls für Betriebswirtschaftslehre, insb. Distribution und Handel, Universität Münster.

Ahlert, D. / Schröder, H. (1996): Rechtliche Grundlagen des Marketing, in: Schriftenreihe Edition Marketing, 2. Aufl., (Hrsg.) Köhler, R., Meffert, H., Stuttgart, Berlin, Köln, Mainz.

Battenfeld, D. (1997): Kostenmanagement und prozeßorientierte Kostenrechnung im Handel - konzeptionelle Grundlagen einer internen Marktorientierung durch Verrechnungspreise, in: Schriften zu Distribution und Handel, Bd. 24, (Hrsg.) Ahlert, D., Frankfurt a. M., Bern, New York.

Becker, J. / Schütte, R. (1996): Handelsinformationssysteme, Landsberg/Lech.

Ebert, K. (1986): Warenwirtschaftssysteme und Warenwirtschafts-Controlling, in: Schriften zu Distribution und Handel, Bd. 1, (Hrsg.) Ahlert, D., Frankfurt a. M., Bern, New York.

Fischer, Th. (1993): Computergestützte Warenkorbanalyse - dargestellt auf der Grundlage von Scanningdaten des Lebensmitteleinzelhandels unter besonderer Berücksichtigung einer selbsterstellten Analysesoftware, in: Schriften zu Distribution und Handel, Bd. 11, (Hrsg.) Ahlert, D., Frankfurt a. M., Bern, New York.

Hertel, J. (1997): Warenwirtschaftssysteme - Grundlagen und Konzepte, 2., überarb. und erweiterte Aufl., Heidelberg.

Horváth, P. (1991): Controlling, 4., überarb. Aufl., München.

Küpper, H.-U. (1987a): Konzeption des Controlling aus betriebswirtschaftlicher Sicht, Rechnungswesen und EDV, 8. Saarbrücker Arbeitstagung, (Hrsg.) Scheer, A.-W., Heidelberg, S. 82-116.

Küpper, H.-U. (1987b): Koordination und Interdependenz als Baustein einer konzeptionellen und theoretischen Fundierung des Controlling, in: Betriebswirtschaftliche Steuerungs- und Kontrollprobleme, (Hrsg.) Lücke, W., Güttigen, S. 163-183.

Leibfried, K. / McNair, C. (1992): Benchmarking, A Tool for Continuous Improvement, New York.

Malik, F. (1984): Strategie des Managements komplexer Systeme. Ein Beitrag zur Management-Kypernetik evolutionärer Systeme, Bern, Stuttgart.

Mohme, J. (1993): Der Einsatz von Kundenkarten im Einzelhandel - Konzeptionelle und praktische Probleme kartengestützter Kundeninformationssysteme und Kundenbindungsstrategien im stationären Einzelhandel, in: Schriften zu Distribution und Handel, Bd. 10, (Hrsg.) Ahlert, D., Frankfurt a. M., Bern, New York.

Olbrich, R. (1992): Informationsmanagement in mehrstufigen Handelssystemen. Grundzüge organisatorischer Gestaltungsmaßnahmen unter Berücksichtigung einer repräsentativen Umfrage zur Einführung dezentraler computergestützter Warenwirtschaftssysteme im Lebensmittelhandel, in: Schriften zu Distribution und Handel, Bd. 8, (Hrsg.) Ahlert, D., Frankfurt a. M., Bern, New York.

Olbrich, R. (1997): Stand und Entwicklungsperspektiven integrierter Warenwirtschaftssysteme, in: Integrierte Warenwirtschaftssysteme und Handelscontrolling: Konzeptionelle Grundlagen und Umsetzung in der Handelspraxis, 3., neubearb. Aufl., (Hrsg.) Ahlert, D., Olbrich, R., Stuttgart, S. 115-172.

Reinke, B. (1996): Synergiemanagement im Handel. Grundzüge einer handelsbetrieblichen Synergiekonzeption unter Berücksichtigung empirischer Untersuchungen im deutschen Konsumgüterhandel, in: Schriften zu Distribution und Handel, Bd. 21, (Hrsg.) Ahlert, D., Frankfurt a. M., Bern, New York.

Schmidt, A. (1986): Das Controlling als Instrument zur Koordination der Unternehmensführung: eine Analyse der Koordinationsfunktion des Controlling unter entscheidungsorientierten Gesichtspunkten, Frankfurt a. M., Bern, New York.

Weber, J. (1992): Die Koordinationssicht des Controlling, in: Controlling, Grundlagen - Informationssysteme - Anwendungen, (Hrsg.) Spremann K., Zur, E., Wiesbaden, S. 169-183.

Weber, J. (1993): Einführung in das Controlling, 4., vollst. überarb. Aufl., Stuttgart.

Wittmann, W. (1959): Unternehmung und unvollkommene Information: Unternehmerische Voraussicht, Ungewißheit und Planung, Köln, Opladen.

Zentes, J. / Exner, R. / Braune-Krickau, M. (1989): Warenwirtschaftssysteme im Handel - Studie über den Stand und die weitere Entwicklung von Warenwirtschaftssystemen im Einzelhandel mit Konsumgütern des täglichen Bedarfs, Essen, Rüschlikon.

Die Architektur von Handelsinformationssystemen

Jörg Becker

Zusammenfassung

Die Komplexität von Handelsunternehmen sowie das vielschichtige Umfeld erfordern eine Strukturierung handelsbetrieblicher Aufgaben. Die Architektur für Handelsinformationssysteme (Handels-H-Modell) positioniert sämtliche Aufgaben von Handelsbetrieben in einem Ordnungsrahmen. Durch die in der Wirtschaftsinformatik übliche Sichtendifferenzierung (Funktionen, Daten und Prozesse) wird dem zunächst unstrukturierten Gebilde Handelsinformationssystem eine zur Komplexitätsbeherrschung erforderliche zusätzliche Struktur verliehen. Das Handels-H-Modell zeigt die wesentlichen Aufgaben der Beschaffung mit den Prozessen Einkauf, Disposition, Wareneingang, Rechnungsprüfung und Kreditorenbuchhaltung und des Vertriebs mit den Prozessen Marketing, Verkauf, Warenausgang, Fakturierung und Debitorenbuchhaltung, die durch das Lager mit seiner zeitlichen Überbrückungsfunktion gekoppelt sind. Die Architektur wird durch die betriebswirtschaftlich-administrativen Systeme der Haupt- und Anlagenbuchhaltung, der Kostenrechnung und der Personalwirtschaft und die Systeme zur Unterstützung der strategisch-taktischen Aufgaben (Controlling, Entscheidungsunterstützung, Unternehmensplanung) vervollständigt. Exemplarisch werden Funktionsmodelle zur weiteren Detaillierung der Aufgaben, Datenmodelle zur Darstellung der statischen Struktur von Handelsinformationssystemen und Prozeßmodelle zur Beschreibung des Verhaltens, also der informationstechnischen und organisatorischen Abläufe in ihrer zeitlich-sachlogischen Abfolge präsentiert.

1 Notwendigkeit eines Ordnungsrahmens

Um den Handel in seiner Vielschichtigkeit begreifen zu können, benötigt man zunächst eine grobe Vereinfachung. Diese Vereinfachung eines komplexen realweltlichen Gebildes muß einen Ordnungsrahmen schaffen, ein Framework, das Orientierung bietet und die Navigation durch die Vielfalt von Handelsinformationssystemen erlaubt. Mit dem Handels-H-Modell soll ein solcher Ordnungsrahmen präsentiert werden, der, ausgehend von den Grundfunktionen des Handels im institutionellen Sinne, nämlich Beschaffen, Lagern und Verkaufen, eine Verfeinerung hinsichtlich Funktionen, Daten und Prozessen unterstützt. Das Handels-H-Modell umfaßt das klassische Warenwirtschaftssystem (WWS) mit den warenbezogenen dispositiven und abrechnungstechnischen Aufgaben und darüber hinaus die betriebswirtschaftlich-administrativen Systeme und die Systeme zur Unterstützung der Unternehmensführung. Das WWS im Verbund mit den betriebswirtschaftlich-administrativen und entscheidungsunterstützenden Systemen wird als Handelsinformationssystem bezeichnet. Eine prozeßorientierte Ausrichtung des Handelsunternehmens, die aufgrund der prozessualen Anordnung der Funktionen auch im Handels-H-Modell unterstellt wird, führt im innerbetrieblichen Bereich zu einer durchgängigen Unterstützung der gesamten Wertschöpfungskette durch integrierte Informationssysteme. Dabei sind diese als Enabler für die Prozeßorientierung zu verstehen.

Prozesse sind zunächst unabhängig von konkreten Aufgabenträgern zu beschreiben und zu gestalten und erfahren erst im zweiten Schritt die Zuordnung zu den ausführenden Instanzen. Damit erhöht sich auch die Persistenz von Prozeßbeschreibungen, da oftmals nicht der Prozeß selber einer raschen Änderung unterworfen ist, sondern die Aufgaben-Aufgabenträger-Zuordnung. Diese muß nicht in jedem Fall prozeßorientiert ausfallen, in bestimmten Bereichen (z. B. Zentralregulierungsgeschäft) ist eine hohe Arbeitsteilung und damit eine eher funktionsorientierte Aufbauorganisationsgestaltung von Vorteil.

Für die Prozeßbeschreibung und -gestaltung sind semiformale Methoden adäquat, für die zunächst einige grundlegende Begrifflichkeiten zu klären sind.

2 Begriffsdefinitionen

Unter *Handel* soll im folgenden ausschließlich der Handel mit beweglichen Sachgütern (Warenhandel), nicht aber der Handel mit vermögensrechtlichen Urkunden (Wertpapier-, Effektenhandel) oder der Handel mit unbeweglichen Sachgütern

(Immobilienhandel) verstanden werden. Der Warenhandel erfordert anders strukturierte Informationssysteme als der Wertpapier- oder Immobilienhandel.

In Anlehnung an den Architekturbegriff der Baukunst soll unter *Architektur* ein Generalbebauungsplan verstanden werden, der die Elemente des gesamten Unternehmens-Informationssystems und deren Beziehungen untereinander darstellt. So wie der Architekten-Plan unterschiedliche Sichten auf das Objekt eröffnet, wird eine Informationssystem-Architektur durch mehrere Sichten spezifiziert. In Anlehnung an Scheer (vgl. Scheer, 1992) werden Daten-, Funktions- und Prozeßsicht (sowie Organisationssicht) unterschieden. Für diese Sichten werden Modelle gebildet, die auf fachkonzeptueller Ebene Ablauforganisation und Informationssysteme beschreiben.

Ein *Modell* wird verstanden als ein gedankliches Konstrukt mit dem Ziel der Repräsentation eines Realweltausschnittes (eines Objektsystems) für Zwecke eines Subjekts. Modelle werden als Hilfsmittel zur Erklärung und Gestaltung realer Systeme eingesetzt. Erkenntnisse über Zusammenhänge und Sachverhalte bei realen Problemen können mit Hilfe von Modellen aufgrund der Ähnlichkeit gewonnen werden, die zwischen dem realen betrieblichen System und dem Modell als Abbild dieses Systems bestehen (vgl. Adam, 1993).

In der Literatur wird unter einem Informationsmodell i. d. R. die fachkonzeptuelle Beschreibung eines DV-technisch umsetzbaren Informationssystems verstanden (vgl. Scheer, 1995, Klein, 1990, Loos/Scheer, 1995, Picot/Maier, 1994). Eine derart enge Anlehnung an das Ziel der Informationssystementwicklung scheint bei der vielfach konstatierten Interdependenz von Informationssystem- und Organisationsgestaltung allerdings nicht sinnvoll. Da insbesondere Prozeßmodelle einen hohen Organisationsbezug aufweisen, wird hier ein umfassenderer Geltungsanspruch bei der Erstellung von Informationsmodellen unterstellt: Ein *Informationsmodell* ist das gedankliche Konstrukt über das betriebliche Objektsystem aus Sicht der in diesem verarbeiteten Informationen für Zwecke des Informationssystem- und des Organisationsgestalters. Die Informationen können, müssen aber nicht in automatisierter Form vorliegen. Eine größere Nähe zur Informationstechnik besteht mit dem Begriff des *Anwendungssystemmodells* (Informations*system*modells), das nur diejenigen Informationsobjekte des Informationsmodells beinhaltet, die ihren Niederschlag in dem zu entwickelnden (entwickelten) Anwendungssystem, also im automatisierten Teil des Informationssystems, finden (vgl. Ferstl /Sinz, 1994).

Ein Informationsmodell kann entsprechend seiner Konkretisierung entweder ein unternehmensspezifisches oder ein Referenz-Informationsmodell sein. Ein Referenz-Informationsmodell ergibt sich (induktiv) durch Abstraktion mehrerer unternehmensspezifischer Informationsmodelle sowie (deduktiv) durch den Einbezug theoretischer Erkenntnisse. Ein Anwendungssystemmodell kann differenziert werden in Unternehmens-, Referenz- und Master-Anwendungssystemmodell. Beim Master-Anwendungssystemmodell handelt es sich um ein Modell, das sich durch Komposition mehrerer Referenz-Anwendungssystemmodelle ergibt. Somit ist der Adressatenkreis eines Master-Modells erheblich größer als bei einem Referenz-Anwendungssystemmodell, welches durch einen besonderen Fokus (i. d. R. Branchenbezug) charakterisiert wird.

Eine Architektur ist demnach auch ein Modell, das sich durch einen sehr hohen Abstraktionsgrad auszeichnet und nur grundlegende Elemente darstellt. Die Informationssystem-Architektur wird in Modellen zur Daten-, Funktions- und Prozeßsicht spezifiziert (die Organisationssicht wird hier im weiteren ausgeklammert). Daten bilden die statischen Strukturen ab, Funktionen die betrieblichen (Teil-)Aufgaben und Prozesse die Abläufe. Der oftmals sehr vage definierte Prozeß-Begriff soll hier eine Konkretisierung erfahren, um insbesondere Anfang und Ende eines (Teil-)Prozesses handhabbar definieren zu können. Ein *Prozeß* stellt die zeitlich-sachlogische Abfolge der Funktionen dar, die zur Bearbeitung eines betriebswirtschaftlich relevanten Objekts notwendig sind. Dieses eine Objekt prägt den Prozeß, andere Objekte können in den Prozeß einfließen. Ein *Geschäftsprozeß* ist ein ausgezeichneter Prozeß, der eine wesentliche Geschäftsart des Unternehmens widerspiegelt und zwingend Schnittstellen zu Marktpartnern, insbesondere Kunden, aufweist. Diese Beschreibung von Prozessen legt nahe, daß Hierarchien von (über- und untergeordneten) Prozessen gebildet werden können. Auf der obersten Hierarchiestufe stehen Geschäftsprozesse, die anhand von prozeßinduzierenden betriebswirtschaftlich relevanten Objekten verfeinert werden können. Die Kopplung des Prozeßbegriffs an den Objektbegriff führt die unabhängig voneinander diskutierten Paradigmen der Objektorientierung (für die BWL vgl. allg. z.B. Frese, 1993, produktionsbezogen z.B. Corsten/Will, 1994, aber auch Objektbegriff in der Informatik: siehe Booch, 1994, Coad/Yourdon, 1991a, Coad/Yourdon, 1991b, Objektorientierung in der Wirtschaftsinformatik vgl. Ferstl/Sinz, 1990, Becker, 1991) und der Prozeßorientierung (vgl. Gaitanides, 1983, Hammer/Champy, 1993) zusammen und zeigt die enge Verbundenheit beider Sichten auf.

3 Vorschlag für eine Architektur: das Handels-H-Modell

Der traditionell wichtigste Geschäftsprozeß des Handels ist in Erfüllung der zeitlichen und räumlichen Überbrückungsfunktion das Lagergeschäft. Das betriebswirtschaftlich relevante Objekt, das ihn prägt, ist die Ware. Auf oberster Hierarchie-Ebene besteht er aus den Teilprozessen Beschaffen – Lagern – Verkaufen. Die treibenden Objekte sind Spezialisierungen der Ware im Sinne von Einkaufsware, Lagerware und Verkaufsware. Auf der Beschaffungsseite können die Prozesse Einkauf, Disposition, Wareneingang, Rechnungsprüfung und Kreditorenbuchhaltung unterschieden werden, auf der Verkaufsseite die korrespondierenden Prozesse Marketing, Verkauf, Warenausgang, Fakturierung und Debitorenbuchhaltung. Beschaffungs- und Verkaufsprozeß werden durch das Lager gekoppelt, das vor allem die zeitliche Überbrückungsfunktion wahrnimmt (vgl. Abb. 1).

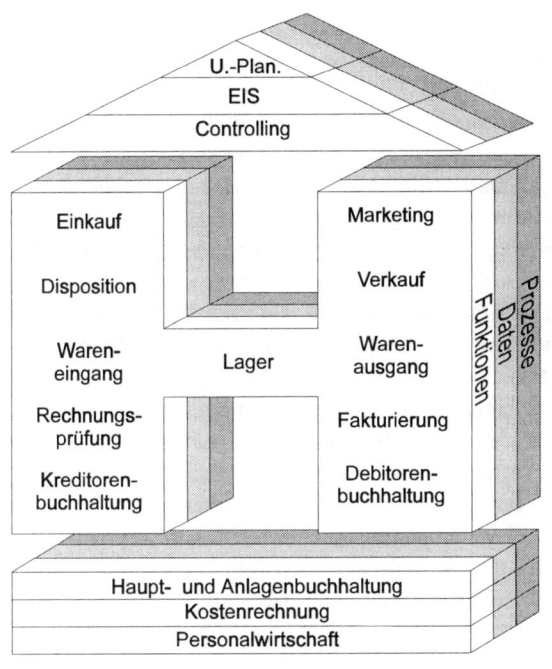

Abb. 1: Architektur für Handelsinformationssysteme: das Handels-H (Quelle: Becker/Schütte, 1996, S. 16)

Auf dieser Hierarchiestufe sind weniger die physischen Objekte (Artikel) die prozeßinduzierenden Objekte, sondern die Informationsobjekte. Der Einkauf wird geprägt durch die Rahmenvereinbarung, die Disposition durch die Bestellung, der Wareneingang durch den Lieferschein, die Rechnungsprüfung durch die Rechnung und die Kreditorenbuchhaltung durch die Zahlung.

Die *Rahmenvereinbarung* ist in einer losen Form die Dokumentation der Geschäftsbeziehung, die mit einem Lieferanten eingegangen wird. In der nächstspezifischen Rahmenvereinbarung werden darüber hinaus die Artikel festgelegt, die das Handelshaus von dem Lieferanten bezieht. Eine weitere Stufe ist gekennzeichnet durch die Vereinbarung der Konditionen mit der handelstypischen Vielfalt von Rechnungskonditionen und nachträglichen Konditionen, die an wert- und/oder zeitmäßige Trigger geknüpft sind. Schließlich umfaßt die Rahmenvereinbarung in ihrer spezifischsten Form zusätzlich die Festlegung von festen Bezugsmengen oder -werten für eine Periode, sogenannten Kontrakten, oder sogar festen Einteilungen der Mengen in geplante Lieferungen, sogenannten Lieferplänen.

Die *Bestellung* definiert den konkreten geforderten Mengenfluß durch die Festlegung des Quadrupels Artikel-Lieferant-Menge-Zeit. Typisch für den Handel ist, daß bei der Bestellung eine Rahmenvereinbarung mit einer Lieferant-Artikel-Kondition-Beziehung referenziert wird. Teilweise wird, z. B. im Aktionsgeschäft, nur auf die Lieferant-Artikel-Verbindung Bezug genommen und die (aktionsrelevante) Kondition neu festgelegt.

Der *Lieferschein* dokumentiert die Realisierung der aus der Bestellung resultierenden Mengenanforderung. Er ist das prägende Objekt des Wareingangs. Weitere Objekte, die in den Prozeß einfließen, sind die Bestellung, gegen die der Lieferschein verprobt wird, und der Wareneingangsbeleg als Dokumentation des tatsächlich realisierten Wareneingangs. Das Festhalten aller drei Werte erleichtert die anschließende Rechnungsprüfung. Die Bestelldaten liegen aus der Disposition systemseitig vor, die tatsächlich eingegangenen Mengen müssen in jedem Fall erfaßt werden. Wenn die Lieferscheindaten per elektronischem Datenaustausch (electronic data interchange EDI) übermittelt werden, besteht also auch beim Festhalten der drei wareneingangsrelevanten Daten kein zusätzlicher Erfassungsaufwand. Das Ausmaß an EDI-Datenübertragungen nimmt stetig zu, auch wenn es hinter manch ehrgeiziger Prognose zurückbleibt.

Die Rechnungsprüfung wird ausgelöst durch den Eingang der *Rechnung*, des hier prägenden Objekts. Auch in der Rechnungsprüfung existieren weitere Objekte: die Konditionsvereinbarung des Rahmenvertrags gibt das Wertegerüst vor, die miteinander abgeglichenen Belege der Bestellung, des Lieferscheins und des Wareneingangs das Mengengerüst. Bei Übereinstimmung des Rechnungsendbetrages mit der Summe der bewerteten Wareneingänge ist die Rechnungsprüfung unproblematisch und kann vollständig automatisiert werden. Bei Abweichungen zwischen der Summe der bewerteten Wareneingänge (welche die Grundlage der Rechnungsstellung sein sollten) und dem Rechnungsendbetrag ist zu klären, ob sich diese auf Mengen- oder Werte-Abweichungen beziehen. Wenn zwar nicht der bewertete Wareneingang, wohl aber die bewertete Bestellung oder der bewertete Lieferschein mit dem Rechnungsbetrag übereinstimmt, basiert die Abweichung wahrscheinlich auf einer Mengenabweichung. Diese ist dann leicht zu klären, wenn das Informationssystem alle drei wareneingangsbezogenen Werte vorhält und gegen den Rechnungswert abgleicht. Sollte die Rechnung per EDI an das Handelshaus übertragen werden, ist nicht nur – wie heute meist üblich – ein automatischer Vergleich auf Rechnungsbetragssumme möglich, sondern auf Rechnungspositionsebene, so daß Abweichungen automatisiert spezifischer festgestellt werden können.

Die Bildung des Offenen Postens stellt den Übergang von der Rechnungsprüfung zur Kreditorenbuchhaltung dar. Er wird durch die *Zahlung*, das prägende betriebswirtschaftliche Objekt der Kreditorenbuchhaltung, ausgeglichen. Die Zahlungsmodalitäten einer Lieferanten-Beziehung sind meist über längere Zeit konstant und in der Rahmenvereinbarung hinterlegt, auf die bei Rechnungsausgleich referenziert wird (relativer Zeitpunkt der Zahlung, Art der Zahlung, zahlungsbezogene Konditionen wie Skonto).

Strukturanalog zur Abbildung der Prozesse auf der Beschaffungsseite ist die Vertriebsseite aufgebaut.

Dabei soll Marketing hier als (klassisches) Absatzmarketing und weniger als Beschaffungsmarketing (diese Aktivitäten fallen in den Bereich Einkauf) verstanden werden. Von den 4 „Marketing-Ps" (product, price, promotion und physical distribution) sollen im Verkaufsprozeß vor allem die taktisch-operativen Aufgaben „product" und „price", also Sortimentsgestaltung und Verkaufspreiskalkulation informationssystemseitig unterstützt werden. Damit ist das prozeßprägende Objekt das *Sortiment*. Ein weiterführendes betriebswirtschaftliches Objekt (für den Großhandel bzw. den mehrstufigen Handel) ist die Listung, in der festgelegt wird, welcher Kunde (welche Filiale) welchen Artikel in welcher Zeit beziehen kann. Der Zeitaspekt ist deswegen von Bedeutung, da bestimmte Artikel grundsätzlich zeitabhängig (z. B. Saisonware) oder filialbezogen zeitabhängig (z. B. Aktionsware) gelistet sein können.

Auch die weiteren Prozesse der Verkaufsseite sind vor allem großhandels- bzw. versandhandelsspezifisch. Im stationären Einzelhandel entfällt eine explizite Auftragsbearbeitung, die Prozesse Warenausgang, Fakturierung und Debitorenbuchhaltung fallen mit dem Kassiervorgang am Point of Sale (POS) zusammen. Allerdings sind z. B. mit der Verbreitung von Kundenkreditkarten auch im stationären Einzelhandel die Prozesse Warenausgang und Fakturierung voneinander getrennt, und es existiert eine kundenbezogene Debitorenbuchhaltung, so daß die rechte Seite des Handels-Hs als Obermenge der möglichen Aktivitäten der Vertriebsseite aufgefaßt werden kann, die für Groß- und Einzelhandel Gültigkeit hat.

Die prozeßprägenden Objekte, die analog zur Beschaffungsseite identifiziert werden können, sind der *Auftrag* für die Auftragsbearbeitung, der *Abnehmerlieferschein* für den Warenausgang, die *Abnehmerrechnung* für die Fakturierung und der *Zahlungseingang* für die Debitorenbuchhaltung.

Die beiden Schenkel des H sind (bis auf die Kopplung Lager) *getrennt* nebeneinander, da Beschaffungs- und Verkaufsaktivitäten (im Normalfall) operativ relativ unabhängig voneinander ablaufen. Die Beobachtung des Lagers und auf Vergangenheitsentwicklungen prognostizierte Zukunftsentwicklungen des Lagerabgangs, seien sie manuell oder mit mathematisch-statistischen Verfahren durchgeführt, steuern die Beschaffungsaktivitäten, insbesondere die Disposition. Die Verkaufsseite wird maßgeblich durch Aufträge (Groß- und Einzelhandel) oder Warenentnahme und Kassiervorgang (Einzelhandel) beeinflußt.

Die beiden Schenkel stehen *parallel*, da in beiden strukturanaloge Sachverhalte abgebildet werden. Beispielsweise werden bei der Rechnungsprüfung durch die Bewertung des Wareneingangs die gleichen Aktivitäten durchgeführt wie bei der Erstellung der Faktura durch die Bewertung des Warenausgangs.

Die prozeßorientierte Anordnung bedeutet, daß die unteren Bereiche das Durchlaufen der oberen voraussetzen. Dies impliziert für das Datenmodell, daß die Entitytypen, die beispielsweise für die Prozesse im Einkauf benötigt werden, existenzunabhängiger sind als die Objekte, die in der Kreditorenbuchhaltung verwendet werden.

Die Hauptbuchhaltung und die Kostenrechnung halten auf aggregierter Ebene die operativen Vorgänge in ihrem wertmäßigen Abbild fest – die Buchhaltung aus Sicht der externen Rechnungslegung, die Kostenrechnung aus Sicht der internen Rechnungslegung. Die Abstraktion von den operativen Vorgängen und die Schaffung der Gleichnamigkeit in Wertansätzen erfolgt durch das Konstrukt des *Kontos*. Alle Bewegungen, die es wertmäßig abzubilden gilt, finden im Konto ihren Niederschlag. Auch wenn der Objektbezug im Rechnungswesen, da es sich hier weitgehend um abgeleitete Daten handelt, weniger zwingend ist als in den warenflußorientierten Bereichen, erscheint es sinnvoll, das Konto als das für den Bereich Rechnungswesen prägende Objekt zu definieren.

Einfacher fällt die Festlegung des die Personalwirtschaft prägenden Objekts; es ist das *Personal*, das aus abrechnungsbezogener Sicht und organisatorischer Sicht im Personalwirtschaftssystem abgebildet wird. Aus abrechnungsbezogener Sicht geht es um die Ermittlung von Brutto- und Nettobezügen, aus organisatorischer Sicht um Stellenbildung und Stellenbesetzung, um fachliche und organisatorische Unter- und Überordnung, um Qualifikationsanforderungen von Stellen und Qualifikationsprofile von Mitarbeitern, um Karriereplanung und -entwicklung und schließlich um Aus- und Weiterbildung inkl. Schulungsmaßnahmen.

Die Informationssysteme im „Dach" des Handels-Hs aggregieren Daten der mengenorientierten und der wertorientierten Ebene zu aussagekräftigen Kennzahlen, welche die Basis unternehmerischer Lenkungsentscheidungen bilden. Wegen der unmittelbaren Nähe zu den Lenkungsentscheidungen dominiert hier der Zielbezug den Objektbezug. Insbesondere die Datenbereitstellung ist in den Management-Systemen wichtigste Aufgabe der Informationsverarbeitung.

Die Visualisierung der betrieblichen Aufgaben eines Handelsunternehmens im Handels-H-Modell soll eine Ordnung in die Vielfältigkeit des Handels auf hoher Ebene bringen. Die Architektur dient als Einstiegshilfe zur detaillierten Betrachtung der Aufgaben und als Navigationsinstrument durch die Organisation und die Informationssysteme eines Handelsunternehmens.

Für die überbetriebliche Kommunikation können die „Andockpunkte" des Geschäftsdatenaustauschs im Handes-H-Modell markiert werden (Auftrag des Kunden an Verkauf, Abnehmerlieferschein von Warenausgang, Bestellung von Disposition, Lieferavis an Wareneingang, Zahlungsavis an Debitorenbuchhaltung etc.).

Die betrieblichen Aufgaben können aus mehreren Blickwinkeln, sogenannten Sichten, betrachtet werden.

Wir wollen im folgenden drei Sichten beleuchten, die Funktions-, die Daten- und die Prozeßsicht. Die Funktionen detaillieren die Gesamtaufgabe, die Daten zeigen die statische Struktur, Prozesse das dynamische Verhalten. In den Prozessen ist das zeitliche (Wie ist die Sequenz von Aufgaben?) und sachlogische Verhalten (Unter welchen Bedingungen folgt eine Aktivität auf eine vorhergehende?) explizit modelliert. Prozesse können nicht nur auf Funktionen, sondern auch auf Daten verweisen (Ebenso erlauben es die meisten Prozeßmodellierungsmethoden, auch den Aufgabenträger zu modellieren, die Organisationssicht bleibt hier aber außen vor).

3.1 Funktionssicht

Die *Funktionssicht* listet alle Funktionen auf, die in den Bereichen Beschaffung, Lager, Verkauf, betriebswirtschaftlich-administrative und taktisch-strategische Aufgaben anfallen. Sie hat dokumentierend-klassifizierenden Charakter und ist innerhalb einer Handelstypen-Geschäftsarten-Warentyp-Klasse weitgehend einheitlich (Eine solche Klasse sei z. B. das Tripel genossenschaftlich organisierter Großhandel-Lagergeschäft-Hartwaren). Die Funktionssicht wird in Funktionsdekompositionsdiagrammen dargestellt, die eine hierarchische Verfeinerung einer übergeordneten Funktion in mehrere untergeordnete Funktionen widerspiegeln. Beispielhaft sind in Abb. 2 die Funktionen der Disposition als Funktionsdekompositionsdiagramm aufgeführt. Disposition und Rechnungsprüfung begleiten im folgenden als Beispiele die drei Sichten.

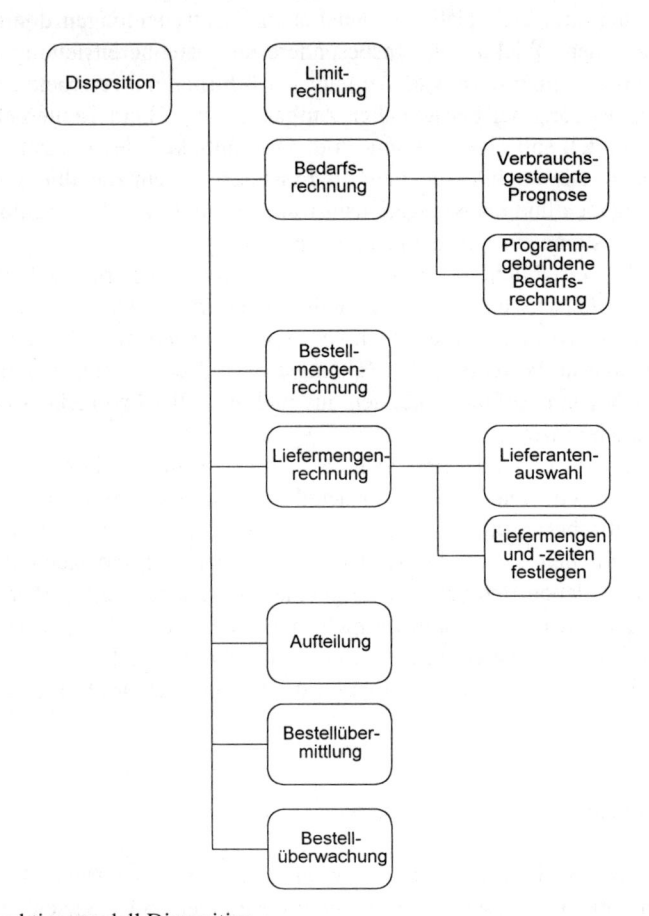

```
Disposition
├── Limitrechnung
├── Bedarfsrechnung
│   ├── Verbrauchsgesteuerte Prognose
│   └── Programmgebundene Bedarfsrechnung
├── Bestellmengenrechnung
├── Liefermengenrechnung
│   ├── Lieferantenauswahl
│   └── Liefermengen und -zeiten festlegen
├── Aufteilung
├── Bestellübermittlung
└── Bestellüberwachung
```

Abb. 2: Funktionsmodell Disposition

Häufig wird die Disposition in der organisatorischen Einheit Einkauf durchgeführt. Dies hat seine Ursache in der Verhandlung zusätzlicher Konditionen bei der Bestellung. Mit verstärkter Warenflußorientierung ist die Disposition als Bevorratungsfunktion zu betrachten, deren Aufgabengebiet logistischer und nicht einkaufsorientierter Natur ist. Zudem werden die Konditionsvereinbarungen in wachsendem Maße bestellunabhängiger, d. h. die Konditionen werden in Form von Rahmenverträgen bereits zu Jahres- oder Quartalsbeginn festgelegt, so daß vom Lieferanten bei der Bestelldurchführung keine darüber hinausgehenden Konditionen gewährt werden.

Für jede Funktion ist im Rahmen der Funktionsanalyse festzulegen, wie sie ausgestaltet sein soll. Exemplarisch wird dies hier für die Funktionen der Disposition im Groben gezeigt:

- *Limitrechnung*

Die Limitrechnung ist ein Instrument zur Steuerung der Beschaffung von Waren mit dem Ziel der Kostensenkung und Liquiditätssicherung (vgl. Tietz, 1974, Sp. 1198f.). Bei der Limitrechnung (vgl. Ebert, 1986, S. 222ff.) werden Beschaffungshöchstwerte für Warengruppen (und darauf aufbauend für Organisationseinheiten und Disponenten) berechnet. Der Umsatz, die Handelsspanne und der Lagerbestand bilden als Ergebnisse der Absatzplanung (vgl. Tietz, 1993, S. 564ff., Villiger, 1981). die Basis für die Berechnung der Limits. Vereinfacht kann das maximale Beschaffungsvolumen einer Warengruppe als Differenz zwischen geplantem Umsatz und absoluter Handelsspanne des erwarteten Umsatzes in der Warengruppe definiert werden.

Durch die Berücksichtigung von Beschaffungshöchstwerten sollen Überlager bei Stapelartikeln vermieden werden. Bei Modeartikeln besteht die Zielsetzung in der Vermeidung von Ladenhütern.

- *Bedarfsrechnung*

Bei der Bedarfsrechnung können deterministische und stochastische Verfahren unterschieden werden (vgl. Tempelmeier, 1992, S. 34ff.).

Die *deterministische Bedarfsrechnung* basiert auf erfaßten Kundenaufträgen. In der Industrie wird ausgehend vom Primärbedarf (Bedarf an Endprodukten und Ersatzteilen) der Sekundärbedarf (Bedarf an untergeordneten Baugruppen und Einzelteilen) durch Stücklistenauflösung bestimmt. Der Stücklistenauflösung vergleichbare Prozeduren sind im Handel die Ausnahme. Eine deterministische Disposition liegt im Handel vor, wenn im Aktionsgeschäft die Aktionsbestellmengen, die von Kunden/Filialen oft mit großem zeitlichen Vorlauf bestellt werden, summiert die Dispositionsmenge des Großhandels ergeben.

Bei der *stochastischen Bedarfsrechnung* werden die Verbrauchswerte der Vergangenheit als Basis für die Prognose zukünftiger Bedarfe verwendet. Aus diesem Grunde wird die stochastische Bedarfsrechnung auch als verbrauchsgesteuerte Rechnung bezeichnet. Gängige verbrauchsgesteuerte Verfahren sind die einfache und gewichtete Mittelwertrechnung und die Methoden der exponentiellen Glättung.

Die Beachtung von Trend- und Saisoneinflüssen ist im Handel von großer Bedeutung, da insbesondere periodisch wiederkehrende Aktionen, Börsen (vgl. Tietz, 1993, S. 173ff.) und weitere Maßnahmen zur Verkaufsunterstützung dazu führen, daß das Absatzgeschehen der Vergangenheit nicht ohne Berücksichtigung von verkaufsunterstützenden Maßnahmen als Prognosebasis für den zukünftigen Absatz dienen kann. Bei einer Aktion beispielsweise wird i. d. R. der Absatz des aktionierten Artikels zunehmen. Nach einer Aktion ist der Absatz eines Artikels tendenziell geringer als vor der Aktion, da zumindest einige Abnehmer im Aktionszeitraum größere Mengen des Artikels gekauft haben. Neben der Berücksichtigung von verkaufsfördernden Maßnahmen auf den Verkauf des einzelnen Artikels ist zu fordern, daß auch die Absatzmengen anderer Artikel in der Aktionszeit analysiert werden. Aufgrund der Schwierigkeit, Verbundeffekte zwischen Artikeln bei einer großen Anzahl möglicher Verbundeffekte bestimmen zu können, werden sie bei der Analyse des Absatzes i. d. R. vernachlässigt.

- *Bestellmengenrechnung*

Aufbauend auf den ermittelten Bedarfsdaten wird im Rahmen der Bestellmengenrechnung festgelegt, welche Menge zu welchem Zeitpunkt zu bestellen ist. Eng verbunden mit der Ermittlung einer optimalen Bestellmenge ist die Frage, bei welchem Lieferanten die Ware zu bestellen ist. Kann der Artikel bei mehr als einem Lieferanten bestellt werden (was allerdings eher die Ausnahme darstellt), so ist die Kenntnis lieferantenspezifischer Preise notwendig, anhand derer die optimale Bestellmenge ermittelt werden kann. Andererseits läßt sich die Lieferantenauswahl erst nach erfolgter Bestellmengenoptimierung treffen, da erst zu diesem Zeitpunkt alle Informationen vorliegen, auf deren Basis die Auswahl durchgeführt werden kann. Die bei den Lieferanten bestehenden Kontrakte (Mengen- und Wertkontrakte) und Lieferpläne sind in eine simultane Planung einzubeziehen.

- *Liefermengenrechnung*

Im Rahmen der Liefermengenrechnung bedarf es der Auswahl der Lieferanten, bei denen die Ware bezogen werden soll, sowie der Aufteilung der Bestellmenge auf mehrere Liefermengen.

Die Lieferantenauswahl als operative Aufgabe der Beschaffungslogistik wird nur in den Fällen relevant, in denen zwischen Lieferant und Artikel eine (0,m):(0,m)-Beziehung besteht. Sind mehrere Lieferanten bei einer Beschaffung möglich, so ist anhand von quantitativen und qualitativen Kriterien die Vorteilhaftigkeit eines Beschaffungsweges zu ermitteln. Neben dem Preis als zentralem quantitativen Kriterium ist der Lieferservice als wichtiges qualitatives Kriterium zu nennen.

- *Aufteilung*
  Unter der Aufteilung werden alle Funktionen subsumiert, die eine Gesamtbeschaffungsmenge auf Abnehmer, meistens Filialen, verteilen. Insofern ist die Aufteilung eine Disposition der Zentrale für die Filialen. Bereits bei der Bestellung an den Lieferanten wird die Aufteilung systemmäßig festgehalten, so daß beim Wareneingang im Zentrallager die Ware unmittelbar der Aufteilungsregel gemäß für die Abnehmer bereitgestellt werden kann. Bei Anlieferung an Regionallager sind dem Lieferanten die Summen der Einzelaufteilmengen pro Regionallager mitzuteilen. Liefern die Lieferanten direkt an die Abnehmer, ist mit der Bestellung der Aufteiler zu übermitteln. Der Aufteilung können feste Mengenangaben oder Prozentwerte zugrunde liegen. Rückrufaktionen von Artikeln, die Verteilung von Restbeständen des Zentrallagers und die Zusammenfassung von dezentral gemeldeten Bestellmengen werden durch die Aufteilerfunktionalität unterstützt. Bei der Verteilung von Gesamtmengen auf die einzelnen Abnehmer können neben einer manuellen Mengenangabe je Abnehmer auch Regeln definiert werden, die eine automatische Ermittlung des Mengenanteils je Abnehmer ermöglichen. Als Kriterien, die bei der automatischen Verteilung herangezogen werden, dienen Gruppierungen von Abnehmern, von Artikeln oder von Warengruppen. Die Aufteilerfunktionen weisen Schnittstellen zu anderen operativen Funktionen wie Saison- oder Aktionsbearbeitung auf. Da Aufteiler vorwiegend im Zusammenhang mit Beschaffungsvorgängen eingesetzt werden, wird eine Zuordnung der Aufteilerfunktionalitäten zum Funktionsbereich Disposition vorgenommen.
- *Bestellübermittlung*
  Die Bestellübermittlung zu den Lieferanten erfolgt zunehmend über elektronischen Datenaustausch (EDI), auch die Bestellungen von den Filialen gehen immer häufiger diesen Weg.
- *Bestellüberwachung*
  Die Bestellüberwachung, bei der die Einhaltung der Liefertermine des Lieferanten überprüft wird, ist eine im Handel selten unterstützte Funktion. Dort, wo die Industrie Abnehmer ist (z. B. Investitionsgüterhandel), hat die Bestellüberwachung eine größere Bedeutung (vgl. Mertens, 1995, S. 103, Scheer, 1995, S. 428). Automatisch angestoßene Erinnerungen kurz vor dem Liefertermin und Mahnungen bei Überschreiten des Liefertermins unterstützen die Bestellüberwachung.

Die Funktionsmodelle, von denen hier nur eines exemplarisch gezeigt wurde, dienen primär dazu, die in der Architektur angegebenen Aufgabengebiete weiter zu differenzieren. Diese Verfeinerung geht bewußt nur ein bis zwei Stufen tiefer und nicht bis auf Elementarfunktionsebene, da auch sie im wesentlichen eine

Strukturierungs- und noch nicht eine Ablaufbeschreibungsfunktion hat. Die Ablaufbeschreibung mit der dann nötigen Detaillierung, mit der Darstellung der zeitlichen Sequenz von Aktivitäten, mit Verzweigungen und Zusammenführungen von Ablaufsträngen, (die Funktionsdekompositionsdiagramme gar nicht zulassen) ist in unserer Architektur den Prozeßmodellen vorbehalten.

3.2 Datensicht

Die statischen Strukturen finden ihren Niederschlag in den *Datenmodellen*, die z. B. im Preis- und Konditionengefüge, in der Verwaltung mehrstufiger Lieferantenhierarchien (Kontore), im Aufteiler (Festlegung von Mengen für Warenempfänger, z. B. Filialen, aufgrund (vergangenheitsorientierter) Aufteilungsvorschriften) und im Aktionsgeschäft (Aktionsname, Aktionsgültigkeit, Aktionskondition zur Lieferanten- und Kundenseite, Aktionsartikel, Aktionslogistik intern und extern) handelstypische Besonderheiten aufweisen. Die am meisten verbreitete Methode der Datenmodellierung ist das Entity-Relationship-Modell, ein leicht eingängliches, für Nicht-Informatiker verständliches Verfahren, das auf Chen zurückgeht (vgl. Chen, 1976). Das Entity-Relationship-Modell unterscheidet zwischen Entities, d. h. Dingen der realen Welt oder der Vorstellungswelt, die für das Unternehmen von Bedeutung sind, und Relationships, d. h. Verbindungen zwischen diesen Entities. Gleichartige Entities werden zu Entitytypen zusammengefaßt, gleichartige Relationships zu Relationshiptypen. Zum Beispiel werden die Entities Firma Meyer & Co., Firma Schulze GmbH und Firma Schmidt GmbH & Co. KG zusammengefaßt zum Entitytyp Lieferant. Weiterhin weist jedes Handelsunternehmen einen Entitytyp Artikel auf, der als Entities die Artikel umfaßt, die gehandelt werden. Entitytypen und Relationshiptypen werden Attribute zugewiesen, das sind Eigenschaften, die die zugehörigen Entities bzw. Relationships weiter charakterisieren. Beispielsweise wird der Entitytyp Lieferant weiter beschrieben durch die Lieferantennummer, die einen konkreten Lieferanten eindeutig identifiziert (Schlüsselattribut), den Lieferantenname, den Ort und den Ansprechpartner. In der Beziehung zwischen Entitytyp Artikel und Entitytyp Lieferant wird festgehalten, welche Artikel von welchem Lieferanten zu welchen Preisen geliefert werden. Abb. 3 zeigt diesen einfachen Zusammenhang.

Da ein Artikel von mehreren Lieferanten geliefert werden kann (möglicherweise aber auch von keinem, wenn z. B. das Handelshaus einen neuen Artikel durch die Kombination mehrerer vorhandener kreiert), hat die Kardinalität, die beim Artikel erscheint, die Form (0,m). 0 ist hierbei die Minimum-, m (mehrere) die Maximum-Kardinalität. Ein Lieferant kann keinen, eine oder mehrere Artikel liefern, so daß die Kardinalität, die beim Lieferanten erscheint, ebenfalls (0,m) beträgt. Mit den sehr einfachen Darstellungsmitteln der Entitytypen und Relationshiptypen (zzgl. einiger Erweiterungen) kann das gesamte Datenmodell eines Handelsunternehmens modelliert werden.

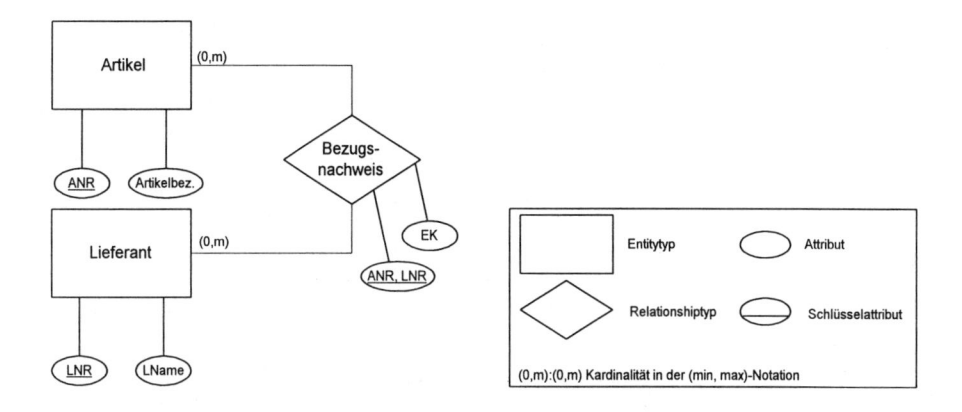

Abb. 3: Einfaches Entity-Relationship-Diagramm

Im Datenmodell für die Disposition steht die Bestellung als zentrales Objekt im Vordergrund.

Die Bestellung setzt sich aus einem Bestellkopf mit den allgemeinen Daten (Lieferant, Bestelldatum, gewünschtes Lieferdatum, Zahlungskonditionen, evtl. Bezug zu einem Kontrakt) und Bestellpositionen mit den Mengen der bestellten Artikel und deren Preisen zusammen. Vereinfacht ist der Bestellkopf eine Aggregation von Lieferant und Zeit (detaillierter in Abb. 5), die Bestellposition eine Aggregation von Bestellkopf und Artikel. Eine analoge Struktur weisen die der Bestellung vorausgehenden Objekte Lieferantenanfrage und Lieferantenangebot und die in der Prozeßkette nachfolgenden Objekte Wareneingang, Lieferantenrechnung und Lieferantenzahlung auf. Dabei kann jeweils ein Bezug von einem Informationsobjekt zu seinem Vorgänger hergestellt werden, d. h. beispielsweise die Zahlung an einen Lieferanten bezieht sich auf die Rechnung, der Wareneingang wird mit der Bestellung in Verbindung gebracht. Abb. 4a zeigt die wesentlichen Objekte im Beschaffungsprozeß auf Kopfebene, Abb. 4b die Struktur dieser Objekte exemplarisch für das Lieferantenangebot und die Bestellung.

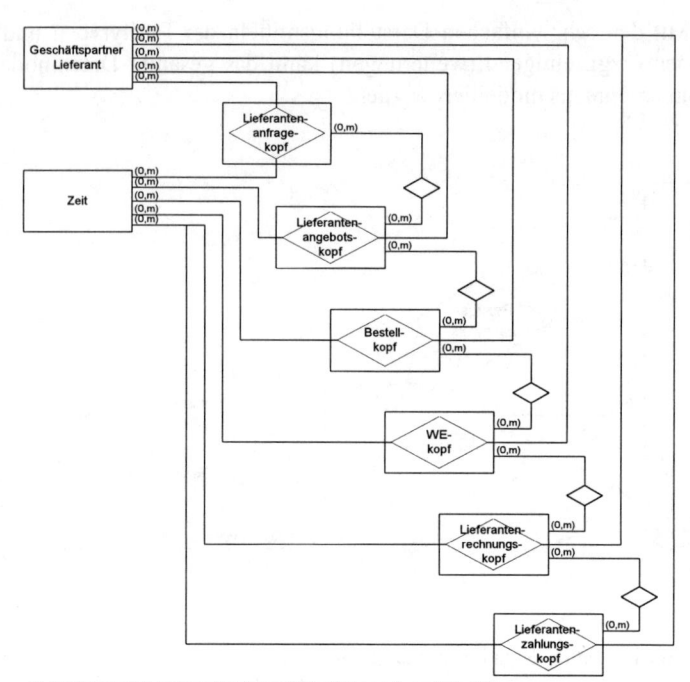

a) Datenmodell Belegstruktur auf Kopfebene (vereinfacht)

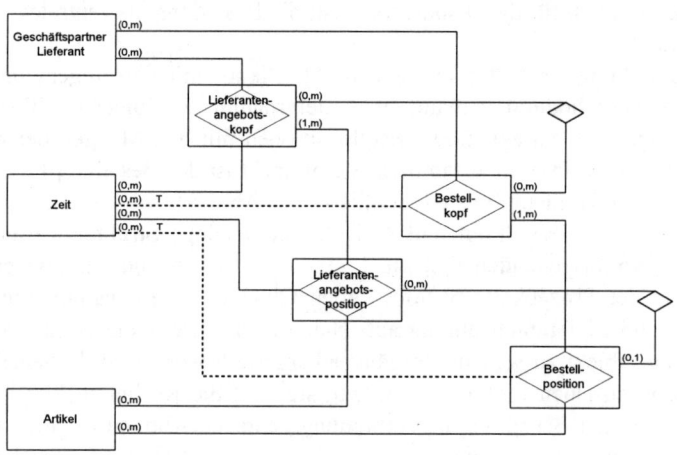

b) Datenmodell Belegstruktur auf Positionsebene (vereinfacht)

Abb. 4: Datenmodell Belegstruktur im Beschaffungsprozeß (vereinfacht)

Für die Berechnung der Bedarfe ist eine Datenbasis gemäß Abb. 5 erforderlich. Disponiert wird ein Artikel, genaugenommen ein Abnehmerartikel, da z. B. die Filiale nur die Artikel bestellen darf, die für sie gelistet sind. Dadurch, daß Filialen und Lager (neben Kunden) als Abnehmer definiert sind, hat der Abnehmerartikel als Abnehmer- und Artikel- (sowie Zeit-)Verbindung eine Allgemeingültigkeit für alle Handelsstufen. Der *Bedarf* eines Abnehmerartikels läßt sich als Beziehungstyp zwischen Abnehmerartikel, *Zeit* und *Dispositionsangaben* darstellen. Die Zeit beinhaltet die Angaben, für welchen Zeitraum die Bedarfsrechnung vorzunehmen ist. Die Dispositionsangaben umfassen die Parameter, die für die Prognose des Abnehmerartikels erforderlich sind. Somit wird im Relationshiptyp Bedarf festgehalten, welche Bedarfsmenge eines Abnehmerartikels in der betrachteten Periode auf Basis ausgewählter Prognoseverfahren berechnet wird.

Die berechneten Werte sind als Bruttobedarfe zu verstehen, denen der Bestand zum jeweiligen Zeitpunkt gegenüberzustellen ist. Der Bestand (*Lagerortbestand*) ergibt sich als Aggregation von Abnehmerartikel, *Lagerort* und Zeit. Während der im Datenmodell zur Lagerorganisation als Beziehung zwischen Artikel, Lagerplatz und Zeit modellierte lager*platz*bezogene Bestand Zwecken der Lagerverwaltung dient, ist der Lager*ort*bestand Ausgangspunkt für die Disposition, da dort die physische Verteilung der Bestände auf einzelne Lagerplätze nicht von Interesse ist.

Zudem ist zur einheitlichen Abbildung der Dispositionsgrundlage von Lager, Filialen und Kunden der Lagerort notwendig, da in Filialen i. d. R. keine Lagerplatzstruktur verwaltet wird.

Durch die Gegenüberstellung von Bedarf und Bestand läßt sich der Nettobedarf berechnen. Bei der Bedarfsrechnung sind neben dem Bedarf und dem Bestand *Artikelreservierung*en zu beachten. Diese ergeben sich als Beziehung zwischen den Entitytypen Abnehmerartikel und Zeit. Eine Artikelreservierung kann sowohl ohne Auftrags- als auch mit Auftragsbezug möglich sein. Liegt eine Spezialisierung in eine *Artikelreservierung mit Auftragsbezug* vor, so besteht eine Beziehung zu einer oder mehreren *Abnehmerauftragspositionen*. Neben Artikelreservierungen mit Auftragsbezug können beispielsweise von den Disponenten Bestandsreservierungen ohne Auftragsbezug vorgenommen werden (*Artikelreservierung ohne Auftragsbezug*). Durch die Bestandsreservierung wird außer dem physischen auch ein logischer Lagerbestand verwaltet. Für eine Bedarfsrechnung werden zusätzlich zum prognostizierten Abgang, dem physischen Bestand und der Reservierung auch erwartete Zugänge benötigt, die in den Bestellpositionen hinterlegt sind. Die positionsübergreifenden Bestandteile einer Bestellung, im Datenmodell als *Bestellkopf* bezeichnet, sind eine Beziehung aus *Geschäftspartner Abnehmer*, *Geschäftspartner Lieferant, Zeit, Einkaufsorganisation* und *Disponent*. Der Abnehmer wird auf Bestellkopfebene festgelegt, um den Regelfall abzubilden, daß sich eine Bestellung auf einen Abnehmer bei einem Lieferanten zu einem bestimmten Zeitpunkt bezieht. Ob der Disponent identifizierender Bestandteil des Bestellkopfes ist, wird bei der Einrichtung des Systems für alle Bestellungen festgelegt. Dies wird durch die gestrichelte Linie (Entitytyp Disponent ist optionaler Schlüssel in Bestellkopf) und den Buchstaben T (Festlegung auf Typebene) dargestellt. Eine Bestellung besteht aus mindestens einer *Bestellposition*, die eine Beziehung von Bestellkopf, Zeit, Geschäftspartner Abnehmer (konditional) und *Abnehmerartikel* darstellt. Durch die Aufnahme des Geschäftspartners Abnehmer als Schlüssel in die Bestellposition wird der Sonderfall abgebildet, daß eine Bestellung Bestellpositionen mehrerer Abnehmer umfaßt (z. B. unter Nutzung eines Aufteilers bei der zentral vorgenommenen Bestellmengenverdichtung). Der Geschäftspartner Abnehmer ist somit optional Schlüssel der Bestellposition (deswegen die gestrichelte Linie); ob er angegeben wird oder nicht, wird bei der einzelnen Bestellposition angegeben (deswegen der Buchstabe A=Festlegung auf Ausprägungsebene). Die Bestellposition enthält zwar den Abnehmer und den Abnehmerartikel, das Datenmodell kann aber nicht sicherstellen, daß nur sich entsprechende Abnehmer und Abnehmerartikel Eingang in die Bestellposition finden (damit auch nur die Abnehmerartikel für den Abnehmer bestellt werden, die er im Sortiment führt). Die Konsistenz ist durch ein eigenes Programm sicherzustellen. Die Einkaufsorganisation gibt an, welche organisatorische Einheit die Bestellung durchführt und für diese verantwortlich ist.

Der Bezug zu den Konditionen kann zum einen über den Bestellkopf hergestellt werden (*Kond.-Bestellkopf-ZuO*). Zum anderen können den Bestellpositionen Konditionen zugeordnet werden, die festlegen, zu welchen Werten die bestellten Artikel bezogen werden (*Kond.-Bestellpos.-ZuO*). Eine Bestellposition kann auf einen *Einkaufskontrakt* referenzieren, d. h. es wird mit der Bestellposition festgelegt, ob und ggf. welcher Kontrakt bei dieser Bestellung gültig ist. Eine Bestellposition kann sich auch auf mehrere Kontrakte beziehen, da es möglich ist, daß zu einem Zeitpunkt mehr als ein Kontrakt gültig ist.

Ein Einkaufskontrakt kann spezialisiert werden in einen *Mengenkontrakt* oder *Wertkontrakt* und einen *Lieferplan*. Bei einem Lieferplan, der, wie bereits beschrieben, eine zeitliche und mengenmäßige Liefereinteilung festschreibt, besteht eine Beziehung zwischen dem spezialisierten Objekt Lieferplan und der Zeit, um die Liefertermine abbilden zu können.

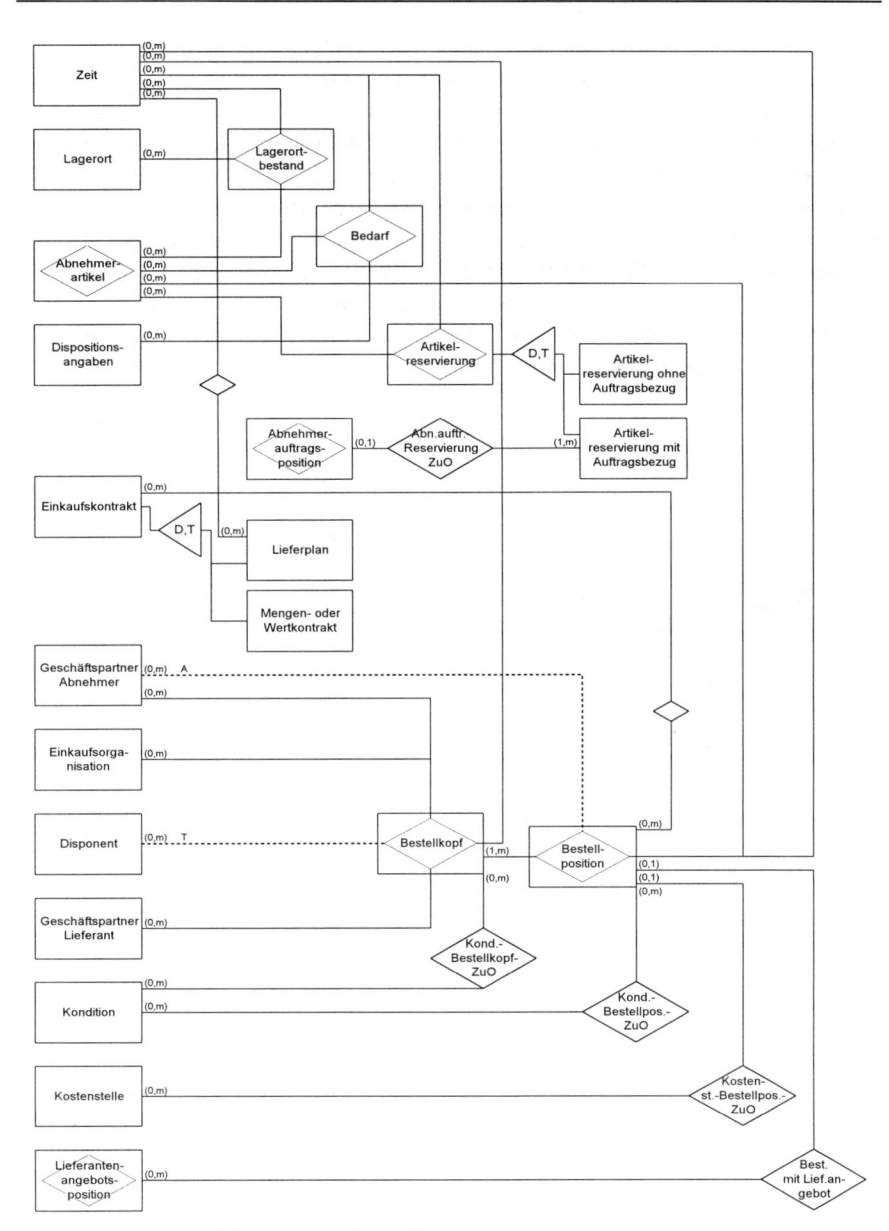

Die Architektur von Handelsinformationssystemen 83

Abb. 5: Datenmodell Disposition - Bestellwesen

Um bei einer späteren Wareneingangs- und Rechnungserfassung die Angabe einer Kostenstelle entfallen lassen zu können (*Kostenst.-Best.pos.-ZuO*), kann zwischen der Bestellposition und der *Kostenstelle* ein Bezug hergestellt werden. Ein Bestellbezug kann ebenfalls bei dem im Handel seltenen Fall eines Lieferantenangebotsbezugs (*Best. mit Lief.angebot*) hergestellt werden. Bei der Beschaffung von Gütern des täglichen Bedarfs und gängigen Artikeln werden keine Lieferantenanfragen mit späterem Angebot von den Lieferanten angefordert. In der Industrie und in Großhandelsunternehmen, die mit industrienahen Warenbereichen handeln, sind Lieferantenanfragen hingegen üblich.

Zur Unterstützung der Funktionalität des Aufteilers wird eine Struktur benötigt, wie sie in Abb. 6 wiedergegeben ist.

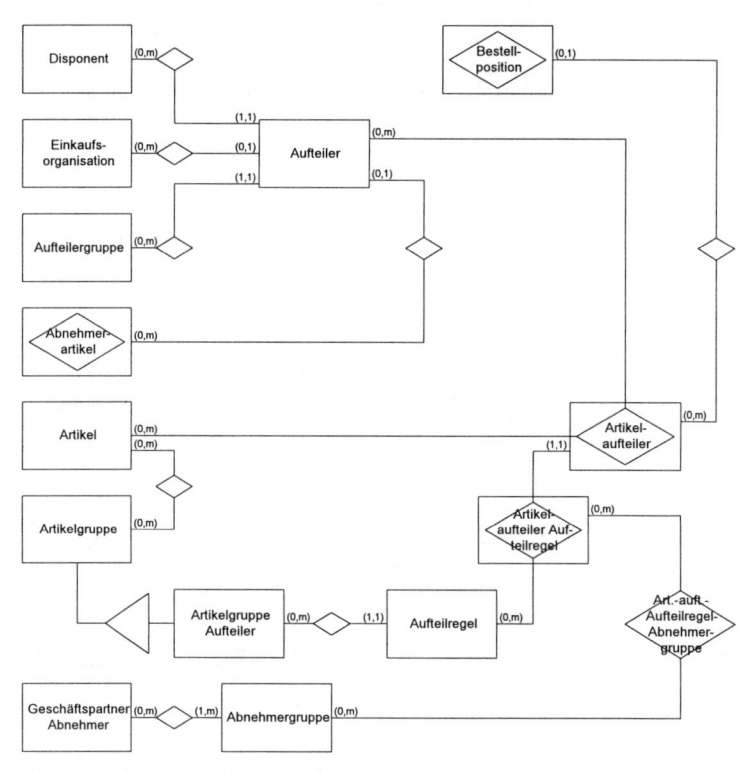

Abb. 6: Datenmodell Disposition - Aufteiler

Der *Aufteiler* enthält Kopfinformationen („Aufteiler für Damenoberbekleidung"), kann einer *Einkaufsorganisation* zugeordnet sein und ist von einem Disponenten abhängig, der für die Anlage eines Aufteilers verantwortlich ist.

Der Aufteiler wird zu *Aufteilergruppen* („Aufteiler für Textil") gruppiert, wobei ein Aufteiler genau einer Aufteilergruppe zugeordnet ist. Eine Aufteilergruppe gibt an, welche Funktion der Aufteiler im operativen Ablauf zu erfüllen hat. Es sind insbesondere drei Arten von Aufteilergruppen zu unterscheiden. Erstens die Normalaufteiler, d. h. die Aufteiler, die auf Basis einer Bestellung die Gesamtbeschaffungsmenge auf die Abnehmer aufteilen. Zudem sind Retourenaufteiler möglich, die infolge einer Retourenaktion die Artikel an das Zentrallager zurückgeben müssen. Außerdem können aus vorhandenen Beständen des Zentrallagers Artikelmengen an die Abnehmer mit Hilfe einer dritten Aufteilergruppe zugewiesen werden („Aufteiler für Bluse 1234").

Durch die Aggregation von *Artikel* und Aufteiler zum *Artikelaufteiler* findet eine artikelbezogene Konkretisierung des Aufteilers statt. Ein Artikelaufteiler ist somit eine Position innerhalb eines Aufteilers.

Die Gruppierung von Artikeln zu Zwecken der Aufteilung wird durch den Entitytyp *Artikelgruppe Aufteiler* abgebildet. Die *Aufteilregel* beschreibt, nach welchen Regeln die mengenmäßige Verteilung eines Artikels einer Artikelgruppe Aufteiler vorgenommen wird. Die Aufteilregel gibt somit beispielsweise bei einem „Modeaufteiler" die Quoten der Aufteilung entsprechend von Planumsätzen der Abnehmer an. Die Beziehung *Artikelaufteiler Aufteilregel* gibt an, welche Regel bei welchem Abnehmerartikel innerhalb eines Aufteilers angewendet wird. Die Verbindung von Artikelaufteiler Aufteilregel und Abnehmergruppe ordnet Abnehmergruppen die Aufteilregeln zu, die für diese gültig sind. Die konkrete Menge bzw. der Prozentsatz an der Gesamtmenge eines Artikels, die ein Abnehmer gemäß des Aufteilers erhalten soll, wird genau in der Beziehung Artikelaufteiler Aufteilregel Abnehmergruppe (*Art.-aufl.-Aufteilregel-Abnehmergruppe*) festgehalten. Die Gruppierung der Abnehmer kommt dann zum Tragen, wenn jeweils Gruppen von Abnehmern denselben Prozentsatz oder dieselbe Menge an Artikeln erhalten sollen (z. B. Gruppierung aller Filialen in 3 Gruppen „klein", „mittel" und „groß"). Sollte jeder Abnehmer nach der Aufteilregel eine spezifische Menge erhalten, umfaßt jede Abnehmergruppe nur einen Abnehmer.

Besondere Bedeutung hat die Datensicht für das Dach des Handels-Hs, da die Bereitstellung der Daten methodisch „sauber" erfolgen muß (und dabei das gesamte methodische Instrumentarium zur Datenmodellierung genutzt wird), während sich der Prozeß der Management-Entscheidungsfindung weitgehend einer Formalisierung entzieht.

Vor allem verdichtete Daten, die aus den atomistischen Daten der operativen Systeme abgeleitet werden, sind eine wichtige Informationsquelle für das Controlling und das Management. Dabei ist im Rahmen von Data-Warehouse-Konzepten die Integration zwischen atomistischen und verdichteten Daten sicherzustellen. Im Datenmodell ist deutlich zu machen, ob es sich um ein atomistisches oder ein verdichtetes Datum handelt (in Abb. 7 zusätzlich gestrichelte Linie der Entity- resp. Relationshiptypen).

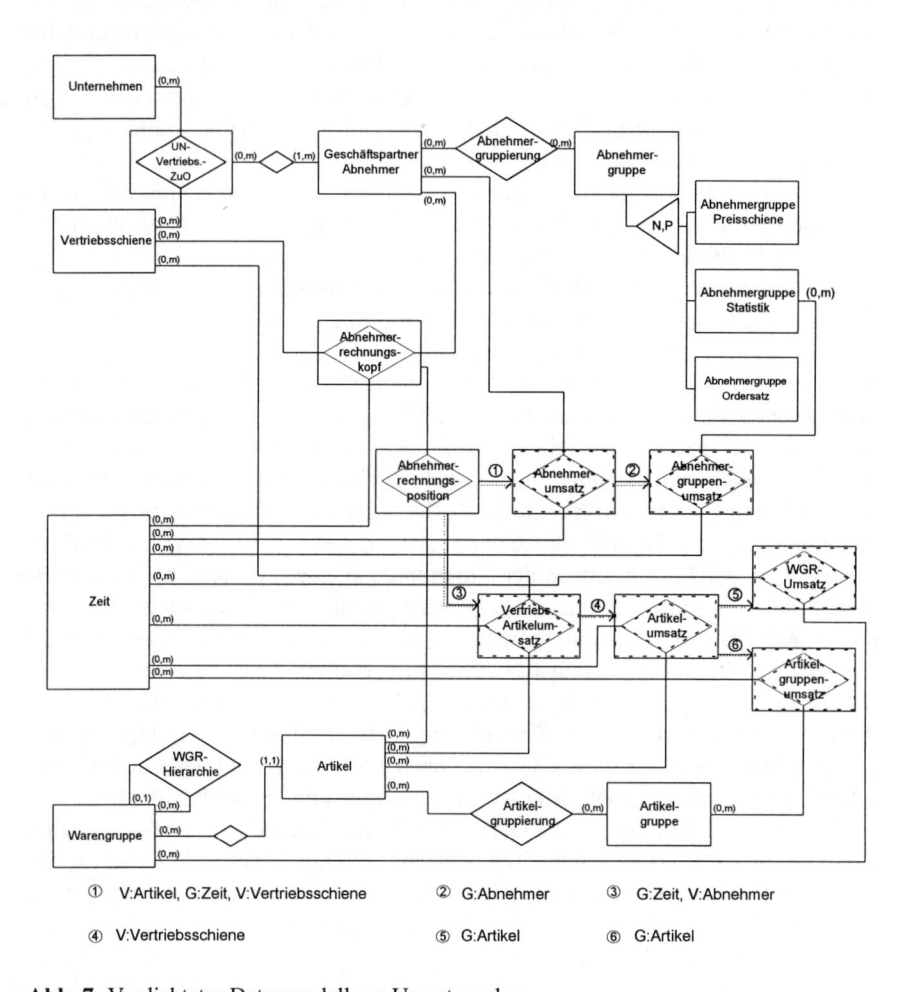

① V:Artikel, G:Zeit, V:Vertriebsschiene   ② G:Abnehmer   ③ G:Zeit, V:Abnehmer
④ V:Vertriebsschiene   ⑤ G:Artikel   ⑥ G:Artikel

Abb. 7: Verdichtetes Datenmodell zur Umsatzanalyse

Weiterhin sind die atomistischen Daten anzugeben, die Ursprung der Verdichtung sind. Dazu dient ein Verdichtungspfeil, der ebenfalls zusätzlich gestrichelt ist. Die Erklärung zum Verdichtungspfeil gibt an, ob eine Gruppierung (Buchstabe G) oder eine vollständige Verdichtung (Buchstabe V) stattfindet. Bei der Verdichtung der Abnehmerrechnungspositionen zum Abnehmerumsatz findet eine vollständige Verdichtung über den Artikel statt. (Es werden alle Rechnungspositionen eines Artikels summiert, so daß der Artikel im Abnehmerumsatz nicht mehr als Schlüsselattribut erscheint). Über die Zeit wird eine Gruppierung vorgenommen, d. h. alle Rechnungspositionen, die in einem Zeitraum (z. B. Monat) fallen, werden summiert. Weiterhin wird eine vollständige Verdichtung über die Betriebsschiene vorgenommen, d. h. die Rechnungspositionen, die für einen Abnehmer in den unterschiedlichen Vertriebsschienen mit dem Handelsunternehmen angefallen sind, werden summiert. Abb. 7 zeigt ein Datenmodell für das Erlöscontrolling.

Die Beispiele machen deutlich, daß ein Verständnis der Datensicht einen guten Einblick in die inneren Strukturen eines Handelsunternehmens ermöglicht. Daten sind mehr als nur ein „Anhängsel" an in Informationssystemen abgelegte Abläufe, sie ermöglichen einen eigenständigen Zugang zum Verstehen des komplexen Gebildes Handelsunternehmen.

3.3 Prozeßsicht

Die *Prozesse* legen die zeitlich-sachlogische Abfolge von Funktionen fest. Prozesse beginnen mit einem auslösenden Ereignis, wie z. B. „Rechnung ist eingetroffen" oder „LKW-Fahrer hat sich beim Pförtner gemeldet". Das Ereignis triggert eine oder mehrere Funktion(en), in denen aktiv eine Handlung begangen wird, wie z. B. „Suche zugehörigen Lieferschein" oder „Ordne LKW eine Rampe zu".

In Ereignisgesteuerten Prozeßketten (vgl. Scheer, 1995, S. 49-54), einer gängigen Methode der Prozeßmodellierung, werden Ereignisse durch Sechsecke, Funktionen durch abgerundete Rechtecke dargestellt. EPKs bilden einen bipartiten Graph, d. h. Ereignisse und Funktionen wechseln einander ab. Wenn auf eine Funktion mehrere Ereignisse folgen (oder vice versa), sind Konnektoren vonnöten, die darstellen, ob alle Ereignisse auf eine Funktion folgen (UND-Verknüpfung), nur ein einziges (ausschließliches ODER=XOR) oder eine beliebige Anzahl aus den nachfolgenden (inklusives ODER=OR).

Handelstypisch ist z. B. der Prozeß der Zweistufigkeit von Rechnungserfassung und Rechnungsprüfung, die bei der Vielzahl an Transaktionen die Erzielung von Größendegressionseffekten ermöglicht. Bei der Rechnungserfassung erfolgt oft nur eine Eingabe der Rechnungsendsumme, die innerhalb des Rechnungsprüfungslaufs mit der Summe der bewerteten Wareneingangspositionen verglichen wird. Liegen – wie oben erwähnt – alle drei Belege zum Wareneingang systemseitig vor (was heute selten der Fall ist), können auftretende Differenzen oft systemseitig schon erkannt werden, ohne daß eine manuelle Überprüfung der Rechnungspositionen mit den bewerteten Wareneingangspositionen stattfinden muß.

Eine beispielhafte Ereignisgesteuerte Prozeßkette für die Aufgabe „Rechnungsprüfung" findet sich in Abb. 8.

Die Rechnungsprüfung hat zunächst die bewerteten Wareneingänge den erfaßten Rechnungen zuzuordnen. Hierzu versucht das Rechnungsprüfungsprogramm zumeist in einem Batchlauf u. a. anhand der Kriterien Abnehmernummer, Lieferscheinnummer und Lieferantennummer den bewerteten Wareneingängen die Rechnung(en) zuzuordnen.

Besondere Probleme bestehen häufig bei Sammelrechnungen, da in diesem Fall eine Rechnung mit mehreren Lieferscheinen zu verbinden ist. Zu diesem Zweck muß in der Rechnungserfassung sichergestellt werden, daß mehr als ein Lieferschein zu einer Rechnung erfaßt werden kann. Bei Teillieferungen, die von der Industrie getrennt fakturiert werden, ist hingegen eine Zuordnung von mehreren Lieferscheinpositionen zu einer Rechnung notwendig. Eine derartige Unterstützung ist in den heutigen Informationssystemen noch nicht gegeben, da zumeist ex ante Informationen fehlen, die eine automatisierte Zuordnung ermöglichen würden.

Sofern der automatische Zuordnungsversuch von bewerteten Lieferscheinen zu Rechnungen nicht erfolgreich war, bedarf es der manuellen Zuordnung der beiden Belege.

Unabhängig davon, ob eine manuelle oder automatische Zuordnung der Belege stattgefunden hat, vergleicht das System den bewerteten Wareneingang mit dem tatsächlich vom Lieferanten in Rechnung gestellten Betrag. Im Idealfall stimmen die beiden Beträge überein. Weichen die Beträge voneinander ab, so ist zu prüfen, ob diese Differenz innerhalb oder außerhalb eines festgelegten Intervalls liegt. Befindet sich der Betrag innerhalb der möglicherweise lieferantenspezifischen Intervallgrenzen, wird die Rechnung als geprüft gekennzeichnet. Dies hat zur Folge, daß sie von der Kreditorenbuchhaltung zum Fälligkeitstermin bezahlt werden kann. Ferner ist zu prüfen, ob eine Nachbearbeitung der Rechnung notwendig ist. Liegen zu hohe Abweichungen vor, bedarf es der sachlichen Klärung der Differenz, die in dem Prozeß Abweichungskontrolle vorgenommen wird.

Es folgen ggf. eine kreditorische Nachbearbeitung, Zahlung und Buchung, Archivierung der Rechnung und ggf. eine Differenzbuchung in der Bestandsbewertung.

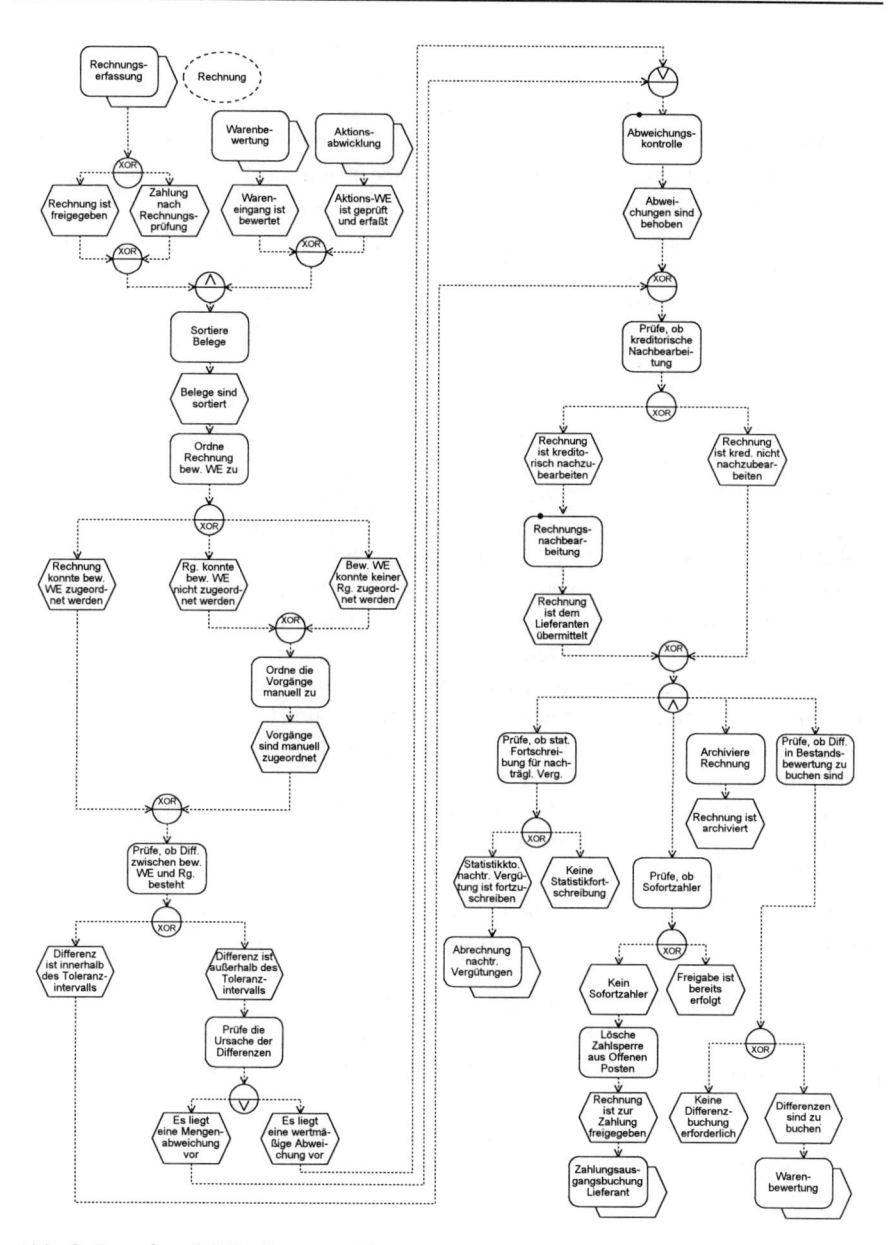

Abb. 8: Prozeßmodell Rechnungsprüfung

Prozeßmodelle beschreiben in einer gut nachvollziehbaren Form die zeitlich-sachlogische Folge von Einzelaktivitäten. Sie sind ebenso zur Ist-Analyse (Beschreibung vorhandener Abläufe) wie zur Soll-Konzeption (Neu-Gestaltung der Ablauforganisation) geeignet. Bei Berücksichtigung einiger zusätzlicher Modellierungsempfehlungen, die unter dem Rubrum Grundsätze ordnungsmäßiger Modellierung (GoM) veröffentlicht sind (vgl. Becker, 1995, Becker/Rosemann/ Schütte, 1995, Becker/Schütte, 1996, Rosemann, 1996, Becker/Schütte, 1997, Schütte, 1997), sind die Modelle nicht nur zur Ablaufbeschreibung und damit für Business Process Reengineering-Projekte, sondern auch als Vorgaben für die Implementierung von Software resp. als Abgleich mit den Möglichkeiten von Standardsoftware geeignet.

Wenn die Aktivitäten im Prozeßmodell mit Mengen und Zeiten versehen werden, ist eine Simulation der Abläufe möglich und wird toolmäßig unterstützt (z. B. für Ereignisgesteuerte Prozeßketten im ARIS-Toolset). Eine Bewertung mit Kostengrößen unterstützt die Prozeßkostenrechnung und ermöglicht damit eine gute Kostenzuordnung zu Kostentreibern sowie eine organisatorische Umgestaltung auf der Basis quantitativer Daten. Nicht zuletzt haben die Prozeßmodelle Dokumentationscharakter und ersetzen derzeit Teile von Organisationshandbüchern und sind Grundlage für die ISO EN 9000f. Zertifizierung. Auch zu Schulungszwecken sind sie vielfältig einsetzbar.

Die Multiperspektivität (Organisations- und Informationssystemgestaltung, Simulation, Prozeßkostenrechnung, Dokumentation und ISO EN 9000-Zertifizierung, Schulung) rechtfertigt in besonderem Maße die mit der Erstellung der Modelle anfallenden Kosten.

Durch die Einordnung der Modelle in die Handels-H-Architektur wird der Zusammenhang zwischen den Modellen eindeutig hergestellt, durch die gerade im Handel deutliche Verbindung von Prozeß und prozeßprägendem Objekt (Disposition-Bestellung, Wareneingang-Lieferschein, Rechnungsprüfung-Rechnung etc.) werden die Abgrenzung der Prozesse und die Prozeßübergänge offensichtlich.

Der nächste Schritt beim Einsatz von Prozeßmodellen wird die überbetriebliche Gestaltung der Wertschöpfungskette sein, um die ECR-Idee mit Leben zu füllen. Derzeit beschränkt man sich hier weitgehend auf die Anwendung einheitlicher Datenaustauschformate.

Eine vollständige Beschreibung der Funktionen, Daten und Prozesse von Handelsinformationssystemen findet sich bei Becker und Schütte (vgl. Becker/ Schütte, 1996).

4 Die Geschäftsarten

Die im Handels-H aufgeführten Prozesse sind typisch für das klassische *Lagergeschäft* mit den Aufgaben Beschaffen – Lagern – Verkaufen. Das Handelsunternehmen nimmt die warenflußbezogenen logistischen und die betriebswirtschaftlich-informationsbezogenen Aufgaben der Disposition und des Werteflusses zur Lieferanten- und zur Kundenseite hin wahr. Daneben sind weitere Geschäftsarten kennzeichnend für den Handel.

Beim *Streckengeschäft* erfolgt der logistische Warenfluß direkt zwischen Lieferant und Kunde, der dispositionsbezogene Informationsfluß und der Wertefluß spielen sich weiterhin zwischen Kunde und Handelsunternehmen resp. Handelsunternehmen und Lieferant ab.

Im *Zentralregulierungsgeschäft* (mit oder ohne Übernahme des Delkredere) schließlich ist das Handelsunternehmen nur beim Wertefluß involviert, der logistische Warenfluß und der dispositionsbezogene Informationsfluß erfolgen in direkter Abstimmung zwischen Kunde und Lieferant mit der Besonderheit, daß die rechtliche Forderung des Lieferanten gegenüber dem Kunden besteht, die Regulierung der Forderung aber durch das Handelsunternehmen erfolgt.

Die vierte wichtige Geschäftsart, die orthogonal zu den vorherigen drei steht, ist das *Aktionsgeschäft*. Hier rücken – bildlich gesprochen – die beiden Schenkel des Handels-Hs (die im Lagergeschäft ja deswegen voneinander entfernt nebeneinander stehen, weil die Aktivitäten relativ unabhängig voneinander, eben nur gekoppelt durch das Lager und die Entwicklung des Lagerbestandes, durchgeführt werden) so nahe zusammen, daß sie sich berühren. Marketing- und Einkaufsmaßnahmen (Aktionskonditionen zur Einkaufs- *und* zur Verkaufsseite) werden interdependent geplant und durchgeführt, vorhandene Aktionsaufträge (Bestätigung der Teilnahme der Aktion und Spezifizierung einer festen Ordermenge) der Kunden/Filialen führen zur Festlegung der Dispositionsmenge zur Lieferantenseite hin, im Lager werden die eingegangenen Mengen nicht auf den gewöhnlichen Reserveplätzen eingelagert, sondern sofort aufgeteilt und der Warenausgangszone zugeführt (sogen. aktiver Bypass), der Wertefluß (Rechnungsprüfung und Kreditorenbuchhaltung einerseits sowie Fakturierung und Debitorenbuchhaltung andererseits) wird durch die Aktionskonditionen zur Einkaufs- und Verkaufsseite gesteuert. Die Aktion zieht sich sogar durch die betriebswirtschaftlich-administrativen Systeme, insbesondere die Kostenrechnung, und die taktisch-strategischen Aufgaben des Controlling als betriebswirtschaftlich relevantes Objekt (Aktionserfolgsrechnung) hindurch.

Die fünfte Geschäftsart ist das *Dienstleistungsgeschäft*. Hier ist natürlicherweise die Dienstleistung das Objekt, das den Prozeß prägt. Sie wird meist additiv zu der eigentlichen Handelsfunktion angeboten und ist als eine die Warenlogistik ergänzende Funktion anzusehen. Dienstleistungen, die Handelsunternehmen ihren Kunden/Filialen anbieten, können vielfältig sein und beziehen sich z. B. auf Marktauftritt, Marketing, Layoutgestaltung im Betrieb, Beratung in Rechts- und Steuerfragen oder personalwirtschaftlichen Fragen. Dienstleistungsgeschäfte werden zwar vielfach von Handelsunternehmen angeboten (institutioneller Aspekt), sind aber keine Handelsgeschäfte im engeren Sinne, in denen eine zeitlich-räumliche Überbrückungsfunktion für Leistungen wahrgenommen wird, die von einem Lieferanten bezogen und an Kunden weitergegeben werden (funktionaler Aspekt). Genaugenommen erstellt das Handelshaus die betriebliche Leistung (z. B. die Beratung) selbst und ist damit eher Produzent als Händler.

Die fünf Geschäftsarten (vgl. Abb. 9) haben maßgeblichen Einfluß auf die Ausgestaltung der Prozesse, der sicherlich größer ist als der, der sich aus klassischen Einteilungen von Handelsunternehmen (Großhandel – Einzelhandel, filialisierender – kooperierender Handel, mehrstufiger – einstufiger Handel) ergibt.

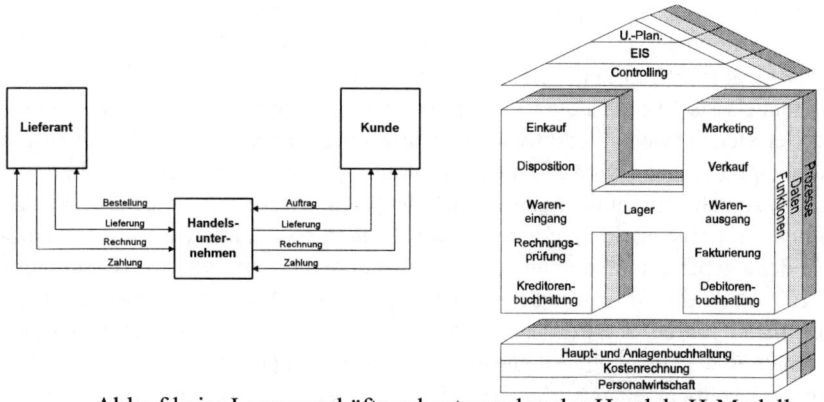

Ablauf beim Lagergeschäft und entsprechendes Handels-H-Modell

Abb. 9: Vier (von fünf) Geschäftsarten des Handels im Überblick

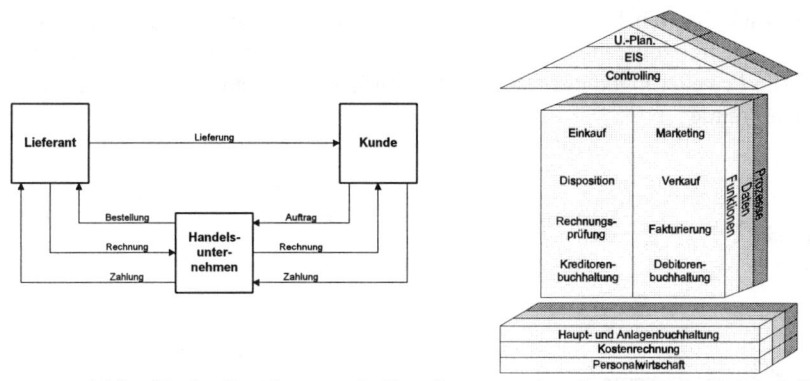

Die Architektur von Handelsinformationssystemen 93

Ablauf beim Streckengeschäft und entsprechendes Handels-H-Modell

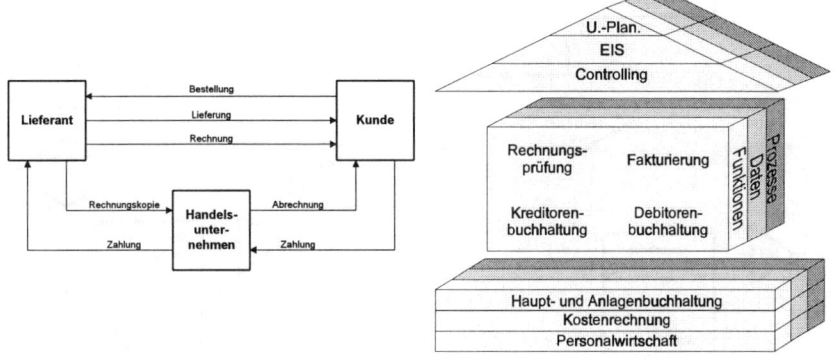

Ablauf beim Zentralregulierungsgeschäft und entsprechendes Handels-H-Modell

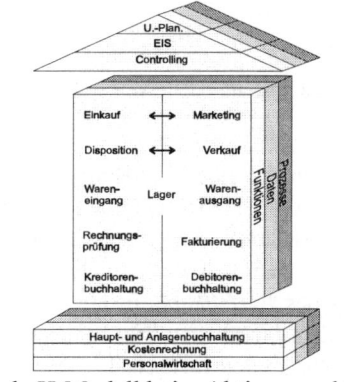

Handels-H-Modell beim Aktionsgeschäft

Abb. 9 (Fortsetzung): Vier (von fünf) Geschäftsarten des Handels im Überblick

Die Geschäftsarten bedingen Erweiterungen des Datenmodells und Änderungen des Prozeßmodells, die exemplarisch für das Streckengeschäft gezeigt werden sollen. Die Erweiterungen des Datenmodells für das Streckengeschäft sind in Abb. 10 dick umrandet.

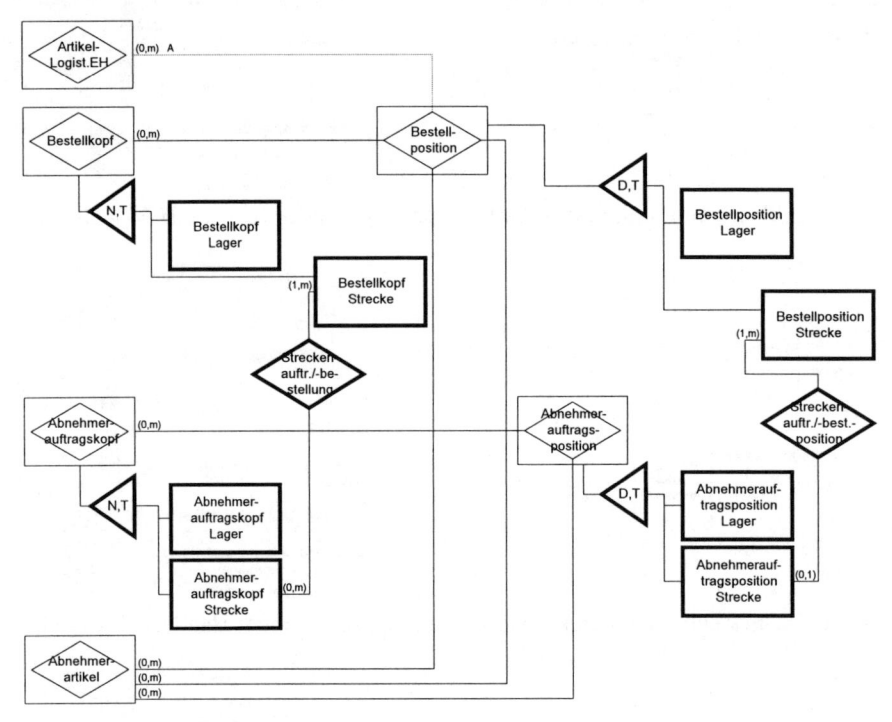

Abb. 10: Datenmodellerweiterungen durch das Streckengeschäft

Aufgrund eines Abnehmerauftrags ist eine Streckenbestellung zu erzeugen, so daß eine Spezialisierung des Entitytyps *Abnehmerauftragskopf* in einen Entitytyp *Abnehmerauftragskopf Lager* und einen *Abnehmerauftragskopf Strecke* vorgenommen wird. Analog zur Differenzierung des Auftrags erfolgt eine Spezialisierung des *Bestellkopf*s in einen *Bestellkopf Lager* und einen *Bestellkopf Strecke*. Bei dem Streckenauftrag besteht eine Beziehung zu einer Streckenbestellung, die das Zusammenwachsen des Distributions- und des Beschaffungsprozesses datenseitig zum Ausdruck bringt (*Streckenauftr./-bestellung*).

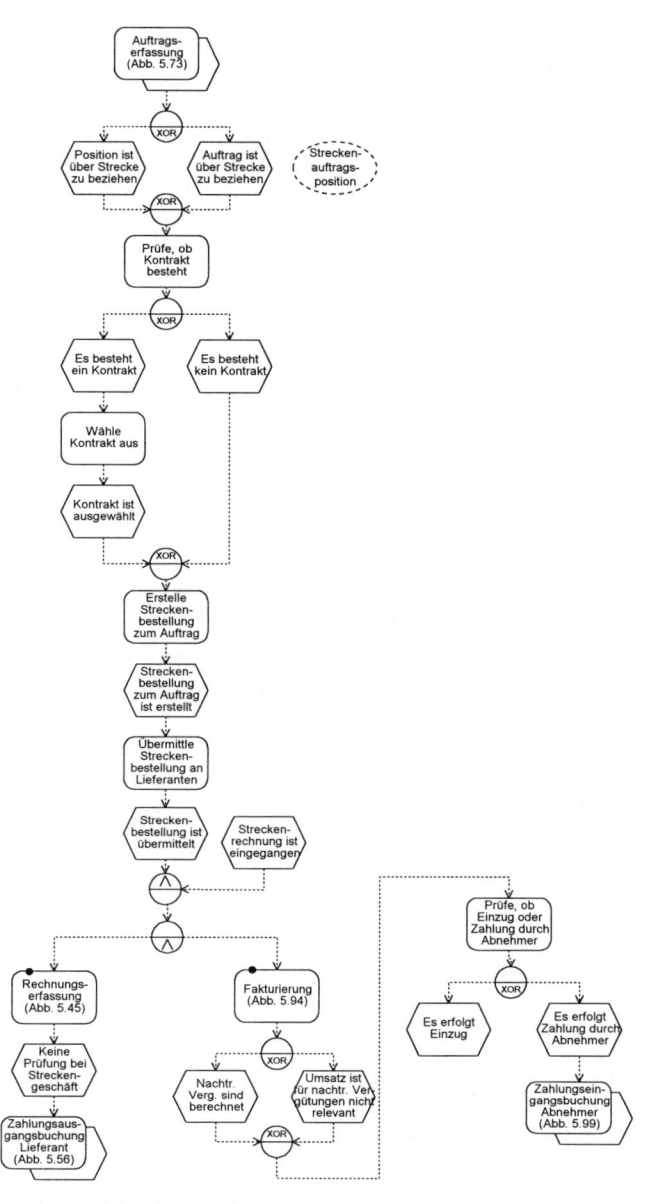

Die Architektur von Handelsinformationssystemen 95

Abb. 11: Prozeßmodell Steckenabwicklung

Es können nicht nur Streckenaufträge von Lageraufträgen, sondern auch Streckenauftrags- *(Abnehmerauftragsposition Strecke)* von Lagerauftragspositionen *(Abnehmerauftragsposition Lager)* differenziert werden, um innerhalb eines Auftrags Lager- und Streckenpositionen erfassen zu können. Bei einer Streckenposition besteht eine Beziehung zur Bestellposition *(Streckenauftr./-best.position)*.

Der Streckenprozeß basiert auf einem Auftrag, der Streckenpositionen beinhaltet oder insgesamt als Streckenauftrag gekennzeichnet ist. Die Bestellbearbeitung erfolgt automatisch, da die Streckenbestellung aus den Daten des Abnehmerauftrags erzeugt werden kann. Es wird bestimmt, ob der Streckenauftrag zur Erhöhung des Anspruchs nachträglicher Vergütungen beiträgt. Dieses wird entweder durch eine Vereinbarung zwischen Handelsunternehmen und Abnehmer oder zwischen Lieferant und Abnehmer festgelegt. Rechnungserfassung und Fakturierung sind miteinander gekoppelt.

Mit der abschließenden Zahlung an den Lieferanten und Buchung der Zahlung des Abnehmers findet der Streckenprozeß seinen wertmäßigen Niederschlag in der Buchhaltung (vgl. Abb. 11).

5 Überbetriebliche Integration

5.1 Intention einer überbetrieblichen Integration

Die Positionierung von Handelsunternehmen zwischen Industrieunternehmen und Endabnehmern erfordert notwendigerweise warenwirtschaftliche und informationsflußtechnische Beziehungen zu diesen Geschäftspartnern.

Werden Handelskonzerne als Systeme aufgefaßt, die aus Subsystemen und Elementen bestehen, können die Schnittstellen zwischen den Akteuren nach der Art der Systemgrenze unterschieden werden (vgl. Feierabend, 1987, S. 56ff.):

- *Systeminterne* Schnittstellen liegen vor, wenn die Subsysteme oder Elemente innerhalb des Systems Beziehungen zueinander aufweisen (z. B. zwischen den Abteilungen einer Filiale, zwischen den Filialen einer Unternehmung).
- *Systemexterne* (-übergreifende) Schnittstellen sind gegeben, wenn eine Kommunikation des Handelskonzerns mit seinen Geschäftspartnern erforderlich ist. In Abb. 12 sind die wesentlichen Informationsobjekte aufgezeigt, die zwischen dem Handelsunternehmen und seinen Geschäftspartnern ausgetauscht werden.

Die Existenz von internen und externen Schnittstellen führt dazu, daß ein Schnittstellenmanagement notwendig wird, um die Effizienz schnittstellenübergreifender Abläufe zu gewährleisten. Die Aufgabe des Schnittstellenmanagements sollte dabei „keine ausschließliche end-of-the-pipe-Aufgabe sein" (vgl. Becker, 1996, Sp. 1819).

Bei externen Schnittstellen erschweren institutionelle Hemmnisse die Integration, da die fehlenden Einflußmöglichkeiten ganzheitliche Lösungen häufig verhindern. Beispielsweise bestehen bei kooperativen Handelssystemen Schwierigkeiten, die Abnehmer in Konzeptionen einzubetten, da große Widerstände zu überwinden sind (vgl. Olbrich, 1992, S. 177). Obgleich die interne Integration einfacher zu realisieren ist, sind im Handel noch kaum intern über alle Betrachtungsebenen hinweg integrierte Informationssysteme realisiert.

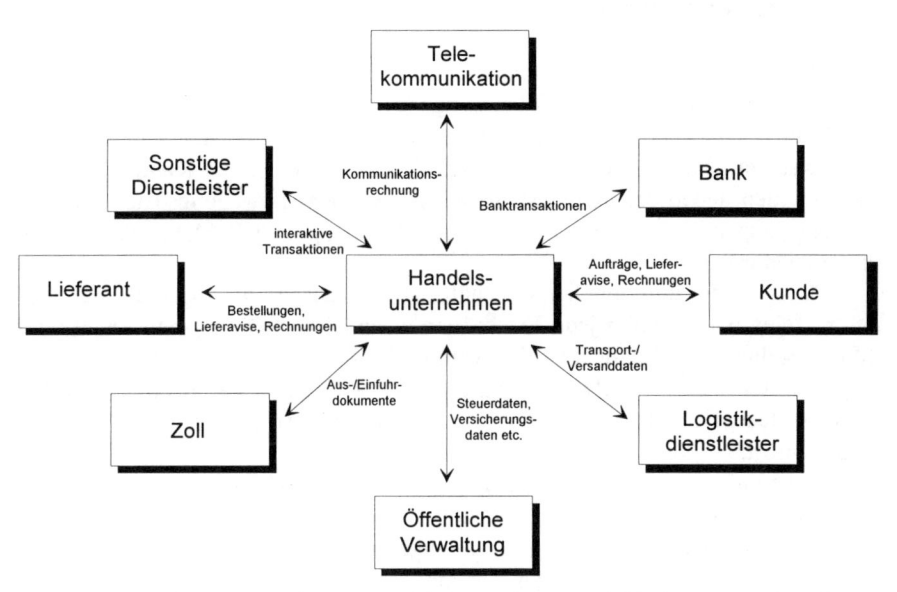

Abb. 12: Prozeßobjekte zwischen Handelsunternehmen und Marktpartnern (Quelle: In Anlehnung an Picot / Neuburger / Niggl, 1993, S. 21)

Die Integration von Prozessen kann nach der Integrations*art* (Verbinden oder Vereinigen) und nach dem Integrations*ziel* (Elimination von Funktionen und Realisierung von Degressionseffekten) differenziert werden. Im Idealfall wird das Ziel der *Elimination von Funktionen* angestrebt. Die Elimination von Funktionen soll durch den Abbau von Prozeßelementen und -schnittstellen die Durchlaufzeit und Kosten reduzieren. Eine Funktionselimination ist möglich, wenn durch die Prozeßintegration gleichartige Funktionen identifiziert werden, von denen mindestens eine ohne Reduktion des Zielerreichungsgrads des Prozesses eliminiert werden kann.

Demgegenüber stärker aufwandsorientiert ist die Zielsetzung der Realisierung von *Degressionseffekten,* die durch die Zentralisierung vormals getrennter Aufgaben erreicht wird. Dabei wird die Anzahl an Prozeßobjekten, die zugleich den Prozeß durchlaufen, erhöht und die Anzahl der Prozeßdurchläufe insgesamt reduziert.

5.2 Potentiale und Standardisierungsmöglichkeiten des Geschäftsdatenaustauschs

Der Handel ist u. a. durch die große Zahl an Transaktionen geprägt. Lieferscheine, Rechnungen, Aufträge oder Zahlungseingänge auf elektronischem Weg zu erhalten birgt deshalb ein hohes Rationalisierungspotential. Zwischen Industrie- und Handelsunternehmen einerseits sowie Handelsunternehmen und Kunden andererseits können neben den Artikelstammdaten vor allem Bewegungsdaten wie Bestellung respektive Auftrag, Lieferschein, Rechnung und Zahlung elektronisch übertragen werden.

Während beim traditionellen Geschäftsdatenaustausch über Brief, Telefax, Teletex, Telex oder Telefon jede Transaktion zweimal im EDV-System erfaßt wird (die Bestellung des Handels ist der Auftrag der Industrie), entfällt bei elektronischem Datenaustausch (EDI Electronic Data Interchange) die jeweils zweite Erfassung. Jede Transaktion muß nur dort systemseitig erfaßt werden, wo sie erstmalig auftritt.

EDI ist im wesentlichen für Transaktionen mit „starkem Routinecharakter, hohem Volumen und zeitkritischer Bedeutung" (vgl. Sedran, 1991, S. 17) geeignet. Die mit EDI erzielbaren Kostenreduzierungen nehmen mit dem Transaktionsvolumen zu, da dieses das Ausmaß der Nutzbarmachung von economies of scale determiniert. Das Geschäftsdatenvolumen ist insbesondere bei den Bestell- und Rechnungsdaten im Rahmen des Beschaffungsprozesses und den Auftrags- und Abnehmerrechnungsdaten beim Distributionsprozeß hoch, so daß sich dort der Einsatz von EDI besonders anbietet. Weitere Geschäftsdaten, die per EDI übertragen werden können, sind Zahlungsavise, Bestandsdaten, Anfragen und Angebote.

Die Marktpartner haben i. d. R. unterschiedliche interne Datenformate für die auszutauschenden Daten. Damit das empfangende System die Daten weiterverarbeiten kann, muß bei zwei Marktpartnern ein Konvertierungsprogramm die Daten von Format A in das Format B umwandeln. Wenn der Datenverkehr nicht nur unidirektional verläuft, sondern in beiden Richtungen erfolgen soll, ist ein weiteres Konvertierungsprogramm erforderlich, das Format B in Format A umwandelt.

Tritt ein weiterer Marktpartner mit dem Datenaustauschformat C hinzu, der mit den beiden Marktpartnern Geschäftsdaten austauschen möchte, sind vier neue Konvertierungsprogramme (C-A, C-B, A-C, B-C) notwendig. Mit der Anzahl der teilnehmenden Marktpartner wächst die Anzahl der Kopplungsprogramme quadratisch (genau: n(n-1)) (vgl. den linken Teil von Abb. 13). Jede Änderung im internen Datenformat führt folglich zu einem erheblichen Anpassungsbedarf an den Schnittstellenprogrammen.

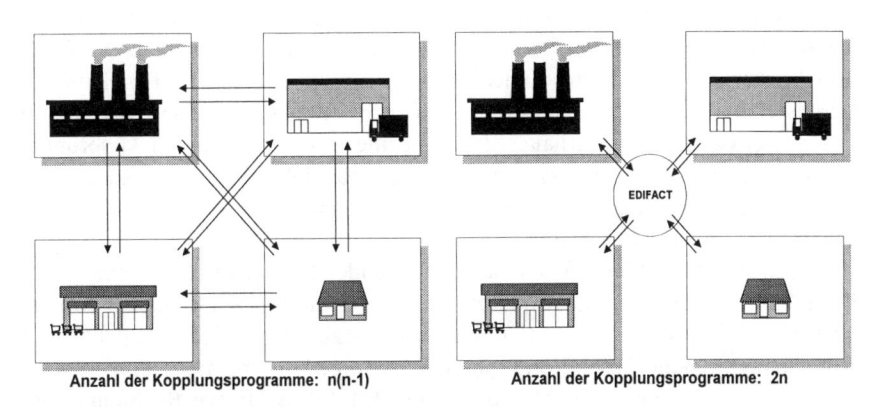

Abb. 13: Alternative Umsetzungsmöglichkeiten für die Datenübertragung

Eine derartige Kopplungsform ist nur bei sehr spezifischen Transaktionsbeziehungen, die einen strategischen Wettbewerbsvorteil implizieren, sinnvoll. Der hohe Konvertierungsaufwand bei einer solchen Lösung hat zu einheitlichen Austauschformaten geführt, da in diesem Fall für die Übertragung der Daten lediglich zwei Konvertierungsprogramme bei Zutritt eines neuen Marktpartners erforderlich werden (vgl. den rechten Teil von Abb. 13), d. h. die Zahl der Kopplungen wächst mit der Zahl der Marktteilnehmer linear.

Die wirtschaftlichen Vorteile einer Standardisierung haben ihren Niederschlag in Regelwerken gefunden, von denen die Bemühungen der Centrale für Coorganisation (CCG) mit den diversen SEDAS-Projekten besondere Relevanz für Handelsunternehmen besitzen (vgl. Eierhoff, 1993, S. 65, Hallier, 1992, S. 113-116, Schade, 1991, S. 235f., Spitzlay, 1992, S. 14-18).

Beim *SEDAS-Datenservice* bestehen Regelungen über die zwischen Industrie- und Handelsunternehmen auszutauschenden Bestell-, Auftragsbestätigungs-, Lieferanzeige-, Rechnungs- und Regulierungsdaten. Hierbei können die Daten direkt zwischen den Partnern oder über eine Clearingstelle, die als Serviceleistung von der CCG angeboten wird, ausgetauscht werden.

SINFOS stellt einen Artikelstammdatenpool dar, in dem die Artikeldaten in standardisierter Form gespeichert werden (vgl. Zentes/Anderer, 1993). Zu diesem Zweck werden von Herstellern standardisierte Artikelinformationen (z. B. Identifikationsnummern, Höhe, Breite, Länge, Gewicht) an einen CCG-Datenpool übertragen und bei Datenänderungen aktualisiert. Die Handelsunternehmen rufen die von ihnen benötigten Artikelinformationen ab.

Mit dem Austausch von Marktdaten (MADAKOM) sollen die Informationen der Kassensysteme des Handels der Industrie zu Planungszwecken zur Verfügung gestellt werden (vgl. Zentes/Exner/Braune-Krickau, 1989, S. 71ff.). Durch die Bereitstellung der Verkaufsinformationen können aktuellere und detailliertere Daten über das Verkaufsverhalten der Abnehmer gewonnen werden. Ursprünglich war der Datentransfer der Verkaufsdaten vom Handelsunternehmen an die Industrie als Gegenleistung für die Herstellerauszeichnung der Artikel mit EAN gedacht (vgl. Hallier, 1992, S. 115).

Neben diesen nationalen und auf den Handel bezogenen Standards beginnt EDIFACT (Electronic Data Interchange For Administration, Commerce and Transport), sich als internationaler Standard zu etablieren. Allerdings geht mit der Allgemeingültigkeit dieser Norm eine datenmäßige Überfrachtung einher, so daß beispielsweise bei einer Nutzung der EDIFACT-Norm für den Rechnungsdatenaustausch der Umfang der zu übertragenden Daten im Vergleich zu SEDAS um 40% zunehmen würde (vgl. Hallier, 1992, S. 114).

Dieser Sachverhalt hat zu branchenspezifischen Regelungen in Form von EDIFACT-Subsets geführt. Ein EDIFACT-Subset ist eine Teilmenge des EDIFACT-Nachrichtentyps für einen spezifischen Anwenderkreis (vgl. Dirlewanger, 1992, S. 37). Für den Handel sind die Subsets EANCOM (für die Konsumgüterwirtschaft), EDITEX (für die Textilindustrie) und EDIFURN (für die Möbelindustrie) hervorzuheben.

Das EDIFACT-Regelwerk legt eine Syntax fest, in der Datenelemente, Datenelementgruppen, Segmente, Nachrichten, Nachrichtengruppen und Nutzdaten als Konstrukte definiert werden, die durch Trennzeichen und Kennungen voneinander separiert werden. Darauf aufbauend wird für die Geschäftsdaten (Bestellung, Rechnung etc.) definiert, welche Kennung welche Information in welcher Reihenfolge im Datenträgerübertragungssatz identifiziert.

5.3 Auswirkungen der überbetrieblichen Kommunikation

Die mit einer überbetrieblichen Kommunikation verbundene Zielsetzung besteht in der Optimierung der gesamten Wertschöpfungskette, d. h. durch die Ausweitung des Betrachtungsbereichs eines Prozesses über die Grenzen einer Institution hinweg.

- *Quick Response und Supply Chain Management*
Unter *Quick Response* werden Konzepte subsumiert, deren konstituierendes Merkmal ein wirtschaftsstufenübergreifendes Pull-System der Warenbeschaffung ist, d. h. der Distributionsprozeß triggert unmittelbar Beschaffungsaktivitäten. Beispielsweise löst der Verkauf von Textilien an einen Endkunden am Point of Sale alle Beschaffungsaktivitäten von der Bestellung der Ware (Handelsunternehmen) über Veredelungsprozesse bis hin zur Bestellung der Rohmaterialien aus (vgl. Hensche, 1991, S. 276ff.).

Neben dem Begriff Quick Response findet sich in der Literatur der Begriff des *Supply Chain Management*. Unter Supply Chain Management (SCM) wird „eine Methode zur durchgängigen Steuerung und Kontrolle von Lieferketten über alle Stufen der Wertschöpfung hinweg" (König/Krampe, 1995, S. 153) verstanden.

Die Unterscheidung zwischen Quick Response-Konzepten und dem Supply Chain Management ist kaum möglich, da beiden Konzepten die gleiche betriebswirtschaftliche Intention einer unternehmensübergreifenden Logistik inhärent ist. Allerdings ist beim SCM nicht zwangsläufig ein Pull-System als konstituierendes Merkmal gefordert, so daß Quick Response als eine Ausgestaltungsform des Supply Chain Management interpretiert werden kann.

Quick Response und Supply Chain Management haben die gesamte logistische Kette und deren optimale Ausgestaltung im Fokus. Dies führt dazu, daß der Preis eines Artikels seine dominierende Rolle verliert. Kostensenkungspotential ergibt sich durch Vereinheitlichungen der angelieferten Logistischen Einheiten, durch größere Bestelleinheiten, durch die terminliche Koordination der Warenanlieferungen, durch den Wegfall von Kontrollen (z. B. im Wareneingang) und durch die zeitgerechte Bereitstellung von Abverkaufsinformationen an die Industrie. Vor allem kommt eine optimierte Logistikabwicklung allen Geschäftspartnern zugute, während Preisverhandlungen, die zugunsten eines Marktpartners abgeschlossen werden, immer zu Lasten des anderen Marktpartners gehen.

- *Efficient Consumer Respone (ECR)*
Der Ansatz des Efficient Consumer Response kann als eine Weiterentwicklung des Supply Chain Management (vgl. Abb. 14) verstanden werden und ergänzt die von Logistikaspekten dominierte Betrachtung um Aspekte des kooperativen Marketings. Somit stellt ECR, bezogen auf die Kooperation zwischen Industrie- und Handelsunternehmen, den umfassendsten Ansatz dar.

Die Kooperationsfelder im Marketing sind insbesondere die *Lieferantensortimentsplanung*, die *Verkaufsförderung* und die *Produktentwicklung* (vgl. Abb. 14).

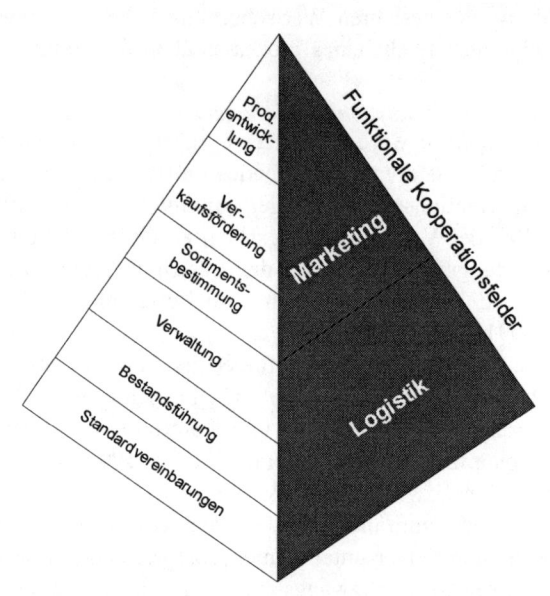

Abb. 14: Funktionsbereiche von Kooperationen beim ECR-Ansatz (Quelle: In Anlehnung an Ritter, 1995, S. 35)

Bei der Sortimentsplanung können, basierend auf Verkaufsinformationen des Handels, Veränderungen im Lieferantensortiment angestoßen werden, die dieses optimieren. Aus Sicht des Industrieunternehmens sind insbesondere die Kassendaten des Handels von Interesse, die z. B. auf Basis des MADAKOM-Standards übertragen werden können. Auf dieser Basis können auch elektronische Handelspanels (z. B. Nielsen, GfK) erstellt werden (vgl. Zentes/Exner/Braune-Krickau, 1989, S. 83ff.).

Bei der Verkaufsförderung sind verstärkt Aspekte des Handels bzw. des Endverbrauchers einzubeziehen; beispielsweise können Point of Purchase-Displays den tatsächlichen Verkaufsgegebenheiten besser angepaßt und ihr verkaufsfördernder Charakter verbessert werden. Bei der Produktentwicklung sollte der engere Kontakt der Handelsbetriebe zu den Kunden dazu genutzt werden, bereits in der Phase der Produktentwicklung die Akzeptanz der Produkte zu testen.

Die Architektur von Handelsinformationssystemen

Beschaffungsprozeß ohne EDI

- Bestellung ist festgelegt
- Drucke Bestellung
- Bestellung ist gedruckt
- Versende Bestellung
- Bestellung ist versandt
- Ware ist angeliefert
- ∧
- Erfasse Lieferschein
- Lieferscheindaten sind erfaßt
- Transportiere Lieferschein zur Rechnungsprüfung
- Lieferschein ist bei Rechnungsprüfung
- Rechnung ist eingetroffen
- Erfasse Rechnung
- Rechnung ist erfaßt
- ∧
- Führe Rechnungsprüfung durch
- Rechnung ist zur Zahlung freigegeben
- Zahltermin ist erreicht
- ∧
- Erstelle Zahlungsformular
- Zahlungsformular ist erstellt
- Gleiche manuell Bankunterkonten aus
- Bankunterkonten sind manuell ausgeglichen

Beschaffungsprozeß mit EDI

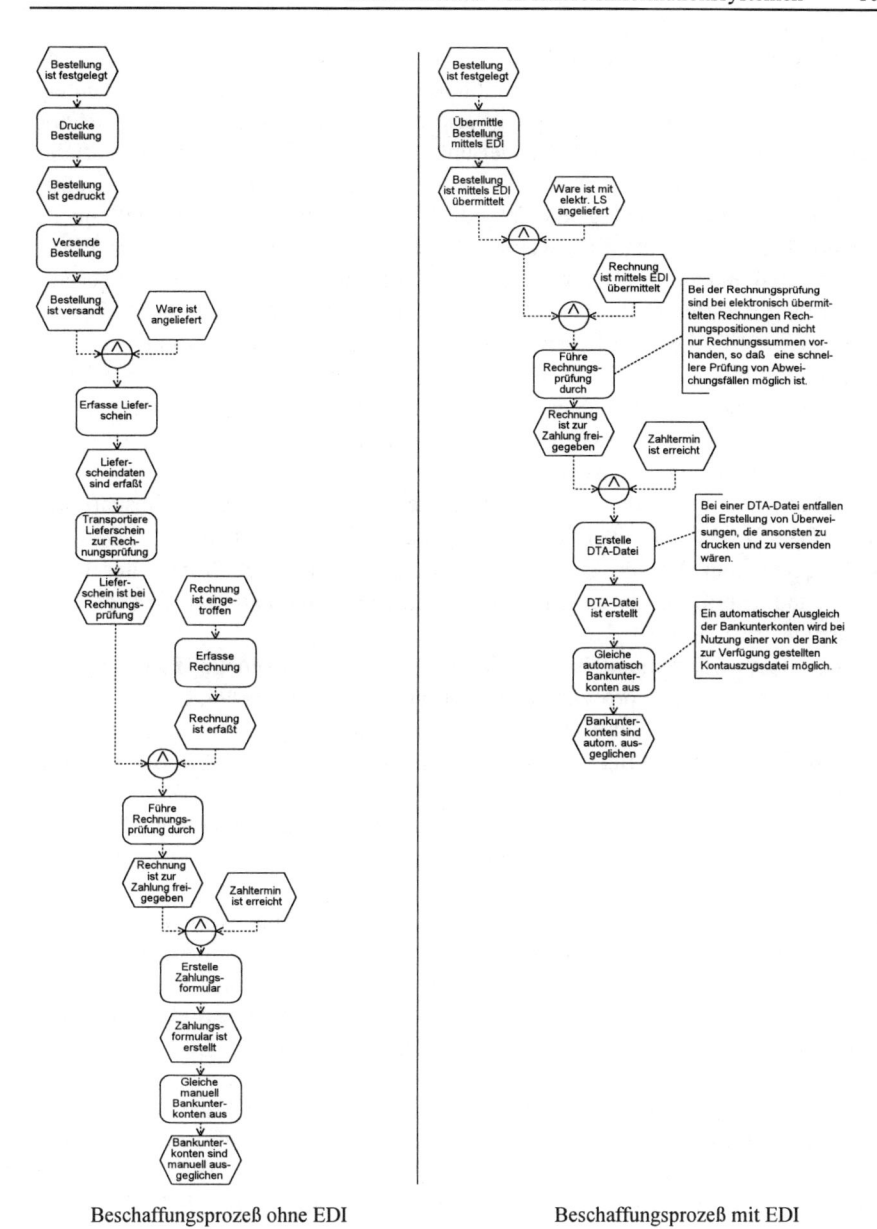

- Bestellung ist festgelegt
- Übermittle Bestellung mittels EDI
- Bestellung ist mittels EDI übermittelt
- Ware ist mit elektr. LS angeliefert
- ∧
- Rechnung ist mittels EDI übermittelt
- ∧
- Führe Rechnungsprüfung durch — Bei der Rechnungsprüfung sind bei elektronisch übermittelten Rechnungen Rechnungspositionen und nicht nur Rechnungssummen vorhanden, so daß eine schnellere Prüfung von Abweichungsfällen möglich ist.
- Rechnung ist zur Zahlung freigegeben
- Zahltermin ist erreicht
- ∧
- Erstelle DTA-Datei — Bei einer DTA-Datei entfallen die Erstellung von Überweisungen, die ansonsten zu drucken und zu versenden wären.
- DTA-Datei ist erstellt
- Gleiche automatisch Bankunterkonten aus — Ein automatischer Ausgleich der Bankunterkonten wird bei Nutzung einer von der Bank zur Verfügung gestellten Kontauszugsdatei möglich.
- Bankunterkonten sind autom. ausgeglichen

Abb. 15: Reduzierung des Prozeßumfangs beim Einsatz von EDI

Die Integrationspotentiale, die der elektronische Geschäftsdatenaustausch mit sich bringt, liegen vor allem in der Elimination von Funktionen. Zum einen entfallen Erfassungsaufgaben (beispielsweise nur Bestellerfassung beim Abnehmer, keine Auftragserfassung des Handelsunternehmens). Darüber hinaus entfallen operative Funktionen, wie z. B. die Lieferscheinbewertung beim Handelsunternehmen, die strukturanalog und inhaltlich identisch zur Rechnungsstellung des Lieferanten sind. Verdeutlicht werden soll der wirtschaftliche Nutzen des Einsatzes von EDI anhand des Beschaffungsprozesses beim Lagergeschäft. Der geringere Umfang des Beschaffungsprozesses in Abb. 15 zeigt auf, daß durch die Verwendung von EDI in den Bereichen Bestell-, Liefer-, Rechnungs- und Zahlungsdatenübermittlung eine Substitution manueller Tätigkeiten durch EDI möglich ist. Zudem sprechen qualitative Faktoren wie aktuellere Daten (z. B. Bestelldaten, Lieferavise) und detailliertere Daten (z. B. bei der Rechnungsprüfung) für einen elektronischen Datenaustausch.

In der Literatur werden u. a. folgende exemplarische Zahlen zu Einsparpotentialen (vgl. Neuburger, 1994, S. 32ff., Sedran, 1991, S. 19) genannt:

- In einem kanadischen Handelsunternehmen konnten 200 Mitarbeiter in der Rechnungsprüfung durch den Einsatz von EDI eingespart werden (vgl. Kimberley, 1991, S. 179).
- Bei einem Einzelhandelsunternehmen wurde die manuelle Erfassung von 10.000 Rechnungen pro Tag eingespart (vgl. Neuburger, 1994, S. 33).
- Bei der Anbindung von Handwerkern an ein Wohnungsunternehmen wurde der Prozeß von der Auftragserteilung bis zur Zahlung von 35 auf 6 Bearbeitungsschritte reduziert (vgl. Strohmeyer, 1992, S. 466).
- Die Bestellzeiten sollen sich empirischen Untersuchungen zufolge um bis zu 25 % reduzieren lassen (vgl. Oppelt/Nippa, 1992, S. 59).

Der elektronische Geschäftsdatenaustausch hat den Sprung von der Schrittmacher-Technologie zur Schlüssel-Technologie vollzogen und befindet sich auf dem Weg zur Basis-Technologie (vgl. Abb. 16). Damit hat sich das Risiko des Einstiegs in diese Technologie deutlich reduziert und die Notwendigkeit des Technologieeinsatzes - u. a. aufgrund einer gestiegenen Anzahl an EDI-Nutzern - erhöht.

Das Einsparpotential durch Konzepte wie elektronischen Datenaustausch, gemeinsam optimierte Logistik und Integration im Marketing wird als hoch eingeschätzt (vgl. Coca Cola Retail Research Group, 1994, Zentes, 1994). Wenn auch Zweifel an den veröffentlichten konkreten Zahlen angebracht sind (Kosten der Distribution sollen sich gleich um bis zu 25 %, in einigen Veröffentlichungen wird sogar von 34 % gesprochen, verringern lassen), so ist doch unverkennbar, daß Handelsunternehmen durch die Informationsverarbeitung als „enabling technology" einen Quantensprung in der Kommunikation und Kooperation mit ihren Marktpartnern vor sich haben.

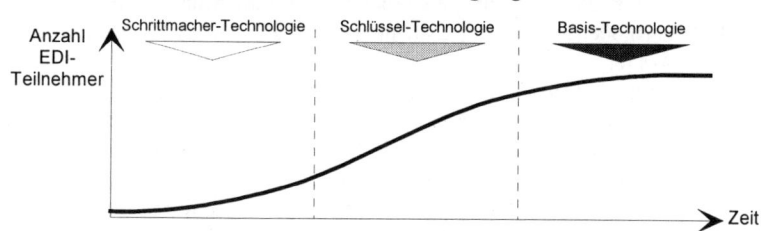

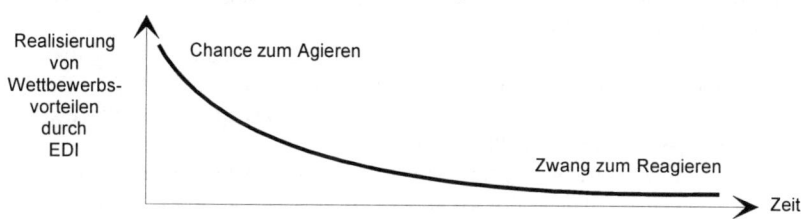

Abb. 16: Einsatz von EDI - von der Schrittmacher- zur Basistechnologie (Quelle: Müller-Berg, 1992, S. 184)

Literaturempfehlung

Adam, D. (1993): Planung und Entscheidung: Modelle – Ziele – Methoden, 3. Aufl., Wiesbaden.

Becker, J. (1996): Schnittstellenmanagement, in: Handwörterbuch der Produktionswirtschaft, (Hrsg.) Kern, W., Schröder, H.-H., Weber, J., 2. Aufl., Stuttgart, Sp. 1817-1829.

Becker, J. (1995): Stukturanalogien in Informationsmodellen. Ihre Definition, ihr Nutzen und ihr Einfluß auf die Bildung von Grundsätzen ordnungsmäßiger Modellierung (GoM), in: Wirtschaftsinformatik '95, (Hrsg.) König, W., Heidelberg, S. 133-150.

Becker, J. (1994): Nutzung der Ressource Information - Ein Plädoyer für Informationsmodellierungskenntnisse bei Führungskräften, in: Management & Computer, 2. Jg. (1994) H. 1, S. 41-48.

Becker, J. (1991): Objektorientierung – eine einheitliche Sichtweise für die Ablauf- und Aufbauorganisation sowie die Gestaltung von Informationssystemen, in: Integrierte Informationssysteme, (Hrsg.): Jacob, H., Becker, J., Krcmar, H, Wiesbaden, S. 135-152.

Becker, J. / Rosemann, M. / Schütte, R. (1995): Grundsätze ordnungsmäßiger Modellierung, in: Wirtschaftsinformatik, 37. Jg. (1995), H. 5, S. 435-445.

Becker, J. / Schütte, R. (1997): Referenz-Informationsmodelle für den Handel: Begriff, Nutzen und Empfehlungen für die Gestaltung und unternehmensspezifische Adaption von Referenzmodellen, in: Wirtschaftsinformatik '97, (Hrsg.) Krallmann, H., Heidelberg, S.427 -448.

Becker, J. / Schütte, R. (1996): Handelsinformationssysteme, Landsberg/Lech.

Booch, G. (1994): Object-oriented Analysis and Design with Applications, Redwood.

Chen, P.P. (1976): The Entity-Relationship-Model: Towards a Unified View of Data. ACM Transactions on Database Systems, Vol. 1, No. 1, S. 9-36.

Coad, P. / Yourdan, E. (1991a): Object-Oriented Design, Englewood Cliffs.

Coad, P. / Yourdon, E. (1991b): Object-Oriented Analysis, 2. Aufl., Englewood Cliffs.

Coca Cola Retail Research Group (1994): Supplier-retailer collaboration, in supply chain management. The Coca Cola Retail Research Group-Europe by GEA Consulenti Associata di gestione aziendale. o. O.

Corsten, H. / Will, T. (1994): Wettbewerbsstrategien und Produktionsorganisation, in: Handbuch Produktionsmanagement, (Hrsg.): Corsten, H., Wiesbaden, S. 259-273.

Dirlewanger, W. (1992): EDIFACT, der Schlüssel zu weltweitem Geschäftsverkehr, in: PIK, o. Jg. (1992) H. 15, S. 36-40.

Ebert, K. (1986): Warenwirtschaftssysteme und Warenwirtschaftscontrolling, in: Schriften zu Distribution und Handel. Bd. 1, (Hrsg.) Ahlert, D., Frankfurt a. M., Bern, New York.

Eierhoff, K. (1993): EDI optimiert Logistik, in: Jahrbuch der Logistik 1993, (Hrsg.) Hossner, R., Düsseldorf, S. 63-66.

Feierabend, R. (1987): Beitrag zur Abstimmung und Gestaltung unternehmensübergreifender logistischer Schnittstellen, (Hrsg.) Bundesvereinigung Logistik e. V., 2. Aufl., Bremen.

Ferstl, O. K. / Sinz, E.J. (1994): Grundlagen der Wirtschaftsinformatik Band 1, 2. Aufl., München u. a.

Ferstl, O. K. / Sinz, E. J. (1990): Objektmodellierung betrieblicher Informationssysteme im Semantischen Objektmodell (SOM), in: Wirtschaftsinformatik, 32. Jg. (1990), Nr. 6, S. 566-581.

Frese, E. (1993): Grundlagen der Organisation, 5. Aufl., Wiesbaden.

Gaitanides, M. (1983): Prozeßorganisation: Entwicklung, Ansätze und Programme prozeßorientierter Organisationsgestaltung.

Hallier, F. (1992): Kommunikationstechnologie zwischen Handel und Industriein: HMD Theorie und Praxis der Wirtschaftsinformatik, 32 (1992) H. 165, S. 108-116.

Hammer, M. / Champy, J. (1993): Reengineering the Corporation. A Manifesto for Business Revolution, New York.

Hensche, H. H. (1991): Zeitwettbewerb in der Textilwirtschaft: Das Quick Response Konzept, in: Moderne Distributionskonzepte in der Konsumgüterindustrie, (Hrsg.) Zentes, J., Stuttgart, S. 275-309.

Kimberley, P. (1991): Electronic Data Interchange, New York u. a.

Klein, J. (1990): Vom Informationsmodell zum integrierten Informationssystem, in: Information Management, 5. Jg. (1990), Nr. 2, S. 6-16.

König, R. / Krampe, H. (1995): Supply Chain Management, in: Jahrbuch der Logistik 1995, (Hrsg.) Hossner, R., Düsseldorf, S. 153-156.

Loos, P. / Scheer, A.-W. (1995): Vom Informationsmodell zum Anwendungssystem – Nutzenpotentiale für den Einsatz von Informationssystemen, in: Wirtschaftsinformatik '95, (Hrsg.) König, K., Heidelberg, S. 185-201.

Mertens, P. (1995): Integrierte Informationsverarbeitung 1. Administrations- und Dispositionssysteme in der Industrie, 10. Aufl., Wiesbaden.

Müller-Berg, M. (1992): Electronic Data Interchange (EDI), in: Zeitschrift Führung + Organisation, 2 (1992), S. 178-185.

Neuburger, R. (1994): Electronic Data Interchange. Einsatzmöglichkeiten und ökonomische Analyse, Wiesbaden.

Olbrich, R. (1992): Informationsmanagement in mehrstufigen Handelssystemen - Grundsätze organisatorischer Gestaltungsmaßnahmen unter Berücksichtigung einer repräsentativen Umfrage zur Einführung dezentraler computergestützter Warenwirtschaftssysteme im Lebensmittelhandel, in: Schriften zu Distribution und Handel. Bd. 8. (Hrsg.) Ahlert, D., Frankfurt a. M., Bern, New York.

Oppelt, U. / Nippa, M. (1992): EDI-Implementierung in der Praxis, in: Office Management, 40 (1992) 3, S. 55-62.

Picot, A. / Maier, M. (1994): Ansätze der Informationsmodellierung und ihre betriebswirtschaftliche Bedeutung, in: Zeitschrift für betriebswirtschaftliche Forschung, 46. Jg., Nr. 1, S. 107-126.

Picot, A. / Neuburger, R. / Niggl, J. (1993): Electronic Data Interchange und Lean Management, in: Zeitschrift Führung + Organisation, 62 (1993) 1, S. 20-25.

Ritter, S. (1995): Coorganisation-gesehen als ECR-Infrastruktur, in: Coorganisation, o.Jg. (1995) 1, S. 26-30.

Rosemann, M. (1996): Komplexitätsmanagement in Prozeßmodellen. Methodenspezifische Gestaltungsempfehlungen für die Informationsmodellierung, Wiesbaden.

Schade, J. (1991): Standarisierung der elektronischen Kommunikation: EDIFACT und SEDAS, in: Moderne Distributionskonzepte in der Konsumgüterwirtschaft, (Hrsg.) Zentes, J., Stuttgart, S. 225-242.

Scheer, A.-W. (1995): Wirtschaftsinformatik. Referenzmodelle für industrielle Geschäftsprozesse, 6. Aufl, Berlin u. a.

Scheer, A.-W. (1992): Architektur integrierter Informationssysteme, 2. Aufl., Berlin u. a.

Schütte, R. (1997): Grundsätze ordnungsmäßiger Referenzmodellierung. Diss., Universität Münster.

Sedran, T. (1991): Wettbewerbsvorteile durch EDI?, in: IM, 6 (1991) 2, S. 16-21.

Spitzlay, H. (1992): Die Bedeutung der Vereinheitlichung in der Logistik der Konsumgüterwirtschaft, in: RKW-Handbuch Logistik, Band 1, Kennziffer 720, Berlin.

Strohmeyer, R. (1992): Die strategische Bedeutung des elektronischen Datenaustausches, dargestellt am Beispiel von VEBA Wohnen, in: Zeitschrift für betriebswirtschaftliche Forschung, 44 (1992) 5, S. 462-475.

Tempelmeier, H. (1992): Material-Logistik, 2. Aufl., Berlin u. a.

Tietz, B. (1993): Der Handelsbetrieb, 2. Aufl., München.

Tietz, B. (1974): Limitrechnung im Handel, in: Handwörterbuch der Absatzwirtschaft. (Hrsg.) Tietz, B., Stuttgart, Sp. 1198-1204.

Villiger, R. (1981): Einzelhandel-Planung, Steuerung und Kontrolle des Warenbestandes, Bern, Stuttgart.

Zentes, J. (1994) : Supply Chain Management: Erfolgspotentiale kooperativer Logistik, Handout zum Dacos Anwenderforum Handel '94, Saarbrücken.

Zentes, J. / Anderer, M. (1993): EDV-gestützte Warenwirtschaftssysteme im Handel, in: m&c, 1 (1993) 1, S. 25-31.

Zentes, J. / Exner, R. / Braune-Krickau, M. (1989): Studie Warenwirtschaftssysteme im Handel - über den Stand und die weitere Entwicklung von Warenwirtschaftssystemen im Einzelhandel mit Konsumgütern des täglichen Bedarfs, Rüschlikon.

Kritische Erfolgsfaktoren in Handel und Industrie

Peter Barrenstein

Zusammenfassung

Trotz der derzeitigen Efficient Consumer Response-Euphorie in vielen Branchen besteht oftmals kein wirkliches Interesse an einer Kooperation zwischen Handel und Industrie. Im vorliegenden Beitrag werden daher zunächst isolierte Erfolgsstrategien getrennt nach Handel und Industrie dargestellt. Anschließend wird gezeigt, in welchem Verhältnis sie zueinander stehen. Im Anschluß wird herausgearbeitet, daß die z. T. tatsächlich konfliktären Ziele von Handel resp. Industrie ein Grund dafür sind, daß gemeinsame Projekte nicht zustande kommen oder scheitern.

1 Übereinstimmung strategischer Ziele zwischen Handel und Industrie

Derzeit wird verstärkt über Möglichkeiten der Kooperation zwischen Handel und Industrie auf der Basis von gemeinsamen, beispielsweise ECR-Projekten diskutiert. Einsparungspotentiale von drei bis zehn Prozent werden diesen Projekten bescheinigt. Für den Erfolg ist es notwendig, daß eine gemeinsame Interessenlage bei den beteiligten Industrie- und Handelspartnern besteht. Aufgrund des insbesondere in Deutschland relativ gespannten Verhältnisses zwischen Industrie und Handel erscheint es allerdings fraglich, ob erfolgreiche Projekte dauerhaft durchgeführt werden können und ob eine „gerechte" Aufteilung der Einsparungen zwischen den beteiligten Parteien gefunden werden kann.

Es stellt sich die Frage, ob die Interessen von Handel und Industrie tatsächlich übereinstimmen und welche Maßnahmen zur gemeinsamen Effizienzsteigerung durchgeführt werden können. Um diese Frage zu beantworten, werden im folgenden zunächst jeweils für Handels- und Industrieunternehmen isolierte Erfolgsstrategien dargestellt, die z. T. erhebliche Verbesserungen der derzeitigen Situationen ermöglichen.

2 Strategische Stoßrichtungen für den Handel

Zusammenfassend verfolgen Handelsunternehmen sieben wesentliche Strategien. Diese lassen sich in Basisstrategien und Differenzierungsstrategien untergliedern, wobei der wesentliche Unterschied in der Einfachheit der Nachahmung durch Konkurrenzunternehmen zu sehen ist. Die Basisstrategien stellen eine „Pflichtübung" für Handelsunternehmen dar, bieten jedoch keinen dauerhaften Schutz vor der Konkurrenz. Die Differenzierungsstrategien hingegen erlauben - bei erfolgreicher Exekution - eine nachhaltige Differenzierung vom Wettbewerb.

Im einzelnen werden hier drei Basis- und vier Differenzierungsstrategien unterschieden:

I. Basisstrategien (Kapitel 2.1)
 1. Ertragsverbesserungen im bestehenden Geschäft
 2. Kernprozeßoptimierung in bestehender Betriebsform
 3. Erneuerung / Übertragung von Betriebsformen

II. Differenzierungsstrategien (Kapitel 2.2)
 1. Vertiefung der Kundenbeziehungen auf Grundlage vorhandener IT-Fähigkeiten
 2. Eintritt in neue Kanäle
 3. Globalisierung
 4. Aufbau von / Experimentieren mit handelsfremden Geschäften

2.1 Basisstrategien

2.1.1 *Ertragsverbesserung im bestehenden Geschäft*

Bei einer Analyse der Profitabilität unterschiedlicher Handelsunternehmen lassen sich erhebliche Differenzen zwischen dem Klassenbesten und dem durchschnittlichen Handelsunternehmen konstatieren (vgl. Abb. 1). Bei Berücksichtigung des Gesamtergebnisses, d. h. inklusive operativem, finanzbezogenem und Immobilienergebnis, liegen zwischen vier und fünf Prozentpunkte vom Nettoumsatz zwischen dem besten und dem durchschnittlichen Handelsbetrieb. Die relativen Unterschiede fallen noch stärker aus, wenn nur das operative Ergebnis betrachtet wird.

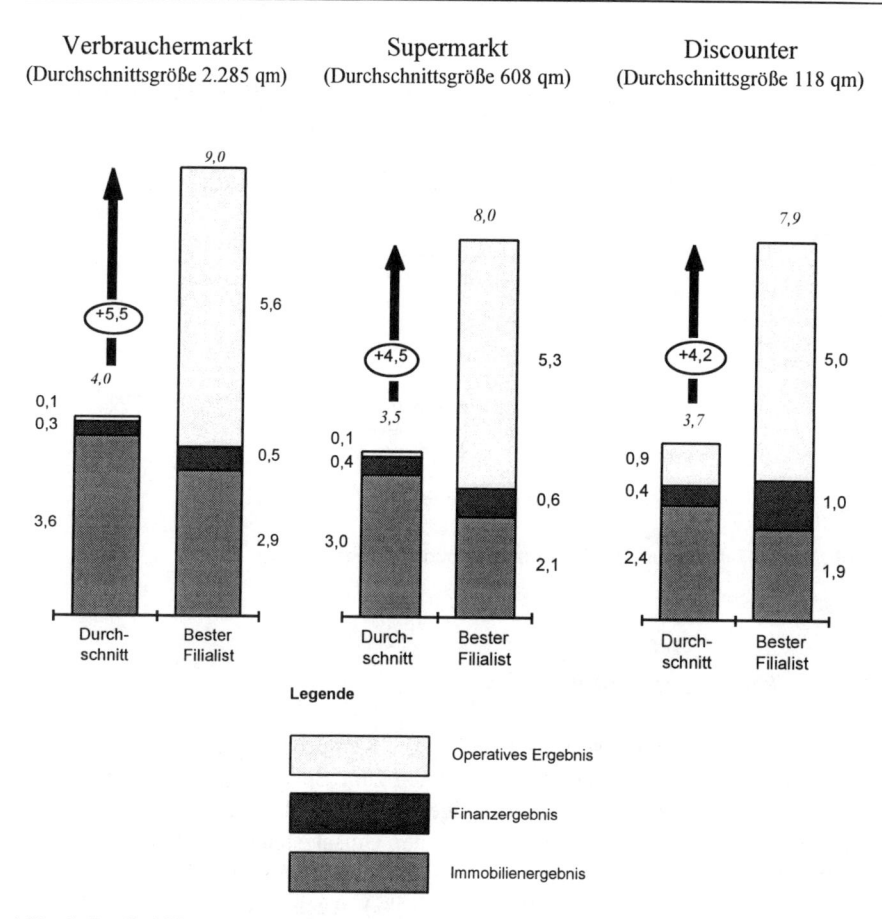

Kritische Erfolgsfaktoren in Handel und Industrie   111

Verbrauchermarkt
(Durchschnittsgröße 2.285 qm)

Supermarkt
(Durchschnittsgröße 608 qm)

Discounter
(Durchschnittsgröße 118 qm)

Abb. 1: Profitabilitäten durchschnittlicher und bester Handelsbetriebe

Ausgehend von einer Zielsetzung möglichst hoher Kapitalrendite, lassen sich eine Vielzahl unterschiedlicher Maßnahmen zur Rentabilitätsverbesserung ableiten. In Abb. 2 sind Maßnahmen zur Verbesserung der Rendite angeführt. Sowohl Ansätze im Bereich der Umsatzsteigerung, z. B. durch strategisches Preismanagement, verbesserte Flächenallokation oder Service-Verbesserungen, als auch Strategien zur Kostenkontrolle und -reduktion, wie Einkaufsmanagement und Transportkostenoptimierung, eröffnen hier Möglichkeiten zur Optimierung.

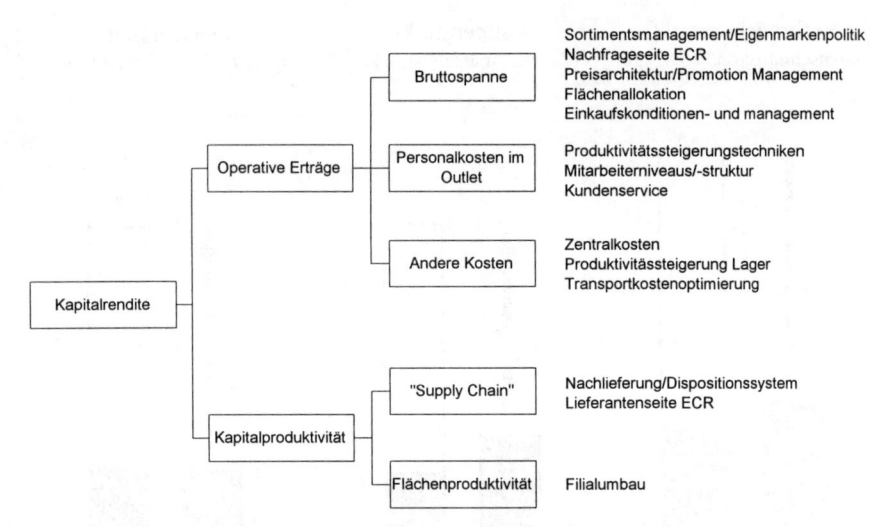

```
                                    ┌─ Bruttospanne ──── Sortimentsmanagement/Eigenmarkenpolitik
                                    │                    Nachfrageseite ECR
                                    │                    Preisarchitektur/Promotion Management
                                    │                    Flächenallokation
                                    │                    Einkaufskonditionen- und management
                   ┌─ Operative Erträge ─┤
                   │                │─ Personalkosten im ─ Produktivitätssteigerungstechniken
                   │                │   Outlet           Mitarbeiterniveaus/-struktur
                   │                │                    Kundenservice
                   │                │
                   │                └─ Andere Kosten ──── Zentralkosten
  Kapitalrendite ──┤                                    Produktivitässsteigerung Lager
                   │                                    Transportkostenoptimierung
                   │
                   │                ┌─ "Supply Chain" ─── Nachlieferung/Dispositionssystem
                   │                │                    Lieferantenseite ECR
                   └─ Kapitalproduktivität ─┤
                                    │
                                    └─ Flächenproduktivität  Filialumbau
```

Abb. 2: Maßnahmen zur Optimierung des operativen Ergebnisses

2.1.2 Kernprozeßoptimierung

Weiterer wichtiger Verbesserungshebel ist die Kernprozeßoptimierung. Durch ein umfassendes Category Management konnten zum Beispiel im Bereich von Convenience Stores in den USA Umsatzsteigerungen zwischen 15% und 25% erreicht werden. Dabei waren die Hauptfaktoren der Umsatzsteigerung Maßnahmen der Sortimentsverbesserung (6-10%), Verbesserung von Verkaufsaktivitäten (5-9%) und Ausschöpfung von Preispotentialen (3-5%). Auch wenn dieses Beispiel sich nicht unreflektiert auf deutsche Unternehmen übertragen läßt, sind ähnliche Erfolge auch hier möglich. Insbesondere die differenzierte Preispolitik wird im deutschen Handel zum Teil sträflich vernachlässigt.

2.1.3 Erneuerung von Betriebsformen

Nicht nur die Lebenszyklen von Produkten werden immer kürzer, sondern auch die bestehenden Handelskonzepte und Betriebsformen sehen sich einem schnelleren Wandel ausgesetzt. Eine Studie (wiederum aus den USA) zeigt, daß das „Ertragsfenster" für neue Betriebsformen in den letzten Jahren deutlich kleiner geworden ist.

Erneuerung Betriebsform

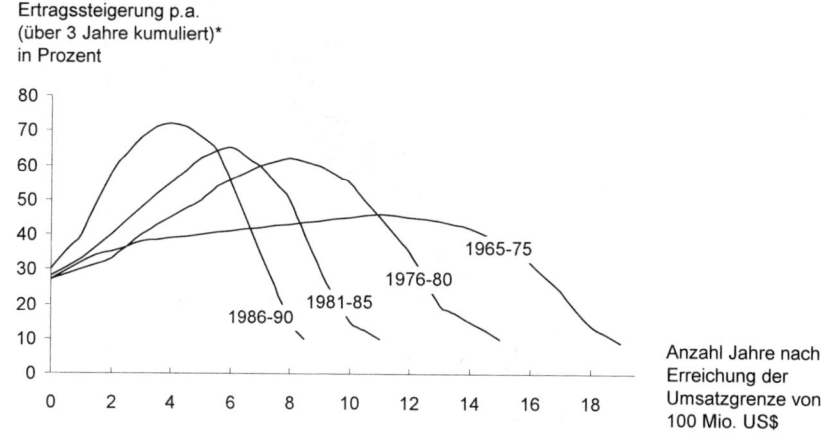

Ertragssteigerung p.a.
(über 3 Jahre kumuliert)*
in Prozent

[Diagramm mit Kurven für die Perioden 1965-75, 1976-80, 1981-85, 1986-90; x-Achse: Anzahl Jahre nach Erreichung der Umsatzgrenze von 100 Mio. US$; y-Achse: 0 bis 80%]

* Analyse der 15 größten US-Handelsunternehmen mit mindestens 100 Mio. US$ Umsatz pro Periode

Abb. 3: Reduzierte Lebenszyklen der Betriebsformen im Handel

Das bedeutet für die Geschäftsführung von Handelsunternehmen, daß bereits auf dem Höhepunkt des Erfolges einer Betriebsform mit großem Druck nach neuen Konzepten und Strategien gesucht werden muß, um nicht plötzlich vor veralteten Strukturen zu stehen.

Hilfreich für die Diskussion von Betriebsformen ist eine Matrix, die Nutzen und Kosten aus Kundensicht gegenüberstellt. Eine Imageeinstufung deutscher Lebensmittel-Einzelhandel-Filialisten zeigte 1996 zum Beispiel das in Abb. 4 dargestellte Bild. In der Matrix werden der Kundennutzen, der sich aus Faktoren wie Sortiment, Qualität, Sauberkeit und Personalausstattung zusammensetzt, und der reziproke Wert der „Kosten" aus Kundensicht, der Kriterien wie Kassenwartezeiten, Preisniveau, Anzahl Sonderangebote u.ä. beinhaltet, gegenübergestellt. Die Wunschpositionierung aus Kundensicht liegt im rechten oberen Quadranten. Eine Studie für den deutschen Lebensmitteleinzelhandel zeigt die Positionierung der Unternehmen aus Kundensicht. Dabei ist der „Wunschsektor" noch relativ unbesetzt. Globus und real sind hier aus Kundensicht am besten positioniert.

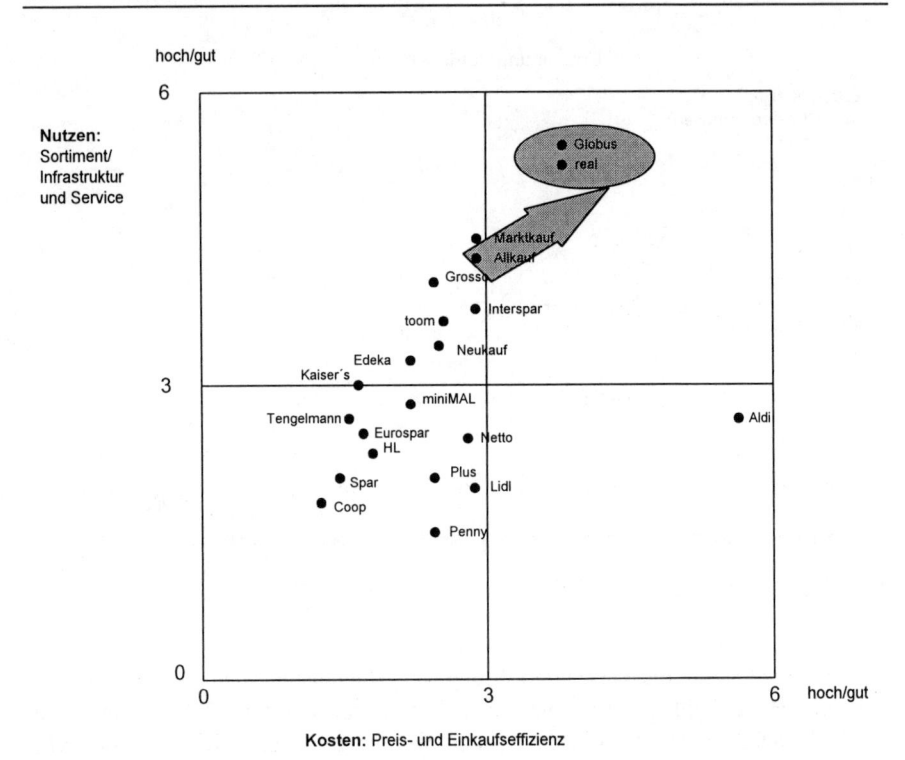

Abb. 4: Imageeinstufung deutscher Lebensmittelhandelsunternehmen

2.2 Differenzierungsstrategien

2.2.1 Vertiefung der Kundenbeziehungen

Der große Vorteil der Differenzierungsstrategien liegt darin, daß sich die erzielten Erfolge nicht ohne weiteres kopieren lassen. Im Ergebnis ermöglichen sie somit eher den dauerhafteren Aufbau von Konkurrenzvorteilen.

Es ist für Handelsunternehmen von hoher Bedeutung, die Kunden genau zu kennen und zu versuchen, dauerhafte Kundenbeziehungen aufzubauen. Dies wird zunehmend schwieriger, da die Loyalität gegenüber Einkaufsstätten aufgrund von Angebotsvielfalt und gestiegener Mobilität deutlich nachgelassen hat. Daher ist es um so wichtiger, über neue Methoden dem Kunden ein Zugehörigkeitsgefühl zu vermitteln und eine individualisierte Ansprache der Kunden zu realisieren. Spezielle Aktionen, Mailings an bekannte Kunden, Treuerabatte und ähnliche Maßnahmen sollen Kaufanreize schaffen und bieten über genaue Beobachtung der Wirkungen Einsichten in das Verhalten der Kunden, um so noch gezielter auf deren Ansprüche eingehen zu können.

Wie in anderen Bereichen sind die Handelsunternehmen in den USA und in England bereits um einiges weiter fortgeschritten. Beispielsweise befindet sich hier eine große Anzahl von Kundenkreditkarten im Umlauf, und die Daten der Abrechnungen werden mit sozio-demographischen Werten abgeglichen, um „spending patterns" zu ermitteln und neue Angebote und Bindungsformen zu entwickeln.

2.2.2 Eintritt in neue Kanäle

Bezüglich des Eintritts in neue Kanäle werden besonders Möglichkeiten im Bereich des Electronic Commerce diskutiert. Der „Digital Consumer" stellt nach Aussagen vieler Experten ein Feld dar, auf dem große Wachstumsraten zu verzeichnen sein werden. Handelsunternehmen sollten rechtzeitig beginnen, Erfahrungen in der Nutzung neuer Medien zu sammeln.

2.2.3 Globalisierung

Die Übertragung nationaler Handelskonzepte auf internationale Märkte hat bisher von deutscher Seite aus wenige Erfolge gezeigt. Es scheint jedoch gerade im Zuge der weiteren europäischen Vereinigung sinnvoll, nicht nur auf der Einkaufsseite Größenvorteile zu nutzen, sondern auch den Transfer erfolgreicher Marktkonzepte zu überprüfen.

2.2.4 Aufbau von / Experimentieren mit handelsfremden Geschäften

Aufgrund der Stagnation vieler Märkte und des steigenden Konkurrenzdrucks versuchen viele Handelsunternehmen in anderen Geschäftsfeldern Fuß zu fassen. Als Beispiele hierfür seien die Financial Services von Marks & Spencer und die Medienaktivitäten der Rewe-Gruppe genannt. Übertragungsansätze sind hier oft der Versuch, die bestehende Kundenbasis und -kenntnis zu kapitalisieren und/oder an Wachstumsmärkten zu partizipieren.

3 Strategische Stoßrichtungen für Industrieunternehmen

Analog zu den Strategien für Handelsunternehmen lassen sich isolierte Erfolgsmuster für Industrieunternehmen herausarbeiten, die ebenfalls in Basis- und Differenzierungsstrategien unterschieden werden können. Im einzelnen handelt es sich dabei um:

I. Basisstrategien (Kapitel 3.1)
1. Globalisierte Marktbearbeitung
2. Produkt- und Konzeptinnovation
3. Transnationalisierung der Geschäftssysteme
4. Kernprozeßoptimierung / ECR

II. Differenzierungsstrategien (Kapitel 3.2)
1. Vertiefung der direkten Kundenbeziehungen
2. Eintritt in parallele neue Kanäle / Experimente mit eigenen Absatzwegen
3. Erzielung von Kategoriedominanz durch verstärkte Marktinvestitionen

3.1 Basisstrategien

3.1.1 Globalisierte Marktbearbeitung

Um eine schnelle Umsetzung der Ergebnisse aus Forschung und Entwicklung realisieren zu können, bevor Konkurrenzunternehmen mit vergleichbaren Konzepten oder Produkten auf dem Markt erscheinen, bildet die Bearbeitung weltweiter Absatzmärkte eine immer notwendiger werdende Strategie, die Mengendegressionseffekte und Synergien nutzen läßt.

3.1.2 Produkt- und Konzeptinnovation

Wie oben bereits dargestellt, ist es im Umfeld der sich rasch wandelnden Anforderungen und der immer kürzeren Produktlebenszyklen mehr denn je notwendig, kontinuierlich neue, differenzierte und innovative Produkte und Konzepte zu entwickeln, um konkurrenzfähig zu bleiben und marktdominierende Stellungen zu erlangen.

3.1.3 Transnationalisierung der Geschäftssysteme

Neben der globalen Bearbeitung von Absatzmärkten bietet die oft nach Einzelfunktionen unterschiedliche transnationale Konfiguration des Geschäftssystems eine Möglichkeit, die Standortvorteile unterschiedlicher Regionen und Kontinente zu kombinieren. Auf diese Weise werden beispielsweise die Faktorkosten minimiert oder regionales Know-how erschlossen.

3.1.4 Kernprozeßoptimierung / Efficient Consumer Response

Je nach Kosten- oder Umsatzfokus kann in diesem Bereich grob nach Supply-Chain-Management- und Category-Management-Ansätzen unterteilt werden.

Der Kostenfokus auf der Anbieterseite, der im Rahmen des Supply Chain Managements im Vordergrund der Betrachtung steht, läßt z. B. in der Zusammenarbeit mit dem Lebensmittel-Einzelhandels deutliche Einsparungspotentiale erkennen. In den USA wird von 10% gesprochen, in Europa von ca. 3% - 4%, da hier die Systeme oftmals schon besser aufeinander abgestimmt sind. Eine generelle Bereitwilligkeit zur Zusammenarbeit ist erkennbar, allerdings ist die Frage der gerechten Verteilung der Vorteile oftmals ein Punkt, an dem die Kooperationsbemühungen auf große Barrieren stoßen. Handelsunternehmen verlangen bereits vor der Durchführung von Projekten einen „ECR-Einsparungspotential-Rabatt" oder ähnliche Konstruktionen, welche die Industriepartner dazu veranlassen, das Thema ECR gar nicht erst oder zumindest sehr vorsichtig anzugehen.

Auf der Nachfrageseite sieht die Diskussion um ein gemeinsames Category Management aus Sicht der Hersteller - je nach Stellung in der jeweiligen Kategorie - sehr unterschiedlich aus. Die Kategorieführer haben ein berechtigtes Interesse, dem Handelsunternehmen mit Hilfe von Marktforschungsuntersuchungen zu helfen, das Sortiment auf die eigene Marke zu reduzieren, während Unternehmen, die Platz drei oder gar schlechtere Plätze in ihrer Kategorie einnehmen, besser darauf konzentriert sein sollten, zunächst Kategorieführerschaft zu erlangen oder sich auf einen Nischenbereich zurückzuziehen. Diese Hersteller haben eher Interesse, Category-Management-Projekte möglichst lange hinauszuzögern oder zu verhindern.

3.2 Differenzierungsstrategien

3.2.1 Vertiefung der direkten Kundenbeziehungen

Neben den Handelsunternehmen, die versuchen, die Kunden über Programme zu binden, versuchen auch die Markenartikelhersteller gegenüber dem Handel Kunden an das eigene Unternehmen zu binden und Pull-Effekte zu erzeugen. Beispielsweise erfolgt dies über den Einsatz neuer Medien und eine gezielte Analyse einzelner, individueller Kunden.

3.2.2 Eintritt in parallele neue Kanäle / Experimentieren mit neuen Absatzwegen

Während die Handelsunternehmen versuchen, sich über neue Geschäftsfelder auszudehnen und im Bereich der Handelsmarken zur direkten Konkurrenz der Hersteller heranwachsen, macht sich ein analoger, gegen die klassischen Händler gerichteter Trend auch auf Herstellerseite bemerkbar. Die Bedeutungszunahme von Factory-Outlets, Direktvertriebskonzepten wie bei Benetton oder WMF oder anderen oft "franchisegestützten" Distributionskonzepten sind oft schon recht erfolgreiche Beispiele.

3.2.3 Erzielung von Kategoriedominanz

Ausgewählte Trends auf seiten der Verbraucher unterstreichen die für Markenartikler in vielen Bereichen erforderliche strategische Zielsetzung von Kategoriedominanz. Das Preisbewußtsein nimmt zu. Die Akzeptanz von Handelsmarken wächst nicht zuletzt aufgrund der aus Kundensicht mit Markenartikeln vergleichbaren Qualität. *Händler*, die über eine Aktionierung der Produkte von Industrie-Marktführern ein Preisimage erreichen wollen, haben die Umsatzanteile der Marktführer im Vergleich zum Kategoriedurchschnitt steigen lassen. Das angestrebte Sortimentsimage der Händler wird nicht durch Markenvielfalt geprägt, sondern durch Sortimentstiefe pro Marke. Es ist dem Kunden heute oft lieber, alle Maggi-Suppen im Regal zu finden, als die Frühlingssuppe von sieben verschiedenen Anbietern. Diese Verhaltensmuster stellen einige der Gründe für die in Abb. 5 wiedergegebene Entwicklung dar. Die Marktanteile der Kategorieführer und der Handelsmarken steigen kontinuierlich auf Kosten der mittleren Anbieter.

Endverbraucher
- Bewußtsein "übergreifend
- akzeptabler Qualitäten"
- Akzeptanz Handelsmarken
- Preisbewußtsein

Handel
- Preisimage über Aktionierung
- Sortimentsimage über Tiefe pro Marke, nicht Markenvielfalt
- Bedeutungszunahme Category Management

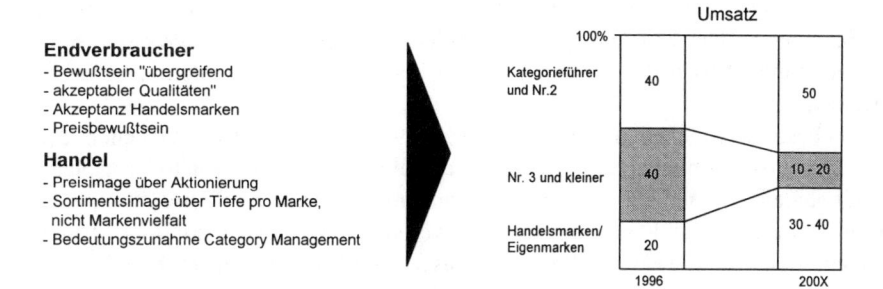

Umsatz

	1996	200X
Kategorieführer und Nr.2	40	50
Nr. 3 und kleiner	40	10 - 20
		30 - 40
Handelsmarken/ Eigenmarken	20	

Abb. 5: Polarisierung der Märkte durch Kategoriedominanz

Für die Hersteller heißt das, daß nur eine Kategorieführerschaft auf Dauer das Überleben sichert. Dies ist - neben der Erschließung kosten- und Know-how-bezogener Synergievorteile - eine Erklärung für Konzentrationstendenzen, die auch auf seiten der Markenartikelhersteller zu beobachten sind.

4 Kompatibilität von Industrie- und Handelsstrategien

Auf dem Verständnis der skizzierten jeweils isolierten Handels- und Industriestrategien aufbauend, stellt sich die Frage, inwieweit diese Strategien miteinander kompatibel sind.

In Abb. 6 werden die einzelnen Strategien der Handelsunternehmen entsprechenden Pendants der Industrie gegenübergestellt und hinsichtlich des möglichen Übereinstimmungs- und Konfliktpotentials bewertet.

Die Maßnahmen zur Ertragsverbesserung in bestehenden Geschäftssystemen des Handels berühren die Strategie der beispielsweise über Transnationalisierung erfolgenden Geschäftssystemoptimierung der Industrie nur wenig. Es besteht zwar kein Strategiekonflikt, die Möglichkeiten zur Verbindung beider Strategien erscheinen jedoch gering.

Die Kernprozeßoptimierung auf seiten des Handels läßt sich mit ähnlichen Ansätzen auf Industrieseite relativ gut kombinieren. Allerdings ist die „gerechte" Verteilung realisierter Einsparpotentiale schwierig. Die aus Sicht der Hersteller verfolgte Kategoriedominanz läßt sich nur dann in Übereinstimmung verfolgen, wenn Industrieunternehmen tatsächlich Kategoriedominanz erreicht haben oder durch das gemeinsame Vorgehen erreichen können. Andernfalls werden die Industrieunternehmen eher versuchen, entsprechende Category-Management-Projekte zu blockieren. Die Erneuerung von Handelsbetriebsformen und Produkt- bzw. Konzeptinnovationen der Industrie können punktuell Möglichkeiten zur Zusammenarbeit bieten.

Ein besonderes Spannungsfeld ist gegeben, wenn beide Parteien versuchen, den Kunden direkt zu binden. Hier können die Zielvorstellungen diametral gegeneinander stehen, so daß sich nur wenige Kooperationsansätze ergeben dürften, auch wenn Synergien durch gemeinsame Auswertungen von Daten möglich wären. Gleiches gilt für die Ausweitung der Geschäftstätigkeit auf neue Kanäle: hier entsteht zwischen den „Partnern" in der Value Chain oft ein direktes Konkurrenzverhältnis.

Handel		Industrie
• Ertragsverbesserung im bestehenden Geschäftssystem	●	• Transnationalisierung der Geschäftssysteme
• Kernprozeßoptimierung in bestehender Betriebsform	●	• Kernprozeßoptimierung
	●⚡	• Erzielung von Kategoriedominanz
• Erneuerung / Übertragung von Betriebsformen	●	• Produkt- / Konzeptinnovation
• Vertiefung der Kundenbeziehung auf Basis von IT-Fähigkeiten	⚡	• Vertiefung von direkten Kundenbeziehungen
• Eintritt in neue Kanäle	⚡	• Eintritt in parallele neue Kanäle / Experimente mit eigenen Absatzwegen
• Globalisierung	●	• Globalisierte Marktbearbeitung
• Aufbau von / Experimentieren mit handelsfremden Geschäften		•

Legende

von ● bis ● Grad der Strategiekompatibilität

⚡ Strategiekonflikt

Abb. 6: Mögliche systemübergreifende Strategiekombinationen

Bei der Globalisierung der Geschäftstätigkeiten existieren Kooperationsmöglichkeiten zwischen Industrie- und Handelsunternehmen, die bislang jedoch noch wenig genutzt wurden. Allerdings wird es aus Sicht des Industrieunternehmens sinnvoller sein, seine Ware zunächst über ein im Ausland anerkanntes Handelsunternehmen zu distribuieren. Auf diese Weise tritt neben das Produkteinführungsrisiko nicht auch noch das Akzeptanzrisiko des Handelsunternehmens.

5 Fazit

Bei einer kritischen Analyse des Kooperationspotentials zwischen Industrie- und Handelsunternehmen sind einige Ansatzpunkte zu erkennen, die gemeinsam verfolgt werden können. Allerdings sind die Potentiale, die sich durch jeweils isolierte Strategien realisieren lassen, bei weitem noch nicht ausgeschöpft. Zudem sind die Zielsetzungen von Handels- und Industriestrategien zum Teil direkt konfliktär. Daher dürften umfassende Kooperationen zwischen Industrie- und Handelsunternehmen in der nahen Zukunft nur recht begrenzt sinnvoll sein. Erfahrungen aus der betrieblichen Praxis belegen, daß sich zwar viele Unternehmen nach außen zu gemeinsamen Projekten bekennen, weil dies derzeit en vogue ist. Diese öffentlich kommunizierte Auffassung widerspricht aber oft den Meinungen, die hinter verschlossenen Vorstandstüren tatsächlich vertreten werden.

Der *Kunde* wird als Gewinner aus dieser Situation hervorgehen, denn er wird von beiden Parteien verstärkt „umsorgt"; die Preiskämpfe führen zu mitunter real sinkenden Preisen, die entstehende Vielfalt der Konzepte bietet für die Kunden maßgeschneiderte Angebote. Die *Hersteller* stehen am Scheideweg, die Bedeutung der kleinen Hersteller und Marken wird weiter abnehmen. Als Alternativen verbleiben Kategoriedominanz oder die kostengetriebene Zulieferung. Der *Einzelhandel* wird weitere Konzentrationstendenzen erfahren, wobei die Erfolgsmodelle weniger betriebsform-, sondern unternehmensbezogen sein werden.

Literaturempfehlung

Armstrong, A. / Hagel, J. (1997): Net Gain: Expanding Markets Through Virtual Communities, in: Harvard Business School Press, March 1997.

Daniel, D. R. (1961): Management Information Crisis, in: Harvard Business Review, 39 (1961) 5, S. 111-121.

Rockart, J. F. (1979): Chief executives define their own data needs, in: Harvard Business Review, 57 (1979) 2, S. 81-93.

Ausschaltung des institutionellen Handels durch Informations- und Kommunikationssysteme

Hans Robert Hansen

Zusammenfassung

Dieser Beitrag behandelt die Verdrängung von Handelsbetrieben vom Markt, sei es, weil sie durch Marktteilnehmer vor- oder nachgelagerter Stufen in der Distributionskette übergangen werden oder weil sie der horizontalen Substitutionskonkurrenz nicht gewachsen sind. Dabei betrachten wir hier nur die Bedrohung der herkömmlichen Handelsbetriebsformen der realen Welt durch den elektronischen Vertrieb bzw. Bezug. Ausgehend von einem Überblick über den IT-Einsatz im Handel werden Prognosen über die Entwicklung des Electronic Commerce wiedergegeben. Sodann werden die Ziele, die Methoden und die Bedingungslage der Ausschaltung des institutionellen Handels durch WWW-Informationsanbieter und Konsumenten diskutiert.

1 Einführung

Seit ihren Anfängen in den 50er Jahren hat sich die kommerzielle Datenverarbeitung jahrzehntelang auf *innerbetriebliche Aufgaben* konzentriert. Im Handel standen zunächst stapelorientierte Anwendungen im Lager und der Buchhaltung im Vordergrund (vgl. Hansen, 1970), die erst in den 80er Jahren durch Transaktionssysteme im Waren- und Finanzwirtschaftsbereich abgelöst wurden. In den 90er Jahren ging und geht es vor allem darum, individuelle, heterogene Insellösungen durch integrierte Komplettpakete zu ersetzen (vgl. Becker u.a., 1996). Die Verbindung zu Bürosoftware wird durch wohldefinierte Schnittstellen gewährleistet. Dem Management wird durch weitreichende Abfrage-, Berichts- und Entscheidungsunterstützungsfunktionen Hilfestellung gegeben.

Externe Geschäftsbeziehungen werden jedoch nur auf operativer Ebene durch Funktionen für den elektronischen Austausch formatierter Dokumente (EDI) unterstützt. Brancheninformationssysteme, die eine umfassendere Kooperationsbasis für viele Betriebe eines Wirtschaftszweigs bieten, sind noch selten. Hingegen scheinen Masseninformationssysteme, die sich an private Kunden richten, durch den Internet-Boom vor dem Durchbruch zu stehen. Abb. 1 zeigt wesentliche Unterschiede der skizzierten Informationssystem-Typen.

Zur On-line-Kommunikation mit Marktpartnern kommen verschiedene Netze, Dienste und Endgeräte in Betracht, die in vielfältigen Kombinationen verwendet werden können.

Typische Merkmale	Innerbetriebliches Administrationssystem (z.B. FiBu)	Brancheninformationssystem (EDI)	Masseninformationssystem
Kommun.partner	Einzelne Sachbearbeiter	Rechner - Rechner	Unbekannte Private
Betriebsarten	Transaktionsverarbeitung	Stapelversand/ -abruf	Dialogverarbeitung
Anzahl Benutzer	< 10 bis > 100 Mitarbeiter	< 10 bis > 100 Betriebe	Potentiell Millionen
Max. Reichweite	Unternehmensweit	National	Global
Benutz.häufigk.	Laufende Alltagsarbeit	Regelm., gleiche Partner	Gelegentlich
Datenstrukturen	Formatierte Daten	Formatierte Daten	Multimedia
Standards	Industriestandards (SAP)	EDIFACT/SEDAS usw.	Keine
Benutz.zwang	Gefordert	Nach Vereinbarung	Freiwillig

Abb. 1: Typische Merkmale von innerbetrieblichen Administrationssystemen, EDI-Systemen und Masseninformationssystemen

Die wichtigsten *Übertragungswege* sind Telefon/ISDN-Netze und Kabel-TV-Netze. Erstere bieten eine hohe Teilnehmerdichte, erlauben aber bislang wegen ihrer geringen Bandbreite keine Bewegtbildübertragung akzeptabler Qualität. Außerdem verlangen viele europäische Telefon-Gesellschaften im lokalen Bereich im Vergleich zu den USA exorbitant hohe, zeitabhängige Nutzungsgebühren. Die weltweit auf digitalen, interaktiven Betrieb umgerüsteten Kabel-TV-Netze bieten hingegen hohe Übertragungsraten im Megabit/s-Bereich und damit gute Multimedia-Voraussetzungen, sie sind jedoch in ihrer Reichweite regional begrenzt.

Häufig nachgefragte Informationsbestände „von außen" müssen auf den Server-Rechnern der Kabel-TV-Betreiber gespiegelt werden, ansonsten ergibt sich derselbe Flaschenhals wie beim Telefon/ISDN.

Das Spektrum der *Basisdienste* reicht von der herkömmlichen Telefonie und direkten Modem-Datenverbindungen, Audiotex, TV-Text, Bildschirmtext bzw. kommerziellen On-line-Diensten (wie T-Online, AOL, CompuServe) bis zum Internet und dem in Feldstudien erprobten interaktiven Fernsehen. Dadurch ermöglichte neue *Kommunikationsdienste* sind u.a. E-Mail, Verteilerlisten, Diskussionsforen, Chatting, Telekonferenzen, Telnet, Dateitransfer, Datenbankabfragen und Telefon-Rechner-Anwendungsverbund. Administrations-, Verzeichnis- und Suchdienste erleichtern die Teilnehmervermittlung und Koordination. Darauf basierende *Tele-Anwendungen* sind teils geschäftlicher Natur, wie die Arbeit zu Hause, Bestellungen, Überweisungen usw., teils dienen sie zur Unterhaltung wie WWW-Surfen, Spielen, Lesen elektronischer Magazine oder Video-on-Demand.

Die verbreitetsten *Endgeräte* sind Telefone (weltweit ca. eine Milliarde), Farbfernsehgeräte (ca. 600 Millionen) und Personalcomputer (ca. 200 Millionen). Im stationären Handel werden darüber hinaus dedizierte Terminals wie Scannerkassen, elektronische Preisschilder, Informations- und Verkaufskioske sowie - vor allem in den USA - Geldausgabeautomaten eingesetzt.

Für den Handel hat derzeit und in absehbarer Zukunft das Internet bzw. das darauf basierende diensteintegrierende, multimediale World Wide Web (WWW) die weitaus größte Bedeutung. *Wir beschränken uns deshalb in der Folge auf den elektronischen Verkauf (Electronic Commerce) im WWW und analysieren die möglichen Auswirkungen auf den institutionellen Handel.*

2 Veränderung von Distributionsstrukturen durch die Kommerzialisierung des Internet

Anfang 1997 waren weltweit über *16 Millionen Rechner an das Internet* angeschlossen. Davon waren ca. 700.000 in Deutschland installiert. Abb. 2 zeigt das rasante Wachstum.

Wieviel Menschen dadurch das Internet benutzen (können), ist unbekannt. In Nordamerika herrscht die bei weitem höchste *Diffusionsdichte*. Eine im Auftrag des CommerceNet-Konsortiums von Nielsen durchgeführte Studie gibt an, daß dort bereits 23 % der über 16 Jahre alten Personen einen Internet-Zugang haben (vgl. http://www.commerce.net:80/work/pilot/nielsen_96/). Zwei Jahre zuvor waren es erst 15 %. Diebold schätzte 1996 die Zahl der Benutzer von On-line-Diensten in Deutschland auf vier Millionen bzw. sieben Prozent der Personen ab

14 Jahre (vgl. Glanz, 1996, S. 6); etwa die Hälfte davon dürfte auf das WWW entfallen.

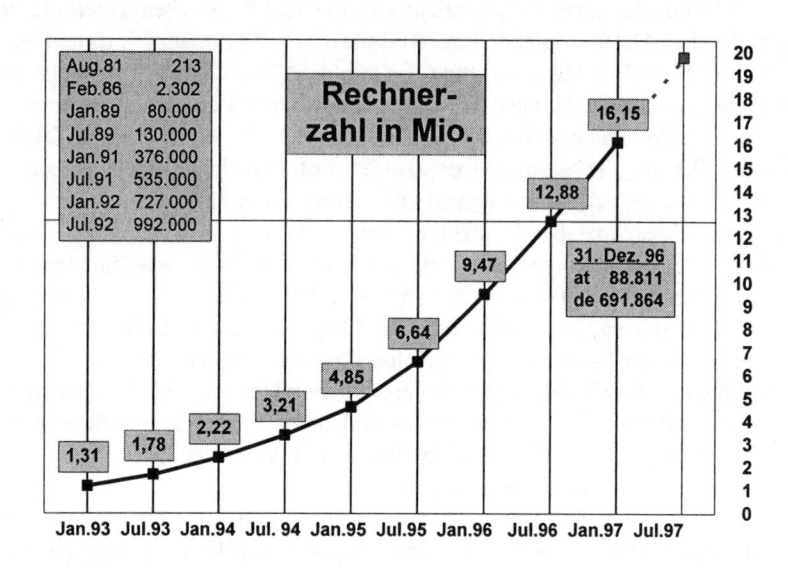

Abb. 2: Entwicklung der Zahl an das Internet angeschlossener Rechner (Quelle: Network Wizards, 1997)

Die *Kommerzialisierung* des früher hauptsächlich im Wissenschaftsbereich verwendeten Internet hat in den USA 1993/94 begonnen und die EU ein bis zwei Jahre später erfaßt. Gefördert durch staatliche Infohighway-Programme und die starke Medienresonanz hat die Zahl der kommerziellen WWW-Server rasant zugenommen - auf über eine halbe Million im April 1997 (vgl. Netcraft, 1997).

Im Gegensatz hierzu ist die *Nachfrage* noch gering. Nur etwa 0,01 % des Warenumsatzes wurden 1996 über den digitalen Vertrieb getätigt (vgl. Blanning, 1997, S. 3; Glanz, 1996, S. 7). Zwar gibt es eine ganze Reihe von Erfolgsstories, die meisten Anbieter sind jedoch von den bisherigen Verkaufsergebnissen enttäuscht. Manche ziehen sich bereits wieder aus dem Web zurück. Andere nehmen eine Neuorientierung ihrer Angebote vor und stellen stärker Kommunikationsfunktionen in den Vordergrund.

Nichtsdestoweniger prophezeien alle Marktforschungsinstitute Electronic Commerce eine rosige Zukunft. Fast die Hälfte der von Forrester Research befragten Fortune-1000-Unternehmen (Stichprobe) erwarten, daß das WWW in den nächsten drei Jahren großen bzw. signifikanten Einfluß auf ihre Verkaufsprozesse haben wird. IDC schätzt, daß der Anteil der US-amerikanischen Internet-Benutzer, die Waren und Dienstleistungen über das Netz bestellen, bis zum Jahr 2000 auf 45 % steigen wird; weltweit sollen es immerhin 28 % sein. Insgesamt wird sich nach IDC-Prognose der über das Web realisierte Umsatz im Jahr 2000 auf über 100 Milliarden US-Dollar belaufen (vgl. ComputerZeitung, 16.1.1997, S. 2).

Für den *deutschen Markt* - genauer: in den für den digitalen Vertrieb relevanten Branchen Hard-/Software, Verlage/Medien, Telekommunikation, Handel, Touristik - wird von Diebold/Telemedia schon in den nächsten zwei Jahren mehr als eine Verzehnfachung des On-line-Umsatzes vorausgesagt. 1998 werden danach voraussichtlich sechs Millionen On-line-Benutzer (d.h. 10 % der Personen ab 14 Jahre) einen Umsatz von ca. 9,5 Milliarden DM tätigen. Das ist ca. ein Prozent des für diese Branchen prognostizierten Gesamtumsatzes. Im Jahr 2000 sollen es dann bereits drei bis fünf Prozent sein, das sind 30 - 50 Milliarden DM. Jede sechste Person ab 14 Jahre wird dann in Deutschland On-line-Benutzer sein (vgl. Glanz, 1996, S. 6-9). Prognosen anderer Marktforscher, wie beispielsweise von Garmhausen, liegen in ähnlichen Größenordnungen (vgl. ComputerZeitung, 16.1.1997, S. 2). Die Kölner BBE-Unternehmensberatung geht in einer jüngst veröffentlichten Studie sogar davon aus, daß der Anteil der On-line-Verkäufe bis zum Jahr 2010 auf 15 bis 20 % zunehmen wird. „Hier liegt dann aber die natürliche Obergrenze für den multimedialen Verkauf." (vgl. Blick durch die Wirtschaft, 17.4.1997, S. 1).

Wenn diese Erwartungen auch nur halbwegs zutreffen, so ist das *für den institutionellen Handel eine erhebliche Bedrohung*. Die niedrigen Einstiegskosten und die oftmals besseren Möglichkeiten zur Funktionsverrichtung über das WWW setzen klassische Maximen der Absatzwegewahl außer Kraft:

„Allgemein gilt: Ein Absatzweg ist um so kostspieliger, je direktere Verbindungen zwischen dem Produzenten und dem Endverkäufer bestehen. Mit dem Übergang von einem indirekten auf ein direktes Vertriebssystem ist meist eine überproportionale Zunahme der Vertriebskosten verbunden." (vgl. Meffert, 1993, S. 426).

Die von Meffert als ursächlich erwähnten „Kosten des Verkaufspersonals, des Vertragsabschlusses usw." (vgl. Meffert, 1993, S. 426) entfallen bei WWW-Angeboten weitgehend durch Automatisierung.

Wesentlichster *Vorteil des Direktvertriebs bzw. -bezugs* für die Anbieter bzw. Nachfrager ist, daß sie einen Anteil der Spanne einbehalten können, welche der Handel beim indirekten Vertrieb für seine Mittlerfunktionen erhält. Deshalb und wegen der erwähnten vergleichsweise geringen Einstiegs- und Transaktionskosten erscheint der WWW-Vertrieb für vorhandene und neue Wettbewerber gleichermaßen attraktiv. Der daraus resultierende Preisdruck wird noch dadurch verschärft, daß in elektronischen Marktformen tendenziell mehr Transparenz herrscht und damit für die Kunden bessere Preisvergleichsmöglichkeiten gegeben sind. Auch bei elektronischen Märkten, bei denen noch Mittler eingeschaltet sind, wie bei Flugreservierungssystemen, Aktienbörsen oder landwirtschaftlichen Auktionen, hat die Automatisierung im Lauf der Zeit stets zu sinkenden Preisen und sinkenden Vermittlungsprovisionen bzw. Spannen geführt.

Selbstverständlich kann der institutionelle Handel ebenso die Möglichkeiten nutzen, die das Web bietet. Über den reinen Televerkauf hinaus ergeben sich *zukunftsträchtige Tätigkeitsfelder für Intermediäre*, die Anbieter und Nachfrager bei der Suche nach geeigneten Marktpartnern unterstützen. Zudem lassen sich im Cyberspace vernetzte Organisationsformen (virtuelle Unternehmen) realisieren, welche die Wettbewerbsfähigkeit verbessern (vgl. Mertens, 1994, S. 177-179). Wir gehen auf die wichtigsten Betriebstypen im Abschn. 5 näher ein, weil diese für manche traditionelle Handelsformen nicht nur eine große Chance, sondern zugleich eine erhebliche Gefährdung darstellen.

3 Initiatoren und Arten der Ausschaltung

In der realen Welt sind Handelsbetriebe seit jeher durch vor- und nachgelagerte Stufen in der Distributionskette von der *Ausschaltung* bedroht. Für Hersteller ist „aus reinen Kostengründen ... ein direkter Vertrieb immer dann vorteilhaft, wenn bei gleichen Endverkaufspreisen bzw. Absatzmengen die zusätzlichen Vertriebskosten kleiner sind als die Ersparnisse aus der Handelsspanne." (vgl. Meffert, 1993, S. 427). Für private Verbraucher ist der Bezug beim Großhandel oder Hersteller erheblich billiger, so daß der Einzelhandel ständig mit den Bemühungen zu kämpfen hat(te), ihn zu umgehen. Ebenso sind Handelsbetriebe aller Stufen den Druck horizontaler Mitbewerber gewöhnt. Wie bereits angedeutet und nachfolgend genauer gezeigt wird, werden diese Probleme durch das WWW jedoch wesentlich verschärft (vgl. Abb. 3).

Weil durch das globale Internet räumliche und zeitliche Beschränkungen aufgehoben sind, drängen zusätzlich *neue Konkurrenten* in großer Zahl auf den Markt. Sie operieren oft zu wesentlich günstigeren Bedingungen von Standorten irgendwo auf der Welt, wo die Löhne niedriger und kostenspielige staatliche Auflagen bezüglich Arbeitsbedingungen, Produkthaftung, Datenschutz, Sicherheit, Umweltschutz usw. weitgehend fehlen. Sie verzichten häufig auf eine eigene Lagerhaltung (Streckenhandel). Zudem partizipieren sie als „Trittbrettfahrer" von

Werbung, Verkaufsförderung und Kundenberatung der Hersteller und des stationären Fachhandels. Dadurch können sie bekannte Produkte so günstig anbieten, daß lokale Geschäfte im Preiswettbewerb keine Chance mehr haben.

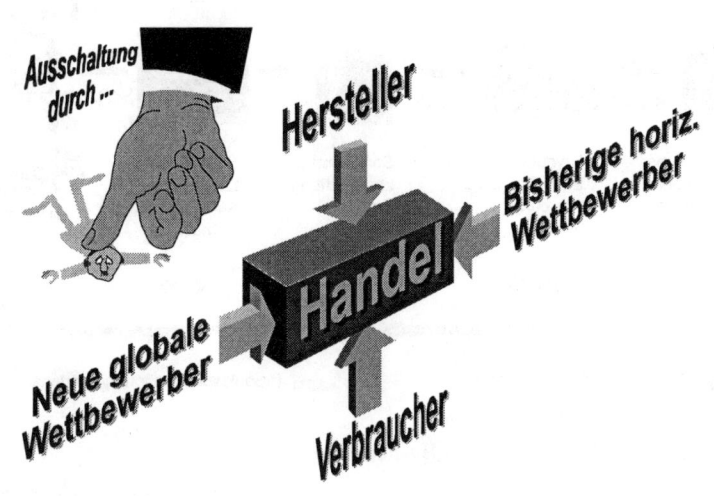

Abb. 3: Initiatoren der Ausschaltung

Wir betrachten die Ausschaltungsproblematik exemplarisch anhand *der Distributionskette in der Buchbranche,* weil sich anhand dieses Szenarios besonders gut die zu erwartenden Veränderungen von Marktstrukturen durch das WWW zeigen lassen. Das Beispiel wurde mit geringfügigen Änderungen dem Buch „Wirtschaftsinformatik I" des Autors entnommen (vgl. Hansen, 1996b, S. 406-412).

Abb. 4 beschreibt den *derzeit typischen Absatzweg* in der Buchbranche, die wichtigsten Funktionen der beteiligten Vertriebspartner und deren Anteile am Ladenverkaufspreis (ohne Umsatzsteuer). Bibliotheken erhalten einen Preisnachlaß von fünf bis zehn Prozent.

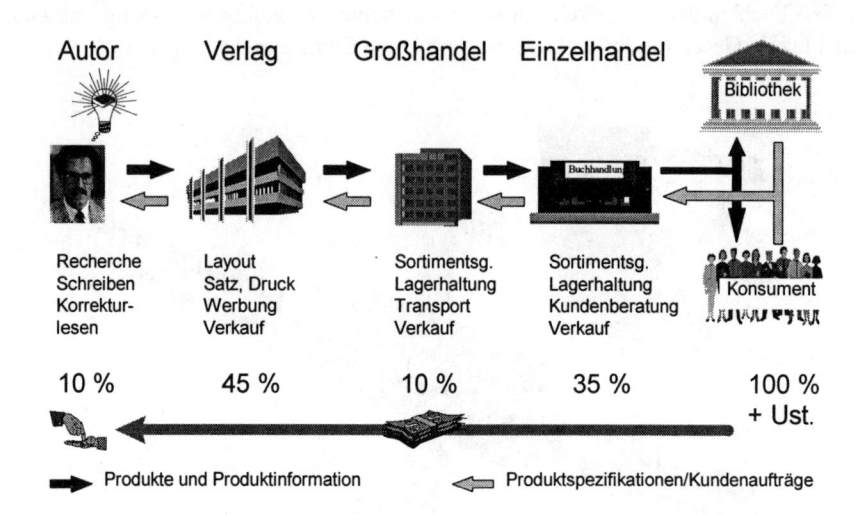

Autor	Verlag	Großhandel	Einzelhandel	
Recherche Schreiben Korrekturlesen	Layout Satz, Druck Werbung Verkauf	Sortimentsg. Lagerhaltung Transport Verkauf	Sortimentsg. Lagerhaltung Kundenberatung Verkauf	Bibliothek / Konsument
10 %	45 %	10 %	35 %	100 % + Ust.

➡ Produkte und Produktinformation   ⬅ Produktspezifikationen/Kundenaufträge

Abb. 4: Typischer Absatzweg in der Buchbranche

Abb. 5 veranschaulicht, wie eine solche Distributionskette durch ein umfassendes *Brancheninformationssystem* unterstützt werden kann. Es enthält (nur) jene Funktionen und Daten aller Vertriebspartner, die für den Absatz wesentlich sind:
- Allgemeine Angaben über die beteiligten Unternehmen.
- Information über die Nachfrage und das Angebot an Produkten und Dienstleistungen:
  - Typ,
  - Menge,
  - Merkmale,
  - Qualitätsindikatoren (bei Büchern beispielsweise Rezensionen und Hitlisten) im Zeitverlauf (eventuell inklusive Prognosen),
- Auftragserfassung, -verwaltung und -abwicklung,
- Verkaufsabrechnung und Bezahlung.

Die physische Distribution der Bücher läuft unverändert über alle Stufen.

Zum echten *elektronischen Großmarkt* wird ein solches Brancheninformationssystem dann, wenn alle Beteiligten gleiche Benutzungsrechte haben und jeder Teilnehmer von jedem anderen Teilnehmer kaufen bzw. an jeden anderen verkaufen darf. Es bleibt jedoch jedem Beteiligten freigestellt, ob er das System verwenden und Information zur Verfügung stellen möchte oder nicht. Voraussetzung ist, daß die Firmen- und Produktdaten sowie der elektronische Dokumentenaustausch (Bestellungen, Rechnungen usw.) standardisiert sind. Eine Dachorganisation muß die vereinbarte Marktorganisation sicherstellen. Ferner sollte es spezielle Funktionen für den grenzüberschreitenden Warenverkehr geben.

Im *deutschen Buchhandel* ist ein *nationales Brancheninformationssystem* in Betrieb, das die zweiseitigen Geschäftsbeziehungen zwischen Verlagen, Großhändlern und Einzelhändlern unterstützt. Auch Bibliotheken und Konsumenten haben On-line-Zugriff auf die Produktinformation (vgl. http://www.buchhandel.de/), sie können jedoch über das System keine Einkäufe tätigen. Betreiber ist der Börsenverein des Deutschen Buchhandels (Berufsverband).

Abb. 5: Brancheninformationssystem im Buchhandel

Abb. 6 kennzeichnet den *möglichen Endzustand der weiteren Informatisierung der Buchbranche,* der die derzeitigen Absatzmittler stark beunruhigt. Schon heute bieten zahlreiche Buchhandlungen und zunehmend auch Verlage ihre Produkte auf elektronischem Wege direkt dem Konsumenten an.

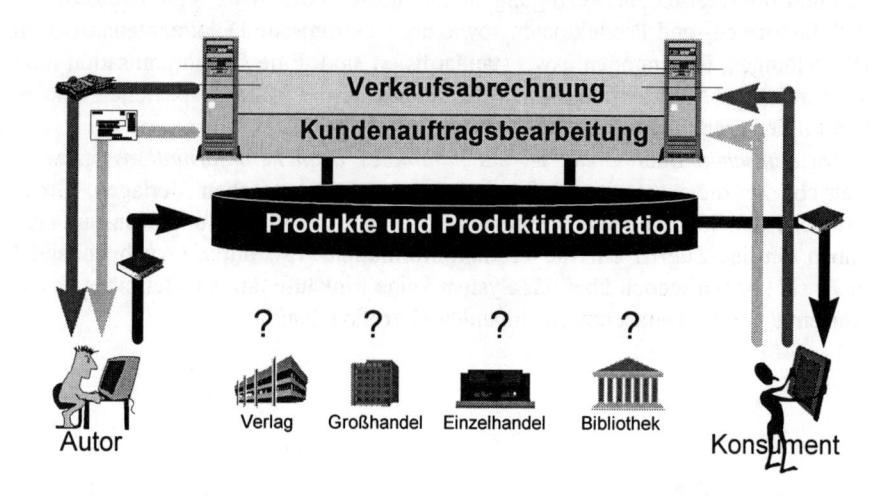

Abb. 6: Direktvertrieb in der Buchbranche

Ein erfolgreiches *Beispiel für neue horizontale Substitutionskonkurrenz* ist die US-amerikanische *Buchhandlung Amazon.com,* die ausschließlich im WWW tätig ist und auf diesem Weg im vergangenen Jahr 15,7 Millionen US-Dollar Umsatz gemacht hat (vgl. Abb. 7). Drei Jahre nach der Gründung bereitet das Unternehmen 1997 den Gang an die Börse vor und geht dabei von einem Firmenwert von 300 Millionen US-Dollar aus. 2,5 Millionen bereits erschienene und im Druck befindliche Titel sind im Katalog gelistet und werden bei Verfügbarkeit prompt ausgeliefert (die größten stationären Buchhandlungen haben selten über 100.000 Titel lagernd). Die Lieferdauer nach Europa wird durch die Postlaufzeit bestimmt (nur zwei bis drei Tage bei Inanspruchnahme teurer Kurierdienste). Auf Bestseller werden 30 % Rabatt vom Listenpreis gegeben, auf Hardcovers und Paperpacks gibt es 10 % Preisnachlaß (nicht auf Lehrbücher). Durch Hitlisten, Rankings, Rezensionen usw. wird umfangreiche, vollautomatische Beratung geboten. Leistungsfähige Suchfunktionen unterstützen die On-line-Recherche nach Sachgebieten, Titeln, Autoren und Stichworten. Auf Wunsch der Kunden wird ihr Such- und Kaufverhalten durch den Softwareagenten Eyes analysiert. Sie erhalten dann automatisch Rückmeldungen über Bücher und Autoren, die ihren Präferenzen entsprechen (Näheres über solche Agenten folgt). Durch das Associates Program kann jeder WWW-Informationsanbieter kostenlos Subbuchhändler mit einem ausgewählten Sortiment und eigenen Buchbesprechungen werden. Amazon.com übernimmt die Bestellaufnahme, Auftragsabwicklung, Rechnungsstellung und den Kundendienst. Die Vermittler erhalten eine Verkaufsprovision und werden durch wöchentliche Absatzstatistiken motiviert. Vor allem für Promotoren, die bisher nur Informations- und Beratungsfunktionen übernommen haben, wie Zeitungen, Zeitschriften und Lehrer, ist dies ein attraktives Zubrot. Mehr als 7.000 WWW-Informationsanbieter wurden inzwischen als Associates gebunden.

Oftmals wird auch schon die *Distribution ganz oder teilweise über das Web* realisiert. Durch im WWW offerierte Auszüge oder sogar komplette Werke hofft man, den konventionellen Buch- oder Zeitschriftenverkauf zu stimulieren. Oder es werden elektronische Zusatzleistungen offeriert, beispielsweise bei Lehrbüchern ergänzende Materialien (Folien usw.) für Lehrer, Glossare und Übungsaufgaben samt Musterlösungen für Studenten. Auflagenschwache Fachzeitschriften werden zunehmend zugunsten der elektronischen Versionen eingestellt (vgl. Abb. 8). Eine Flut von gratis abonnierbaren Newsletters erfüllt individuelle Informationsbedürfnisse in einem Maße, wie dies bei den aus Kostengründen an Mindestauflagen gebundenen Printmedien bisher nicht möglich war.

Noch haben auf das Papier gedruckte Bücher gegenüber den aus dem Netz herunterladbaren Versionen eine Reihe von Vorteilen: Sie sind besser lesbar und für die meisten Menschen einfacher zu benutzen. Sie dienen zur Raumverschönerung und heben durch ihren Anblick das Selbstwertgefühl. Sie haben ein geringes Gewicht (zumindest sind sie leichter als ein Notebook-PC), man kann sie überall bekommen und überall hin mitnehmen. Vor allem aber gibt es ein riesiges Angebot an Druckwerken: Jährlich werden in Deutschland etwa 80.000 und weltweit mehr als 900.000 Neuerscheinungen veröffentlicht.

Die elektronische Welt holt jedoch mit Riesenschritten auf. Einerseits steigt das inhaltliche Angebot rasant, andererseits wird es bald *leichte, handliche Lesegeräte* geben, die in jede Jackentasche passen. Sie werden flache, hochauflösende Bildschirme haben und das jederzeitige Herunterladen von Dokumenten jeder Art ermöglichen. Die Wiedergabe wird mit hohem Kontrast in jeder beliebigen Schriftart und -größe erfolgen (eine wesentliche Erleichterung für mindestens zehn Prozent der Leser, die großgedruckte Schrift bevorzugen). Schnelles Durchblättern am Bildschirm wird ebenso möglich sein wie bei den heutigen gedruckten Exemplaren.

Abb. 7: Amazon.com-Buchhandlung im WWW (Quelle: http:\\www.amazon.com)

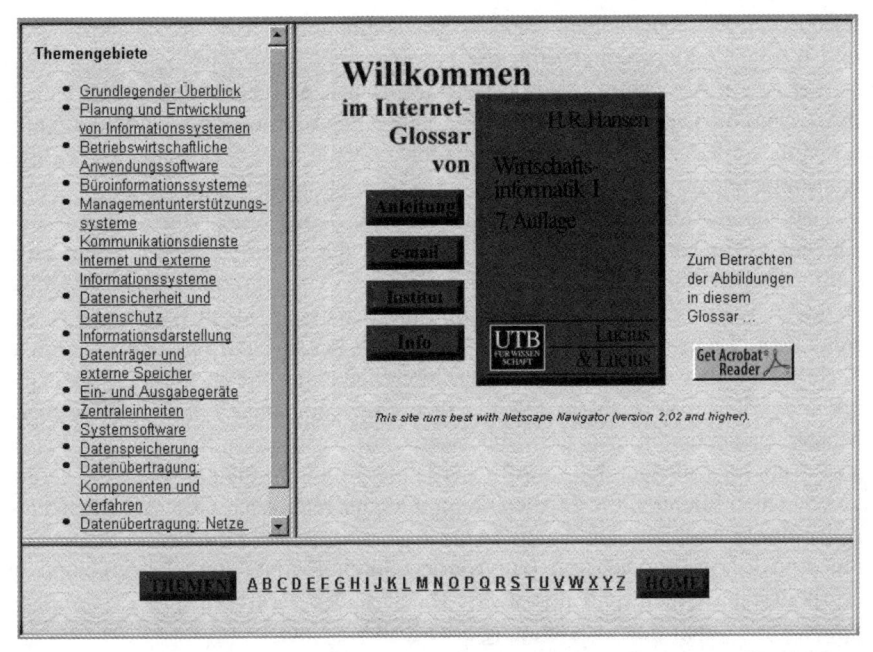

Ausschaltung des institutionellen Handels durch IKS 135

Abb. 8: Wirtschaftsinformatik-Glossar im WWW (Quelle: http://wwwi.wu-wien.ac.at/glossar/glossar.htm)

Solche hochwertigen Lesegeräte (sog. persönliche digitale Assistenten; abgekürzt: PDA) werden nur etwa zehnmal soviel kosten wie ein gutes Buch. Dafür wird der Preis für den herunterladbaren Inhalt eines Werkes höchstens noch ein Drittel betragen, wodurch sich das Gerät rasch amortisiert. Der Autor kann das „Durchschnittsbuch" ohne größeren Aufwand als bisher vollständig selbst produzieren und direkt an die Konsumenten verkaufen (vgl. Abb. 7). Allenfalls für Layout-Arbeiten und die Werbung entstehen ihm zusätzliche Kosten, die durch die Verdreifachung seiner Erlöse mehr als abgegolten werden können. Welche Rolle bei solchen Zukunftsperspektiven noch Verlage, Großhändler, Einzelhändler und Bibliotheken spielen können, ist die große Frage. Die Konsumenten werden zwar nach wie vor Beratung bei der Suche und Auswahl von Büchern benötigen. Diese Funktionen werden jedoch im Netz kursierende Software-Agenten wesentlich effizienter wahrnehmen können als ihre menschlichen Pendants.

Ähnliche Entwicklungen wie in der Buchbranche sind *in vielen anderen Wirtschaftszweigen* zu erwarten. Am schnellsten und weitreichendsten dort, wo mit digitalisierbaren Produkten gehandelt wird: Nachrichten, Software, Finanzdienstleistungen, Reisebuchungen, Videos, Musikaufnahmen usw. Je standardisierter und weniger erklärungsbedürftig die Produkte und Dienstleistungen sind, desto stärker ist ein Absatzmittler von der elektronischen Ausschaltung bedroht. Um so besser sind die Chancen der Betriebe vorgelagerter Vertriebsstufen und horizontaler Mitbewerber, durch Masseninformationssysteme direkte Beziehungen zu den Konsumenten anzubahnen, zu sichern und auszuschöpfen.

Daß die *Ausschaltung auch von unten* nach dem Muster von Konsum- und Einkaufsgenossenschaften erfolgen kann, zeigt das Beispiel des 1993 von zwei kalifornischen Studenten gegründeten Internet Underground Music Archive (IUMA). Weil ihre Lieblingsbands aufgrund der beschränkten regionalen Nachfrage keine Plattenverträge erhielten, richteten Rob Lord und Jeff Patterson einen Web-Server als weltweite Informationsdrehscheibe ein. Ihr im Internet Magazine erklärtes Ziel: „We want to kill the recording companies." Innerhalb weniger Monate präsentierten sich dort 300 Bands mit Kostproben ihrer Musik, Fotos, Veranstaltungskalender und schriftlicher Hintergrundinformation. Wem die heruntergeladenen Sound-Clips gefallen, kann die entsprechenden CDs und Musikkassetten direkt bestellen. Die Fans der inzwischen über 800 Gruppen kommunizieren rege in Diskussionsforen und werden durch E-Zines über Neuigkeiten im musikalischen Untergrund informiert. Die Gründer verwerten ihre Erfahrungen mittlerweile durch Internet-Beratung der Musikbranche.

Schließlich sei noch darauf hingewiesen, daß sich die *Ausschaltungsproblematik auch durch Absatzwegekonkurrenz im eigenen Haus* stellen kann. Wenn durch einen erfolgreichen WWW-Vertrieb Kannibalisierungseffekte bei den bisherigen Kanälen eintreten, so können unter Umständen Distributionszentren und Filialen nicht mehr profitabel betrieben werden.

Typischerweise ist die *Ausschaltung ein schleichender Prozeß*. Dies trifft vor allem dann zu, wenn bisher nur indirekte Vertriebs-/Bezugsformen existieren und somit der Handel eine starke Markstellung besitzt. Weil in solchen Fällen die Hersteller bei der Einführung des Direktvertriebs negative Reaktionen der bisherigen Absatzmittler befürchten, nutzen sie meist nur die attraktiven Kommunikationsmöglichkeiten des WWW, um die Letztverbraucher im Sinne des Pull-Konzepts zu beeinflussen. Davon profitiert auch der Handel und ist dementsprechend nicht weiter beunruhigt. Wenn im Lauf der Zeit eine genügend große Kundenzahl gebunden ist, werden dann auch direkte Bestellmöglichkeiten angeboten - zunächst nur für Zusatzleistungen, wie Kataloge, Rezepte usw. Sukzessive werden immer größere Sortimentsteile in die direkte Vertriebsschiene übernommen. Bei jedem Schritt kann der Handel relativ leicht beschwichtigt werden, weil sich dadurch die Ist-Situation nur geringfügig zu ändern scheint. Die wachsende Bedrohung kommt allmählich „durch die Hintertür".

Je mehr Marketing-Funktionen ein Hersteller selbst übernimmt und je erfolgreicher sein WWW-Direktvertrieb funktioniert, desto unwichtiger wird für ihn der Handel. Das wirkt sich anfangs vielleicht nur in der Preis- und Konditionenpolitik aus. Früher oder später wird der Hersteller jedoch über Kosteneinsparungen bzw. Gewinnmitnahmen durch die Reduzierung der Absatzmittlerzahl nachdenken. Vom selektiven Vertrieb zum alleinigen Direktvertrieb ist es dann zu gegebener Zeit nur noch ein kleiner Schritt.

4 Ursachen der Bedrohung: Vorteile des WWW-Marketing

In diesem Abschnitt sollen die Ursachen der Bedrohung des institutionellen Handels durch neue elektronische Absatz- bzw. Bezugswege genauer untersucht werden. Hat das WWW gegenüber den herkömmlichen Kanälen tatsächlich so große Vorteile, daß die optimistischen Absatzprognosen der Marktforschungsinstitute begründet erscheinen?

Abb. 9 zeigt die möglichen *Nutzeffekte des WWW-Marketing aus Anbietersicht*. *Zur Kostenseite:* Durch die Kundenselbstbedienung beim Abruf von Produkt- und Unternehmensinformationen sowie bei der Bestellabwicklung lassen sich teures Personal und Verkaufsraum einsparen. Eventuell wird sogar das Lager entbehrlich. Die Produktkataloge, Verkaufs- und Kommunikationsfunktionen stehen ohne Zusatzkosten rund um die Uhr weltweit zur Verfügung. Ebenso der Kundendienst, der durch E-Mail-Hotlines, Diskussionsforen und FAQ-Datenbanken mit Antworten auf häufig gestellte Fragen (FAQ = engl. Abkürzung für: Frequently Asked Questions) teilautomatisiert ausgebaut werden kann. Neue Services, wie zum Beispiel die jederzeitige Abfrage des Lieferstands durch die Kunden, lassen sich einfach durch Öffnung der vorhandenen internen Informationssysteme realisieren. Bei Waren mit einem hohen Informationsgehalt, wie zum Beispiel Pharmazeutika, kann die Papierflut durch aktuelle Datenbanken eingedämmt werden. Digitalisierbare Produkte können sogar komplett über das Internet ausgeliefert und aus der Ferne aktualisiert und gewartet werden.

Werden die Kosteneinsparungen - zumindest zum Teil - bei der Preisgestaltung an die Kunden weitergegeben, so sind auch entsprechende *Umsatzzuwächse* zu erwarten. Natürlich tragen hierzu die 24-stündige Verkaufsbereitschaft sowie die zusätzlichen Services bei. Durch eine laufende, intensive Information über Sonderangebote, neue Produkte, den Lieferstand usw. wird Vertrauen geweckt und die Kundenbindung verstärkt. Am wichtigsten ist jedoch, daß durch die Analyse des Such- und Kaufverhaltens ein gezielter, individueller Einsatz des absatzpolitischen Instrumentariums ermöglicht wird. WWW-Marketing ist das Management einer großen Zahl simultaner, persönlicher Kundenbeziehungen. „Mass Customization" ist das Schlagwort, das im Web bereits zunehmend bei der Produktgestaltung seinen Niederschlag findet (vgl. Pine, 1993). Kleider können virtuell anprobiert, Jeans, Hemden und Schuhe können nach Maß geordert werden. Elektronische Zeitungen und Zeitschriften werden inhaltlich an das persönliche Interessenprofil angepaßt und laufend aktualisiert. Durch die globale Reichweite des Internet lassen sich zudem neue Kundengruppen erschließen. Gerade bei Spezialsortimenten kommt in vielen Fällen erst durch den erweiterten Markt ein genügend großes Absatzpotential für eine profitable Geschäftstätigkeit zustande. Ein wichtiger Erfolgsfaktor ist schließlich noch die enorme Schnelligkeit, mit der die Marketing-Maßnahmen durchgeführt werden können.

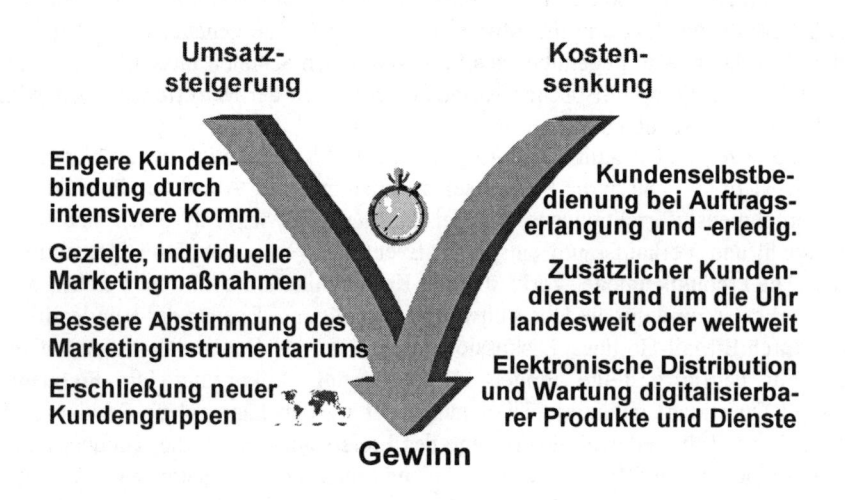

Abb. 9: Nutzeffekte des WWW-Marketing

Aus *Konsumentensicht* ist die Breite und Tiefe des WWW-Angebots überwältigend. Die jederzeit mögliche Bestellung „vom Sofa aus" ist bequem, attraktiv und billig. Leistungsfähige Suchdienste und mobile Agenten (Näheres folgt) erleichtern das Zurechtfinden im Cyberspace. Stets aktuelle Produktkataloge in multimedialer Form, die oben erwähnten Zusatzleistungen und „Zuckerl" fürs Wiederkommen erhöhen den Einkaufsspaß. Manche Produkte waren bisher für die Letztverbraucher überhaupt nicht oder nur sehr schwer erhältlich - wie zum Beispiel die erwähnten Underground-Musikaufnahmen oder die Weine kleiner Winzer aus Kalifornien, Chile und Südafrika. Andere - wie etwa Computerprodukte und Audio-CDs - werden in den USA oft wesentlich früher und preisgünstiger angeboten als hierzulande. Bei Waren mit einem hohen Anonymitätsbedürfnis - wie zum Beispiel Sexartikel - hilft das Internet zudem, die „Schwellenängste" beim Betreten der realen Geschäfte zu überwinden. Bestellungen werden rasch zugestellt, Waren immaterieller Natur oft schon in Minuten.

Natürlich hat Teleshopping für die Konsumenten auch *Nachteile:* im wesentlichen entsprechen sie dem traditionellen Versandhandel. Produkte können nicht real betrachtet und physisch geprüft werden. Wie in gedruckten Katalogen sind die Produktbeschreibungen im WWW textorientiert. Ergänzende Festbilder sind meist sehr klein und haben eine schlechte Qualität. Die geringe Bandbreite der meisten Internet-Anschlüsse läßt großformatige Fotos mit mehr Farbtiefe und höherer Auflösung sowie Videopräsentationen derzeit noch nicht zu. Gegenüber dem Kauf unbekannter Artikel bestehen dementsprechend starke Vorbehalte. Ebenso haben hochpreisige, leicht verderbliche, beratungs- und wartungsintensive Produkte im WWW bis auf weiteres kaum Absatzchancen. Die unzureichenden Schutzmaßnahmen mancher Länder gegen Irreführung und Mißbrauch sowie die unterschiedlichen Datenschutz-, Rücktritts- und Produkthaftungsrechte sind weitere Kaufbarrieren.

Größte Bedeutung hat schließlich, daß bisher den meisten Menschen Einkaufen in der realen Welt einfach mehr Freude bereitet. Sie genießen die Atmosphäre der glitzernden Konsumtempel, den Schaufensterbummel, die Kauferlebnisse und die sozialen Kontakte. Sie beraten sich dabei mit Partnern und Freunden, amüsieren sich bei Anproben, gehen zwischendurch ins Café usw. Offensichtlich sind viele auch bereit, für persönliche Bedienung und attraktive Geschäftsausstattung entsprechend mehr zu bezahlen. Ob und wie rasch sich hieran etwas ändern wird, ist eine offene Frage. Weil liebgewonnene Gewohnheiten so stark in den Menschen verankert sind, hat jedenfalls in der Vergangenheit die Durchsetzung neuer Technologien auf breiter Ebene oft Jahrzehnte gedauert.

5 Formen elektronischer Märkte

Wie äußert sich die Bedrohung des institutionellen Handels? Die *Grundtypen von Absatzkanälen im WWW* entsprechen der realen Welt. Mehrstufige, auch den Großhandel einbeziehende Strukturen sind jedoch sehr selten. Ebenso fehlen noch Vertriebsformen, bei denen Preisverhandlungen eine wesentliche Rolle spielen. Bisher geht die diesbezügliche Rechnerunterstützung kaum über E-Mail hinaus.

Angebot **Nachfrage**

Händler, Broker

Auktionatoren

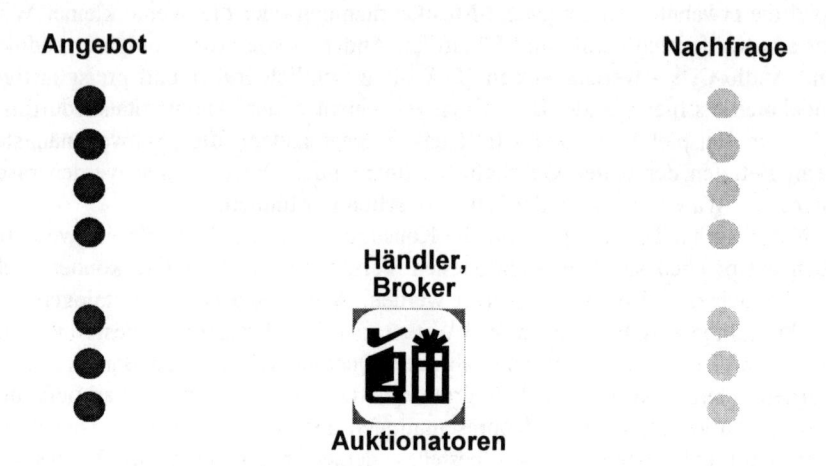

Abb. 10: Formen elektronischer Märkte

Als derzeit wichtigste Marktformen im WWW betrachten wir den Direktbezug/-vertrieb, die Vermittlung durch Broker sowie den indirekten Bezug/Vertrieb über Einzelhändler und Auktionatoren (vgl. Abb. 10). Umsatzverlagerungen finden nicht nur von den traditionellen Absatzwegen, sondern auch zwischen den genannten elektronischen Formen statt. Längerfristige Trends sind dabei noch nicht absehbar; das momentan am stärksten wachsende Segment sind die WWW-Shops und Malls.

5.1 Direktbezug/-vertrieb

Beim *Direktbezug/-vertrieb* sucht jeder Marktteilnehmer in Eigeninitiative den für ihn passenden Partner. Das ist wegen der großen Zahl und Vielfalt der Anbieter und Nachfrager, der mangelnden Transparenz und der Dynamik des WWW sowie der fehlenden Marktorganisation oft ein schwieriges Unterfangen. Während in der realen Welt gesichertes Wissen über die Partner und Vertrauen bei Geschäftsbeziehungen eine große Rolle spielen, bewegen sich die Web-Teilnehmer vielfach auf unsicherem Terrain. Wegen der Risiken und wegen des hohen Suchaufwands wird zur Bedarfsdeckung üblicherweise eine „zufriedenstellende" Lösung akzeptiert. Die gefundene Lösung kann jedoch von der bestmöglichen deutlich abweichen. Es entstehen keine Vermittlungskosten, was üblicherweise in der Preiskalkulation seinen Niederschlag findet und die Attraktivität dieses Weges für die Konsumenten ausmacht.

Abb. 11: WWW-Leitseite von Dell Computer

Für Märkte mit einer beschränkten Zahl wohlbekannter Anbieter treffen die obigen Vorbehalte jedoch nicht zu. Ein erfolgreiches *Beispiel* ist *Dell Computer* (vgl. Abb. 11). 1996 machte die Firma 7,8 Milliarden US-Dollar Umsatz und 518 Millionen US-Dollar Gewinn. Der Absatz über das WWW steigt stark an, täglich werden bereits Verkäufe von einer Million US-Dollar realisiert. Der Umsatzzuwachs (47 %) und der Gewinnzuwachs (91 %) liegen weit über dem Branchendurchschnitt. Im Vergleich dazu ist beispielsweise der Weltmarktführer Compaq bescheiden gewachsen: Der Umsatz stieg 1996 um 22,6 % auf 18,1 Milliarden US-Dollar und der Gewinn um 40 % auf 1,3 Milliarden US-Dollar. Deshalb will Compaq künftig dem Vorbild von Dell und des ähnlich erfolgreichen Direktvertreibers Gateway folgen und nur noch auf Bestellung hin „maßgeschneiderte" Systeme produzieren, die innerhalb von fünf Tagen ausgeliefert werden. Bestellung und Auslieferung sind nach Wahl des Kunden entweder direkt oder über ausgewählte Vertriebspartner möglich. Konzernchef Eckhart Pfeiffer beruhigte bei der Ankündigung des neuen Produktions- und Vertriebsmodells die Zwischenhändler mit der Zusicherung, daß das Unternehmen weiterhin vorrangig auf den indirekten Vertrieb setzen wolle (vgl. FAZ, 15.4.1997).

5.2 Vermittlung durch Broker

Broker bieten spezialisierte Suchdienste für Käufer und Verkäufer an. Durch häufige Kontakte mit den Marktteilnehmern wissen sie, wie Angebot und Nachfrage besser ausgeglichen werden können. Oft betreiben sie On-line-Datenbanken, in die Interessenten die Vermittlungsinformation auch selbst einspeichern und direkt abrufen können. Die Kosten für ihre Dienste sind geringer als die Kosten und der Nutzenentgang bei direkter Suche.

Die Bezahlung der Broker erfolgt entweder durch die Käufer (Abonnementsgebühr, Transaktionsgebühr, Kaufpreis von Software), die Verkäufer (Kommission) oder durch interessierte Dritte. Im WWW sind die Suchdienste noch größtenteils kostenlos, die Finanzierung erfolgt teils über die Werbung, teils durch Forschungsförderung.

Zur Zeit gibt es schon weit über 100 WWW-Suchdienste, die Millionen Anfragen pro Tag bedienen und damit zu den am häufigsten benutzten Angeboten gehören (vgl. Jeusfeld u.a., 1997, S. 13). Ihre Roboterprogramme durchwandern selbständig das Netz (folgen Hyperlinks) und legen die angesammelte Metainformation in Datenbanken ab. Sie bieten hierarchische Sachgebietsverzeichnisse, alphabetisch geordnete Stichwortverzeichnisse und Information-Retrieval nach Stichwörtern. Von den gefundenen Angeboten kann per Mausklick direkt zu den jeweiligen Adressen verzweigt werden. Die großen Suchdienste, wie der Marktführer Yahoo (vgl. http://www.yahoo.com/) (vgl. Abb. 12), Excite (vgl. http://www.excite.com/), Infoseek (vgl. http://infoseek.com/), Lycos (vgl. http://www.lycos.com/) oder AltaVista (vgl. http://www.altavista.digital.com/), bemühen sich, sämtliche frei verfügbaren Dokumente im Web zu indizieren. Beispielsweise sind bei AltaVista derzeit schon über 30 Millionen Dokumente erfaßt, die Metadatenbank mit den Stichworteinträgen hat eine Größe von etwa 40 Gigabyte.

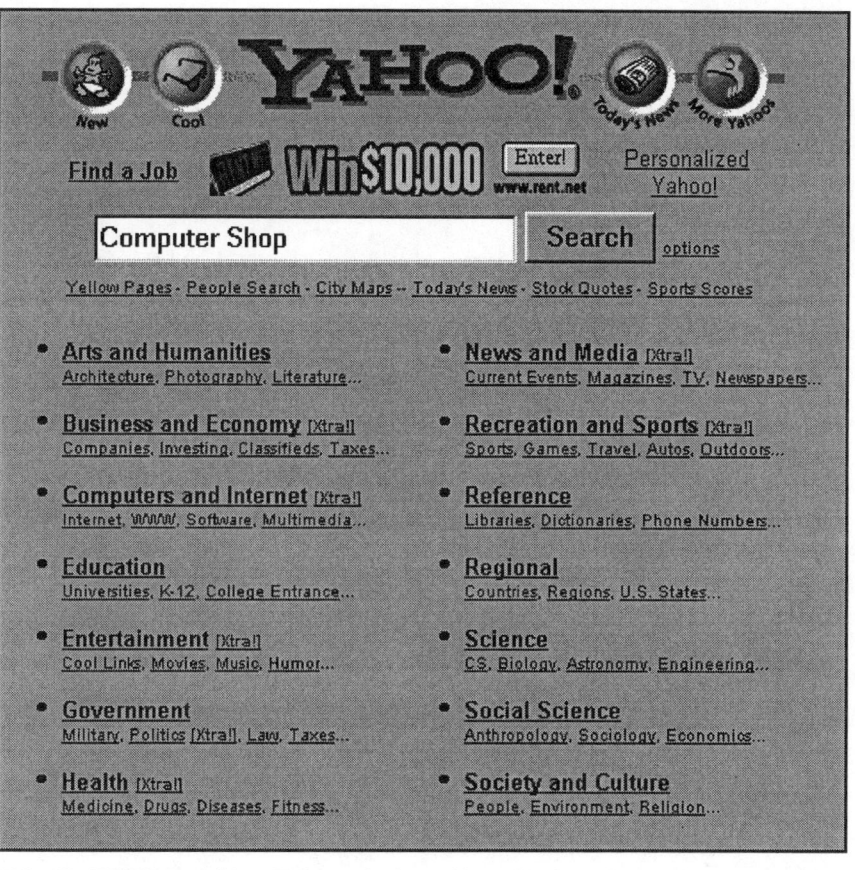

Abb. 12: WWW-Suchdienst Yahoo mit einem hierarchisch gegliederten Themenkatalog, in den die Informationsanbieter selbst die Adressen und Stichworte ihrer Dokumente eintragen

Andere WWW-Suchdienste bieten für eng abgegrenzte Themenbereiche *Suchunterstützung mit Gutachterhilfe* an: nur positiv beurteilte Dokumente werden in den Index aufgenommen. Ein *Beispiel* für die Bereiche Musik und Film ist *Firefly* (vgl. http://www.firefly.com/). „Angemeldete Nutzer haben die Möglichkeit, Gutachten über Musikstücke einzutragen. Das System kennt Alter, Geschlecht und Land der Nutzer. Zudem ordnet der Nutzer seinen Musikgeschmack ein, indem er eine Liste von Interpreten bzw. Musikwerken benotet. Dies ergibt gleichzeitig ein Gutachten des Nutzers über die Interpreten. Danach kann die

Suche nach „ähnlicher" Musik starten. Der Suchraum sind solche Musikstücke, die Nutzer mit ähnlichem Profil positiv bewertet haben" (vgl. Jeusfeld u.a., 1997, S. 13). Beim *LifestyleFinder* werden die Lebensgewohnheiten des Benutzers abgefragt und die Web-Sites zurückgemeldet, die zur Bedürfnisbefriedigung am geeignetsten erscheinen (vgl. Abb. 13).

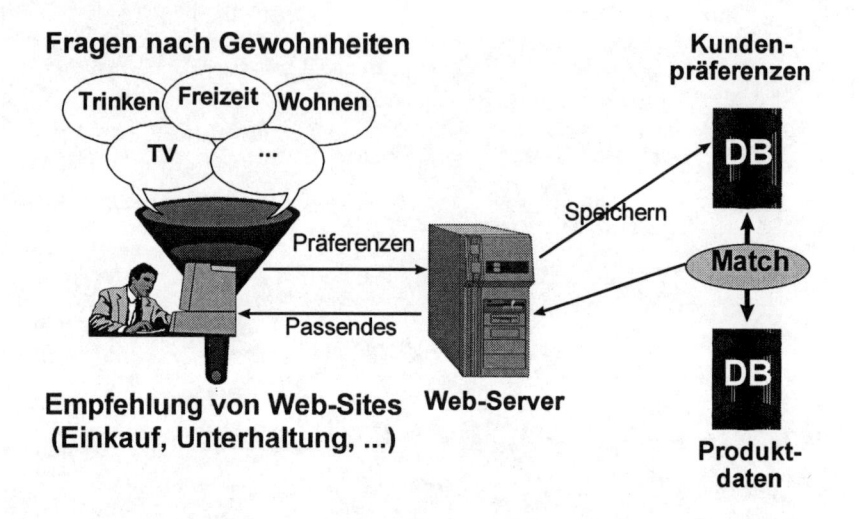

Abb. 13: Funktionsweise des Systems LifestyleFinder (Quelle: http://bf.cstar.ac.com /lifestyle/)

Mobile Softwareagenten, die im individuellen Auftrag im Internet nach den günstigsten Einkaufsquellen suchen, befinden sich noch in einem experimentellen Stadium (vgl. Abb. 14). Sie könnten schon bald in den Fällen größere Bedeutung erlangen, wo die Käufer genau wissen, was sie wollen und wo es mehrere Anbieter für die genau spezifizierbaren Produkte gibt. Ein *Beispiel* ist der seit 1995 erprobte *BargainFinder* (vgl. http://bf.cstar.ac.com/bf/) von Andersen Consulting, der in zehn großen CD-Läden die Verfügbarkeit und die Preise von bestimmten CDs abfragt und an den Benutzer zurückmeldet. Durch die erleichterten Preisvergleiche gewinnen preisgünstige Anbieter neue Kunden, hochpreisige Anbieter geraten hingegen unter Druck. Wenn sie Agenten zulassen, so haben sie nur noch dann Wettbewerbschancen, wenn sie ihre Preise an die Billiganbieter anpassen oder sich auf anderen Gebieten auszeichnen (wie Lieferzeit, Service usw.). Verwehren solche Anbieter den Zugang für Softwareagenten, so steigen damit die Suchkosten der Interessenten, die zudem mit höheren Produktpreisen rechnen müssen. Verhalten sich diese rational, so wird das Blockieren von Softwareagenten also ebenfalls zu Umsatzeinbußen führen - vorausgesetzt, es gibt für die Nachfrager genügend „offene" Alternativen.

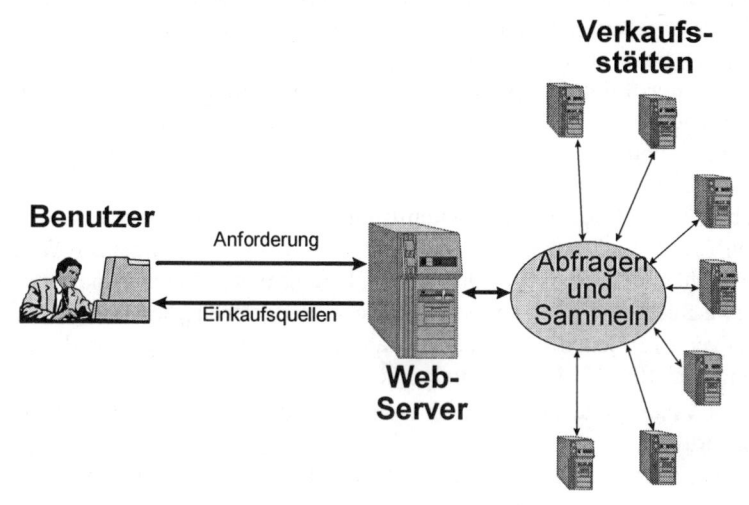

Abb. 14: Funktionsweise eines mobilen Einkaufsagenten

Trotz dieses Szenarios sagt Crowston voraus, daß die meisten Anbieter von Gebrauchsgütern künftig automatische Agenten ausschließen werden, beispielsweise durch die Verweigerung der Verbindungen oder durch häufigen Wechsel der Systemschnittstellen, um die Agenten zu verwirren (vgl. Crowston, 1996, S. 381-390). Als Grund nennt er, daß die Softwareagenten durch die Ressourceninanspruchnahme auf dem Server und eventuell zu bezahlende Verkaufsprovisionen Kosten verursachen, die nicht durch die Umsatzzuwächse der zusätzlich vermittelten Kunden überkompensiert werden dürften.

5.3 Einzelhändler (WWW-Shops und Malls)

Wir sind am Beispiel von Amazon.com schon ausführlich auf *moderne Einzelhandelskonzepte im Internet* eingegangen. Grundsätzlich nimmt der Handel im Cyberspace dieselben Raum-, Zeit-, Quantitäts- und Qualitätsausgleichsfunktionen wahr wie in der realen Welt. Typisch ist ein tiefes Artikelsortiment zu festen Preisen. Zeitaufwendige Suchprozesse der Kunden und Interessenten werden durch multimediale Produktkataloge mit leistungsfähigen Information-Retrieval-Funktionen reduziert. Bestellungen sind jederzeit On-line möglich, Aufträge werden sofort ausgeführt (kann Broker nicht garantieren). Die WWW-Händler profitieren von der Spanne zwischen Einstands- und Verkaufspreis; durch niedrige Betriebskosten können sie vergleichsweise preisgünstig sein. Für Anbieter und Nachfrager ergeben sich bei der Händlerauswahl Suchkosten, die infolge der Größe und Intransparenz des WWW beträchtlich sein können.

Die *Zahl der WWW-Shops und Malls* wächst zur Zeit im Monat um einige hundert Betriebe (vgl. Abb. 15). Eine Yahoo!-Abfrage wies am 12. Februar 1997 5.483 Shops und 1.119 Malls aus; zwei Monate später waren es bereits 6.910 Shops und 2.294 Malls. Wie im Abschn. 2 erwähnt, sagt dies kaum etwas über die Profitabilität, aber viel über die Zukunftshoffnungen der Betreiber aus. Sieht man von den Erotik-Versandhändlern ab, so können nur ganz wenige WWW-Einzelhändler bisher auf diesem Weg ihre Kosten hereinspielen. Neben Amazon.com als „Vorzeige-Sites" wird bei US-amerikanische Handelsbetrieben ein Umsatz von fünf bis zehn Millionen US-Dollar im Jahr 1996 über das WWW realisiert (vgl. Blanning u.a., 1997, S. 13). Beispiele sind

- Virtual Vineyyards, das über 200 Weine von mehr als 50 kalifornischen Winzern vertreibt,
- CDNow, das ein Sortiment von 165.000 CDs führt und monatlich über 8.000 Bestellungen abwickelt und
- Internet Shopping Network (ISN), das 35.000 IT-Produkte von 1.100 Herstellern führt, darunter 1.100 Software-Titel zum Herunterladen.

Interessant ist die Entwicklung des WWW-Handelspioniers ISN. Ursprünglich mit dem Marktmodell der Mutter Home Shopping Network (= TV-Shopping-Kanal) als riesiges, virtuelles Warenhaus angetreten, hat sich dieses Unternehmen offensichtlich entsprechend der Nachfrage zum Computerfachhändler gewandelt.

Die wenigen Erfolge im deutschsprachigen Raum werden ebenfalls aus der IT-Branche, vor allem bei der elektronischen Softwaredistribution, gemeldet (vgl. z.B. Wolf u.a., 1996, S. 579-585, Buxbaum u.a., 1997, S. 35-48). Hingegen sind die bisherigen Internet-Umsätze von Warenhauskonzernen, Möbelhäusern und Lebensmittelfilialisten kaum der Rede wert. Beispielsweise haben Karstadt und Kaufhof 1996 jeweils ungefähr zehn Millionen DM in neue interaktive Dienste investiert (Kiosksysteme und WWW-Angebote). Die direkt zurechenbaren Umsätze betrugen jedoch nur einige hunderttausend DM. Das erfolgreichste österreichische WWW-Shopping-Center, der Austrian Homeshop, hat den Betreibern

Ausschaltung des institutionellen Handels durch IKS 147

Temmel & Seywald (PR-Agentur) 1996 einen Umsatz von ca. 300.000 DM und einen Bruttoertrag von ca. 100.000 DM gebracht. Jedoch haben sich nur für zwei der 30 unter diesem Dach anbietenden Firmen die an die Betreiber entrichteten Betriebskosten von durchschnittlich 10.000 DM p.a. durch entsprechende Umsätze amortisiert (Beate Uhse und Fleurop).

Abb. 15: WWW-Leitseite des Internet Shopping Network (Quelle: http://www.isn.com/)

5.4 Auktionen

Auktionen werden im WWW als gelegentliche Verkaufsförderungsmaßnahmen von Unternehmen aller Art durchgeführt, die ansonsten zu Festpreisen verkaufen. Zum Beispiel haben einmalige Versteigerungen von extrem preisgünstigen Flugtickets enormen Widerhall gefunden. Einzelne Fluglinien, wie z.B. American Airlines, Cathay Pacific, Iceland Air und Aer Lingus, bieten deshalb inzwischen schon routinemäßig ihre Restplätze auf diese Weise an. Daneben finden sich zunehmend Auktionatoren, die ein breites Warensortiment ausschließlich und kontinuierlich im Wege der Versteigerung offerieren. Abb. 16 und Abb. 17 zeigen als Beispiel die WWW-Leitseite und eine Folgeseite des erfolgreichen Auktionshauses ONSALE.

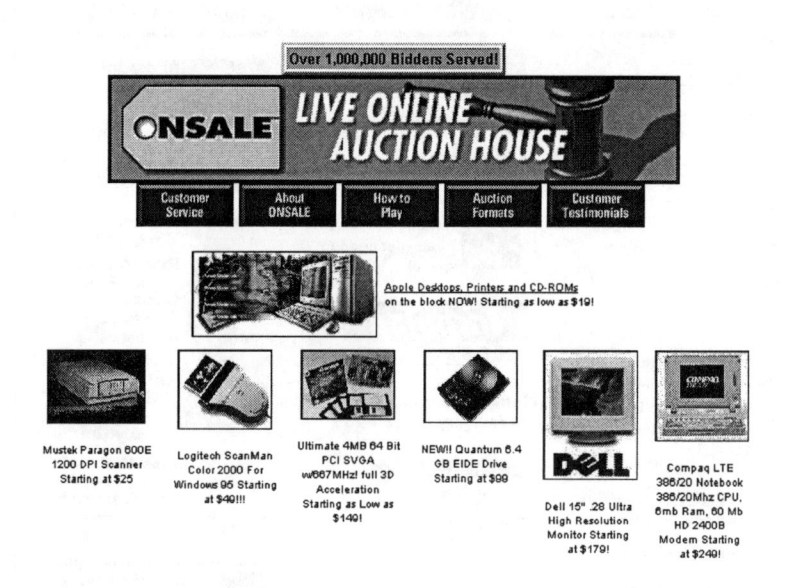

Abb. 16: WWW-Leitseite des Auktionshauses ONSALE (Quelle: http://www.onsale.com/)

Bei Auktionen erfolgt die Preisfindung auf der Basis von Preisangeboten für einen oder mehrere identische Artikel. Ein zentraler Mechanismus stellt die gleichzeitige Information aller Marktteilnehmer über die vorliegenden Kauf- und Verkaufsaufträge sicher. Es gibt verschiedene Formen (vgl. Gehbauer, 1996, Segev, 1996), am bekanntesten sind die englische und die holländische Auktion.

Bei der englischen Auktion (in den USA auch „Yankee Auction" genannt) wird der Preis in festgelegten Mindestschritten bis zum Letztgebot gesteigert. In Abb. 17 wird ein Beispiel gezeigt. Bei der holländischen Auktion, die vor allem bei landwirtschaftlichen Produkten zum Einsatz kommt, wird hingegen von einem Höchstpreis ausgegangen, der schrittweise bis zum Erstangebot gesenkt wird.

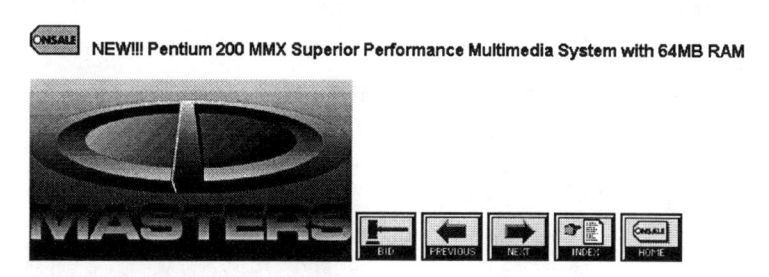

NEW!!! Pentium 200 MMX Superior Performance Multimedia System with 64MB RAM

Minimum Bid: **$750.00**
Bid Increment: **$25.00**
Quantity Available: **6**

Auction # **58669**

Auction closes <u>at or after</u> Wed Apr 16, 1997 1:42 pm Pacific Time.
Sales Format: <u>Yankee Auction(TM)</u>

Last Bid occurred at Tue Apr 15, 1997 4:16 am Pacific Time.

The current high bidders are:

1. SG of Pittsburg, CA, Mon Apr 14, 6:41 pm ($1,700.00, 1)
2. CW of Prairie Grove, AR, Mon Apr 14, 9:25 pm ($1,700.00, 1)
3. BH of Port Byron, IL, Tue Apr 15, 4:16 am ($1,700.00, 1)
4. JB of Stockbridge, MI, Mon Apr 14, 4:16 pm ($1,525.00, 1) : "There will be more later!"
5. DS of Allen, TX, Mon Apr 14, 4:23 pm ($1,500.00, 1)
6. AF of Qualicum Beach, BC, Mon Apr 14, 9:29 pm ($1,500.00, 1)

NEW!!! Pentium 200 MMX Superior Performance Multimedia System with 64MB RAM, 3.8 GB HDD, 16X CD-ROM, 4 MB 3D Video, 33.6 Voice Modem and 16 Bit Sound Blaster

Abb. 17: WWW-Folgeseite des Auktionshauses ONSALE (Quelle: http://www.onsale. com/)

6 Bestimmungsfaktoren der Ausschaltung

Ob und wie stark traditionelle Handelsbetriebe von der Ausschaltung bedroht sind, wird durch die jeweilige *Bedingungslage* bestimmt. Wo die Erfolgschancen von neuen elektronischen Marktformen am besten sind, droht auch die größte Gefahr. Wesentliche Bestimmungsfaktoren resultieren aus den Verkaufsobjekten, den Firmenverhältnissen, den Branchenverhältnissen und der vorhandenen Telekommunikationsinfrastruktur. Abb. 18 gibt einen Überblick über die wichtigsten Faktorgruppen.

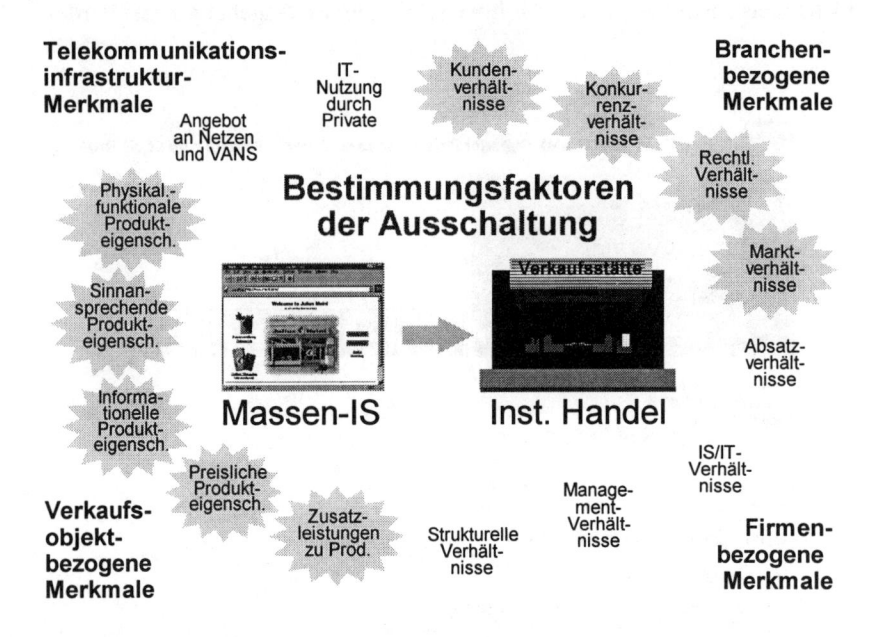

Abb. 18: Bestimmungsfaktoren der Ausschaltung

In den nachfolgenden *Tabellen* werden diese *Faktorgruppen in die Einzelfaktoren aufgegliedert.* Hierzu wird angeführt, bei welchen Ausprägungen die Chancen/Risiken der Ausschaltung durch WWW-Masseninformationssysteme besonders groß bzw. gering erscheinen. Die dabei gekennzeichneten Beziehungen basieren auf den bisher vorliegenden Erfahrungsberichten, Benutzerbefragungen (vgl. http://www.nua.ie/surveys/, http://www.cc. gatech.edu/gvu/user_surveys/, http:www.cyberatlas.com/, http://etrg.findsvp.com/ index.html, http://www-personal.umich.edu/~sgupta/hermes/, http://www.teleport. com/~tbchad/stats1.html, http://www.survey.net/, http://www.commerce.net:80/ work/pilot/nielsen_96/) und theoretischen Analysen der informationstechnischen Unterstützung von Transaktionen (vgl. u.a. Malone u.a., 1987, Hanker, 1990, Bakos, 1991, Schmid, 1993, 1995, 1997, Langenohl, 1994, Benjamin/Wigand, 1995, Gebauer, 1996, Picot u.a., 1991, 1996, Zbornik, 1996). Größtenteils stellen sie nicht mehr als Annahmen dar, die zwar dem Autor plausibel erscheinen, die jedoch noch einer fundierten wissenschaftlichen Überprüfung bedürfen. Es würde den Rahmen dieses Beitrags sprengen, die angegebenen Einflüsse hier im einzelnen zu erläutern und zu begründen.

Vor allem muß darauf hingewiesen werden, daß es sich dabei um die Beschreibung der *derzeitigen Situation* handelt. Diese kann und wird sich jedoch zumindest teilweise im Zeitablauf ändern. Hierzu vier *Beispiele*, die auch die *Zusammenhänge* zwischen den skizzierten Einflüssen veranschaulichen:

1. Bisher lassen sich sehr *teure Produkte mit hohem Prestigewert, die erklärungs- und überzeugungsbedürftig sind,* kaum über das Web absetzen. Dies gilt insbesondere dann, wenn ästhetische Eigenschaften sowie Zusatzleistungen (wie die Instandhaltung) kaufentscheidend sind. Dementsprechend spielt bisher etwa der Neuwagenvertrieb über das Internet keine Rolle. Die Firma Chrysler geht jedoch davon aus, daß sich dies bald ändern wird und daß schon innerhalb der nächsten vier Jahre der Anteil der On-line-Verkäufe auf 25 % steigen wird. Ein Sprecher der Boston Consulting Group sieht voraus, daß es dann bedeutend weniger Händler als heute geben wird, mit größeren Verkaufsgebieten und höheren Umsätzen pro Händler. Auto-By-Tel in Kalifornien hat bereits 1.600 Händler unter Vertrag, die monatlich 4.000 US-Dollar dafür bezahlen, in der Web-Site des Unternehmens gelistet zu sein. Diese Referenz bringt üblicherweise einen 30-%igen Absatzzuwachs - zu Lasten der Händler, die nicht bei Auto-By-Tel verzeichnet sind (vgl. The Economist, 8.3.1997).

2. Derzeit sind ungefähr 70 % aller *Internet-Benutzer* in den USA wohnende Männer unter 40 Jahren mit Hochschulreife, die entweder als Studenten oder Angestellte arbeiten (vgl. Blanning u.a., 1997, S. 4). Im deutschsprachigen Raum beträgt der Männeranteil sogar 90 %, 85 % sind jünger als 40 Jahre, 80 % haben Abitur und 70 % sind Studenten oder Angestellte. Die Merkmale der WWW-Benutzer nähern sich aber im Zeitablauf immer mehr dem statistischen Bevölkerungsdurchschnitt an. Beispielsweise waren laut den Halbjahres-Umfragen von Fittkau & Maaß, Hamburg, im Frühjahr 1995 noch 48 % der deutschsprachigen WWW-Benutzer Studenten, im Herbst 1996 jedoch nur noch 30 %. Entsprechend hat das durchschnittliche Brutto-Monatseinkommen zugenommen. Daß sich auch die Einstellung zum Teleeinkauf rasch ändern kann, belegt dieselbe Untersuchung. Im Frühjahr 1996 antworteten noch 21 % der befragten WWW-Benutzer auf die Frage „Haben Sie die Absicht, das WWW im nächsten halben Jahr zum Shopping zu benutzen?" mit „Ja bestimmt", ein halbes Jahr später waren es nur noch 17 %. Die Zahl der mit „Vielleicht" Antwortenden verringerte sich ebenfalls, wenn auch nur leicht von 43 auf 41 % (vgl. Fittkau u.a., 1997, S. 60-62).

3. Eine wesentliche Barriere für den WWW-Verkauf ist die im Vergleich zu den USA unterentwickelte *IT-Infrastruktur*. Gemessen an der Einwohnerzahl ist die PC- und Handy-Dichte in den USA doppelt so hoch wie in Deutschland. Internet-Hosts sind sogar fünfmal häufiger installiert als hierzulande. Wichtigste Ursache des Rückstands im Telekommunikationsbereich ist das staatliche Fernmeldemonopol, das der Post bzw. heutigen Telekom jahrzehntelang exorbitant überhöhte Gebühren erlaubt hat (die allerdings staatlicherseits abgeschöpft wurden). Es ist anzunehmen, daß durch die von der EU erzwungene Deregulierung des Telekommunikationssektors in absehbarer Zeit eine Angleichung der Tarifverhältnisse an die USA erfolgen wird. Dadurch dürfte sich auch die Telekommunikationsinfrastruktur entsprechend verbessern und die Nutzungsintensität erhöhen.

4. Die *geringe Bandbreite der Internet-Anschlüsse* über Telefon- bzw. ISDN-Verbindungen gestattet wie erwähnt nur textorientierte Produktbeschreibungen mit Minibildchen in schlechter Qualität. Dadurch haben unbekannte, erklärungsbedürftige Produkte im WWW kaum Absatzchancen. Durch technische Fortschritte, wie ADSL-Verfahren (vgl. Hansen, 1996a, S. 103f.) oder Kabel-Modems, sowie durch den massiven Ausbau der nationalen Info-Highways werden jedoch schon bald diese Grenzen für fortgeschrittene Multimedia-Anwendungen fallen. Stehen uns dann Infomercials nach Shopping-TV-Manier ins Haus?

Eine offene Frage scheint, *welche Betriebstypen im Handel durch WWW-Marktformen am stärksten gefährdet* sind: Die auf gediegene Verkaufsatmosphäre und kompetente Bedienung wertlegenden und damit relativ teuren Filialunternehmen oder der traditionelle Versandhandel und Discounter? Grundsätzlich ähneln die meisten WWW-Geschäftsmodelle eher den letztgenannten Handelsbetriebsformen. WWW-Informationssysteme von Warenhauskonzernen ahmen jedoch vielfach nicht das Direktversandmodell nach. Vielmehr zielen sie durch regional oder lokal differenzierte Informationsangebote eher darauf ab, Kunden in die vorhandenen Verkaufsstätten zu locken.

In den nachfolgenden Tabellen sind Einflüsse, deren Richtung unklar scheint, durch zweiseitige Pfeile (↔) gekennzeichnet (vgl. Tab. 1 bis 4).

Verkaufs-objektbezogene Merkmale	Ausprägung	Chancen/Risiken der Ausschaltung durch WWW-Massen-IS		
		groß	mittel	gering
Physik.-funktionale Eigenschaften				
Güterart		Konsumgüter des gehobenen Bedarfs	→	Konsumgüter des täglichen Bedarfs, Investitionsgüter
Maße und Gewichte		klein, leicht	→	groß, schwer
Normierung		genormte Gestaltung	→	firmenindividuelle Gestaltung
Variabilität (Kundenanpassung)		unveränd. Fertigprodukt	↔	personalisierbar (Maßarbeit)
Qualität		niedrig	↔	hoch
Neuheit		hohe Innovationsrate	→	niedrige Innovationsrate
Lebensdauer		kurz	→	lang
Haltbarkeit		hoch	→	niedrig
Lagervoraussetzungen		keine	→	hoch
Installationsvoraussetzungen		keine	→	hoch
Sicherheitserfordernisse		keine	→	hoch
Sinnansprechende Eigenschaften				
Markenname		Markenware	↔	anonyme Ware
Ästhetische Eigenschaften		unwesentlich	→	kaufbestimmend
Akustische Eigenschaften		unwesentlich	→	kaufbestimmend
Geruchseigenschaften		unwesentlich	→	kaufbestimmend
Berührungseigenschaften		unwesentlich	→	kaufbestimmend
Anonymitätsbedürftigkeit		hoch	→	niedrig
Prestigewert		unwesentlich	→	wesentlich
Informationelle Eigenschaften				
Informationsgehalt		hoch	→	niedrig
Digitalisierbarkeit		vollständig digitalisierbar	→	nicht digitalisierbar
Bekanntheit		hoch	→	niedrig
Erklärungsbedürftigkeit		gering	→	hoch
Überzeugungsbedürftigkeit		gering	→	hoch

Tab. 1: Verkaufsobjektbezogene Bestimmungsfaktoren der Ausschaltung durch WWW-Masseninformationssysteme

Verkaufs-objektbezogene Merkmale / Ausprägung	Chancen/Risiken der Ausschaltung durch WWW-Massen-IS		
	groß	mittel	gering
Preisliche Eigenschaften			
Einkommensinanspruchnahme	gering	→	hoch
Preisbildung	feste Preise	→	ausgehandelte Preise
Preisdifferenzierung	starke, nationale Differenz.	→	keine nationale Differenz.
Spannen	hoch	→	niedrig
Rabatte	keine	→	komplexes Rabattsystem
Zusatzleistungen			
Erprobungs-/Testnotwendigkeit	keine	→	hoch
Wartungsnotwendigkeit	keine	→	hoch
Reparaturfreundlichkeit	hoch	→	gering
Vertrauensnotwendigkeit	gering	→	hoch

Tab. 1 (Fortsetzung): Verkaufsobjektbezogene Bestimmungsfaktoren der Ausschaltung durch WWW-Masseninformationssysteme

Firmen-bezogene Merkmale / Ausprägung	Chancen/Risiken der Ausschaltung durch WWW-Massen-IS		
	groß	mittel	gering
Strukturelle Verhältnisse			
Betriebsgröße	klein	→	groß
Standorte	einer	↔	viele
Finanzkraft	gering	→	groß
Ertragskraft	geringe DB, Verluste	→	hohe DB, Gewinne
Kosten (insb. Personal, Raum)	hoch	→	niedrig
Absatzvolumen	gering	→	hoch
Firmenmarktgebiet	lokal	→	global
Firmenmarktstellung	unbedeutender Marktanteil	→	marktbeherrschend

Tab. 2: Firmenbezogene Bestimmungsfaktoren der Ausschaltung durch WWW-Masseninformationssysteme

Firmen-bezogene Merkmale	Ausprägung	Chancen/Risiken der Ausschaltung durch WWW-Massen-IS		
		groß	mittel	gering
Strukturelle Verhältnisse				
Aufbauorganisation		hierarchisch, zentralistisch	→	flach, vernetzt, dezentalistisch
Programmelastizität		nicht programmelastisch	→	stark programm-elastisch
Mengengerüst und Programmierbarkeit kundenb. Prozesse		hoher Aufwand für Routine- und Massenvorgänge	→	geringer Aufwand, großteils nicht programmierbar
Wachstumspotential		rückläufiger Absatz	→	hohe Zuwachsraten
Firmenimage		Geltungsrückstand	→	Geltungsvorsprung
Kundenbindung		schwach	→	stark
Lieferantenbindung		schwach	→	stark
Horizontale Kooperationen		keine	→	Gemeinschaftseinkauf usw.
Management-Verhältnisse				
Qualifikation der Manager		passiv, schlecht qualifiziert	→	aktiv, konzeptionell denkend
Oberstes Ziel		Arbeitsplatzsicherung	→	Gewinnmaximierung
Marktorientierung		wenig ausgeprägt, national	→	stark ausgeprägt, international
IT-Orientierung		wenig ausgeprägt, intern	→	stark ausgeprägt, extern
Führungsstil		autoritär, starr	→	partizipativ, flexibel
Innovations-/ Risikobereitschaft		gering	→	hoch
Langfrist., strategische Planung		nicht vorhanden	→	hoher Entwicklungsstand
Organisationskultur		geschlossen, traditionell	→	offen, lernend
Erfahrung im Direkt-Marketing		keine	→	weitreichend
IS/IT-Verhältnisse				
Informationsmanagement		unterentwickelt, punktuell	→	strategisch, ganzheitlich

Tab. 2 (Fortsetzung): Firmenbezogene Bestimmungsfaktoren der Ausschaltung durch WWW-Masseninformationssysteme

Firmenbezogene Merkmale	Ausprägung	Chancen/Risiken der Ausschaltung durch WWW-Massen-IS	
	groß	mittel	gering
IS/IT-Verhältnisse			
Rückendeckung durch Top-Management	nicht vorhanden	→	starke Förderung
IS-Mitarbeiter	schlecht qualifiziert, demotiviert	→	hoch qualifiziert, engagiert
IT-Infrastruktur	veraltet, leistungsschwach	→	modern, leistungsstark
IS-Diffusion im Unternehmen	niedrig, primär operativ	→	hoch, integriert
Marketing-Informationssysteme	nicht oder rudimentär entwickelt	→	Hoch entwickelt
Verhältnis IS- zu Absatzbereich	wenig Kontakt	→	gute, enge Zusammenarbeit
IS/IT-Planung und -Kontrolle	nicht oder kaum vorhanden	→	hoher Entwicklungsstand
IS/IT-Investitionsvoraussetzung	≥ 2 Jahre Pay-back-Periode	→	≤ 5 Jahre Pay-back-Periode
Absatzverhältnisse			
Marketingmanagement	unterentwickelt, punktuell	→	strategisch, ganzheitlich
Sortimentsstruktur	geringe Breite und Tiefe	↔	große Breite und Tiefe
Verkaufsstätten	keine bzw. geringe Dichte	↔	hohe Geschäftsdichte
Verkaufsraum	keiner bzw. unbedeutend	↔	große Flächen, kostspielig
Geschäftsatmosphäre	karg, billig	↔	anziehend, aufwendig
Werbung, Verkaufsförderung	keine	↔	intensive Massenwerbung
Verkaufspersonal	unwichtig, geringe Qualifikation	↔	wichtig, gut geschult
Beratung	keine, kein Know-how	↔	intensiv, großes Know-how
Erprobung, Tests	keine Möglichkeiten	↔	sehr gute Möglichkeiten

Tab. 2 (Fortsetzung): Firmenbezogene Bestimmungsfaktoren der Ausschaltung durch WWW-Masseninformationssysteme

Firmen-bezogene Merkmale	Ausprägung	Chancen/Risiken der Ausschaltung durch WWW-Massen-IS		
		groß	mittel	gering
Absatzverhältnisse				
Bevorratung		nicht lagerhaltend	↔	hohe Kapazität, kostspielig
Servicegrad		Artikel oft nicht erhältlich	→	alle Artikel stets erhältlich
Auftragsbearbeitung		Routineabwicklung	↔	individuelle Abwicklung
Distribution		Abholung, Postversand	↔	LKW-Lieferung, kostspielig
Bezahlung		Bezahlung mit Kreditkarten	↔	Barzahlung, Überweisung
Kundendienst		nicht vorhanden	↔	leistungsstark, zuverlässig
Absatzfinanzierung		kein bzw. geringes Volumen	↔	hohes Volumen
Preisniveau		hoch	→	niedrig
Verkaufszeiten		kurze Öffnungszeiten	→	Rund-um-die-Uhr-Verkauf
Zeitdruck bei Verkaufsabwicklung		hoch	→	niedrig

Tab. 2 (Fortsetzung): Firmenbezogene Bestimmungsfaktoren der Ausschaltung durch WWW-Masseninformationssysteme

Branchen-bezogene Merkmale	Ausprägung	Chancen/Risiken der Ausschaltung durch WWW-Massen-IS		
		groß	mittel	gering
Marktverhältnisse				
Marktform		freie Marktwirtschaft	→	Zentralverwaltungswirtschaft
Marktzutritt		offen	→	stark reguliert
Marktzustand		turbulent	→	stabil
Marktvolumen und -potential		hoch	→	niedrig

Tab. 3: Branchenbezogene Bestimmungsfaktoren der Ausschaltung durch WWW-Masseninformationssysteme

Branchen-bezogene Merkmale	Ausprägung	Chancen/Risiken der Ausschaltung durch WWW-Massen-IS		
		groß	mittel	gering
Marktverhältnisse				
Konjunktur		Abschwung	→	Aufschwung
Vertriebswege		universeller Vertrieb	→	exklusiver Vertrieb
Markterfassung durch Handel		wenig markterfassend	→	voll markterfassend
Funktionsleistung des Handels		nur verteilend	→	stark absatzfördernd
Branchentyp. Akquisitionspolitik		Pull-Methode	→	Push-Methode
Marktaufteilung		gleichmäßig verteilt	→	konzentriert
Zusammenhalt		kein Zusammenhalt	→	starker Zusammenhalt
Branchentraditionen		progressiv	→	konservativ
Innovationsrate der Branche		hoch	→	gering
Verkehrsinfrastruktur		schlecht	→	gut
Verkehrsdichte		hoch, insb. zu Stoßzeiten	→	gering
Rechtliche Verhältnisse				
Zulässigkeit von Artikeln		keine Einschränkungen	→	stark eingeschränkt
Regelung der Versorgung		keine Regelung	→	vorgeschriebene Artikel, Kontrahierungszwang
Regelung der Geschäftszeiten		keine Beschränkung	→	kurze Öffnungszeiten
Regelung der Preise		freie Preise	↔	gebundene Preise
Regelung der Absatzwege		keine Vorgaben	→	vorgegebene Wege
Regelung der Kaufverträge		frei vereinbar	→	vorgegebene Bedingungen
Regelung der Abrechnung		frei wählbar	→	vorgegebene Formen
Regelung der Werbung		keine Einschränkungen	→	Verbot unverlangter, vergleichender Werbung
Sicherheitsauflagen (Artikel)		keine Auflagen	→	weitreichende Auflagen
Umweltschutzauflagen (Artikel)		keine Auflagen	→	weitreichende Auflagen
Datenschutzauflagen		keine Auflagen	→	strikte Datenschutzgesetze

Tab. 3 (Fortsetzung): Branchenbezogene Bestimmungsfaktoren der Ausschaltung durch WWW-Masseninformationssysteme

Ausprägung Branchen- bezogene Merkmale	Chancen/Risiken der Ausschaltung durch WWW-Massen-IS		
	groß	mittel	gering
Rechtliche Verhältnisse			
Verbraucherschutzauflagen	keine Auflagen	→	weitreichende Auflagen
Produkthaftungsauflagen	keine Haftung	→	weitreichende Haftung
Verzollung	unbürokratisch, kein Zoll	→	bürokratisch, hoher Zoll
Konkurrenzverhältnisse			
Konkurrenzbestand	wenige, große Betriebe	→	viele, kleine Betriebe
Konkurrenzmarkterschließung	weltweit	→	lokal
Konkurrenzart	Fachkonkurrenz	→	Kaufkraftkonkurrenz
Wettbewerbsstärke	starker Konkurrenzdruck	→	geringer Konkurrenzdruck
Kundennähe der Konkurrenz	starke Präsenz vor Ort	→	große Entfernung
Distributionswege der Konkurrenz	Direktvertrieb	↔	indirekt, mehrstufig
Preise der Konkurrenz	Vorsprung	→	Rückstand
Qualität der Konkurrenz	Vorsprung	→	Rückstand
Sortiment der Konkurrenz	voll kundengerecht	→	nicht kundengerecht
Image der Konkurrenz	Vorsprung	→	Rückstand
Service der Konkurrenz	Vorsprung	→	Rückstand
IT/IS der Konkurrenz	Vorsprung	→	Rückstand
Kundenverhältnisse			
Kundenbestand	stark gestreut	→	keine Streuung
Kundenart (Käufertyp)	einzelne Konsumenten	→	betriebliche Einkaufsgremien
Kundenalter und -geschlecht	bis 30 Jahre, männlich	→	60 Jahre und älter, weiblich
Kundenwohnort	Stadt	↔	Land
Kundenbildungsstand	Abitur, Studium	→	Hauptschule
Kundenberuf	Studenten, Angestellte	→	Arbeitslose, Hausfrauen

Tab. 3 (Fortsetzung): Branchenbezogene Bestimmungsfaktoren der Ausschaltung durch WWW-Masseninformationssysteme

Branchen-bezogene Merkmale / Ausprägung	Chancen/Risiken der Ausschaltung durch WWW-Massen-IS		
	groß	mittel	gering
Kundenverhältnisse			
Kundeneinkommen	mittleres Einkommen	→	kein Erwerbseinkommen
Kaufhäufigkeit	gelegentlich	→	täglich bzw. selten
Kaufsummen der Kunden	mittlere ⌀ Beträge/Kauf	→	geringe bzw. hohe ⌀ Beträge
Preisbewußtsein der Kunden	Schnäppchenjäger	→	Qualitätskäufer
Informationsbedürfnis bei Kauf	hoch, persönlichkeitsorientiert	→	gering, kulturorientiert
Zahl besuchter Einkaufsstätten	⌀ > 20 pro Monat	→	⌀ < 5 pro Monat
Einkaufswege der Kunden	lange Wegstrecken	→	kurze Wegstrecken
Einkaufsstättenentscheidung	neugier- und meinungskontrollierte Wahl	→	habituelle bzw. gewohnheitskontrollierte Wahl
Firmentreue der Kunden	geringe Bindung	→	enge Bindung
Erlebnisorientierung der Kunden	Geschäftsimage, Verkaufsatmosphäre unwichtig	→	hohe Ansprüche an Image und Verkaufsatmosphäre
Innovationsbereitschaft, Haltung gegenüber Informationstechnik	Neuem aufgeschlossen, positive Technikeinstellung	→	an „Bewährtem" orientiert, Skepsis gegenüber Technik
Vertrauensbedürfnis der Kunden	gering	→	hoch

Tab. 3 (Fortsetzung): Branchenbezogene Bestimmungsfaktoren der Ausschaltung durch WWW-Masseninformationssysteme

Telekomm.-infrastruktur-Merkmale / Ausprägung	Chancen/Risiken der Ausschaltung durch WWW-Massen-IS		
	groß	mittel	gering
IT-Nutzung durch Private			
Telefon-/ISDN-Anschlüsse	hohe Dichte	→	geringe Dichte
Kabel-TV-Anschlüsse	hohe Dichte	→	geringe Dichte

Tab. 4: Telekommunikationsinfrastrukturbezogene Bestimmungsfaktoren der Ausschaltung durch WWW-Masseninformationssysteme

Telekomm.-infrastruktur-Merkmale	Ausprägung	Chancen/Risiken der Ausschaltung durch WWW-Massen-IS		
		groß	mittel	gering
IT-Nutzung durch Private				
Multimedia-PCs in Haushalten		hohe Dichte und Leistung	→	geringe Dichte und Leistung
TV-Geräte in Haushalten		hohe Dichte	→	geringe Dichte
Modems in Haushalten		hohe Dichte und Leistung	→	geringe Dichte und Leistung
Internet-Anschlüsse in Haushalten		hohe Dichte und Geschw.	→	geringe Dichte und Geschw.
Internet-Zugang im Betrieb, Uni		hohe Dichte und Geschw.	→	geringe Dichte und Geschw.
Internet-Zugang in Geschäften		hohe Dichte und Geschw.	→	geringe Dichte und Geschw.
Internet-Zugang unterwegs		hohe Dichte und Geschw.	→	geringe Dichte und Geschw.
WWW-Nutzungsintensität		täglich ≥ 3 Stunden	→	monatl. ≤ 5 Stunden
WWW-Nutzungsstruktur		häufiger Teleeinkauf	→	kein Teleeinkauf
Angebot an Netzen und VANS				
Staatliche Regulierung		freier Markt, offener Zugang	→	PTT-Monopol
Anzahl Anbieter, Wettbewerb		groß	→	gering
Basisnetze und -dienste		hochwert. Angebotsvielfalt	→	schmales, geringw. Angebot
Internet-Zugangsnetze		globale Reichweite	→	lokale Reichweite
Einwählpunkte		hohe Dichte	→	geringe Dichte
Verbindungsverfügbarkeit		hoch	→	gering
Übertragungsbandbreite		hoch	→	gering
Übertragungsqualität		hoch	→	niedrig
Serviceumfang und -qualität		hoch	→	gering
Zusatzleistungen		umfangreich	→	keine
Grundgebühren für Anschlüsse		keine bzw. niedrig	→	hoch
Tel./ISDN-Verbindungsgebühren		keine bzw. niedrig	→	hoch
Dial-up-IP-Zugangsgebühren		keine bzw. niedrig	→	hoch
Standleitungsgebühren		keine bzw. niedrig	→	hoch

Tab. 4 (Fortsetzung): Telekommunikationsinfrastrukturbezogene Bestimmungsfaktoren der Ausschaltung durch WWW-Masseninformationssysteme

7 Strategien gegen die Ausschaltung

Abschließend sollen noch mögliche Maßnahmen gegen die Ausschaltung aufgezählt werden:
- Lieferantenbindung und Konkurrenzbegegnung durch Firmenübernahmen, Zusammenschlüsse und strategische Allianzen,
- Kundensicherung durch verkaufsfördernde Filialinformationssysteme (wie vorstehend für Warenhäuser beschrieben),
- Etablierung eigener WWW-Direktvertriebsschienen,
- Abwarten.

Alle diese Strategien finden sich in der Praxis, oft in kombinierter Form. Angesichts der hohen Fehlerrate von Vorhersagen im Telekommunikationsbereich ist vor vorschnellen und übertriebenen Reaktionen zu warnen. Beispielsweise wurde in den 80er Jahren die Akzeptanz von Bildschirmtext, Teletex (Bürofernschreiben) und Temex (Fernwirken) sowie jüngst des digitalen Fernsehens maßlos überschätzt. Ebenso fragwürdig und interessengeleitet wirken die im Abschn. 2 wiedergegebenen Prognosen der WWW-Absatzpotentiale (vgl. hierzu auch Latzer, 1997, S. 112ff.). Einfach darüber hinweg gehen kann man angesichts der vorstehend beschriebenen Risiken jedoch nicht. Eine aufmerksame Beobachtung der rasanten Entwicklung der neuen interaktiven Medien verbunden mit einem dosierten Engagement zur Gewinnung von Erfahrungen scheint deshalb in vielen Fällen die derzeit vernünftigste Vorgehensweise zu sein.

Literaturempfehlung

Ahlert, D. (1991): Distributionspolitik, 2. Aufl., Stuttgart, Jena.
Ahlert, D. / Olbrich, R. (1997): Integrierte Warenwirtschaftssysteme und Handelscontrolling: Konzeptionelle Grundlagen und Umsetzung in der Handelspraxis, 3., neubearb. Aufl., Stuttgart.
Bakos, J. Y. (1991): Information Links and Electronic Marketplaces: The Role of Interorganizational Information Systems in Vertical Markets, in: Journal of Management Information Systems 2, Jg. 8, S. 31-52.
Bakos, J.Y. (1991): A Strategic Analysis of Electronic Marketplaces, in: MIS Quarterly 3, Jg. 15, S. 295-310.
Baligh, H. / Richartz, L. (1967): Vertical Market Structures, Boston, Mass.
Becker, J. / Schütte, R. (1996): Handelsinformationssysteme, Landsberg / Lech.
Benjamin, R. / Wigand, R. (1995): Electronic Markets and Virtual Value Chains on the Information Superhighway, in: Sloan Management Review 2 (Winter), Jg. 36, S. 62-72.

Blanning, R. / King, D. (1997): Electronic Commerce on the World Wide Web, Handouts, 30th Hawaiian International Conference on System Sciences (HICSS '97), Maui, HI.
Blattberg, R.C. / Glazer, R. / Little, J.D.C. (Hrsg.) (1994): The Marketing Information Revolution, Boston, Mass.
Borenstein, N. S. (1996): Perils and Pitfalls of Practical Cybercommerce, in: Communications of the ACM 6, Jg. 39, S. 36-44.
Brenner, W. / Kolbe, L. (1994): Die computerunterstützte Informationsverarbeitung der privaten Haushalte als Herausforderung für Wissenschaft und Wirtschaft, in: Wirtschaftsinformatik 4, Jg. 36, S. 369-378.
Brenner, W. / Kolbe, L. (Hrsg.) (1996): The Information Highway and Private Households, Heidelberg.
Brynjolfsson, E. (1994): Information Assets, Technology, and Organization, in: Management Science 12, Jg. 40, S. 1628-1644.
Brynjolfsson, E. / Malone, T. W. / Gurbaxani, V. / Kambil, A. (1994): Does Information Technology Lead to Smaller Firms?, in: Management Science 2, Jg. 40, S. 1628-1644.
Buxbaum, P. / König, W. / Rose, F. (1997): Aufbau eines elektronischen Handelsplatzes für Java-Applets, in: Wirtschaftsinformatik '97: Internationale Geschäftstätigkeit auf der Basis flexibler Organisationsstrukturen und leistungsfähiger Informationssysteme, (Hrsg.) Krallmann, H., Berlin, S. 35-48.
Clemons, E. / Kleindorfer, P. (1992): An Economic Analysis of Interorganizational Information Technology, in: Decision Support Systems 8, S. 431-446.
Cronin, M.J. (1995): Doing More Business on the Internet: How the Electronic Highway Is Transforming American Companies, 2. Aufl., New York.
Crowston, K. (1996): Market-enabling Internet Agents, in: Proceedings of the 17th International Conference on Information Systems, (Hrsg.) DeGross, J.I. u.a., Cleveland, Ohio, S. 381-390.
Davidow, W. H. / Malone, M. S. (1993): Das Virtuelle Unternehmen, Frankfurt/New York.
Deighton, J. (1996): The Future of Interactive Marketing, in: Harvard Business Review, November - December, S. 151-160.
Fittkau, S. / Maaß, H. (1997): Deutschsprachige WWW-Benutzer - Demographie und Trends, in: Marketing Journal 1, S. 60-62.
Gebauer, J. (1996): Informationstechnische Unterstützung von Transaktionen. Eine Analyse aus ökonomischer Sicht, Wiesbaden.
Gilmore, J.H. / Pine, B.J. (1997): The Four Faces of Mass Customization, in: Harvard Business Review, January-February, S. 91-101.
Glanz, A. (1996): Electronic Commerce: Geschäfte machen im Internet, in: Diebold Management Report 7, S. 6-9.
Glazer, R. (1991): Marketing in an Information-Intensive Environment: Strategic Implications of Knowledge as an Asset, in: Journal of Marketing 10, Jg. 55, S. 1-19.
Hansen, H. R. (1970): Elektronische Datenverarbeitung in Handelsbetrieben, Berlin.
Hansen, H. R. (1994): Marketing über den Information Superhighway. Teil 1: Interaktives Fernsehen, TV-Shopping und interaktive Videotexdienste, in: Werbeforschung & Praxis 5, Jg. 39, S. 169-175.

Hansen, H. R. (1995a): Marketing über den Information Superhighway. Teil 2: Internet, in: Werbeforschung & Praxis 1, Jg. 40, S. 32-36.

Hansen, H. R. (1995b): Conceptual Framework and Guidelines for the Implementation of Mass Information Systems, in: Information & Management 3, Jg. 28, S. 125-142.

Hansen, H. R. (1995c): Die Auswahl von On-line-Diensten für kommerzielle Zwecke, in: Jahrbuch Telekommunikation und Gesellschaft 1995, (Hrsg.) Kubicek, H. u.a., S. 78-93.

Hansen, H. R. (1995d): Telekommunikation mit Privatkunden, in: Information Management 10, Jg. 4, S. 6-14.

Hansen, H. R. (1996a): Klare Sicht am Info-Highway - Geschäfte via Internet & Co., Wien.

Hansen, H. R. (1996b): Wirtschaftsinformatik I - Grundlagen betrieblicher Informationsverarbeitung, 7. Aufl., Stuttgart, Jena.

Hansen, H. R. / Marent, C. (1997): Referenzmodellierung warenwirtschaftlicher Geschäftsprozesse in Handelssystemen, in: Jahrbuch der Handelsforschung 1997/98, (Hrsg.) Trommsdorf, V., im Druck.

Hansen, H. R. / Prosser, A. (1994): Entwicklung und Betrieb von Masseninformationssystemen, in: Wirtschaftsinformatik 3, Jg. 36, S. 233-242.

Hansen, H. R. / Schweeger, T. (1996): Austrian Home Survey: IT Infrastructure and Market Potential of Interactive Services, in: Proceedings of the 4th European Conference on Information Systems (ECIS '96), Lisbon, Band 1, (Hrsg.) Coelho, J.D. u.a., S. 201-211.

Hildebrandt, L. / Weiss, C.A. (1997): Internationale Markteintrittsstrategien und der Transfer von Marketing-Know-how, in: Zeitschrift für betriebswirtschaftliche Forschung 1, Jg. 49, S. 3-25.

Janal, D. S. (1995): Online Marketing Handbook: How to Sell, Advertise, Publicize, and Promote Your Products and Services on the Internet and Commercial Online Systems, New York.

Jeusfeld, M.A. / Jarke, M. (1997): Suchhilfen für den globalen Informationsmarkt, in: Wirtschaftsinformatik, Jg. 39, im Druck.

Kinnebrock, W. (1994): Marketing mit Multimedia: Neue Wege zum Kunden, Landsberg.

Klein, S. (1996): Interorganisationssysteme und Unternehmensnetzwerke - Wechselwirkungen zwischen organisatorischer und informationstechnischer Entwicklung, Wiesbaden.

Langenohl, T. (1994): Systemarchitekturen elektronischer Märkte, Dissertation an der Hochschule St. Gallen.

Latzer, M. (1997): Mediamatik - Die Konvergenz von Telekommunikation, Computer und Rundfunk, Opladen.

Lee, H. G. / Clark, T. H. (1996): Impacts of the Electronic Marketplace on Transaction Cost and Market Structure, in: International Journal of Electronic Commerce 1, Jg. 1, S. 127-149.

Lindemann, M. / Klein, S. (1997): Die Nutzung von Internet-Diensten im Rahmen des Elektronischen Datenaustauschs - Architekturvarianten und ein Anwendungsszenario, in: Wirtschaftsinformatik '97: Internationale Geschäftstätigkeit auf der Basis flexibler

Organisationsstrukturen und leistungsfähiger Informationssysteme, (Hrsg.) Krallmann, H., Berlin, S. 513-531.
Malone, T. / Yates, J. / Benjamin, R. (1987): Electronic Markets and Electronic Hierarchies, in: Communications of the ACM 11, Jg. 30, S. 484-497.
Meffert, H. (1989): Marketing - Grundlagen der Absatzpolitik, 7. Aufl., Wiesbaden.
Mertens, P. (1994): Virtuelle Unternehmen, in: Wirtschaftsinformatik 2, Jg. 36, S. 177-179.
Mertens, P. / Schumann, P. (1996): Electronic Shopping - Überblick, Entwicklungen und Strategie, in: Wirtschaftsinformatik 5, Jg. 38, S. 515-530.
Merz, M. (1996): Elektronische Märkte im Internet, Bonn.
Müller, G. (1997): Telematik - Informationssysteme für die Unternehmenskommunikation, Bonn, insb. Kapitel 5 Digitales Wirtschaften, S. 263-314.
Netcraft (1997): The Netcraft Web Server Survey, http://www.netcraft.co.uk/survey/.
Network Wizards (1997): Internet Domain Survey, Archive Data, ftp://ftp.nw.com/zone/.
O.V. (1997): Food Marketing Institute-Handelsbefragung in den USA: Internet und Home Shopping, in: LP international, S. 12-15.
O.V. (1997): Internet Car Sales Erode Traditional Market, in: The Economist, 8.3.1997, hier zitiert nach: Edupage, 20.3.1997.
Pfohl, A. (1972): Marketing-Logistik. Gestaltung, Steuerung und Kontrolle des Warenflusses im modernen Markt, Mainz.
Picot, A. / Kirchner, C. (1991): Transaction Cost Analysis of Structural Changes in the Distribution System in the Federal Republik of Germany, in: Journal of Institutional and Theoretical Economics 143, S. 62-81.
Picot, A. / Reichwald, R. / Wigand, R.T. (1996): Die grenzenlose Unternehmung. Wiesbaden.
Pine, J.P. (1993): Mass Customization: The New Frontier in Business Competition, Boston, Mass.
RIPE (Reseaux IP Europeens) NCC (1997): Hostcount, ftp://ftp.ripe.net/ripe/hostcount/.
Scheuch, F. (1996): Marketing, 5. Aufl., München.
Schmid, B. (1993): Elektronische Märkte, in: Wirtschaftsinformatik 5, Jg. 35, S. 465 - 480.
Schmid, B. (1997): Requirements For Electronic Markets Architecture, in: Electronic Markets 1, Jg. 7, S. 3-6.
Schmid, B. / Dratva, R. / Kuhn, C. / Mausberg, P. / Meli, H. / Zimmermann, H.-D. (1995): Electronic Mall: Banking und Shopping in globalen Netzen, Stuttgart.
Segev, A. (1996): Electronic Catalogs and Negotiations, CITM Working Paper 96-WP-1016, Fisher Center for Information Technology & Management, Walter A. Haas School of Business, University of California, Berkeley, CA.
Thaler, G. (1997): Multimedia-Vertriebsunterstützungssysteme zur Verbesserung des Servicegrades bei Kaufhof, Handouts zum Vortrag bei der Tagung Wirtschaftsinformatik '97: Internationale Geschäftstätigkeit auf der Basis flexibler Organisationsstrukturen und leistungsfähiger Informationssysteme, Berlin.
Theuer, G. / Schiebel, W. (Hrsg.) (1984): Tele-Selling, Landsberg.

Weinhold-Stünzi, H. (1984): Einfluß von interaktiven elektronischen Medien auf die künftigen Entwicklungen im Handel, in: Handels-Marketing, (Hrsg.) Hasitschka, W., Hruschka, H., Berlin, New York.

Wigand, R.T. / Benjamin, R.I. (1996): Electronic Commerce: Effects on Electronic Markets, in: Journal of Computer-Mediated Communication 3, Jg. 1 (http.//www.usc.edu/dept/annenberg/journal.html).

Wolf, S. / Rebel, T. (1996): Automatisierung von Funktionen und Geschäftsprozessen im Internet - Erfahrungen eines Mittelständlers, in: Wirtschaftsinformatik 6, Jg. 38, S. 579-585.

Zbornik, S. (1996): Elektronische Märkte, elektronische Hierarchien und elektronische Netzwerke, Konstanz.

Ausgabenstruktur privater Haushalte - eine empirische Studie zum Ausgabenverhalten in den USA von 1973-1994

Robert A. Robicheaux

Zusammenfassung

Anhand statistischer Umsatzdaten werden für die USA Trends im Ausgabenverhalten der Konsumenten herausgearbeitet und mit Hilfe demographischer Tabellen Erklärungsansätze dargeboten. Diese sollen als Werkzeuge für Einzelhändler und Planer von Einkaufszentren dienen, denen es ermöglicht werden soll, das Konsumentenverhalten besser zu antizipieren und damit Kundenwünsche besser zu befriedigen.

1 Überblick

Für Einzelhändler war es in den 90er Jahren sehr schwierig zu überleben und so gut wie unmöglich zu wachsen. Die Veränderung der Ausgabenstrukturen der Konsumenten verursachte ein Chaos in der Struktur des US-Einzelhandels und vereitelte die Entwicklung von Shopping-Centern. Diese Studie verwendet aggregierte und haushaltsbezogene Daten einer „Consumer Expenditure Survey", die das „Census Bureau" für das „Bureau of Labor Statistics" durchgeführt hat, um Veränderungen im Ausgabeverhalten der Konsumenten zu betrachten. Ein Blick auf die historischen Ausgabedaten seit den 30er Jahren zeigt, daß der Anteil der Ausgaben für Lebensmittel und Bekleidung rückläufig war. Im Gegensatz dazu haben die Anteile für Restaurantbesuche, Wohnen und Transport zugenommen.

Die Zahlen der Jahre 1973, 1984, 1990 und 1994 wurden für eine detailliertere Analyse ausgewählt. Während dieser Jahre tauchen eine Reihe von Veränderungen in den Ausgabemustern auf. Ein genauerer Blick auf die Zahlen mit Hilfe von Cluster-Analysen bringt zwei ähnliche Ausgabegruppen in den Jahren 1973 und 1984 zum Vorschein, nämlich die Gutverdienenden ohne wesentliche Ausgabenbeschränkungen und die sozial Schwachen am Rande des Existenzminimums. Sie repräsentieren die beiden Endpunkte des Ausgaben-Kontinuums.

1.1 Hintergrund

Die Konkurrenz im Einzelhandel war im letzten Jahrzehnt eine große Herausforderung. Insbesondere die Weihnachtssaison hat in den letzten Jahren die Erwartungen der Einzelhändler nicht erfüllt. Trotz hoher Beschäftigungszahlen und hohem Konsumentenvertrauen in die Zukunft sind die Verkaufszahlen für die meisten Einzelhändler wenig spektakulär ausgefallen. Die Konsumenten sind wertbewußter geworden (vgl. Sack, 1995), und man hat sie dazu erzogen, häufige Sonderangebote zu erwarten.

Es herrscht ein Wettbewerb um die den Haushalten zur Verfügung stehenden Mittel, der sich vermutlich noch intensivieren wird. Die Verkaufsfläche je Einwohner hat sich von 0,8 m^2 im Jahre 1975 auf 1,6 m^2 im Jahre 1990 verdoppelt (vgl. Roulac, 1994). Inflationsbereinigte Umsätze (Basis 1992) pro m^2 sind von mehr als $ 2.555 in 1972 auf weniger als $ 1.888 in 1994 gefallen. Das stellt einen realen Rückgang von mehr als 25 Prozent dar. Jeder Einzelhändler konkurriert mit jedem anderen Einzelhändler, was zur Entstehung von neuen Formen der Einzelhandelskonkurrenz (z. B. Telemarketing, interaktives Fernsehen, Einkauf im Internet) führt. Direct Mail Marketing von Einzelhandelsprodukten wuchs um 8 % bis 12 % pro Jahr in den USA, wie auch in großen Teilen Europas und Australiens.

Die Anzahl von Fusionen und Übernahmen von mittelgroßen Handelshäusern brach in den USA im Jahr 1996 alle Rekorde. Im Jahr 1980 vereinigten die 50 größten Einzelhändler 35 % des Gesamtumsatzes auf sich, dieser Anteil wuchs auf 43 % im Jahr 1995. Diese Konzentration nimmt dramatisch zu. Boutiquen und Giganten blühen, während die mittelgroßen Firmen ums Überleben kämpfen.

Der US-Markt hat sich verändert. Er wurde früher auch als „Schmelztiegel" bezeichnet, in dem vorwiegend westeuropäische Einwanderer an die „American Culture" angepaßt wurden. Der lateinamerikanische, asiatische und afrikanische Anteil an der Bevölkerung wächst derart rasant, daß aus dem „Schmelztiegel" ein „Flickenteppich" wird, der gewaltige Unterschiede bezüglich des Ausgabenverhaltens und der kulturellen Einflüsse zwischen den „ethnischen Flicken" aufweist. Die Diversifizierung der amerikanischen Kulturlandschaft wird sich bis ins nächste Jahrhundert hinein fortsetzen. Derzeit beträgt die Gesamtbevölkerung der USA ca. 267 Millionen, von denen etwa 25 Millionen lateinamerikanische Wurzeln haben. Es wird prognostiziert, daß im Jahr 2010 ca. 40 Millionen Lateinamerikaner in den USA leben werden, so daß deren Anteil an der Gesamtbevölkerung den der Afroamerikaner übertreffen wird. Für das Jahr 2050 geht man davon aus, daß die Lateinamerikaner 22,5 % der US-Bevölkerung ausmachen werden (vgl. Bogie, 1996).

Der asiatisch-amerikanische Anteil der Bevölkerung hat sich seit 1980 auf mittlerweile 8 Millionen mehr als verdoppelt und soll bis zum Jahr 2000 nochmals um 40 % wachsen. Demographen sagen vorher, daß im Jahr 2010 mehr als ein Drittel der US-Bevölkerung schwarz, asiatisch oder lateinamerikanischen Ursprungs sein wird. Im Jahre 2030 sollen sogar 40 % der Bevölkerung „nicht weiß" sein. Diese Veränderung zu einer multi-kulturelleren Gesellschaft beeinflußt die Strategien für den Einzelhandel und die Entwicklung von Shopping Centern.

Zwischen 1990 und 1994 sind die durchschnittlichen, jährlichen Haushaltsausgaben für Bekleidung um 9,4 %, für Lebensmittel um 9,4 %, für Restaurantbesuche um 17,3 % und für Unterhaltung um 2,8 % gefallen. Gleichzeitig stiegen die Ausgaben für medizinische Versorgung, Transport und Barspenden um weniger als 5 % (vgl. Edmondson, 1996). Die Ausgaben-Muster der Konsumenten scheinen sich drastisch zu verändern. Die Vorhersagen für das Jahr 2000 sind wenig optimistisch, man geht von einer Ausgabensteigerung von weniger als zwei Prozent aus. Nichtsdestotrotz wird durch den Anstieg der Anzahl der Haushalte eine zusätzliche Gesamtausgabe von 3,2 Mrd. Dollar erwartet (vgl. American Demographics, 1995). Da die US-Bevölkerung um weniger als ein Prozent pro Jahr wächst, ist nicht davon auszugehen, daß die Einzelhandelsumsätze stärker wachsen werden.

Daß die demographische und kulturelle Struktur der US-Haushalte sich gravierend verändert, ist offensichtlich. Zwischen 1995 und 2005 wird sich die Anzahl der zwischen 40- und 60-jährigen Personen um 60 % erhöhen, während der Anteil der 20- bis 30-jährigen zurückgeht. Die erste Welle der „Baby-Boomer" (Personen, die in den 20 Jahren nach dem Zweiten Weltkrieg geboren wurden) wird 50, und es stellt sich die Frage, ob damit eine Veränderung ihrer Ausgabengewohnheit vonstatten geht. „Demographic and lifestyle shifts that drive shopping behavior tend to be gradual and long-lasting" (Du/Apfel 1995). Viele Veränderungen in den Ausgaben-Mustern in den letzten 30 Jahren sind auf die Lebensweisen und Vorlieben der „Baby Boomer" zurückgeführt worden. Wird es in den nächsten 20 Jahren einen fortgesetzten Einfluß dieser Altersgruppe geben? Mit Sicherheit: Ja. Vielleicht noch wichtiger, werden ihren Ausgaben-Muster ähnlich wie die ihrer Eltern in der entsprechenden Lebensphase sein? Die Antwort lautet: Vermutlich nicht.

Eine Reihe anderer Veränderungen haben sich in den letzten zwei Jahrzehnten ergeben. Das Konzept des „business casual", d.h. die Aufhebung einer strikten

Kleiderordnung am Arbeitsplatz, noch 1973 unbekannt, ist inzwischen bei vielen Firmen zumindest für einen Tag in der Woche zulässig, bei einigen Firmen sogar durchgängig. Der Ausdruck „downsizing" hat gleichermaßen Einzug in das Vokabular von Managern und Mitarbeitern gehalten. Dies beeinflußt die Wahrnehmung der Arbeitsplatzsicherheit, das Konsumentenvertrauen und letztlich die Bereitschaft, den geringen Teil des verfügbaren Einkommens für nicht lebensnotwendige Käufe auszugeben. Technischer Fortschritt hat gewaltige Transaktionsverarbeitung und Massen-Customization möglich gemacht. Beispielsweise wurde das explosive Wachstum des Katalog-/ Versandgeschäfts durch Satelliten, Bestands-Informations-Systeme und private Paketdienste ermöglicht. In den nächsten zehn Jahren wird sich zeigen, wie sich die Bereiche des „Electronic Retailing" und des „Internet-Verkaufs" entwickeln werden.

Parallel zu diesen Veränderungen haben sich die Ausgaben-Muster der Haushalte verändert. Die Frage, wie diese Veränderungen aussehen, wird hier betrachtet. Dieser Beitrag untersucht, in welcher Weise amerikanische Haushalte in den letzen zwei Jahrzehnten ihre Ausgabenverteilung verändert haben. Der Fokus liegt dabei auf dem prozentualen Anteil, den die Haushalte für unterschiedliche Ausgaben-Kategorien verwenden. Offensichtlich sind die Gesamtausgaben der Haushalte gestiegen, jedoch hat sich die prozentuale Verteilung des verfügbaren Einkommens zwischen den Güter- und Dienstleistungskategorien verschoben. Es werden demographische Variablen im Hinblick auf Verbindungen zur Umverteilung der Ausgabenanteile untersucht. Die Hypothese lautet, daß es eine Umverteilung der Ausgaben-Muster innerhalb der USA gegeben hat. Wir gehen davon aus, daß die Konsumenten ihr verfügbares Einkommen für andere Güter und Dienstleistungen als in der Vergangenheit ausgeben und daß diese Veränderungen von traditionellen Einzelhandels-Umsatz-Statistiken nicht erfaßt werden. Weiterhin nehmen wir an, daß die Struktur der Ausgaben-Muster innerhalb der US-Haushalte sich verändert hat.

1.2 Resultate

Innerhalb dieses Abschnitts werden die historischen Daten analysiert, um festzustellen, welche Anteilsverschiebungen zwischen den Haupt-Ausgaben-Kategorien in den letzten 60 Jahren stattgefunden haben. Im Anschluß daran werden Trends für spezifischere Kategorien für die vier in der Studie betrachteten Jahre ermittelt. Diese werden sowohl in durchschnittlichen, absoluten Ausgaben, als auch als prozentualer Anteil an den Gesamtausgaben dargestellt. Alle Darstellungen basieren auf den gewichteten, zusammengefaßten Tabellen des Bureau Of Labor Statistics (BLS).

Weiterhin werden die demographischen Charakteristika der Stichprobenhaushalte untersucht, die für ein ganzes Jahr Ausgaben-Daten zur Verfügung gestellt haben. Dies wird gefolgt von einer Untersuchung der Ausgaben-Muster dieser Haushalte. Diese Daten sind ungewichtet und stellen die tatsächlichen Ausgaben innerhalb der Stichprobenhaushalte dar. Zum Abschluß dieses Abschnitts werden anhand der Ausgaben-Muster der Jahre 1973 und 1994 Konsumenten-Cluster identifiziert, die Natur der Cluster erklärt und Unterschiede zwischen den beiden Jahrzehnten diskutiert.

2 Eine geschichtliche Betrachtung des Ausgabenverhaltens der Konsumenten

Die Vorhersage eines dauerhaften Ringens um Wohnung und Lebensmittel durch Malthus (vgl. Cohen/Cohen, 1993), war vielleicht in den USA der 30er Jahre angebracht. Die Ausgaben-Muster haben sich seither jedoch grundlegend verändert. Die Daten des BLS bezüglich der durchschnittlichen Konsumausgaben der Haushalte in den Jahren 1935-36, 1960-61, 1987-88 und 1993-94 sind in der Tab. 1 dargestellt. Diese Daten stellen das Ergebnis einer Begutachtung einer sehr großen Anzahl von US-Haushalten dar. In der Periode 1935-36 nahmen beinahe 40.000 US-Haushalte teil, 1993-94 sogar über 100.000.

In den 30er Jahren konzentrierten sich beinahe zwei Drittel der Ausgaben auf die Kategorien Lebensmittel (33,6 %) und Wohnen (32,3 %). Europa und die USA befanden sich in der Mitte einer großen Depression und ein großer Teil der Haushalte kämpfte ums nackte Überleben.

Die amerikanische Wirtschaft erhielt Auftrieb durch die Kriegsanstrengungen und den explosiven Anstieg der aufgestauten Nachfrage nach dem Krieg. Zusätzlich führte ein Preisverfall für Lebensmittel, als Folge verbesserter Technologien in den Bereichen Landwirtschaft und Lebensmittel-Distribution, zu einer erheblichen Veränderung der Allokation der Haushaltsausgaben. 1960-61 nahm die Kategorie Lebensmittel nur noch ein Viertel, 1993-94 sogar nur noch 16,4 % der Gesamtausgaben ein.

Der Anteil der Ausgaben, die auf die Kategorie Restaurantbesuche anfiel, hat sich jedoch vergrößert. In der frühen 60er und 70er Jahren gaben die Amerikaner knapp unter 5 % für diese Kategorie aus. 1987-88 stieg der Anteil auf 7,3 % und pendelte sich 1993-94 bei 6,2 % ein. Obwohl sich eine Veränderung von einem Prozentpunkt nicht wesentlich anhört, sollte bedacht werden, daß es sich dabei um eine Veränderung von $ 263,76 pro Jahr und Haushalt handelt. Multipliziert man die Anzahl der Haushalte (101.130.000) mit dieser Veränderung, erhält man eine

Abweichung von $ 26,6 Milliarden, was eine beträchtliche Summe darstellt. Es bleibt abzuwarten, ob der Rückgang in der Periode 1993-94 eine Anomalie war oder den Beginn der Rückkehr zu den früheren Werten darstellt.

	1935-36	1960-61	1972-73	1987-88	1993-94
Anzahl Haushalte (in Tausend)	39.458	55.306	71.220	94.506	101.130
Bruttoeinkommen (nominal)	$ 1.502	$ 6.253	$ 11.726	$ 27.934	$ 35.854
Haushaltsgröße (Personen)	3,2	3,2	2,9	2,6	2,5
Ausgaben für Verbrauchsgüter	$ 1.273	$ 5.056	$ 7.920	$ 21.443	$ 26.376
Verteilung der Ausgaben:	Alle Angaben in Prozent				
Essen	33,6	24,4	21,2	17,0	16,4
Lebensmittel	k.A.	19,6	16,5	9,7	10,2
Restaurantbesuche	k.A.	4,9	4,8	7,3	6,2
Wohnung	32,3	29,0	31,4	35,5	36,5
Kleidung	10,4	10,3	8,2	5,9	5,3
Transport	9,3	15,2	22,0	22,4	21,6
Gesundheitswesen	4,4	6,7	5,4	5,5	6,5
Krankenversicherung	k.A.	1,8	1,9	2,0	3,1
sonstige med. Ausgaben	k.A.	4,9	3,5	3,5	3,5
Freizeit/Urlaub	3,3	4,0	4,7	5,6	5,7
Sonstiges	10,0	14,3	11,8	13,8	13,7

Tab. 1: Durchschnittliche Konsumausgaben und prozentuale Verteilung

Ein Grund für den Anstieg des Anteils für Restaurantbesuche mag in der Zunahme von Doppelverdiener-Haushalten liegen. Im Jahre 1950 arbeiteten nur 23,8 % der Ehefrauen in verheirateten Haushalten. Dieser Anteil stieg auf 30,5 % im Jahre 1960, 42,2 % im Jahre 1973, 54,2 % im Jahre 1985 und erreichte 1995 den Wert von 60,6 % (vgl. U.S. Bureau of Labor Statistics). Das Vorhandensein von Doppelverdienern führt häufig zu einer Erhöhung des Haushaltseinkommens und damit zu mehr frei verfügbarem Einkommen. Das Vorhandensein von zwei Arbeitnehmern in einem Haushalt verringert darüber hinaus die Zeit, die zur Zubereitung von Mahlzeiten zur Verfügung steht. Darüber hinaus kann es vorkommen, daß Doppelverdiener-Haushalte aufgrund ihres hektischen Lebensstils überproportional mehr für Restaurantbesuche ausgeben.

Es gibt unterschiedliche Forschungsergebnisse zu diesem Phänomen. Rubin, Riney und Molina kamen bei der Auswertung der Zahlen der Jahre 1972-73 und 1984 zu dem Ergebnis, daß die unterschiedlichen Ausgaben eher durch die Höhe des Einkommens, als durch den Arbeitnehmerstatus der Ehefrau hervorgerufen wurden (vgl. Rubin/Riney/Molina, 1990). Eine Studie aus dem Jahre 1989, von Pol und Pak zeigt, daß sowohl das Einkommen als auch die ethnische Zugehörigkeit einen Einfluß auf die Höhe der Ausgaben für Restaurantbesuche haben (vgl. Pohl/Pak, 1989). Auch der Anstieg an Single-Haushalten wird als Ursache für den Anstieg in dieser Kategorie in den 90er Jahren angegeben. Braus zeigte, daß weibliche Singles unter 35 und jede Altersklasse von männlichen Singles mehr für Restaurantbesuche ausgeben als für Lebensmittel (vgl. Braus, 1993). Ein weiterer Einflußfaktor kann in der größeren Auswahl an Konsum-Möglichkeiten gesehen werden, die den Amerikanern zur Verfügung stehen. Dies ist z.B. auf die schnelle Verbreitung von Fast-Food Restaurants in den USA in den letzten Jahrzehnten zurückzuführen.

Nachdem der Anteil von Ausgaben für Wohnen von 32,3 % in der Periode 1935-36 auf nur 24,4 % in der Periode 1960-61 gefallen war, hat er sich seither wieder erhöht. Diese Kategorie hatte 1992-94 einen Anteil von 36,6 % an den Gesamtausgaben (vgl. Tab. 1). Dies könnte zum einen an einem Anstieg der Wohnkosten liegen, zum anderen in einer Tendenz der Menschen in den USA, Einkommenserhöhungen für den Kauf größerer Häuser zu verwenden. Aus welchem Grund auch immer, die Amerikaner geben einen wachsenden Anteil des Haushaltsbudgets für Wohnen aus. Besonders auffällig ist, daß Mitte der 30er Jahre der Anteil der Kategorien Lebensmittel und Wohnen bei jeweils etwa einem Drittel lag, während heute etwa doppelt soviel für Wohnen ausgegeben wird, wie für Lebensmittel (36,5 % Wohnen und 16,4 % Lebensmittel).

Der Anteil der Ausgaben für Bekleidung zeigt einen kontinuierlichen Rückgang. Er betrug 1993-94 mit 5,3 % der Gesamtausgaben nur noch knapp die Hälfte des Durchschnittswertes von 1935-36 (10,4 %). Artikel in der New York Times legen die Vermutung nahe, daß dieser Rückgang auf Veränderungen in der Damenmodebranche zurückgeführt werden kann (vgl. White, 1996, Steinhauer/White, 1996). Sie legen insbesondere dar, daß die Mode den Bezug zum großen Markt der „Baby-Boomer" verloren hat, daß Frauen nicht mehr so modebewußt wie früher sind und daß der Trend zur legeren Arbeitsplatzkleidung die Verkaufszahlen gesenkt hat. Zusätzlich hat der Überschuß an Verkaufsfläche die Händler zu niedrigeren Preisen gezwungen und der verstärkte Wettbewerb hat zu einem starken Rückgang der Handelsspannen geführt. Viele Händler fahren entweder eine Hoch-/Niedrigpreis-Strategie oder eine Dauerniedrigpreis-Strategie. Bei der Hoch-/Niedrigpreis-Strategie werden die normalen Preise über denen der Konkurrenz angesetzt, jedoch häufig Sonderangebote gefahren. Bei der Dauerniedrigpreis-Strategie wird auf Preiskontinuität gesetzt und ein Niveau zwischen den regulären Preisen und den Sonderangeboten der Hoch-/Niegrigpreis-Strategie gewählt. Beide Strategien führen zu einer Verringerung der Handelsspanne und zu einem geringeren durchschnittlichen Preis für Verkäufe.

Die Ausgaben der Kategorie „Transport" ist nach der Zeit der Großen Depression dramatisch von 9 % auf 22 % in der frühen 70er Jahren angestiegen. Seit 1972-73 nimmt diese Kategorie durchgehend einen Anteil von mindestens einem Fünftel der Haushaltsausgaben ein. Diese Kategorie beinhaltet Ausgaben für Kauf, Miete, Wartung, Kraftstoff und Versicherung für Fahrzeuge, Ausgaben für den öffentlichen Personen-Nahverkehr (ÖPNV) und Ausgaben für Reisen wie Flugtickets, Bus- oder Bahnfahrkarten, Schiffspassagen und Taxifahrten.

Der Bereich des Gesundheitswesens ist zwischen den 30er und 60er Jahren um mehr als 50 % angestiegen (von 4,4 % auf 6,7 %) und anschließend in den frühen 70er Jahren auf 5,4 % zurückgegangen. Im letzten Jahrzehnt sind diese Kosten jedoch wiederum auf 6,5 % gestiegen, wobei der Großteil dieser Steigerung im Bereich der Krankenversicherungsgebühren lag.

Der durchschnittliche US-Haushalt hat Mitte der 30er Jahre nur 3,3 % seiner Ausgaben für die Kategorie „Freizeit" verwendet. Diese stiegen 1960-61 auf 4 % an und erreichten 1993-94 sogar 5,7 %, was einem Anstieg von über 70 % entspricht.

Es wird deutlich, daß sich die Ausgaben-Muster in diesem Jahrhundert deutlich verändert haben. Die folgende Liste zeigt die wichtigsten Trends der Ausgabenverteilung in Kurzform:
- Geringere Ausgabenanteile für Essen (zwar höhere Ausgabenanteile für Restaurantbesuche, aber deutlich geringere für Lebensmittel)
- Höhere Ausgabenanteile für Wohnen
- Geringere Ausgabenanteile für Bekleidung
- Wesentlich höhere Ausgabenanteile für Transport
- Höhere Ausgabenanteile für medizinische Versorgung
- Höhere Ausgabenanteile für Freizeit

Dies mag einigen Lesern intuitiv offensichtlich erscheinen. Es ist jedoch nicht anzunehmen, daß der durchschnittliche Verbraucher sich darüber im klaren ist, daß trotz steigender Preise für Lebensmittel der Anteil der Ausgaben für diese Kategorie stetig rückläufig ist. Weiterhin dürfte es die meisten Konsumenten verwundern, daß der Anteil für medizinische Versorgung derzeit auf dem gleichen Niveau liegt wie 1960-61. Sinn dieser Darstellung war es, die Struktur und das Ausmaß der Veränderungen darzustellen.

2.1 Jüngere Trends

Nach der Untersuchung historischer Entwicklungen wird im Folgenden eine detailliertere Untersuchung der Jahre 1973, 1984, 1990 und 1994 durchgeführt. Zunächst wird versucht, anhand zusammengefaßter Daten der jeweiligen Jahre Trends für detaillierte Kategorien wie Möbel, Elektrogeräte, Mode und Dienstleistungen für Männer und Frauen über 16 Jahren, Haustiere, Spielzeug und Spielplatz-Ausstattungen, zu ermitteln. Die Tab. 2 stellt die durchschnittlichen Ausgaben der jeweiligen Kategorien und Tab. 3 den jeweiligen Anteil an den Gesamtausgaben dar.

In Tab. 2 werden durchschnittliche, jährliche nominale Ausgaben der wesentlichen Kategorien und einiger Unter-Kategorien dargestellt. Dabei handelt es sich um nicht inflationsbereinigte Zahlen. Die folgenden Kategorien wiesen zwischen 1994 und 1990 einen nominalen Rückgang folgender Ausgaben auf:
- Restaurantbesuche
- alkoholische Getränke
- Reinigungsmittel
- Mode und Dienstleistungen für Männer über 16 Jahren
- Mode und Dienstleistungen für Frauen über 16 Jahren
- Tabakwaren und Raucherzubehör
- andere Utensilien, Ausrüstung und Dienstleistungen in der Unterhaltung.

	1994	1990	1984	1973*
Anzahl der Haushalte (in Tausend)	102.210	96.968	90.223	71.220
Alle Angaben in US-Dollar				
Bruttoeinkommen	36.838	31.889	23.464	11.419
Nettoeinkommen	33.755	28.937	21.237	9.731
Durchschnittliche jährliche Ausgaben	31.751	28.381	21.975	8.253
Essen	4.411	4.296	3.290	1.625
Lebensmittel	2.712	2.485	1.970	1.181
Restaurantbesuche	1.698	1.811	1.320	426
alkoholische Getränke	278	293	275	115

*alle Daten aus BLS (1973 BLS bulletin)

Tab. 2: Durchschnittliche jährliche Ausgaben (detailliert, gewichtete Daten)

	1994	1990	1984	1973*
	Alle Angaben in US-Dollar			
Wohnung	10.106	8.703	6.674	2.531
Unterkunft	5.686	4.836	3.489	1.302
öffentliche Versorgung	2.189	1.890	1.638	404
Haushaltsführung	490	446	315	442
Haushaltsversorgung	393	406	307	135
Haushaltseinrichtung	1.348	1.125	926	383
Haushaltstextilien	100	99	86	50
Möbel	318	310	270	130
Bodenbeläge	120	92	78	41
große Einbaugeräte (Elektro)	149	147	143	90
kleine Elektrogeräte	81	75	67	19
verschiedene Haushaltswaren	581	402	282	54
Kleidung und Dienstleistungen	1.644	1.618	1.319	554
Männer und Jungen	395	393	350	213
Männer, 16 Jahre und älter	305	324	280	-
Jungen, 2-15 Jahre	90	70	70	-
Frauen und Mädchen	652	673	524	302
Frauen, 16 Jahre und älter	552	586	444	-
Mädchen, 2-15 Jahre	100	87	79	-
Kinder unter 2 Jahren	80	70	50	14
Schuhe**	254	225	185	-
Sonstige Kleidung und Dienstleistungen	264	258	211	-
Transport	6.044	5.120	4.304	1.588
Gesundheitswesen	1.755	1.480	1.049	528
Krankenversicherung	815	581	370	196
medizinische Dienstleistungen	571	562	454	275
Medikamente	286	252	167	
Drogeriewaren	83	85	58	-
Unterhaltung	1.567	1.422	1.055	
Eintrittsgelder	439	371	313	-
HiFi und TV	533	454	322	-
Haustiere und Spielwaren	289	276	190	74
Sonstige Waren und Dienstleistungen	306	321	230	-
Kosmetik	397	364	289	165
Literatur	165	153	132	48
Bildung	460	406	303	
Tabak und Raucherzeugnisse	259	274	228	129

*alle Daten aus BLS (1973 BLS bulletin), **Schuhe 1973 inkl. allen Untergruppen von Kleidung.

Tab. 2 (Fortsetzung): Durchschnittliche jährliche Ausgaben (detailliert, gewichtete Daten)

Da es sich in Tab. 2 um nicht inflationsbereinigte Zahlen handelt, liegen hier sehr deutliche Rückgänge vor. Unter Berücksichtigung der Wertentwicklung des Dollars in den Jahren 1973 bis 1990, verwundert es nicht, daß beinahe alle Kategorien einen Ausgabenzuwachs in diesem 17-Jahres-Zeitraum aufweisen. Es existieren lediglich zwei Ausnahmen: die durchschnittlichen Ausgaben für Haushaltshilfen waren 1984 niedriger als 1973 und die Ausgaben für Bekleidung und Dienstleistungen für Jungen zwischen 2 und 15 Jahren waren zwischen 1984 und 1990 unverändert (jeweils $ 70).

Durch die Betrachtung der anteiligen Ausgabenverteilung (vgl. Tab. 3) spielen inflationäre Entwicklungen keine Rolle mehr und es lassen sich Veränderungen in den Ausgaben-Mustern erkennen. Die folgenden neun Kategorien weisen sinkende Anteile an den Gesamtausgaben auf:

- Lebensmittel
- alkoholische Getränke
- Haushaltstextilien
- Möbel
- Elektrogeräte
- Mode und Dienstleistungen (z.B. Reinigung, Änderungen, ...)
- medizinische Leistungen
- Körperpflege- und Kosmetikprodukte sowie -dienstleistungen
- Tabakwaren.

So hat zum Beispiel der Anteil der Kategorie Lebensmittel kontinuierlich von 14,31 % (1973) über 8,96 % (1984) und 8,76 % (1990) auf 8,54 % (1994) abgenommen. Überraschenderweise hat auch der Anteil für medizinische Leistungen einen Rückgang von 3,3 % (1973) auf 1,8 % (1994) erfahren. Dies könnte eine erhöhte Abdeckung von Leistungen durch Krankenversicherungen widerspiegeln.

Im Gegensatz dazu weisen die Kategorien Unterkunft, sonstige Haushaltsausstattung, Krankenversicherung und TV und HiFi ein Muster von stetigem Anstieg auf. Im Bereich Wohnen hat der Anteil der Ausgaben für Unterkunft (Miete, Hypotheken, Hotelzimmer, ...) von 15,78 % auf 17,91 % zugenommen. Das stellt ein Wachstum von 13,5 % in dieser Kategorie dar. Unterhaltungsausgaben wurden im Jahre 1973 noch nicht erfaßt, weisen jedoch in den Jahren 1984, 1990 und 1994 stabil einen Anteil von ca. 5 % auf Ausgaben für öffentliche Versorgung (Strom, Wasser, Gas, Telefon, ...) stiegen von 4,9 % auf 6,98 % und verzeichneten damit einen Anstieg von 41 % seit 1973.

Obgleich, einige der anteiligen Veränderungen eher unwesentlich aussehen, wenn man jedoch die Veränderung mit der Anzahl der US-Haushalte multipliziert, macht sich auch eine Veränderung um 0,1 % in einer großen absoluten Umsatzverschiebung bemerkbar.

Durchschnittliche jährliche Ausgaben	1994	1990	1984	1973
Gesamt	$31.751	$28.381	$21.975	$8.253
Verteilung der Ausgaben:	Alle Angaben in Prozent			
Essen	13,89	15,14	14,97	19,69
Lebensmittel	8,54	8,76	8,96	14,31
Restaurantbesuche	5,35	6,38	6,01	5,16
Alkoholische Getränke	0,88	1,03	1,25	1,39
Wohnung	31,83	30,66	30,37	30,67
Unterkunft	17,91	17,04	15,88	15,78
öffentliche Dienstleistungen	6,89	6,66	7,45	4,90
Haushaltsführung	1,54	1,57	1,43	5,36
Haushaltsversorgung	1,24	1,43	1,40	1,64
Haushaltseinrichtung	4,25	3,96	4,21	4,64
Haushaltstextilien	0,31	0,35	0,39	0,61
Möbel	1,00	1,09	1,23	1,58
Bodenbeläge	0,38	0,32	0,35	0,50
große Einbaugeräte (Elektro)	0,47	0,52	0,65	1,09
kleine Elektrogeräte	0,26	0,26	0,30	0,23
verschiedene Haushaltswaren	1,83	1,42	1,28	0,65
Kleidung und Dienstleistungen	5,18	570	6,00	6,71
Männer und Jungen	1,24	1,38	1,59	2,58
Männer, 16 Jahre und älter	0,96	1,14	1,27	k.A.
Jungen, 2-15 Jahre	0,28	0,25	0,32	k.A.
Frauen und Mädchen	2,05	2,37	2,38	3,66
Frauen, 16 Jahre und älter	1,74	2,06	2,02	k.A.
Mädchen, 2-15 Jahre	0,31	0,31	0,36	k.A.
Kinder unter 2 Jahre	0,25	0,25	0,23	0,17
Schuhe	0,80	0,79	0,84	k.A.
andere Kleidung u. Dienstl.	0,83	0,91	0,96	k.A.
Transport	19,04	18,04	19,59	19,24
Gesundheitswesen	5,53	5,21	4,77	6,40
Krankenversicherung	2,57	2,05	1,68	2,37
Medizinische Dienstleistungen	1,80	1,98	2,07	3,33
Medikamente	0,90	0,89	0,76	k.A.
Drogeriewaren	0,26	0,30	0,26	k.A.

Tab. 3: Durchschnittliche Ausgaben als Anteil der Gesamtausgaben (gewichtete Daten)

Durchschnittliche jährliche Ausgaben	1994	1990	1984	1973
Verteilung der Ausgaben:	Alle Angaben in Prozent			
Unterhaltung	4,94	5,01	4,80	k.A.
Eintrittsgelder	1,38	1,31	1,42	k.A.
TV und HiFi	1,68	1,60	1,47	k.A.
Haustiere und Spielwaren	0,91	0,97	0,86	0,90
sonstige Waren und Dienstleistungen	0,96	1,13	1,05	k.A.
Kosmetik	1,25	1,28	1,32	2,00
Literatur	0,52	0,54	0,60	0,58
Bildung	1,45	1,43	1,38	1,21
Tabak und Raucherzeugnisse	0,82	0,97	1,04	1,56

Tab. 3 (Fortsetzung): Durchschnittliche Ausgaben als Anteil der Gesamtausgaben (gewichtete Daten)

2.2 Detaillierte Ergebnisse

In diesem Abschnitt werden die demographischen Daten der Stichprobe für jedes der untersuchten Jahre und eine Übersicht der Ausgaben in den wesentlichen Kategorien betrachtet. Basierend darauf werden Konsumenten-Cluster bzgl. ihrer Ausgaben in den Jahren 1973 und 1994 analysiert.

Die bisherigen Abschnitte basierten auf zusammengefaßten Daten des BLS, die gewichtet waren und alle Konsumenten umfaßten. Um tieferen Einblick in die Ausgabenveränderungen im Zeitablauf zu erhalten, werden im folgenden Daten von Einzelhaushalten analysiert. Diese Auswertungen machen Aussagen über Ausgaben möglich, die starken saisonalen Schwankungen unterliegen. In Tab. 4 werden die demographischen Profile der Teilnehmer der Stichprobe dargestellt. Im Vergleich zu 1973 waren die Teilnehmer 1994 etwas städtischer, hatten ein etwas besseres Ausbildungsniveau und waren etwas älter. Im Jahre 1973 waren die meisten Haushaltsvorstände männlich. Im Jahre 1980 wurde die Methode der Ermittlung des Haushaltsvorstands („Head of Household") geändert. Der Anstieg der weiblichen Nennungen in dieser Kategorie kann teilweise der veränderten Ermittlungsmethode zugesprochen werden.

	1973	1984	1990	1994
Umfang der Stichprobe	(974)	(937)	(975)	(978)
	Alle Angaben in Prozent			
Wohngebiet				
städtisch	83,9	87,9	88,2	88,1
ländlich	16,1	12,1	11,8	11,9
Familienstand				
verheiratet	68,8	62,1	61,7	60,7
ledig, verwitw., geschieden	31,2	37,9	38,3	39,3
Geschlecht				
männlich	77,6	67,9	63,9	64,8
weiblich	22,4	32,1	36,1	35,2
Schulbildung				
Hauptschule	22,1	14,7	10,9	8,4
mittlere Reife	16,1	13,1	12,2	11,5
Gymnasium	31,9	30,4	32,5	30,6
College	13,5	18,6	21,9	24,3
Universität	16,5	23,3	22,4	25,2
Alter (in Jahren)				
Unter 25	6,8	3,4	2,3	2,8
25-34	20,2	20,1	20,5	16,0
35-44	17,0	20,3	21,8	25,2
45-54	19,2	16,9	17,0	20,8
55-64	17,0	15,9	15,5	12,2
65-74	12,0	14,5	14,1	12,7
75 und älter	7,8	9,0	8,8	10,5
Haushaltsgröße				
Single Haushalt	22,1	21,9	23,1	22,3
2-Personen-Haushalt	28,4	31,9	30,1	30,0
3-Personen-Haushalt	16,0	17,1	19,6	16,6
4-Personen-Haushalt	15,7	16,5	15,7	18,7
Mehr-Personen-Haushalt	17,9	12,6	11,6	12,5

Tab. 4: Demographische Informationen der Stichprobe

In Tab. 5 werden alle Teilnehmer anhand ihres nominalen Einkommens in „ungefähre Fünftel" eingeteilt, von den niedrigsten bis zu den höchsten 20% aller Haushalte. Die Nominaleinkommen der beiden höchsten Fünftel sind deutlich stärker gewachsen, als die der unteren Fünftel. So verdiente das unterste Fünftel (genauer 18,9 %) der Haushalte im Jahr 1973 weniger als $ 3.500, 1994 verdienten 15,4 % weniger als $ 6.000.

Im Gegensatz dazu verdienten am oberen Ende der Skala die Top 20,2% im Durchschnitt $15.000 im Jahr 1973, was sich bis zum Jahr 1994 auf $47.000 mehr als verdreichfachte. Mit anderen Worten sind die Einkommen der besser Verdienenden stärker gestiegen als die der Familien mit geringem Einkommen.

Jahr	1973	1984	1990	1994
Stichprobenumfang	974	937	975	978
	Einkommensspanne	Einkommensspanne	Einkommensspanne	Einkommensspanne
1	< $ 3.500	< $ 4.500	< $ 6.000	< $6.000
	18,9 %	16,9 %	15,5 %	15,2 %
2	$ 3.500 - 7.000	$ 4.500 - 10.500	$ 6.000 - 15.000	$ 6.000 - 15.500
	20,1 %	17,0 %	19,1 %	18,2 %
3	$ 7.001 - 10.600	$ 10.501 - 19.000	$ 15.001 - 25.500	$ 15.501 - 28.500
	19,9 %	20,6 %	19,2 %	20,1 %
4	$ 10.601 - 15.000	$ 19.001 - 30.000	$ 25.501 - 42.500	$ 28.501 - 47.000
	20,8 %	21,5 %	22,6 %	22,7 %
5	> $ 15.001	> $ 30.001	> $ 42.501	> $ 47.001
	20,2 %	24,1 %	23,7 %	23,7 %

Tab. 5: Einkommensfünftel der Stichprobe

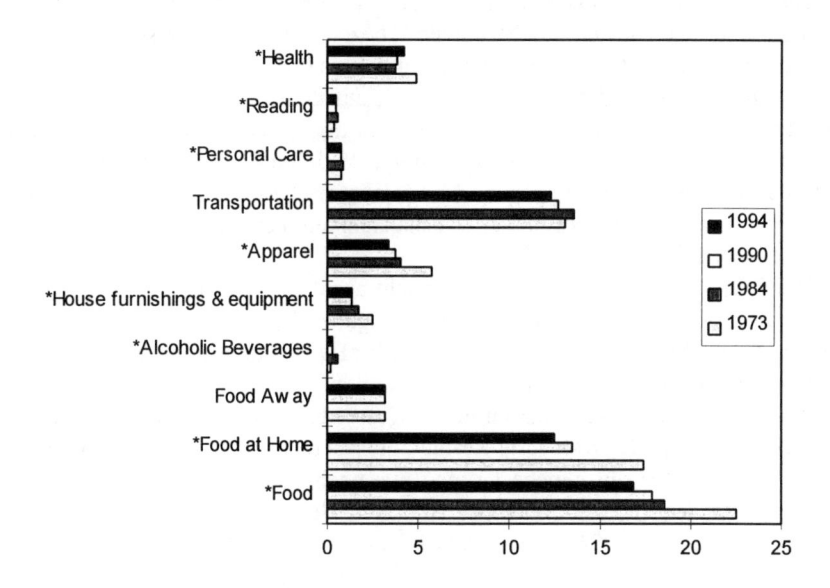

Abb. 1: Wesentliche Ausgaben-Kategorien

Eine graphische Darstellung der Struktur und Entwicklungen der Haupt-Ausgaben-Kategorien ist für die vier Untersuchungszeitpunkte in Abb. 1 zu finden. In Übereinstimmung mit den Auswertungen der Daten des BLS sanken die prozentualen Anteile der meisten Kategorien im Zeitraum von 1973 bis 1994. Die meisten Haushalte gaben 1994 einen geringeren Anteil ihres Einkommens für diese Haupt-Ausgaben-Kategorien aus als 1973.

Um ein besseres Verständnis der Konsumenten Ausgaben-Muster zu erhalten, wurde die Methode der Cluster-Analyse verwendet, um die wesentliche Ausgaben-Kategorien zu analysieren. Cluster-Analyse ist eine statistische Methode, bei der Beobachtungen in Gruppen (Cluster) eingeteilt werden. Dabei sollen die Beobachtungen zum einen innerhalb einer Gruppe ähnlich (homogen) sein und zum anderen die Beobachtungen einer Gruppe merklich von denen anderer Gruppen unterscheiden.

Eine separate Analyse auf Basis der Ausgabenanteile der wesentlichen Kategorien, wurde für die Daten der Jahre 1973 und 1994 durchgeführt. Eine Aufteilung in vier Gruppen brachte die am besten interpretierbaren und interessantesten Ergebnisse hervor. Untersuchungen der demographischen Struktur innerhalb der Cluster wurden durchgeführt, um zu ermitteln, welche Faktoren die Cluster bestimmen. Im Anschluß daran wurden die mittleren Ausgaben einer jeden Kategorie für jeden Cluster ermittelt. Zwei Cluster mit ähnlichen Ausgaben-Mustern tauchten sowohl 1973 als auch 1994 auf. Diese werden hier als „Geld da, auf geht's" und „gerade so durchkommen" bezeichnet und repräsentieren unterschiedliche Endpunkte des Ausgaben-Kontinuums (vgl. Tab. 6 und Tab. 7).

Das mittlere Alter der Gruppe „Geld da, auf geht's" lag 1973 bei 44 Jahren und 1994 bei 47 Jahren. Mehr als drei Viertel dieser Gruppe sind verheiratet. Im Jahr 1973 waren 33 % dieser Gruppe unter 35 Jahre alt; 1994 lagen 54 % der Mitglieder in der Altersgruppe von 35-54 Jahren. Diese Gruppe könnte für viele Einzelhändler aufgrund des hohen Haushaltseinkommens und der großen Ausgaben sehr interessant sein.

Die Gruppe „Geld da, auf geht's" besteht aus den wohlhabendsten Haushalten und verwenden mehr als ein Drittel ihrer Ausgaben für den Bereich Transport. Im Jahr 1973 machte dieses Cluster 20,73 % aller Haushalte mit einem durchschnittlichen Einkommen von $ 11.439 nach Steuern aus. Sie gaben einen unverhältnismäßig hohen Anteil ihres Einkommens (37,1 % bzw. $ 4.270) für Transport aus und hatten auch in der Kategorie Restaurantbesuche auffällig hohe Ausgaben. Im Jahre 1994 machte die gleiche Gruppe nur noch 13,29 % aller Haushalte aus, einen deutlich kleineren Anteil als 1973. Das mittlere Einkommen nach Steuern in dieser Gruppe lag 1994 bei $ 40.661 und die Ausgaben für Transport bei $ 17.324.

Es ist möglich, daß ein Teil der Gruppe „Geld da, auf geht's" innerhalb des Interview Zeitraumes ein neues Fahrzeug kaufte und/oder größere Ausgaben für Urlaubsreisen hatte. Wenn die absoluten Ausgaben in den einzelnen Kategorien betrachtet werden, so gab diese Gruppe in beinahe allen Bereichen mehr aus.

Im Jahre 1994 gab die Gruppe „Geld da, auf geht's" etwa 10% ihres Budgets für Lebensmittel und etwa ein Drittel davon für Restaurantbesuche ($ 927) aus. Ausgaben in Höhe von 2,8 % für den Modebereich ($ 1.100) sind ein deutlich geringerer Anteil als noch 1973 mit 4,8 %. Die Haushalte, die einen großen Anteil ihres Budgets für Transport verwenden, geben nur einen geringen Prozentsatz für Bekleidung aus.

Die Gruppe „gerade so durchkommen" wurden im Jahre 1973 durchschnittlich von 59-jährigen und 1994 von 53-jährigen angeführt. Sie verwenden einen großen Anteil der Einkommen für Lebensmittel, allerdings geht dieser Anteil im Zeitablauf zurück. Er lag 1973 noch bei 44,82 % und ging 1994 aus 31,77 % zurück. In beiden Jahren waren die absoluten Ausgaben für Lebensmittel die zweit höchsten aller Gruppen, obwohl das mittlere Einkommen der Gruppe deutlich unter dem der anderen Gruppen lag. Wenn ein derart großer Anteil des Einkommens zur Befriedigung der Grundbedürfnisse aufgewendet werden muß, steht für anderen Kategorien nur noch wenig zur Verfügung. Bedeutend ist in diesem Zusammenhang, daß der Anteil dieser Gruppe an der Gesamtstichprobe von 9,69 % (1973) auf 13,09 % (1994) angestiegen ist. Der Anteil der amerikanischen Haushalten die „gerade so durchkommen" wächst. Im Jahre 1973 waren etwas die Hälfte dieser Haushalte verheiratet und bei 40 % wurde ein weiblicher Haushaltsvorstand angegeben. Im Jahre 1994 waren nur noch 38 % verheiratet und der Anteil der weiblichen Haushaltsvorstände stieg auf 56 %. Damit wird der nationale Trend zu weiblichen Single-Haushalten bestätigt.

Die beiden anderen Cluster des Jahres 1973 werden „Middle of the Road" und „Jung und Spaß" genannt. Dabei war „Middle of the Road" 1973 mit 38 % die größte Gruppe. Ihre Ausgaben für Lebensmittel im Jahre 1973 lagen vom Anteil nur hinter denen der Gruppe „gerade so durchkommen" und waren absolut gesehen mit $ 1.909 im Jahresdurchschnitt sogar am höchsten. Während alle Gruppen außer „gerade so durchkommen" etwa $ 400 für Gesundheitsausgaben verwendeten, war die Gruppe „Middle of the Road" mit 6,19 % des Gesamtbudgets am meisten hiervon betroffen. Alter und Bildungsniveau in dieser Gruppe sind gemischt und 72 % der Mitglieder sind verheiratet.

Die letzte Gruppe des Jahres 1973, „Jung und Spaß", machte beinahe ein Drittel aller Haushalte aus. In dieser Gruppe waren 40 % unter 35 Jahren und sie war mit einer Rate von 27 % College-Absolventen diejenige mit dem besten Bildungsniveau. Sie gaben 6,5 %, und damit mehr als alle anderen Cluster, für Bekleidung aus. Sowohl vom Anteil, als auch vom absoluten Wert, gaben sie am meisten für Haushaltsausstattung aus.

Im Jahre 1994 tauchten zwei neue Cluster auf. Die Gruppe „Der größte Teil Amerikas" nahm 61 % der Stichprobe ein. Dabei war mehr als die Hälfte dieser Gruppe in der Altersklasse 35-54 und das durchschnittliche Haushaltseinkommen lag bei $ 37.000 nach Steuern. Vom Gesamteinkommen entfiel ein Anteil von 3,89 % auf Bekleidung, was durchschnittliche $ 730 entspricht. Vom Anteil her gaben sie auch am meisten für die Kategorien Restaurantbesuche, Alkohol, Haushaltsausstattungen und Unterhaltung aus.

	Geld da, auf geht's!	Middle of the Road	Jung und Spaß	Gerade so durchkommen
Durchschnittliches Alter (in Jahren)	44	51	41	59
Anzahl Personen	2038	3743	3010	943
Anteil an Gesamtgruppe in %	20,94	38,45	30,92	9,69
Mittleres Nettoeinkommen in $	11.439	8.757	9.128	4.264
Mittelwerte	Alle Angaben in Prozent			
Essen	16,67	28,66	15,52	**44,82**
Lebensmittel	12,25	23,29	10,42	**41,15**
Restaurantbesuche	3,09	*3,65*	3,40	0,72
alkoholische Getränke	0,22	0,17	*0,38*	**0,00**
Haushaltswaren	2,35	2,31	**3,68**	0,88
Kleidung	4,89	6,08	**6,52**	4,26
Transport	**37,10**	11,86	10,27	*5,35*
Körperpflege und Kosmetik	0,68	0,96	0,76	0,72
Literatur	0,33	*0,44*	0,45	0,18
Gesundheitswesen	3,67	6,19	4,91	4,45
Mittelwerte	Alle Angaben in US-Dollar			
Essen	1.746	1.909	1.104	1.809
Lebensmittel	1.324	1.530	731	**1.690**
Restaurantbesuche	**341**	250	273	30
alkoholische Getränke	24	12	32	0
Haushaltswaren	258	154	315	35
Kleidung	535	400	522	*150*
Transport	**4.270**	785	792	221
Körperpflege und Kosmetik	70	62	60	30
Literatur	37	30	38	7
Gesundheitswesen	405	402	409	156

Tab. 6: Darstellung der Cluster für das Jahr 1973

	Geld da, auf geht's	Der größte Teil Amerikas	Senioren	Gerade so durchkommen
Durchschnittliches Alter (in Jahren)	47	44	70	53
Anzahl Personen	130	593	127	128
Anteil an Gesamtgruppe in %	13.29	60.63	12.99	13.09
mittleres Nettoeinkommen in $	40.661	37.000	17.986	12.549
Mittelwerte	Alle Angaben in Prozent			
Essen	10,26	16,47	18,11	**31,77**
Lebensmittel	6,80	11,69	14,10	**28,52**
Restaurantbesuche	2,54	3,73	2,24	2,34
alkoholische Getränke	0,33	0,49	**0,00**	**0,00**
Haushaltswaren	1,20	1,86	0,71	0,25
Kleidung	2,81	3,89	2,35	2,97
Transport	**42,76**	12,47	8,58	6,19
Körperpflege und Kosmetik	0,56	0,76	**0,88**	**0,83**
Literatur	0,31	0,51	0,70	0,31
Gesundheitswesen	3,03	3,55	**18,83**	4,80
Unterhaltung	3,20	4,65	2,56	2,98
Mittelwerte	Alle Angaben in US-Dollar			
Essen	3.536	2.854	1.672	2.225
Lebensmittel	2.668	1.971	1.482	1.947
Restaurantbesuche	927	645	200	*150*
alkoholische Getränke	128	90	0	0
Haushaltswaren	383	**392**	86	*18*
Kleidung	1.093	730	216	192
Transport	**17.324**	2.118	776	*335*
Körperpflege und Kosmetik	205	134	96	67
Literatur	100	94	*65*	18
Gesundheitswesen	1.187	624	**2.101**	278
Unterhaltung	**1.218**	841	271	192

Tab. 7: Darstellung der Cluster für das Jahr 1994

Die letzte Gruppe des Jahres 1994 waren „Senioren", wobei 65 % der Haushalte über 65 waren. Es überrascht nicht, daß diese Gruppe sowohl anteilig (18,83 %) als auch absolut ($ 2.101) am meisten für die Gesundheit ausgab. Außerdem gaben sie für die Bereiche Literatur und Körperpflege und Kosmetik mehr aus als andere Gruppen. Das mittlere Einkommen der Senioren war mit $ 17.986 relativ gering. Das ist zwar mehr als in der Gruppe „gerade so durchkommen" aber nur gut halb soviel wie in der Gruppe „Der größte Teil Amerikas". Die

Haushalte waren zu etwas gleichen Teilen männlich und weiblich und umfaßten ein weites Bildungsspektrum.

3 Zusammenfassung und Folgerungen

Die Kenntnis von Ausgaben-Mustern sollte die Fähigkeit von Einzelhändlern erhöhen, neue Marktverhältnisse zu antizipieren und sich darauf einzustellen. Der Bedarf an Verkaufsfläche leitet sich aus der Nachfrage der Konsumenten nach Waren und Dienstleitungen ab. Daher können durch Berücksichtigung von Ausgaben-Mustern bessere Entscheidungen über die Zusammensetzung von Geschäften in Einkaufszentren getroffen werden. Insbesondere soll mit Hilfe der hier präsentierten Ergebnisse die Zusammensetzung der Pächter für zukünftige Einkaufszentren besser auf die Kundenbedürfnisse abgestimmt werden können. Gleichzeitig helfen die Ergebnisse den derzeitigen Pächtern, sich auf die Kundenwünsche einzustellen. Information ist Macht und Planer von Einkaufszentren und Einzelhändler, die akkurate Informationen über die Entwicklungen im Konsumentenverhalten besitzen, können Verkaufs- und Gewinnmöglichkeiten besser antizipieren.

Literaturempfehlung

American Demographics editors. (1995): The Future of Spending, in: American Demographics, January, S. 12-19.
Banta, S. (1989): Consumer Expenditures in Different-Size Cities, in: Monthly Labor Review, December, S. 44-47.
Barnes, R. / Gillingham, R. (1984): Demographic Effects in Demand Analysis: Estimation of the Quadratic Expenditure System Using Microdata, in: The Review of Economics and Statistics, S. 591-601.
Bloom, D. / Korenman, S. (1986): The Spending Habits of American Consumers, in: American Demographics, March, S. 22-25 und S. 51-54.
Bogie, D. (1996): Age and Race in the United States: The 1980s and Beyond, in: Demographic and Structural Change: The Effects of the 1980s on American Society, (Hrsg.) Peck, D. L., Hollingsworth, J. S., Westport, CT, Greenwood Press, S. 63-84.
Branch, E. (1994): The Consumer Expenditure Survey: a comparative analysis, in: Monthly Labor Review, December, S. 47-55.
Braus, P. (1993): Sex and the Single Spender, in: American Demographics, November, S. 28-34.
Cohen, J. / Cohen, M. (1993): The New Penguin Dictionary of Quotations.

Dardis, R. / Soberon-Ferrer, H. / Patro, D. (1994): Analysis of Leisure Expenditures in the United States, in: Journal of Leisure Research, Nr. 4, S. 309-321.

DeWeese, G. / Norton, M. (1991): Impact of Married Women's Employment on Individual Household Member Expenditures for Clothing, in: The Journal of Consumer Affairs, Winter, S. 235-257.

Du, F. / Apfel, I. (1995): The Future of Retailing, in: American Demographics, September, S. 26-39 und S. 64.

Edmondson, B. (1996): The Latest on Spending, in: American Demographics, January, S. 2.

Fareed, A. / Riggs, G. (1982): Old-Young Differences in Consumer Expenditure Patterns, in: The Journal of Consumer Affairs, Summer, S. 152-160.

Gieseman, R. (1987): The Consumer Expenditure Survey: quality control by comparative analysis, in: Monthly Labor Review, March, S. 8-14.

Gieseman, R. / Rogers, J. (1986): Consumer expenditures: results from the Diary and Interview surveys, in: Monthly Labor Review, June, S. 14-18.

Gray, M. (1992): Consumer Spending on Durables and Services in the 1980's, in: Monthly Labor Review, May, S. 18-26.

Jacobs, E. / Shipp, S. / Brown, G. (1989): Families of working wives spending more on services and nondurables, in: Monthly Labor Review, February, S. 15-23.

Katona, G. (1975): Psychological economics, New York, Elsevier.

Ketkar, K. / Ketkar, S. (1987): Population Dynamics and Consumer Demand, in: Applied Economics, 19, S. 1483-1495.

Ketkar, S. / Cho, W. (1982): Demographic Factors and the Pattern of Household Expenditures in the United States, in: Atlantic Economic Journal, September, S. 16-27.

Lippert, A. (1985): The Anatomy of Price Change, in: Monthly Labor Review, July, S. 46-48.

Lusardi, A. (1996): Permanent Income, Current Income and Consumption: Evidence from Two Panel Data Sets, in: Journal of Business and Economic Statistics, January, S. 81-90.

Nelson, J. (1989): Individual Consumption Within the Household: A Study of Expenditures on Clothing, in: The Journal of Consumer Affairs, Summer, S. 21-44.

O.V. (1993): Cultural Diversity Key to Future Marketing Plans, in: Discount Store News, February, 4, 18.

Passell, P. (1996): The Hard Part: Fixing the Errant Price Index, in: The New York Times, December 5, S. C1-2.

Passero, W. (1996): Spending patterns of families receiving public assistance, in: Monthly Labor Review, April, S. 21-28.

Paulin, G. (1995): A Comparison of Consumer Expenditures by Housing Tenure, in: The Journal of Consumer Affairs, Summer, S. 164-198.

Paulin, G. / Weber, W. (1995): The effects of health insurance on consumer spending, in: Monthly Labor Review, March, S. 34-54.

Pol, L. / Pak, S. (1995): Consumer Unit Types and Expenditures on Food Away from Home, in: The Journal of Consumer Affairs, Winter, S. 403-428.

Rogers, J. (1988): Expenditures of urban and rural consumers, 1972-73 to 1985, in: Monthly Labor Review, March, S. 41-46.

Roulac, S. (1994): Retail Real Estate in the 21st Century, in: The Journal of Real Estate Research, Winter, S. 125-150.

Rubin, R. / Riney, B. / Molina, D. (1990): Expenditure Pattern Differentials Between One-Earner and Dual-Earner Households: 1972-1973 and 1984, in: Journal of Consumer Research, June, S. 43-52.

Rubin, R. / Riney, B. / Molina, D. / Koelin, K. (1996): Elderly and nonelderly expenditures on necessities in the 1980s, in: Monthly Labor Review, September, S. 24-31.

Sack, K. (1995): Retailing Current Analysis, in: Standard & Poor's Industry Surveys, Vol. 163, No. 5, Sec. 1.

Shipp, S. (1988): How Singles Spend, in: American Demographics, April, S. 22-27.

Soberon-Ferrer, H. / Dardis, R. (1991): Determinants of Household Expenditures for Services, in: Journal of Consumer Research, March, S. 385-397.

Steinhauer, J. / White, C. (1996): Women's New Relationship with Fashion, in: The New York Times, August 5, S. A1 und C9.

The Conference Board (1995): Consumer Market Guide, New York, Consumer Research Center.

U. S. Department of Labor, Bureau of Labor Statistics (1971): Bulletin 1684.

U. S. Department of Labor, Bureau of Labor Statistics (1995): Bulletin 2340.

U. S. Department of Labor, Bureau of Labor Statistics (1995): Report 910.

U. S. Department of Labor, Bureau of Labor Statistics, (1973, 1984, 1990, 1994): Consumer Expenditure Survey, Interview Survey.

Wagner, J. / Hanna, S. (1983): The Effectiveness of Family Life Cycle Variables in Consumer Expenditure Research, in: Journal of Consumer Research, December, S. 281-291.

White, C. (1996): As the Way of All Flesh Goes South, in: The New York Times, October, S. 6, 16.

Wilkes, R. (1995): Household Life-Cycle Stages, Transitions, and Product Expenditures, in: Journal of Consumer Research, Vol. 22, (June), S. 27-42.

**Kapitel 2:
Konzepte und Lösungen von Handelsinformationssystemen**

Analyse, Konzeption und Realisierung von Informationssystemen - eingebettet in ein Vorgehensmodell zum Management des organisatorischen Wandels

Reinhard Schütte

Zusammenfassung

Im vorliegenden Beitrag wird ausgehend von der Bedeutung der Anwendungssystemgestaltung und ihrer Interdependenzen zur Organisationsgestaltung skizziert, wie ein Vorgehensmodell zum Management des organisatorischen Wandels ausgestaltet sein kann. Die Analyse und Entwicklung von Informationssystem-Konzeptionen wird anhand einer möglichen Vorgehensweise innerhalb des Vorgehensmodells demonstriert. Ausgehend von einer bestehenden Datenkonstellation werden die Phasen bis zur Umsetzung der IT- und Organisationsstruktur beschrieben. Zur Unterstützung der Vorgehensweise werden Informationsmodelle verwendet, die zur Strukturierung betriebswirtschaftlichen Wissens dienen. Aufgrund der bei Informationsmodellen im Gegensatz zu textuellen Beschreibungen höheren Formalisierung können sie zugleich den Ausgangspunkt einer informationstechnischen Umsetzung bilden.

1 Informationssysteme in Handelsorganisationen

1.1 Bedeutung von Informationssystemen im Handel

Der Handel in seiner klassischen Rolle als Mittler zwischen Lieferanten und Kunden steht vor hohen Anforderungen, die unter anderem eine Kernprozeßverbesserung (vgl. den Beitrag von Barrenstein) erfordern. Anwendungssysteme nehmen bei der Gestaltung von Geschäftsprozessen eine Schlüsselrolle ein, da eine Reorganisation von Unternehmen nicht ohne Beachtung der Wechselwirkungen organisatorischer und anwendungssystembezogener Aspekte erfolgen kann.

Das Handelsmanagement verkennt Anwendungssysteme zumeist als rein unterstützendes Instrument und nicht als „Enabler" neuer Organisationsformen. Es herrscht noch heute in vielen Handelsunternehmen eine funktionszentrierte Sicht vor, die sich auch in Anwendungssystemen manifestiert hat. Die logischen Abhängigkeiten zwischen den Handelsaufgaben, die in einer prozeßorientierten Betrachtung zum Ausdruck kommen, bleiben somit bei einer traditionellen Funktionsorientierung unbeachtet.

Die funktionsorientierte Sichtweise schlägt sich auch in der klassischen Auffassung von Warenwirtschaftssystemen nieder. Im Gegensatz dazu wird hier eine andere Perspektive eingenommen, indem von Warenwirtschaftssystemen die Unterstützung der dispositiven und logistischen abrechnungsbezogenen Aktivitäten zur Unterstützung der Geschäftsprozesse des Handels (Lager-, Strecken-, Zentralregulierungs- und Aktionsgeschäft sowie das Dienstleistungsgeschäft) gefordert wird. Die Notwendigkeit zur Betrachtung der durch ein Anwendungssystem zu unterstützenden Prozesse wird verstärkt durch zwei Trends, die Handelsunternehmen in ihrer Struktur maßgeblich beeinflussen werden (vgl. Becker/Schütte, 1997b).

Zum einen führen Überlegungen und Implementierungen von *Efficient Consumer Response (ECR)-Konzepten* (vgl. die Beiträge in Kapitel 3 sowie die kritischen Ausführungen von Barrenstein) zur Notwendigkeit, das konfliktäre Verhältnis zwischen Industrie- und Handelsunternehmen aufzulösen, damit sämtliche innerhalb der Wertschöpfungskette vorhandenen Verbesserungspotentiale genutzt werden können. Wesentliche Voraussetzung der ECR-Konzepte ist der Einsatz von interorganisatorischen Anwendungssystemen, da ohne diese eine wirtschaftliche Gestaltung firmenübergreifender Abläufe unmöglich ist.

Der zweite wesentliche Trend im Handel wird weltweit unter dem Schlagwort *Electronic Commerce* diskutiert (vgl. den Beitrag von Hansen). Die Zunahme elektronischen Handels ist vor allem auf die massive Ausweitung des Internets zurückzuführen. Das potentielle Umsatzvolumen, das über elektronische Medien abgewickelt werden kann, dürfte dabei enorm sein. Bereits heute ist es häufig preiswerter, eine CD via Internet in den USA zu bestellen, als sie in Deutschland bei einem Einzelhandelsunternehmen zu kaufen. Es werden neue Handelsformen entstehen, bei denen beispielsweise auch die logistische Abwicklung von Informationsgütern wie Software, CDs oder Bücher über das Internet erfolgen kann.

1.2 Anwendungssystem- und Organisationsgestaltung

Die effiziente Gestaltung des Systems Unternehmen ist nicht mehr ohne Informationstechnik möglich. Diese weithin akzeptierte Rolle der Anwendungssysteme in den Unternehmen führt zur Frage, wie die interdependente Gestaltung der Anwendungssysteme und der Organisation erfolgen kann (vgl. auch Teubner, 1997)).

Welcher Art sind die Wechselwirkungen zwischen dem Design von Anwendungssystemen und der Definition von Aufbau- und Ablauforganisation? In der Betriebswirtschaftslehre werden Technologien traditionell als Rahmenbedingungen aufgefaßt, innerhalb der Gestaltungsspielräume genutzt werden können. Geprägt wird diese Sichtweise durch den informationstechnologischen Stand der siebziger Jahre, in denen die „Datenverarbeitung" die Aufgabe hatte, operative Aufgaben zu automatisieren (z. B. Personalabrechnung, Finanzbuchhaltung). Unter diesen Gegebenheiten wurde die Strategie „Anpassung der Organisation an die EDV-technischen Bedingungen" verfolgt (*Informationstechnik als Restriktion*). Es kam zu einer verstärkten Festlegung von Abläufen, so daß die Abläufe EDV-technisch unterstützt werden konnten.

Einen ersten Wandel erfuhr diese Sichtweise in den achtziger Jahren, in denen durch technologischen Fortschritt insbesondere Dialogverarbeitungen möglich wurden, so daß auch dispositive Aufgaben durch Anwendungssysteme effizienter gelöst werden konnten (*Informationstechnik als Potentialfaktor*). Die durch Anwendungssysteme entstehenden Gestaltungsfreiräume wurden jedoch nur selten genutzt. Nur in Einzelfällen kam es zur Erweiterung des Aufgabenspektrums (job enlargement) und des Entscheidungsspielraums (job enrichment). Die hohe Bedeutung von Anwendungssystemen beim Management des organisatorischen Wandels wurde besonders deutlich im Business Process Reengineering hervorgehoben, bei dem den Anwendungssystemen katalysatorische Wirkung zukommt (Informationstechnik is an „essential enabler [...] since it permits companies to reengineer business processes" (Hammer/Champy, 1993, S. 88)).

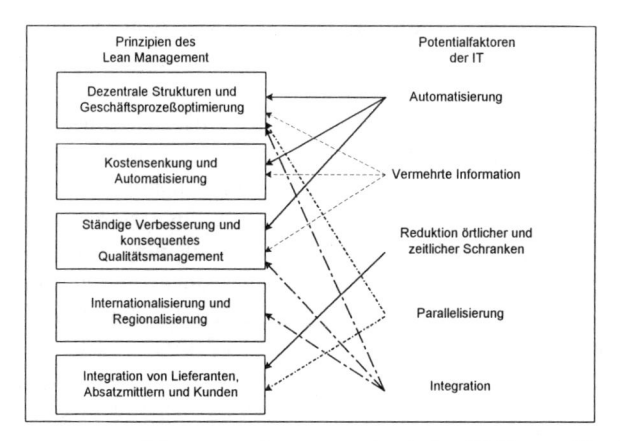

Abb. 1: Unterstützung von Managementkonzepten durch den IT-Einsatz (Quelle: Petrovic, 1994, S. 583)

Einen Überblick über die vielfältigen Nutzeffekte der Informationstechnologie gibt Abb. 1, in der der IT als Potentialfaktor unterschiedliche Managementprinzipien gegenübergestellt werden. Beispielsweise fördert der Einsatz von Anwendungssystemen eine Automatisierung von Abläufen, den Aufbau dezentraler Strukturen, eine Kostensenkung durch Substitution manueller Aufgabenträger und ein verbessertes Qualitätsmanagement.

2 Die Entwicklung einer Informationsstrategie als Aufgabe des geplanten organisatorischen Wandels

2.1 Vorgehensmodell zur Problemlösung auf unterschiedlichen Abstraktionsebenen

Zur Beseitigung von Problemen, die durch ein Diskrepanzempfinden zwischen gewünschtem Sollzustand und wahrgenommen Ist-Zustand entstehen, bedarf es eines zielgerichteten Vorgehensmodells. Im folgenden wird zunächst ein Vorgehensmodell zum Management des organisatorischen Wandels abgeleitet. Bei der Herleitung des Vorgehensmodells wird die Erfahrung der modernen Managementforschung (Staehle, 1994), daß der organisatorische Wandel ein kybernetisches Management erfordert (Malik, 1992), berücksichtigt.

2.1.1 Der Zyklus des organisatorischen Wandels

Das in Abb. 2 skizzierte Vorgehensmodell beinhaltet zwei Zyklen, von denen der eine im Sinne eines Vorgehens vom Speziellen zum Allgemeinen und der andere vom Allgemeinen zum Speziellen abläuft.

Beim *Zyklus vom Speziellen zum Allgemeinen* wird ausgehend von einem Organisationsproblem über die Ableitung der Strukturen und Prozesse ein Vergleich mit einer Referenz („einer Theorie") durchgeführt, damit eine Lösung abgeleitet werden kann. Im einzelnen sind dabei folgende Schritte erforderlich:
- *Probleme* entstehen dadurch, daß eine Abweichung zwischen einem Ist-Zustand bzw. einem voraussichtlich eintretenden Zustand und einem erwünschten Zustand gegeben ist, „ohne zunächst zu wissen, wie diese Zustandsdifferenz überwunden werden kann" (Bretzke, 1980, S. 33f.). Ausgehend von einem Problem in einem Unternehmen, das anhand von objektiven Zahlen (z. B. Jahresüberschuß, Deckungsbeitrag, Durchlaufzeit) oder von subjektiven Einschätzungen (z. B. „andere machen es besser") entsteht, wird nach den Ursachen des Problems *gesucht*.

Analyse, Konzeption und Realisierung von Informationssystemen 195

- Die Zuordnung von Aufgaben zu Aufgabenträgern in der Unternehmung wird erfaßt, indem das „WER" und das „WAS" einer Unternehmung analysiert werden. Mit der *Selektion* und Modellierung der relevanten Prozesse und deren Priorisierung findet ein Übergang zur Analyse der Prozesse statt.
- Entsprechend der Rangordnung priorisierter Prozesse werden diese modelliert, d. h. es wird beschrieben, „WIE" das „WAS" funktioniert. Die erhobenen Prozesse werden Referenzmodellen gegenübergestellt, so daß eine *Bewertung* vorgenommen werden kann.
- Die *Referenzmodelle* bilden allgemeingültige Strukturen und Prozesse ab, die als Vorbild für das betrachtete Unternehmen angesehen werden können. Sie dienen der Prozeßoptimierung, indem die modellierten Istprozesse mit den Referenzmodellen verglichen werden. Durch die *Umsetzung* der adaptierten Referenzprozesse kommt es zur Erhebung von Daten über die neuen Prozesse. Der Regelkreis wird geschlossen, so daß ein Übergang zum Prozeßmonitoring und damit zum Process Change Management geschaffen wird.

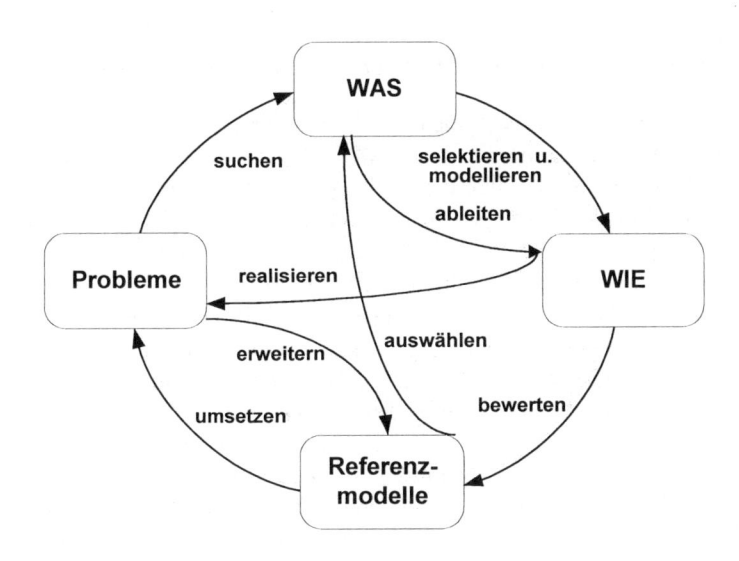

Abb. 2: Das eindimensionale Vorgehensmodell

Ein zweiter Zyklus besteht durch die Betrachtungsebene vom Allgemeinen zum Speziellen mit den Phasen Auswählen, Ableiten, Realisieren und Erweitern.

Er beschreibt, wie in Abhängigkeit von einer theoriegeleiteten Wahrnehmung eine Analyse erfolgt.
- Beispielsweise stellt das SAP-Referenzmodell eine Vorgabe dar, aus der die Unternehmen die relevanten Aspekte *auswählen*.
- Mit der Auswahl relevanter Aspekte des Systems wird die aus Sicht des Unternehmens relevante Problemstellung fokussiert, d. h. es werden die entsprechenden Aufgabenträger und Prozeßstrukturen *abgeleitet*.
- Die Prozeßstrukturen werden durch die konkrete Ausführung im Unternehmen ggf. mehrfach instanziert. In jedem Fall führt die Ausführung eines Prozesses dazu, daß der Prozeß *realisiert* wird.
- Mit der konkreten Instanziierung der einzelnen Prozesse eines Prozeßtyps werden in der Realität Datensituationen erzeugt, die wiederum Probleme hervorrufen können, wenn beispielsweise die Prozesse nicht die erforderliche Effizienz mit sich bringen. Ist dies der Fall, so wird eine *Erweiterung* des unternehmensspezifischen Modells erforderlich, die i. d. R. auch zu einer Erweiterung des Referenzmodells führt.

2.1.2 Differenzierung des Zyklus nach der Bedeutung des Problems

Während die beiden skizzierten Zyklen unmittelbar eingängig und intuitiv verständlich sind, erfordert das herzuleitende Metamodell eine weitere Dimension, welche dem Modell die notwendige Flexibilität und Differenziertheit zur Lösung von Problemen des organisatorischen Wandels verleiht (vgl. ursprünglich Petkoff, 1988, 1993) sowie in einer ersten Annäherung zum hier vorgestellten Ansatz Schütte/Petkoff, 1997). Nach den Kriterien Strukturiertheitsgrad der Planung und Fristigkeitsgrad des Planungsproblems werden die skizzierten Zyklen in *strategische*, *taktische* und *operative* Planungsprobleme eingeteilt. Dadurch wird eine räumliche Ordnungsstruktur geschaffen, die sich an unterschiedlichen Abstraktionsstufen orientiert. Übergänge zwischen den vier Komponenten des Zyklus, wie sie im vorhergehenden Abschnitt beschrieben wurden, werden ergänzt durch die Übergänge von einer Ebene der Abstraktion zu einer anderen (aufwärtsgerichtet im Sinne einer Abstraktion und abwärtsgerichtet im Sinne einer Konkretion der zu verarbeitenden Information). Zwar bestimmt die Komplexität eines Wissensgebietes die Anzahl an Abstraktionsstufen, allerdings hat sich für die Mehrzahl unternehmerischer Fragestellungen eine Unterscheidung in die drei Ebenen operativ, taktisch und strategisch als ausreichend herausgestellt. Auf der *operativen Ebene* finden Meßvorschriften in Form von Kennzahlen Anwendung. Auf der *taktischen Ebene* ist die Gliederung eines Unternehmens bzw. Konzerns nach Subsystemen (z. B. Beschaffungs-, Distributions- und Lagerlogistik) vorzunehmen. Die *strate-*

gische Ebene beschreibt den „Problemraum" des Systems (z. B. Unternehmen, Konzern), seine Referenzbereiche sowie allgemeine Regeln und Werte der Institution. Die Verbindung des Vorgehensmodells mit den Ebenen strategisch, taktisch und operativ führt zu einem dreidimensionalen Modell (vgl. Abb. 3), welches auf jeder Ebene der Abstraktion zwischen Situationsmodellen, Aufgabenträgermodellen, Prozeßmodellen und Referenzmodellen unterscheidet. Hierbei bestehen zwischen jeweils gleichen Modelltypen unterschiedlicher Ebenen (z. B. ein Strukturmodell der strategischen und der taktischen Ebene) Beziehungen.

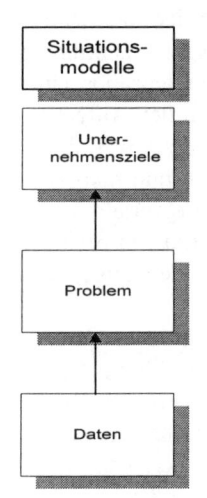

Bei den *Situationsmodellen* werden die tatsächlichen Gegebenheiten der Unternehmung anhand von Wert- und Mengengrößen abgebildet. Auf der *operativen* Ebene können anhand interner oder externer Daten (als Anregungsinformationen) Probleme hervorgerufen werden (durch den Vergleich mit operativen Solldaten). Diese Datenerhebung dient insbesondere auch Zwecken eines Frühwarnsystems (Zimmermann, 1992). Auf der *taktischen* Ebene spiegeln sich Probleme in Form von Differenzen zwischen Soll- und Istausprägung kritischer Erfolgsfaktoren wider. Die Situationsmodelle auf der *strategischen* Ebene enthalten die Unternehmensziele und deren Einbettung in die aktuellen Marktsituation. Bei den Situationsmodellen besteht zwischen den Ebenen eine Bottom-up-Beziehung, d. h. die operativen Daten können zu Maßnahmen auf taktischer und darüber hinaus auf strategischer Ebene führen. Bevor etwas als Problem akzeptiert wird, muß ein Datum durch Übergänge auf die taktische und strategische Ebene in dem gültigen individuellen Marktkontext als kritisch klassifiziert werden. Liegen die Daten vor, so erfolgt auf der operativen Ebene eine Gewichtung nach dem Grad der Abweichung vom individuell gültigen Referenzbereich.

Geeignete Controllinginstrumente für die Ermittlung von Meßgrößen für Geschäftsprozesse (Heib et al., 1996) stellt das Prozeßmonitoring und -controlling auf Basis von Workflow-Management-Systemen (WFMS) bereit. Diese ermöglichen insbesondere die Analyse von quantitativen Größen wie Durchlaufzeit des Auftrags, Anzahl fehlerhafter Rechnungen bei Lieferant A, Anzahl Kundenreklamationen bei Produkt B usw.

Die *Aufgabenträgermodelle* lassen sich als Konstruktionen der organisatorischen und funktionalen Fragestellungen begreifen. Auf der *strategischen Ebene* enthalten die Aufgabenträgermodelle die Beschreibung organisatorischer und technischer Gegebenheiten. Beispielsweise wird die Infrastruktur eines Handelsunternehmens hinsichtlich der Lagerorganisation, der Lagertechnik und des Lagersteuerungssystems als Infrastruktur aufgefaßt. Auf der *taktischen Ebene* beinhalten die Aufgabenträgermodelle die Beschreibung der unternehmerischen Organisationseinheiten und der ihnen zugeordneten Prozesse. Hier wird letztlich die Aufbauorganisation eines Unternehmens fixiert, indem die Aufgaben den Aufgabenträgern zugeordnet werden. Auf der *operativen Ebene* ergeben sich als Resultat der strategischen und taktischen Ebene die verfügbaren Kapazitäten der organisatorischen Einheiten, d. h. welches Arbeitsvolumen (z.B. in Stunden, Belegvolumen, Aufträge gemessen) mit den zugeteilten Ressourcen bewältigt werden kann.

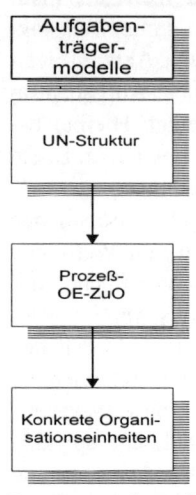

Bei den Aufgabenträgermodellen besteht zwischen der strategischen über die taktische bis hin zur operativen Ebene eine Top-down-Beziehung. Diese Vorgehensweise ist logisch zwingend, da die strategischen Strukturen Vorgaben für die taktische und operative Strukturgestaltung darstellen. Analog zur Gewichtung der Daten bei den Situationsmodellen erfolgt auf der taktischen und operativen Ebene der Aufgabenträgermodelle eine Spezifikation der Strukturen (der Prozesse und der Organisationseinheiten) nach der Häufigkeit der generierten Fehler in „häufig", „selten", „wahrscheinlich" usw.

Geeignete Beschreibungsinstrumente für Aufgabenträgermodelle sind Organigramme oder Prozeßauswahlmatrizen.

Prozeßmodelle repräsentieren im wesentlichen das Wissen über die unternehmerischen Prozeßzusammenhänge. In ihnen sind die Ursachen und die Folgen bestimmter Zustandskonstellationen (Wirkgefüge) der Systemvariablen niedergelegt. Auf *strategischer* Ebene enthalten die Beschreibungen das Verhalten des Systems Unternehmen. Auf der *taktischen* Ebene werden die Prozesse auf Typebene modelliert, d. h. es wird von konkreten Prozeßinstanzen abstrahiert (z. B. Kundenauftragsbearbeitung für sämtliche Kundenaufträge). Auf der *operativen Ebene* erfolgt ein Prozeßmonitoring, indem die einzelnen Prozeßinstanzen analysiert und der Bedeutung des Systemzustands entsprechend bewertet werden. Die Gewichtung bildet eine wesentliche Grundlage für die Wahl möglicher Maßnahmen auf einer taktischen oder strategischen Ebene. Die Ursachen der erforderli-

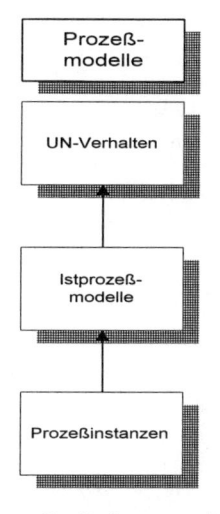

Analyse, Konzeption und Realisierung von Informationssystemen

chen Maßnahmen werden häufig nicht in dem einzelnen Ablauf, sondern vielmehr in der generellen Ablaufstruktur, d. h. auf taktischer Ebene, begründet sein.

Zwischen der strategischen, der taktischen und der operativen Ebene besteht bei den Prozeßmodellen eine Bottom-up-Beziehung. Das Verhalten des Systems ergibt sich stringent aus den einzelnen Prozessen und deren Abstraktionen, den Prozeßtypen (Istprozeßmodellen). Mögliche Instrumente für die Beschreibung von Prozeßmodellen sind u. a. Petri-Netze sowie die daran angelehnten Ereignisgesteuerten Prozeßketten.

In *Referenzmodellen* ist niedergelegt, welche Handlungsoptionen für die Organisation nützlich sind. Auf *strategischer* Ebene werden hierzu allgemeine Regeln definiert, die den „best practice" wiedergeben. Diese enthalten Präferenzen und daraus ableitbare Handlungen. Auf der *taktischen* Ebene findet sich eine Beschreibung von Referenzen auf Informationsmodellebene. Sie ermöglichen die Analyse von Handlungen, da hier im Sinne eines Benchmarkings (Heib et al., 1996) eine Bewertung möglich ist. Auf *operativer* Ebene werden konkrete Bewertungskriterien für die Organisation vorgegeben, wie beispielsweise der Deckungsbeitrag eines Projektes oder die Durchlaufzeit für die Fertigung eines Einzelauftrages.

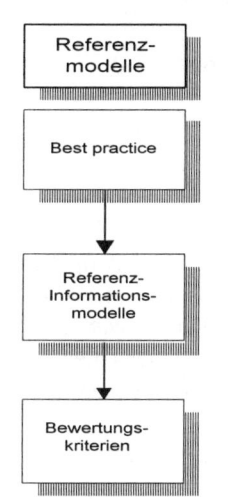

Vor der Wahl einer Maßnahme ist anhand von Kosten-Nutzen-Analysen zu überprüfen, ob eine Handlung überhaupt durchgeführt werden soll. Ausgehend vom „best practice" und unter Beachtung allgemeiner unternehmerischer Regeln ist der Übergang zur taktischen Ebene zu vollziehen. Referenz-Informationsmodelle wiederum führen zu der Vorgabe von Bewertungskriterien auf der operativen Ebene, so daß zwischen der strategischen, taktischen und operativen Ebene eine Top-down-Beziehung besteht. Ein Referenzmodell stellt somit eine Referenz-Wissensbasis dar, die mit Hilfe semi-formaler Methoden erstellt wurde.

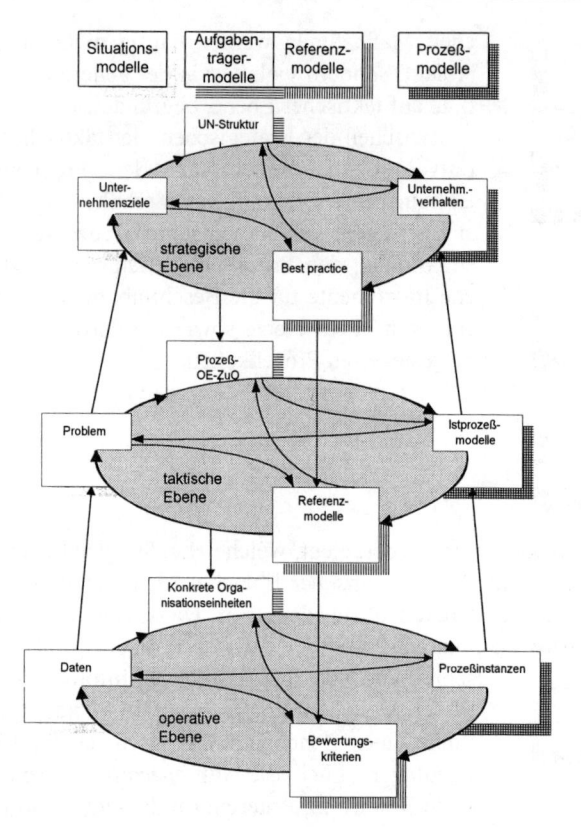

Abb. 3: Modell für das Management des organisatorischen Wandels

Auch wenn der Ablauf i. d. R. von den Situationsmodellen über die Aufgabenträger- und Prozeßmodelle hin zu Referenzmodellen führt, so sei angemerkt, daß ein Einstieg in das Vorgehensmodell an jeder Stelle erfolgen kann. Erfahrungen des experiential learning (Kolb/Fry, 1972) haben gezeigt, daß es unterschiedliche Problemlösungsarten gibt, die vom Menschen zur Lösung von Problemen angewendet werden.

2.2 Einbettung der IS-Strategieentwicklung in das Vorgehensmodell

Auch wenn die Vorgehensweise zur Neugestaltung der Anwendungssysteme nicht einheitlich ist, so kann idealtypisch folgende Situation angenommen werden (vgl. Abb. 4):

Ausgehend von operativen Datensituationen können taktische Probleme entstehen (1), die eine Analyse des Problemraumes erfordern, um eine erste Konkretisierung der Problemursachen zu erhalten (2).

Die betroffen Organisationseinheiten und Prozesse sind vertiefend auf Mängel hin zu analysieren (3). Nach der Analyse ist ein Übergang auf die strategische Ebene erforderlich (4), um durch den Vergleich des Unternehmensverhaltens mit dem „best practice" mögliche Handlungsalternativen zu ermitteln. Es wird in einer ersten Wirtschaftlichkeitsüberlegung untersucht, welche Alternativen (z. B. Anwendungssysteme, Netze) für die Fragestellung zu beachten sind (5).

Mit der Auswahl der relevanten Referenzobjekte findet ein Übergang auf die taktische Ebene statt (6), indem das dem „best practice" zugrundeliegende Referenzmodell als Vergleichsmaßstab für die Istprozeßmodelle herangezogen wird (6'). Anhand des Vergleichs zwischen einem Ist- mit einem Sollzustand wird der Anpassungsbedarf für Organisation und Anwendungssysteme aufgezeigt. Den entsprechenden Prozessen (verstanden als Menge betriebswirtschaftlicher Aufgaben) sind Aufgabenträger zuzuordnen (z. B. Listung und Ordersatzgestaltung ist Aufgabe des Vertriebs) (7).

Nachdem die Organisationseinheiten auf taktischer Ebene festgelegt sind, bedarf es der Fixierung der konkreten Organisationseinheit, die für die Aufgaben verantwortlich ist (z. B. Listung und Ordersatzgestaltung Lebensmittel in der Abteilung Vertrieb Nord) (8). Mit dieser Konkretisierung können die einzelnen Prozeßinstanzen auch einer Bezugsgröße zugeordnet werden (9), die für eine Bewertung der Prozesse erforderlich ist. Die traditionelle Auffassung, daß Informationsmodelle, die sich auf einer Typebene befinden, überhaupt einer Messung zugänglich sind, trügt. Nur auf Prozeßinstanzenebene (z. B. Erfassung der Rechnung vom Lieferanten Maier vom 16.12.) können Zeit-, Mengen- und Kostengrößen gemessen werden, die für eine quantitative Rechnung und damit eine Optimierung im engeren Sinne erforderlich sind (Optimierung heißt Maximierung bzw. Minimierung einer Zielfunktion, die nur möglich ist, wenn die Zielfunktion hinsichtlich des Erfüllungsgrads gemessen werden kann). Von den Prozeßinstanzen, die in dieser Phase eher gedanklichen Charakter besitzen, um eine Datenbasis für die Wirtschaftlichkeitsrechnung auf strategischer Ebene zu konstruieren, erfolgt der Übergang auf Typebene (ggf. mit der Ermittlung von Durchschnittswerten und Abweichungsmaßen, sofern diese nicht bereits auf der Instanzenebene fiktiv angenommen wurden, so daß eine Durchschnittsbildung unterbleiben kann)

(10). Von der Typebene wird auf die strategische Ebene gewechselt (11), um die Konsequenzen der Überlegungen hinsichtlich der Wirtschaftlichkeit beurteilen zu können. Es wird eine Wirtschaftlichkeitsrechnung erforderlich, die einem „best practice" gegenübergestellt wird (12).

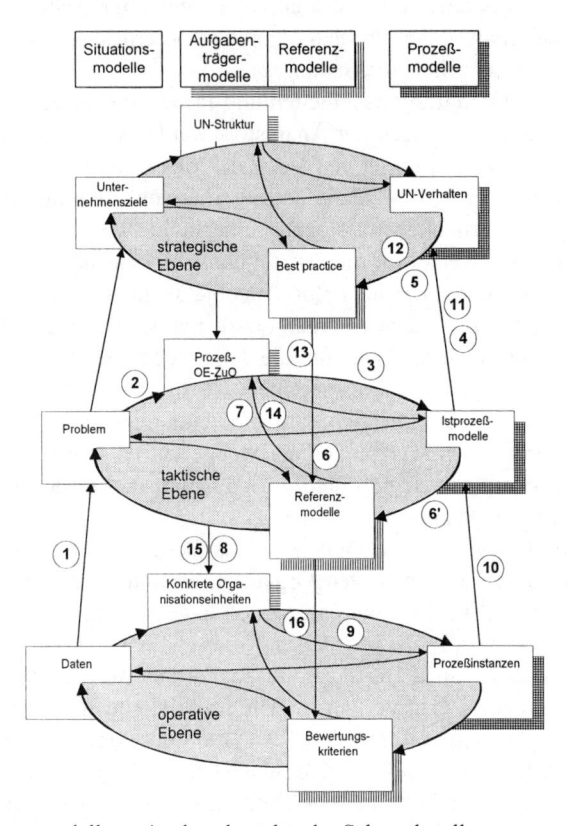

Abb. 4: Vorgehensmodell zur Analyse bestehender Schwachstellen

Nach der Entscheidung für eine Alternative bedarf es deren Umsetzung im Unternehmen. Diese basiert auf einem - zumindestens bei Standardsoftware - expliziten Referenzmodell (13), welches bereits zu einer früheren Phase zum Abgleich mit dem Istmodell genutzt werden konnte. Aus dem Referenzmodell werden die relevanten Prozesses selektiert, den Aufgabenträgern des Unternehmens zugeordnet (14) und konkrete Organisationseinheiten für die Prozesse verantwortlich gemacht (15). Der letzte Schritt besteht in der Ausführung (Instanziierung) der Prozesse im „operativen Betrieb" (16).

3 Entwicklung einer Informationssystem-Konzeption

3.1 Problemidentifikation (Istanalyse, grob)

Ausgehend von einem *Problem* in einem Unternehmen, das anhand von objektiven Zahlen (z. B. Jahresüberschuß, Deckungsbeitrag, Durchlaufzeit) oder von subjektiven Einschätzungen (z. B. „andere machen es besser") entsteht, wird nach den Ursachen des Problems *gesucht*. Dieses erfolgt über eine Erhebung der Strukturen des Unternehmens.

Exemplarisch sei angenommen, daß eine Geschäftsleitung nach der Besichtigung eines Konkurrenzunternehmens zu dem Schluß gekommen ist, daß im Vertrieb und in der Logistik Ineffizienzen im eigene Unternehmen existieren. Bei Gesprächen konkretisiert sich diese Einschätzung dahingehend, daß viele Prozesse in den Bereichen Marketing und Logistik suboptimal gestaltet sind.

3.2 Selektion und Modellierung der Prozesse (Istanalyse, detailliert)

Nachdem der Problemraum in einem ersten Schritt umrissen wurde, ist zu analysieren, welche Elemente des Problemraums mit welchem Detaillierungsgrad untersucht werden sollen. Zu diesem Zweck ist zunächst festzulegen, welche Prozesse und welche Aufgabenträger (insbesondere Organisationseinheiten) analysiert werden sollen.

3.2.1 Selektion der zu modellierenden Prozesse

Die *Aufgabenträger und Prozesse* in der Unternehmung werden erfaßt, indem das „WER" und das „WAS" einer Unternehmung analysiert werden. Mit der *Selektion* der relevanten Prozesse und deren Priorisierung findet ein Übergang zur Modellierung der Prozesse statt. Es sind Kriterien anzugeben, welche Prozesse in welcher Reihenfolge zu modellieren sind.

		niedrig	hoch
Prozeßergebnisbeitrag	hoch	Prozeß mit mittlerer Modellierungspriorität 2	Prozeß mit hoher Modellierungspriorität ○ Listung 3 ○ Wareneingang
	niedrig	Prozeß mit niedriger Modellierungspriorität 1	Prozeß mit mittlerer Modellierungspriorität 4
		niedrig	hoch
		Reorganisationsbedarf	

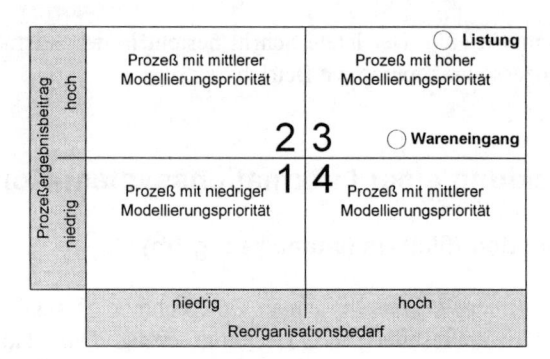

Abb. 5: Prozeßportfolio zur Selektion zu modellierender Prozesse (Quelle: In Anlehnung an Becker/Rosemann/Schütte, 1995, S. 440)

Hier wird vorgeschlagen, die Auswahl der Prozesse anhand eines Portfolios mit den Dimensionen Ergebnisbeitrag und Reorganisationsbedarf vorzunehmen. Bezogen auf das Beispiel aus dem Marketing und der Logistik sind die Prozesse zu selektieren. Eine Bewertung der modellierten Prozesse Wareneingang (Logistik) und Listung (Marketing) möge zu der in Abb. 5 wiedergegebenen Einordnung in das Prozeßportfolio geführt haben. Der Listungsprozeß besitzt demnach eine höhere Modellierungspriorität als der Wareneingangsprozeß.

3.2.2 Modellierung der Ist-Situation

Entsprechend der Rangordnung priorisierter Prozesse sind diese zu modellieren, d. h. es wird beschrieben, „WIE" das „WAS" funktioniert.

3.2.1.1 Detaillierungsgrad der Istmodellierung
Bei der Erhebung des Istzustands stellt sich die Frage, in welcher Detailliertheit die Betrachtung erfolgen sollte. Hammer beispielsweise vertritt die Auffassung, daß auf eine Modellierung des Istzustands verzichtet werden sollte (sog. „Grüne-Wiese-Ansatz" Hammer, 1990, S. 15). Im wesentlichen sprechen *gegen eine detaillierte Analyse des Istzustands* folgende Gründe:
- Durch die Betrachtung des Istzustands prägt sich der bestehende Zustand derart stark in den „Köpfen" der Beteiligten ein, daß wenig Möglichkeiten für kreative Ideen zur Neugestaltung bleiben, d. h. der zukünftige Sollzustand orientiert sich zu sehr an bestehenden Strukturen und Abläufen.

- Die Erstellung eines Istmodells ist zum einen sehr zeitintensiv und zum anderen sehr kostspielig. Dieses ist um so mehr der Fall, je weniger vom bestehenden Zustand dokumentiert vorliegt. Existieren hingegen aktuelle Organisations- und DV-Dokumentationen, verringert sich der Aufwand zur Erstellung eines detaillierten Istmodells.
- Die zeitliche Persistenz des Istmodells ist sehr gering, da das Modell nur bis zur Umsetzung des Sollmodells Bestand hat.

Hingegen sprechen für eine detaillierte Istmodellierung:
- Eine profunde Istanalyse bildet die Grundlage zur Identifikation von Schwachstellen, die Verbesserungspotentiale und mögliche Restriktionen aufzeigt.
- Eine präzise dokumentierte Bewertung der Schwachstellen und ein daraus abgeleiteter Handlungsbedarf zeigen dem Vorstand und in den DV- und Fachabteilungen die Veränderungsnotwendigkeit auf.
- Die fehlende Orientierung an Istprozessen birgt die Gefahr, daß die bestehenden Funktionen vernachlässigt werden, obgleich sie auch zukünftig erforderlich sind. Diese Gefahr wird um so größer, je stärker bei der Erstellung der Sollkonzepte unreflektiert Referenzmodelle herangezogen werden, da die Spezifika des Unternehmens gegebenenfalls zu wenig Beachtung finden.
- Bei einem geringen Veränderungsbedarf werden in dieser Phase bereits die wesentlichen Funktionen und Prozesse des Unternehmens identifiziert, die die Grundlage für das im Sollkonzept zu entwickelnde Anforderungsprofil sind. Nach der Erstellung des Sollkonzepts verdeutlicht die Diskrepanz zum Sollmodell den Reorganisationsbedarf.

Werden die einzelnen Argumente gewichtet, so kann grundsätzlich auf eine Istanalyse nicht verzichtet werden. Kenntnisse über die Anforderungen eines Unternehmens lassen sich nur nach - mindestens - rudimentärer Erfassung der Ist-Situation gewinnen.

3.2.1.2 Künstliche Sprachen zur Istmodellierung
Bei der Istmodellierung kommt es zur Explikation betriebswirtschaftlichen Wissen, indem das Wissen mit Hilfe von Sprachen repräsentiert wird. Die Explikation ist sowohl für organisatorische als auch informatorische Gestaltungsansätze unabdingbar. Für beide Zwecke kann auf Ergebnisse der Systemtheorie in gleichem Maße zurückgegriffen werden. Unter einem System wird traditionell eine Menge von Elementen verstanden, zwischen denen Beziehungen bestehen. Das System weist eine statische und dynamische Struktur auf und innerhalb der dynamischen Struktur ist ein bestimmtes Verhalten möglich. Aus Sicht der Betriebswirtschafts-

lehre wird beispielsweise die Organisation in eine statische Aufbauorganisation (Struktur) und eine dynamische Ablauforganisation (Verhaltensstruktur) unterschieden. Die Beschreibung des betrieblichen Informationssystems ist für die skizzierten Zwecke der Anwendungssystem- und Organisationsgestaltung unverzichtbar. Dabei ist eine informale, d. h. textuelle Dokumentation nicht ausreichend, weil für die Zwecke einer informationstechnischen Realisierung ein bestimmter Formalisierungsgrad vorhanden sein muß. Auch bei nicht unmittelbar mit Anwendungssystembezug verbundenen Zwecken ist eine Formalisierung sinnvoll, weil erst diese eine höhere Exaktheit mit sich bringt, die auch in rein organisationsgetriebenen Verwendungsbereichen vorteilhaft ist. Hier wird die These vertreten, daß eine - im Gegensatz zur textuellen Beschreibung - höhere Formalisierung notwendig ist, um den diversen Zwecken in gleichem Maße Rechnung zu tragen und damit letztlich auch einen Beitrag zu einer redundanzarmen Beschreibung mitunter gleicher Sachverhalte zu leisten. Dabei sollte die Fomalisierung nicht als Selbstzweck verstanden werden, so daß für die betriebliche Praxis insbesondere semi-formale Beschreibungssprachen geeignet erscheinen, den hohen Anforderungen zur Komplexitätsbeherrschung gerecht zu werden.

Als exemplarische Methoden wurden im Beitrag von Becker bereits das Entity-Relationship-Modell (ERM) und die Ereignisgesteuerten Prozeßkette (EPK) erläutert (vgl. Beitrag von Becker und die dort zitierte Literatur), die zur (statisch) strukturellen bzw. (dynamisch) ablaufstrukturorientierten Beschreibung geeignet sind.

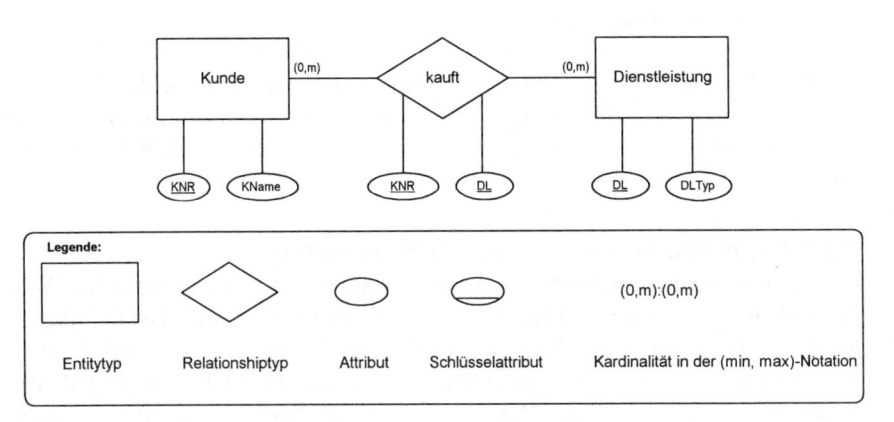

Abb. 6: Statische Strukturbeschreibung mit dem ERM

In Abb. 6 ist ein einfaches ERM abgebildet, in dem skizziert wird, daß eine Beziehung „kauft" zwischen Kunden und Dienstleistungen besteht. Die Bezeichnung der Kante (0,m) beim Kunden gibt beispielsweise wieder, daß ein Kunde keine Dienstleistung kaufen muß (0) oder beliebig viele Dienstleistungen kaufen kann (m). Analog ist die Kante von der Dienstleistung zum Beziehungstypen „kauft" zu interpretieren.

Die EPK dient dazu, die Abläufe von Unternehmen zu modellieren. So gibt die EPK in Abb. 7 wieder, daß beim Eintreten des Zustands „Artikel sind Filialen zuzuordnen" die Funktion „Artikel Filialen zuordnen" durchgeführt werden kann. Nach der Funktionsausführung wird dies durch den Zustand „Artikel Filialen zugeordnet" angegeben.

Ereignis
Ein Ereignis spiegelt einen Zustand wider, der alleine oder zusammen mit anderen Zuständen das Ergebnis einer Funktion darstellt oder Funktionen aktiviert.

Organisatorische Einheit
Die organisatorische Einheit beschreibt ein Organisationsobjekt, das in eine aufbauorganisatorische Struktur eingebettet ist.

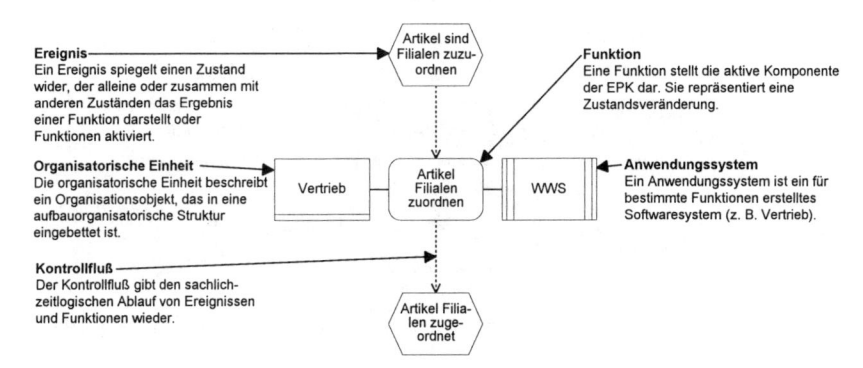

Kontrollfluß
Der Kontrollfluß gibt den sachlich-zeitlogischen Ablauf von Ereignissen und Funktionen wieder.

Funktion
Eine Funktion stellt die aktive Komponente der EPK dar. Sie repräsentiert eine Zustandsveränderung.

Anwendungssystem
Ein Anwendungssystem ist ein für bestimmte Funktionen erstelltes Softwaresystem (z. B. Vertrieb).

Abb. 7: Dynamische Strukturbeschreibung mit Ereignisgesteuerten Prozeßketten

Die Eignung der skizzierten Beschreibungssprachen (*künstlicher Sprachen*) in der betrieblichen Praxis ist vor allem aufgrund der Verwendungsvielfalt der Modelle hoch (vgl. Abb. 8). Entgegen der weit verbreiteten Praxis, betriebswirtschaftliches Wissen in Textform zu verfassen oder in den Köpfen der Mitarbeiter zu belassen, zeichnen sich semi-formale (graphische) Beschreibungsformen durch eine höhere Exaktheit und Nachvollziehbarkeit aus.

Die potentielle Einsatzbreite einer einzigen graphischen Beschreibung reicht von Zertifizierungszwecken bis hin zur Unterstützung einer Prozeßkostenrechnung. Der Vorteil derartiger Beschreibungsverfahren, die mittlerweile durch eine Vielzahl an Werkzeugen (Tools) unterstützt werden, besteht in der redundanzarmen Darstellung und Verwaltung unterschiedlicher Informationsinteressen. Beispielsweise kann eine Beschreibung sowohl für DIN ISO 9000ff., für Zwecke der Softwareeinführung und zur Geschäftsprozeßoptimierung genutzt werden

(„multi-zweckorientierte" Informationsmodelle, auch „multiperspektivisch" genannt, vgl. Rosemann, 1996). In den Unternehmen hingegen existieren zumeist redundante Repräsentationsformen des Wissens. Beispielsweise werden Organisationshandbücher verfaßt, in denen die Abläufe detailliert beschrieben sind, und in der EDV-Abteilung existieren semi-formale Dokumentationen der informationstechnisch relevanten Ablaufbestandteile. Sofern Textdokumente erforderlich sind, wie für die Zertifizierung nach DIN ISO 9000ff., kann mit den heutigen informationstechnischen Möglichkeiten aus den graphischen Beschreibungsformen der erforderliche Text generiert werden.

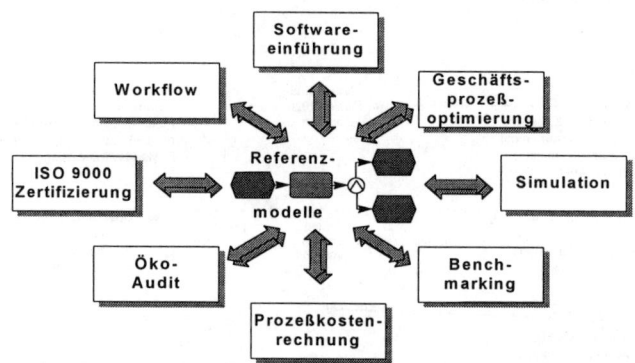

Abb. 8: Einsatzbereiche von Informationsmodellen (Quelle: Reiter/Wilhelm/Geib, 1997, S. 7)

Somit wird die semi-formale Beschreibung als eine adäquate Repräsentation betrieblichen Wissens aufgefaßt. Die Wissensrepäsentation mit Hilfe von (semi-) formalen Sprachen wird hier - begrifflich verkürzt - als Informationsmodell bezeichnet.

3.2.1.3 Exemplarische Modellierung eines Istprozesses
Aus der Bewertung der zu modellierenden Prozesse im obigen Beispiel ist hervorgegangen, daß der Listungsprozeß die höchste Modellierungspriorität besitzt. Die Modellierung erfolgt zumeist in Projektteams, an der Mitarbeiter der DV-/Orga- und der Fachabteilung beteiligt sein sollten. Auf diese Weise wird den Interdependenzen zwischen Anwendungssystem- und Organisationsgestaltung auch aufbauorganisatorisch Rechnung getragen.

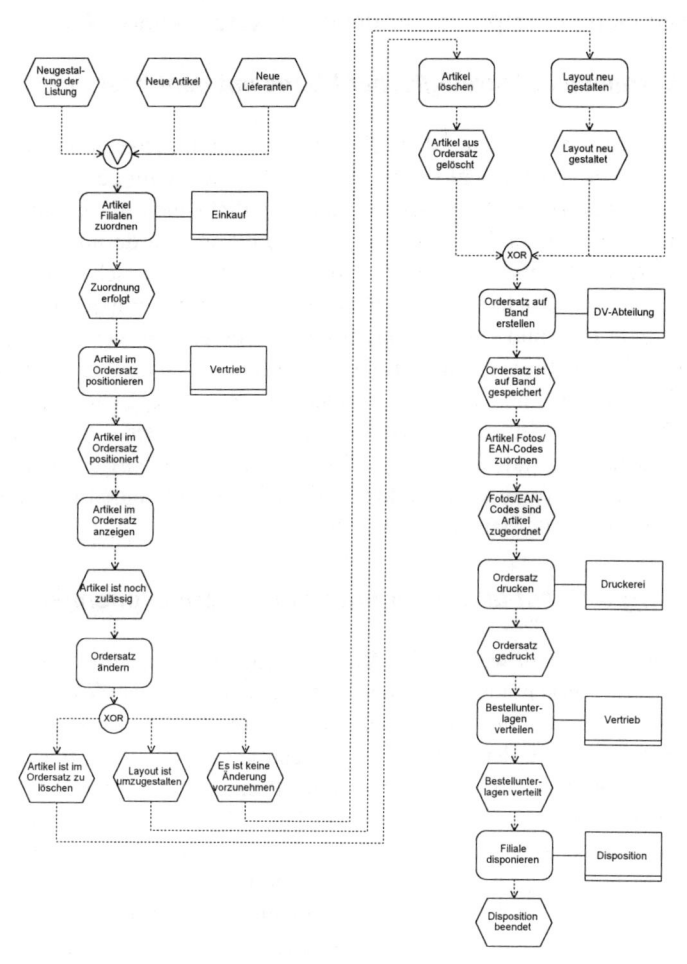

Abb. 9: Istprozeß zur Listung und Ordersatzgestaltung

In Workshops zur Erhebung des Listungsprozesses ist zunächst der Aufgabenumfang des Prozesses zu definieren und anschließend der Istprozeß zu dokumentieren. Unter der Listung wird die Bekanntmachung von Artikeln bei Abnehmern verstanden, um die Artikel logistisch handhaben zu können. Eng verbunden mit der Listung ist der Ordersatz, der die Bestellunterlage des Abnehmers darstellt. Als Ergebnis der Modellierungsbemühungen ist der Istablauf zur Listung und Ordersatzgestaltung entstanden, wie er exemplarisch in Abb. 9 abgebildet ist.

3.3 Vergleich der Istprozeßmodelle mit Referenzmodellen

3.3.1 Vergleich auf strategischer Ebene mit dem best practice

Auf der strategischen Ebene ist, nachdem von den Istprozeßmodellen auf das Unternehmensverhalten geschlossen wurde, ein Vergleich mit dem „best practice" erforderlich. Es ist zu prüfen, welche Lösungsmöglichkeiten für das Unternehmen geeignet und effizient sind. Es ist zu prüfen, ob die neu zu definierenden Regeln dem „best practice" entsprechen und ob die Alternativen wirtschaftlich sind. Eine detaillierte Wirtschaftlichkeitsrechnung kann noch nicht vorgenommen werden, da diese exakte Ein- und Auszahlungsströme der Investition voraussetzt, die aufgrund fehlender Kenntnis der Investitionsauswirkungen zu diesem Zeitpunkt noch nicht eruiert werden können. Mit der Selektion des strategischen Vergleichsobjekte (z. B. Standardsoftware von SAP, Baan, Navision oder Individualsoftware) erfolgt ein Übergang auf die taktische Ebene, da den strategischen Referenzobjekten Referenz-Informationsmodelle zugrunde liegen, die einen konzeptionellen Vergleich mit dem Istzustand ermöglichen.

3.3.2 Vergleich auf taktischer Ebene mit Informationsmodellen

Die erhobenen Prozesse werden den Referenzmodellen gegenübergestellt, so daß eine *Bewertung* vorgenommen werden kann. Die *Referenzmodelle* bilden allgemeingültige Strukturen und Prozesse ab, die als Vorbild für das betrachtete Unternehmen angesehen werden können (vgl. Schütte, 1996, 1997, Becker/Schütte, 1997b, vgl. auch Hars, 1994). Sie dienen der Prozeßoptimierung, indem die modellierten Istprozesse mit den Referenzmodellen verglichen werden. Für Handelsunternehmen existieren Referenzmodelle (vgl. in Kurzform Becker/Schütte, 1996), die auch in elektronischer Form im ARIS-Toolset verfügbar sind.

Sofern kein explizites Referenzmodell vorhanden ist, wird trotzdem eine Referenz benötigt, gegen die ein Vergleich vorgenommen werden kann. Die Referenz kann entweder die gedankliche Vorstellung der Entscheidungsträger oder ein externes Unternehmen sein (Benchmarking).

In Abb. 10 ist ein konfiguriertes Referenzprozeßmodell für die „Listung und Ordersatzgestaltung" skizziert. Das Referenzmodell korrespondiert zu dem in Abb. 9 abgebildeten Istprozeßmodell (es sind im Referenzmodell keine Organisationseinheiten angegeben, da dieses auf einer unternehmensunabhängigen, allgemeingültigen Ebene nicht möglich erscheint).

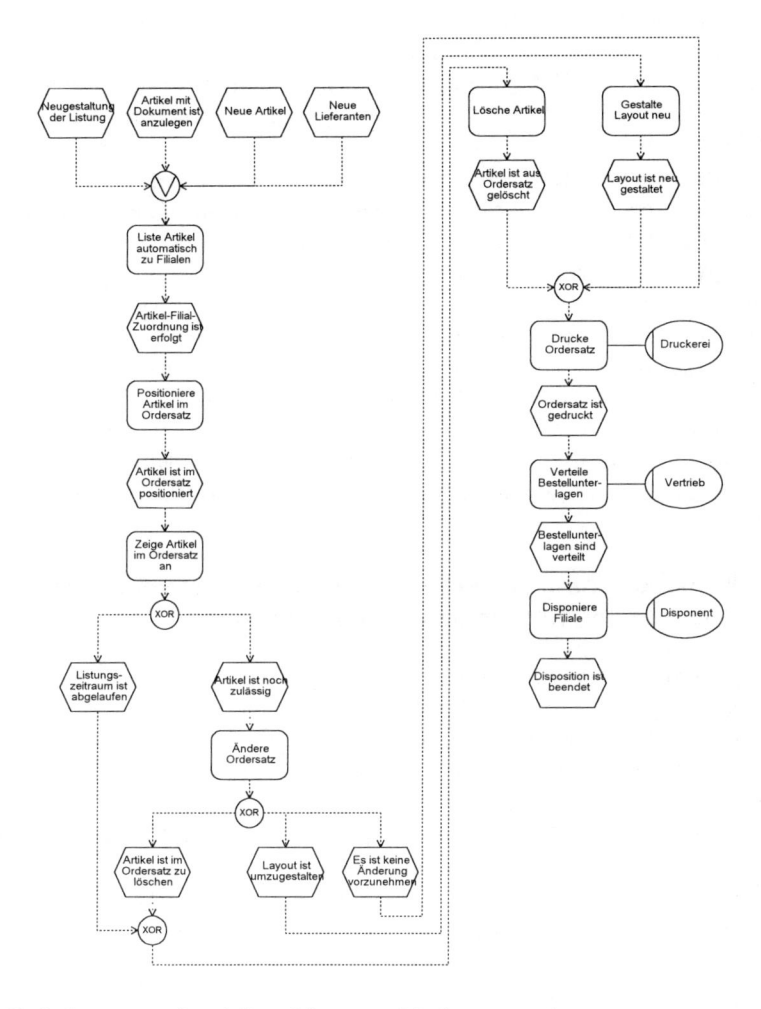

Analyse, Konzeption und Realisierung von Informationssystemen   211

Abb. 10: Referenzprozeßmodell zur Listung und Ordersatzgestaltung

Anhand des Vergleichs der beiden Modelle können folgende Unterschiede identifiziert werden:
- Im Gegensatz zum Istmodell, in dem die ungenügende DV-Durchdringung bei der Ordersatzgestaltung zu bemängeln ist, lassen sich im Referenzmodell Objekte wie Fotos von Artikeln zusammen mit den Artikelstammdaten in der Da-

tenbank verwalten. Die Dokumente können direkt bei der Artikelstammdatenpflege mit erfaßt werden. Auf diese Weise wird es möglich, auf eine Banderstellung in der EDV-Abteilung zu verzichten, da der Ausdruck nicht bei der Druckerei durchgeführt werden muß, sondern im Unternehmen selbst erfolgen kann.

- Das Referenzmodell erzwingt, daß bei einer ablaufenden Zulässigkeit eines Artikels in der Listung dieser sofort aus dem Ordersatz entfernt wird. Der Ordersatz darf nur Veränderungen enthalten, die durch die Listung entstanden sind. Auf diese Weise wird im Referenzmodell die Durchgängigkeit von Listung und Ordersatz sichergestellt. Bei der Disposition eines Abnehmers können keine Artikel bestellt werden, die nicht gelistet sind.
- Durch die Nutzung von Sortimentsregeln, d. h. der Charakterisierung von Abnehmern (ein Abnehmer ist eine Generalisierung von Filiale und Kunde) und des Sortiments beispielsweise in A-, B- und C-Segmente, entfällt im Referenzmodell der Aufwand, jede Artikel-Filial-Beziehung explizit anzugeben, wenn der Artikel von diesen Abnehmern disponiert werden soll.

3.4 Konkretisierung der isoliert betrachteten Systemlösungen zu Zwecken der Entscheidungsvorbereitung

Bislang wurde ein einziger Bereich betrachtet, für den ausgehend von einem strategischen Vergleich eine taktische Betrachtung erfolgte. Dieses stellt im Gegensatz zur Vorgehensweise in der Realität eine zweifache Vereinfachung dar.

Erstens sind in der Realität mehrere Vergleichsobjekte denkbar. Beispielsweise können unterschiedliche Anwendungssystem-Organisationskombinationen als „best practice" aufgefaßt werden, die in den Vergleich einzubeziehen sind. Allerdings können nicht sämtliche Lösungsmöglichkeiten, die einen „best practice" repräsentieren, in eine Analyse einbezogen werden (informationsökonomische Argument). Beim skizzierten Übergang von der strategischen auf die taktische Ebene wurde bewußt nur eine Alternative betrachtet.

Eine *zweite Vereinfachung* besteht in dem Umstand, daß bislang nur ein Bereich (System) ohne Wechselwirkungen zu anderen Bereichen (Systemen) untersucht wurde. In Unternehmen werden beispielsweise parallel Untersuchungen in den Bereichen Einkauf, Vertrieb und Controlling angestellt, ohne die Interdependenzen der untersuchten Bereiche zu betrachten. Dies führt dazu, daß die Lösungskonzepte für die Teilsysteme hinsichtlich ihrer Integrierbarkeit geprüft und im Sinne des Unternehmensziels bewertet werden müssen. Dabei bilden die Informationsmodelle die konzeptionelle Basis der Softwareauswahl bzw. geben Hinweise für eine Eigenentwicklung, sofern keine geeignete Standardsoftware am

Markt verfügbar ist. Nach der Festlegung der ggf. revidierten Lösungen für die Teilsysteme und ihrer Integration in eine Gesamtkonzeption ist festzulegen, in welcher zeitlichen Reihenfolge welche Bereiche neue Lösungskonzepte umsetzen sollen. Erst nach der Entscheidung einer konkreten Realisierungsstrategie kann eine Wirtschaftlichkeitsrechnung erfolgen, da insbesondere die zeitliche Verteilung der Ein- und Auszahlungen erst nach dieser Entscheidung feststeht.

Die Aufgaben sind interdependent und bedingen einander. So baut beispielsweise die Realisierungsstrategie auf der Gesamtkonzeption auf oder die Entscheidung für eine Lösung eines Teilsystems beeinflußt die Selektion einer Lösung für ein anderes Teilsystem.

3.4.1 Entwicklung eines Integrationskonzepts für die Teilsystemlösungen

Hinsichtlich der entwickelten Lösungsvorschläge für einzelne Teilsysteme ist insbesondere zu prüfen, ob strategische Konflikte zu einem EDV-Rahmenplan bestehen. Der EDV-Rahmenplan umfaßt die grundsätzlichen Entscheidungen über die Informationsinfrastruktur: die Hardware (Stufigkeit der Client-/Server-Architektur, Herstellerauswahl), das Betriebssystem und die betriebssystemnahe Software, die Netzarchitektur und die Netzkomponenten, die Anwendungssoftware (make or buy-Entscheidung, also die Entscheidung über Neuentwicklung, Software Reengineering oder Kauf einer Standardsoftware), die Softwareentwicklungsumgebung und die grundsätzliche Gestaltung der Benutzeroberfläche (sofern nicht Standardanwendungssoftware). Die wichtigste Fragestellung ist hierbei, die betriebswirtschaftlichen Anwendungssoftware-Lösungen der Teilsysteme miteinander zu verbinden, d. h. auf Integrierbarkeit hin zu überprüfen. Basis der Anwendungssysteme muß, da sie zunehmend komplexer werden, eine (logisch) integrierte Datenverarbeitung, d. h. die gemeinsame Nutzung von Daten durch unterschiedliche Anwendungssysteme, sein.

Grundsätzlich sind bei der Entscheidung im Rahmen der Anwendungssysteme drei Möglichkeiten denkbar, sofern bestehende Systeme als veraltet bewertet wurden. Neben der Entwicklung individueller Software durch das Unternehmen oder durch ein Softwarehaus sind das Software-Reengineering (Eicker/Jung/Kurbel, 1993, Eicker/Kurbel/Pietsch/Rautenstrauch, 1992, S. 137f., Sneed, 1992, S. 120) und der Kauf von Standardsoftware zu nennen (Martiny/Klotz, 1990, S. 79f.). Insbesondere die letztgenannte Alternative hat sich in der Industrie in den letzten Jahrzehnten in vielen Bereichen durchgesetzt; im Handel ist für die zentralen Bereiche der Warenwirtschaft erst in jüngster Zeit eine Hinwendung zur Standardsoftware zu erkennen. Es fehlte hier von Anbieterseite lange Zeit ein durchgängiges Standardsoftwaresystem, das für größere Handelsunternehmen geeignet war.

Die zum Zeitpunkt der Entwicklung einer Informationsstrategie bestehenden Softwaresysteme sind daraufhin zu untersuchen, ob sie mit dem Rahmenplan konform gehen. Ist dies der Fall, muß entschieden werden, wie sie in die Gesamtarchitektur einzufügen sind. Analoges gilt auch für den Fall, daß ein „Mix" von Standardsoftware, Individualsoftware und „reengineerten" Altsystemen für die einzelnen Teilsysteme untersucht werden soll. Informationsflußmodelle stellen eine Möglichkeit der übersichtlichen Darstellung der Interdependenzen von Teilsystemen mit anderen Teilsystemen dar. Sind Informationsflußmodelle einzelner Teilsysteme (z. B. zwischen einem Teilsystem Einkauf (Individualsoftware) und einem Teilsystem Lagerverwaltung (Standardsoftware)) nicht mit dem Rahmenplan in Übereinstimmung zu bringen, so muß anhand von prognostizierten Wirtschaftlichkeitseffekten in den einzelnen Teilsystemen entschieden werden, wie eine Lösung gestaltet werden kann. Sofern Konflikte nur mit Altsystemen entstehen, die ohnehin abgelöst werden sollen, muß die Realisierungsstrategie Lösungen zum Ersatz dieser Teilsysteme anbieten und den Zeitpunkt der Ablösung vorgeben.

Zu den strategischen Entscheidungen gehören auch die grundsätzlichen Fragen der Aufbauorganisation. Hierbei ist zunächst zu entscheiden, ob die Informationsverarbeitung integrierter Bestandteil der Unternehmensorganisation sein soll oder ob für sie oder Teile davon Outsourcing in Frage kommt. Ohne die Outsourcing-Diskussion aufzunehmen (Mertens/Knolmayer, 1995, S. 17ff., Zur Entscheidung für oder gegen Outsourcing vgl. z.B. Buhl, 1993, Picot/Maier, 1992), sei hier darauf hingewiesen, daß viele Gründe dafür sprechen, zumindest das strategische und taktische Informationsmanagement nicht nach außen zu verlagern. Die die Kernkompetenzen unterstützenden Informationssysteme weisen eine enge Beziehung zur Unternehmensstrategie auf und sollten deshalb im direkten Verantwortungsbereich des Unternehmens verbleiben.

3.4.2 Definition einer Implementierungsstrategie

Fünf wesentliche Faktoren haben Einfluß auf die Einführungsreihenfolge: die Schwachstellen, die in den betrieblichen Bereichen überwunden werden sollen, die bestehende DV-Durchdringung der Bereiche, die Interdependenzen der Bereiche, strategische Entscheidungen bzgl. der Informationsinfrastruktur und das mit der Einführung verbundene Risiko. Die Faktoren können konfliktär zueinander wirken.

Die betrieblichen Bereiche, die große *Schwachstellen* aufweisen (z. B. hohe Ineffizienzen und Fehlkommissionierungen im Lager), sind prädestiniert, in der Einführungsreihenfolge möglichst am Anfang zu stehen.

Die Bereiche, die sich durch große Schwachstellen auszeichnen, weisen häufig (aber nicht zwangsweise) eine geringe *DV-Durchdringung* auf. Dadurch kommt es zur Mehrfacherfassung derselben Daten, Zeitverlust durch Medienbrüche und Fehleranfälligkeit durch mangelnde Integration. Bereiche mit geringer DV-Durchdringung haben tendenziell in der Einführungsreihenfolge einen früheren Platz als Bereiche, die bereits einen hohen Durchdringungsgrad aufweisen.

Bezüglich der *Interdependenzen* sollten die Bereiche, die wenige Daten von vorgelagerten Bereichen aufnehmen, aber viele Daten an andere Bereiche abgeben, tendenziell früher im Projekt angegangen werden als die Bereiche, die vor allem Daten aus vorgelagerten Bereichen weiterverarbeiten (wie z. B. Kostenrechnung).

Schließlich haben bestimmte Entscheidungen über die *Informationsinfrastruktur* Einfluß auf die Einführungsreihenfolge. Ist z. B. ein Betriebssystemwechsel Bestandteil der Strategie, so ist dieser zu vollziehen, bevor die Anwendungssysteme neu entwickelt werden. Aus Anwendersicht wird hier ein DV-Projekt durchgeführt, das keine direkten Wirkungen auf seine Arbeit zeitigt. Gibt die Rahmenkonzeption ein Nebeneinander von individuell entwickelter und Standardanwendungssoftware vor, empfiehlt es sich, zunächst das Projekt „Standardsoftware" anzugehen und anschließend die Eigenentwicklung, um Funktionsüberschneidungen zu vermeiden und die Eigenentwicklung von Anfang an auf die von der Standardsoftware vorgegebenen Schnittstellen ausrichten zu können.

Das *Risiko* der Einführung muß in einem überschaubaren Ausmaß bleiben, um die Gesamteinführung nicht zu gefährden. Zu diesem Zweck sollten bei einem grundsätzlichen Wechsel in der Informationsverarbeitung (z. B. von Eigenentwicklung zu Standardanwendungssoftware) insbesondere Lerneffekte in weitgehend unkritischen Bereichen dazu genutzt werden, das Einführungsrisiko zu vermindern.

Ein wichtiges Entscheidungsfeld ist die Festlegung der Anzahl von Funktionen/Prozessen, die in jedem Projektschritt durch neue Software unterstützt werden sollen (vgl. Schütte/Schüppler, 1995).

Bei einer *stufenweisen (step by step)* Einführung werden sukzessive einzelne Funktions- oder Prozeßbereiche mit dem neuen System produktiv genommen, während andere zunächst mit dem alten System weiterarbeiten. Der wesentliche Vorteil dieser Strategie besteht in der Berücksichtigung des Sicherheitsaspekts. Die stufenweise Einführung der Software erlaubt das sukzessive Lernen der Systemfunktionalität und der systemtechnischen Gegebenheiten bei den Anwendern und DV-Mitarbeitern. Die Anzahl betroffener Fachabteilungen ist gering, so daß der mit der Einführung verbundene Aufwand, der durch die Betreuung der Fachabteilung entsteht, begrenzt werden kann. Auf der anderen Seite entsteht bei zunehmender Anzahl von Schritten auch eine Reihe zu erstellender Schnittstellen. Erschwerend kommt hinzu, daß die zu programmierenden Schnittstellen oft temporär sind, d. h. nur bis zur vollständigen Migration auf das neue System Bestand haben (Krüger, 1990, S. 284).

Eine andere Form der stufenweisen Einführung ist die *Roll out-Strategie* (Boll, 1994, S. 19), bei der die Gesellschaften eines Konzerns - z. B. unterschiedliche Landesgesellschaften - nacheinander mit dem neuen System produktiv genommen werden.

Theoretisch ist auch eine Umstellung aller Bereiche des Handels-H-Modells (zum Handels-H-Modell vgl. den Beitrag von Becker), also der warenwirtschaftlichen, der betriebswirtschaftlich-administrativen und der entscheidungsunterstützenden Funktionen, zu einem Zeitpunkt möglich (sog. big bang).

„Step by step"	„Big bang"
+ wenige (von der Einführung betroffene) Fachabteilungen + Anfragen der Anwender können bewältigt werden + sukzessive Erfahrungsgewinn + geringes Einführungsrisiko	+ kurzer Einführungszeitraum + kein Aufwand für Schnittstellenerstellung notwendig + potentiell erreichbare Verbesserungen bei der Organisation und den Anwendungssystemen ist hoch + bereichsübergreifende Prozesse in einem Schritt umsetzbar
− zusätzliche Schnittstellen pro Zwischenschritt − Verwendung der Schnittstellen nur während der Einführung − langer Einführungszeitraum − organisatorische Änderungen im Prozeßablauf sind nicht mit Einführung eines neuen DV-Systems realisierbar, da vor- und nachgelagerte Bereiche mit altem System arbeiten und damit in der alten Organisationsform verharren	− sehr straffes Projektmanagement notwendig − umfangreiche Tests unerläßlich − hoher Personalbedarf, da neben zeit- und intensitätsmäßiger auch eine quantitative Anpassung erforderlich werden kann − hohes Einführungsrisiko

Tab. 1: Pro und Contra von Einführungsstrategien

Bei einer *big bang*-Strategie ist der potentiell erzielbare Nutzen gegenüber einer stufenweisen Einführung höher. Es lassen sich kürzere Einführungszeiträume realisieren, es entsteht kein Aufwand für die Erstellung von temporären Schnittstellenprogrammen, und bereichsübergreifende Prozesse können in einem Schritt umgesetzt werden. Diesen Vorteilen stehen jedoch auch Risiken gegenüber. Das Einführungsrisiko ist bei einer big bang-Strategie deutlich höher als bei einer stufenweisen Einführung, da der Umfang des Projekts höhere Anforderungen hinsichtlich der Beherrschung der Interdependenzen stellt. Aus diesem Grunde ist eine derartige Strategie nur auf der Basis eines straffen Projektmanagements möglich (Boll, 1993, S. 419). Das Projekt muß beim Management eine sehr hohe Priorität besitzen, damit erforderliche Entscheidungen unverzüglich getroffen und Bereichskonkurrenzen schnell beseitigt werden. Aus technischer Sicht sind deutlich umfangreichere Tests vor Produktivnahme notwendig, die speziell die Integration der einzelnen Module betreffen. Außerdem werden innerhalb eines begrenzten Zeitintervalls die DV-Mitarbeiter und Anwender besonders stark beansprucht, bzw. der Personalbedarf steigt.

Tab. 1 zeigt Vor- und Nachteile der Einführungsstrategien „step by step" und „big bang".

Es muß ein guter Mittelweg gefunden werden zwischen der Einführung in vielen kleinen Schritten, die sehr zeitaufwendig ist und organisatorische Änderungen (die grundsätzlich mit der Einführung neuer Software intendiert werden) in frühen Phasen nicht zuläßt, aber dafür nur ein geringes Sicherheitsrisiko birgt, und dem big bang, der viele Freiheitsgrade in der organisatorischen Umgestaltung eröffnet und unnötige zwischenzeitliche Schnittstellen vermeidet, aber außerordentlich risikoträchtig ist.

Wenn nicht alle Anwendungssysteme für alle Bereiche und alle Geschäftsarten auf einen Schlag ersetzt werden, ist festzulegen, ob eine funktionsorientierte oder eine prozeßorientierte Vorgehensweise gewählt wird. Bei einem funktionsorientierten Vorgehen wird eine Funktion komplett für alle Geschäftsarten in einem Schritt umgestellt, also z. B. die Disposition für Lager- und Streckengeschäft. Die derzeitigen Standardanwendungssysteme unterstützen durch ihre Struktur zumeist eine funktionsorientierte Einführung. Eine prozeßorientierte Vorgehensweise ist dadurch gekennzeichnet, daß ein gesamter Geschäftsprozeß in einem Schritt umgestellt wird.

Eine weitere Möglichkeit einer prozeßorientierten Einführung besteht darin, daß zwar alle Funktionen eines Prozesses, diese aber nur in einer Grundfunktionalität durch ein neues System unterstützt werden, während alle Ausnahmefälle manuell oder mit dem altem DV-System bearbeitet werden. Ein solches Vorgehen ist bei einem „Grüne-Wiese-Ansatz" (also ohne vorhandene DV-Systeme) gut vorstellbar, bei den gegebenen Strukturen aber nur schwer durchzusetzen, da

Anwender auf in existierenden Systemen vorhandene Funktionalität verzichten müßten.

Tab. 2 faßt die Vor- und Nachteile der funktions- und prozeßorientierten Vorgehensweise zusammen.

Prozeßorientierung	Funktionsorientierung
+ Objektbezug sichert inhaltlich abgeschlossene, zeitliche und sachlogische Abfolge der Funktionen + Bezug zu relevanten betriebswirtschaftlichen Objekten + Beachtung der Interdependenzen − Hoher Koordinationsaufwand, da modul- und abteilungsübergreifend	+ Unterstützung durch Standardsoftwarehersteller bei der Einführung einzelner (separater) Module + Geringerer Widerstand der beteiligten Anwender, da zunächst weniger Strukturveränderungen eintreten − Organisationsbrüche bleiben bestehen − Gefahr der Beibehaltung existierender Schwächen (z. B. Medienbrüche)

Tab. 2: Chancen/Risiken von prozeß- und funktionsorientierter Einführung

Je nach Größe des Unternehmens kann die Granularität noch feiner gewählt werden, also Einführung eines Systems für eine Funktion für eine Geschäftsart (z. B. Disposition für Lagergeschäft Textil). Auch hier gilt: Je feiner die Granularität, desto eher werden bestehende Interdependenzen und der Prozeßgedanke vernachlässigt und um so mehr zeitlich befristete Schnittstellen sind notwendig; je umfangreicher jeder Prozeßschritt ist, desto größer ist das Einführungsrisiko.

Bei der Realisierungsstrategie sind ggf. einige Restriktionen zu beachten, die unternehmensindividuell oder allgemeiner Natur sein können. Unternehmensindividuell dominante Restriktionen sind z. B.:

- Bis zu einem bestimmten Stichtag muß die Hard- oder Software abgelöst werden, da sie von ihrer Leistungsfähigkeit oder anderen technischen Restriktionen her nicht mehr einsetzbar ist (z. B. Jahrtausendwende).
- In bestimmten Funktionsbereichen ist ein derart hoher Veränderungsbedarf gegeben, daß eine Ablösung eines bestimmten Systembestandteils oberste Priorität besitzt und in einem der ersten Schritte zu vollziehen ist.

Die mit der Einführung verbundenen Ressourcenbeanspruchungen (*Kapazitätsrestriktionen*) sind die wichtigsten Restriktionen, da die Personalkapazitäten fast überall einen wesentlichen Engpaß bilden. Unterschieden werden muß dabei zwischen Personal zur Betreuung und Einführung der Software (DV-Mitarbeiter) und dem Personal der Fachabteilung, das mitverantwortlich für die konkrete Einführung ist.

Während bei einer Eigenentwicklung die Ressource DV-Know-How (Umsetzung des Fachkonzepts in Programme) restriktiv wirkt, ist der Engpaß DV-Abteilung bei der Einführung von Standardsoftware nicht derart evident. Die Ressourcenknappheit kann sich bei der Einführung von Standardsoftware vielmehr auf die Mitarbeiter der Fachabteilung verlagern, deren Aufgabe es ist, die betriebswirtschaftlichen Anforderungen zu formulieren, bei der Auswahl der Standardsoftware mitzuwirken, die Prozeßgestaltung voranzutreiben, die Parametrierung der Software in den anwendungsbezogenen Modulen vorzunehmen, Schnittstellen und Reports zu definieren und das Berechtigungskonzept zu erstellen (vgl. auch den Beitrag von Kagl). Neben den projektspezifischen Anforderungen sind die Tätigkeiten des „operativen Geschäfts" zu berücksichtigen, sofern Mitarbeiter nicht ausschließlich für das Projekt freigestellt werden. So ist es im Bereich des Handels nicht unüblich, daß die Mitarbeiter des Einkaufsbereichs zum Jahresende hin nicht für Projektarbeiten zur Verfügung stehen, da sie ausschließlich mit Lieferantenverhandlungen im Rahmen von Jahresgesprächen beschäftigt sind. Bei den DV-Mitarbeitern entsteht die Notwendigkeit, die Standardsoftware den Bedürfnissen des betrieblichen Umfelds anzupassen. Die betriebswirtschaftliche Qualifikation des DV-Mitarbeiters muß umfassend genug sein, das der Software zugrundeliegende Fachkonzept mit den Mitgliedern der Fachabteilungen diskutieren zu können. Von besonderer Bedeutung bei Software-Einführungsprojekten sind ferner Motivationsaspekte. Maßnahmen zur Aufrechterhaltung der Motivation sind von vornherein bei der Projektplanung zu berücksichtigen. Zur Verbesserung der Motivation kommt insbesondere den Meinungsführern eine hohe Bedeutung zu (Kehl, 1990, S. 96ff.). In Anlehnung an das Promotorenmodell werden Fach-, Macht- und Sozialpromotoren unterschieden, die unabdingbar für den Erfolg von Softwareprojekten sind (Pleil, 1990). Beispielsweise sind die Bereichsleiter als mittlere Managementebene für den Erfolg von Softwareprojekten durch besondere Maßnahmen zu motivieren und in die Einführung einzubeziehen (Martin, 1995, S. 116f.).

Über die personellen Beschränkungen hinaus können einem Einführungsprojekt durch die *Systemgegebenheiten* Beschränkungen auferlegt sein. Diese werden u. a. durch den Funktionsumfang, d. h. den Realisierungsgrad der Software, sowie durch die Kapazitäten der existierenden und der zukünftig genutzten Hardware festgelegt.

Eine exemplarische Einführungsstrategie integrierter Handelsinformationssysteme für den Fall eines Einsatzes von Standardanwendungssoftware bei einem filialisierenden Handelsunternehmen gibt Abb. 11 wieder (vgl. für ein weiteres

Beispiel die Ausführungen von Kagl). Die Ablösung eines eigenentwickelten Systems zur Warenwirtschaft und mehrerer Standardanwendungssysteme für die betriebswirtschaftlich-administrativen Aufgaben durch ein integriertes Standardanwendungssystem erfolgt in sechs Stufen, einer realistischen Größenordnung für mittelgroße Handelsunternehmen. Die Umstellung der Personalwirtschaft als relativ isoliertem System zu Beginn des auf mehrere Jahre ausgelegten Projekts hat zum Ziel, daß die Mitarbeiter mit der neuen Hard- und Softwarearchitektur, der spezifischen Art der Parametrierung und der Softwareentwicklungsumgebung vertraut werden, auch wenn weder der Reorganisationsbedarf noch der Prozeßbeitrag zu den Unternehmenszielen bei dem Personalwirtschaftssystem hoch ist.

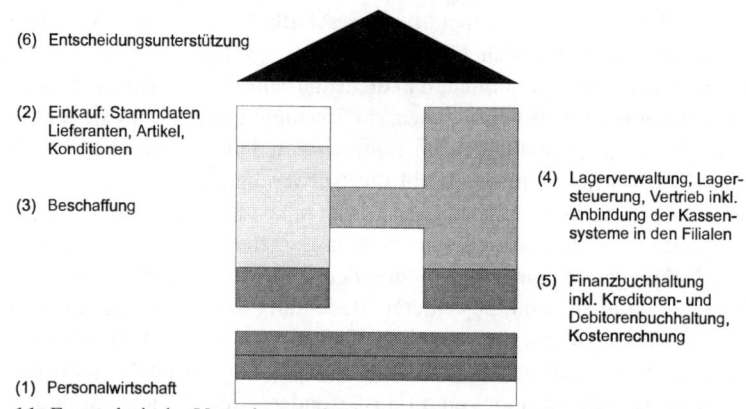

Abb. 11: Exemplarische Vorgehensweise bei der Einführung einer Standardsoftware
(Quelle: Becker/Schütte, 1996, S. 106)

3.4.3 *Wirtschaftlichkeitsrechnung*

Auf Basis der Einführungsstrategie lassen sich sowohl qualitative und quantitative Daten für eine Wirtschaftlichkeitsrechnung gewinnen. Normalerweise dient eine Wirtschaftlichkeitsrechnung der Auswahl zwischen unterschiedlichen Alternativen. Eine Wirtschaftlichkeitsrechnung hat nachzuweisen, welche Kosten und welcher Nutzen mit den Alternativen verbunden sind. Es dürfte in der betrieblichen Praxis jedoch nicht immer möglich sein, die bislang skizzierten Phasen für alle Alternativen detailliert zu planen, bevor eine Wirtschaftlichkeitsrechnung zur Auswahl einer Handlungsalternative führt. In jedem Fall sollte eine Wirtschaftlichkeitsrechnung auch dann durchgeführt werden, wenn sie nur zur Bewertung zwischen einer „neuen Alternative" und der Beibehaltung des Status quo dient. Die Ergebnisse der Wirtschaftlichkeitsrechnung können zudem Eingang in die Budgetplanung finden, indem prognostizierte Einspareffekte bereits bei der Budgetierung berücksichtigt werden.

Die Schwierigkeit bei Investitionen in Informationsverarbeitung liegt darin begründet, daß sie nicht dem betriebswirtschaftlichen „Standardfall" (gegebene Ein- und Auszahlungsreihe und Zinssätze) entsprechen. Das Problem besteht vielmehr in der Ermittlung der Daten: Welche Wirkungen hat das neue Anwendungssystem? Welche gewünschten Effekte sind allein dem Anwendungssystem, welche allein organisatorischen Änderungen zuzuschreiben? Ist es sinnvoll, anfallende Kosten in den Fachabteilungen zu ermitteln und dem Projekt zuzurechnen? Kann die Lieferbereitschaft erhöht werden, und wenn ja, wie ist sie zu quantifizieren? Welche Alternativlösungen bestehen überhaupt, und welche Konsequenzen haben diese (muß beispielsweise unter Beibehaltung des jetzigen Systems Hardware aufgerüstet oder das Betriebssystem umgestellt werden)?

Generell lassen sich betriebswirtschaftliche Entscheidungen nach dem klassischen Planungsschema der entscheidungsorientierten Betriebswirtschaftslehre durch vier Komponenten beschreiben (vgl. Adam, 1996, S. 7-16).

Sind die Wirkungszusammenhänge (Zusammenhänge zwischen den Umweltsituationen und Handlungsalternativen einerseits und den Handlungsergebnissen andererseits), die Bewertung der Handlungsergebnisse, eine eindimensionale Zielfunktion und ein effizientes Lösungsverfahren gegeben, so liegt ein gutstrukturiertes (wohlstrukturiertes) Entscheidungsproblem vor. Ist dieses nicht der Fall, so werden verschiedene Arten von Strukturdefekten differenziert, die einen unterschiedlich hohen „Defektheitsgrad" aufweisen, wie dies in Abb. 12 wiedergegeben ist.

Die Wirtschaftlichkeitsbeurteilung von Anwendungssystemen zählt, sofern die zu beurteilende Investition eine strategische Dimension aufweist, zu den strukturdefekten Planungsproblemen. Im Regelfall liegt der schwerwiegendste Defekt, der Wirkungsdefekt, vor. Zum einen ist die Kenntnis der Handlungsalternativen und der möglichen Umweltzustände bei den Entscheidungsträgern oft nicht gegeben. Ist beispielsweise für die Warenwirtschaft Standard- oder Individualsoftware zu wählen? Wenn Individualsoftware, auf welche Art und mit welchen Tools ist sie zu erstellen? Zum anderen wird es häufig nicht möglich sein, den Lösungsbeitrag unterschiedlicher Softwarealternativen für die gesuchte betriebswirtschaftliche Zielsetzung zu quantifizieren. Es ist dabei zu betonen, daß die Charakterisierung des Strukturiertheitsgrads eine „Eigenschaft der Problemsicht des Planenden, nicht des konkreten problematischen Sachverhalts ist" (Witte, 1979, S. 83).

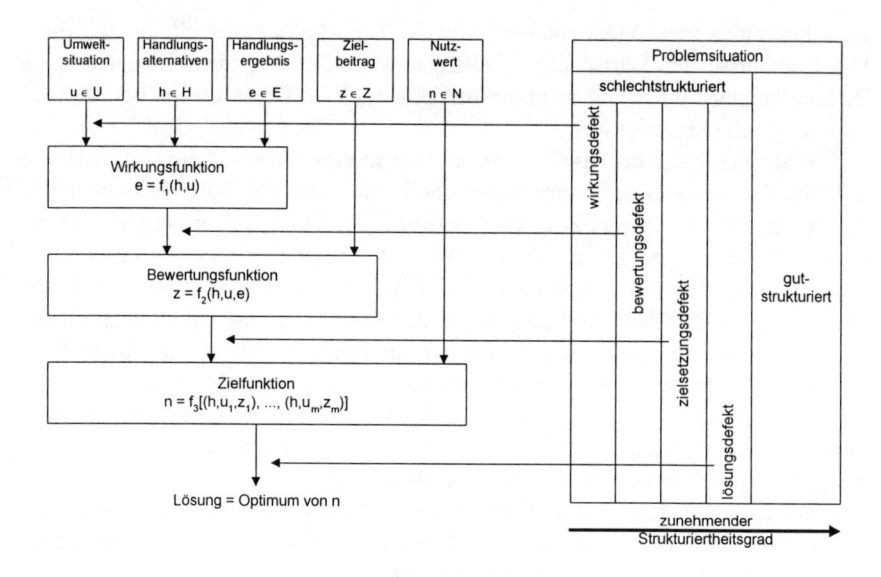

Abb. 12: Bestandteile des betriebswirtschaftlichen Entscheidungsmodells (Quelle: In Anlehnung an Rieper, 1992, S. 48 und S. 52)

Die Methoden zur Wirtschaftlichkeitsbeurteilung lassen sich differenzieren in diejenigen, die der Ermittlung von Wirkungen, und jenen, die der Beurteilung der Wirkungen dienen (Schumann, 1991, S. 170). Dabei dient die Vorgehensweise zur Ermittlung der Wirkung der Beseitigung des Wirkungs- und Bewertungsdefekts. Hingegen haben die Verfahren zur Beurteilung der Wirkungen die Aufgabe, die Alternativen zu bewerten und eine von ihnen als die vorteilhafteste zu ermitteln. Es gibt eine Reihe von Verfahren zur Ermittlung der Wirkungen, die auf unterschiedlichen Ebenen zum Einsatz kommen. Es können arbeitsplatzbezogene, bereichsbezogene, unternehmensweite und zwischenbetriebliche Wirkungen differenziert werden. Auf diesen einzelnen Ebenen werden mit unterschiedlichen Verfahren die Wirkungen ermittelt. Beispielsweise können auf Arbeitsplatzebene einfache Kosten-Nutzen-Verfahren, auf Bereichsebene prozeßorientierte Verfahren und auf Unternehmens- und zwischenbetrieblicher Ebene Nutzeffektketten Verwendung finden. Bei der Ermittlung der Wirkungen spielen die individuellen Gegebenheiten des Unternehmens eine große Rolle, so daß auf eine ausführliche Darstellung der unterschiedlichen Verfahren anhand eines Beispiels verzichtet wird (vgl. hierzu Wild, 1995, S. 182ff.).

Zur Bewertung der Wirkungen von strategischen Anwendungssystem-Entscheidungen ist es notwendig, qualitative und quantitative Einflußgrößen zu berücksichtigen. Dazu bestehen drei Möglichkeiten. *Erstens* werden neben den qualitativen auch die monetären Größen einer qualitativen Bewertung unterzogen. Ein derartiges Vorgehen wird jedoch abgelehnt (Adam, 1996, S. 421, Schumann, 1993, S. 1), da Informationsverluste hingenommen werden müßten. Qualitative Verfahren sollten nur für die Bewertung qualitativer Kriterien herangezogen werden. *Zweitens* ist eine Vorgehensweise denkbar, in der mit dem angeblichen Ziel einer einheitlichen Entscheidungsgrundlage (Rall, 1991, S. 13) qualitative Größen in quantitative Größen transformiert werden. Auch dieses ist nicht sinnvoll, da dabei eine Transformation ordinalskalierter in intervallskalierte Größen stattfindet (vgl. Backhaus/Erichson/Plinke/Weber, 1994, S. XIIIf.). Die zu treffenden Bewertungsannahmen sind kaum objektivierbar und bleiben den Entscheidungsträgern weitgehend verborgen. Somit ist *drittens* aus theoretischer Sicht eine transparentere Verfahrensweise geboten, die quantitative Größen mittels quantitativer Verfahren und die qualitativen Größen mittels qualitativer Verfahren bewertet. Führen die beiden Bewertungen für die einzelnen Alternativen zu anderen Reihenfolgen der Ergebnisse, so kann nur der Entscheidungsträger eine Entscheidung vornehmen. Die Verdichtung beider Informationen auf einen Wert wäre den analogen Schwächen ausgesetzt, die bereits bei den beiden erstgenannten Vorgehensweisen kritisiert wurde.

Für die Beurteilung qualitativer Größen ist die *Nutzwertanalyse* (vgl. Zangemeister, 1993) das bekannteste Verfahren. Mittels eines Kriterienkatalogs, dessen Kriterien gewichtet werden, wird eine Punktbewertung der Alternativen vorgenommen. Wenngleich die Nutzwertanalyse theoretische Mängel aufweist (vgl. Schneeweiß, 1991, S. 34-40) wie die fehlende Interpretation der Werte der einzelnen Größen (vgl. Adam, 1996, S. 420f.) oder der Verdichtung einer Vielzahl an Ergebnissen zu einer Größe, hat sie weite Verbreitung gefunden.

Für die quantitative Analyse eignen sich Verfahren der traditionellen Investitionsrechnung. Hierbei können die Verfahren danach differenziert werden, welchen Bestimmtheitsgrad die Entscheidungssituation aufweist (vgl. Schneeweiß, 1991, S. 34-40). Bezüglich des Informationsstands unterscheidet die betriebswirtschaftliche Entscheidungstheorie zwischen Sicherheit und Unsicherheit. Unter Unsicherheit werden die Informationsstände Risiko und Ungewißheit subsumiert.

Eine Entscheidungssituation unter Sicherheit ist bei betriebswirtschaftlichen Entscheidungssituationen kaum von Bedeutung, da deterministische Zusammenhänge selten anzutreffen sind. Schneider formuliert, daß der Sicherheitsbegriff, sofern er bedeutet, daß nur ein Umweltzustand eintreten kann, in den „wissenschaftlichen Mülleimer" (Schneider, 1992, S. 36) gehöre. Eine Planung unter

Sicherheit kann somit nur die Planung zur Betrachtung eines möglichen Umweltzustands unter Vernachlässigung aller anderen möglichen Umweltzustände sein (vgl. Schneider, 1992, S. 36).

Bei der Entscheidungssituation zur Bestimmung der Wirtschaftlichkeit von Informationsstrategien handelt es sich im Regelfall um eine Entscheidung unter Unsicherheit. Ein weitverbreitetes Verfahren zur Wirtschaftlichkeitsberechnung ist die Kapitalwertmethode, bei der durch die Berechnung bestimmter möglicher Fälle (Szenario-Technik) versucht wird (vgl. Scherm, 1992), die Unsicherheit zu berücksichtigen. Auf diese Weise werden die Zielwerte der betrachteten Fälle einer Investitionsalternative expliziert.

3.5 Implementierung

3.5.1 Konkretisierung der Implementierungssituation

3.5.1.1 Ausgewählte implementierungsbegleitende Ziele

In der *Implementierung* kommt es zur Umsetzung der Entscheidungen. Eines der wesentlichen Ziele der Implementierung muß darin bestehen, den Beteiligten und Betroffenen den Sinn der integrierten Informationsverarbeitung näherzubringen. Die Durchgängigkeit der Prozesse ist nur mit Anwendungssystemen, die die einzelnen Bereiche schnittstellenlos überbrücken, realisierbar. Prozeßorientierung einerseits und nicht-integrierte, funktionsbezogene Anwendungssysteme andererseits sind ein Widerspruch. Nur wenn dies erkannt ist, wird die integrierte Informationsverarbeitung und die daraus resultierende Aufgabenverschiebung, d. h. auch Aufgabenerweiterung in bestimmten Bereichen, auf breite Akzeptanz stoßen.

Damit die - nur scheinbar selbstverständliche - Forderung, daß der Realisierungsplan, wenn er erstellt und von der Geschäftsleitung verabschiedet worden ist, für das Realisierungsprojekt erfüllt ist, müssen zwei Sachverhalte erfüllt sein. *Erstens* ist es von großer Bedeutung, daß sich die Geschäftsleitung der Informationsstrategie annimmt, denn Entscheidungen, die die Informationsfunktion (vgl. Heinrich, 1995, S. 8, Heinrich/Roithmayr, 1995, S. 262) betreffen, sind von solch großer Tragweite, daß nur diejenigen, welche die Gesamtverantwortung für das Unternehmen tragen, letztendlich darüber befinden sollen. Die Informationsverarbeitung hat in alle Bereiche des Handelsunternehmens Einzug gehalten und ist engstens mit der ablauforganisatorischen Gestaltung verbunden, so daß strategische Entscheidungen in der Informationsverarbeitung alle Unternehmensbereiche betreffen und dort in den meisten Fällen zu Ablaufänderungen führen (vgl. Schütte, 1996b). *Zweitens* soll der Realisierungsplan eine bindende Wirkung für die Implementierungsphase haben. Die Informationsverarbeitung unterliegt einem stetigen Wandel, der dazu verleiten könnte, die getroffenen Entscheidungen immer wieder in Frage zu stellen. Es läßt sich durchaus empirisch beobachten, daß neue Entwicklungen im EDV-Bereich in Unternehmen zu einem Neuaufwurf einer Konzeptionsphase führen, bevor das vorherige Konzept umgesetzt worden ist („Analyse-Paralyse-Syndrom"). Während andernorts schon mehrere Zyklen der Informationsverarbeitung durchlaufen wurden (von der Batch- zur Dialogverarbeitung, von der Datei- zur Datenbankverwaltung, von der alphanumerisch orientierten zur graphischen Benutzeroberfläche, von Hostsystemen zu Client-/Server-Architekturen), verpassen solche Unternehmen durch die Nichtumsetzung der getroffenen Entscheidungen die Möglichkeit, das Rationalisierungspotential, das in verbesserten Anwendungssystemen steckt, auszuschöpfen. Nicht umsonst wird hervorgehoben, daß ein wesentliches Merkmal des erfolgreichen Informationsmanagers die Realisierungskompetenz darstellt.

3.5.1.2 Inhaltliche Konkretisierung des Implementierungsumfelds
Im folgenden wird auf inhaltliche Fragestellungen fokussiert, die bei der Implementierung von Standardsoftware von hoher Bedeutung sind. Es herrscht die weitverbreitete Meinung vor, daß bei Einsatz von Standardsoftware die Abläufe zwangsläufig an die Software angepaßt werden müßten (Prozeßveränderung). Inwieweit unternehmensindividuelle Besonderheiten durch Standardsoftware abgebildet werden können, hängt von der Softwareveränderlichkeit ab. Hierunter wird bei Standardsoftware die Möglichkeit verstanden, durch Parametervariation (sog. Customizing) Alternativlösungen in der Software einzustellen. Auch wenn eine Standardsoftware einen bestimmten Prozeßausschnitt nicht hinreichend unterstützt, liegt noch kein Anzeichen vor, daß der Prozeß nicht unterstützt werden kann. Parametrierbare Standardsoftware läßt i. d. R. Veränderungen und Ergänzungen auch über den durch das Customizing vorgegebenen Rahmen zu. Zudem sind Standardsoftware und Individualsoftware kein Widerspruch, da durchaus Kombinationen dieser beiden Lösungsalternativen möglich sind. Restriktionen der Standardsoftware bei einigen Teilsystemen können gegebenenfalls durch Individualsoftware aufgehoben werden, da Individualsoftware die größten Freiheitsgrade in der Prozeßgestaltung besitzt. Bei der Softwareerstellung können die gewünschten organisatorischen Abläufe in vollem Maße berücksichtigt werden. Es ergibt sich allerdings oft bei einem organisatorischen Wandel nach Einführung der Individualsoftware ein Anpassungsproblem, wenn diese - wie es oft der Fall ist - keinen Parametrierungsspielraum für Veränderungen vorgesehen hat. Hier hat die Standardsoftware Vorteile, da sie von vornherein für unterschiedliche Abläufe konzipiert wurde und - im einfachsten Fall - durch Parameterumstellung geänderten Abläufen im Unternehmen Rechnung tragen kann. Weiterhin ist zu beachten,

daß Standardsoftware teilweise betriebswirtschaftliche Konzeptionen abbildet, die zwar von den gegenwärtigen Lösungen des Handelshauses abweichen, diesen aber überlegen sind und somit Prozeßveränderungen anstoßen sollten (Anwendungssysteme als sog. enabling technology). In den Bereichen eines Unternehmens, in denen eine intelligente Prozeßgestaltung strategische Vorteile gegenüber anderen Unternehmen besitzt, ist die Software den Prozessen anzupassen.

Obgleich die Betrachtung der Alternativen Prozeß- und/oder Softwareveränderung sowohl bei Standard- als auch bei Individualsoftware notwendig ist, um eine gute Lösung zwischen diesen beiden theoretischen Extrema ermitteln zu können, wird im folgenden angenommen, daß die Fragestellung in der Implementierung vorrangig bei der Einführung von Standardsoftware bedeutsam ist. Sofern Individualsoftware zum Einsatz kommen soll, sind die das Spannungsfeld Software- vs. Prozeßveränderlichkeit auslotenden Informationsmodelle bereits vorhanden, da anstelle eines Vergleichs zwischen Ist- und Referenzmodell ein Sollmodell ohne ein explizites Referenzmodell abgeleitet worden wäre. Die Frage nach dem Ausmaß der Software- bzw. Prozeßveränderung wäre zum Zeitpunkt der Implementierung bereits festgelegt. Nur in den Situationen, in denen Individualsoftware eingesetzt werden soll und die erstellten Modelle keine ausreichende Spezifikation darstellen bzw. detaillierte Anforderungen existieren, die revidierbar sind, existieren Freiheitsgrade zur simultanen Gestaltung von Organisation und Anwendungssystemen. Dieses ist zwar nicht undenkbar, soll angesichts einer von der Einführung von Standardsoftware abweichenden Problemstruktur - und damit Vorgehensweise - im folgenden aber nicht näher betrachtet werden.

3.5.2 Projektmanagement

„Nichts ist vom Erfolg her zweifelhafter und von der Durchführung her gefährlicher als der Wille, sich zum Neuerer aufzuschwingen. Denn wer dies tut, hat die Nutznießer des alten Zustandes zu Feinden, während er in den möglichen Nutznießern des neuen Zustandes nur lasche Verteidiger findet." (Ausspruch von Nicoló Machiavelli, zitiert aus: Walpoth, 1993, S. 111).

Besondere Bedeutung innerhalb der Implementierungsphase kommt einem strukturierten und rollierend angepaßten Projektmanagement zu, wie obiges Zitat belegt. Es besitzt auch bei umfassenden DV-Projekten Gültigkeit, da die schwerwiegenden Probleme des Projektmanagements oft weniger in der inhaltlichen Planung und Durchführung als in der Existenz beharrender Tendenzen im Unternehmen zu suchen sind. Zur Bewältigung der vielfältig miteinander verknüpften Aufgaben ist einem ausgefeilten Projektmanagement ein hoher Stellenwert für den Erfolg von Projekten beizumessen. Dies wird vor allem bei Betrachtung der Projektgröße und -dauer einsichtig: Während Istanalyse und Sollkonzeption meist in kleineren Projektgruppen in einem überschaubarem Zeitraum (z. B. Istanalyse 3 Monate, Sollkonzept 6 Monate) durchgeführt werden, sind die Projektgruppen im Implementierungskonzept wesentlich größer und die Projektlaufzeit erheblich länger (mitunter mehrere Jahre).

Beim Projektmanagement ist zwischen der Projektaufbau- und der Projektablauforganisation zu unterscheiden. Die Projektaufbauorganisation legt die an der Projektdurchführung beteiligten Personen fest. Es kann eine reine Projektorganisation gewählt werden, bei der die im Projekt beteiligten Personen nur dem Projektleiter fachlich und disziplinarisch zugeordnet sind, oder ein Verzicht auf eine feste Projektorganisation oder ein Nebeneinander von „normaler" (z. B. funktionsorientiert) und projektbezogener Organisation in Form einer Matrixorganisation. Bei der Matrixorganisation bestehen zwei Gliederungsprinzipien nebeneinander. Neben der Gliederung der Organisation auf einer Hierarchieebene nach Funktionen, nach Objekten, nach der Phase (Planen, Realisieren, Kontrollieren), nach Sachmitteln oder nach dem Rang tritt eine zweite Dimension, die bezogen auf das Projekt erfolgt. Somit sind die Mitarbeiter mehrfach zugeordnet, so daß sie Anweisungen von mindestens zwei Vorgesetzten entgegenzunehmen haben (vgl. Abb. 13). Die Matrixorganisationsform ist insbesondere bei bereichsübergreifenden Projekten sinnvoll, da dort ein hoher Koordinationsaufwand gegeben ist. Bei einer Matrixorganisation ist dafür Sorge zu tragen, daß die Konfliktlösungsfähigkeit der Beteiligten gegeben ist.

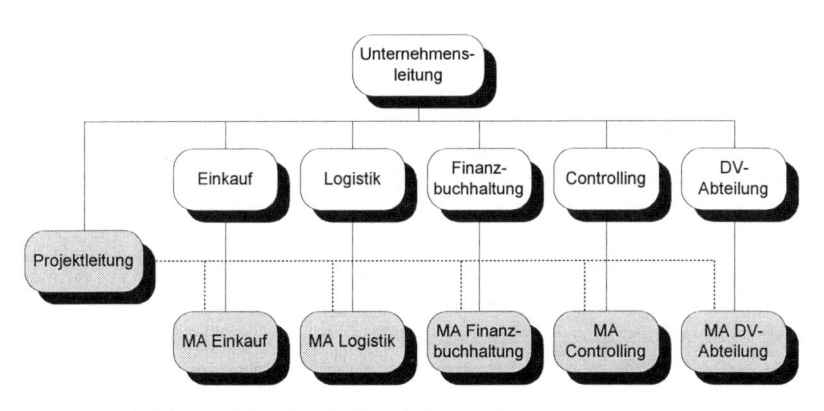

Abb. 13: Organigramm der Matrix-Projektorganisation (Quelle: In Anlehnung an Lehner et al., 1990, S. 477, Kupper, 1988, S. 62)

Die Einführung integrierter Anwendungssysteme geht immer mit der Notwendigkeit der Teilprojektbildung einher. Teilprojekte sollten in Abhängigkeit der Ausgestaltung der Einführungsstrategie prozeß- oder funktionsorientiert gebildet werden. Jede Teilgruppe sollte sich sowohl aus Mitarbeitern der Fachabteilung als auch aus DV-Mitarbeitern zusammensetzen. Zudem sind die für Schnittstellenfragen zuständigen Mitarbeiter zu benennen, die als Ansprechpartner für andere Teilprojekte zur Verfügung stehen sollten. Die Koordination der Teilprojektgruppen ist durch ein Leitungsgremium zu gewährleisten. An dem Leitungsgremium, welches in zyklischen Abständen die Kontrolle des Projektfortschritts wahrnimmt, sollte mindestens ein Vertreter der Geschäftsleitung beteiligt sein. Neben dem für die Informationsverarbeitung zuständigen Geschäftsführungsmitglied sollten die betroffenen Fachabteilungen mit den zuständigen Leitern in dem Gremium vertreten sein. Die Bedeutung der Beteiligung der Unternehmensleitung an dem Leitungsgremium ist nicht zu unterschätzen. Neben der psychologischen Wirkung, die in der Betonung der Wichtigkeit des Projektes zu sehen ist, sind im Ablauf des Projekts häufig Entscheidungen zu treffen, die über den Kompetenzbereich einzelner Abteilungs- und Bereichsleiter hinausgehen.

Bei der *Projektablauforganisation* sind die Aufgaben der Planung, Durchführung und Kontrolle der im Rahmen des Projekts erforderlichen dispositiven Tätigkeiten zu erfüllen. Zur planerischen Unterstützung der drei Phasen werden Methoden der Netzplantechnik (Schwarze, 1994) (Critical-Path-Method, PERT, MTM etc.) eingesetzt. Im Rahmen der *Planung* sind Entscheidungen zur Dekomposition der Gesamtaufgabe in Teilaufgaben, deren Zuordnung zu Mitarbeitern, der Definition von Meilensteinen, der Koordination der Einzelaktivitäten etc. zu fällen. Im Sinne einer rollierenden Planung sind die Aktivitäten zunächst grob zu planen und im weiteren Verlauf zu verfeinern. Bei der *Durchführung* ist z. B. sicherzustellen, daß die in den Teilprojekten verwendeten Methoden und deren Anwendung einheitlich ist. Gegenstand der *Kontrolle* ist die Überwachung des Projektablaufs hinsichtlich der in der Projektplanung vorgegebenen Zielsetzung. Durch die Umsetzung von Netzplantechniken in Projektmanagementwerkzeugen ist es jederzeit möglich, sich einen Überblick über den Projektfortschritt, die Ressourcenbelastung und die Kostensituation zu verschaffen (Dworatschek/Hayek, 1992). Innerhalb der Steuerungsphase gilt es, die Erkenntnisse der Kontrolle in Maßnahmen umzusetzen, um die Erreichung der Plangrößen zu gewährleisten.

3.5.3 Inhaltlich-funktionale Ausgestaltung der Implementierung

Zentraler Gegenstand der Implementierungsphase von Standardsoftware ist die Konfiguration der Software sowie die *Gestaltung der Ablauforganisation*. Aufgrund der hohen Interdependenz zwischen Organisations- und Anwendungssystemgestaltung ist eine ausreichende Kongruenz zwischen dem unternehmensspezifischen Informationsmodell und dem Informationsmodell der Standardsoftware erforderlich. Um eine Deckungsgleichheit der Modelle zu erreichen, sind entweder softwaretechnische Anpassungen vorzunehmen (Softwareveränderung), oder die Prozesse sind der Software anzupassen (Prozeßveränderung) (Jaeger et al., 1993, S. 425). Zur Identifikation der Unterschiede zwischen den Anforderungen des Unternehmens und den Gegebenheiten der Software bieten sich Prozeßmodelle an, wie sie beispielsweise in Abschn. 3.2. vorgestellt wurden. Die Prozeßmodelle erfüllen hierbei originär zwei Zwecke. *Zum einen* stellen sie ein Instrument zur Ablaufoptimierung dar, erfüllen also primär betriebswirtschaftliche Zielsetzungen, zum anderen dienen sie als Kommunikationsmedium zwischen Entwicklern und Anwendern bei der Entwicklung und Einführung der Software dienen (Schulte/Rosemann/Rotthowe, 1994). Neben den Prozeßmodellen gilt es, Datenmodelle bis auf Attributebene zu erstellen (bei Eigenentwicklung) oder aber inhaltlich zu durchdringen (Kauf von Standardsoftware). Abb. 14 setzt Software- und Prozeßveränderung in Beziehung.

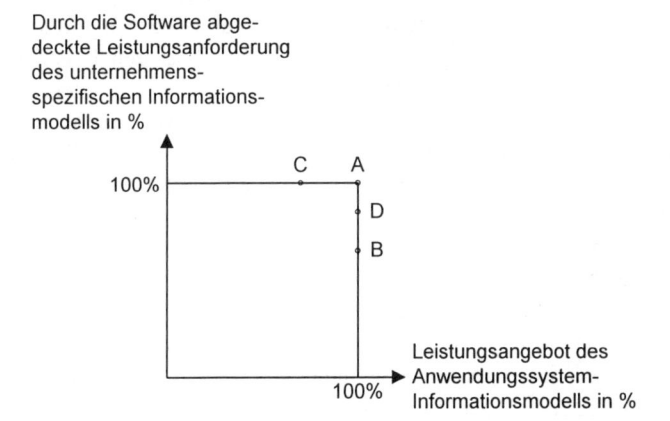

Abb. 14: Prozeß- vs. Softwareveränderung (Quelle: In Anlehnung an Rieder, 1988, S. 106.)

Anhand der Punkte A, B, C und D in Abb. 14 soll exemplarisch diskutiert werden, in welchen Situationen sich eine Software- oder Prozeßveränderung anbietet.

Der Fall der *Deckungsgleichheit* von Anforderungen des Unternehmens und der Leistungsfähigkeit der Software (Punkt A) möge beispielsweise hinsichtlich der Reisekostenabrechnung vorliegen. Es ist gefordert, die Reisekosten im Personalwirtschaftssystem zu erfassen und automatisch im Finanzbuchhaltungssystem zu buchen. Diese Anforderungen konnten im betrachteten Fall mit dem ausgewählten Standardsoftwaresystem erfüllt werden.

Betrachtet man Situationen, die durch die Punkte A und B dargestellt werden, so ist zu unterscheiden, ob eine Softwareveränderung (also der Punkt B zum Punkt A hin wandert), eine Prozeßveränderung (in diesem Fall geht der Punkt A in den Punkt B über, da die Anforderung aufgehoben wird) oder ein Mix von Prozeß- und Softwareveränderung (Punkt D) vorgenommen wird.

Eine *Softwareveränderung* wird für den Prozeß der Zentralregulierung, in dem ein Handelsunternehmen die Rechnungen der Kunden beim Lieferanten reguliert und für den Forderungsausfall des Kunden haftet, vorgenommen, da er von der Software nicht abgedeckt ist. Da die Zentralregulierung einen bedeutenden Bestandteil des Geschäftsvolumens darstellt, sind die entsprechenden Abläufe zu programmieren (Softwareveränderung).

Eine *Prozeßveränderung* wird bei den Kassenbuchungen durchgeführt. Aufgrund softwaretechnischer Restriktionen war es ohne Anpassungen der Software nicht möglich, die geplanten Abläufe zu realisieren. Aufgrund der geringen Anzahl an Kassenbuchungen und der damit verbundenen geringen wirtschaftlichen Bedeutung für das Unternehmen wird der Prozeß manuell durchgeführt.

Eine „*Leistungsüberdeckung*" der Software gegenüber den Leistungsanforderungen des Unternehmens wird durch den Punkt C charakterisiert. Hier ist es möglich, daß die Software eine katalytische Wirkung besitzt (softwaregetriebene Prozeßveränderung). Einen solchen Fall stellt beispielsweise die Wechselverwaltung dar. Durch die Möglichkeit, Wechsel sofort als Zahlungseingangsbuchungen zu erfassen, so daß alle Buchungen und die Erstellung der Wechsel-Spesenabrechnung vom System automatisch angestoßen werden, kann eine Prozeßverbesserung erreicht werden.

Die Entscheidung für eine Prozeß- oder Softwareanpassung wird anhand wirtschaftlicher und technischer Kriterien getroffen. Ohne Anspruch auf Vollständigkeit sind besonders die folgenden Argumente von Bedeutung (Rieder, 1988):

- Reorganisationsbedarf des Prozesses
  Hat die Istanalyse ergeben, daß aus organisatorischer Sicht ein Prozeß geändert werden *muß*, muß sich die Software an den Prozeß anpassen, d. h. bei Auswahl von Standardsoftware ist sehr genau zu prüfen, ob sie für diesen Prozeß den

Ablauf genau abbildet, d. h. über Parameter so eingestellt werden kann, daß eine Kongruenz zwischen Organisationsmodell und Anwendungssystemmodell besteht. Ist dies nicht der Fall, sollte über eine definierte Schnittstelle eine Ergänzung an der Standardsoftware möglich sein. Ist auch dies nicht gegeben, liegt ein wesentliches Ausschlußkriterium für die Standardsoftware vor. Bei Eigenentwicklung ist das Organisationsmodell bindende Vorgabe für das Anwendungssystemmodell.

- Ergebnisbeitrag des Prozesses
  Ähnlich wie der Reorganisationsbedarf führt auch ein hoher Ergebnisbeitrag eines Prozesses zur Tendenz, die Software an das vorgegebene Organisationsmodell anzupassen. Je bedeutender ein Prozeß ist, desto eher ist der Aufwand für eine Softwaremodifikation zu rechtfertigen. Allerdings sollte diese Betrachtung nicht statisch, sondern dynamisch erfolgen. Kündigt beispielsweise ein Softwarehersteller die funktionale Erweiterung eines Prozesses an, so dürfte eine Anpassung der Software für eine kurze Übergangszeit nicht geboten sein.
- Qualität der Softwarelösung für den Prozeß
  Ist ein Organisationsmodell, welches aus sich heraus oder wegen des hohen Ergebnisbeitrags unveränderlich wäre, nicht gegeben, ist eine Standardsoftware - sollte diese Alternative in Frage kommen - auf ihren betriebswirtschaftlichen Gehalt hin zu prüfen. Wenn die der Software implizit innewohnenden Organisationsprozesse eine Verbesserung der Istsituation darstellen, sollte die Softwareeinführung als Katalysator für organisatorische Änderungen begriffen werden.
- Aufwand für die Veränderung der Software
  Der Aufwand für die Anpassung der Software stellt häufig eine Restriktion für die Modifikation der Software dar. Von besonderer Bedeutung ist bei Einsatz von Standardanwendungssoftware die Releasefähigkeit der Anpassungen. Ist diese nicht gewährleistet, so ist ein hoher und zyklisch wiederkehrender Aufwand zu prognostizieren, der sich nur bei sehr wichtigen und ergebniswirksamen Prozessen rechtfertigen läßt.

Die Entscheidungen für oder gegen eine Softwareveränderung determinieren den *Entwicklungs*aufwand bei Standardsoftware.

Nach erfolgter Entwicklung bzw. bei und nach der Anpassung von Standardsoftware sind die *Anwender umfangreich zu schulen*. Aus Kostengründen kann es erforderlich sein, nur einige ausgewählte Mitarbeiter bei externen Schulungsanbietern schulen zu lassen. Anschließend können diese Mitarbeiter in In-house-Schulungen ihr erlerntes Wissen weitergeben. Auf diese Weise ist vor allem eine problemadäquatere Aufbereitung des Wissens möglich, da viele extern angebotene Schulungen nicht unternehmensindividuell genug sind. Die interne Schulung stellt sicher, daß eine Akzelerierung des Wissens im Unternehmen stattfindet. Aufgrund der Notwendigkeit, das erworbene Wissen weiterzugeben, ist eine intensive Auseinandersetzung bei den Schulenden mit den Inhalten der Software erforderlich, die den Kenntnisstand über und das Verständnis für die Software wesentlich erhöhen. Als Nachteil steht dem der Zeitaufwand gegenüber, der für diese Art der Schulungen aufgewendet werden müssen. Bei der Auswahl extern zu schulender Mitarbeiter sollten insbesondere Meinungsführer berücksichtigt werden.

3.6 Prozeßcontrolling

Die Implementierung der „neuen" Prozesse setzt sowohl organisatorische wie informationstechnische Aktivitäten voraus. Die für die Prozeßverbesserung erforderlichen Maßnahmen sind in Organisationsanweisungen bzw. Änderungen der Anwendungssoftware umzusetzen. Die Möglichkeiten, aus den Prozeßmodellen Organisationsanweisungen in Form von Textfiles zu generieren sowie die Entwicklungen eines modellbasierten Softwareentwurfs werden die Bedeutung der Prozeßimplementierung reduzieren. Heute führt der hohe Ressourcenbedarf der Implementierungsphase dazu, daß die Unternehmen ihre Sollprozesse zu langsam umsetzen. Häufig sind die Prozesse bereits bei ihrer Umsetzung veraltet (fehlende Performance in der Umsetzung).

Während den Phasen der Identifikation, Modellierung und Optimierung von Prozessen in der Praxis große Aufmerksamkeit geschenkt wird, fehlen Überlegungen zu einem kontinuierlichen Verbesserungsprozeß (Process Change Management). Ein Prozeßmonitoring und -controlling erfordert zunächst, daß Daten über die Prozesse erhoben werden können. Monitoring wird hier im Sinne eines organisatorischen Monitoring (Rosemann, 1997) verstanden, in dem die ablauforganisatorischen Zustände betrachtet werden. Die ständige Kontrolle der Arbeitsabläufe eines Unternehmens und die Verdichtung der operativen Zahlen zu leistungsfähigen Führungskennzahlen bietet einen erfolgversprechenden Weg, ein umfassendes prozeßorientiertes Führungs-Informations-System zu konzipieren. In Abb. 15 ist ein Zeit-Ablauf-Diagramm unterschiedlicher Aktivitäten enthalten, welches die Durchlauf- und Bearbeitungszeit eines konkreten Prozesses sowie auf Prozeßtypenebene (als Summe der Instanzenwerte) enthält.

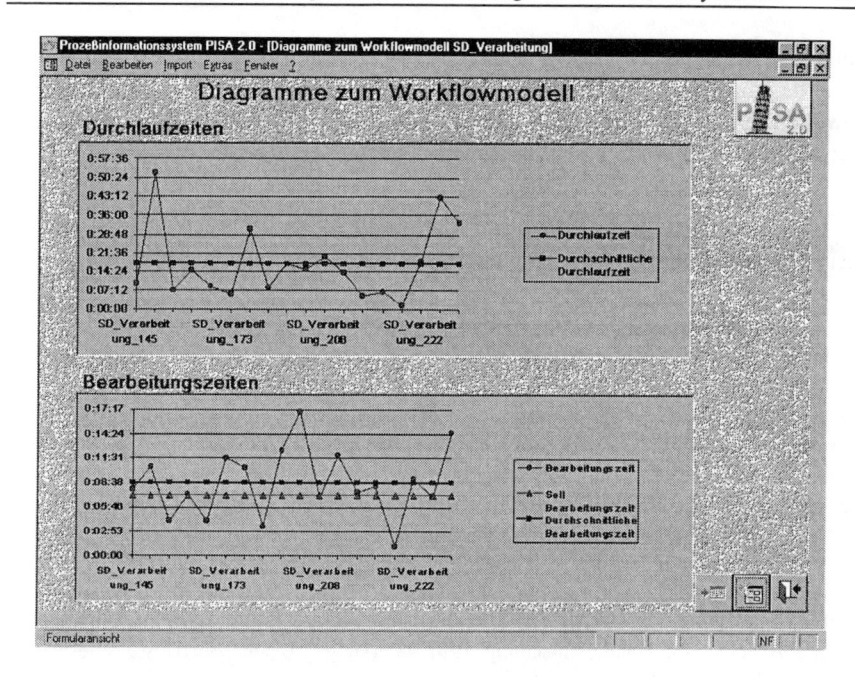

Abb. 15: Arbeitsablauf-Zeit-Diagramm für die Rechnungsprüfung

Es wird die Durchlaufzeit eines konkreten Prozesses (z. B. Prüfen der Rechnung des Lieferanten Maier), die als Differenz zwischen Start- und Endzeitpunkt des Prozesse aufgefaßt werden kann, gemessen. Diese Größe ist für den Vergleich von Prozeßinstanzen bzw. Workflow-Instanzen nicht immer sinnvoll. Schließlich können diverse Aktivitäten eines Prozesses bei entsprechender Ressourcenverfügbarkeit parallel ausgeführt werden, so daß eine Vergleichbarkeit zweier Prozesse nicht immer möglich ist. Vergleichbarer ist die kumulierte Bearbeitungsdauer einzelner Aktivitäten (vgl. Rosemann et al., 1996).

4 Fazit

Das Management des organisatorischen Wandels ist ein tradierter Betrachtungsgegenstand der Betriebswirtschaftslehre. Informationstechnische Aspekte wurden dabei kaum beachtet. Im vorliegenden Beitrag wurde ein Vorgehensmodell vorgestellt, das dem Management des organisatorischen Wandels dient. Anhand der

Analyse, Konzeptentwicklung und Einführung von Anwendungssystemen mit besonderem Fokus auf Standardanwendungssysteme wurde beschrieben, wie sowohl organisatorische als auch informationstechnische Probleme gehandhabt werden können.

Literaturempfehlung

Adam, D. (1996): Planung und Entscheidung. 4. Aufl., Wiesbaden.
Backhaus, K. / Erichson, B. / Plinke, W. / Weiber, R. (1994): Multivariate Analysemethoden. Eine anwendungsorientierte Einführung, 7. Aufl., Berlin u.a.
Becker, J. / Rosemann, M. / Schütte, R. (1995): Grundsätze ordnungsmäßiger Modellierung (GoM), in: Wirtschaftsinformatik, 37 (1995) 5, S. 435-445.
Becker, J. / Schütte, R. (1996): Handelsinformationssysteme, Landsberg/Lech.
Becker, J. / Schütte, R. (1997a): Referenz-Informationsmodelle für den Handel. Begriff, Nutzen und Empfehlungen für die Gestaltung und unternehmensspezifische Adaption von Referenzmodellen, in: Wirtschaftsinformatik '97, (Hrsg.) Krallmann, H., Heidelberg, S. 427-448.
Becker, J. / Schütte, R. (1997b): Handelsinformationssysteme. Intra- und interorganisationale Aspekte, in: Handelsforschung 1997/98, (Hrsg.) Trommsdorff, V., Wiesbaden, S. 434-470.
Bode, J. (1997): Der Informationsbegriff in der Betriebswirtschaftslehre, in: Zeitschrift für betriebswirtschaftliche Forschung, 49 (1997) 5, S. 449-468.
Boll, M. (1993): Prozeßorientierte Implementation des SAP-Softwarepaketes, in: Wirtschaftsinformatik, 35 (1993) 5, S. 418-423.
Boll, M. (1994): Entwicklung von IT-Strategien in komplexen Konzernstrukturen, in: Tagungsband SAP Technologie Tage 1994, Band 2 B, Walldorf, S. 1-21.
Bretzke, W.-R. (1980): Der Problembezug von Entscheidungsmodellen, Tübingen.
Buhl, H.-U. (1993): Outsourcing von Informationsverarbeitungsleistungen unter Steuern, in: Zeitschrift für betriebswirtschaftliche Forschung, 45 (1993) 4, S. 303-318.
Dworatschek, S. / Hayek, A. (1992): Marktspiegel Projektmanagement Software, Köln.
Eicker, S. / Kurbel, K. / Pietsch, W. / Rautenstrauch, C. (1992): Einbindung von Software-Altlasten durch integrationsorientiertes Reengineering, in: Wirtschaftsinformatik, 34 (1992) 2, S. 137-145.
Eicker, S. / Jung, R. / Kurbel, K. (1993): Anwendungssystem-Integration und Verteilungsarchitektur aus der Sicht des Reengineering, in: Informatik Forschung und Entwicklung, 8 (1993) o.H., S. 70-78.
Hammer, M. / Champy, J. (1993): Reengineering the Corporation: a manifesto for business revolution, London.
Hars, A. (1994): Referenzdatenmodelle. Grundlagen effizienter Datenmodellierung, Wiesbaden.

Heib, R. / Daneva, M. / Scheer, A.-W. (1996): ARIS-based Reference Model for Benchmarking, in: Veröffentlichungen des Instituts für Wirtschaftsinformatik, Heft 131, (Hrsg.) Scheer, A.-W., Saarbrücken.

Heinrich, L.J. (1994): Informationsmanagement, 4. Aufl., München, Wien.

Heinrich, L.J. / Roithmayr, F. (1995): Wirtschaftsinformatik-Lexikon, 5. Aufl., München, Wien.

Jaeger, E. / Pietsch, M. / Mertens, P. (1993): Die Auswahl zwischen Implementierungen von Geschäftsprozessen in einem Standardsoftwarepaket am Beispiel eines Kfz-Zulieferes, in: Wirtschaftsinformatik, 35 (1993) 5, S. 424-433.

Kehl, T. (1992): Meinungsführer als Qualitätsfaktoren bei der Systemeinführung, in: HMD Theorie und Praxis der Wirtschaftsinformatik, 29 (1992) 163, S. 95-103.

Keller, G. / Nüttgens, M. / Scheer, A.-W. (1992): Semantische Prozeßmodellierung auf der Basis „Ereignisgesteuerter Prozeßketten (EPK)", in: Veröffentlichungen des Instituts für Wirtschaftsinformatik, Heft 89, (Hrsg.) Scheer, A.-W., Saarbrücken.

Kolb, D.A. / Fry, R. (1972): Towards an Applied Theory of Experiential Learning, in: Theories of group processes, New York.

Kupper, H. (1988): Die Kunst der Projektsteuerung. Qualifikation und Aufgaben eines Projektleiters bei DV-Anwendungsentwicklungen, 5. Aufl., München, Wien.

Lehner, F. / Auer-Rizzi, W. / Bauer, R. / Breit, K. / Lehner, J. / Reber, G. (1990): Organisationslehre für Wirtschaftsinformatiker, München, Wien.

Malik, F. (1982): Strategie des Managements komplexer Systeme, Bern.

Martin, R. (1995): EDV: Was über den Erfolg entscheidet, in: HarvardBusinessmanager, 17 (1995) 1, S. 112-120.

Martiny, L. / Klotz, M. (1990): Strategisches Informationsmanagement, 2. Aufl., München, Wien.

Mertens, P. / Knolmayr, G. (1995): Organisation der Informationsverarbeitung, 2. Aufl., Wiesbaden.

Petkoff, B. (1988): ACCORD - a Metamodel for IInd Generation Expert Systems, in: 3rd International Conference Artificial Intelligence - Methodology, Systems, Applications. Amsterdam, New York, Oxford, S. 19-32.

Petkoff, B. (1993): A Framework for Computer Assisted Medical Decision Making, in: Proceedings of the 4th European Conference on Artificial Intelligence in Medicine. Amsterdam, New York, S. 138-145.

Petrovic, O. (1994): Lean Management und informationstechnologische Potentialfaktoren, in: Wirtschaftsinformatik, 36 (1994) 6, S. 580-590.

Picot, A. / Maier, M. (1992): Analyse- und Gestaltungskonzepte für das Outsourcing, in: Information Management, 7 (1992) 4, S. 14-27.

Pleil, G.J. (1988): Bürokommunikation. Der große Praxis-Ratgeber für den Anwender, München.

Rall, K. (1991): Berechnung der Wirtschaftlichkeit von CIM-Komponenten, in: CIM-Management, 7 (1991) 3, S. 12-17.

Reiter, Chr. / Wilhelm, G. / Geib, T. (1997): Toolunterstützung bei der multiperspektivischen Informationsmodellierung, in: Management & Computer, 5 (1997) 1, S. 5-10.

Rieder, B. (1988): Die Gestaltung des Implementierungsprozesses bei der Einführung von integrierter Standardsoftware, Dissertation, Universität Regensburg, Regensburg.

Rieper, B. (1988): Betriebswirtschaftliche Entscheidungsmodelle, Herne, Berlin.

Rosemann, M. (1996): Multiperspektivische Informationsmodellierung auf der Basis der Grundsätze ordnungsmäßiger Modellierung, in: Management & Computer, 4 (1996) 4, S. 229-236.

Rosemann, M. (1997): Arbeitsablauf-Monitoring und -Controlling, in: Workflow-Management. Entwicklung von Anwendungen und Systemen - Facetten einer neuen Technologie, (Hrsg.) Jablonski, St., Böhm, M., Schulze, W., Heidelberg, S. 201-210.

Rosemann, M. / Denecke, T. / Püttmann, M. (1996): Konzeption und prototypische Realisierung eines Informationssystems für das Prozeßmonitoring und -controlling, Arbeitsberichte des Instituts für Wirtschaftsinformatik, Nr. 49, (Hrsg.) Becker,J., Grob, H. L., Müller-Funk, U., Vossen, V., Münster.

Scherm, E. (1992): Szenario-Technik. Grundlagen effektiver strategischer Planung, in: Das Wirtschaftsstudium, 21 (1992) 2, S. 95-97.

Schneider, D. (1992): Investition, Finanzierung, Besteuerung, 7. Aufl., Wiesbaden.

Schneeweiß, C. (1991): Planung 1 - Systemanalytische und entscheidungstheoretische Grundlagen, Berlin u.a.

Schütte, R. (1996): Referenzprozeßmodelle für Handelsunternehmen, in: HMD Theorie und Praxis der Wirtschaftsinformatik, 36 (1996) 192, S. 72-87.

Schütte, R. (1996a): Prozeßorientierung in Handelsunternehmen. Prozeßorientierung in Handelsunternehmen, in: Geschäftsprozeßmodellierung und Workflow-Management, (Hrsg.) Vossen, G., Becker, J., Bonn u. a., S. 258-275.

Schütte, R. (1996b): Entwicklung einer Informationsstrategie, in: Münsteraner Fallstudien zum Rechnungswesen und Controlling, (Hrsg.) Becker, J., Grob, H. L., Zwehl, W. v., München, Wien, S. 129-157.

Schütte, R. (1997a): Grundsätze ordnungsmäßiger Referenzmodellierung, Dissertation, Universität Münster, Münster.

Schütte, R. / Schüppler, D. (1995): Prozeßorientierte Einführungsstrategien integrierter Handelsinformationssysteme, in: HMD Theorie und Praxis der Wirtschaftsinformatik, 32 (1995) 186, S. 115-132.

Schütte, R. / Pettkoff, B. (1997): Management des organisatorischen Wandels auf der Basis von Informationsmodellen - dargestellt am Beispiel von Referenzmodellen für den Handel, in: Management & Computer, 4 (1997) 1, S. 49-58.

Schulte, R. / Rosemann, M. / Rotthowe, T. (1994): Business Process Reengineering in Theorie und Praxis. Geschäftsprozeßmodellierung im Rechnungswesen der EK Großeinkauf eG, in: Management & Computer, 2 (1994) 3, S. 211-219.

Schumann, M. (1993): Wirtschaftlichkeitsbeurteilung für IV-Systeme, in: Wirtschaftsinformatik, 35 (1993) 2, S. 167-178.

Schwarz, J. (1994): Netzplantechnik, 7. Aufl., Herne, Berlin.

Sneed, H. (1992): Softwarewartung und -wiederverwendung. Bd. 2: Softwaresanierung, Köln.

Staehle, W. H. (1994): Management, 7. Aufl., München.

Teubner, A. (1997): Integrierte Organisations- und Informationssystemgestaltung. Methoden für das Organization and Information Engineering, Dissertation, Universität Münster, Münster.

Walpoth, G. (1993): Computergestützte Informationsbedarfsanalyse: strategische Planung und Durchführung von Informatikprojekten, Heidelberg.

Wild, R.G. (1995): Integrierte CAD-/Prototyping-Systeme in der Schmuckindustrie. Strategische Planung - Prozeßmodellierung - Wirtschaftlichkeitsanalyse, Wiesbaden.

Witte, T. (1979): Heuristisches Planen. Vorgehensweise zur Strukturierung betrieblicher Planungsprobleme, Wiesbaden.

Zangemeister, C. (1993): Nutzwertanalyse in der Systemtechnik, 5. Aufl., München.

Zimmerman, T. (1992): Vernetztes Denken und Frühwarnung, Dissertation, Universität St. Gallen. Bamberg.

Integrierte Führungs-Informations-Systeme im Handel

André Salfeld

Zusammenfassung

Im Sinne einer zielorientierten Unternehmensführung sind zentrale Aufgaben eines integrierten Führungs-Informations-Systems im Handel, Führungsinformationen über den Erfolg und über die Liquidität zur Verfügung zu stellen, wobei ein integriertes Planungs- und Kontrollsystem die Abstimmung zwischen den unterschiedlichen Entscheidungseinheiten und deren Entscheidungsobjekte unterstützt. Hiermit wird ein betriebswirtschaftliches Referenzmodell eines integrierten Führungs-Informations-Systems entwickelt, welches es dann DV-technisch zu bestimmen und anhand einer Fallstudie zu beschreiben gilt. Somit spannt dieser Beitrag den Bogen von der betriebswirtschaftlichen Definition über die EDV-technische Entwicklung bis hin zur Nutzung eines integrierten Führungs-Informations-Systems für den Handel.

1 Informationsgrundlagen der Unternehmensführung

Die Informationsversorgung des Managements und die Effizienzsteigerung des Managementprozesses durch die Abstimmung und Ausrichtung auf übergeordnete Ziele sind zwei wesentliche Aufgaben des *Handelsmanagements* und des *Handelscontrolling*. Der Abstimmungsbedarf zwischen einzelnen Organisations- bzw. Entscheidungseinheiten, Funktionen und Managementprozessen wird vor dem Hintergrund der zunehmenden Konzentrations- und Kooperationsprozesse sowie der Dezentralisierung der Entscheidungsbefugnisse immer stärker wachsen (vgl. Ahlert, 1995, S. 111; Burg, 1995, S. 7 f.). Es gilt, in der Zukunft Strukturen aufzubauen, die der Komplexität und der Dynamik gerecht werden.

In diesem Spannungsfeld treten seit einiger Zeit *Führungs-Informations-Systeme (FIS)* in den Mittelpunkt der Diskussion über die Informationsversorgung des Managements bzw. des Controlling. Führungs-Informations-Systeme dienen allgemein der Unterstützung des Managements durch Information. Es handelt sich um „computerbasierte Instrumente, die die Führungskräfte schnell, übersichtlich und unternehmensübergreifend mit den entscheidungsrelevanten internen und externen Informationen versorgen"(vgl. Bullinger/Koll/Niemeier, 1993, S. 18).

Führungs-Informations-Systeme sind im Hinblick auf die Informationsbedürfnisse der Unternehmensführung unternehmensspezifisch auszurichten. Deshalb werden Führungs-Informations-Systeme vielfach zum Transmissionsriemen neuer Führungskonzepte. Indem sie einerseits Auslöser für den Aufbau der erforderlichen organisatorischen, informationellen und technokratischen Infrastruktur, andererseits selbst Träger neuer Führungskonzepte werden, bilden sie das eigentliche Implementierungswerkzeug (vgl. Bullinger/Koll/Niemeier, 1993, S. 19).

Historisch sind Führungs-Informations-Systeme aus den in den 60er Jahren entwickelten Management-Informations-Systemen (MIS) entstanden. In der Praxis scheiterten diese Management-Informationssysteme an dem Anspruch einer totalen Informationsversorgung des Managements, an der fehlenden leistungsfähigen Hard- und Software sowie an konzeptionellen Problemen (vgl. Quittenbaum, 1993, S. 29). Insbesondere die begrenzten Integrationsmöglichkeiten der Datenbestände und die mangelnde Flexibilität der Berichtsgenerierung trugen zur Ablehnung dieses Ansatzes bei (vgl. Tiemeyer/Zsifikovitis, 1995, S. 13-15).

Aufbauend auf den MIS-Erfahrungen wurden seit den 80er Jahren Executive Information Systems (EIS) bzw. Führungs-Informations-Systeme entwickelt, die mit Hilfe leistungsfähiger Datenbanksysteme und Client-Server-Architekturen in der Lage sind, benutzer- bzw. unternehmensindividuelle Führungsinformationen dem Management zur Verfügung zu stellen.

Anhand von Abb. 1 lassen sich die unterschiedlichen Arten bzw. Klassen von Führungs-Informations-Systemen näher betrachten.

Führungs-Informations-Systeme greifen i.d.R. auf vorgelagerte Administrations-, Dispositions- und Abrechnungssysteme zu, um diese Daten zu verdichten und zu verknüpfen. Durch diesen Transformationsprozeß werden aus den Daten Informationen im Sinne von zweckorientiertem Wissen, das den Führungskräften problemorientiert präsentiert wird. Nach Bullinger (vgl. Bullinger/Koll/Niemeier, 1993, S. 34) können Führungs-Informations-Systeme in drei Klassen unterteilt werden:

1. *Operative Informationssysteme (OIS)*, die datenorientiert operative Finanz-, Kosten- und Umsatzdaten speichern und sammeln, wobei einfache Analysen und statistische Auswertungen möglich sind. Zielgruppe sind primär die Sachbearbeiter, die regelmäßige Standardberechnungen bzw. -berichte benötigen (Lower-Management-Ebene).

2. *Decision Support Systeme (DSS)*, zu deutsch Entscheidungsunterstützungssysteme (EUS), die problemorientiert anhand von betriebswirtschaftlichen Modellen Analyse-, Prognose- und Simulationsmöglichkeiten bieten. Zielgruppe sind die einzelnen Fachkräfte in den Fachabteilungen, die insbesondere betriebswirtschaftlich anspruchsvolle Planungs- und Kontrollsysteme benötigen (Middle-Management).
3. *Executive Information Systems (EIS)*, zu deutsch Chef- oder Vorstandsinformationssysteme, die vielfältige Aggregations- und Präsentationsmöglichkeiten bieten. Zielgruppe sind die Führungskräfte, die flexible Informationen auf unterschiedlichen Verdichtungsstufen abrufen, wobei die intuitive Nutzung durch Präsentationstechniken zu unterstützen ist (Top-Management).

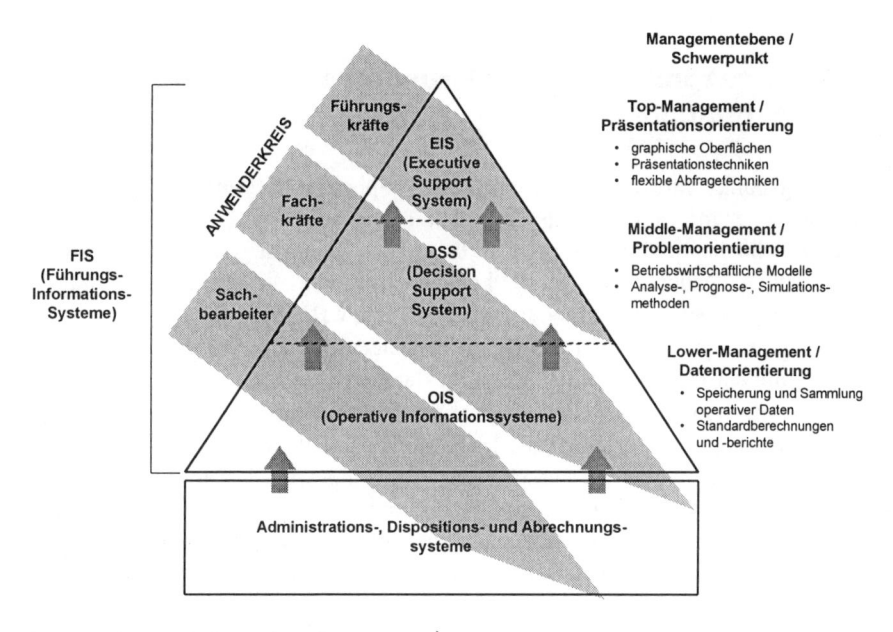

Abb. 1: Führungs-Informations-Systeme und deren Klassen

Für die Definition eines Führungs-Informations-Systems ist eine Unterscheidung dieser Klassen anhand von Management-Ebenen als Zielgruppe und als Aufgabenschwerpunkte nicht sinnvoll. So ist der Deckungsbeitrag einer Hauptwarengruppe eines Profit Centers des Monats X für unterschiedliche Personengruppen relevant. Des weiteren werden zur Berechnung von Kennzahlen betriebswirtschaftliche Modelle benötigt, die auf unterschiedliche Daten zugreifen, welche, wiederum graphisch vorbereitet, präsentiert werden sollen.

Ein Führungs-Informations-System besteht vielfach aus einer Datenhaltungskomponente (virtuell oder physisch), einer Modellkomponente und einer Präsentationskomponente. Insofern können für alle Managementebenen relevante Informationen bereitgestellt werden. Der hier gewählte Begriff eines Führungs-Informations-Systems ist also als Oberbegriff von EIS, DSS und OIS zu verstehen.[1]

Aufbauend auf dieser breiten Begriffs- und Aufgabenbestimmung eines Führungs-Informations-Systems sollen im folgenden die betriebswirtschaftlichen Anforderungen an ein Führungs-Informations-System für den Handel näher betrachtet werden.

2 Die besonderen Anforderungen an ein Führungs-Informations-System im Handel

Ausgangspunkt für die Konzeption eines Führungs-Informations-Systems im Handel ist der Informationsbedarf des Handelsmanagements.

Sämtliche handelsbetrieblichen Aktivitäten sind an den Kundenbedürfnissen auszurichten. Dadurch kommt der kundenorientierten Steuerung der handelsbetrieblichen Organisationseinheiten eine existentielle Bedeutung zu.

Folgende Besonderheiten des Handelsmanagements sind für die Informationsversorgung der Unternehmensführung im Handel zu berücksichtigen:

1. Die Anforderungen an die Unternehmensführung im Handel sind durch die Veränderung des Verbraucher-, Lieferanten- und Wettbewerberverhaltens, die gestiegene Preisorientierung und der explosionsartigen Zunahme der Sortimentsbreiten und -tiefen in den letzten Jahren stark gestiegen. Wegen vielfältiger Kunden- und Lieferantenbeziehungen sowie großer und unüberschaubarer Sortimente besteht also ein sehr großer Informationsbedarf.

    Der Handel benötigt *differenzierte Informationen über die Leistungsfaktoren Lieferant, Ware und Kunde*. Durch die zunehmende Konzentration[2] auf

---

[1] Ein FIS ist ähnlich definiert wie ein ESS, ein Executive (Decision) Support System, welches die Funktionen eines EIS und DSS integriert, vgl. Back-Hock, A. (1990), S.190.

[2] Durch die Konzentration wird insbesondere versucht, die Komplexitätskosten aus der Lieferantenvielfalt, der Sortimentsbreite und -tiefe sowie der undifferenzierten Kundenbearbeitung zu senken.

bestimmte Lieferanten, Warengruppen und Kundengruppen werden Informationen über die Strukturen dieser Dreiecksbeziehungen immer wichtiger. Hierbei nehmen kunden- bzw. kundengruppenorientierte Planungs- und Analyseinformationen eine Schlüsselrolle ein.

2. Viele Handelsunternehmen reagieren auf die zunehmende Komplexität und Dynamik der Umwelt mit dem Aufbau von selbstverantwortlichen Entscheidungs- und Organisationseinheiten, die aber wiederum erhöhte Anforderungen an die Informationsversorgung stellen. In diesem Zusammenhang wird insbesondere die *Unterstützung der Zielabstimmung und -kontrolle innerhalb eines Planungs- und Kontrollprozesses* immer wichtiger. Somit sind Koordinationskonzepte für die Selbststeuerung der Entscheidungseinheiten aufzubauen, wie z.B. Budgetierungs- oder Verrechnungspreissysteme. In vielen Handelsunternehmen bestehen jedoch unzureichende Planungs- und Kontrollprozesse zur Zielvereinbarung und Zielkontrolle, wobei es zu vielfältigen Abstimmungsproblemen zwischen den einzelnen selbstverantwortlichen Entscheidungseinheiten, insbesondere zwischen den Funktionen Einkauf und Verkauf, kommt (vgl. Ahlert/Kollenbach/Korte, 1996, S. 19).

Diese Abstimmungsprobleme zwischen den originären Handelsprozessen werden u.a. durch die Warengruppen-Verantwortlichkeit innerhalb eines Category Managements gelöst, die aber wiederum erhöhte Informationsanforderungen an ein Führungs-Informations-System stellt. Des weiteren wird Abstimmungsproblemen vielfach durch Center-Konzepte innerhalb der Handelsunternehmen begegnet. Damit steigt der Bedarf an Planungs- und Kontrollinformationen für die geschaffenen dezentralen, selbstverantwortlichen Organisationseinheiten, deren Geschäftsführung und gegebenenfalls der Zentrale der Handelsgruppe. In Verbindung mit einem fundierten Berichtswesen und einem umfassenden Planungs- und Kontrollsystem können frühzeitig Fehlentwicklungen festgestellt und Ertragssteigerungen erreicht werden (vgl. Doeper, 1995, S. 43).

3. In vielen Branchen ist ein verschärfter Wettbewerb zu verzeichnen, der Umsatzzuwächse z.T. nur durch Verdrängung der Konkurrenz ermöglicht. Insbesondere mittelständische Handelsunternehmen befinden sich häufig in einer kritischen Lage, die durch Umsatzrückgänge, sinkende Margen, einen ständig steigenden Kostendruck und immer kleiner werdende Liquiditätsspielräume gekennzeichnet ist (vgl. o. V.: Verband Vereine Creditreform e.V. (Hrsg.), 1996). Damit wird es immer wichtiger, Verbesserungspotentiale aufzuspüren und Gefahren frühzeitig zu begegnen, um die Existenz des Unternehmens langfristig auch in stagnierenden Märkten zu sichern.

Handelsunternehmen benötigen für die unterschiedlichen Entscheidungseinheiten und Entscheidungsobjekte *insbesondere erfolgs- und liquiditätsorientierte Informationen*. Zudem werden *externe Informationen* für die eigene Zielausrichtung benötigt. Marktanteile, Marktpotentiale und Benchmarks bekommen ein immer größeres Gewicht bei der Zielausrichtung des Handelsunternehmens.

Zusammenfassend ist festzuhalten, daß das Handelsmanagement durch einen besonders hohen und komplexen Informations- und Abstimmungsbedarf gekennzeichnet ist. Größere Handelsunternehmen und erst recht verzweigte Handelssysteme sind für die Implementierung eines anspruchsvollen Informationssystems und einer ausgefeilten Controllingkonzeption prädestiniert (vgl. hierzu den Beitrag von Ahlert).

Anforderungen	Aufgabe

• Transparenz in den Erfolgsbeziehungen zwischen
   - Lieferant/Ware/Kunde
   - Entscheidungseinheiten wie z.B. Profit Center, Kostenstellen
• Mehrdimensionale Kostenträgerrechnung, insbesondere für die verbesserte Marktbearbeitung
• Externe Informationen über Marktentwicklungen, -potentiale, Wettbewerb
• Differenzierte Kostenarten- und Kostenstellenrechnung, insbesondere zur Steuerung der Handlungskosten
• Konsistente Führungsinformationen für die selbstverantwortlichen Entscheidungseinheiten im Unternehmen
	Führungs-
	informationen
	über den
	Erfolg bereitstellen

• Abbildung der Liquiditätsbeziehungen für das Handelsunternehmen • Integration der Investitions-, Finanzierungs-, Working Capital-Planung • Abstimmung zwischen Erfolgs-, Zahlungs- und Bilanzentwicklung • Zeitliche Verzahnung zwischen kurzfristiger und langfristiger Erfolgs- und Finanzentwicklung	Führungs- informationen über die Liquidität bereitstellen
• Abstimmungsinformationen, insbesondere zwischen den Funktionen Einkauf und Verkauf (Warengruppenmanagement) • Unterstützung des Planungs- und Kontrollprozesses zur Zielvereinbarung und Zielkontrolle der selbstverantwortlichen Entscheidungseinheiten • Aufbau einer formalisierten Führungsstruktur (selbststeuernde Organisationseinheiten)	Planungs- und Kontrollprozeß abstimmen

Tab. 1: Anforderungen und Aufgaben eines Führungs-Informations-Systems im Handel

Im Rahmen der systemorientierten Koordinationsaufgabe des Controlling gilt es, ein entsprechendes Führungs-Informations-System zu entwickeln und innerhalb einer Controlling-Konzeption zu verankern.

Tab. 1 verdeutlicht die wesentlichen Anforderungen und Aufgaben eines Führungs-Informations-Systems im Handel.

Folgende Anforderungen lassen sich festhalten:

1. Es werden *Führungsinformationen über den Erfolg* und dessen Struktur innerhalb des Handelsunternehmens benötigt. Fokus ist hierbei die erfolgsorientierte Lenkung[3] von dezentralen Entscheidungseinheiten.
2. Auf Unternehmensebene werden *insbesondere liquiditätsorientierte Führungsinformationen* für die Lenkung des Handelsunternehmens benötigt.
3. Diese erfolgs- und liquiditätsorientierten Führungsinformationen werden dann innerhalb eines *integrierten Planungs- und Kontrollprozesses* zur Abstimmung und zur gemeinsamen Zielausrichtung der Entscheidungseinheiten benötigt.

Die alleinige Steuerung von dezentralen Entscheidungseinheiten anhand von Maßgrößen wie Umsatz und Deckungsbeitrag führt fast zwangsläufig zu Fehlentwicklungen. Zum einen bleiben aus der nicht perioden- und sachgerechten Erfolgszuweisung des internen Rechnungswesens Neben- und Folgewirkungen von Maßnahmen unbeachtet. Zum anderen hat das Kontrollvorgehen mit Hilfe dieser vergangenheitsorientierten Handlungsergebnisse nur einen sehr begrenzten Aussagegehalt für zukunftsorientierte Entscheidungen (Heckwasserbetrachtung). Für ein zukunftsweisendes operatives Controlling ist insbesondere die Berücksichtigung vorökonomischer Faktoren, die die ökonomischen Handlungsergebnisse mit einem zeitlichen Vorlauf ankündigen, relevant (Bugwasserbetrachtung) (vgl. Ahlert, 1995, S. 98).

Damit wird die Frühwarnung und die Darstellung von Ursache-Wirkungs-Zusammenhängen immer wichtiger für die zukunftsweisende Steuerung des Handelsunternehmens. Insbesondere qualitative und strategische Informationen sind zu berücksichtigen.

Die Planung als Instrument zur Generierung zukunftsorientierter Informationen nimmt eine zentrale Stellung ein.

Zum einen ermöglicht sie im Rahmen eines Budgetierungssystems die *Koordination* des Gesamtunternehmens und seiner Entscheidungseinheiten.

Zum anderen benötigt die Planung ein interdependentes bzw. integriertes Planungssystem, welches in der Lage ist, die wesentlichen wechselseitigen Abhän-

---

[3] Lenkung soll im Sinne der Kybernetik verstanden werden. Sie besteht zum einen aus der Steuerung als Eingriff bevor Störungen entstehen, zum anderen aus der Regelung als Eingriff, nachdem Störungen eingetreten sind.

gigkeiten der zu planenden Größen abzubilden. Hierdurch können Widersprüche zwischen den verschiedenen Teilzielen, Planungsbrüche und Planungslücken vermieden werden (vgl. Lachnit, 1992, S. 42). Diese *Integration* hat innerhalb des Führungs-Informations-Systems eine grundlegende Bedeutung, da mit ihrer Hilfe vielfältige Ursache-Wirkungs-Zusammenhänge abgebildet werden können, die zu einer effizienten Ursachenanalyse und Entscheidungsunterstützung beitragen.

Es wird somit ein Planungs-, Kontroll- und Koordinationssystem zur zielorientierten Unternehmensführung benötigt, das erfolgs- und liquiditätsorientierte Ziele unterstützt und sichert.

Dieses Führungs-Informations-System soll im folgenden *integriertes Führungs-Informations-System* genannt werden.[4]

Primäre Aufgabe eines Führungs-Informations-Systems ist die Bereitstellung von *Führungsinformationen*. Hierfür soll im folgenden die Struktur von Führungsinformationen näher betrachtet werden.

Führungsinformationen können anhand der Informationsobjekte, -maßgrößen und -zeiten beschrieben werden, so daß ein dreidimensionaler Raum der Führungsinformationen aufgespannt werden kann (vgl. Abb. 2).

Informationsobjekte sind die Leistungsstellen und Leistungsträger im Leistungsbereich, die Kostenstellen im Kostenbereich, die Center im Erfolgsbereich bis zu Rechtseinheiten auf Unternehmensebene. Dies sind die *Objekte*, welche betrachtet werden. Sowohl die Objekte als auch deren Hierarchien bzw. Beziehungen untereinander werden innerhalb eines Führungs-Informations-Systems abgebildet.

Für jedes Objekt stehen unterschiedliche *Maßgrößen*, wie z.B. betriebswirtschaftliche Kennzahlen, zur Verfügung. So können z.B. Kosten und Leistungen, Erträge und Aufwendungen, Bilanzbestände, Liquiditäts- und Rentabilitätsgrößen dargestellt werden. Zwischen den unterschiedlichen Maßgrößen bestehen Beziehungen und Interdependenzen, die es innerhalb des Führungs-Informations-Systems abzubilden bzw. zu „integrieren" gilt.

Die Dimension *Zeit* besitzt grundlegende Bedeutung für ein Führungs-Informations-System. Zum einen wird definiert, für welche Zeiträume die Informationen verfügbar sind. Sinnvoll für Planungs- und Kontrollsysteme sind i.d.R. monatliche Informationen, die beliebig summiert dargestellt werden können, wie z.B. kumulierte Monate, Quartale oder Jahre. Zum anderen werden für diese Zeiträume sogenannte Zeitarten benötigt, wie z.B. Ist-, Plan-, Soll-, Hochrechnungszeitarten, die wiederum beliebig miteinander verknüpfbar sind. Diese sind als

---

[4] In Anlehnung an Hahn, der auch von einer ergebnis- und liquiditätsorientierten Planung und Kontrolle als Teil eines integrierten Führungs-Informations-Systems spricht, vgl. Hahn, D. (1996), S. 814 f.

Zeitarten zu verstehen, da sie die jeweiligen Zeiträume aus verschiedenen Blickwinkeln betrachten.

Objekt, Maßgröße und Zeit stellen die drei Dimensionen für die Bestimmung der Führungsinformationen dar.

Diese beschriebenen Führungsinformationen sollen im folgenden innerhalb eines Referenzmodells für ein integriertes Führungs-Informations-System abgebildet werden.

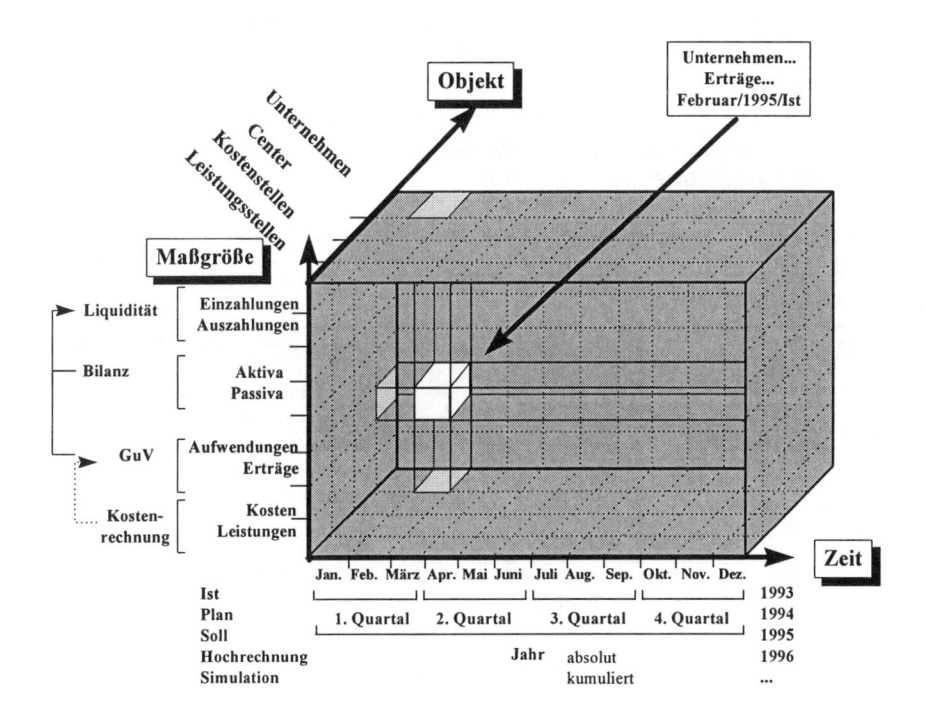

Abb. 2: Beispielhafte Führungsinformationen im Handel

3 Das betriebswirtschaftliche Referenzmodell eines integrierten Führungs-Informations-Systems für den Handel

Im folgenden soll im Sinne einer Sollkonzeption ein Referenzmodell eines integrierten Führungs-Informations-Systems beschrieben werden. Den Ausgangspunkt bildet der Informationsbedarf der einzelnen Entscheidungseinheiten in einem Handelsunternehmen. Sukzessive werden die Führungsinformationen dieser Entscheidungseinheiten für die Entscheidungs- und Verhaltensunterstützung bestimmt, so daß ein integriertes Führungs-Informations-System bausteinweise erschlossen wird.

In Tab. 2 wird beispielhaft für ein dezentralisiertes Handelsunternehmen der Informationsbedarf anhand der Entscheidungseinheiten, deren Entscheidungsobjekte und -maßgrößen wiedergegeben:

Entscheidungs-einheit	Entscheidungsobjekte	Entscheidungsmaßgrößen
Leistungsstellen	• Waren • Kunden • Lieferanten • Working Capital	• Umsatz, Wareneinsatz und Rohertrag • Boni / Skonti • Wareneinkauf und Bestand • Forderungen und Verbindlichkeiten
Kostenstellen	• Personal • Sachmittel • Raum • Prozesse • Sachanlagen	• Differenzierte Kostenarten • Grenzplankosten • Unterscheidung von fixen, sprungfixen und variablen Kosten • Prozeßkosten
Center	• Leistungsstellen • Kostenstellen • Investitionen	• Mehrstufige Deckungsbeiträge • Break-even • COI • Cash-Flow
Unternehmen	• Center • Kapital • Investitionen • Unternehmen (für Unternehmensgruppe)	• Gewinn- u. Verlust • Bilanz • Liquidität • Rentabilität

Tab. 2: Entscheidungsfelder eines dezentralisierten Handelsunternehmens

Anhand dieser verschiedenen *Entscheidungseinheiten bzw. Verantwortungsbereiche* innerhalb des Handelsunternehmens können für die Erfolgslenkung das

Leistungsstellen-, Kostenstellen- und Centermodul sowie für die Liquiditätslenkung das Unternehmensmodul herausgearbeitet werden.

Der modulare Aufbau des integrierten Führungs-Informations-Systems für den Handel wird in Abb. 3 dargestellt.

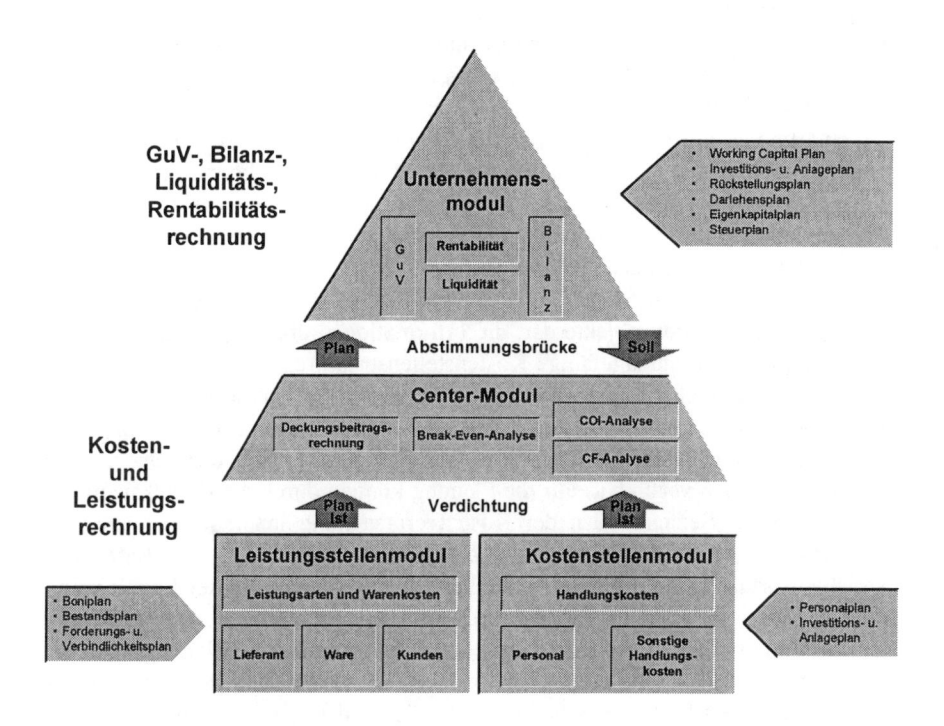

Abb. 3: Referenzmodell des integrierten Führungs-Informations-Systems für den Handel

Mittelpunkt innerhalb des Leistungsstellenmoduls bildet die *Entscheidungseinheit „Leistungsstelle"* als Ort der Leistungsentstehung synonym zum Kostenstellenbegriff. Im Handel sind hierunter vielfach Vertriebsteams, Vertreter, Außendienstmitarbeiter u.s.w. zu verstehen.

Für jede Leistungsstelle werden unterschiedliche Objekte betrachtet, wie Artikel, Kunden, Lieferanten. Eine aggregierte Planung und Kontrolle auf Kundengruppen- und Warengruppenebene ist im Handel vielfach aufgrund der großen Kunden- und Artikelzahl sinnvoll. Somit können die einzelnen Leistungsstellen dementsprechend kundengruppen- und warengruppenorientiert gesteuert werden. Mit dem Aufbau von Kundengruppen, z.B. in Form von Zielgruppen, Warengruppen, Warenkategorien oder Bedarfsfeldern, werden wesentliche Steuerungsmöglichkeiten determiniert, wobei innerhalb der Objekte mehrere Objekthierarchien parallel verwaltbar und abbildbar sein müssen.

Innerhalb des Leistungsstellenmoduls wird eine mehrdimensionale Leistungsrechnung benötigt, die in der Lage ist, unterschiedliche Maßgrößen wie Umsatz, Rohertrag, Erlösschmälerungen, Einkaufsschmälerungen den Objekten zuzuweisen und somit einen ersten Deckungsbeitrag für die Leistungsstellen sowie deren Warengruppen und Kundengruppen zu ermitteln. Die primären Einzelkosten im Handel, nämlich der Wareneinkauf bzw. der Wareneinsatz, können ebenfalls den unterschiedlichen Objekten zugeordnet werden. Somit ist eine mehrdimensionale Planung und Kontrolle der Leistungsstelle und ihrer Leistungsträger möglich.

Innerhalb des Kostenstellenmoduls wird die *Entscheidungseinheit „Kostenstelle"* betrachtet. Kostenstellen sind Orte der Kostenentstehung. Sie stellen künstliche Kalkulationsobjekte dar, die Informationen über die entstandenen Kosten liefern. Durch aussagefähige Kostenstellenstrukturen, z. B. in Form der Unterteilung in produktive Kostenstellen, Vertriebs- und Verwaltungskostenstellen im Rahmen des Umsatzkostenverfahrens oder der Betrachtung von Teilprozessen jeder Kostenstelle innerhalb der Prozeßkostenrechnung, sind differenzierte Kosteninformationen verfügbar. Für die Planung können durch die Berücksichtigung von beliebigen Bezugsgrößen der Kostenverursachung innerhalb der einzelnen Kostenstellen somit die Kostenarten bzw. die Gemeinkosten grundsätzlich in variable, sprungfixe und fixe Kosten unterteilt werden. Die Gemeinkosten sollten differenziert aufgespalten werden. Hierdurch werden wesentliche Abhängigkeiten und Veränderbarkeiten der Kostenstruktur transparent, die die Planung und Kontrolle des Kostenbereichs wesentlich verbessern. Zusätzlich bieten differenzierte Extrapläne, wie z.B. der Personalplan oder der Anlageplan, vielfältige Analyse- und Planungsmöglichkeiten in Form von Abbildungen unternehmensspezifischer Besonderheiten. Hier kommen beispielsweise die Planung von Personaleinstellungen anhand von unterschiedlichen Personalarten (Vertriebs-, Lager-, Verwaltungspersonal) und deren Auswirkungen auf die Kosten und Leistungen des Handelsunternehmens in Frage.

Das Centermodul liefert Führungsinformationen für die *Entscheidungseinheit „Center"* als eine organisatorische Einheit, die je nach Verantwortungsumfang und Entscheidungskompetenz unterschiedlich zu behandeln ist.

Auf Centerebene werden mit Hilfe einer mehrstufigen Deckungsbeitragsrechnung die vorhandenen Führungsinformationen aus der Leistungsstellen- und Kostenstellenrechnung zusammengeführt. Hiermit ist es möglich, differenzierte Dekkungsbeiträge der einzelnen Center auszuweisen.

Auf Center-Ebene können mit Hilfe einer erweiterten Break-Even-Analyse die differenzierten Gewinnschwellen der einzelnen Center dargestellt werden, wobei variable, sprungfixe und fixe Gemeinkostenbestandteile berücksichtigt werden. So wird ein besserer Einblick in die Erfolgsstruktur und Erfolgsabhängigkeit des Centers ermöglicht.

Als Abstimmungsbrücke zwischen dem ermittelten Betriebsergebnis innerhalb des Centermoduls und dem Jahresüberschuß aus der GuV dient die Korrektur von kalkulatorischen Größen, wie z.B. die kalkulatorischen Abschreibungen und Zinsen sowie die Berücksichtigung der entsprechenden pagatorischen Größen. Des weiteren sind neutrale Erträge und Aufwendungen sowie Steuern vom Einkommen und vom Ertrag zu betrachten.

Das letzte Modul stellt das Unternehmensmodul dar, welches insbesondere die Liquiditätssteuerung des Gesamtunternehmens unterstützt. Entscheidungseinheiten sind *rechtlich selbständige Unternehmenseinheiten*, die wiederum zu Handelsgruppen, Holding- oder Konzernstrukturen zusammenzufassen sind. Damit ergeben sich vielfältige Konsolidierungs- und Verrechnungsmöglichkeiten.[5]

Mit Hilfe einer integrierten GuV-, Bilanz-, Finanz- und Rentabilitätsrechnung wird die Möglichkeit geschaffen, die Auswirkungen der Planung von GuV und Bilanz auf die Liquidität und Rentabilität abzubilden. Dementsprechend ist es möglich, durch GuV-Veränderungen und Bilanzanpassung die Liquidität zu sichern und damit der Insolvenzgefahr vieler Handelsunternehmen entgegenzuwirken.

Durch die einjährige bzw. mehrjährige Planung der GuV und der Bilanz können operative und strategische Entwicklungen simuliert und deren Auswirkungen auf die Liquidität und Rentabilität ermittelt werden.

Für die liquiditätsorientierte Steuerung des Unternehmens sind unterschiedliche Cash-Flow-Stufen relevant. Die so ermittelten Liquiditätsgrößen bringen Transparenz in den Finanzmittelzufluß und -abfluß und ermöglichen insofern eine differenzierte Kontrolle der liquiditätsrelevanten Größen im Unternehmen.

Eine Rentabilitätsrechnung in Form eines ROI-Kennzahlenbaums liefert wichtige Informationen für die Abstimmung der GuV- und Bilanz-Planung und -Kontrolle. Er ermöglicht eine ergebnisorientierte Sensibilisierung der Wertgrößen des Unternehmens, einen Einstieg in die verschiedenen Planungs- und Kon-

---

[5] Insbesondere für Konzernstrukturen sind verschiedene Kapitalkonsolidierungsverfahren und auch Währungsumrechnungen relevant. Innerhalb von Holdingstrukturen sind Ansätze des Beteiligungscontrolling zu integrieren.

trollkreise und Zielvereinbarungsprozesse sowie die Visualisierung von „Wenn-dann-Fragestellungen"(vgl. Grother, 1996, S. 69 f.).

Des weiteren ermöglichen der Anlage- und Investitionsplan, der Rückstellungsplan, der Darlehensplan sowie die Planung des Working Capital eine differenzierte Planung und damit Steuerung wesentlicher Bilanz- und GuV-Positionen.

Auf Unternehmensebene ist es möglich, die operative mit der strategischen Ebene zu verknüpfen. Dies ist z.B. durch eine mehrjährige GuV- und Bilanzplanung und durch Kennzahlensysteme möglich. Von besonderer Bedeutung für das integrierte Erfolgs- und Finanz-Controlling ist die Portfolio-Analyse, da sie in der Lage ist, erfolgs- und finanzwirksame Zusammenhänge graphisch darzustellen und darüber hinaus qualitative Merkmale wie z.B. die Marktattraktivität abzubilden. Des weiteren lassen sich mit ihr einzelne Strategische Geschäftseinheiten (SGE) innerhalb des Unternehmens positionieren. Bezogen auf den Handel, könnte insbesondere eine center-, warengruppen- und kundengruppenorientierte Betrachtung wesentliche Ansätze für die strategische Ausrichtung bieten.

Zusammenfassend spielt zum einen die *Integration* der betriebswirtschaftlichen Kennzahlenbeziehungen und der unternehmensspezifischen Objekte wie z. B. der Organisationsstruktur eine bedeutende Rolle. Zum anderen ist die *Koordination* im Rahmen des integrierten Planungs- und Kontrollprozesses ein wesentlicher Baustein eines integrierten Führungs-Informations-Systems.

4 DV-technische Plattform eines integrierten Führungs-Informations-Systems

Hier gilt es, zunächst die Frage zu beantworten, welche Datenhaltungskomponente sich für ein integriertes Führungs-Informations-System anbietet. Hierfür tritt seit einiger Zeit neben transaktionsorientierten Datenbanksystemen (OLTP = On-Line-Transactional-Processing) ein neuer Datenbankstandard für Analysezwecke, sogenannte OLAP-Systeme (On-Line-Analytical-Processing Systems), in den Vordergrund. Dabei handelt es sich nicht um eine neue Datenbanktechnologie, sondern um eine besondere Klasse von Lösungen, die bestimmte Anforderungen an das Datenbankdesign stellt (vgl. o.V., 1996, S. 58).

OLTP-Systeme setzen ihren Schwerpunkt in der redundanzfreien Verwaltung von großen Datenbeständen und in der Abwicklung operativer Prozesse mittels relationaler Datenbanktechnologien (RDBMS: Relationales Datenbank-Management-System). Die Zielsetzung des RDBMS besteht in der Definition, Speicherung, Verwaltung und grundlegenden, belegorientierten Verarbeitung unterschiedlicher, normalisierter Datentypen. RDBMS bietet für anspruchsvolle Manipulationen und den Zugriff auf mehrdimensionale Strukturen nur begrenzte Möglichkeiten (vgl. Codd, 1993, S. 5).

Dagegen liegt der Schwerpunkt bei *OLAP-Systemen* auf der Bereitstellung bzw. Aggregation von großen Datenbeständen für die mehrdimensionale, interaktive Analyse. Hierzu sind komplexe Beziehungen und Berechnungsmodelle abzubilden. Durch diese Strukturierung sowie Konsolidierungen sind OLAP-Systeme in der Lage, „Warum-Fragestellungen" zu beantworten und damit Ursache-Wirkungs-Zusammenhänge darzustellen (vgl. Klinger, 1995, S. 58). Hierzu wird eine physische oder virtuelle multidimensionale Datenhaltung benötigt (vgl. Hanning, 1996, S. 5).

Somit umfassen diese OLAP-Systeme nicht nur die Datenbasis zum Aufbau von mehrdimensionalen Modellen für ein integriertes Führungs-Informations-System, sondern beinhalten auch eine umfassende Methoden- und Modellbank, ein flexibles Entwicklungswerkzeug, weitreichende Präsentationsmöglichkeiten sowie eine interaktive Benutzeroberfläche.

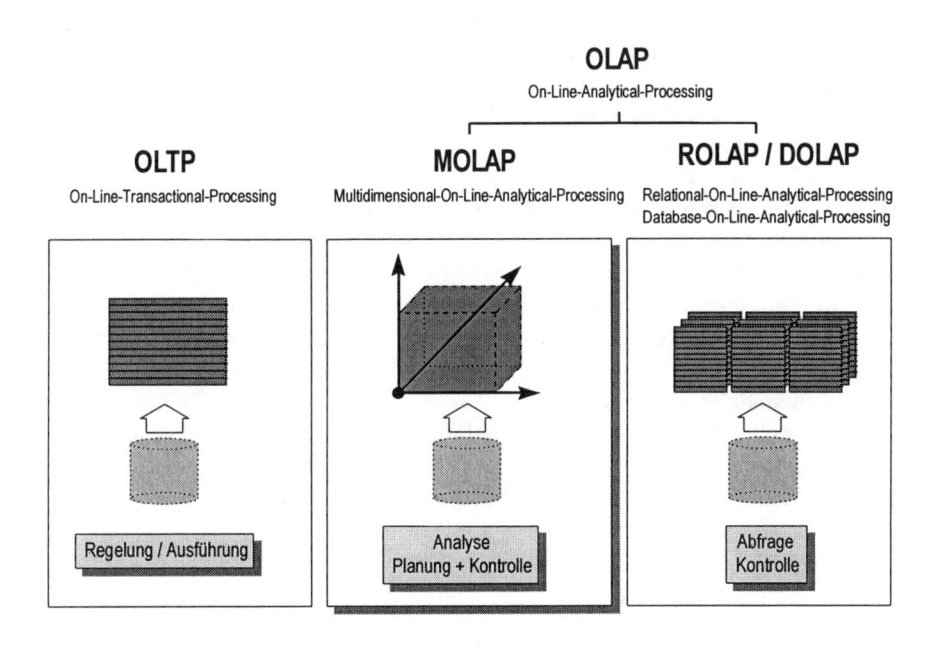

Abb. 4: OLAP vs. MOLAP vs. ROLAP / DOLAP

OLAP-Systeme ergänzen OLTP-Systeme, da sie i.d.R. auf relationalen und operativ ausgerichteten Systemen aufbauen (vgl. Klinger, 1995, S. 58).

Wie in Abb. 4 dargestellt, können OLAP-Systeme in ROLAP-Systeme mit virtueller, mehrdimensionaler Datenhaltung und MOLAP-Systeme mit physischer, mehrdimensionaler Datenhaltung unterteilt werden.

ROLAP für Relational-On-Line-Analytical-Processing gehören zu den OLAP-Systemen, die auf der Basis eines relationalen Datenbanksystems in Verbindung mit speziellen Modellierungstechniken und einer OLAP-Engine entwickelt werden (vgl. Bauer/Winterkamp, 1996, S. 45f).

Für die mehrdimensionale Abfrage wird ein Sternschema zur Datenorganisation in der relationalen Datenbank benötigt. Innerhalb der Applikation werden zusätzlich Analyseprogramme hinzugezogen. Vorteile von ROLAP-Systemen sind im direkten Zugriff auf Daten im RDBMS ohne ein zusätzliches, mehrdimensionales Datenbanksystem und die Möglichkeit des Zugriffs auf sehr große Datenbestände zu sehen (vgl. Bauer/Winterkamp, 1996, S. 52).

Dem stehen Schwächen bei den analytischen Funktionen und dem i.d.R. nicht möglichen schreibenden Zugriff auf die Datenbank gegenüber. Performanceprobleme treten insbesondere bei komplexen und umfangreichen Analysen auf, so daß der Fokus auf einfache Abfragen in relationalen Datenbanken gerichtet ist (vgl. Bauer, 1996, S. 38 f.).

DOLAP-Systeme sind Database OLAP-Systeme, welche herstellerspezifische SQL-Erweiterungen in Form von analytischen Funktionen beinhalten (vgl. Bauer, 1996, S. 40; o.V. 1996, S. 58).

MOLAP-Systeme haben ein eigenes multidimensionales Datenbanksystem (MDDBMS), welches auf die OLAP-Anforderungen zugeschnitten ist (vgl. Bauer, 1996, S. 40). Vorteile bieten die ausgereiften analytischen Funktionen, die Modellierungsmöglichkeiten sowie die hohe Performance, die jedoch durch ein zusätzliches Datenbanksystem erkauft werden müssen (vgl. Bauer/Winterkamp, 1996, S. 52). MOLAP-Systeme sind insbesondere für komplexe Planungs- und Analysemodelle geeignet.[6]

Damit stellen MOLAP-Systeme eine Datenbanklösung dar, um anhand des erarbeiteten Referenzmodells integrierte Führungs-Informations-Systeme für den Handel aufzubauen.[7]

---

[6] Die unterschiedlichen OLAP-Varianten werden durch die Integrationsbestrebungen z. B. von Oracle 7 und Oracle Express für eine offene, multidimensionale Datenbank immer stärker aufgehoben, vgl. o.V. (1996), S. 59.

[7] Die Vorteilhaftigkeit von MOLAP-Systemen für ein integriertes Führungs-Informations-System wird durch die Weiterentwicklung von ROLAP-Systemen durch analytische

In diesem Zusammenhang bieten Data Warehouse-Konzepte wegen ihrer fachbezogenen, integrierten Datensammlung eine geeignete Plattform für Führungs-Informations-Systeme (vgl. Hanning, 1996, S. 4).

So bilden OLAP-Systeme und auf ihnen beruhende Führungs-Informations-Systeme als sogenannte Data-Marts[8] eine sinnvolle Ergänzung des Data Warehouse-Konzeptes.

Unter den unterschiedlichen MOLAP-Datenbanken, wie z.B. Oracle Express von Oracle, Essbase von Arbor Software, Lightship Server von Pilot Software oder TM1 von Applix, wird die Datenbank TM1 oft als flexibles, günstiges und leistungsstarkes OLAP-System hervorgehoben (vgl. Holtkamp, 1995, S. 19; Codd/Codd, 1995, S. 38).

TM1 bietet mehrdimensionale, konzeptionelle Perspektiven. Durch die Integration von TM1 in Tabellenkalkulationsprogramme Excel oder Lotus 1-2-3 als Add-in ist es besonders bedienungsfreundlich. Es besitzt vielfältige Zugriffsmöglichkeiten und sichert eine konsistente Berichterstellung. TM1 stellt eine robuste Client/Server-Anwendung dar. Alle Dimensionen von TM1 werden gleichwertig auf einfachster Ebene erzeugt. Mit Hilfe der Methode für dünn besiedelte Matrizen ist TM1 in der Lage, je nach Dichte der Eingabedaten des Unternehmens und der tatsächlichen Verteilung der Datenwerte eine optimale Leistung zu gewährleisten. Durch die Zwischenlagerung der relevanten Datenbestände im Arbeitsspeicher ist ein gemeinsamer Zugriff auf dasselbe analytische Modell möglich. Es ist möglich, auf jedes Datenelement oder jeden Datenbereich im Datenmodell zuzugreifen und beliebige Operationen durchzuführen. Die intuitive Datenbearbeitung wird durch Mausklick gestartet und direkt auf die zu analysierenden Daten angewendet. Mit Hilfe der Präsentationsfunktion der Tabellenkalkulation und eines speziellen Reportgenerators sind individuelle, flexible Berichte leicht aufzubauen. Es sind bis zu 16 Dimensionen verfügbar, wobei beliebige Aggregationsebenen berücksichtigt werden können (vgl. Codd/Codd, 1995, S. 34f.).

Vor diesem Hintergrund ist die OLAP-Datenbank TM1 in der aktuellen Version 2.5 als ein leistungsfähiges MOLAP-System zu bezeichnen. Sie dient als EDV-technische Plattform für ein integriertes Führungs-Informations-System im Handel.

Im folgenden soll jedoch nicht konkret die EDV-technische Umsetzung des beschriebenen Referenzmodells dargestellt werden, sondern es werden vielmehr die

---

Funktionen und durch die gute Skalierbarkeit sowie Performancevorteile durch Parallelisierung in Zukunft abnehmen, oder sich sogar umkehren.

[8] Unter Data Marts werden für spezielle Auswertungen bzw. Bereiche gebildete Informationstöpfe verstanden, die durch ihre Handlichkeit, kurze Antwortzeiten und ihre Spezialisierung weitreichende Vorteile besitzen, vgl. Flade-Ruf, U. (1996), S. 27.

unterschiedlichen Unterstützungsebenen eines integrierten Führungs-Informations-Systems anhand einer Fallstudie herausgestellt.

5 Fallstudie zur Nutzung eines integrierten Führungs-Informations-Systems

Neben den innerhalb der Kontrollphase zu treffenden Anpassungs- und Veränderungsentscheidungen besitzen gerade innerhalb der Planungsphase notwendige Entscheidungen über Ziele, Maßnahmen und Budgets eine hohe Komplexität. Insbesondere sind Interdependenzen zwischen Entscheidungseinheiten, Entscheidungsobjekten und Maßgrößen zu berücksichtigen.

Deshalb konzentriert sich diese Fallstudie auf den integrierten Planungsprozeß mit Hilfe des Führungs-Informations-Systems und wird unterschiedliche Entscheidungs- und Verhaltensunterstützungspotentiale aufzeigen.

Betrachtungsgegenstand bildet innerhalb dieser Fallstudie die Firma PVH KG. Es handelt sich hierbei um ein mittelständisches Handelsunternehmen aus dem Produktionsverbindungshandel. Letzterer stellt als Großhandel die Handelsstufe zwischen der Industrie und meist Handwerksbetrieben dar.

Die PVH KG besitzt die vier grundsätzlichen Entscheidungssubjekte Leistungsstelle (Leistungsteams), Kostenstelle, Center und Unternehmen. Im folgenden soll das Center Sanitär/Heizung näher betrachtet werden. Dieses besteht aus den zwei Leistungsteams Sanitär und Heizung und aus einer Kostenstelle Sanitär/Heizung.

Die Firma PVH KG wird durch das in Abb. 5 dargestellte Organigramm beschrieben.

Die unterschiedlichen Entscheidungssubjekte bzw. -einheiten können anhand der Anforderungen an eine Entscheidungs- und Verhaltensunterstützung charakterisiert werden:

Die *Entscheidungsebene* soll wie folgt unterstützt werden:
- Die *Leistungsstellen Sanitär und Heizung* sind für die Entscheidungsobjekte Kunden und Waren verantwortlich. Dies gilt sowohl für den Einkauf als auch für den Verkauf. Somit sind insbesondere Verkaufs- und Einkaufsmaßgrößen entscheidungsrelevant. Darüber hinaus wird durch die Verkaufs- und Einkaufsverantwortung implizit auch die Bestandsverantwortung auf die Leistungsstellen übertragen. Damit werden auch Bestandsveränderungen als Teil des Working Capitals für die Steuerung benötigt.
- Die *Kostenstelle Sanitär/Heizung* ist primär für die anfallenden Kosten bei gegebenen Kapazitäten verantwortlich, wobei kapazitätsverändernde Kosten

wie Personalinvestitionen und Sachinvestitionen direkt vom Centerleiter geplant bzw. mit der Kostenstelle Sanitär/Heizung abgestimmt werden.
- Das *Center Sanitär/Heizung* ist verantwortlich für seine Leistungsstellen Sanitär und Heizung sowie für die Kostenstelle Sanitär/Heizung. Insbesondere die Abstimmung zwischen Leistungen, Kosten und Kapitalbedarf liegt in seinem Entscheidungsfeld. Als Maßgrößen werden Deckungsbeiträge und Renditekennzahlen benötigt. Durch die Investitionsverantwortung handelt es sich bei dem Center Sanitär/Heizung um ein Investment Center.
- Die *Entscheidungseinheit Unternehmen* wird durch die Geschäftsführung wahrgenommen. Schwerpunktmäßig ist sie verantwortlich für die einzelnen Center und für das Kapitalangebot in Form der Finanzierung durch Eigenkapital, Darlehen und Rückstellungen. Auf Unternehmensebene sind insbesondere Liquiditäts- und Renditemaßgrößen relevant.

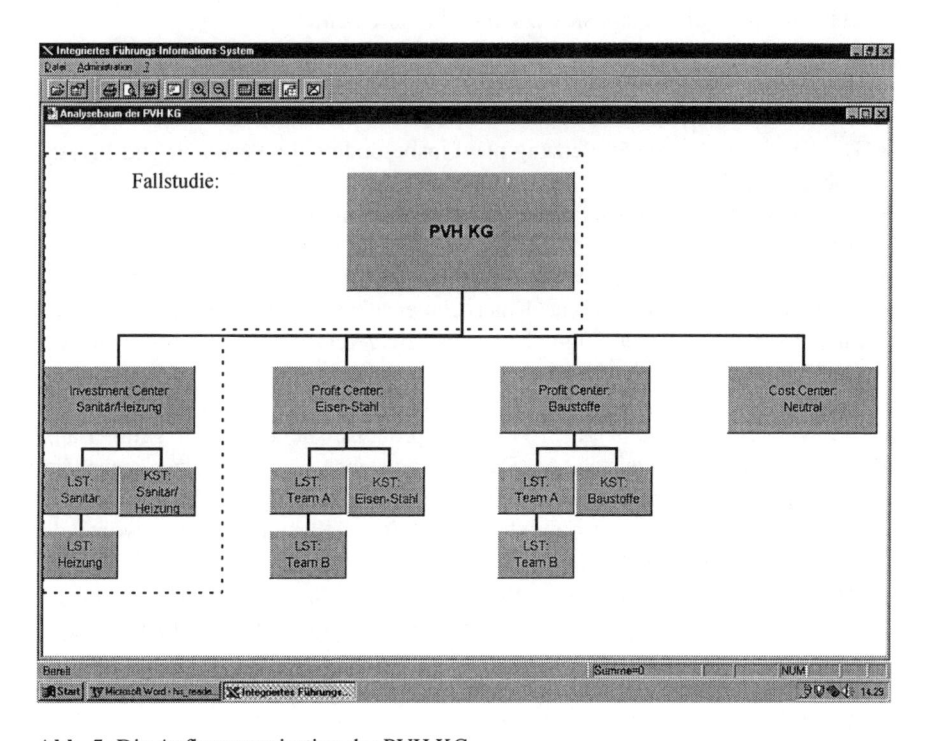

Abb. 5: Die Aufbauorganisation der PVH KG

Diese Entscheidungssubjekte, -objekte und Maßgrößen determinieren die bereitzustellenden Führungsinformationen innerhalb des Führungs-Informations-Systems. Je dezentralisierter ein Unternehmen ist, desto mehr Verantwortlichkeiten haben untere Entscheidungseinheiten und desto höhere Anforderungen dieser Entscheidungssubjekte an die Entscheidungsunterstützung sind zu erfüllen. Da viele Entscheidungen sich aber gegenseitig beeinflussen und somit starke Interdependenzen bestehen, ist ein Abstimmungsprozeß durch die Planung eine Voraussetzung für ein zielorientiertes Handeln und Entscheiden. Insbesondere können Verantwortlichkeiten erst akzeptiert und getragen werden, wenn nicht beeinflußbare Größen klar bestimmt und ausgegrenzt werden. Damit wird ein Koordinationssystem zur tragenden Säule der Unternehmensführung. Dieses Koordinationssystem der PVH KG wird mit Hilfe eines Budgetierungssystems realisiert. Insofern sind Ziele, Maßnahmen und Budgets für die unterschiedlichen Entscheidungssubjekte und -objekte zu bestimmen.

Die *Verhaltensebene* läßt sich wie folgt beschreiben:
- Die Leistungsstelle Sanitär und Heizung plant innerhalb der operativen Planung unterschiedliche Leistungen nach den Entscheidungsobjekten Kunde und Ware.
- Die Kostenstelle Sanitär/Heizung plant insbesondere die Personal- und Investitionsentwicklung.
- Das Center Sanitär/Heizung koordiniert diese Planungen und führt Zielvereinbarungsgespräche durch.
- Auf Unternehmensebene wird zuerst ein Mehrjahresplan erarbeitet, der die Grundlage für den operativen Unternehmensplan bildet. Es gilt, die Planung auf Unternehmensebene innerhalb des Zielvereinbarungsprozesses mit der Centerplanung abzugleichen.

Diese voneinander abhängigen Planungsprozesse sollen eine gemeinsame Zielausrichtung gewährleisten. Als Ergebnis entstehen gemeinsam getragene Ziele, Maßnahmen und Budgets für die einzelnen Entscheidungseinheiten. Monatlich wird diese operative Planung durch eine taktische Planung ergänzt, wobei die Leistungsstellen und Kostenstellen den operativen Plan auf seine Realisierung hin überprüfen und gegebenenfalls verändern. Somit stehen unterjährig Hochrechnungen bzw. Abweichungen zwischen operativem und taktischem Plan zur Verfügung.

Die beschriebene Entscheidungs- und Verhaltensebene wird zusammenfassend in Abb. 6 für die PVH KG veranschaulicht.

Durch die Verbindungslinien in der Abb. 6 werden den einzelnen Entscheidungssubjekten die Entscheidungsobjekte und Maßgrößen zugeordnet. Sie spiegeln die wesentlichen Entscheidungs- und Verantwortungsbeziehungen wider. Hierdurch wird sichtbar, welche Verantwortungsbereiche innerhalb der PVH KG festgelegt wurden.

Bei der nun folgenden Darstellung des Planungsprozesses mit Hilfe des beschriebenen integrierten Führungs-Informations-Systems sollen einige Vereinfachungen zugunsten der Anschaulichkeit und der Problembegrenzung vorgenommen werden.[9] Den Schwerpunkt dieser Fallstudie bilden somit die grundsätzlichen Wert- und Bestandsbewegungen innerhalb der PVH KG.

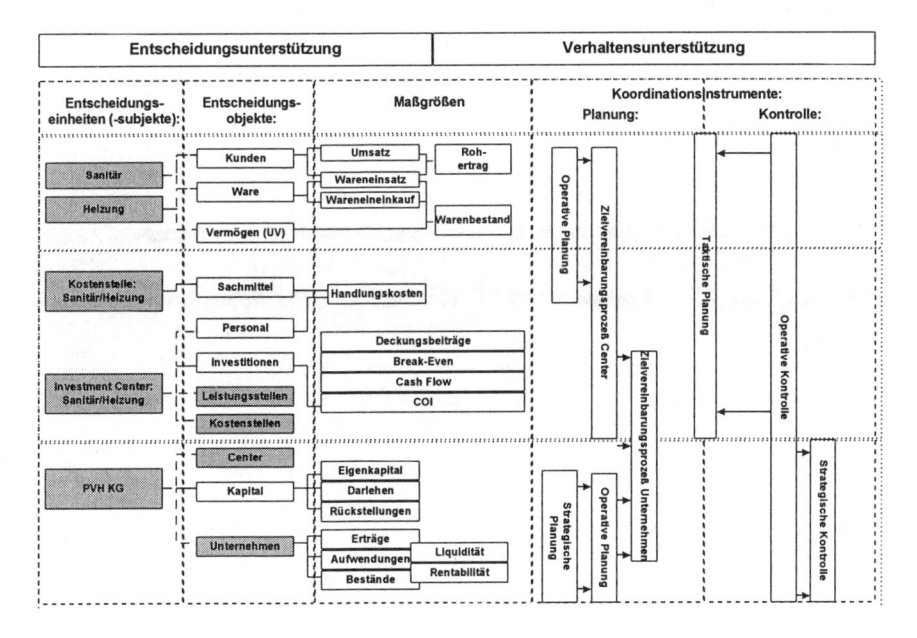

Abb. 6: Entscheidungs- und Verhaltensunterstützung eines Führungs-Informations-Systems bei der PVH KG

---

[9] So wird nur die operative Planung der Leistungsstelle Sanitär, der Kostenstelle Sanitär/Heizung, des Centers Sanitär/Heizung und des Unternehmens betrachtet. Kalkulatorische Größen, Steuern, Zinsen, neutrale und außerordentliche Aufwendungen und Erträge werden wertmäßig nicht berücksichtigt. Dies gilt auch für Veränderungen der Forderungs- und Verbindlichkeitsbestände, der Rückstellungen und der Gewinnverwendung sowie weitergehende bilanzpolitische Manipulationen.

Im Sinne einer Bottom-Up Planung beginnt die *Leistungsstelle Sanitär* mit der Ziel- und Maßnahmenbestimmung und legt operationalisierte Planwerte bzw. Budgets für das nächste Planjahr fest. Dabei werden die Budgets im Sinne eines zero base budgeting grundsätzlich durch Aktivitäten definiert und begründet. Der Leistungsstellenleiter arbeitet diese operative Planung gemeinsam mit den Vertriebs- und Einkaufsmitarbeitern aus.

Da innerhalb der Planung im Gegensatz zur Analyse sämtliche Beziehungen zwischen den Maßgrößen hinterlegt werden müssen, um eine in sich stimmige und durchgehende Planung zu garantieren, sollen im folgenden insbesondere diese Interdependenzen erläutert werden.

Ausgangspunkt bildet die Umsatzplanung, die für jede Leistungsstelle nach ihren Warengruppen und Kundengruppen bzw. Kunden vorgenommen wird. Während einerseits die Kundengruppe „Privatkunden" geplant wird, wird andererseits die Kundengruppe „Geschäftskunden" in einzelne, wichtige Handwerksbetriebe aufgegliedert und einzeln geplant.

		1996	1997	Abw.					1997		
		Jahr IST	Jahr O-Plan I	96 / 97	Jan	Feb	Mrz	Apr	Mai	Jun	Jul
S. Meyer	Badewannen	161.993	200.000	+23,5%	18.645	17.095	17.436	17.061	14.867	14.565	13.8
	Duschabtrennungen	203.143	250.000	+23,1%	22.390	21.797	22.494	20.909	20.194	18.460	17.9
	Armaturen	269.306	300.000	+11,4%	24.316	24.493	24.518	24.533	20.286	22.756	22.3
	Toiletten	0	0	+0,0%	0	0	0	0	0	0	
	Spülbecken	0	0	+0,0%	0	0	0	0	0	0	
	HWGR Sanitär	634.441	750.000	+18,2%	65.351	63.356	64.507	62.502	55.347	55.781	54.2
S. Steiner	Badewannen	0	0	+0,0%	0	0	0	0	0	0	
	Duschabtrennungen	0	0	+0,0%	0	0	0	0	0	0	
	Armaturen	0	0	+0,0%	0	0	0	0	0	0	
	Toiletten	156.977	200.000	+27,4%	16.879	16.527	16.614	16.877	15.152	14.974	15.3
	Spülbecken	320.259	400.000	+24,9%	34.875	33.032	32.825	32.824	28.478	29.059	28.5
	HWGR Sanitär	477.236	600.000	+25,7%	51.755	49.559	49.439	49.701	43.630	44.033	43.9
Sanitär Handwerker	Badewannen	591.808	700.000	+18,3%	82.167	56.328	59.211	58.867	50.503	49.952	49.9
	Duschabtrennungen	934.146	1.150.000	+23,1%	96.117	101.744	95.867	98.982	89.965	83.463	85.8
	Armaturen	1.128.510	950.000	-15,8%	78.968	78.217	79.125	77.413	66.485	70.784	72.0
	Toiletten	1.632.557	1.800.000	+10,3%	151.132	152.541	158.122	155.210	130.297	136.195	138.4
	Spülbecken	1.176.798	1.300.000	+10,5%	109.468	109.182	108.828	105.945	93.569	95.663	95.8
	HWGR Sanitär	5.463.819	5.900.000	+8,0%	517.651	498.013	601.153	496.417	430.611	436.058	442.1
Summe Kunden	Badewannen	1.114.848	1.300.000	+16,6%	140.392	106.916	106.679	107.840	92.124	91.765	91.1
	Duschabtrennungen	1.572.188	1.850.000	+17,7%	151.467	158.720	155.473	157.078	137.430	137.555	138.0
	Armaturen	1.342.293	1.250.000	-6,9%	103.952	104.867	105.020	103.522	89.659	91.062	93.4
	Toiletten	2.464.810	2.700.000	+9,5%	230.218	226.023	233.308	236.326	200.068	202.368	204.9
	Spülbecken	1.631.823	1.300.000	-20,3%	109.468	109.182	108.828	105.945	93.569	95.663	95.8
	HWGR Sanitär	8.125.962	8.400.000	+3,4%	734.897	705.708	711.309	710.711	612.651	618.413	623.1

Abb. 7: Ausschnitt aus der kundenorientierten Umsatzplanung der Leistungsstelle Sanitär

Im Sinne einer kundenorientierten Ausrichtung wurden innerhalb der Leistungsstelle Sanitär Verantwortlichkeiten für bestimmte Kundengruppen bzw. Kunden bestimmt. Abb. 7 stellt den Aufbau einer Matrix der Kunden-Warengruppen-Beziehungen dar.

Zuerst wird der Jahresplanwert für die Kunden differenziert nach deren Warengruppen festgelegt und nach der saisonalen Umsatzverteilung des letzten Jahres vorverteilt. So vereinfacht sich der Planungsprozeß, und das kundenindividuelle, zeitliche Bedarfsverhalten des letzten Jahres wird sichtbar. Anhand neuer Kundeninformationen, wie z.B. neuer Aufträge der Handwerker für das Planjahr, sind die Zahlen zu überarbeiten. Insbesondere branchenspezifische Frühindikatoren, wie z.B. Baukonjunktur und verfügbares Einkommen der privaten Haushalte, sind zu berücksichtigen.

Dabei wird sichtbar, daß der geplante Umsatz mit der Kundengruppe Privatkunden um 6,1 % zurückgeht, der Rückgang jedoch durch eine Umsatzsteigerung im Sanitär-Handwerker-Bereich mit einem Umsatzplus von 8,0 % überkompensiert wird. Dies führt zu einer Gesamtumsatzsteigerung der Leistungsstelle Sanitär von 3,4 %. Besonders die Kunden Meyer (+ 18,2 %) und Steiner (+ 25,7 %) tragen zu der positiven Umsatzentwicklung bei.

Für die Summe der Kunden lassen sich nun die summierten Warengruppenumsätze ablesen, die erste Anhaltspunkte für die Umsatzentwicklung der Warengruppen widerspiegeln. So werden insbesondere Badewannen (+ 16,6 %) und Duschabtrennungen (+ 17,7 %) verkauft. Die Bedarfsstruktur der Kundengruppe Sanitär Handwerker ist sehr unterschiedlich, obwohl die einzelnen Sanitärkunden aus einer Branche kommen. Als Gründe kommen eine Spezialisierung der Handwerksbetriebe oder Großprojekte wie z.B. ein Badewannenauftrag für ein Hochhaus in Frage. In Abb. 8 wird von der Kundensicht zur Warengruppensicht gewechselt.

So werden die Absatzstrukturen der Warengruppen näher betrachtet und mögliche Potentiale sichtbar.[10] Insgesamt werden von der Leistungsstelle Sanitär 8.400.000,- DM Umsatz angestrebt. Dies bedeutet eine Verbesserung um 3,4 % gegenüber dem Vorjahr.

Für die PVH KG ist der Umsatz die zentrale Planungsgröße, die alle anderen Maßgrößen in entscheidendem Maße beeinflußt. So sind ungefähr 72 % der Kosten in Form von Warenkosten direkt vom Umsatz abhängig.

---

[10] Dies ist insbesondere durch eine weitere Untergliederung der Warengruppen in Bedarfsfelder zu erreichen. Wird innerhalb dieser Bedarfsfelder die Nachfrage einzelner Kunden mit der Branchenbedarfsstruktur verglichen, werden Umsatzpotentiale sichtbar.

Mit dieser mehrdimensionalen Umsatzplanung können jetzt anhand der differenzierten Umsätze je Warengruppe und Kunde für die Leistungsstelle Sanitär ihre Wareneinsätze bestimmt werden.

Integriertes Führungs-Informations-System

Relative Planung der Leistungsstellen

Leistungsstellenplanung für Sanitär, 1997, O-Plan I

		1996	1997	Abw.	1997						
		Jahr IST	Jahr O-Plan I	96 / 97	Jan	Feb	Mrz	Apr	Mai	Jun	Jul
Badewannen	**Privatkunden**	523.040	600.000	+14,7%	58.225	50.587	49.467	43.973	41.621	41.813	41.184
	S. Meyer	161.993	200.000	+23,5%	18.645	17.065	17.496	17.061	14.867	14.565	13.878
	S. Müller	429.815	500.000	+16,3%	63.522	39.263	41.716	41.807	35.636	35.388	36.049
	S. Schönfeld	0	0	+0,0%	0	0	0	0	0	0	0
	S. Steiner	0	0	+0,0%	0	0	0	0	0	0	0
	S. Vocke	0	0	+0,0%	0	0	0	0	0	0	0
	S. Krapf	0	0	+0,0%	0	0	0	0	0	0	0
	Sanitär Handwerker	591.808	700.000	+18,3%	82.167	56.328	59.211	58.867	50.503	49.952	49.928
	Summe Kunden	1.114.848	1.300.000	+16,6%	140.392	106.916	108.679	107.840	92.124	91.765	91.112
Duschabtrennungen	Privatkunden	638.042	700.000	+9,7%	55.350	56.976	59.607	58.096	47.465	54.092	52.227
	S. Meyer	203.143	250.000	+23,1%	22.390	21.797	22.494	20.909	20.194	18.460	17.963
	S. Müller	319.234	400.000	+25,3%	31.474	34.813	31.909	33.985	30.229	30.093	29.590
	S. Schönfeld	411.770	500.000	+21,4%	42.253	45.134	41.465	44.088	39.541	34.909	38.277
	S. Steiner	0	0	+0,0%	0	0	0	0	0	0	0
	S. Vocke	0	0	+0,0%	0	0	0	0	0	0	0
	S. Krapf	0	0	+0,0%	0	0	0	0	0	0	0
	Sanitär Handwerker	934.146	1.150.000	+23,1%	96.117	101.744	95.867	93.982	89.965	83.463	85.831
	Summe Kunden	1.572.188	1.850.000	+17,7%	151.467	158.720	155.473	157.078	137.430	137.555	138.058
HWGR Sanitär	Privatkunden	2.662.143	2.500.000	-6,1%	217.046	207.695	210.155	214.294	182.041	182.355	181.304
	S. Meyer	634.441	750.000	+18,2%	65.361	63.358	64.507	62.502	55.347	55.781	54.202
	S. Müller	1.288.996	1.300.000	+0,9%	127.670	107.557	107.292	108.895	95.054	94.115	96.134
	S. Schönfeld	731.027	750.000	+2,6%	64.230	65.376	62.404	63.665	56.553	54.303	57.476
	S. Steiner	477.236	600.000	+25,7%	51.755	49.559	49.439	49.701	43.630	44.033	43.926
	S. Vocke	907.375	1.000.000	+10,2%	83.671	84.228	87.686	83.816	68.311	73.541	74.564
	S. Krapf	1.424.744	1.500.000	+5,3%	125.174	127.937	129.826	127.638	111.916	114.285	115.847
	Sanitär Handwerker	5.463.819	5.900.000	+8,0%	517.851	498.013	501.153	496.417	430.811	436.058	442.150
	Summe Kunden	8.125.962	8.400.000	+3,4%	734.897	705.708	711.309	710.711	612.851	618.413	623.454

Abb. 8: Ausschnitt aus der warengruppenorientierten Umsatzplanung der Leistungsstelle Sanitär

In Abb. 9 wird die warengruppenorientierte Wareneinsatzplanung abgebildet, die relativ zum Umsatz der Warengruppe vorgenommen wird.

Bei der Bestimmung des Wareneinsatzes der einzelnen Warengruppen sind insbesondere lieferantenorientierte Überlegungen zu berücksichtigen. Eine Fragestellung könnte z.B. lauten, welche Einkaufsvorteile durch eine Lieferantenkonzentration zu erreichen sind. So versucht die Leistungsstelle Sanitär, den Wareneinsatz insgesamt von 74 % auf 72 % zu senken.

Mit Hilfe dieser geplanten Wareneinsätze können die Roherträge für die einzelnen Warengruppen und Kundengruppen ermittelt werden. Es wird sichtbar, daß im Vergleich zum Vorjahr eine Umsatzsteigerung um 3,4 %, eine Senkung des

Wareneinsatzes um 2,5 % und damit eine überproportionale Verbesserung des Rohertrags um 10,7 % erreicht werden kann.

		1996 Jahr IST	1997 Jahr O-Plan	Abw. 96 / 97	Jan	Feb	Mrz	Apr	Mai	Jun	1997 Ju
Wareneinsatzplanung											
Badewannen	Umsatzerlöse	1.114.848	1.300.000	+16,6%	140.392	106.916	108.679	107.840	92.124	91.765	91.
	Wareneinsatz in %	68%	65%	-3,8%							
	Wareneinsatz o. Boni/Skonti	753.275	845.000	+12,2%	91.255	69.495	70.641	70.096	59.881	59.647	59.
	Rohertrag	**361.573**	**455.000**	**+25,8%**	49.137	38.038	37.744	32.243	32.118	31.	
Duschabtrennungen	Umsatzerlöse	1.572.188	1.850.000	+17,7%	151.467	158.720	155.473	157.078	137.430	137.555	138.
	Wareneinsatz in %	83%	78%	-5,5%							
	Wareneinsatz o. Boni/Skonti	1.298.352	1.443.000	+11,1%	118.144	123.802	121.269	122.521	107.195	107.293	107.
	Rohertrag	**273.836**	**407.000**	**+48,6%**	33.323	34.918	34.204	34.557	30.235	30.262	30.
Armaturen	Umsatzerlöse	1.342.293	1.250.000	-6,9%	103.352	104.867	105.020	103.522	89.659	91.062	93.
	Wareneinsatz in %	60%	60%	-0,1%							
	Wareneinsatz o. Boni/Skonti	806.181	750.000	-7,0%	62.011	62.920	63.012	62.113	53.796	54.637	56.
	Rohertrag	**536.112**	**500.000**	**-6,7%**	41.341	41.947	42.008	41.409	35.864	36.425	37.
Toiletten	Umsatzerlöse	2.464.810	2.700.000	+9,5%	230.218	226.023	233.308	236.326	200.068	202.368	204.
	Wareneinsatz in %	83%	80%	-3,1%							
	Wareneinsatz o. Boni/Skonti	2.035.502	2.160.000	+6,1%	184.174	180.818	186.647	189.061	160.055	161.894	163.
	Rohertrag	**429.308**	**540.000**	**+25,8%**	46.044	45.205	46.662	47.265	40.014	40.474	40.
Spülbecken	Umsatzerlöse	1.631.823	1.300.000	-20,3%	109.468	109.182	108.828	105.945	93.569	95.663	95.
	Wareneinsatz in %	67%	65%	-3,4%							
	Wareneinsatz o. Boni/Skonti	1.098.252	845.000	-23,1%	71.154	70.969	70.738	68.864	60.820	62.181	62.
	Rohertrag	**533.570**	**455.000**	**-14,7%**	38.314	38.214	38.090	37.081	32.749	33.482	33.
HWGR Sanitär	Umsatzerlöse	8.125.962	8.400.000	+3,4%	734.897	705.708	711.309	710.711	612.851	618.413	623.
	Wareneinsatz in %	74%	72%	-2,4%							
	Wareneinsatz o. Boni/Skonti	5.991.563	6.043.000	+0,9%	526.739	508.004	512.307	512.655	441.747	445.652	449.
	Rohertrag	**2.134.399**	**2.357.000**	**+10,4%**	208.158	197.704	199.001	198.056	171.105	172.760	174.

Abb. 9: Ausschnitt aus der Wareneinsatzplanung der Leistungsstelle Sanitär

Damit sind die Voraussetzungen für eine differenzierte Planung des Wareneinkaufs geschaffen, indem anhand des Wareneinsatzes für die einzelnen Warengruppen der Wareneinkauf bestimmt wird. In Abb. 10 wird diese Wareneinkaufsplanung dargestellt.

Für jede Warengruppe wird der Wareneinkauf geplant. Der Jahresplanwert des Wareneinkaufs wird anhand des Einkaufsverhaltens des letzten Jahres auf die einzelnen Monate verteilt. So wird ersichtlich, daß die Leistungsstelle Sanitär auf einer Einkaufsmesse im April und im August den größten Teil des Wareneinkaufs vornimmt.

Durch die Gegenüberstellung des Wareneinkaufs mit dem Wareneinsatz können die wertmäßigen Bestandsveränderungen der Warengruppen ausgewiesen und der Leistungsstelle Sanitär zugewiesen werden.

Konkret plant die Leistungsstelle Sanitär einen Wareneinkauf in Höhe von 6.043.000,- DM. Hierdurch findet eine Warenbestandserhöhung in Höhe von 955.501,- DM statt. Dieser hohe Bestandsaufbau wird wegen des Einkaufs neuer Sortimentsteile als notwendig erachtet.

Damit werden von der Leistungsstelle Sanitär für die eigenverantwortlichen Vertriebs- und Einkaufsaktivitäten alle notwendigen Steuerungsgrößen geplant.

Leistungsstellenplanung für Sanitär, 1997, O-Plan I

		1996 Jahr IST	1997 Jahr O-Plan	Abw. 96/97	Jan	Feb	Mrz	Apr	Mai	Jun	J
Wareneinsatzplanung											
Wareneinkaufsplanung											
Badewannen	Wareneinsatz o. Boni/Skonti	753.275	845.000	+12,2%	91.255	69.495	70.641	70.096	59.881	59.647	59
	Wareneinkauf	774.013	1.047.225	+35,3%	0	0	10.540	250.000	7.323	6.340	6
	Bestandsveränderungen	20.738	202.225	+875,1%	-91.255	-69.495	-60.102	179.904	-52.558	-53.307	-53
Duschabtrennungen	Wareneinsatz o. Boni/Skonti	1.298.352	1.443.000	+11,1%	118.144	123.802	121.269	122.521	107.195	107.293	107
	Wareneinkauf	1.443.101	1.609.971	+11,6%	27.954	30.832	21.855	640.029	28.021	28.300	24
	Bestandsveränderungen	144.749	166.971	+15,4%	-90.190	-92.969	-99.414	517.508	-79.175	-78.993	-83
Armaturen	Wareneinsatz o. Boni/Skonti	806.181	750.000	-7,0%	62.011	62.920	63.012	62.113	53.796	54.637	56
	Wareneinkauf	926.126	944.018	+1,9%	20.721	18.440	19.726	383.972	16.386	17.916	18
	Bestandsveränderungen	119.945	194.018	+61,8%	-41.291	-44.480	-43.286	321.859	-37.409	-36.722	-37
Toiletten	Wareneinsatz o. Boni/Skonti	2.035.502	2.160.000	+6,1%	184.174	180.818	186.647	189.061	160.055	161.694	163
	Wareneinkauf	2.111.445	2.272.815	+7,6%	66.449	49.545	53.431	877.186	53.994	55.336	47
	Bestandsveränderungen	75.943	112.815	+48,6%	-117.725	-131.274	-133.215	688.124	-106.061	-106.558	-116
Spülbecken	Wareneinsatz o. Boni/Skonti	1.098.252	845.000	-23,1%	71.154	70.969	70.738	68.864	60.820	62.181	62
	Wareneinkauf	1.257.957	1.124.471	-10,6%	23.337	21.006	22.090	563.622	16.871	18.287	19
	Bestandsveränderungen	159.704	279.471	+75,0%	-47.818	-49.962	-48.648	494.958	-43.949	-43.894	-42
HWGR Sanitär	Wareneinsatz o. Boni/Skonti	5.991.563	6.043.000	+0,9%	526.739	508.004	512.307	512.655	441.747	445.652	449
	Wareneinkauf	6.512.642	6.998.501	+7,5%	138.461	119.823	127.642	2.715.008	122.595	126.180	115
	Bestandsveränderungen	521.080	955.501	+83,4%	-388.278	-388.181	-384.665	2.202.353	-319.152	-319.473	-333

Abb. 10: Ausschnitt aus der Wareneinkaufsplanung der Leistungsstelle Sanitär

Aufbauend auf den beschriebenen Leistungen und Warenkosten der Leistungsstelle Sanitär, sollen nun die Handlungskosten für das nächste Jahr festgelegt werden.

Die verantwortliche Kostenstelle Sanitär/Heizung plant mit Hilfe des in Abb. 11 dargestellten Planungsschemas ihre unterschiedlichen Kostenarten.

Die Kostenstelle Sanitär/Heizung plant nur grob einzelne Kostenartenblöcke wie Personalkosten, Vertriebskosten, Betriebskosten und Verwaltungskosten. Sie unterscheidet diese aber nach unterschiedlichen Bezugsgrößen und nach Beeinflußbarkeit in fixe, sprungfixe und variable Bestandteile. Im Bereich der Personalkosten werden 200.000.- DM, zum Teil für das Gehalt des Centerleiters, als fix geplant. Zusätzlich werden 8 % vom Umsatz als umsatzabhängige Lohnkosten berücksichtigt und ab August eine Personaleinstellung in Form von sprungfixen Beträgen geplant. Insgesamt belaufen sich die Personalkosten auf 11,27 % vom Umsatz. Die jeweiligen Kostenblöcke werden transparenter und können in bezug auf unterschiedliche Größen geplant werden. Des weiteren werden die Erlösschmälerungen in Form von gewährten Skonti und Boni im Verhältnis zum Umsatz geplant. Dagegen werden die Einkaufsschmälerungen in Form von erhaltenen Skonti und Boni in Relation zum Wareneinkauf betrachtet. Abgesehen von einer kalkulatorischen Verteilung der Bonizahlungen sollen in unserem Beispiel die konkreten Boniausgaben im Dezember und die Bonieinnahmen im März berücksichtigt werden. Für diese Fallstudie soll keine kalkulatorische Abgrenzung vorgenommen werden, da ausschließlich der liquiditätswirksame Einfluß dargestellt werden soll. Zusätzlich zu den schon beschriebenen Leistungen und Kosten wird für die Kostenstelle Sanitär/Heizung auch eine Investitions- und Anlagenplanung vorgenommen.

Sanitär/Heizung	Planfaktor	1996 Jahr IST	1997 Jahr O-Plan	Abw. 96/97	1997 Jan	Feb	Mrz	Dez
Umsatzerlöse		8.125.962	8.400.000	3,4%	734.897	705.708	711.309	734.090
Personalkosten	11,27%	750.077	947.000	26,3%	75.458	73.123	73.571	90.394
Personalkosten (fix)	200.000				16.667	16.667	16.667	16.667
Personalkosten (sprungfix)	Eingabe in Mc. =>				0	0	0	15.000
Personalkosten (variabel)	8,00%				58.792	56.457	56.905	58.727
Vertriebskosten	2,60%	212.519	218.000	2,6%	18.865	18.281	18.393	18.848
Verwaltungskosten (fix)	50.000				4.167	4.167	4.167	4.167
Verwaltungskosten (sprungfix)	Eingabe in Mc. =>				0	0	0	0
Verwaltungskosten (variabel)	2,00%				14.698	14.114	14.226	14.682
Betriebskosten	2,60%	212.519	218.000	2,6%	18.865	18.281	18.393	18.848
Betriebskosten (fix)	50.000				4.167	4.167	4.167	4.167
Betriebskosten (sprungfix)	Eingabe in Mc. =>				0	0	0	0
Betriebskosten (variabel)	2,00%				14.698	14.114	14.226	14.682
Verwaltungskosten	3,60%	293.779	302.000	2,8%	26.214	25.338	25.506	26.189
Verwaltungskosten (fix)	50.000				4.167	4.167	4.167	4.167
Verwaltungskosten (sprungfix)	Eingabe in Mc. =>				0	0	0	0
Verwaltungskosten (variabel)	3,00%				22.047	21.171	21.339	22.023
Erlösschmälerungen	5,57%	162.519	468.000	188,0%	14.698	14.114	14.226	314.682
Gewährte Skonti	2,00%	162.519	168.000	3,4%	14.698	14.114	14.226	14.682
Gewährte Boni	3,57%	0	300.000	0,0%	0	0	0	300.000
Sonstige Erlösschmälerungen	0,00%				0	0	0	0
Wareneinkauf		6.512.642	6.998.501	7,5%	138.461	119.823	127.642	0
Einkaufsschmälerungen	7,72%	130.253	539.970	314,6%	2.769	2.396	402.553	0
Erhaltene Skonti	2,00%	130.253	139.970	7,5%	2.769	2.396	2.553	0
Erhaltene Boni	5,72%	0	400.000	0,0%	0	0	400.000	0
Sonstige Einkaufsschmälerungen	0,00%	0	0	0,0%	0	0	0	0

Abb. 11: Ausschnitt aus der Kostenplanung der Kostenstelle Sanitär/Heizung

In Abb. 12 werden die Abschreibungen für den vorhandenen Bestand in Höhe von 502.500,- DM und die Abschreibungen für eine geplante Investition in Höhe von 30.000,- DM beziffert. Die geplante Investition in Form eines neuen LKW's in Höhe von 500.000,- DM soll im Juni vorgenommen werden.

Mit Hilfe dieser geplanten Leistungen und Kosten, die nicht unabhängig voneinander, sondern unter Berücksichtigung dieser Abhängigkeiten relativ zueinander geplant wurden, kann nun das Center Sanitär/Heizung diese Maßgrößen innerhalb einer mehrstufigen Deckungsbeitragsrechnung verdichten.

Für den Centerleiter werden die wesentlichen Maßgrößen zur Steuerung seines Centers dargestellt. Anhand der einzelnen DB-Stufen werden die einzelnen Leistungen und Kosten der Leistungsstelle Sanitär und der Kostenstelle Sanitär/Heizung zugeordnet. Als Deckungsbeitrag 4 werden 211.470,- DM ausgewiesen. Hierin sind die Leistungen, die Warenkosten und der von dem Center zu verantwortende Teil der Handlungskosten enthalten. Innerhalb der in Abb. 13 dargestellten Graphik werden die Auswirkungen auf den Erfolg durch die Bonieinzahlung im März und die Boniauszahlung im Dezember sichtbar. Selbst die Neueinstellungen im September sind graphisch erkennbar.

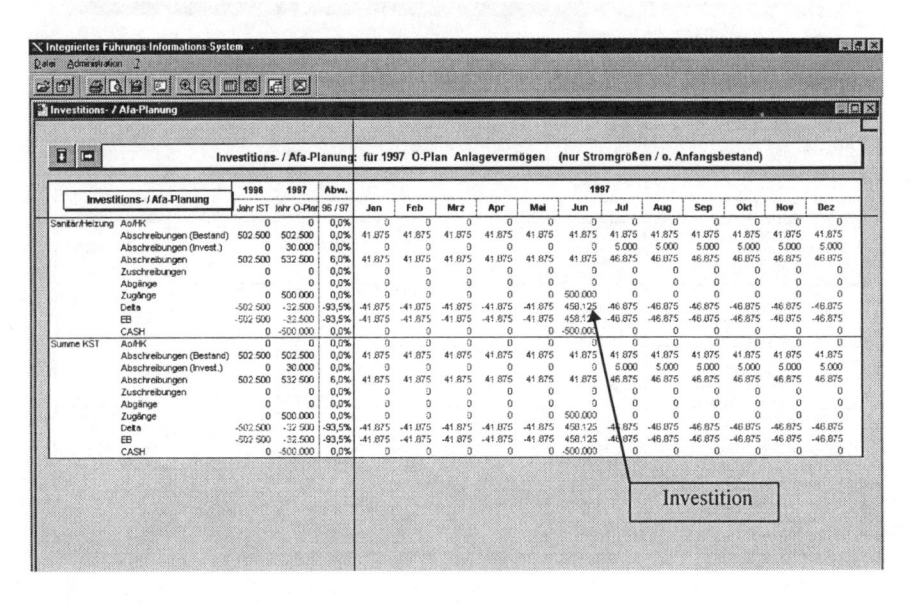

Abb. 12: Investitionsplanung der Kostenstelle Sanitär/Heizung

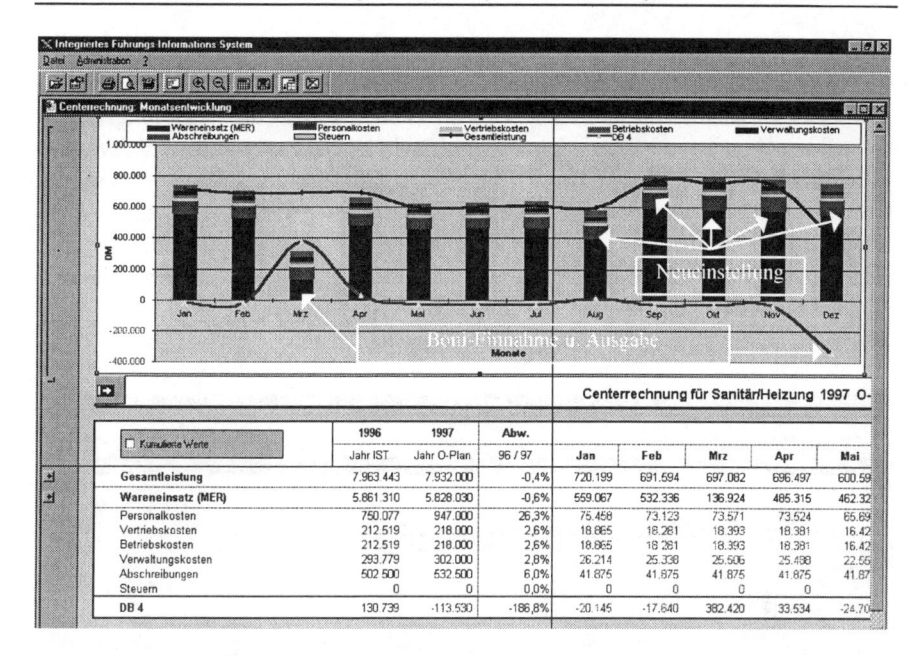

Abb. 13: Ausschnitt aus der mehrstufigen Deckungsbeitragsrechnung für das Center Sanitär/Heizung

Kumulierte Werte	1996 Jahr IST	1997 Jahr O-Plan	Abw. 96 / 97	Jan	Feb	Mrz	Apr	Mai
Gesamtleistung	7.963.443	7.932.000	-0,4%	720.199	691.594	697.082	696.497	600.59
Wareneinsatz (MER)	5.861.310	5.828.030	-0,6%	559.067	532.336	136.924	485.315	462.32
Personalkosten	750.077	947.000	26,3%	75.458	73.123	73.571	73.524	65.69
Vertriebskosten	212.519	218.000	2,6%	18.865	18.281	18.393	18.381	16.42
Betriebskosten	212.519	218.000	2,6%	18.865	18.281	18.393	18.381	16.42
Verwaltungskosten	293.779	302.000	2,8%	26.214	25.338	25.506	25.488	22.55
Abschreibungen	502.500	532.500	6,0%	41.875	41.875	41.875	41.875	41.87
Steuern	0	0	0,0%	0	0	0	0	0
DB 4	130.739	-113.530	-186,8%	-20.145	-17.640	382.420	33.534	-24,70

Die unterschiedlichen Deckungsbeitragsstufen haben nur einen begrenzten Aussagegehalt in bezug auf ihre Veränderbarkeit bzw. Sensibilität. Es wird jedoch nicht ersichtlich, wie sensibel die Planung auf mögliche Veränderungen der Beschäftigung reagiert. Da aber gerade im Handel die Beschäftigung, also der Umsatz, die zentrale Planungsgröße darstellt, benutzt der Centerleiter eine Break-Even-Analyse als Sensibilitätsanalyse. Für die Sensibilitätsanalyse wurde die bereits bekannte Break-Even-Analyse erweitert und in das entwickelte FIS integriert.

Der Centerleiter erhält mit der Break-Even-Analyse ein Instrument für die Beurteilung der vorgenommenen Planung, welches in der Lage ist, die bestehenden Planungsbeziehungen zu berücksichtigen und mögliche Ergebnisänderungen bei veränderten Planungswerten darzustellen.

Für die Break-Even-Analyse bietet sich der Umsatz als Beschäftigungsindikator für das Handelsunternehmen an, da eine Mengenbetrachtung durch unterschiedliche Mengeneinheiten innerhalb des Sortimentes im Handel nicht aussagefähig ist. Als Leistungsgröße soll der Rohertrag dienen, der durch die Berücksichtigung von Verkaufsschmälerungen und vom Wareneinsatz eine wesentliche Leistungsgröße im Handel ist. Mit Hilfe dieser Rohertragskurve, die in Abhängigkeit von dem Beschäftigungsindikator Umsatz steigt, sollen die Handlungskosten näher betrachtet werden. Der Schnittpunkt zwischen Handlungskostenkurve und Rohertragskurve ergibt den Break-Even-Point. Dies ist der Punkt, an dem das Unternehmen bzw. Center von der Verlustzone in die Gewinnzone gelangt.

Mit Hilfe der bei der Kostenstellenplanung dargestellten Unterteilung der Handlungskosten in fixe, sprungfixe und variable Bestandteile wird der Aussagegehalt der Break-Even-Analyse erweitert (vgl. Abb. 14).

Integriertes Führungs-Informations-System

Datei Administration ?

Erweiterte Break-Even-Analyse

Sanitar/Heizung
1997

Einfache Graphik

Warenkosten	Bezugsgrößen	Intervall 1	Intervall 2	Intervall 3	Intervall 4	Intervall 5	Intervall 6	Inte
	Umsatzerlöse	5.000.000	7.000.000	9.000.000	11.000.000	13.000.000	15.000.000	17.0
Umsatzerlöse		5.000.000	7.000.000	9.000.000	11.000.000	13.000.000	15.000.000	1
Wareneinsatz	72,00%	3.600.000	5.040.000	6.480.000	7.920.000	9.360.000	10.800.000	1
Gewährte Skonti/Boni (% v. U.)	5,37%	268.500	375.900	483.300	590.700	698.100	805.500	
Erhaltene Skonti/Boni (% v. WE	7,72%	277.920	389.088	500.256	611.424	722.592	833.760	
Deckungsbeitrag I		**1.409.420**	**1.973.188**	**2.536.956**	**3.100.724**	**3.664.492**	**4.228.260**	
Handlungskosten	**Bezugsgrößen**	Intervall 1	Intervall 2	Intervall 3	Intervall 4	Intervall 5	Intervall 6	Inte
Personalkosten (fix)	200.000	200.000	200.000	200.000	200.000	200.000	200.000	
Personalkosten (sprungfix)		0	0	100.000	200.000	300.000	600.000	
Personalkosten (variabel)	8,00%	400.000	560.000	720.000	880.000	1.040.000	1.200.000	
Personalkosten		**600.000**	**760.000**	**1.020.000**	**1.280.000**	**1.540.000**	**2.000.000**	
Vertriebskosten (fix)	50.000	50.000	50.000	50.000	50.000	50.000	50.000	
Vertriebskosten (sprungfix)		0	0	0	50.000	50.000	150.000	
Vertriebskosten (variabel)	2,00%	100.000	140.000	180.000	220.000	260.000	300.000	
Vertriebskosten		**150.000**	**190.000**	**230.000**	**320.000**	**360.000**	**500.000**	
Betriebskosten		**150.000**	**190.000**	**230.000**	**320.000**	**360.000**	**500.000**	
Verwaltungskosten		**200.000**	**260.000**	**320.000**	**380.000**	**440.000**	**550.000**	
Abschreibungen (fix)	18,36%	**532.440**	**532.440**	**532.440**	**642.600**	**642.600**	**734.400**	
Handlungskosten (fix)		882.440	882.440	882.440	992.600	992.600	1.084.400	
Handlungskosten (sprungfix)		0	0	100.000	300.000	400.000	950.000	
Handlungskosten (variabel)		750.000	1.050.000	1.350.000	1.650.000	1.950.000	2.250.000	
Handlungskosten		**1.632.440**	**1.932.440**	**2.332.440**	**2.942.600**	**3.342.600**	**4.284.400**	
Deckungsbeitrag II		**-223.020**	**40.748**	**204.516**	**158.124**	**321.892**	**-56.140**	
Anlagevermögen:		**2.900.000**	**2.900.000**	**2.900.000**	**3.500.000**	**3.500.000**	**4.000.000**	
Vorräte (in % v. U.)	65,00%	**3.250.000**	**4.550.000**	**5.850.000**	**7.150.000**	**8.450.000**	**9.750.000**	1
Forderungen (in % v. U.)	5,00%	**250.000**	**350.000**	**450.000**	**550.000**	**650.000**	**750.000**	
Contribution on Investment (COI)		**-3,48%**	**+0,52%**	**+2,22%**	**+1,41%**	**+2,55%**	**-0,39%**	

Abb. 14: Ausschnitt aus der Break-Even-Analyse des Centers Sanitär/Heizung

In Abb. 15 wird diese erweiterte Break-Even-Analyse dargestellt. Sie verdeutlicht insbesondere, daß die Handlungskostenkurve durch die Berücksichtigung von sprungfixen Kosten unstetig und durch Stufen gekennzeichnet ist. So ist es nun auch möglich, daß, wie in diesem Fall, mehrere Break-Even-Punkte vorhanden sind. Dies verdeutlicht die Abhängigkeit zwischen Rohertrag, Handlungskosten und Gewinn bzw. Verlust. Damit wird veranschaulicht, daß selbst eine Umsatzsteigerung durch die Erhöhung von sprungfixen Kosten zu negativen Ergebnissen führen kann.

Mit Hilfe dieser erweiterten Break-Even-Analyse bekommt der Centerleiter Sanitär/Heizung einen Überblick über die Verhältnisse zwischen Leistung, Kosten, Deckungsbeitrag und Rendite. Es wird deutlich, daß bei einem Umsatz von weniger als 7.000.000,- DM mit einem Verlust zu rechnen ist, da vorhandene fixe Kostenbestandteile nicht abgebaut werden können. Der Abbau von sprungfixen Kosten, wie z.B. Personalabbau, ist zwar grundsätzlich möglich, allerdings sind zeitliche und mengenmäßige Abhängigkeiten zu berücksichtigen. Je stärker der Umsatzrückgang ausfällt, desto größer wird das Defizit werden. Ab einem Umsatz in Höhe von 7.000.000,- DM bewegt sich das Center innerhalb der Gewinnzone, wobei durch unterschiedliche sprungfixe Kosten z.B. in Form von Personaleinstellungen der Deckungsbeitrag variiert. Damit wird der große Einfluß von sprungfixen Kosten auf das kurzfristige Ergebnis sichtbar.

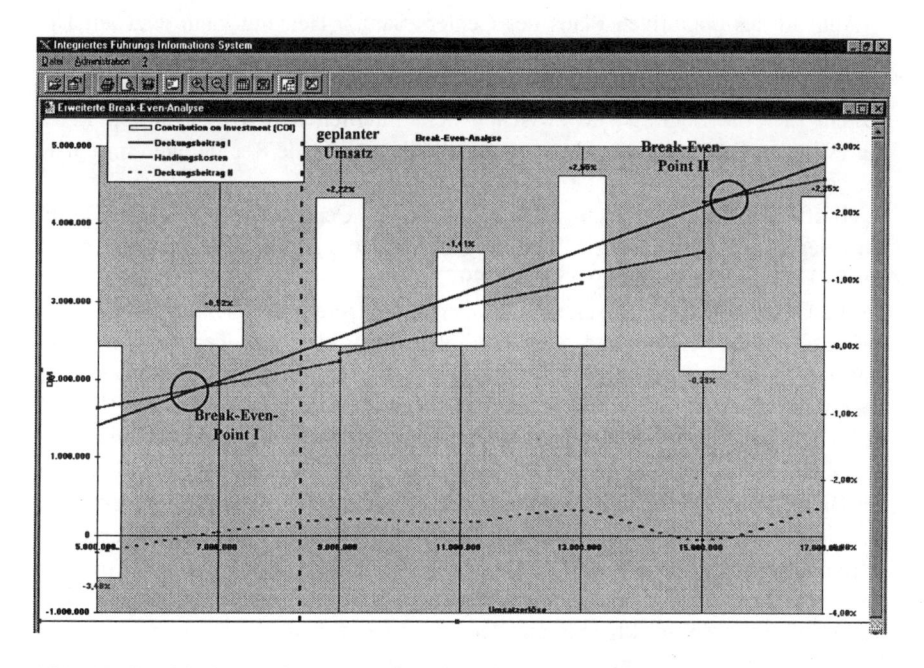

Abb. 15: Graphische Break-Even-Analyse des Centers Sanitär/Heizung

Darüber hinaus weist der Contribution On Investment (COI) die Rendite des Investment Centers Sanitär/Heizung durch Gegenüberstellung des direkt benötigten Kapitals in Form von Anlagevermögen, Vorrats- und Forderungsbeständen mit dem erwirtschafteten Deckungsbeitrag aus. Der COI dient gleichzeitig als Zielgröße für den Centerleiter, der für das Ergebnis und die Investitionen verantwortlich ist. Mit Hilfe der Abb. 15 können die Zusammenhänge zwischen Umsatzerlösen, Warenkosten, Handlungskosten, Deckungsbeitrag und Rendite veranschaulicht werden.

Nach dieser Simulation erwirtschaftet das Center Sanitär/Heizung bei einem Umsatz von 9.000.000,- DM eine Rendite von 2,22 %.

Darüber hinaus sind mit dieser erweiterten Break-Even-Analyse „Wenn-dann-Fragestellungen" in Form von Simulationen möglich, die die wertmäßigen Abhängigkeiten des Centers Sanitär/Heizung widerspiegeln. So können Auswirkungen der Veränderungen einzelner Kennzahlen auf den Deckungsbeitrag und die Rendite untersucht werden.

Anhand des operativen Plans des Centers Sanitär/Heizung kann jetzt auf Unternehmensebene die Geschäftsführung eigene Planungen im Sinne der Finanz- und Renditeverantwortung für das Gesamtunternehmen anstellen. In der Praxis besteht hier die Schnittstelle zwischen dem internen und dem externen Rechnungswesen. Die benötigte Abstimmungsbrücke soll beide Rechnungen miteinander verbinden.

Hierfür werden die Kosten- und Leistungen des Centers Sanitär/Heizung in die GuV der PVH KG transferiert. Somit ergeben sich die Aufwendungen und Erträge der PVH KG für den operativen Plan 1997.

Die Geschäftsführung beurteilt die operative Planung der Center anhand ihrer Erfolgs-, Bilanz-, Liquiditäts- und Renditeziele, die sich zum Teil aus der mehrjährigen Planung ergeben (vgl. Abb. 16, Abb. 17). Innerhalb der vorliegenden operativen Planung ist die Ergebnisentwicklung positiv zu beurteilen, die mit 211.470,- DM eine 69,6-%ige Steigerung beinhaltet. Da aber die GuV mit ihren Stromgrößen nur eine Seite der Medaille zeigt, sind die Bestandsveränderungen der Bilanz von der Geschäftsführung näher zu untersuchen. Die positive Entwicklung innerhalb der GuV beinhaltet auf Bilanzebene negative Erscheinungen.[11] Der Liquiditätsbestand ist auf -691.172,- DM gesunken, so daß konkreter Finanzierungsbedarf besteht. Es wird eine Bestandserhöhung der Vorräte um 19,0 % sichtbar. Diese Bilanzentwicklungen aus der operativen Planung der Center sollen mit Hilfe der Liquiditätsrechnung noch konkreter analysiert werden.

---

[11] Mit Hilfe von banküblichen Bilanzregeln können Entwicklungen beurteilt werden, die insbesondere die Finanzierungs- bzw. Kreditfähigkeit des Unternehmens beeinflussen.

Integrierte Führungs-Informations-Systeme im Handel

	1996	1997	Abw.					
	Jahr IST	Jahr O-Plan I	96 / 97	Jan	Feb	Mrz	Apr	Mai
Gesamtleistung	7.963.443	7.932.000	-0,4 %	720.199	691.594	697.082	696.497	600.594
Sonstige betriebliche Erträge	0	0	+0,0 %	0	0	0	0	0
Gesamtertrag	7.963.443	7.932.000	-0,4 %	720.199	691.594	697.082	696.497	600.594
Wareneinsatz	5.867.360	5.503.030	-6,2 %	523.970	505.607	109.755	458.355	439.295
Rohergebnis	2.096.083	2.428.970	+15,9 %	196.229	185.986	587.328	238.142	161.300
Personalaufwand	750.077	947.000	+26,3 %	75.458	73.123	73.571	73.524	65.696
Abschreibungen	502.500	532.500	+6,0 %	41.875	41.875	41.875	41.875	41.875
Sonstige betriebliche Aufwendungen	718.817	738.000	+2,7 %	63.943	61.900	62.292	62.250	55.400
Gesamtaufwand	1.971.394	2.217.500	+12,5 %	181.276	176.898	177.738	177.648	162.969
Zwischenergebnis	124.689	211.470	+69,6 %	14.953	9.089	409.590	60.494	-1.670
Finanzergebnis	0	0	+0,0 %	0	0	0	0	0
Beteiligungsergebnis	0	0	+0,0 %	0	0	0	0	0
Ergebnis der gewöhnl. Geschäftstätigkeit	124.689	211.470	+69,6 %	14.953	9.089	409.590	60.494	-1.670
Außerordentliches Ergebnis	0	0	+0,0 %	0	0	0	0	0
Ergebnis vor Steuern	124.689	211.470	+69,6 %	14.953	9.089	409.590	60.494	-1.670
Steuern	0	0	+0,0 %	0	0	0	0	0
Ergebnis nach Steuern	124.689	211.470	+69,6 %	14.953	9.089	409.590	60.494	-1.670
Ergebnisabführung	0	0	+0,0 %	0	0	0	0	0
Jahresüberschuß/-fehlbetrag	124.689	211.470	+69,6 %	14.953	9.089	409.590	60.494	-1.670

Abb. 16: Ausschnitt aus der GuV der PVH KG

	1996	1997	Abw.					
	Jahr IST	Jahr O-Plan I	96 / 97	AB	Jan	Feb	Mrz	Apr
Anlagevermögen	2.950.000	2.917.500	-1,1%	2.950.000	2.908.125	2.866.250	2.824.375	2.78
Vorräte	5.004.330	5.955.501	19,0%	5.000.000	4.611.722	4.223.541	3.838.876	6.04
Forderungen	400.000	400.000	0,0%	400.000	400.000	400.000	400.000	40
Liquiditätsbestand	20.359	-691.172	-3494,9%	20.359	465.465	904.610	1.740.740	-35
Umlaufvermögen	5.424.689	5.664.329	4,4%	5.420.359	5.477.187	5.528.151	5.979.616	6.08
Bilanz: Aktiva	8.374.689	8.581.829	2,5%	8.370.359	8.385.312	8.394.401	8.803.991	8.86
Komplementärkapital	3.000.000	3.000.000	0,0%	3.000.000	3.000.000	3.000.000	3.000.000	3.00
Kommanditistinkapital	1.000.000	1.000.000	0,0%	1.000.000	1.000.000	1.000.000	1.000.000	1.00
Gewinnvortrag / Verlustvortrag	0	120.359	0,0%	120.359	120.359	120.359	120.359	12
Jahresüberschuß / -fehlbetrag (BR)	124.689	211.470	69,6%	0	14.953	24.042	433.632	49
Eigenkapital	4.124.689	4.331.829	5,0%	4.120.359	4.135.312	4.144.401	4.553.991	4.61
Gesellschafterdarlehen	2.000.000	2.000.000	0,0%	2.000.000	2.000.000	2.000.000	2.000.000	2.00
Rückstellungen	1.000.000	1.000.000	0,0%	1.000.000	1.000.000	1.000.000	1.000.000	1.00
Langfristige Verbindlichkeiten	3.000.000	3.000.000	0,0%	3.000.000	3.000.000	3.000.000	3.000.000	3.00
Kurzfristige Verbindlichkeiten	250.000	250.000	0,0%	250.000	250.000	250.000	250.000	25
Verbindlichkeiten	3.250.000	3.250.000	0,0%	3.250.000	3.250.000	3.250.000	3.250.000	3.25
Bilanz: Passiva	8.374.689	8.581.829	2,5%	8.370.359	8.385.312	8.394.401	8.803.991	8.86

Abb. 17: Ausschnitt aus der Bilanz der PVH KG

Anhand der in Abb. 18 dargestellten Liquiditätsanalyse werden die einzelnen erfolgs- und bilanzorientierten Entwicklungen sichtbar. Mit Hilfe der indirekten Methode zur Bestimmung des Cash Flow lassen sich ausgehend von dem Jahresüberschuß unterschiedliche Cash Flow-Stufen ausweisen.

- Der Jahresüberschuß in Höhe von 211.470,- DM bildet die Ausgangsbasis der Finanzbetrachtung.
- Der einfache Cash Flow wird durch die Abschreibungen in Höhe von 532.500,- DM auf 743.970,- DM erhöht. Damit vergrößert sich der finanzielle Spielraum erheblich.
- Durch die negative Liquiditätsauswirkung der positiven Veränderung des Working Capitals in Höhe von 955.501,- DM (Warenbestandserhöhung) wird ein negativer Cash Flow aus der Geschäftstätigkeit in Höhe von -211.531,- DM ausgewiesen.
- Des weiteren erhöht sich der Kapitalbedarf durch die Investition von 500.000,- DM. Damit beträgt der Brutto Cash Flow im Geschäftsjahr -711.531,- DM.
- Da noch keine weiteren bilanzpolitischen Entscheidungen getroffen wurden, ist kein Finance Flow vorhanden, so daß der Netto Cash Flow im Geschäftsjahr -711.531,- DM beträgt.

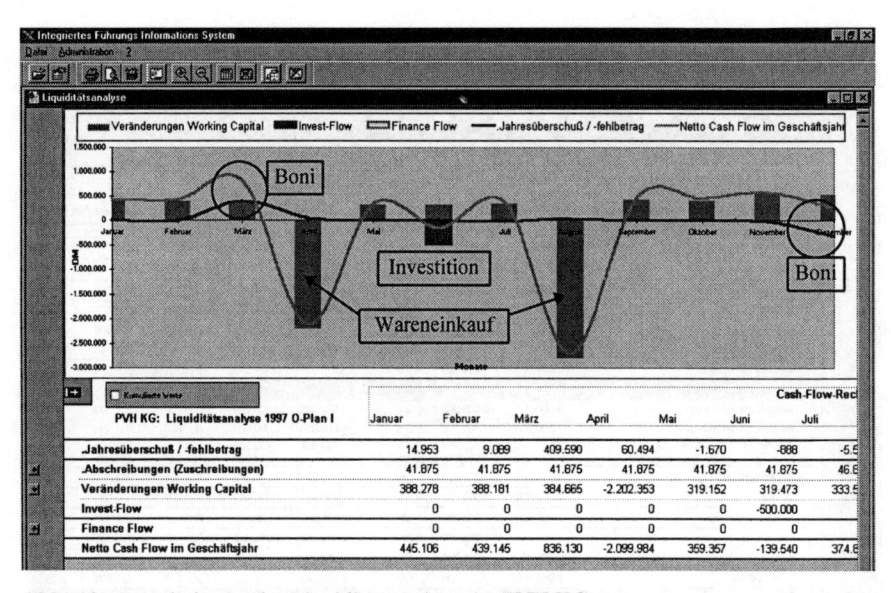

Abb. 18: Ausschnitt aus der Liquiditätsanalyse der PVH KG

Dieser Finanzierungsbedarf am Jahresende schwankt innerhalb der einzelnen Monate erheblich. So ist im März durch die Bonieinnahmen ein Netto Cash Flow von +836.130,- DM zu erwarten. Dagegen beträgt der Netto Cash Flow im April durch den Messeeinkauf beeinflußt -2.099.984,- DM und im August -2.721.697,- DM.

Diese Liquiditätsschwankungen sind zu glätten bzw. finanzpolitisch in vorteilhafte Kreditrahmen zu bringen.

Ergänzt wird die Liquiditätsbetrachtung durch die Berücksichtigung der Rentabilität, die schon auf Centerebene mit Hilfe des COI ausgewiesen wurde.

Auf der Renditeseite für das Gesamtunternehmen zeigt sich folgendes Bild (vgl. Abb. 19):

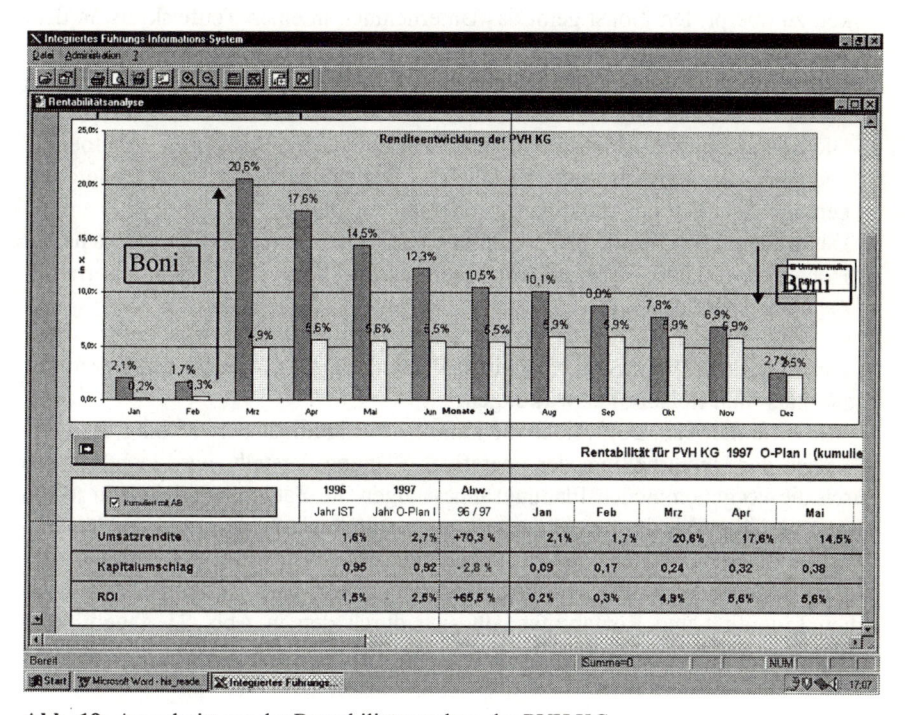

Abb. 19: Ausschnitt aus der Rentabilitätsanalyse der PVH KG

Positive Entwicklungen sind bei der Umsatzrendite in Höhe von 2,7 % (+ 70,3 % Verbesserung zum Vorjahr) und beim Return-on-Investment in Höhe von 2,5 % (+ 65,5 % Verbesserung zum Vorjahr) zu verzeichnen. Nur der

Kapitalumschlag verschlechterte sich auf 0,924 (-2,8 % zum Vorjahr). Im Vergleich zum Branchendurchschnitt ist die Renditeentwicklung positiv zu beurteilen, so daß im Mittelpunkt bei der Überarbeitung des operativen Plans die Liquiditätsverbesserung steht.

Folgende Maßnahmen wurden innerhalb des Zielvereinbarungsprozesses zwischen Geschäftsführung und Centerleitern beschlossen:
- Zuerst ist zu entscheiden, inwieweit eine Einnahmeerhöhung oder eine Ausgabensenkung die Liquidität erhöhen kann. Dabei verursacht der Warenbestandsaufbau der Leistungsstelle Sanitär eine Erhöhung des Umlaufvermögens und damit des Kapitalbedarfs. Das Budget für den Wareneinkauf bzw. für den Bestandsaufbau der Leistungsstelle Sanitär soll (statt 955.501,- DM) auf 300.000,- DM begrenzt werden. Dabei ist insbesondere das Sortiment auf seine Gängigkeit zu überprüfen. Sonst gerät das Unternehmen in einen Teufelskreis, in dem weniger bestellt wird, ein Teil der Bestellungen aber in sogenannte „Ladenhüter" investiert wird, die wiederum das Bestellvolumen für das verkaufbare Sortiment beschneiden.
- Die Einkaufspolitik ist darüber hinaus in bezug auf die Beschaffungszeitpunkte und -volumina zu verbessern. So können regelmäßige, bedarfsnahe Belieferungen die Liquidität und die Finanzierungsspitzen glätten.
- Des weiteren soll für die Investition in einen LKW ein langfristiges Darlehen in Höhe von 400.000,- DM aufgenommen werden, wodurch die Kontokorrentlinie weniger belastet wird.

Aus dieser überarbeiteten, operativen Planung ergeben sich folgende Erfolgs-, Liquiditäts- und Rentabilitätswirkungen.

Mit Hilfe der Abb. 20, welche die kumulierte Liquiditätsentwicklung der PVH KG nach der Überarbeitung der operativen Planung darstellt, wird sichtbar, daß durch die vorgenommenen Planungsanpassungen die Zahlungsfähigkeit in jedem Monat gesichert wurde. Selbst der erhöhte Kapitalbedarf aufgrund der Veränderung des Working Capitals und der Investitionstätigkeit wurden aus dem Umsatzprozeß und der Fremdfinanzierung überkompensiert. Der Zusammenhang zwischen Liquidität und Rentabilität läßt sich durch den in Abb. 21 abgebildeten ROI-Kennzahlenbaum und anhand der unterschiedlichen Einflußfaktoren des Netto Cash Flow darstellen.

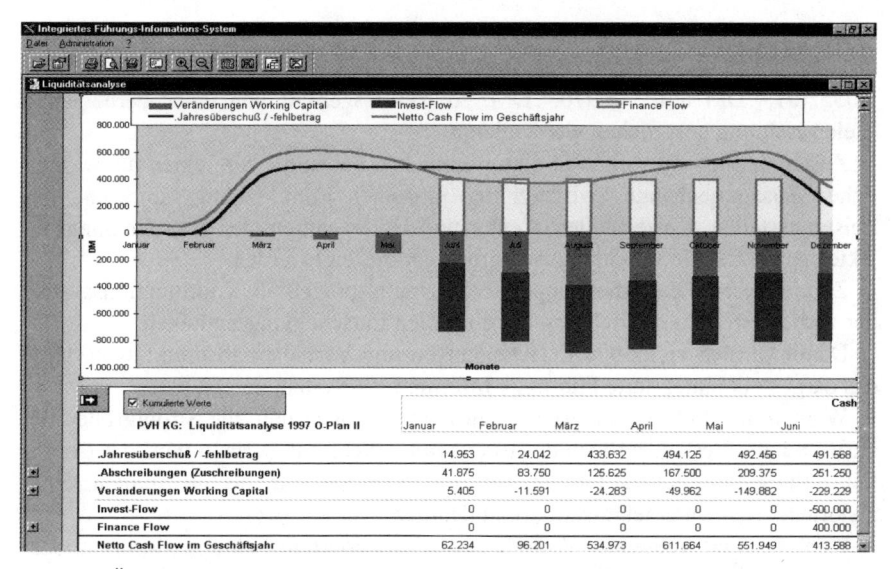

Abb. 20: Überarbeitete, operative Planung: Liquidität der PVH KG

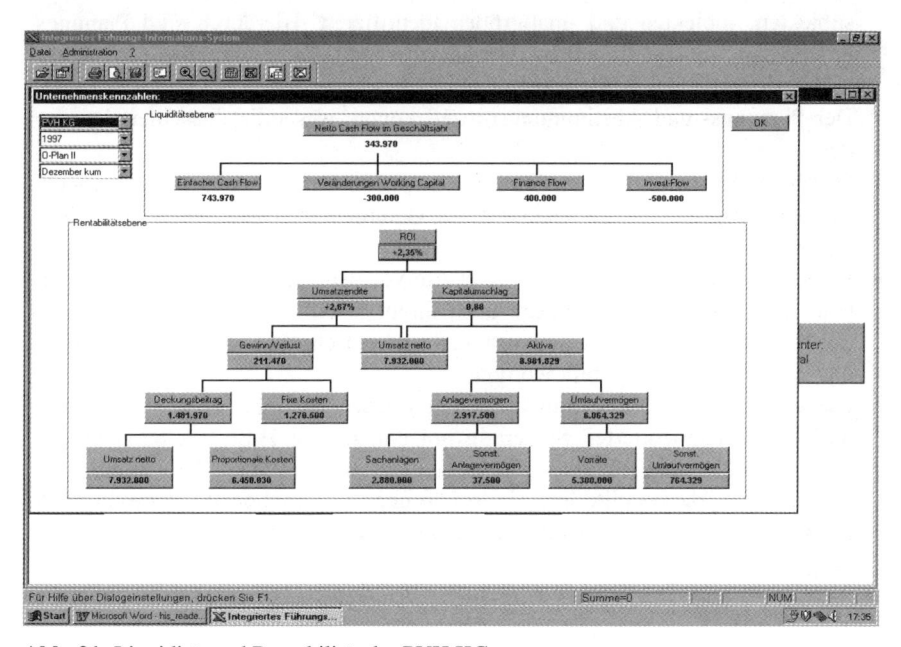

Abb. 21: Liquidität und Rentabilität der PVH KG

So verschlechterte sich durch die Planungsanpassung zwar der ROI um 0,15 Prozentpunkte auf 2,35 %, der Netto Cash Flow verbesserte sich jedoch um 1.055.501,- DM auf 343.970,- DM, so daß insgesamt von einer verbesserten Zielausrichtung gesprochen werden kann.

Zusammenfassend sollten in dieser einfachen Fallstudie zum einen die wesentlichen Zusammenhänge zwischen den einzelnen Entscheidungssubjekten, also Leistungsstellen, Kostenstellen, Center und Unternehmen, den Entscheidungsobjekten sowie den Entscheidungsmaßgrößen aufgezeigt werden.

Zum anderen diente dieser operative Planungsprozeß als Koordinationssystem der verbesserten Zielausrichtung der einzelnen Entscheidungseinheiten.

Damit wurden vielfältige Entscheidungen und Verhaltensabstimmungen durch das dargestellte integrierte Führungs-Informations-System unterstützt.

Werden alle Entscheidungseinheiten miteinbezogen und alle Stromgrößen der GuV und alle Bestandsgrößen der Bilanz mitberücksichtigt, dann wird die Bedeutung eines integrierten Führungs-Informations-Systems als Instrument einer zielorientierten Unternehmensführung deutlich.

Konkret sind folgende Vorteile eines integrierten Führungs-Informations-Systems der PVH KG mit Hilfe dieser Fallstudie erarbeitet worden:

- Es wurden die Beziehungen und Interdependenzen zwischen Entscheidungssubjekten, -objekten und -maßgrößen identifiziert. Hierdurch sind Planungsbrüche bzw. -unstimmigkeiten verhindert worden. Es besteht eine Transparenz in den wesentlichen Wertebeziehungen.
- Der Planungs- und Abstimmungsprozeß konnte wesentlich beschleunigt werden.
- Durch das Führungs-Informations-System wurde des weiteren die Dokumentation der quantitativen Entwicklung des Unternehmens und seiner Organisationseinheiten unterstützt.
- Es liegen qualitativ verbesserte Planwerte vor, weil je nach Entscheidungseinheit deren Entscheidungsobjekte nach ihrem Detaillierungsgrad geplant wurden. Hierdurch ist eine verantwortungs- und entscheidungsgerechte Informationsversorgung sichergestellt worden.
- Die dezentralen Entscheidungseinheiten wurden bei ihrer ergebnis-, rendite- und liquiditätsorientierten Steuerung unterstützt. Mit Hilfe des bereichsübergreifenden Planungsprozesses kam es zu einer abgestimmten Zielvereinbarung.

Damit ist das dargestellte integrierte Führungs-Informations-System ein wichtiges Instrument zur Unterstützung einer gemeinsam gewachsenen Zielausrichtung.

Abschließend sollten diese Vorteile in den betriebswirtschaftlichen Hintergrund des Managements eingeordnet werden, um so die verschiedenen Unterstützungspotentiale zusammenfassend darzustellen.

6 Unterstützungspotentiale eines integrierten Führungs-Informations-Systems im Handelsmanagement

Das integrierte Führungs-Informations-System unterstützt das Handelsmanagement durch erfolgs- und liquiditätsorientierte Führungsinformationen, die für die Koordination von Entscheidungseinheiten innerhalb des integrierten Planungs- und Kontrollprozesses benötigt werden.

Im Rahmen des erfolgsorientierten Planungs- und Kontrollsystems versorgt eine differenzierte Kosten- und Leistungsrechnung mit einer Deckungsbeitragsrechnung die einzelnen Entscheidungseinheiten mit Führungsinformationen.

Im Rahmen des liquiditätsorientierten Planungs- und Kontrollsystems wird eine integrierte Erfolgs-, Bilanz-, Liquiditäts- und Rentabilitätsrechnung aufgebaut, die in der Lage ist, auf Unternehmensebene eine liquiditäts- und rentabilitätsorientierte Steuerung sicherzustellen.

So wird das integrierte Führungs-Informations-System zum Transmissionsriemen eines Erfolgs- und Liquiditäts-Controlling im Handel, welches das Gesamtunternehmen und dessen Entscheidungseinheiten zielorientiert steuert. Eine vollständige Betrachtung der Nutzungspotentiale eines Führungs-Informations-Systems muß alle Unterstützungsebenen des Führungssystems berücksichtigen.

Abb. 22 beschränkt die Verbindungen bzw. Interdependenzen zwischen dem entwickelten integrierten Führungs-Informations-System und den Subsystemen des Führungssystems und erschließt folgende Unterstützungspotentiale:

- Mit Hilfe des integrierten Führungs-Informations-Systems werden erfolgs-, bilanz-, liquiditäts- und rentabilitätsorientierte *Ziele* für die Steuerung berücksichtigt, so daß es einen wesentlichen Beitrag für die zielorientierte Unternehmensführung leisten kann. Damit unterstützt das Führungs-Informations-System ein zielkonformes Entscheidungsverhalten.
- Innerhalb der *Organisation* dient es dem Aufbau kommunikativer Beziehungsnetze sowie der Gewährleistung der Koordination und Kooperation von organisatorischen Teilsystemen (vgl. Bullinger/Koll/Niemeier, 1993, S. 55). Durch die Verkürzung von Entscheidungszeiten und Flexibilisierung des Handelns kann die Managementeffizienz und -effektivität gesteigert werden (vgl. Bullinger/Koll/Niemeier, 1993, S. 60).

- Für das *Personalführungssystem* können Führungsgrößen zur Verfügung gestellt werden, die im Rahmen von Entlohnungs- und Beurteilungssystemen grundlegende Informationen über Leistungen und Kosten des Personals liefern. Des weiteren wird ein ganzheitliches und vernetztes Denken und Handeln der Anwender gefördert (vgl. Bullinger/Koll/Niemeier, 1993, S. 59).
- Der Aufbau eines integrierten *erfolgs- und finanzorientierten Planungs- und Kontrollsystems* und die Koordination eines integrierten Planungs- und Kontrollprozesses bilden die wesentlichen Aufgaben des integrierten Führungs-Informations-Systems. Insbesondere ein Budgetierungssystem übernimmt weitreichende Koordinationsaufgaben innerhalb des Unternehmens.
- Die *bestehenden Informationssysteme* werden mit Hilfe des Führungs-Informations-Systems integriert. Es werden Führungsinformationen definiert bzw. normiert, gespeichert und den einzelnen Entscheidungseinheiten zur Verfügung gestellt. So beugt das FIS einem „information overload" des Managements vor. Insbesondere werden die operationalen Vorsysteme von Planungs- und Analysetätigkeiten entlastet.

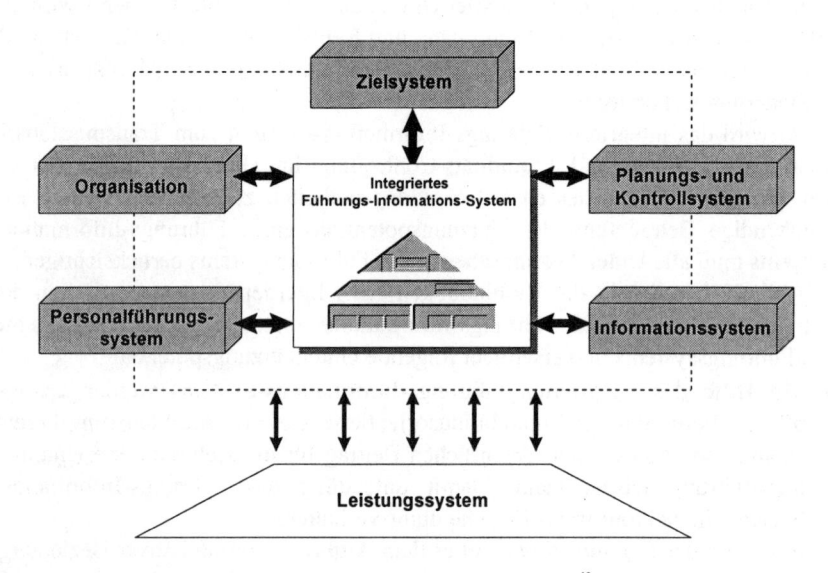

Abb. 22: Führungs-System und Führungs-Informations-System[12]

---

[12] In Anlehnung an Küpper, der das Controlling innerhalb des Führungssystems eines Unternehmens darstellte, soll hier das Führungs-Informations-System innerhalb des Führungssystems betrachtet werden, vgl. Küpper, H.-U. (1987), S. 99.

Damit wird das entwickelte integrierte Führungs-Informations-System zum entscheidenden Instrument des Handelsmanagements zur Koordination des Managementprozesses und somit zum Auslöser und Träger eines zukunftsorientierten Handelscontrolling.

Literaturempfehlung

Ahlert, D. (1997): Anforderungen an Handelsinformationssysteme aus Nutzersicht - Auswertungspotentiale für das Handels- und Wertschöpfungsprozeß-Management - , in: Informationssysteme für das Handelsmanagement - Konzepte und Nutzung in der Unternehmenspraxis, (Hrsg.) Ahlert, D.; Becker, J., Berlin, u.a.

Ahlert, D. (1997): Warenwirtschaftsmanagement und Controlling in der Konsumgüterdistribution - Betriebswirtschaftliche Grundlegung und praktische Herausforderungen aus der Perspektive von Handel und Industrie, in: (Hrsg.) Ahlert, D., Olbrich, R., Integrierte Warenwirtschaftssysteme und Handelscontrolling: konzeptionelle Grundlagen und Umsetzung in der Handelspraxis, 3., neubearb. Aufl., Stuttgart.

Ahlert, D. / Kollenbach, S. / Korte, Ch. (1996): Strategisches Handelsmanagement: Erfolgskonzepte und Profilierungsstrategien am Beispiel des Automobilhandels, Stuttgart.

Back-Hock, A. (1990): Executive-Information-Systems-Software für die Gestaltung von Controlling-Informationssystemen, in: (Hrsg.) Scheer, A.-W., Rechnungswesen und EDV, 11. Saarbrücker Arbeitstagung.

Bauer, G. (1996): OLAP-Lösungen brauchen multidimensionale Daten, PC Magazin, Nr. 24.

Bauer, S. / Winterkamp, T. (1996): Relationales OLAP versus Mehrdimensionale Datenbanken, in: (Hrsg.) Hanning, U., Data Warehouse und Managementinformationssysteme, Stuttgart, S. 45-53.

Bullinger, H.-J. / Koll, P. / Niemeier, J. (1993): Führungsinformationssysteme (FIS) - Ergebnisse einer Anwender- und Marktstudie, Baden-Baden.

Burg, M. (1995): Der Einfluß des Dezentralisationsgrades auf die Ausgestaltung des Controlling, in: Schriften zu Distribution und Handel, Bd. 17, (Hrsg.) Ahlert, D., Frankfurt a. M., Bern, New York.

Codd, E.F. (1993): Providing OLAP (On-Line Analytical Processing) to User-Analysts: An IT Mandate, Whitepaper, Codd & Associates.

Codd, E.F., Codd, S.B. (1995): Pro und contra von OLAP: Was bieten diese Systeme?, IT Management, Ausgabe März/April.

Doeper, F. (1995): Delegieren statt regieren, in: Der Handel, 9. Ausgabe, S. 42-43.

Flade-Ruf, U. (1996): Data Warehouse - nicht nur etwas für Großunternehmen, in: (Hrsg.) Hanning, U., Data Warehouse und Managementinformationssysteme, Stuttgart, S. 25-31.

Grother, M. (1996): Der Controller & sein PC, Controlling-Anwendungen mit dem Personal Computer, Controller-Akademie, 3., erw. Aufl., Wörthsee-Etterschlag.

Hahn, D. (1996): Controllingkonzepte: Planung und Kontrolle, Planungs- und Kontrollsysteme, Planungs- und Kontrollrechnung, 5., überarb. und erw. Aufl., Wiesbaden.

Hanning, U. (1996): Data Warehouse und Managementinformationssysteme, in: (Hrsg.) Hanning, U., Data Warehouse und Managementinformationssysteme, Stuttgart, S. 1-12.

Holtkamp, W. (1995): Mehrdimensionale Analyse bringt neue Erkenntnisse, PC Magazin, Nr. 18, S. 18-19.

Klinger, J. (1995): OLAP - Standard für Entwicklung von Analyse-Software, PC Magazin, Nr. 11, 1995.

Küpper, H.-U. (1987): Konzeption des Controlling aus betriebswirtschaftlicher Sicht, in: (Hrsg.) Scheer, A.-W., Rechnungswesen und EDV, 8. Saarbrücker Arbeitstagung, Heidelberg, S. 82-116.

Lachnit, L. (1992): Modell zur integrierten Erfolgs- und Finanzlenkung (ERFI), in: Lachnit, L., Controllingsysteme für ein PC-gestütztes Erfolgs- und Finanzmanagement, S. 39-74, München.

O. V. (1996): Verband Vereine Creditreform e.V. (Hrsg.), Unternehmensentwicklung 1. Halbjahr 1996.

O. V. (1996): Who's who: DOLAP? MOLAP? OLAP? OLTP?, in: (Hrsg.) Parthier, U., Oracle 2000: Wegweiser in die Zukunft, Datenbank Extra, Höchenkirchen.

Quittenbaum, G. (1993): Maßgeschneiderte Konzeption und Realisierung eines Führungsinformationssystems, in: Controlling, Heft 1, S. 28-32.

Tiemeyer, E., Zsifikovitis, H.E. (1995): Information als Führungsmittel: Executive Information Systems; Konzeption, Technologie, Produkte, Einführung, München.

Customer Category Management

Jean Piquet

Zusammenfassung

Wandelnde Strukturen erfordern neue Konzepte. Das Ausmaß der Kundenorientierung sowie neue technologische und sozio-technische Herausforderungen bedingen insbesondere eine hohe Konzeptqualität. Vor diesem Hintergrund werden die organisationellen Konsequenzen und die Bedeutung der IT-Unterstützung untersucht.

1 Strategiewechsel

1.1 Weiterentwicklung: Ein „Muß" fürs Überleben

Handelsunternehmen müssen sich verstärkt hochentwickelte Strategien zu eigen machen, um den gewachsenen Ansprüchen der Kunden bezüglich Service und Preis und dem gestiegenen Konkurrenzdruck standhalten zu können. Dabei befinden sich die Handelsunternehmen in einem Strategie-Zyklus, d. h. bestimmte Strategien sind als notwendige Voraussetzung der Unternehmenssicherung zu verstehen, andere hingegen gewinnen eine höhere Bedeutung und bieten die Möglichkeit zur Differenzierung (vgl. auch die Unterscheidung von Basis- und Differenzierungsstrategien im Beitrag von Barrenstein).

Die unterschiedlichen Strategien, die im Verlauf der letzten Jahre implementiert wurden und zukünftig implementiert werden müssen, können in ein „Handelsstrategie-Lebenszyklus Modell" eingeordnet werden (vgl. Abb. 1). Aus diesem Strategie-Lebenszyklus-Modell geht hervor, welche Strategien in der Vergangenheit vorgeherrscht haben bzw. welche den Wettbewerb zukünftig dominieren werden.

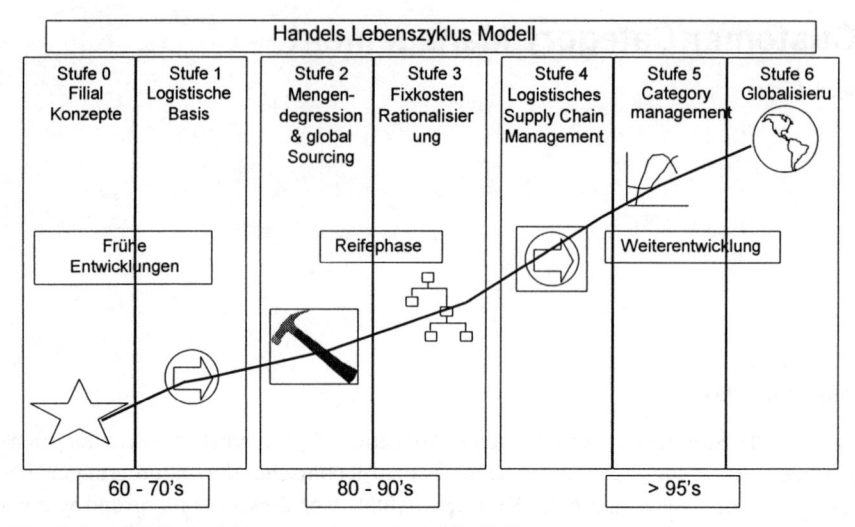

Abb. 1: Handelsstrategie-Lebenszyklus-Modell (HLM)

Während es in den *60er und 70er Jahren* zum Teil ausreichend war, gute Filialkonzepte zu entwickeln und diese mit einer funktionierenden logistischen Basis zu versorgen, mußten bereits in den *80er Jahren* neue Wege gefunden werden, um im Wettbewerb erfolgreich bestehen zu können. Nachdem diese frühen Entwicklungen nicht mehr ausreichten, um ein Überleben zu garantieren, wurden in der Reifephase neue Möglichkeiten gesucht, die Kostensituation zu verbessern. Wie aus den Konzentrationstendenzen im Handel deutlich abzuleiten ist, wurden in dieser Zeit verstärkt die Potentiale, die in der Nutzung von Mengendegressionseffekten liegen, genutzt. Hierdurch kam es zu der allseits konstatierten Machtkonzentration im deutschen Handel. In dieser Phase wurde auch versucht, eine Reduktion des Fixkostenblocks durch interne Reorganisationsmaßnahmen zur Verschlankung der Organisationsstrukturen zu erreichen. In den *letzen Jahren* wird unter dem Schlagwort „Supply Chain Management" versucht, die unternehmensübergreifenden logistischen Prozesse zu optimieren. Der Schwerpunkt besteht weiterhin in der Reduzierung der logistischen Kosten, obgleich auch Leistungs- und Servicegedanken eine wachsende Rolle spielen. Im Rahmen des „Category Managements" wird der Fokus endgültig in Richtung Kunde und Service verschoben. Hier steht die Aufgabe im Vordergrund, die dem Käufer gebotenen Produkte sinnvoll zu bündeln, verbunden mit Erfahrungen über das Verhalten der Kunden sollen Sortiments- und Strategieentscheidungen getroffen werden können, die zur Verbesserung der Wettbewerbssituation beitragen. Derzeit noch national agierende Unternehmen sehen sich aufgrund der wirtschaftlichen Stagnation in den großen Industrienationen gezwungen, neue Märkte zu erschließen und werden zukünftig Strategien entwickeln müssen, ihre Konzepte global anzupassen und einzusetzen.

1.2 Zeitlicher Wandel der Erfolgsfaktoren

In den 60er und 70er Jahren konnte der Kontakt der Industrie zum Kunden i.d.R. nur über das Handelsunternehmen erfolgen. Die Informationsmacht lag beim Handel. Die Erfolgsfaktoren bestanden darin, geeignete Immobilienstrategien und eine effiziente Beschaffungslogistik umzusetzen. Durch die zunehmende Dominanz von Markenartikeln in den 80er Jahren entstand eine direktere Verbindung zu den Kunden. Seitens der Hersteller wurden gezielt Marktforschungsinstrumente eingesetzt, um Informationen über Kunden zu gewinnen. Für die Handelsunternehmen wurde es wichtiger denn je, die geeigneten Produkte aufgrund von Umsatz und Margen-Kennzahlen zu ermitteln. Der Handel versuchte durch Fusionen und Einkaufskooperationen der Markenmacht der Hersteller zu entgehen. In diesem Machtaufbau liegt ein Grund für die allseits konstatierten Konzentrationstendenzen im Handel.

Verschärft werden diese Entwicklungen durch neue Tendenzen im Handelsumfeld, wie zum Beispiel das Aufkommen von Electronic-Commerce-Strategien. Für Handelsunternehmen wird es wiederum notwendig sein, die bisherigen Strategien kritisch zu hinterfragen und ggf. neue Konzepte zu erarbeiten. Durch elektronische Medien und die Nutzung des WWWs bieten sich den Herstellern Möglichkeiten, direkt mit dem Endkunden in Kontakt zu treten. Es besteht die Gefahr der Verdrängung, falls der Handel nicht in der Lage ist, seine Kernkompetenzen richtig einzusetzen und mit neuen Strategien die sich neu bietenden Geschäftsfelder auszufüllen. Hierzu zählen vor allem die Kundenbindung durch exzellenten Service vor Ort und die Möglichkeit, Kundeninformationen zu sammeln und für eine geeignete Produktauswahl und Präsentation zu verwenden. Es ist nicht davon auszugehen, daß elektronische Direktverkäufe in absehbarer Zeit das Ladengeschäft ablösen werden, allerdings ist es für ein gesundes Bestehen des stationären Einzelhandels notwendig, daß eine kundenspezifischere Ausrichtung der Angebote stattfindet, wie sie unter dem Konzept des „Consumer Category Managements" propagiert wird.

2 Die zukünftige Informationstechnik und ihre organisatorische Bedeutung

2.1 Informationstechnik als Enabler

Der „Kampf um den Kunden" macht es für Handelsunternehmen zukünftig unumgänglich, nicht nur Informationen über die eigenen Produkte, sondern auch detaillierte und aktuelle Informationen über die Kunden und deren Gewohnheiten zu besitzen. Die Erhebung derartiger Daten und deren Aufarbeitung zu aussagekräftigen Informationen ist ohne eine durchgängige IT-Unterstützung nicht zu realisieren. Um die benötigten Daten erheben zu können, ist das Scannen der Warenausgänge zwingend. Nur mit Hilfe dieser Daten ist es möglich, zeitgenaue Aussagen über Kundenverhalten und -präferenzen zu erhalten. Aufbauend auf dem Datenpool der Scanningdaten und unter Hinzunahme externer Informationsquellen werden den Entscheidungsträgern unterschiedlichste Auswertungen über das eigene Geschäft und die Kundenstruktur zur Verfügung gestellt. Abb. 2 gibt einige Beispiele, aus welchen Bereichen diese Informationen stammen. Dabei ist auch hier wiederum die klare Ausrichtung auf die Kunden und deren Ansprüche zu erkennen.

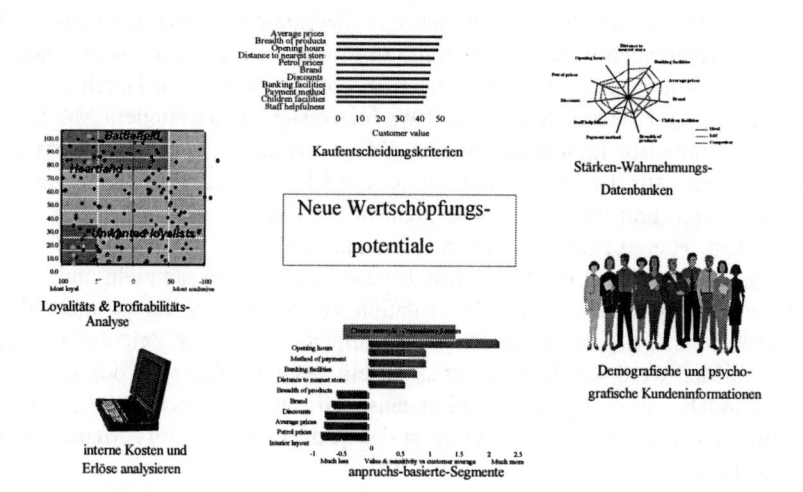

Abb. 2: Zukünftig zu nutzende Informationsquellen

2.2 Änderungen der Organisationsstrukturen

Um auf diese Informationen in einer effizienten Weise reagieren zu können, müssen in vielen Unternehmen die derzeitigen Organisationsstrukturen hinterfragt und gegebenenfalls angepaßt werden.

Dabei wird die vorherrschende strikte Trennung zwischen Einkauf und Verkaufsabteilungen zunehmend durch eine objektorientierte - an Categories angelehnte - Organisationsstruktur abgelöst.

Category Groups	Fresh	Grocery	Drug-store	Beverages	Textile	Non-food
Categories	Fruit/ vegetables flowers	Diet, cereals, sweets	Drugs/ cosmetics	Non-alcoholic, beer	Children	Books, modern media
	Meat, sausages, fish	Canned foods, nutritions	Detergents	Wine	Women	Household, consumer electronics
	Milk products, deep frozen food	Petfoods		Liquors	Men	Camping, toys
					Shoes, leather	DIY
					Sport, outdoor	
					Home textile	

(Director Category Management)

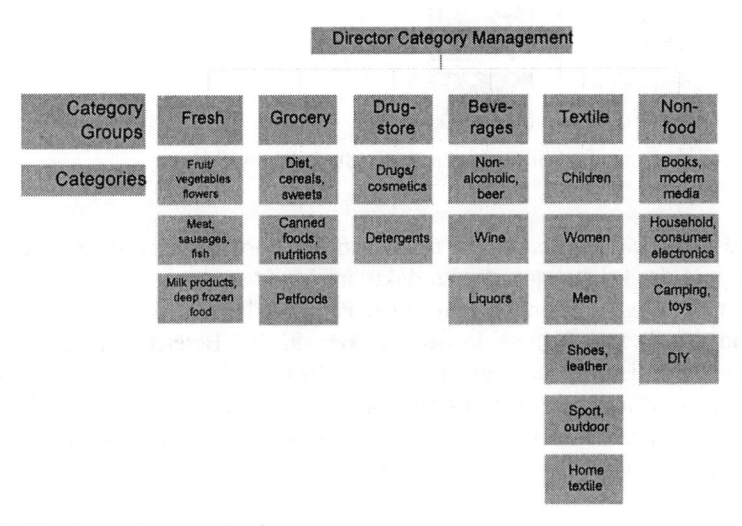

Abb. 3: Klassische Category-Struktur

Derzeit werden typischerweise bestehende Warengruppen oder Zusammenfassungen dieser als Categories gewählt. In einer weiteren Stufe wird anstelle der Warengrupen als Gliederungskriterium eine kundenorientierte Category-Bildung stattfinden. Kundengruppen wie „Single-Haushalte" oder Themen wie „Alles fürs Grillen" werden die Categories sein.

Im Rahmen des Category Managements wird versucht, die Profitabilität der einzelnen Categories zu optimieren, während eine weitere organisationelle Gruppe in den Märkten versucht, ein kostenorientiertes Filialmanagement durchzuführen. Für filialisierende Handelsunternehmen kommt es somit zu der in Abb. 4 dargestellten Organisationsform.

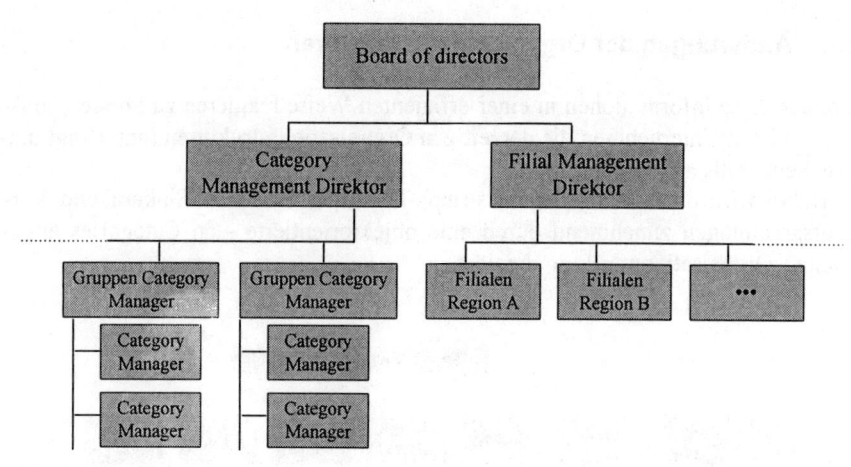

Abb. 4: Einordnung des Filialmanagements in die Category-Struktur

Alle Entscheidungen aus den Bereichen der Sortimentsgestaltung, der Preispolitik und der Darstellung der Produkte im Markt fallen in die Kompetenz des Category Managers, während Fragen der Personalplanung, der Kasseninfrastruktur und der Raumaufteilung in den Märkten in den Bereich der Filialmanager gehören. Es ist jedoch auch bei dieser Form der Organisation notwendig, daß sich die Verantwortlichen zusammensetzen und Detailfragen wie regionale Besonderheiten oder spezielle Anforderungen von Produkten gemeinsam durchsprechen und die Entscheidungen gemeinsam getragen werden.

3 Fazit

Es ist heutzutage notwendig, Handelsunternehmen mit Hilfe moderner Konzepte zu führen, um im verstärkten Wettbewerb bestehen zu können. Hierzu reicht es nicht aus, althergebrachte Strategien zu verbessern, sondern es ist eine umfassende Ausrichtung aller betrieblichen Teilprozesse und der organisatorischen Strukturen auf die neuen Konzepte notwendig. Die Ausrichtung aller Aktivitäten steht im Rahmen des hier vorgestellten Konzeptes, des Consumer Category Managements, an erster Stelle der Betrachtung. Hierbei spielt die Informations-Technologie die Rolle eines Enablers, d. h. sie ist nicht Selbstzweck, sondern sie ermöglicht es den Entscheidungsträgern im Unternehmen, die Geschäfts- und Umweltdaten als Basis strategischer Entscheidungen zu verwenden.

Literaturempfehlung

Barrenstein, P. (1998): Kritische Erfolgsfaktoren in Industrie und Handel. in: Informationssysteme für das Handelsmanagement - Konzepte und Nutzung in der Unternehmenspraxis, (Hrsg.) Ahlert, D., Becker, J., Olbrich, R., Schütte, R., Berlin u.a.

Becker, J. (1996): Strategisches Informationsmanagement: Strategien umsetzen, in: Gabler's Magazin, 10 (1996) 3, S. 14-18.

Becker, J. / Schütte, R. (1997): Handelsinformationssysteme - Intra- und Interorganisatorische Perspektive, in: Handelsforschung 97/98, (Hrsg.) Trommsdorff, V., Wiesbaden u.a.

Becker, J. / Schütte, R. (1996): Handelsinformationssysteme, Landsberg/Lech.

Bullinger, H.-J. (1991): Unternehmensstrategie, Organisation und Informationstechnik im Büro, in: Innovations- und Technologiemanagement, (Hrsg.) Müller-Böling, H., Seibt, D., Winand, U., Stuttgart, S. 324-344.

Frese, E. (1994): Aktuelle Organisationskonzepte und Informationstechnologie, in: Management & Computer, 2 (1994) 2, S. 129-134.

Petrovic, O. (1994): Lean Management und informationstechnologische Potentialfaktoren, in: Wirtschaftsinformatik, 36 (1994) 6, S. 580-590.

Schütte, R. (1996): Entwicklung einer Informationsstrategie, in: Münsteraner Fallstudien zum Rechnungswesen und Controlling, (Hrsg.) Becker, J., Grob, H. L., v. Zwehl, W., München, Wien, S. 129-157.

Category Management aus der Perspektive eines Marktforschungsinstitutes

Heidrun Milde

Zusammenfassung

Der Beitrag beschäftigt sich mit dem Category Management vor dem Hintergrund zunehmender Konzentration im Handel, technologischer Neuentwicklungen sowie Veränderungen des Einkaufsverhalten der Konsumenten im deutschen Handel. Das Category Management soll als Bestandteil von Efficient Consumer Response Lösungen für die Veränderungstendenzen liefern. Hierzu wird nach einer Erläuterung des Category Management Prozesses sowie der Definition der Category auf deren Bedeutung für den deutschen Handel eingegangen.

1 Wesentliche Veränderungsbereiche im deutschen Handel

AC Nielsen hat die *Situation des Handels in Deutschland* in zehn Trends zusammengefaßt (vgl. Abb. 1). Insbesondere sind *drei wesentlichen Veränderungsbereiche* und ihre Auswirkungen auf den deutschen Handel hervorzuheben: Konzentration im Handel, Technologie und ihr Fortschritt sowie die Einkaufsgewohnheiten der deutschen Konsumenten.

1.1 Konzentration im Handel und neue Technologien

Zur Analyse der *Konzentration im Handel* kann die Informationsbasis bis zum Jahr 1995 herangezogen werden. Es ist festzustellen, daß innerhalb von nur drei Jahren (von 1992 bis 1995) ein großer Sprung in der Konzentration vollzogen wurde. Die Top 5 erhöhten ihren Marktanteil von 50 % auf 59 % und die Top 10 von 70 % auf 80 %. Die Konzentration im Handel führt zu einer Situation, die bei

AC Nielsen wie folgt gesehen wird: Die Top 10 unternahmen intensive Wettbewerbsbeobachtung. Das ist ganz besonders daran zu erkennen, daß die größten Marktforschungsabteilungen heute in Handelsunternehmen zu finden sind und nicht mehr bei den Herstellern. Die Konzentration führt dazu, daß sich die übriggebliebenen Handelsunternehmen immer stärker voneinander unterscheiden müssen, daß sie Abgrenzung betreiben müssen. Es werden spezielle Kundenbindungsprogramme entworfen und Eigenmarkenstrategien entwickelt. Ganz besonders ausgeprägt ist in Deutschland die Abgrenzung durch Niedrigpreisstrategien.

➡ 1. Die Großen werden immer größer.
➡ 2. Die Großen werden immer besser.
➡ 3. Handelsmarken werden wachsen.
➡ 4. Preisunterschiede werden geringer.
➡ 5. Merchandising-Akzente auf "frisch".
➡ 6. Der Handel entdeckt den Kunden.
➡ 7. Instore-Promotions werden wichtiger.
➡ 8. Neue Technologien setzen sich durch.
➡ 9. Logistik wird entscheidender Faktor.
➡10. Kooperationen Handel-Hersteller starten.

Abb. 1: Trends im Handel

Der *Einsatz neuer Technologien* wird insbesonders durch Scanning, eine für ECR unabdingbare Voraussetzung, repräsentiert. Die durchschnittliche Scanning-Penetration in Deutschland lag Ende 1996 bei 47 %. Das heißt, 47 % aller Umsätze, die getätigt werden, gehen über Geschäfte, die mit Scannerkassen ausgestattet sind. Scanning bringt Handelsunternehmen eine erhöhte Transparenz und schnellere Reaktionsmöglichkeiten, z. B. bei Preisveränderungen und der Bestandsoptimierung. Sowohl bei der automatischen Nachdisposition als auch bei der Beurteilung des Erfolges oder Nichterfolges von Neuprodukteinführungen ist Scanning eine wesentliche Voraussetzung. Entsprechend der Floprate bei Neuprodukteinführungen befinden sich nach zwei Jahren nur noch 5 % der neuen Produkte in den Regalen.

1.2 Charakteristika des deutschen Konsumenten

Die wichtigsten *Kriterien für den Konsumenten bei der Entscheidung für eine Einkaufsstätte* sind:
1. Auswahl und Verfügbarkeit von Artikeln. Dabei ist festzustellen, daß das deutsche Sortiment in vielen Warengruppen im Vergleich zu anderen europäischen Ländern wesentlich breiter ist.
2. Umweltbewußtsein.
3. Convenience.
4. Schneller Einkauf von Verbrauchsgütern.
5. Akzeptanz des Angebots von Direktbelieferung in ausgewählten Warengruppen.
6. Discountpreise.

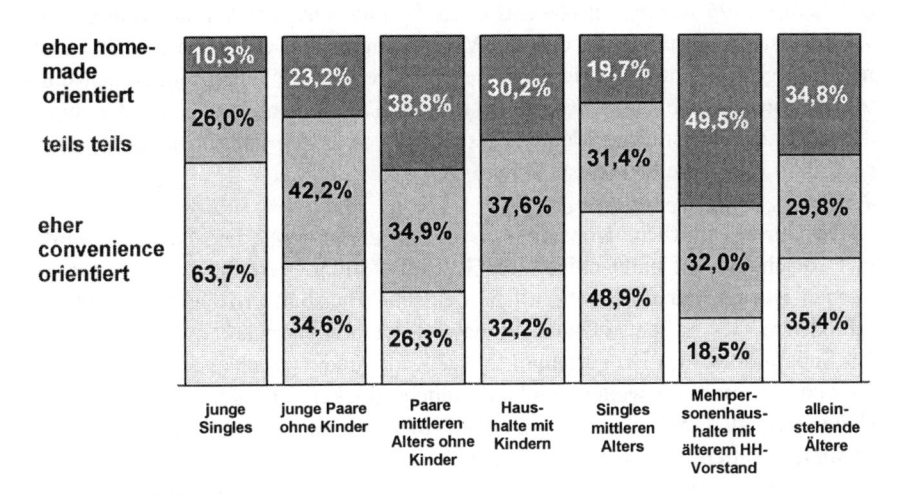

	junge Singles	junge Paare ohne Kinder	Paare mittleren Alters ohne Kinder	Haushalte mit Kindern	Singles mittleren Alters	Mehrpersonenhaushalte mit älterem HH-Vorstand	alleinstehende Ältere
eher homemade orientiert	10,3%	23,2%	38,8%	30,2%	19,7%	49,5%	34,8%
teils teils	26,0%	42,2%	34,9%	37,6%	31,4%	32,0%	29,8%
eher convenience orientiert	63,7%	34,6%	26,3%	32,2%	48,9%	18,5%	35,4%

Abb. 2: Convenience im Trend

- *Kriterium Convenience*

Convenience steht bei den Konsumenten an dritter Stelle. Je nach dem familiären Zustand der Konsumenten wird dieses Kriterium unterschiedlich stark betrachtet (vgl. Abb. 2). Convenience ist insbesondere ein Thema bei jungen und mittelalten Singles, d. h. bei den wachsenden Gruppen in der deutschen Bevölkerung. Es darf nicht außer acht gelassen werden, daß hier ein ausgeprägter Trend besteht. Gleichzeitig herrscht ein ausgeprägtes Preisbewußtsein, welches die Ambivalenz des deutschen Verbrauchers unterstreicht. Nach einer Selbsteinschätzung der Konsumenten kaufen 2/3 der Verbraucher preisbewußt ein. 35 % sind Schnäppchenjäger, die nur auf den Preis schauen, und immerhin 29 % sind der neuen Spezies der Smart-Shopper zuzurechnen. Smart-Shopper sind jung und haben ein ausgeprägtes Preisbewußtsein, wünschen schnelle und präzise Information, durchschauen Marketingstrategien relativ schnell und verfolgen das Ziel, Qualität zum günstigen Preis zu erwerben. Nur noch 36 % sind Qualitätskäufer, also i. d. R. die markentreuen Käufer.

- *Kriterium Discountpreise*

Die Tendenz zu Discountpreisen ist sehr deutlich, wenn die Umsatzentwicklung des Handels betrachtet wird. In dem Bereich, in dem AC Nielsen hauptsächlich tätig ist - Verbrauchermärkte, Discounter, Supermärkte und Restliche (in diesem Falle inkl. Aldi) -, ist festzustellen, daß in den vergangenen drei Jahren das Marktvolumen nur von 218 auf 221 Mrd. DM gestiegen ist. Auch die Ergebnisse des Jahres 1996 werden im Höchstfall 0,5 % Zuwachs zum Vorjahr zeigen. Sehr wichtig ist die Feststellung, daß die Verbrauchermärkte ihren Anteil 1995 nicht mehr steigern konnten, sondern im Gegenteil leichte Einbußen hinnehmen mußten. *Die wachsende Vertriebsform* ist die des Discounters, zu Lasten der Supermärkte und der restlichen kleinen Geschäfte, von denen jährlich in Deutschland ca. 2.000-3.000 ihre Pforten schließen.

- *Eigenschaft Geschäftsuntreue*

Der durchschnittliche Konsument ist *nicht geschäftstreu*. Die Einkäufe werden in Deutschland auf unterschiedliche Geschäftsformate verteilt, was daran zu erkennen ist, daß der durchschnittliche deutsche Haushalt pro Quartal in 14 verschiedenen Geschäften einkauft. Er hat 2,1 Verbrauchermärkte, 2,0 Discounter, 1,9 Supermärkte, 1,5 Drogeriemärkte, 1,2 Kauf- und Warenhäuser, 1,0 Getränkeabholmärkte und 4,5 weitere Einkaufsstätten (Bäcker, Metzger, Apotheker, Wochenmarkt) als Einkaufsquellen. Dieses Profil ist einzigartig in Europa. Für Handelsunternehmen, die Bemühungen zur Steigerung von Geschäftstreue planen, ist entscheidend zu wissen, daß der deutsche Kunde sehr wenig geschäftsloyal ist.

2 Category Management als Bestandteil von Efficient Consumer Response

2.1 Efficient Consumer Response als Antwort auf die Veränderungstendenzen

Die Zeiten für den Handel sind schwierig. Verursacht durch stagnierende Realeinkommen der Verbraucher und Gesamtumsätze der Unternehmungen findet ein massiver Verdrängungswettbewerb statt. Wie reagieren die deutschen Handelsunternehmen? Sie denken darüber nach, die Organisationsstruktur den neuen Gegebenheiten anzupassen, die neuen Technologien zu nutzen und strategische Allianzen zu entwickeln: sie führen ECR-Strategien ein (vgl. Abb. 3).

Die Organisationsform, die dem Category Management Gedanken am besten Rechnung trägt, ist in Deutschland noch in keinem Handelsunternehmen voll verwirklicht. In der Regel dominiert die funktionale Organisation. Eine gewisse Zwischenstufe ist jedoch zu beobachten: Category Management in Projektform findet bereits statt. Im Einzelfall wurden auch Merchandiser zu Category Managern ernannt, allerdings ohne die wesentlichen Machtbefugnisse zu haben. Das Erstaunliche an der heutigen Situation ist, daß es *auf der Herstellerseite wesentlich mehr Category Manager gibt als auf der Handelsseite*.

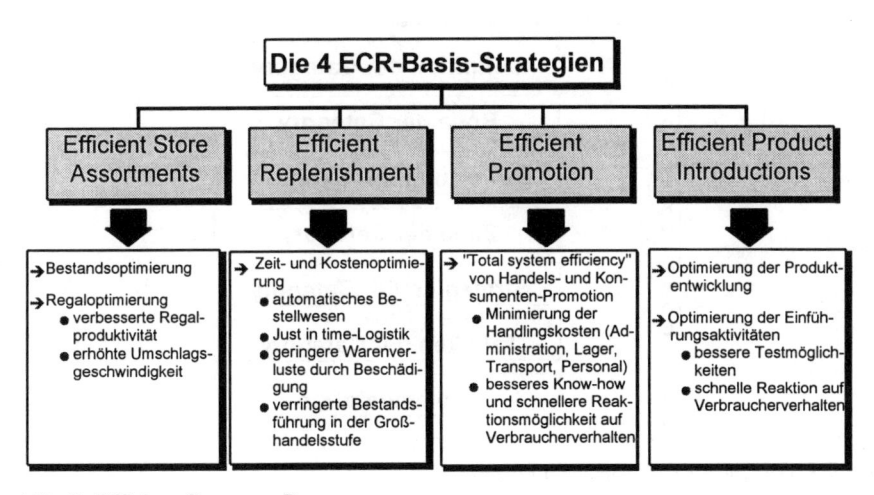

Die 4 ECR-Basis-Strategien

Efficient Store Assortments	Efficient Replenishment	Efficient Promotion	Efficient Product Introductions
→ Bestandsoptimierung → Regaloptimierung • verbesserte Regalproduktivität • erhöhte Umschlagsgeschwindigkeit	→ Zeit- und Kostenoptimierung • automatisches Bestellwesen • Just in time-Logistik • geringere Warenverluste durch Beschädigung • verringerte Bestandsführung in der Großhandelsstufe	→ "Total system efficiency" von Handels- und Konsumenten-Promotion • Minimierung der Handlingskosten (Administration, Lager, Transport, Personal) • besseres Know-how und schnellere Reaktionsmöglichkeit auf Verbraucherverhalten	→ Optimierung der Produktentwicklung → Optimierung der Einführungsaktivitäten • bessere Testmöglichkeiten • schnelle Reaktion auf Verbraucherverhalten

Abb. 3: Efficient Consumer Response

2.2 Der Category Management-Prozeß

Der Category Management Prozeß besteht aus *acht Schritten* (vgl. Abb. 4). Diese acht Schritte sind best demonstrated practices, die durch die *ECR Europe Group* von Amerika nach Europa gebracht wurden. Sie haben sich zu einer Art Währung entwickelt, d. h., nach diesen Schritten wird in den bestehenden Projekten vorgegangen. Im folgenden sollen die Schritte kurz beleuchtet werden. Es sollen Antworten auf die Fragen gegeben werden: Was ist der Inhalt der einzelnen Schritte? Welche Methoden stehen zur Verfügung? Welche Schwierigkeiten sind zu überwinden?

2.2.1 Definition der Category

Die Schwierigkeiten beginnen mit der Definition der Category. Eine Category ist eine unterscheidbare, eigenständig steuerbare Gruppe von Waren, die von den Verbrauchern als zusammenhängend und/oder austauschbar zur Bedürfnisbefriedigung angesehen wird. *Bisher* wurde sowohl auf der Hersteller- als auch auf der Handelsseite der Konsumentenaspekt bei der Definition einer Category noch nicht genügend beachtet. Es war vielmehr eine *Zusammenführung von Waren gleicher Art*.

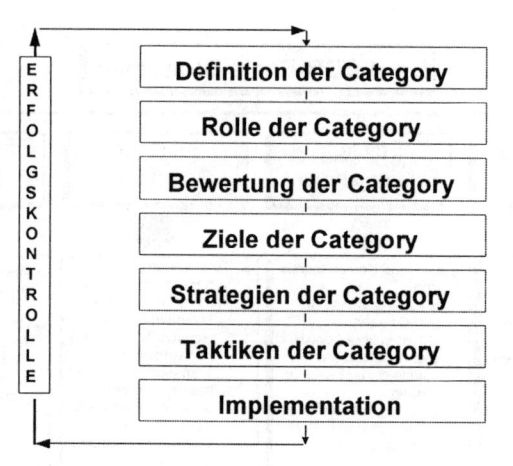

Abb. 4: Der Category Management Prozeß

Dies wird deutlich, wenn klassische Categories betrachtet werden, z. B. die Definition der Category „Getränke" (vgl. Abb. 5). Sie werden unterteilt in alkoholische und alkoholfreie Getränke und anschließend weiter differenziert kalt und heiß usw. Beim ersten Projekt von Coca-Cola mußte ebenfalls die Frage gestellt werden, ob die „kalten alkoholfreien Getränke" die richtige Category sind, die es zu analysieren gilt. Bei der Auswertung von Einkaufsanalysen wurde festgestellt, daß das Bier aus Kundensicht mit in die Category gehört. Folglich mußte sich die Firma Coca-Cola zum ersten Mal in ihrer Firmengeschichte mit einer im Prinzip fremden Warengruppe beschäftigen.

Vollzieht man auf der anderen Seite den Zweig für die Heißgetränke nach und bildet dann eine Category „Heißgetränke", dann entsteht eine Category mit den einzelnen Bestandteilen, wie sie heute definiert wird. Auch da ist wieder die berechtigte Frage zu stellen, ob der Konsument der Category nicht noch einige andere Produktgruppen zuordnet. So sollten Gruppen wie Dosenmilch oder Kaffeefilter in diesem Zusammenhang mit betrachtet werden. Wichtig ist also, die überkommene, *traditionelle Betrachtungsweise* der Category anhand von Warenkorbanalysen von Konsumenten *zu überprüfen*, um sie ggf. zu erweitern oder zu reduzieren.

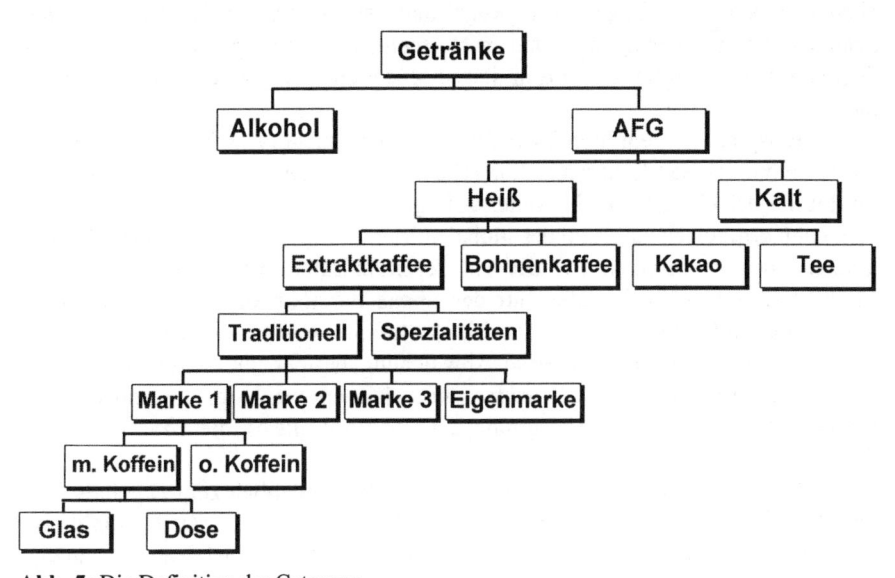

Abb. 5: Die Definition der Category

2.2.2 Rolle der Category

Nach der Category Definition folgt der zweite Schritt: die Definition der Rolle der Category. Vier Rollentypen sind definiert: Dabei ist davon auszugehen, daß etwa 80 % die *Routinerolle* und etwa 5 % eine *Profilierungsrolle* ausfüllen. Der Rest verteilt sich auf *Saison-* und *Mitnahmerollen*. Manchmal ist das Ergebnis der Analyse der Category, daß die vermeintliche Rolle gar nicht der tatsächlichen Rolle entspricht: Die Vorstellung, wie die Category auf die Kunden wirkt, läßt sich bei einer näheren Überprüfung nicht halten.

2.2.3 Bewertung der Category

Die Bewertung der Category erfolgt für den Handelspartner jeweils *im Vergleich zum Markt*. Es ist also gefordert, die internen Daten so zusammenzustellen, daß sie den Category Strukturen entsprechen. Sie werden dann den Marktergebnissen gegenübergestellt, um Stärken- und Schwächenanalysen durchführen zu können. An diesem Punkt kommt die Marktforschung ins Spiel.

In diesem Schritt geht es darum, die Entwicklung der Category im Markt mit der in einem Handelsunternehmen zu vergleichen. Dabei werden *Sortimentsbreite, Sortimentstiefe,* die *Plazierung* im Regal und das *Preisniveau* betrachtet. Stehen Scannerdaten zur Verfügung, kann in Normal- und Aktionspreise unterteilt werden. Die Aktionshäufigkeit wird in diesem Zusammenhang zu einer neuen Variable.

Als Beispiel wird ein Vergleich der Getränke-Category zwischen dem Markt (LEH) und einer Handelsorganisation (HO) angenommen (vgl. Abb. 6). Wird den Strukturen der Category nicht weiter gefolgt, also nicht weiter ins Detail gegangen, dann ergibt sich aufgrund des globalen Marktvergleichs, daß bei den Heißgetränken alles in Ordnung ist. Die Handelsorganisation wächst stärker als der Markt. Selbst eine Stufe tiefer, auf der Ebene der Extraktkaffees, ist die Welt immer noch in Ordnung. Erst in der dritten Stufe der traditionellen Extraktkaffees ist festzustellen, daß eine negative Abweichung besteht, die stärker ist als der Markt. Hier ist *eine Schwäche aufgespürt*, eine Entwicklung, die von der des Marktes abweicht. Bei der Bewertung der Category gilt es, die *Ursachen dafür festzustellen*.

An dieser Stelle soll nicht auf alle Schritte, die schließlich zum Ergebnis führen, d. h. die Überprüfung der Breite und Tiefe der Sortimente, der Normalpreise und der Aktionspreise, eingegangen werden. In dem Beispiel war die einzige Ursache für die Abweichung zum Markt eine Reduzierung der Promotion-Häufigkeit der wesentlichen Marke des Segments Extraktkaffee. Das ist deutlich zu sehen, wenn Scannerdaten wöchentlich gespeichert werden. Die wöchentliche Speicherung der Scannerdaten ist durchaus noch immer nicht die Norm.

Veränderung zum Vorjahr in %

- Heißgetränke: 5,3% / 6,9%
- Extraktkaffee: 17,8% / 21,7%
- Traditionell: -5,4% / -12,4%

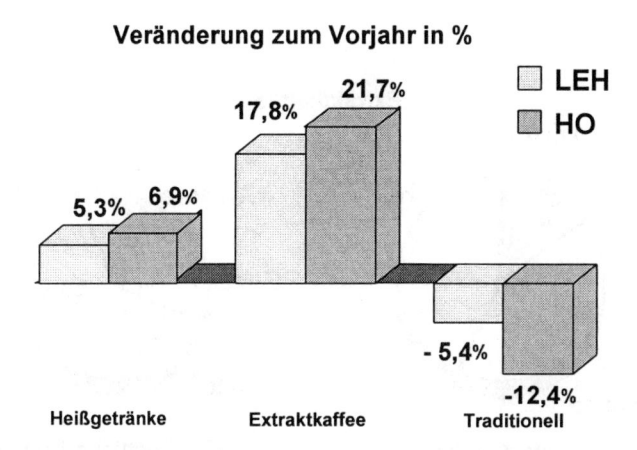

☐ LEH
☐ HO

Abb. 6: Stärken-/Schwächenanalyse nach Untersuchungsebenen

Die Käufer haben die geringere Promotion-Häufigkeit registriert und diese Marke in anderen Handelsorganisationen gekauft. Die Handelsorganisation verlor exakt zwei Prozentpunkte von ihrem Marktanteil in dieser Category, was ein erhebliches Ergebnis ist, wenn es nur eine verursachende Größe gibt.

Category Management beinhaltet die Forderung, den *Konsumenten in den Vordergrund zu stellen*. Anhand des Beispiels soll gezeigt werden, welche Möglichkeiten gegeben sind, dies wirklich zu tun. Das Motto lautet hier ebenfalls: Den Markt beobachten, Abweichungen vom Markt feststellen und Stärken und Schwächen analysieren.

Wichtig ist zu analysieren, *wie die Kunden* eines Handelsunternehmens *ihr Budget* verteilen. Im Beispiel haben die loyalen Kunden eines Handelsunternehmens 43 % ihres gesamten Budgets bei dieser Handelsorganisation ausgegeben. Für Extraktkaffee liegt der Wert bei 42 %, diese Category wurde also durchschnittlich von den Kunden eingeschätzt (vgl. Abb. 7). Beim Röstkaffee, einer verwandten Category, haben sie durchschnittlich 61 % ihres Budgets bei der Handelsorganisation ausgegeben. Diese Category wurde durch den Konsumenten sehr viel stärker bewertet. Die restlichen Kunden haben nur 6 % ihres Gesamtbudgets für Nahrungs- und Genußmittel in der Handelsorganisation ausgegeben, etwa gleich viel auch für Extrakt- und Röstkaffee. Diese Zahlen sind die *primäre Basis für die Potentialeinschätzung* beim Category Management. Es ist schließlich das *Ziel* der Handelsorganisation, daß sowohl die loyalen Kunden als auch die restlichen Kunden einen *wachsenden Anteil des Budgets* auf die Handelsorganisation verteilen.

Extraktkaffee

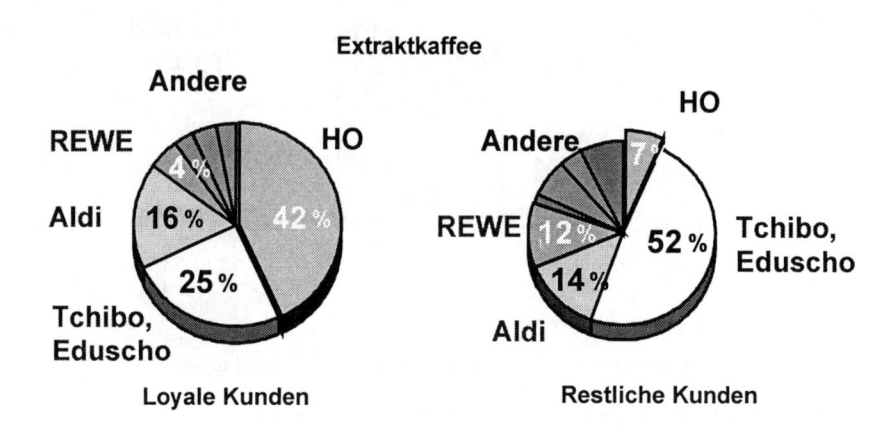

Loyale Kunden: HO 42%, Tchibo, Eduscho 25%, Aldi 16%, REWE 4%, Andere

Restliche Kunden: Tchibo, Eduscho 52%, Aldi 14%, REWE 12%, HO 7%, Andere

Abb. 7: Ausgabeverhalten der Kunden

Um dies zu erreichen, ist zum einen festzustellen, wer als Konkurrent in Frage kommt, und zum anderen, welcher *Absatzkanal als konkurrierend* angesehen werden kann. Das führt je nach Category zu einem unterschiedlichen Bild. In der Beispiel-Category geben die loyalen Kunden 42 % in der Handelsorganisation aus, aber immerhin auch 25 % bei Tchibo und Eduscho sowie 16 % bei Aldi. Klassischer Mitbewerber des Beispiel-Handelsunternehmens ist die REWE. Der Prozentsatz der dort getätigten Ausgaben ist jedoch nicht allzu hoch.

Interessant wird dieser Umstand, wenn das Potential der restlichen Kunden untersucht wird. Dort sind überwiegend auch Tchibo und Eduscho die Mitbewerber, Marken also, die von dem Beispiel-Handelsunternehmen nicht in das eigene Sortiment übernommen werden können. 27 % des Budgets liegt bei den direkten Wettbewerbern den klassischen Vollsortimentern (REWE, Andere). Im Beispiel wurde deutlich, daß die Promotion-Tätigkeit der Konkurrenz für die Kunden attraktiver war.

Eine bisher nicht sehr übliche Analysemethode, die bei Sortimentsfragen hilft, ist die *multidimensionale Skalierung*. Der Abstand der verschiedenen Produkte untereinander zeigt, wie wahrscheinlich es ist, daß sie in einem Warenkorb zusammen gekauft werden.

2.2.4 Ziele, Strategien und Taktiken der Category

Wurden die Analysen einmal für die Bewertung der Category, zum anderen für die Bewertung des Kundenpotentials durchgeführt, ergeben sich viele Ideen, wie ein als unbefriedigend empfundener Zustand verbessert werden kann. Im nächsten Schritt geht es nicht darum, sofort zur Tat zu schreiten, sondern die *möglichen Strategien zu bewerten*, um zu Ergebnispotentialen zu kommen („What if"-Analyse). Es können heute die Sortimentsbreite, die Preis- und Promotion-Elastizität sowie die Plazierung simuliert werden. Dafür gibt es mittlerweile Systeme, die das teilweise auch auf dem PC unterstützen.

- *Sortimentsoptimierung*

Die folgende Analyse wurde im Zusammenhang mit Category Management schon einige Male durchgeführt. Dennoch ist sie relativ neu. Es wird die Frage beantwortet, wie der *Sortimentsmix* aussehen soll. Dafür ist zunächst wieder die Definition der Category und ihrer Segmente erforderlich.

Category in großen Verbrauchermärkten

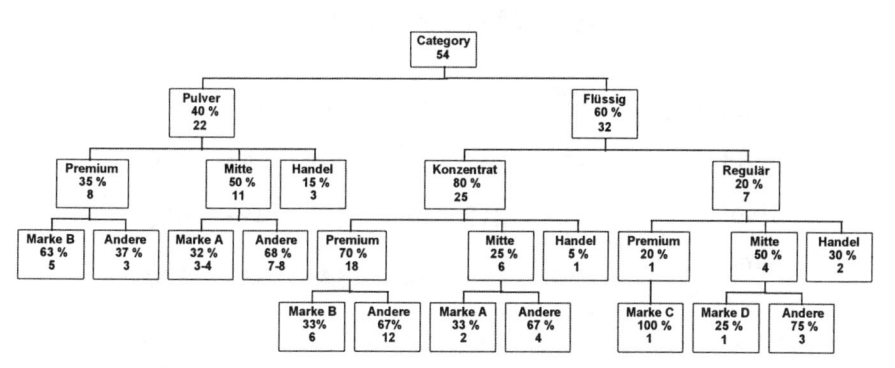

```
                                    Category
                                       54
        ┌──────────────────────────────┴──────────────────────────────┐
      Pulver                                                        Flüssig
       40 %                                                          60 %
        22                                                            32
  ┌─────┼─────┐                                      ┌────────────────┼────────────────┐
Premium Mitte Handel                              Konzentrat                         Regulär
 35 %   50 %  15 %                                  80 %                              20 %
  8      11    3                                     25                                7
┌─┴─┐  ┌─┴─┐                                    ┌────┼────┐                    ┌──────┼──────┐
Marke B Andere Marke A Andere Premium         Mitte Handel Premium          Mitte    Handel
 63 %  37 %  32 %  68 %  70 %                  25 %   5 %   20 %            50 %     30 %
  5     3   3-4   7-8   18                      6      1     1                4        2
                        ┌─┴─┐                 ┌─┴─┐         ┌─┴─┐
                     Marke B Andere        Marke A Andere Marke C         Marke D  Andere
                      33%    67%            33 %    67 %   100 %           25 %    75 %
                       6      12              2      4       1              1       3
```

Abb. 8: Der effektivste Sortimentsmix

Werden große Verbrauchermärkte betrachtet, die 40 bis 60 Artikel in der Category führen, ist festzustellen, daß mit zunehmender Sortimentsbreite der Umsatz degressiv steigt. Die Frage ist, ob alle existierenden Artikel im Sortiment geführt werden müssen, um das Maximum zu erreichen, oder ob nicht das Optimum anzustreben ist? Große Verbrauchermärkte erzielen in der Beispiel-Category das Optimum, wenn sie 54 Artikel führen. Das Wissen, 54 Artikel zu benötigen, reicht natürlich nicht aus. Das Ergebnis zeigt, wie die 54 Artikel sich auf die verschiedenen Segmente verteilen (vgl. Abb. 8). Anhand dieses plastischen Beispiels wird deutlich, warum es wichtig ist, diese Arbeit sorgfältigst zu erledigen. In der Regel nimmt sie sehr viel mehr Zeit in Anspruch, als man ihr am Anfang einräumt.

- *Preis- und Promotionoptimierung*

Für die Simulation von *Preiserhöhungen* oder *Preissenkungen* sind *Scannerdaten eine optimale Basis*. Das Prinzip, Preise zu analysieren, ist im einfachsten Fall auf der Geschäftsebene durchzuführen, indem der Basisabsatz vor der Preiserhöhung mit dem Basisabsatz nach einer Preiserhöhung verglichen wird. Auf der Artikelebene oder auf der Warengruppenebene ist somit sehr schnell festzustellen, ob die Preiserhöhung das gewünschte Ergebnis gebracht hat. Im übrigen ist es eine gebräuchliche Maßnahme im deutschen Handel, eine Preiserhöhung mit einer einwöchigen Sonderpreisaktion einzuläuten. Der Kunde soll so den Kontakt zu dem vorherigen Normalpreis verlieren.

Absatzerwartung einer Marke bei alternativen Promotion-Strategien

Keine Promotion	100	121	148	184	231	294
Handzettel	166	201	247	306	384	489
Display	178	216	264	327	411	523
Handzettel + Display	296	359	440	544	683	870
Preisreduzierung	+/- 0 %	- 5 %	- 10 %	- 15%	- 20 %	- 25 %

Index 100 = Basisabsatz

Abb. 9: Ergebismatrix des Preis-Promotion-Modells

Die Preis- und Promotion-Elastizitäten werden modellhaft durch das *Preis-Promotion-Modell* abgebildet. Das Preis-Promotion-Modell gibt an, das Wievielfache des Normalumsatzes bei bestimmten Promotion-Aktionen gemacht wird. Auch hier gibt es die Möglichkeit, durch einen Vergleich mit der Marktsituation festzustellen, ob die Promotion-Aktivitäten verbesserungsbedürftig sind. Der Vorteil eines solchen Modelles ist, daß ein Handelsunternehmen sieht, welche Ergebnisse andere, von ihm nicht eingesetzte Promotions im Markt haben können. Für die betrachtete Marke ist festzustellen, daß eine 25%-ige Preissenkung mit gleichzeitiger Ankündigung in einem Handzettel und einem Display im Laden den neunfachen Normalabsatz erwarten läßt (vgl. Abb. 9).

Das Preis-Promotion-Modell ist nun allein nicht ausreichend für ein Handelsunternehmen. Es benötigt Informationen über die *Wirkung* einer Aktion mit einer Marke *für die Warengruppe*. Im Beispiel wird aus dem neunfachen Normalabsatz der beworbenen Marke der 1,6-fache Normalabsatz der Warengruppe. Es ist sehr deutlich zu sehen, daß eine *Substitution* stattfindet, die zu berücksichtigen ist.

Wird über Promotion-Strategien nachgedacht, ist es notwendig, über die generelle Elastizität von Warengruppen und von Produkten in Warengruppen einen Überblick zu haben. Oft bringen die Hersteller diese Information mit in ein solches Category Management Projekt ein. Auch neue Promotion-Ideen sind auf diesem Wege zu verfolgen. So ist z. B. durch *Ladenfunk* ohne jegliche Preiserhöhung ein Umsatzzuwachs für die beworbenen Artikel möglich. Vernünftig gespeicherte Scannerdaten bieten die Möglichkeit, solche Analysen intern durchzuführen und auch den Vergleich mit dem Markt als Benchmark vorzunehmen.

Es empfiehlt sich immer wieder, auch auf die Kundenseite zu schauen. Wird Promotion durchgeführt, dann sollen in der Regel nicht nur die eigenen Kunden, die ohnehin gekauft hätten, beglückt werden, sondern das Handelsunternehmen soll für Kunden, die normalerweise beim Wettbewerber kaufen, interessant werden. Tatsächlich ist das auch festzustellen. Es ist deutlich zu erkennen, daß der Geschäftswechsel bei Promotion-Aktionen relativ groß ist. Da der deutsche Konsument aber in 14 Geschäften pro Quartal einkauft, wird derselbe Konsument, der bei einer Promotion in das Geschäft X geht, bei der nächsten attraktiven Promotion zur Konkurrenz wechseln. Das heißt, kurzfristige Promotion-Strategien sind nicht geeignet, langfristig Kundenbindung zu generieren.

Auch die Frage, wie sich *nationale Werbung*, die *im Radio oder Fernsehen* ausgestrahlt wird, auf die Kundenpenetration und den Durchschnittswarenkorb auswirkt, kann durchaus mit Hilfe von Konsumentenpanelen beantwortet werden. Als Beispiel ein „100-jährige Handelsjubiläum": Die Kundenpenetration wurde vor, während und nach dem Jubiläum gemessen. In der beworbenen Periode stiegen die Penetration um 50 % und der Warenkorb auf das doppelte Niveau an. Der erhoffte *Langfristeffekt* einer solchen nationalen Aktion *hat sich* hingegen *nicht gezeigt*. Die Kundenpenetration und der Durchschnittswarenkorb sind schnell auf das Durchschnittsniveau zurückgegangen.

- *Regaloptimierung*
Möglichkeiten, Optimierungen „im Trockendock" vorzunehmen, bieten die bekannten *Regaloptimierungsansätze*. Dazu ist der Regalbestand einmal in ein PC-Programm aufzunehmen. Werden Scannerabsatzdaten mit dem Bestand verknüpft, ergibt sich die Information, welcher Artikel gerade richtig, welcher zu breit und welcher zu schmal plaziert ist. Momentan sind im deutschen Handel nicht immer die richtigen Bestände anzutreffen.

2.2.5 Implementation

Ist der Entschluß für eine Strategie gefallen, und sind die taktischen Maßnahmen definiert, kann die *Empfehlung* nur lauten, diese Strategie in einem *realen Testmarkt* zu *erproben*. Auch hierfür bieten Scannerdaten eine sehr gute Basis, weil so auf die zeitraubende Vorlaufphase eines jeden Tests verzichtet werden kann. Die rückwärtig gespeicherten Scannerdaten sind bereits in der Lage, die benötigten Daten zu bringen. Die neue Strategie wird implementiert und getestet. Das Testergebnis wird mit dem Ergebnis der Vorlaufphase verglichen. Zur Relativierung der Testergebnisse ist unbedingt eine entsprechende, strukturgleiche *Kontrollgruppe* zu bilden, um vor allem saisonale Effekte zu berücksichtigen.

3 Fazit

Die Schritte des Category Management Prozesses sind kurz beschrieben worden. Es wurde gezeigt, welche Aufgaben in diesen acht Schritten zu bewältigen sind und welche Mittel zur Verfügung stehen.

Scanningdaten messen den Volumeneffekt perfekt. Kundenanalysen zeigen die Einkaufsentscheidungen der Verbraucher. Modelle erlauben die Beantwortung der Frage „Was wäre, wenn...?". Testmärkte helfen, Strategien zu bewerten.

Ganz wichtig ist, daß das Category Management tatsächlich als Prozeß, als Regelkreis begriffen wird. Nach der Implementierung darf die wichtige *Phase des Soll-Ist-Vergleichs (Schritt 8)* nicht vergessen werden, um Abweichungen festzustellen. Damit ist der Anfang des Category Management Prozesses wieder erreicht.

Literaturempfehlung

Dantzer, U. (1996): Efficient Consumer Response, in: Beschaffung aktuell, Heft 11/1996, S. 26-27.

Gerling, M. (1994): Category-Management - ein neues Erfolgskonzept?, in: Dynamik im Handel, Heft 6/1994, S. 7-11.

Gerling, M. (1996): Sortimentswechsel dreimal täglich, in: Dynamik im Handel, Heft 11/1996, S. 10-11.

Hallier, B. (1994): Von der Ladenkasse zur Marketingführerschaft, in: Absatzwirtschaft, Heft 3/1995, S. 104-107.

Holliger, P. (1994): Category Management in: Thexis, Marktforschung, 1994, S. 242-249.

Kapelari, D. (1997): Category Management im Handel, in: Werbeforschung & Praxis, Heft 1/1997, S. 8.

Kempcke, Th. / Naujox, R. (1995): Rationeller Warenfluß, in: Dynamik im Handel, Heft 12/1995, S. 35-37.

Klein, H. / Lachhammer, J. (1996): Die Aufgaben des Beziehungs-Management, in: Absatzwirtschaft, Heft 2/1996, S. 62-67.

Lintner, A. M. (1996): Kennen Sie schon ECR?, in: Direkt-Marketing, Heft 5/1996, S. 12-13.

Milde, H. (1986): Auswirkungen von Aktionen auf den Absatz eines Produktes (Preis-Promotion-Modell), in: Marktforschung, Heft 3/1986, S. 94-97.

Milde, H. (1994): Category Management - die stille Revolution, in: Markenartikel, Heft 7/1994, S. 343-347.

Milde, H. (1996): Kategorie-Management in der Praxis, Marktforschung & Management, Heft 1/1996, S. 10-17.

Münzberg, H. (1996): Wertschöpfungskooperationen: Die Spielregeln verändern sich, in: Gablers Magazin, Heft 3/1996, S. 38-42.

O.V. (1994): Category-Management bei Albert Heijn, in: Dynamik im Handel, Heft 6/1994, S. 2-6.

O.V. (1994): Regaloptimierung als permanenter Prozeß, in: Dynamik im Handel, Heft 6/1994, S. 18-24.

O.V. (1995) ECR erfordert neue Strukturen - Handel und Industrie auf dem Weg in eine neue Ära, Dynamik im Handel, Heft 4/1995, S. 18-21.

O.V. (1996): ECR-Europa-Initiative, in: Beschaffung aktuell, Heft 6/1996, S. 28-29.

Pretzel, J. (1996): Gestaltung der Hersteller-Handel-Beziehung durch Category Management, in: Markenartikel, Heft 1/1996, S. 21-25.

Konsequenzen der strategischen Herausforderungen für die Warenwirtschaft im Handel

Peter S. Niederhausen

Zusammenfassung

Exemplarisch werden aus der Perspektive der KARSTADT AG zukünftige Anforderungen an Warenwirtschaftssysteme abgeleitet. Ausgehend von der derzeitigen Marktsituation, wird auf die Weiterentwicklungen der Warenwirtschaftssysteme im operativen Bereich eingegangen. Besondere Beachtung wird auf der Absatzseite der Problematik der Warenkorbanalyse und der Einführung von Kundenkarten geschenkt. Dagegen sollen auf der Lieferantenseite durch Warenwirtschaftssysteme die Herausforderungen im Bereich des Efficient Consumer Response beseitigt werden.

1 Einführung

Die Abteilung *Informationswirtschaft* von KARSTADT betreut nicht nur die Informationstechnik. Sie gestaltet auch die Informationsabläufe und organisiert die Warenwirtschaft, z.T. sogar ohne elektronische Datenverarbeitung. Aus diesem Grund heißt der Bereich bei KARSTADT Informationswirtschaft und nicht Informationstechnik (IT).

KARSTADT sieht sich im wesentlichen den folgenden *strategischen Anforderungen* gegenüber:
1. Aufgrund des Kosten- und Konkurrenzdrucks muß *kostengünstiger gearbeitet werden*. Hiermit sind Maßnahmen der internen Rationalisierung verbunden.
2. *Mit Blick auf den Kunden* muß stärker kundenorientiert gearbeitet und der Schwerpunkt auf eine für den Kunden vorteilsorientierte Ausrichtung der Aktivitäten gelegt werden. Die Aufforderung des KARSTADT-Vorstandes an die Mitarbeiter lautet, „keep KARSTADT as a consumer driven company".

Das heißt, KARSTADT will sich von einem einkaufsbezogenen zu einem kundengetriebenen Unternehmen entwickeln.
3. Es ist eine *Integration der Geschäftsprozesse* über die gesamte Lieferkette vom Lieferanten zum Kunden notwendig.
4. Es ist eine *stärkere Nutzung der technologischen Möglichkeiten* im Bereich Multi-Media erforderlich, wie z.B. die Errichtung eines virtuellen Warenhauses.

Hierzu sollen Antworten auf folgende Fragen gefunden werden: Was ist die Ausgangslage von KARSTADT? Wie entwickelt sich die Warenwirtschaft im operativen Geschäft weiter? Was heißt der Blick auf den Kunden? Was bedeutet Zusammenarbeit mit den Lieferanten? Welche Hilfestellung können Warenwirtschaftssysteme bei der Anpassung von Geschäftsprozessen an die geänderten Marktverhältnisse liefern? Und welche neuen, strategischen Geschäftsfelder ergeben sich hieraus für die interne oder externe Dienstleistung „Informationswirtschaft"?

2 Ausgangssituation

Im stationären Geschäft betreibt KARSTADT etwa 240 Warenhäuser mit dem Markennamen KARSTADT oder HERTIE mit einheitlichen Ablauf- und Einkaufsstrukturen; allerdings mit unterschiedlichem Marktauftritt und mit unterschiedlichen Anforderungen an die Sortimente.

KARSTADT unterhält eine eigenständige Fachmarktkette, deren Filialen z.T. durch die Warenwirtschaft von KARSTADT bedient werden, und die selbständig am Markt operieren. Im Zusammenhang mit NECKERMANN betreibt KARSTADT das Versandgeschäft und das NECKERMANN Reisegeschäft. Die folgenden Ausführungen zur Warenwirtschaft betreffen nur die Warenhäuser KARSTADT und HERTIE. Die Geschäftseinheiten Stationäre Warenhäuser, Fachmarktketten, Versandgeschäft und Reisen arbeiten in ihren Geschäftsfeldern selbständig. Obwohl ein zentrales Rechenzentrum in Essen besteht, das als Dienstleister für die verschiedenen Gesellschaften im Unternehmen fungiert, verfügt jede Geschäftseinheit über ein eigenes EDV-System, das diese in ihren Prozessen unterstützt.

Die *Aufgaben der Warenwirtschaft* bei KARSTADT erstrecken sich im wesentlichen auf:
- Aufgaben im operativen Geschäft,

- Informationsaufbereitung sowie
- Schnittstellenkoordination.

Im *operativen Geschäft* besteht für das *push-Geschäft* die Aufgabe „*Auftragsmengen durch den zentralen Einkäufer zu verteilen*". Das heißt, es muß entschieden werden, welche Anzahl einer bestimmten Ware an welche Filiale geliefert werden soll. Diese Funktion der Warenwirtschaft wird insbesondere bei Neuheiten im gesamten Sortimentsbereich sowie bei modischen Sortimenten genutzt. *Modische Sortimente* unterliegen i.d.R. keinem pull-Geschäft. Es geht keine Warenanforderung vom Markt an eine zentrale Stelle ein, da dezentral nicht bekannt ist, welche Sortimente, welche Artikel von welchem Lieferanten angeboten werden. Da modische Sortimente nur einmal beschaffbar sind, unterliegen sie dem zentralen Einkauf und werden dann auf die einzelnen Filialen verteilt.

Eine zweite wesentliche Aufgabe besteht für die Warenwirtschaft darin, für ca. 35% des Sortimentes die *wiederbeschaffbare Ware aus den zentralen Lagern in die Filialen* als *pull-Geschäft* zu verteilen. Für KARSTADT bedeutet dies, die Warenversorgung kunden- und bestandsorientiert nach den jeweiligen Bestands- und Verbrauchssituationen der einzelnen Filialen in möglichst kurzer Zeit zu realisieren.

In bezug auf die *operative „Informationsaufbereitung"* liegt die Aufgabe der Warenwirtschaft darin, die Bestände und Sortimente täglich zu überprüfen: Wo sind Waren zu viel? Wo müssen Waren verlagert werden? Welche Waren sind knapp und müssen nachdisponiert werden, im modischen Sortiment bezogen auf die einzelne Filiale, im wiederbeschaffbaren Sortiment bezogen auf die Situation der Lager?

Demgegenüber heißt die *strategische Steuerung* des Warenhausgeschäfts, Jahres- und Saisonplanungen aufzustellen. Im Anschluß kann mit Hilfe von Abweichungsanalysen ermittelt werden, wo sich das geplante Geschäft anders als erwartet entwickelt und wo welche Maßnahmen eingeleitet werden müssen, um die Ziele, die Ein- und Verkauf aufgestellt haben, zu erreichen?

Die Warenwirtschaft bei KARSTADT darf nicht isoliert gesehen werden. Es existieren vielfältige *Schnittstellen* zu anderen Systemen: Auf der einen Seite zum Rechnungswesen, dem internen betriebswirtschaftlichen Abrechnungssystem und auf der anderen Seite zum Logistiksystem. Im Hinblick auf den externen Markt werden sich die Schnittstellen zukünftig erhöhen, wie z.B. mit Lieferanten und Dienstleistern. Beispielsweise betreibt KARSTADT momentan mit 200 Lieferanten elektronischen Geschäftsdatenaustausch; geplant ist die Ausweitung des Datenaustausches auf 500 Lieferanten. Gleichzeitig sollen mit Logistikdienstleistern, im Transportbereich Daten ausgetauscht werden und Rechnungen gegenüber den

Banken und den Lieferanten über elektronische Medien bezahlt werden. In diesem Zusammenhang ist von KARSTADT bereits ein Projekt gestartet worden.

Bezogen auf die *gesamte Kette der Geschäftsprozesse*, von der Sortimentsplanung über die Sortimentsbestimmung, Festlegung von Artikelstammdaten, Auftragserteilung bis zur Bestimmung der Verteilmengen, bestehen bei KARSTADT vielfältige Aufgaben der Warenwirtschaft. So wird z.B. im modischen Bereich geplant, welche Anzahl an Damenmänteln in der nächsten Herbst-Winter-Saison in bestimmten Preislagen verkauft werden soll.

Der typische Prozeß, der hierdurch ausgelöst wird, sieht im *modischen Bereich* folgendermaßen aus: Die Artikel müssen beim Lieferanten bestellt, als Artikelstammdaten definiert sowie die Auftragsmengen und Verteilmengen für die Filialen bestimmt werden. Im *wiederbeschaffbaren Bereich „Hartwaren"* bedeutet dies, daß Artikeldaten im Artikelstamm angelegt werden, für diese Artikel eine Erstdisposition getätigt wird, diese logistisch weiterverarbeitet und an die Filialen verteilt werden. Sobald in der Filiale die Ware verbraucht ist, wird eine Nachdisposition ausgelöst. Der Warenbestand muß permanent überwacht werden. Sinkt er unter ein bestimmtes Niveau, müssen Dispositionen beim Lieferanten ausgelöst werden, um den Warennachschub zu organisieren und einzuleiten (vgl. Abb. 1).

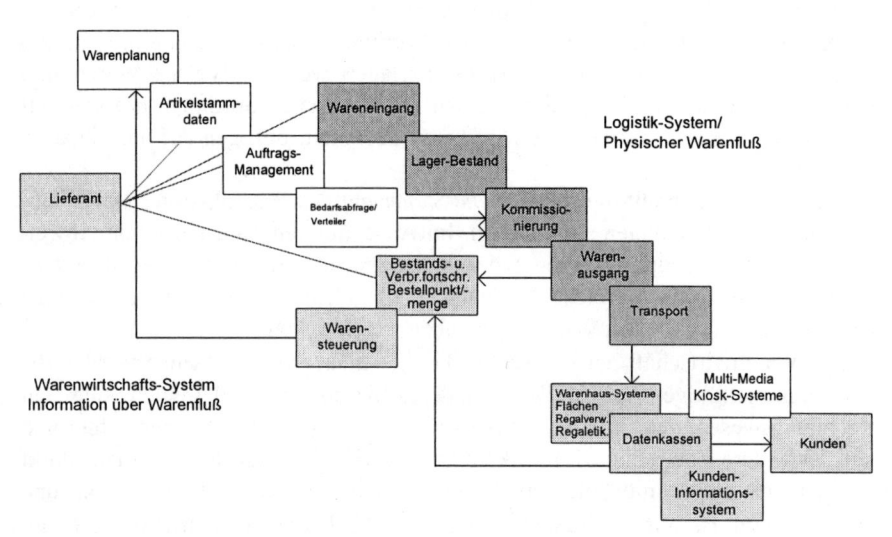

Abb. 1: Überblick Warenwirtschaft und Logistik bei KARSTADT

3 Weiterentwicklungen im operativen Geschäft

Das Kernstück der Prozeßkette ist *die Auswertung und Nutzung von Scannerdaten*. Dieser Vorgang wird bei KARSTADT auch Bestands-, Verbrauchsdatenerfassung und -auswertung genannt. Ungefähr 95% des gesamten Sortiments ist strichcodiert ausgezeichnet.

Die Nutzung von Scannerdaten bedeutet für die regelmäßig *wiederbeschaffbare* Ware, den *Abverkauf festzuhalten* und die *Ware nachzudisponieren* sobald der Bestand gesunken ist. Dies ist ein typisches Thema, das aus dem Efficient Consumer Response-Gedanken heraus verfolgt wird. Die Ware wird für jede wiederbeschaffbare Einheit, die artikel-, größen- und farbgenau disponiert werden kann (z.B. eine einzelne Kaffeekanne, der einzelne Kochtopf, das einzelne Stück Glas), ausgewertet. Im *modischen Bereich* kann diese Einheit die Farben- und Größenvariante eines Artikels sein. Die Ware, die über die Logistik an die einzelnen Filialen verteilt wird, wird an der Datenkasse beim Kauf durch den Kunden erfaßt. Diese Daten führen automatisch dazu, daß sich der Verbrauch erhöht und der Bestand vermindert. Gleichzeitig wird geprüft, ob der verminderte Bestand noch ausreicht, um in der festgelegten Wiederbeschaffungszeit dem Kunden genügend Ware anbieten zu können. Ist dies nicht der Fall, wird eine Bestellung ausgelöst, die zur Kommissionierung im Lager führt. Der aufgezeigte Regelkreis wird erneut durchlaufen.

Die Nutzung der Scannerdaten heißt auch, die *Preisauszeichnung zu optimieren*, indem soweit wie möglich auf die individuelle Einzelpreisauszeichnung an der Ware verzichtet wird und statt dessen Regaletiketten sowie die Strichcodierung der Lieferanten mit der internationalen Artikelnummer (EAN) genutzt werden. Dies ist im Hartwaren- und Textilbereich nicht so weit verbreitet wie bei Lebensmitteln. Hier sind erst ca. 30% der Hartwaren- und Textilartikel vom Hersteller strichcodiert. Bei diesen Artikeln muß im Hinblick auf die Warenpräsentation geprüft werden, ob zusätzlich eine Einzelpreisauszeichnung benötigt wird oder ob eine Auszeichnung am Regal ausreicht.

Damenstrümpfe werden bei KARSTADT in der Form präsentiert, daß verschiedene Artikel unterschiedlicher Hersteller in der gleichen Größe entweder an einem Haken hängen oder in einem Fach stehen. Denn die Kundin kauft nach Größe und nicht nach bestimmten Herstellermarken. Ware, die in dieser Form präsentiert wird, muß einzeln mit Preisen ausgezeichnet werden. Demgegenüber werden die Parfümerieartikel, auch die hochwertigen, nicht mehr individuell ausgezeichnet, sondern nur noch am Regal.

In den 80er Jahren wurde die Disposition vom zentralen Lager mit *festen Bestellparametern* entwickelt. Ziel war und ist es, möglichst immer einen ganzen

Karton mit Ware in die Filiale liefern zu können. Die Aufgabe des Zentraleinkäufers besteht darin, so kleine Kartoneinheiten zu ermöglichen, daß sie dem Bedarf einer Filiale entsprechen. Bei KARSTADT gibt es viele Artikel, die nicht in Kartoneinheiten disponiert und geliefert werden können bzw. bei denen die Bestellparameter aufgrund von saisonalen Änderungen ständig angepaßt werden müssen. In diesem Zusammenhang werden derzeit die Abstände zwischen den Bestellzeiträumen variiert. Eine Anpassung *„Beschleunigung der Absortierhäufigkeit"* reicht im Weihnachtsgeschäft, bei dem Spielwaren etwa 20mal soviel umgesetzt werden wie in Sommermonaten, nicht mehr aus. Hier müssen die *Bestellparameter angepaßt* werden. Diese Anpassung wird mit Hilfe von statistischen und neuronalen Verfahren automatisiert, um eine bedarfsgerechte Angleichung zu erhalten.

Die zentrale Bevorratung bei KARSTADT wirft die Frage auf, ob die Lieferanten nicht die gleiche Ware in den gleichen Einheiten in ihren Lagern bereit halten wie KARSTADT? In einem solchen Fall, könnte auf die Lagerung an einer Stelle verzichtet werden. Dieses Konzept wird bei KARSTADT im Zuge des *Quick Response Services* umgesetzt. So werden z.B. Jeans nicht mehr im Zentrallager von KARSTADT, sondern bei den jeweiligen Lieferanten gelagert. Die KARSTADT-Filialen disponieren beim Lieferanten so, als wenn sie aus dem Zentrallager disponieren müßten. Jede Woche werden die einzelnen Artikel in den jeweiligen Farben, Größen und Qualitäten bestellt. Die Ware wird von den Lieferanten an die einzelnen Filialen nicht direkt versandt, sondern filialverpackt an die Regionallager verschickt. Von dort werden die Artikel an die Filialen verteilt, damit nicht Kleinstmengen von einer großen Lieferantenzahl an einem Standort eingehen müssen.

Die Aufgabe der Warenwirtschaft besteht darin, den *Informationsfluß zum Lieferanten zu koordinieren*. Gerade in der Zukunft wird sich die Betätigung auf diesem Feld verstärken. Im Rahmen kürzer werdenden Lieferzeiten wird es immer häufiger vorkommen, daß die eigene Lagerung ineffizient ist, und statt dessen die Lagerkapazität der Lieferanten genutzt werden sollte, um von dort direkt für die KARSTADT-Filialen zu kommissionieren.

Die Nutzung der operativen Systeme im Bereich der *modischen Waren* heißt im wesentlichen, Informationen für die Planung der nächsten Saison bereit zu stellen und vorzudispositionieren. Während der Saison werden Abweichungsanalysen durchgeführt, um zu entscheiden, was bei „Langsamdrehern" an der Präsentation und/oder dem Preis getan werden muß, um den Warenabfluß zu beschleunigen. Bei knapp werdenden Artikeln wird entschieden, welche ähnlichen Artikel beschafft und wo sie beschafft werden können, um die Aufträge entsprechend zu erteilen. Diese Entscheidungen werden vor allem auf Basis der *aktuellen Be-*

stands- und Limitsituationen in den einzelnen Filialen getroffen. Zu diesem Zweck werden sog. *Renner-Penner-Statistiken* erstellt, die für den modischen Bereich bedeutsamer sind als für den Stapelbereich. Hier dienen die Statistiken dazu, Nachdispositionen während der Saison zu beeinflussen und Bestände zu prüfen, im Stapelbereich sind sie insbesondere ein Instrument, um Sortimente und Verkaufspreise anhand von aktuellen Überbestandslisten zu überarbeiten.

4 Blick auf den Kunden

Um KARSTADT zu einem *kundenbetriebenen Unternehmen* zu gestalten, muß zunächst gefragt werden, ob KARSTADT seine Kunden überhaupt kennt? KARSTADT kennt seine Kunden als Individualkunden eigentlich nur sehr eingeschränkt. Der Kunde kann nur besser kennengelernt werden, wenn mit Hilfe von Kundenkarten, Informationen über verkaufte Artikel mit den Kunden verbunden werden. Aus diesem Grund hat KARSTADT im Herbst 1996 eine KARSTADT-Club-Karte eingeführt. Bisher sind etwa 20.000 dieser Clubkarten ausgegeben worden. Bezogen auf die täglich 2.000.000 Kunden, die bei KARSTADT kaufen, ist das allerdings noch sehr wenig.

KARSTADT hat bei der Durchführung von *Warenkorbanalysen* ein großes Problem. Es ist das Prinzip eines Warenhauses wie KARSTADT, keine Check-Out-Linie zu besitzen und damit den Warenkorb eines Kunden aus den verschiedenen Sortimentsbereichen an einer Stelle zusammen erfassen zu können. Statt dessen bezahlt der Kunde dezentral, d.h. in der Abteilung, in der er die Ware ausgesucht hat. Die vielen dezentralen Käufe können daher nur über Kunden-, Kredit- oder EC-Karten zu einem Korb zusammengeführt werden.

Im Rahmen eines Projektes versucht KARSTADT, die Kaufgewohnheiten der Kunden zu analysieren, indem die Warenwirtschaftsdaten mit Kundeninformationen so zusammengeführt werden, daß zu erkennen ist, in welcher Reihenfolge ein Kunde gekauft hat.

Warenkorbanalysen werden bei KARSTADT bereits in einigen Abteilungen durchgeführt. In den Lebensmittelabteilungen sowie im Multi-Media-Bereich, in den Musik-, Video- und Computer-Shops, d.h. in allen Abteilungen, in denen mehrere Artikel auf einer größeren zusammenhängenden Fläche verkauft werden und eine Check-Out-Linie existiert. Hierbei haben sich bereits interessante Ergebnisse gezeigt. Zum einen werden Erfahrungen bestätigt und zum anderen zeigt sich aber auch ein bisher unbekanntes Einkaufsverhalten.

Die Analyse von Warenkörben wird bei KARSTADT in Zukunft systematisch ausgeweitet. Die Durchführung von Warenkorbanalysen ist eine der Dienstleistungen, die durch Informatiker oder Informationsverarbeiter angeboten werden können. Die Erstellung von Warenkorbanalysen erfordert sehr viel Beratung und Kenntnis über das jeweilige Geschäft.

Der Blick auf den Kunden bedeutet für KARSTADT auch, dem *Kunden das Kaufen* zu erleichtern. Zunächst gibt es die Möglichkeit, *Informationssysteme* einzusetzen, die den *Kunden über das bestehende KARSTADT-Sortiment informieren*. Dabei handelt es sich um ein Informationssystem, bei dem der Verkäufer die Sortimente mit dem Kunden am Bildschirm zusammenstellen kann, die der Kunde sucht und in der Warenpräsentation nicht findet.

Mit Hilfe dieses Informationssystems kann selbständig die *Lieferverfügbarkeit aus den Zentrallagern festgestellt* werden, d.h. ob und in welcher Menge die Ware verfügbar ist. Die benötigte Ware kann dann reserviert werden, so daß sie am darauffolgenden Tag kommissioniert wird und am übernächsten Tag in der Filiale eingehen kann. Hierdurch ist es möglich, dem Kunden eine feste Lieferzusage machen zu geben.

Solche Informationssysteme werden im Hinblick auf die Preisgestaltung mit der Warenwirtschaft verknüpft. Bei KARSTADT besteht eine dezentrale Verkaufspreishoheit, d.h. der Abteilungsleiter vor Ort bestimmt letztlich den jeweiligen Verkaufspreis. In den Warenwirtschafts- und sog. Kiosksystemen werden diese Preise geführt, so daß in jeder Filiale auf den aktuell gültigen Preis zugegriffen wird und dem Kunden der richtige Preis genannt werden kann.

Bei KARSTADT stehen dem Kunden vor allem in den Musikabteilungen *Kunden-Informationssysteme als Selbstbedienungssysteme* (sog. *Kiosk-Systeme*) zur Verfügung.

So kann der Kunde z.B. beim *Musik-Master* an einem Selbstbedienungsbildschirm im Sortiment von 60.000 verschiedenen Tonträgern und 40.000 verschiedenen Videos „wühlen". Der Kunde bekommt angezeigt, welche Titel die jeweiligen CD's enthalten. Bevor er seine Auswahl trifft, kann er in ca. 1.000 Titel hören bzw. sehen. Das System zeigt den Standort und den Preis der Ware an. Sollte die Ware in der jeweiligen Filiale nicht verfügbar sein, kann der Kunde einen Bestellvorgang auslösen.

Ein ähnliches Kiosk-System hat KARSTADT für *Last-Minute-Reisen* installiert, um Restbestände von Reiseangeboten vermarkten zu können. Die Terminals befinden sich einerseits in den KARSTADT-Häusern bzw. in den Reisestudios. Sie sind aber auch auf Flughäfen als Informationsterminals installiert. Heute müssen die Tickets noch am Schalter gekauft werden, zukünftig sollen sie aber über den Terminal ausgedruckt werden. Mit Hilfe der EC- oder Kredit-Karte wird der Kunde bezahlen und dann die Reiseunterlagen erhalten.

Der letzte Schritt ist das *virtuelle Warenhaus*. KARSTADT hat sich entschieden, die eigene Infrastruktur zu nutzen, um im Internet präsent zu sein. Die Warenwirtschaftsanwendungen bieten für den Disponenten oder für den Sortimentsverantwortlichen zunächst die Möglichkeit, die Sortimente zu definieren. Zugleich sind Redaktionsarbeitsplätze eingerichtet worden, um die Sortimente so im Internet anzubieten, daß der Kunde animiert wird, Ware zu kaufen. Hierzu gehören Bilder, Beschreibungen und nicht nur ein Text, der möglichst geschickt sein muß, damit der Kunde ihn akzeptiert.

Wenn der Kunde sich entschieden hat, über das Internet bei KARSTADT einzukaufen, erfolgt die Warenabwicklung über den Versender NECKERMANN. Da dort die Ware für KARSTADT gelagert wird, ist auch ein Nachdispositionssystem für diesen Warenbestand eingerichtet worden. Das Kommissionierlager bei NECKERMANN wird genauso wie die KARSTADT-Filialen von der KARSTADT-Warenwirtschaft, -Logistik und dem Zentrallager in Unna beliefert.

5 Zusammenarbeit mit Lieferanten

Im Hinblick auf die Zusammenarbeit mit den Lieferanten stellen sich Herausforderungen im Bereich des *Efficient Consumer Response*. Für KARSTADT heißt das, aufgrund tatsächlicher Verbrauchsinformationen Waren zu beschaffen und diese Ware möglichst schnell in die Filialen zu transportieren. Die KARSTADT-interne Logistik liefert in 48 Stunden. In den Bereichen, in denen die Lieferanten für KARSTADT bevorraten, dauert die Nachdisposition der Ware z.Zt. noch vier Tage. Zukünftig will KARSTADT diese Zeit verkürzen.

Mit Hilfe solcher Systeme ist es möglich, Ware, die am Wochenende verkauft worden ist, so wiederzubeschaffen, daß sie für den nächsten Wochenendverkauf wieder verfügbar ist. Hierdurch ergibt sich nicht nur ein Rationalisierungspotential, sondern auch ein echtes Umsatzpotential, da die Kundennachfrage einer Woche in der nächsten Woche befriedigt werden kann. Das heißt, es geht darum, möglichst schnell zu sein, und die Informationen schnell und automatisiert aufzubereiten, so daß die Warengeschäftsprozesse beschleunigt werden. Die Herausforderung für KARSTADT besteht damit in *der Beschleunigung des Informationsflusses und des Warenprozesses*. Die Folge ist, daß Informationen automatisch und prozeßintegriert verarbeitet werden müssen, denn sonst entstehen immer wieder Wartezeiten. Was nützen die schnellsten EDI-Applikationen, wenn ein Mitarbeiter erst feststellen muß, daß ein Auftrag besteht, um ihn dann aufzulösen? KARSTADT geht davon aus, daß Aufträge, die per EDI zum Lieferanten geschickt werden, dort automatisch weiterverarbeitet werden und nicht erst in der Warteschlange „schlummern" müssen.

Der letzte Schritt besteht im *„Errechnen bedarfsgerechter Auftragsmengen"*. Bedarfsgerecht heißt, daß KARSTADT auf Grundlage der aktuellen Verbrauchsdaten versucht, die richtige Mengen zu prognostizieren und sie damit an die saisonale Nachfrage anzupassen.

6 Business-Reengineering

Ständig verändernde Geschäfte verlangen ständig verändernde Prozesse. Warenwirtschaftssysteme müssen darauf reagieren können, d.h. es müssen schnell veränderbare, am besten *objektorientierte Systeme* existieren. KARSTADT hat sich dazu entschieden, die Filialwarenwirtschaft objektorientiert zu entwickeln. Dabei müssen die Daten soweit aufbereitet werden können, daß Analysen neben dem operativen Geschäft betrieben werden, um sich besser an die Kaufgewohnheiten anzupassen. Datawarehouse-Konzepte bzw. große Datenbanken müssen so gestaltet sein, daß den Einkäufern und Marketingmitarbeitern nicht nur vorgedachte Informationen gegeben werden. Sie müssen selber in die Lage versetzt werden, Analysen zu betreiben, die nicht vorstrukturiert sind.

Die früheren Abteilungen EDV und Organisation oder die bestehende Abteilung Informationswirtschaft werden sich zukünftig zu Dienstleistern entwickeln. Für viele der Anwendungen, die oben vorgestellt wurden, ist es nicht erforderlich, Aktivitäten zusammenzufassen, um Synergien zu schöpfen. Statt dessen wird in zunehmenden Maße der Dienstleister und Berater benötigt, der deren Betrieb sicherstellt. In der Zentrale von KARSTADT sind acht Mitarbeiter der Informationswirtschaft für die Betreuung des Zentraleinkaufs eingesetzt, um sicherzustellen, daß der Zentraleinkauf die Anwendungen bei neuen Geschäftsvorfällen richtig nutzen kann. Als Pendant hierzu sind in allen Filialen Mitarbeiter als „Außenstellen" beschäftigt, die vor Ort beraten können.

Wenn KARSTADT *Kiosk-Systeme* einrichtet, müssen sämtliche Daten, d.h. Artikeldaten sowie Bild- oder Textdaten, Film- und Audiodaten gesammelt, aufbereitet und gepflegt werden. Die hierzu entsprechenden Dienstleistungen müssen entweder eingekauft oder von einem Dienstleistungscenter erbracht werden. KARSTADT meint diese Dienstleistungen selber erbringen zu können. Dies umschließt den Betrieb von *Call-Centern* für das virtuelle Warenhaus oder den Einsatz von Club-Karten, um Kunden individuell beraten zu können. Hieraus ergibt sich, daß die Warenwirtschaftssysteme der Zukunft den Prozeß beim Anwender noch effektiver unterstützen müssen. Sie müssen leichter an ständig wechselnde Geschäftsprozesse angepaßt werden können, Verbindungen zu Lieferanten und Dienstleistern haben sowie *endkundenorientiert* sein. Das heißt, die Warenwirtschaftssysteme der Zukunft benötigen eine Komponente eines *Kunden-Informations-Systems* oder müssen hierfür zumindest die Daten zur Verfügung stellen. In diese Richtung wird die Leistung der Informationswirtschaft im Konzern zukünftig verstärkt. KARSTADT möchte in diesem Bereich auch als Dienstleister gegenüber Drittkunden fungieren

Zusammenfassend besteht für KARSTADT ein großes Betätigungsfeld der Zukunft in den neuen, integrierten und gegenüber den Kunden und Lieferanten operierenden Warenwirtschaftssystemen.

Literaturempfehlung

Ahlert, D. / Olbrich, R. (1997): Integrierte Warenwirtschaftssysteme und Handelscontrolling, Konzeptionelle Grundlagen und Umsetzung in der Handelspraxis, 3., neubearbeite Aufl., Stuttgart.

Becker, J. / Schütte, R. (1996): Handelsinformationssysteme, Landsberg/Lech.

Eierhoff, K. (1993): Die PoS-Strategie im Warenhaus, in: Karten - Zeitschrift für Zahlungsverkehr und Kartendienstleistungen, H. 4, S. 30-34.

Eierhoff, K. (1994): Ein Logistikkonzept für Stapelartikel - dargestellt am Beispiel der Karstadt AG, in: Zeitschrift für Betriebswirtschaftliche Forschung, H. 11, S. 968-978.

Jordanova-Duda, M. (1996): Online-Shopping, Einkaufsbummel im Netz, in: Medienspiegel, Nr. 45, S. 4-5.

O.V. (1994): Multimedia visualisiert die Warenwirtschaft, in: IBM-Nachrichten, H. 316, S. 24-26.

O.V. (1995): Hitparade - ganz individuell, in: IBM-Nachrichten, H. 321, S. 18-21.

O.V. (1995): Informationswirtschaft als Dienstleistung in Unternehmen, in: IBM-Nachrichten, H. 320, S. 50-53.

O.V. (1995): Karstadt disponiert mit Scannerdaten, in: Dynamik im Handel, H. 6, S. 30-31.

O.V. (1995): Lean Management im Handel: Sozial- und Projektkompetenz ist gefordert, in: Beschaffung aktuell, H. 1. S. 37-38.

Erfahrungen bei der Einführung des Standardsoftware-Systems SAP R/3 in einem Handelsunternehmen der Lebensmittelbranche

Rudolf Kagl

Zusammenfassung

Bei der JULIUS MEINL AG, einem Unternehmen mit 620 Verkaufsstellen und ca. 14.000 Mitarbeitern, wurde seit 1992 an der Einführung des SAP R/3-Systems gearbeitet. Zunächst wurden Modifikationen des Industriestandards vorgenommen, damit die Produktivnahme des Systems möglich wurde, bevor demnächst ein Wechsel auf die SAP-Handelslösung (IS-Retail) erfolgt.

1 Einführung

Die JULIUS MEINL AG wurde 1862 gegründet und ist im Einzelhandel des Lebens- und Genußmittelbereichs mit dem Schwerpunkt im Nahversorgungsbereich tätig. Regional liegen die Schwerpunkte der Geschäftstätigkeit in Österreich. Zusammen mit Ungarn, der Tschechischen- und Slowakischen Republik besitzt die JULIUS MEINL AG 620 Verkaufsstellen mit fast 14.000 Mitarbeitern. Neben der reinen Handelstätigkeit werden Produkte auch selbst gefertigt. Tab. 1 zeigt die Struktur des aus mehreren Vertriebslinien bestehenden Konzerns.

Anfang 1992 mußte bei der JULIUS MEINL AG angesichts des Zustands der Warenwirtschaftssysteme eine Entscheidung im Bereich über die zukünftige Informationssystem-Infrastruktur getroffen werden. Es wurde entschieden, Standardsoftware einzusetzen; die Wahl fiel auf SAP. Diese Grundlagenentscheidung ließ aber die Frage offen, ob die JULIUS MEINL AG auf das Handelssystem SAP R/3-Retail warten oder mit einer SAP-Industrie-Lösung eine nicht auf den Handel zugeschnittene, aber verfügbare Lösung einsetzen sollte.

Die JULIUS MEINL AG hat sich entschlossen, mit dem SAP-Industrie-Standard rudimentäre Handelsfunktionalitäten abzubilden.

Vertriebslinie Julius Meinl	• Nahversorger mit Konzentration auf Qualität, Frische und Service • 326 Filialen • 120.000 m² Verkaufsfläche
Vertriebslinie Pampam	• Verbrauchermarkt für den familienfreundlichen Großeinkauf • 39 Märkte • 60.000 m² Verkaufsfläche
Vertriebslinie Jééé	• neue Diskontlinie • 3 Märkte • Teststadium
Großhandel	• Konzentration auf Verkauf von Kaffee und Eigenmarken an Gastronomie und LEH • Standorte: Wien / Linz / Salzburg / Graz / Innsbruck / Klagenfurt
Produktion	• Eigenes Fleischwerk (in Wien Inzersdorf) • Kaffeerösterei (Marktführer in der Gastronomie) • Marmelade (12 % Marktanteil) • Destillerie

Tab. 1: Konzernstruktur der JULIUS MEINL AG

2 Auswahl und Einführung einer Standardsoftware

2.1 Ausgangspunkt: Informationssysteme bei MEINL im Jahr 1992

Im Jahr 1992 prägten Insellösungen und Individualentwicklungen die Informationssystem-Landschaft des Konzerns. Ein integriertes Informationssystem war nicht vorhanden, es existierten Systeme, die auf Einzelpersonen zugeschnittene Informationen produzierten. Die Folge waren in Abhängigkeit von den individuell erstellten Listen mitunter widersprüchliche Auswertungen. Dies führte zu endlosen Diskussionen, da niemand die Basis „seines" Zahlenmaterials durchschauen konnte und somit kein Einvernehmen über die Informationsinhalte bestand.

Weiterhin prägten Batchprogramme, die unter Nutzung zahlreicher Schnittstellen verbunden waren, das Bild. Die hausinternen Bezeichnung „ALWIS" *(Artikel-Lieferanten-Waren-Info-System)* täuschte ein einheitliches System vor. In Wirklichkeit handelte es sich um ein Konglomerat von ca. 30-35 unterschiedlichen Programmen. Die Schnittstellenprogramme waren kaum noch wartbar.

Durch die vorhandene heterogene Lösung wurden wesentliche Bereiche einer integrierten Warenwirtschaft nicht abgedeckt, z. B. die Rechnungsprüfung von

Zentrallagerlieferungen, Filialwarenwirtschaftssysteme oder warenwirtschaftliche Auswertungen. Das Marketing erhielt die Informationen aus zweiter Hand vom Einkauf. Es fehlten eigene Warensteuerungstools, so daß nur reagiert werden konnte. Weitere Kernfunktionalitäten wie der Wareneinkauf wurden in den Informationssystemen unterschiedlich abgebildet, so daß die Informationssysteme eine organisatorische Standardisierung behinderten. So existierten z. B. unterschiedliche Systeme bei MEINL und PAMPAM. In Tab. 2 ist die Situation der Informationssysteme zusammenfassend dargestellt. Wie ersichtlich ist, dominierten manuelle Arbeiten und spezialisierte Individualsoftware.

1992	Bedarfs-ermittlung	Bestellung	Wareneingang	Rechnungsprüfung	Zahlung
zentraler Einkauf Trockenware	BUSY	ALWIS	BUSY	manuell	manuell
zentraler Einkauf Frischware Inland	BULL	BULL	BULL	manuell	manuell
zentraler Einkauf Frischware Importe	BULL	manuell	BULL	manuell /EK	manuell
Investitionen	manuell	manuell	manuell	manuell /FA	manuell
Material	manuell	ALWIS	ALWIS	manuell	manuell
Direktlieferungen (Strecke) Pampam	manuell	WWS/PP	WWS/PP	manuell	manuell
Direktlieferung Meinl	manuell	manuell	manuell	manuell	manuell
BUSY	anwenderorientiertes Softwarepaket einer Kölner Firma				
Bull	Lagersteuerungspaket				
ALWIS	hausinterne Bezeichnung für eine Fülle eigener Systeme				
WWS/PP	Sonderpaket - Eigenentwicklung für Verbrauchermärkte				

Tab. 2: Situation der Informationssysteme bei JULIUS MEINL AG 1992

2.2 JULIUS MEINL als Pilotkunde bei SAP

JULIUS MEINL und SAP vereinbarten 1992 eine Zusammenarbeit, in deren Rahmen sich MEINL als Early Customer und Pilotkunde an den Entwicklungsaufgaben für das Handelssystem IS-Retail, das Teil von R/3 werden sollte, beteiligte. MEINL konnte vor allem seine große Erfahrung als traditioneller Lebensmittelfilialist einbringen, wobei insbesondere der Umgang mit sehr vielen Materialbewegungen eine wesentliche Rolle spielt. So konnte MEINL z. B. auf das Massenproblem bei der Verarbeitung von Batchinput-Mappen im R/3-System hinweisen. Bei ca. 100.000 Materialbelegen pro Tag, die vom Lagersystem BUSY in R/3 überspielt werden, bedeutet die Sperrfunktion in SAP (wenn ein Artikel bearbeitet wird, ist er für alle anderen Bearbeitungsfunktionalitäten gesperrt), daß es beim Überspielen mit 3 Rechnern zum gegenseitigen Sperren (Deadlock) kommt, da Schnelldreher-Artikel in allen Mappen vorkommen.

Der Handel, speziell der Lebensmittelhandel, führt vorrangig Artikel mit kurzer Lebensdauer. und einer hohen Lagerumschlagshäufigkeit. Beides hat Auswirkungen auf die Informationssysteme.

Aufgrund der Wiederholfrequenz von Prozessen im Handel hat nicht nur MEINL ein großes Interesse an der Integration aller Funktionen vom Einkauf über die Bestellung, die Kalkulation bis hin zum Vertrieb in einem Arbeitsgang.

Die Probleme der einfachen und schnellen Abwicklung von Funktionen wurden zu Beginn der Entwicklung bezüglich ihrer Komplexität von der SAP gravierend unterschätzt. Es herrschte der Eindruck vor, daß einige Erweiterungen in den Industriesystemen MM und SD zu einem raschen Einsatz von R/3 im Handel führen sollte.

2.3 Ziele der Systemeinführung

Als Ziele für die Einführung einer Standardsoftware wurden formuliert:
- Informationssysteme als „strategische Waffe"
  Ausgangspunkt für die Informationssystem-Entwicklung sind die von der Organisation benötigten Informationen, denn diese müssen zum richtigen Zeitpunkt an der richtigen Stelle bereitgestellt werden können. Schnelligkeit, Flexibilität, Sicherheit, Transparenz und Vereinfachung der Abläufe stehen im Vordergrund der Informationsbereitstellung. Zudem sollen Informationen kostengünstig und vor allem entscheidungsorientiert bereitgestellt werden.
- Standards einhalten
  Voraussetzung sind eine einheitliche Datenbasis und einheitliche Benutzeroberflächen. SAP soll zur Standardsoftware der Zentralsysteme werden. Oberstes Ziel der Standardisierung ist die Integration der Anwendungssoftware (real time).
- Unterstützung der Anwender durch Integration der Systeme
  Eine integrierte Warenwirtschaft ist das zentrale Ziel der Systemeinführung. Die Datenintegration soll die Basis einer Funktionsintegration bilden. Dies impliziert, daß Material- und Lieferantenstammpflege-, Bestands- und Lager-

verwaltungs- sowie Rechnungsprüfungs- und Marketingfunktionen miteinander gekoppelt sind.
- Erhöhung der Datenqualität
Notwendig ist eine durchgängige Abbildung aller logistischen Prozeßketten. Dies bedeutet, daß alle Vertriebslinien unter einem Informationsdach zusammenzuführen sind, daß die Eigenprogrammierungen unter Beibehaltung der Funktionalitäten abgelöst werden, daß Standardprogramme genutzt werden. Es soll ein einheitlicher Informationsstand für jeden Anwender vorhanden sein.
- Einbindung der Marketingaktivitäten
MEINL benötigt eine Erweiterung der bisher von den Informationssystemen abgedeckten Funktionen durch die Einbindung der Marketingabteilung. Hier sind insbesondere Funktionen zur Marketingsteuerung, wie Aufteilerfunktionen oder Maßnahmen zur halbautomatischen Sortimentsgestaltung (Sortimentsbausteine). Außerdem soll eine weitgehend automatisierte Rechnungsprüfung eine exaktere Kontrolle der Lieferanten ermöglichen. Alle Konditionen sind daher im System abzubilden. Die Disposition soll maschinell (zyklisch) erfolgen und Bestellungen per Fax ermöglichen.
- Veränderung der Organisation
Eine Organisationsumstellung durch ein unterstützendes System ist insbesondere für ein traditionsreiches Unternehmen hilfreich, denn dies führt zu einem notwendigen Anstoß zur Veränderung. Die geringe Veränderungsbereitschaft der bisherigen Organisation kann mit Hilfe der -„zwanghaften"- Standardsoftware überwunden werden. Die 1996 erfolgte Einführung des Category Management wäre ohne die Unterstützung eines umfassenden Informationssystems nicht möglich gewesen. Weitere organisatorische Änderungen, die im Rahmen des Projektes durchgesetzt werden konnten, waren die Gründung einer Dispositionsgruppe, die der Logistik untersteht und die TQM (Total Quality Management)-Zertifizierung nach ISO 9002.

Zur Erreichung der Ziele wurde 1992 SAP R/3 als Zentralsystem ausgewählt. Für R/3 - im Gegensatz zu R/2 - sprechen vor allem die größere Zukunftssicherheit, die drastisch billigere Hardware (Standard UNIX) und Software und die für eine Warenwirtschaft mit den vielen, rasch wechselnden Transaktionen besonders geeignete Windows-Oberfläche. R/2 kann in Zentralsystemen höchstens als Zwischenstufe fungieren. Die Entscheidung für IS-Retail als Warenwirtschaftssystem der SAP birgt aber auch Risiken. So war zum Entscheidungszeitpunkt keine integrierte spezielle Handelssoftware vorhanden. Eine solche Software sollte - zum Zeitpunkt der Entscheidung bei MEINL - erst infolge einer Entwicklungsphase und der Zusammenarbeit mit den Pilotkunden entwickelt werden. Die Handelsbedürfnisse wurden noch 1993 seitens der SAP dramatisch unterschätzt, so daß der Zeitplan für die Entwicklung nicht ausreichend disponiert worden war. Zudem ist SAP ein Quasi-Monopolist als Partner. Die frühere Stellung der IBM in der Hardware nimmt heute SAP in der betrieblichen Anwendungssoftware ein. Potentielle Gefahren dieser Situation sind abnehmende Kundenorientierung und abnehmende Betreuungsintensität durch zu starkes Wachstum. Diese beiden Punkte versucht SAP heute, mit vielen Aktivitäten (OSS, ICOE etc.) zu bekämpfen. Diese erforderlichen Anstrengungen zeigen aber die Berechtigung der damaligen Befürchtungen.

2.4 Projektplan und Projektorganisation

Um eine möglichst hohe Akzeptanz zu erreichen, sollten die Anwender möglichst früh in das Projekt eingebunden werden. Dies ist im vorliegenden Fall nur bedingt gelungen, da aus deren Sicht nur langsam Nutzenaspekte bemerkt werden. Aus diesem Grund war bei der Auswahl der - in den ersten Phasen - der Einführung betroffenen Anwender besondere Vorsicht geboten. In einem traditionellen Unternehmen ist, wie sich gezeigt hat, eine Motivation der Mitarbeiter eine „echte Herausforderung".

Start	Ende	Projektziel	Dauer
01. Juli 1992	01. Okt. 1992	Strategieformulierung	3 Monate
01. Aug. 1992	04. Januar 1993	Einführung RF FI	5 Monate
01. Nov. 1992	05. Mai 1993	Einführung RA AM	6 Monate
01. April 1993	15. März 1994	Einführung RK CO	12 Monate
01. März 1993	01. April 1994	Einführung RP HR	13 Monate
01. Juli 1993	01. April 1994	Einführung MM-zentr. Einkauf	9 Monate
01. April 1995	01. Juli 1996	Einführung von SAP im Verbrauchermarkt auf Basis Retail	16 Monate

Tab. 3: Projektplan der SAP-Einführung bei JULIUS MEINL AG

Für die eigentliche Projektarbeit wurden Arbeitsgruppen gegründet, bestehend aus erfahrenen Beratern (Fa. PLAUT-AUSTRIA), Organisationsmitarbeitern und Mitarbeitern aus den Fachabteilungen, die als Projektleiter und „Poweruser" eingesetzt wurden. Der Projektplan kann Tab. 3 entnommen werden.

Der letzte Termin konnte nicht eingehalten werden und mußte mehrmals um einige Monate verschoben werden, da eine Einführung nur mit einem Releasestand von SAP ab 1.2B (Pre-Release der SAP für Pilotkunden) sinnvoll ist. Für die ersten Bereiche war eine relativ lange Vorbereitungszeit eingeplant, welche oft gar nicht ausgenutzt wurde. Für MM wurde aufgrund dieser positiven Erfahrungen dann eine viel zu kurze Vorbereitungszeit eingeplant.

3 Erfahrungen bei der Einführung des SAP-Systems

3.1 Probleme bei der Einführung des Warenwirtschaftssystems bei MEINL

Bei der Einführung der Warenwirtschaft kam es zu Schwierigkeiten, da es eine hohe Erwartungshaltung der Anwender gab. Die damaligen Erwartungen an das System konnten erst durch IS-Retail zum Projektabschluß erfüllt werden. Nach einiger Zeit, „als nichts mehr ging", kam es zur Blockade des Projekts durch die Anwender. Die Altsysteme waren nicht mehr verfügbar und das SAP R/3-System war den Anwendern aufgrund der vielen notwendigen Modifikationen in der Anwendung noch zu fremd. Nur aufgrund eines massiven Eingriffes der Geschäftsleitung, konnte das Projekt fortgesetzt werden. Jeder Fehler im Geschäftsablauf wurde dem neuen System zugeschrieben, auch bei Fehlern, deren Ursachen auch in den Altsystemen nicht bemerkt wurden oder Eingabefehlern der Anwender. Durch die Institutionalisierung von Krisensitzungen aller Beteiligten konnte die Situation entschärft werden. Dies war die entscheidende Maßnahme, mit deren Hilfe die Fehler analysiert werden konnten.

Die Unterschiede zwischen Handel und Industrie führten beim Einsatz des Industriesystems MM zu Problemen. Das Altsystem ist auf die spezifischen Anforderungen des Unternehmens zugeschnitten, R/3 hingegen als Standardsoftware sieht keine Individuallösungen vor. Handelsbegriffe wie z. B. „Artikel" waren im Industriepaket nicht vorgesehen. Statt dessen mußte der Begriff „Material" verwendet werden.

Aufgrund der bis zu 100.000 Materialbelege pro Tag führten durch die Sperrzeiten bei der Belegverbuchung zu hängenden Batchinput-Mappen, so daß keine vernünftige Bestandsführung möglich war. Erst durch die Nominierung eines

Bestandsverantwortlichen, der die Mappen täglich bearbeiten muß, sowie einer vorherigen Umsortierung konnte eine bestandsorientierte Disposition durchgeführt werden.

Weiterhin erfüllt ein Handelsuser viele Funktionen in Personalunion, die in der Industrie von getrennten Mitarbeitern ausgeführt werden (Bestellanforderung/Bestellung/Einkaufspreis/Kalkulation etc.). Aus diesem Grund waren erhebliche Modifikationen des Grundsystems notwendig.

Da keine Negativbestände in der Bestandsführung möglich sind, (bei Verwendung des gleitenden Durchschnitttspreises erst ab Retail 1.2) führen alle Kommissionierfehler (die bei einer Lagerdauer von nur 12 Tagen doch relativ häufig auftreten), sofort zu hängenden Batchinput-Mappen. Ein manuelles Abspielen zur Korrektur ist mit erheblichem Aufwand verbunden.

Die erforderliche Koexistenz zwischen Altsystemen und R/3 führte zu neuen „Schnittstellen". Diese stellen einen Kompromiß dar, der bei der Einführung des SAP-MM-Systems unabdingbar ist. Die Schnittstellen führen zu doppeltem Pflegeaufwand für die Einkäufer, denn nicht alle Funktionen können schon mit SAP abgebildet werden, da das Vertriebsmodul SD und das Lagerverwaltungssystem (LVS) nicht eingesetzt werden.

3.2 Erkenntnisse aus der Einführungsphase

Es kam zu erhöhtem Arbeitsaufwand durch differenziertere Dateneingaben. Das SAP-System „verzeiht" keinen Irrtum, was durchschnittliche Anwender vor große Probleme stellt. Der geeignete SAP-Anwender sollte sowohl betriebswirtschaftlich als auch systemanalytisch denken können; ein in der Praxis untypischer Anwender.

Jede Fehlerbehebung muß ursachengenau erfolgen. Dies ist aber gerade für den Handel mit seinen großen Datenmengen und vielen Transaktionen ein Problem. Informationsgehalt und Datenqualität waren am Anfang nicht schlechter als im Altsystem, aber für die angestrebte Verbesserung im Ablauf noch unzureichend. Sie werden erst allmählich besser.

Die automatische Dokumentation aller Eingaben gibt den Benutzern Sicherheit und Unterstützung in der täglichen Arbeit mit dem System. Sie hilft bei Fehlersuche und Behebung der Ursachen und ist auch viel wirksamer als jedes Benutzerberechtigungskonzept, da online die Zeit und der ausführende Bearbeiter bei durchgeführten Datenbearbeitungen ermittelt werden können.

Die Ausweitung des Systems als integrativen Bestandteil des Unternehmens bewirkt auch eine „Enttabuisierung" gewisser Abteilungen. Zum Beispiel ist unsere Kaffeeabteilung aus traditionellen Gründen ein eigenes geschlossenes Reich gewesen - sie war eine in sich abgeschlossene Gesellschaft. Nun wurde sie gezwungen, sich zu öffnen, da auch die Einkäufe, die Produktion und die Kalkulation transparent gemacht werden sollten. Hier war der organisatorische Widerstand beträchtlich.

Die mit der Einführung von Anwendungssystemen verbundenen Chancen für das Aufbrechen von gewachsenen Machtstrukturen sollte genutzt werden, um neue Kommunikationsstrukturen aufzubauen. Diese bieten die Möglichkeit, seit langem notwendige Organisationsveränderungen vorzunehmen. An dieser Stelle sind vor allem die Installation einer eigenen Dispositionsgruppe als Teilbereich der Logistik und die Umgliederung der Einkaufs-/Verkaufsorganisationen im Sinne des Category Managements zu nennen.

Eine integrierte Rechnungsprüfung impliziert, daß alle Konditionen inklusive aller Nebenabsprachen im System gepflegt werden müssen, da mit Einführung des gleitenden Durchschnittspreises eine Offenlegung der tatsächlich getätigten Einkäufe stattfindet. Das führte zu einer Lernkurve bei allen Beteiligten, zu einer Bewußtmachung der mit dem Einkaufspreis zusammenhängenden Abläufe, besonders bei Aktionen und Abverkäufen.

Für die Einführung war zunächst eine Schulung der „Poweruser" in einem Testsystem und anschließend die Schulung aller Anwender in Schulungsgruppen in einem Testsystem vorgesehen. Vier Wochen vor Implementierung des Systems waren jeweils zwei Halbtagstermine pro Woche geplant, weiterhin eine Nachschulung nach Einführung des Produktivsystems. Es hat sich jedoch gezeigt, daß die Bedeutung der Schulungen deutlich unterschätzt wurde. Dasselbe gilt für die erforderliche Grundausbildung am PC, obwohl bei einer Befragung vor der Einführung des Systems alle Beteiligten PC-Erfahrung angegeben hatten. Für die Schulung im Testsystem hatten die Anwender, bedingt durch operative Tätigkeiten häufig zu wenig Zeit.

Um die mögliche Funktionsfülle von SAP ausnutzen zu können, sind neue Aufgaben in einzelnen Organisationseinheiten angefallen. Beispielsweise war der Einkäufer in erster Linie Verhandlungspartner und kein Systemnutzer. Jetzt ist er Verhandler *und* Anwender des Systems. Der Einkäufer ist der „Grunddatenwart" fast aller relevanten Daten. Er muß viele Daten erheben und pflegen. Der Nutzen dieser Tätigkeiten wird oft erst in anderen Abteilungen sichtbar. Für eine Artikelneuanlage sind im SAP-Standard über 100 Felder zu pflegen. Eine deutliche Erleichterung dieser Massenpflege bringt erst die Einführung des IS-Retail mit der integrierten Artikelpflege und Listung.

Schnittstellen zu Altsystemen erfordern eine weitgehende Übersicht über die bestehenden Systeme bei den Anwendern. Die Vorteile eines neuen Systems waren daher in der Anfangsphase nur schwer zu vermitteln.

Längst fällige Organisationsveränderungen wurden erst nach der Installation des Produktivsystems in Angriff genommen. In einem traditionsbehafteten Unternehmen mit gewachsenen Hierarchien sind ältere Mitarbeiter oft nicht gewohnt, selbst am Bildschirm zu arbeiten. Die Alternative, gleichzeitige Veränderung von Organisation und System, wäre allerdings nach den Erfahrungen bei JULIUS MEINL mit einem erheblichen Risiko verbunden gewesen, die eine ausreichende Vorausplanung erfordert hätte.

3.3 Bewertung des Systemnutzens und weitere Projektschritte

Der Nutzen der bisherigen Einführungsschritte liegt vor allem darin, daß die ersten Erfahrungen gesammelt und die anfänglichen Schwierigkeiten überwunden wurden. Die Einführung von R/3-Retail in der Version 4.0 wird von allen Anwendern mit großem Interesse erwartet. Erst nach diesem Projektschritt lassen sich sichere Aussagen über den realisierten Nutzen der SAP-Einführung treffen.

Die Mitwirkung der Pilotkunden bei der Entwicklung des Retail-Paketes der SAP hat dazu geführt, daß IS-Retail nun von Handelsbetrieben ohne große Einschränkungen genutzt werden kann.

JULIUS MEINL strebt für Anfang 1998 die Einführung von R/3-Retail in der Verbrauchermarktkette PAMPAM an. Ziele sind dabei vor allem die Reduktion des Lagerbestandes (ermöglicht durch artikelgenaue Bestandsführung), elektronisch unterstützte Bestellanforderungen, elektronisch weitergeleitete Bestellungen und ein verminderter Einfluß der Lieferanten auf die Bestellhöhe. Weiterhin soll der Schwund durch einen elektronischen Wareneingang auf Basis der Bestellung sowie der Warenausgangserfassung über Scanning-Kassen und eine permanente Inventur reduziert werden.

4 Fazit

Trotz aller Schwierigkeiten ist die JULIUS MEINL AG sehr zuversichtlich, die geplanten Erweiterungen der Funktionen mit SAP in einem überschaubaren Zeithorizont durchführen zu können. Die für die strategische Steuerung des Unternehmens notwendigen Daten werden in einer bislang unbekannten Qualität zur Verfügung stehen. Den Anwendern werden zukünftig alle denkbaren und notwendigen Unterstützungen zur Erfüllung ihrer Aufgaben geboten.

Literaturempfehlung

Becker, J. / Schütte, R. (1996): Handelsinformationssysteme, Landsberg/Lech.
SAP (1997): Das SAP Warenwirtschaftssystem, Walldorf.
Schütte, R / Schüppler, D. (1995): Prozeßorientierte Einführungsstrategien integrierter Handelsinformationssysteme. in: HMD Theorie und Praxis der Wirtschaftsinformatik, 32 (1995) 186, S. 115-132.

Vertriebsunterstützung im Einzelhandel mit Multimedia-Systemen

Georg Thaler

Zusammenfassung

Die Bedeutung von Informationssystemen für das Marketing von Handelsunternehmen wird in diesem Beitrag anhand des Einsatzes von Multimedia-Systemen (stationäre Systeme, CD-ROMs, Internet und zukünftig interaktives Fernsehen) bei der KAUFHOF WARENHAUS AG dargestellt. Ziel der Multimedia-Vertriebsunterstützung ist es, alle Kommunikationsmöglichkeiten selektiv auf den Kunden zu projizieren. An ausgewählten Beispielen werden die Erfolge der Systeme dargestellt und die weitere Entwicklung des Einzelhandelsunternehmens im Bereich von Multimedia-Systemen aufgezeigt.

1 Warenhaus der Zukunft

Ausgangspunkt der Überlegungen zu diesem Vortrag stellt die Notwendigkeit im Handel dar, die zur Zeit noch geringe Nutzung neuer Informationstechnologien für die Vertriebsunterstützung auszuweiten. Die KAUFHOF WARENHAUS AG setzt diese Computerisierung im Rahmen der Umschichtung der Filialen auf das neue *Galeria-Konzept* um.

Das Galeria-Konzept steht bei der KAUFHOF WARENHAUS AG für Fachhandelskompetenz im Sinne von Sortiments- und Warenkompetenz, ggfs. ergänzt durch eine Auswahl hochwertiger Markenshops.

Anspruchsvolle und erlebnisorientierte Produktpräsentationen in reizvoll gestalteten Warenwelten geben dem Kunden ein neues Erlebnisgefühl beim Kauf. Ein Veranstaltungsprogramm und thematisierte Events runden das neue Bild ab. In diesem Kontext gewinnen auch ein hoher Servicegrad, eine hohe Servicebereitschaft und die Freundlichkeit des Verkaufspersonals höchste Bedeutung.

Abb. 1: Einkaufserlebnis Fashion-Store

Um diesen hoch gesteckten Zielen betreffend Kundeninformation, Beratung und Unterhaltung gerecht zu werden, wird das Galeria-Konzept durch Multimedia-Vertriebsunterstützungssysteme ergänzt.

Im Centro in Oberhausen hat die KAUFHOF WARENHAUS AG im Rahmen eines Pilotprojektes dieses Konzept umgesetzt. Hier wurde das neue Warenhaus der Zukunft mit neuen Brands, architektonisch aufwendig gestalteten Shops und neuen Konzepten präsentiert. 230 Markenfirmen bieten dem Kunden ein Vollsortiment, das durch innovative Konzepte zum Einkaufserlebnis wird (vgl. Abb. 1).

2 Strategische Ansatzpunkte für die Multimedia-Vertriebsunterstützung

Die KAUFHOF WARENHAUS AG versteht unter dem Begriff Multimedia eine neue Kommunikationsform mit dem Kunden. Ziel der Multimedia-Vertriebsunterstützung ist es, alle Kommunikationsmöglichkeiten selektiv auf den Kunden zu projizieren. Der Kunde soll durch die KAUFHOF WARENHAUS AG optimal über die Ware und das Angebot informiert werden. Hierzu setzt die KAUFHOF WARENHAUS AG über Multimedia-Systeme digitalisierte Bewegtbilder sowie Stand-, Ton- und Textinformationen ein. Auf Basis dieser programmgesteuerten Interaktionen wird ein Dialog zwischen dem Kunden und dem System möglich. Diese Systeme werden in die individuelle persönliche Beratungstätigkeit des Verkaufspersonales integriert.

Die Vertriebsunterstützung durch neue Multimedia-Systeme zielt auf eine verbesserte Kundenzufriedenheit durch einen erhöhten Informationsgrad, intensivere Kundenberatung, PC-unterstützte Verkaufs- und Bestellabwicklung und einen höheren Unterhaltungs- und Animationswert ab. Die von der KAUFHOF WARENHAUS AG eingesetzten Systeme sind vorrangig interaktive stationäre Systeme (instore). Sie werden ergänzt durch CD-ROMs, Internet (interaktive Online-Dienste) und zukünftig durch interaktives Fernsehen (outstore). Der Fokus der strategischen Zielsetzung liegt auf der Kundenunterstützung, der Verkaufsberatung und des Services.

Durch die Nutzung der neuen Medien sollen die Kundenunterstützung verbessert, die Verkaufsberatung effizienter gestaltet und der Service noch gesteigert werden. Die Nutzung der neuen Medien führt beim Kunden zu einer Zeitersparnis bei der Suche nach spezifischen Artikeln und bei der Orientierung sowohl im Warenhaus selbst als auch im Sortiment.

Die KAUFHOF WARENHAUS AG zielt darauf ab, durch den modernen Auftritt das Erscheinungsbild beim Kunden zu verbessern. Durch die Nutzung einer allgemein interessanten und von allen Medien propagandierten Technologie will die KAUFHOF WARENHAUS AG ihre Schrittmacherrolle im Bereich „Kundenberatung durch elektronische Medien" festigen und das Image als innovativer Warenhauskonzern weiter verbessern. Von Bedeutung ist hierbei, daß innerhalb des gesamten Konzepts der Erfolgsfaktor Personal nicht ersetzt, sondern in Kombination von Fachpersonal und PC-System eine neue Kommunikationsform mit dem Kunden gefunden wird.

Durch die Realisierung eines neuen „Stückes Erlebniswelt" soll der technologieinteressierte Konsument für das Sortiment der KAUFHOF WARENHAUS AG gewonnen werden. Durch Schulungen soll simultan die Qualität des Verkaufs gesteigert werden, wobei letztlich eine Umsatzsteigerung angestrebt wird.

Der Einsatz der neuen Medien beruht zudem auf der Erkenntnis, daß standardisierte Informationen durch Computerunterstützung sowohl kostengünstiger als auch schneller für den Kunden verfügbar sind.

3 Bisherige Erfolge bei Kaufhof

3.1 Stationäre Multimedia-Systeme

Als multimediale stationäre Systeme setzt die KAUFHOF WARENHAUS AG in mehreren Filialen, z.B. im Centro Oberhausen folgende Systeme ein:
- die Orientierungshilfe „Infodesk",
- das Heimtextilien-/ Gardinenstudio,
- den Geschenk-Service,
- das DOB-Informations- und Beratungs-System „Styling",
- den Tonträger-/ Video-/ Ticketing-Service,
- die Mediastation (Internet-Demoplätze in der Technikwelt),
- das Sportinfo-System sowie
- das Surf-Inn (Internet-Surf-Treffpunkt und Unterhaltungsbereich).

Abb. 2: Eine multimediale Einkaufshilfe bietet das Infodesk

Beispiel: „Infodesk"

Das „Infodesk" der KAUFHOF WARENHAUS AG simuliert den Gebäudeaufbau des Kaufhauses und zeigt dem Kunden auf, in welcher Abteilung er das Gesuchte findet und wie er dorthin gelangt (vgl. Abb. 2).

Beispiel: „Gardinenstudio"

Im Gardinenstudio wird mit einer Projektionswand gearbeitet, die ein Fenster im 1:1-Verhältnis darstellt. Allein bei der Darstellung der Fensterform kann der Kunde auf eine Auswahl von 30 Fensterformen zugreifen. Neben der Auswahl der Fensterform können dann Gardinen und Übergardinen in verschiedenen Formen und Farben ausgewählt werden, so daß der Betrachter eine gute und sogar räumliche Vorstellung bekommt. Die Verkaufsunterstützung kann mittels dieses Systems sogar auf ausgefallene Fenstertechniken eingehen, um beispielsweise ferngesteuerte Sonnenschutzanlagen in das Gesamtsystem zu integrieren.

Simultan wird eine Verbesserung des Services erreicht, da dem Kunden eine kompetente Angebotserstellung, die exakte Terminkoordination über alle Beteiligte und eine Vereinfachung des Bestellwesens geboten werden kann.

Das Verkaufspersonal wird durch Schulungen in die neusten Fenstertechniken eingewiesen, um die Kunden bei der Darstellung der aktuellen Fenstermode fachlich einwandfrei beraten zu können.

Gleichzeitig führt die Nutzung des Gardinen-Studios zu einer Steigerung des Warenrohertrages durch die Senkung der Abschriften auf die zuvor benötigten Musterfenster und durch die Reduzierung der Abteilungsfläche ohne einen Kompetenzverlust.

Beispiel: „Styling"

Im DOB- und Beratungsstudio „Styling" werden zwei Dienste parallel angeboten: Anhand eines PC-unterstützten „Erlebnisspiegels" und eines Fragebogenkataloges wird eine Farb- und Typbestimmung durchgeführt und ein „Farbpaß" ausgegeben. Im virtuellen Spiegel kann die Kundin neue Artikel aus der aktuellen Kollektion „anprobieren" bzw. aus der Kollektion Kleidungsstücke aussuchen lassen, die besonders gut zum individuellen Typ der Kundin passen (vgl. Abb. 3). Als zusätzlicher Service können sich die Kundinnen Foto-Ausdrucke, die sie mit der neuen Bekleidung darstellen, mit nach Hause nehmen, um ggfs. erst zu einem späteren Zeitpunkt eine Kaufentscheidung zu treffen.

Abb. 3: Farb- und Typbestimmung in der Abteilung für DOB

Fazit: „Akzeptanz der neuen Medien"

Durch eine interne Befragung, die von der KAUFHOF WARENHAUS AG initiiert wurde, konnte ein starker Bedarf nach weiteren Info-Desks festgestellt werden. Die neuen Kommunikationswege innerhalb des Galeria-Konzeptes finden somit beim Kunden eine hohe Akzeptanz, da z.B. beim Sportinfo-System 77% der so verfügbaren Informationen in der Einschätzung der Konsumenten nun schneller erhältlich sind als durch die Auskunft des Fachpersonals und zudem eine enorm hohe Aktualität besitzen (siehe Abb. 4).

Merkmal	Wert
Einfache Bedienung mit der Tastatur	89
Einfache und bequeme Handhabung	89
Gliederung und Logik der Info-Verzweigung	78,3
Infos schneller als beim Personal	77,8
Übersichtliche / verständliche Anweisungen	77,1
Nützlichkeit der Infos für den Einkauf	73,4
Möglichkeit, sich Infos auszudrucken	73,4
Überblick über Preis / Verfügbarkeit der Artikel	61,5
Ausreichende Anzahl an Infos	60,6
Aktualität der Infos	59,4
Finden von Produkten, ohne im Regal zu suchen	59,3
Verläßlichkeit der Infos	58,8
Spaß bei der Nutzung	57,8
Überblick über sortimentsfremde Produkte	53,7
Unterhaltsame Bilder und Spots	53,2
Benutzerführung durch Jörg Wontorra	49,5
Infos über Sportveranstatungen und Events	41,3
Kompetentere Infos als beim Personal	35,2

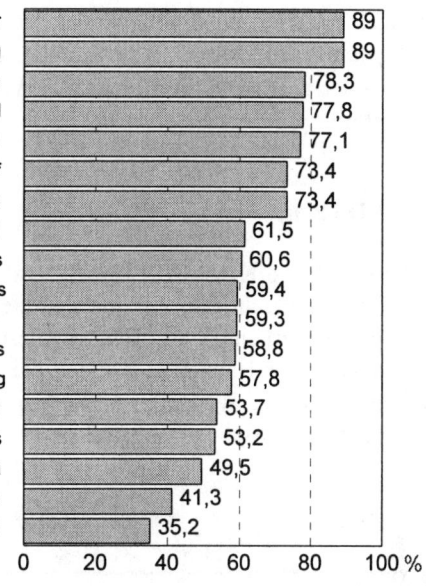

Abb. 4: Akzeptanz neuer Medien

Eine spezifische Befragung zum Sportinfo-System wurde von der KAUFHOF WARENHAUS AG in der Zeit vom 24.11.95 bis zum 08.01.96 durchgeführt, deren Ergebnisse auf der Auswertung von 2.106 Benotungen des Systems beruht. Diese Untersuchung ergab, daß

- 46% der Benutzer des Systems dieses als sehr nützliches Informationsangebot betrachten,
- 42% die Bedienung jederzeit sehr verständlich fanden und
- 47% einen positiven Gesamteindruck bestätigen konnten.
- 52% der Nutzer würden das System erneut benutzen, und sogar
- 61% würden es begrüßen, wenn außer dem Sportinfo-System auch in anderen Abteilungen Info-Desks zur Verfügung gestellt würden.

Zudem konnte vor allem eine positive Resonanz auf die einfache Bedienung, die hohe Informationsdichte und -qualität und den Unterhaltungswert des Systems festgestellt werden.

Von besonderer Aussagekraft sind auch die analysierten Daten, die die frequentierte Nutzung darstellen. Im Sportinfo Köln konnten durchschnittlich 580 Anfragen pro Tag registriert werden und im Centro in Oberhausen sogar 1.200

Anfragen pro Tag. Im Stylingbereich werden derzeit 15-30 Beratungen pro Tag durchgeführt, die jeweils 20-30 Minuten pro Kundin in Anspruch nehmen. Das Surf-Inn der KAUFHOF WARENHAUS AG wird täglich von 200 bis 600 Kunden frequentiert.

3.2 CD-ROM

Weiterhin hat die KAUFHOF WARENHAUS AG eine Mode-CD-ROM „fashion-surf" herausgebracht, auf der die neuesten Trends in einem „virtuellen Modeshop" gespeichert sind (vgl. Abb. 5). Diese CD-ROM erfüllt den Zweck, das Angebot auch außer Haus dem Kunden näher zu bringen und hat somit eine verkaufsvorbereitende Wirkung. Außerdem bietet diese CD-ROM die Farb- und Stilberatung des „Styling-Systems" an.

Abb. 5: CD-ROM-Angebot „fashion-surf" der KAUFHOF WARENHAUS AG

3.3 Internet-Auftritt

Die Umsätze, die durch den Online-Markt in Deutschland im Jahr 1996 realisiert wurden, sind verschwindend gering. Bis zum Jahr 2000 werden teils kleine, teils jedoch sehr große Zuwächse erwartet (500 bis 20.000 Mio. DM p.a.). Vielen erscheint deshalb ein frühzeitiger Einstieg in das Zeitalter der neuen Medien - abgesehen von der Profilierung am Markt - zur raschen Umsatzgenerierung als eine Notwendigkeit, zumal in der allgemeinen Diskussion die Chancen der Umsatzgenerierung generell sehr euphorisch beurteilt werden:

Durch die große geographische Reichweite könne ein erweitertes Kundenpotential angesprochen werden, ohne eine Einschränkung durch die Ladenöffnungszeiten zu erfahren. Zudem werde eine rationellere Produktakquisition angestrebt, die Nutzung der etablierten Versandhandels- und Absatzwege solle verbessert werden.

Auch für den Konsumenten soll das Internet-Warenangebot Vorteile mit sich bringen: Neben der Zeitersparnis und einer bequemen Einkaufsabwicklung soll der Kunde auf sämtliche Vorteile des Versandhandels zurückgreifen können. Die Vorbehalte der Konsumenten gegenüber dem Versandhandel seien abbaubar, ein hoher Bedienungskomfort ist sicherzustellen und eine stärkere Kundenbindung zu erlangen - vor allem auch eine hohe Transparenz hinsichtlich eines Preisvergleichs mit der Konkurrenz. Obschon die heutige Praxis von diesen Zielvorstellungen weit entfernt ist, ist für manche Auguren „homeshopping" via Internet die Zukunftsperspektive des Einzelhandels schlechthin.

Für die KAUFHOF WARENHAUS AG sind andere Überlegungen maßgeblicher: Während 1996 in Deutschland noch 1,5 Mio. Nutzer im Internet surften, werden es im Jahr 2000 ca. 10 Mio. Nutzer, darunter natürlich auch viele KAUFHOF-Kunden, sein.

Um auch denjenigen Kunden zu erreichen, der Internet-interessiert ist, ist es ein „Muß" für ein Handelsunternehmen, sich auch durch diesen Werbeträger dem Kunden näher zu bringen.

Um sowohl die Bindung bestehender Kunden zu festigen als auch neue Kunden zu gewinnen, hat die KAUFHOF WARENHAUS AG einen „online Marketing"-Maßnahmenkatalog zur Erreichung dieser Zielsetzung entwickelt:

1. Ansprache der bisher unterrepräsentierten Zielgruppe der 14- bis 30-jährigen.
2. Ansprache der markenbewußten Internet-User durch Vermittlung hoher Fach- und Sachkompetenz (Warenhaus mit Fachgeschäftscharakter).
3. Schaffung von Kontaktchancen zwischen Internet-Usern und KAUFHOF-Filialen (Animieren zum Besuch der Filialen).
4. Aufbau eines intensiven kontinuierlichen Dialoges via Internet.

Neben der Darstellung des aktuellen Warenangebotes in den Filialen wird es dem Konsumenten ermöglicht, Waren zu bestellen und diese bis an seine Wohnungstür gesendet zu bekommen. Die momentane Tendenz zeigt jedoch, daß das Interesse an einer Bestellabwicklung nur gering ist. Von 1.000 Besuchern der KAUFHOF-Homepage bestellen nur drei Besucher etwas über das Internet.

Hier stellt sich für den Warenhauskonzern die Frage, welches Interesse die restlichen 997 Besucher verfolgen.

Um diesen ein attraktives Angebot zu bieten, zielt die KAUFHOF WARENHAUS AG auf eine regionale Internet-Präsenz. Durch Informationen, die auf die einzelnen Regionen des Internet-Besuchers abgestimmt werden, können Events oder besondere Aktionen publik gemacht werden, die wiederum auf eine engere Kundenbindung mit der entsprechenden KAUFHOF-Filiale abzielen. Insgesamt ist dementsprechend der KAUFHOF-Internet-Auftritt als „Online-Magazin" mit den u.a. sechs festen Rubriken konzipiert (vgl. Abb. 6, Abb. 7).

Strukturplan "Kaufhof-Online"

Programmangebot:

1. Veranstaltungen	2. Warenangebote	3. Services	4. Direkte Kommunikation mit Kunden	5. Unternehmen	6. Lokales
1) Events 2) News 3) Nat. Aktivitäten	1) Goldenes Angebot 2) wöchentl. Aktionen 3) Selektives Dauerangebot		1) E-Mail 2) Spiele		

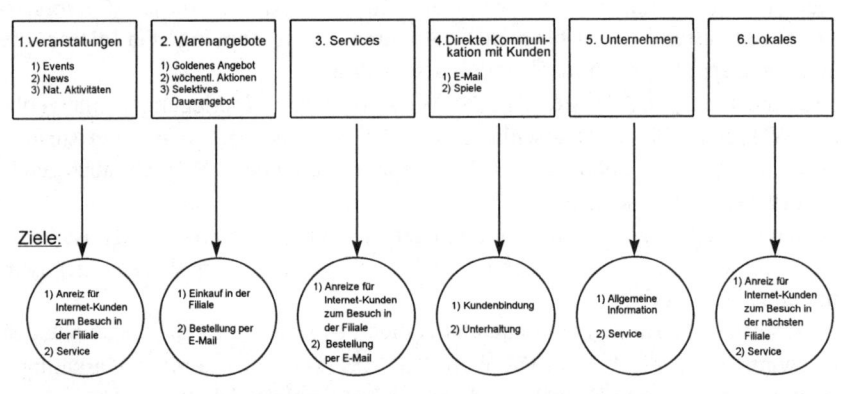

Ziele:

| 1) Anreiz für Internet-Kunden zum Besuch in der Filiale
2) Service | 1) Einkauf in der Filiale
2) Bestellung per E-Mail | 1) Anreize für Internet-Kunden zum Besuch in der Filiale
2) Bestellung per E-Mail | 1) Kundenbindung
2) Unterhaltung | 1) Allgemeine Information
2) Service | 1) Anreiz für Internet-Kunden zum Besuch in der nächsten Filiale
2) Service |

Abb. 6: Aufbau des Online-Angebotes der KAUFHOF WARENHAUS AG

Im Rahmen einer Zwischenbilanz kann festgehalten werden, daß eine konsequente Priorisierung des „realen" Warenhauses gegenüber dem „virtuellen" für die KAUFHOF WARENHAUS AG außer Frage steht. Trotzdem soll der Internet-Auftritt zur Kundeninformation:

- über Veranstaltungen/ Events in den Filialen,
- über das Sortiment und auszugsweise zur Vorstellung der Sortimentskompetenz intensiv fortgeführt werden.

Die Ergänzung der nationalen / überregionalen Internet-Präsenz erfolgt durch regionale Internet-Auftritte, die zu einer verstärkten Kundenbindung an die nächstgelegene Filiale führen sollen. Eine systematische Begleitforschung erfolgt durch das Institut für qualitative Markt- und Wirkungsanalysen in Köln, das bisher folgende Zwischenergebnisse testiert:
1. Markierung von Kompetenz mit mediengerechten Mitteln (nicht nur Digitalisierung bestehender Prospekte).
2. Akzeptanz des Prototyps „digitales Schaufenster".
3. Interesse für den regionalen Internetauftritt („Marketinginstrument mit Vertriebsoption").

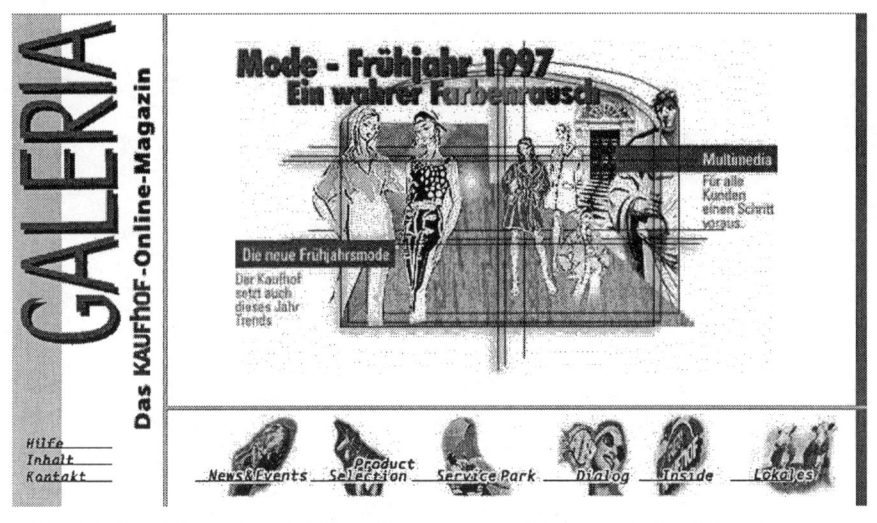

Abb. 7: Online immer aktuell; Galeria-Homepage, das KAUFHOF-Online-Magazin

4 Weitere Perspektiven

Die KAUFHOF WARENHAUS AG strebt in naher Zukunft einen flächendeckenden Einsatz der stationären Multimedia-Systeme an, da der Erfolg der Pilotprojekte auf große Chancen durch die neuen Kommunikationswege hindeutet.

Das Angebot der stationären Systeme soll auch inhaltlich ausgeweitet werden, wobei die eingeschlagene Richtung beibehalten werden soll.

Selektiv sollen weitere CD-ROMs auf den Markt kommen, und an der Ausschöpfung der technischen Möglichkeiten des Internets - vor allem auf regionaler Ebene - wird gearbeitet. Zudem will die KAUFHOF WARENHAUS AG im Bereich des interaktiven Fernsehens mitwirken, auch wenn das noch eher eine Zukunftsvision darstellt.

5 Fazit

Die KAUFHOF WARENHAUS AG strebt die vollständige Nutzung aller Potentiale an, welche sich durch die neuen Medien für den Einzelhandel ergeben (vgl. Abb. 8).

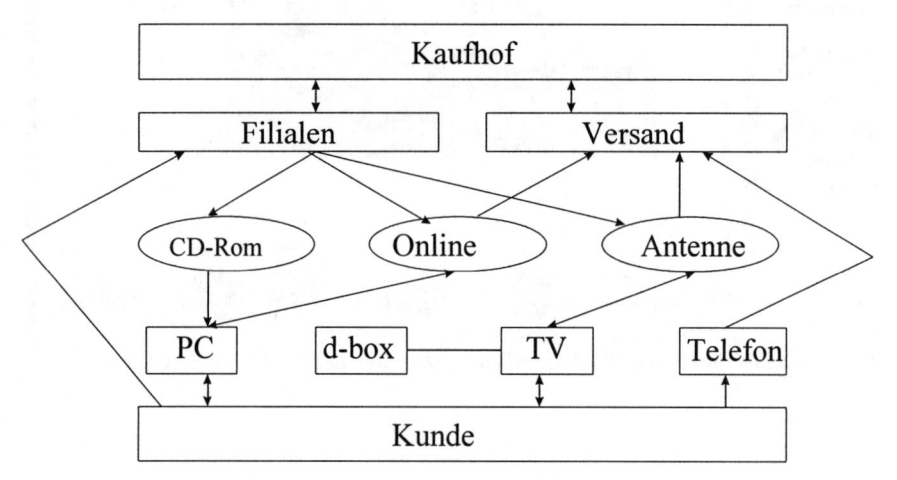

Abb. 8: Neue Medien zur Kommunikation mit dem Kunden

Neben der Tatsache, daß eine Nutzung der Neuen Medien für einen Warenhauskonzern wie die KAUFHOF WARENHAUS AG unumgänglich ist, stellt sich die Frage, welchen wirtschaftlichen Nutzen ein Unternehmen daraus erzielen kann.

Erste Wirksamkeitsuntersuchungen bestätigen, daß die in die Multimedia-Systeme gesetzten Zielsetzungen - einschließlich der Umsatzsteigerungseffekte - erreicht werden können. Direkte Kaufverhaltensauswirkungen bestätigen die positive Resonanz der Konsumenten und spornen die KAUFHOF WARENHAUS AG an, weitere Innovationen im Multimedia-Sektor einzuführen, um dem Kunden weiterhin ein modernes und serviceorientiertes Konzept bieten zu können.

Die Vision der KAUFHOF WARENHAUS AG ist es, führend zu sein, in
- der verkaufsfördernden Kundeninformation und -beratung,
- der medienspezifischen Animation und
- hinsichtlich des kundenorientierten Sortiments.

Die Nutzung der Neuen Medien stellt einen Weg dar, die KAUFHOF WARENHAUS AG diesem Ziel im Zeitalter der Informationstechnologie einen entscheidenden Schritt näher zu bringen.

Die KAUFHOF WARENHAUS AG lädt den Kunden aufgrund dessen ein:

Erleben Sie das „Warenhaus der Zukunft" bereits heute in der Galeria KAUFHOF. Überzeugen Sie sich von den einzigartigen Möglichkeiten an Informationen, Beratung, Service und Unterhaltung. Vertrauen Sie dabei jedoch auch weiterhin auf die bewährte Unterstützung durch unser freundliches Personal.

Literaturempfehlung

Bruhn, M. (1997): Multimedia-Kommunikation, Systematische Planung und Umsetzung eines interaktiven, Marketinginstruments, München.

Förster, H.-P. / Zwernemann, M. (1993): Multimedia - Die Evolution der Sinne! Praxis und Erfahrung: Überzeugende, wirkungsvolle Präsentationen in Marketing und Schulung, Neuwied.

Gruninger-Hermann, Ch. (1996): Multimedia und andere Informations- und Kommunikationstechnologien im Handel: Einsatz, Verbreitung und Konsequenzen in: Sonderheft der Mitteilung des Instituts für Handelsforschung Nr. 42, Universität Köln, Göttingen.

Hünerberg, R. / Heise, G. (1995): MultiMedia und Marketing, Grundlagen und Anwendungen, Wiesbaden.

Kinnebrock, W. (1994): Marketing mit Multimedia: Neue Wege zum Kunden, Landsberg/ Lech.

Pispers, R. / Riehl, S. (1997): Digital Marketing, Funktionsweisen, Einsatzmöglichkeiten und Erfolgsfaktoren, Multimedialer Systeme (Ed. Screen Multimedia), Bonn.

Schnieders, T. (1996): Konzeption und Realisierung multimedialer Kataloge, in: Schriften zur Wirtschafts-Informatik, Diss., Frankfurt.

Silberer, G. (1995): Marketing mit Multimedia, Grundlagen, Anwendungen und Management einer neuen Technologie im Marketing, Stuttgart.

Wagner, M. (1995): Interaktive Hypertext-Anwendungen in Vertrieb und Marketing, Aachen.

Wahl, J. H. (1997): Möglichkeiten und Grenzen des Einsatzes von Multimedia im Marketing, Frankfurt.

Kapitel 3:
Interorganisationssysteme in der Wertschöpfungskette

Trends im Handel - Chancen und Risiken zwischenbetrieblicher Kooperationen

Joachim Zentes

Zusammenfassung

Vor dem Hintergrund der technologisch-bedingten strukturellen Veränderungen der Handelslandschaft werden die Chancen und Risiken von Efficient Consumer Response-Konzepten aufgezeigt. Im Rahmen des Reengineering der Wertschöpfungskette muß künftig insbesondere die Integration der Entsorgung („Retrokanalwertketten") und des Recycling („Reduktionswertketten") beachtet werden, um zu einem Wertschöpfungskreislaufs zu gelangen.

1 ECR - Renaissance integrierter Warenwirtschaftssysteme

Betrachtet man die gegenwärtige Diskussion der technologisch-bedingten strukturellen Veränderungen der Handelslandschaft und des Zusammenspiels zwischen Handel und Industrie, so zeichnen sich zwei Fragestellungen ab:
- Welche Auswirkungen werden die multimedialen Systeme haben?
- Werden sich neuartige Wertschöpfungsnetze in der Konsumgüterwirtschaft, insbesondere im logistischen und warenwirtschaftlichen Bereich entwickeln?

Beiden Diskussionen ist gemeinsam, daß sie vor ca. 15 Jahren bereits in inhaltlich sehr ähnlicher Form und mit gleicher Intensität geführt wurden.

An die Stelle der damaligen neuen Informations- und Kommunikationstechnologien Kabelfernsehen (CATV), Satellitenfernsehen, Bildschirmtext (Btx), Bildplatte, sind - mit ähnlicher Euphorie begleitet - die heutigen „neuen Technologien", so CD-ROM, CD-I (Compact Disc-Interactive), der Information Super High Way - um nur einige Beispiele zu nennen - getreten (Vgl. hierzu Zentes, 1984b, 1985a, 1985b, 1996b, Swoboda, 1996). Die technologischen Potentiale wurden unter den Schlagworten „Vernetzung", „Integration" und „Interaktion" propagiert. Wortschöpfungen wie „Communications" und „Telematik" verstärkten dies. Auch der Multimedia-Technik können diese Vernetzungs-, Integrations- und Interaktionspotentiale attestiert werden. Diese Potentiale werden in fast mystischer Form mit „Multimodalität" oder „Virtueller Realität" begrifflich gefaßt.

Die Technologien der damaligen Zeit lösten eine Vielzahl von Pilotprojekten aus. Es kam zu den ersten Implementierungen von Pay-TV; interaktive Kabelfernsehen-Projekte wie Qube der Warner Communications in Columbus wurden gestartet. In Japan entstand auf Glasfaserbasis die erste total verkabelte Stadt (Higashi-Ikoma). In Europa, so insbesondere Frankreich, wurde großflächig Bildschirmtext (Minitel) umzusetzen versucht. Die heutigen Pilotprojekte betreffen u.a. Video on Demand, das Full Service Network, so von Time Warner in Orlando sowie interaktives Fernsehen, beispielsweise in deutschen Städten (Berlin, Stuttgart, Hamburg, Köln u.a.). Für den Handel zeichnete sich die Vision - von vielen als *der* Megatrend bezeichnet - des Tele-Shopping (elektronisches Home-Shopping) ab, d.h. neue Angebots- bzw. Einkaufsformen, die viele Experten faszinieren. Es entstanden die ersten Bildplattenkataloge, so von Sears-Roebuck im Jahre 1981. Elektronisches Home-Shopping wurde auf der Basis des Kabelfernsehens (Cable-Shopping) und auf Btx-Basis eingeführt. Die „neue Elektronik" führte auch zu innovativen In-Store-Lösungen. Interaktive Bildplattensysteme sollten den persönlichen Verkauf ergänzen oder verstärken, so durch Database-Kompetenz, vielleicht sogar ersetzen. Elektronische Einkaufsinformationssysteme wurden zur Orientierung der Kunden eingesetzt, beispielsweise in Kauf- und Warenhäusern.

Heute finden wir wiederum ähnliche Anstrengungen, auf der Grundlage neuerer bzw. weiterentwickelter Technologien. Zu erwähnen sind die Instore-Lösungen der Karstadt AG („Music-Master") oder der Kaufhof Warenhaus AG („Info-Desk"), die CD-ROM-Kataloge, so des Otto-Versandes, die Tele-Shopping-Kanäle wie QVC (Quality Value Convenience), HSN (Home-Shopping Network), Q 2, Catalog 1. Der deutsche Privatsender Pro 7 und das Versandhaus Quelle haben eine Gesellschaft für Tele-Shopping („Home Order Television") gegründet, um ein aktuelles deutsches Beispiel zu erwähnen. Die (privaten) Fernsehsender sehen hierin auch eine Diversifikationschance; sie entwickeln sich vom „Sender zum Versender". Das Internet eröffnet faszinierende Möglichkeiten des Online-Shopping, ein neuer Vertriebskanal, den sowohl Großunternehmen (z.B. „my world" von Karstadt) als auch kleinere und mittlere Unternehmen (z.B. „Electronic Mall Bodensee") nutzen wollen.

Eine vergleichbare Situation zeichnet sich im Bereich computergestützter Warenwirtschafts- und Logistiksysteme ab. Anfang der 80er Jahre standen nicht nur

Scanning und der Aufbau geschlossener Warenwirtschaftssysteme in der Diskussion, sondern - damals bereits - integrierte Warenwirtschaftssysteme, die Händler, Hersteller, Logistik-Dienstleister, Banken und Marktforschungsinstitute vernetzten wofür in Anlehnung an die entsprechenden Konzepte der Industrie der Begriff „Computer Integrated Merchandising" geprägt wurde (vgl. Abb. 1 und Zentes, 1983, 1984a, 1984c, 1984d, 1985c, 1986, 1996a)

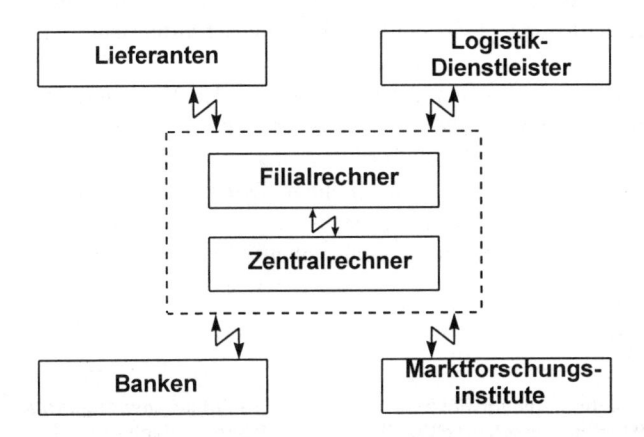

Abb. 1: Externe Vernetzung der Warenwirtschaftssysteme - Computer Integrated Merchandising (CIM) (Quelle: Zentes, 1984c)

Auf der technologischen Grundlage von Datenträgeraustausch (DTA) und Datenfernübertragung (DFÜ) - heute EDI - ging es um Bestelldatenkommunikation und Nachschubversorgung - heute Efficient Replenishment - sowie um die Kommunikation von Marktdaten (Verkaufsdaten) für - in heutiger Terminologie - Efficient Product Introduction und Efficient Promotion Strategies.

Auch auf der Ebene der (physischen) Logistik wurden innovative Lösungen getestet, so Warenverteilzentren und Transitterminals, die heute im Gewand des Cross Docking wieder auftreten. Die damaligen Pioniere des Handels, so dm-drogerie-markt, Karstadt und Metro, sind auch die Pioniere von heute.

Handelt es sich bei den aufgezeigten Entwicklungen um „alten Wein in neuen Schläuchen" oder erleben die Konzepte von damals eine Renaissance und eine Weiterentwicklung, die im wesentlichen durch Veränderungen des technologischen und sozio-ökonomischen Umfeldes begründet sind?

Sicherlich haben die Fortschritte der Informations- und Kommunikationstechnologie zu Quantensprüngen in der Leistungsfähigkeit geführt, die eine weitestgehende Realisierbarkeit der damaligen/heutigen Konzepte ermöglichen („technologisch machbar"). Die günstige Preisentwicklung, insbesondere im Hardware-Bereich hat zugleich zu einer fundamental veränderten Technologieverfügbarkeit geführt. Die Systeme von heute sind „bezahlbar". Gleichermaßen hat sich - auch durch den Generationenwechsel - der Reifegrad der Unternehmen positiv verändert: Die Konzepte und Systeme sind heute auch „intellektuell umsetzbar". Man denke etwa an die jüngere Generation, die keine Berührungsängste mit Computern kennt.

Die Neustrukturierung der Arbeitsteilung in der Versorgungskette, die Entwicklung neuartiger Wertschöpfungsnetze ist zugleich „strategisch unabdingbar". Stagnierendes oder gar rückläufiges Umsatzniveau bei gleichzeitig steigenden Ansprüchen der Verbraucher und erhöhtem Druck auf die Preise erfordern die Realisierung einer Strategie der Kosten- und Qualitätsführerschaft, welche die Ausschöpfung aller Effizienzsteigerungspotentiale erfordert (vgl. Abb. 2).

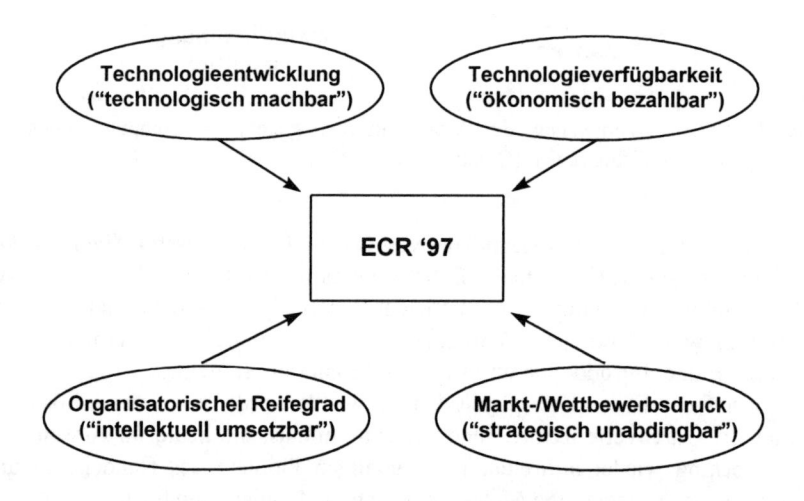

Abb. 2: ECR-Euphorie: Renaissance integrierter Warenwirtschaftssysteme?

2 Entwicklungsperspektiven der ECR-Konzepte

Die gegenwärtige ECR-Diskussion ist vorrangig - klammert man die marketingorientierte Dimension des Category Management bewußt aus - auf das Reengineering der Supply Chain durch Wertkettenverknüpfung ausgerichtet (vgl. Abb. 3). Eine wesentliche Erweiterung muß künftig auf die Integration der Entsorgung („Retrokanalwertketten") und des Recycling („Reduktionswertketten") abstellen, die dann erst zu einer geschlossenen Betrachtung des Wertschöpfungskreislaufs führt. Als Katalysator dieser Entwicklung dürfte in Deutschland sicherlich auch das Kreislaufwirtschafts- und Abfallgesetz dienen. Heute stehen die ECR-Konzepte und die Entsorgungs-/Recycling-Konzepte noch weitestgehend unverbunden nebeneinander.

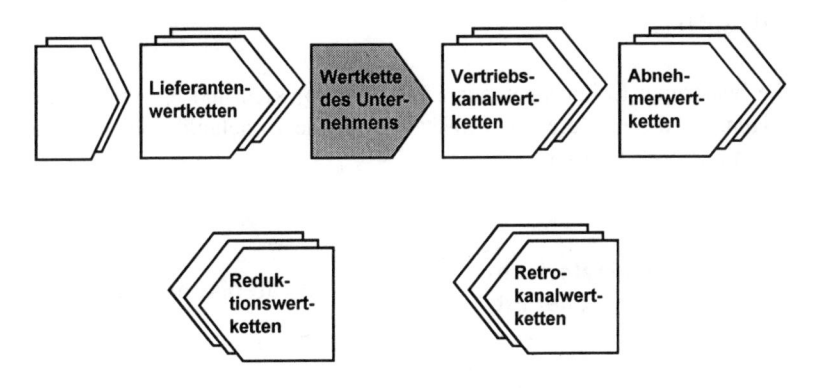

Abb. 3: Ausweitung der Wertkettenanalyse

Gleichermaßen muß in die ECR-Diskussion das Spannungsfeld Qualität - Effizienz - Ökologie integriert werden. So ist nicht nur zu fragen, ob und inwieweit eine Verbesserung der Qualität der Logistik, z.B. eine Reduzierung der Bestände bei gleichzeitiger Erhöhung des Servicegrades, effizient zu bewerkstelligen ist, sondern auch, ob und inwieweit eine derartige Ausrichtung „ökologische Nebenwirkungen", z.B. in Form eines erhöhten Transportaufkommens mit sich bringt (vgl. Swoboda, 1997).

Diese Problemstellung wirft zugleich die Frage auf, wie derartige Negativeffekte ausgeschaltet werden können, durch interorganisatorische Formen der Warenbündelung und des Transports unter Einschaltung von Logistik-Dienstleistern.

Eine zweite Entwicklungsperspektive betrifft die (verstärkte) Einbeziehung mittelständischer Unternehmen. In den derzeitigen Pilotprojekten und ersten Realisierungen sind überwiegend - fast ausschließlich - Großunternehmen des Handels und der Industrie einbezogen. Hier zeichnen sich asymmetrisch verteilte Wettbewerbsvorteile ab, die eine weitere Gefahr für die Aufrechterhaltung einer pluralistischen Wirtschaftsstruktur darstellen könnten: ECR muß stärker als bisher auch ein „Mittelstandsthema" werden.

Hier stehen in erster Linie die Verbundgruppen des Handels vor der Herausforderung, geeignete Lösungsansätze zu finden, die tiefgreifende strukturelle Veränderungen in den Verbundgruppen selbst, d.h. im Zusammenspiel zwischen den Mitgliedern/Anschlußhäusern und der Verbundgruppenzentrale, voraussetzen.

3 Voraussetzungen für erfolgreiche ECR-Implementierungen

Wie die bisherigen Erfahrungen aus ECR-Pilotprojekten und ersten Realisierungen zeigen, ist die erfolgreiche Umsetzung an die Erzielung eines mehrfachen „Fit" geknüpft (vgl. Abb. 4).

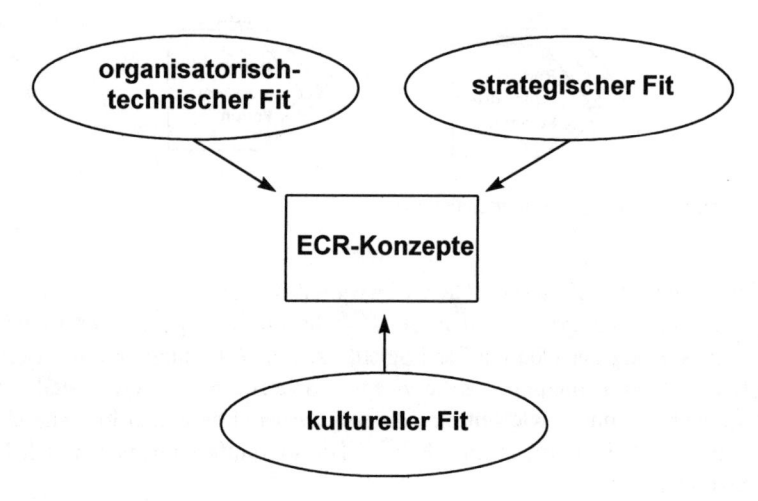

Abb. 4: ECR - Erfolgsvoraussetzungen

Auf einer organisatorisch-technischen Ebene bedeutet dies zunächst Kompatibilität der Systeme, die durch entsprechende (nationale und internationale) Standards weitgehend gegeben ist. Problematischer erweist sich dagegen die organisatorische Kompatibilität zwischen den beteiligten Unternehmen. So setzt eine Wertschöpfungspartnerschaft, die dem ECR-Gedanken folgt, ein fundamental verändertes Zusammenspiel zwischen Industrie und Handel voraus, so zwischen Einkauf/Verkauf, Logistik/Warenwirtschaft, EDV, Administration usw. Die heutige eher dyadische Beziehung zwischen Zentraleinkauf und Key Account Management muß auf die genannten Bereiche/Funktionen ausgeweitet werden.

Gleichzeitig sind in den beteiligten Unternehmen selbst - auf Industrie- und auf Handelsseite - Umstrukturierungen erforderlich. So muß mit dem ECR-Konzept auch eine interne Prozeßorientierung einhergehen, die ein Abgehen von klassischen funktional gegliederten Organisationen erfordert. Dieser internen Umstrukturierung stehen oftmals größere Barrieren gegenüber als einer externen Kooperation mit Lieferanten bzw. Abnehmern. Das ECR-Konzept verfolgt das Ziel einer Gesamtsystemoptimierung. Diese ist aber nur erreichbar, wenn auch die Strategien von Handel und Industrie mit diesem Ziel kompatibel sind. Hier zeigt sich ein möglicher „Misfit" in dem Streben des Handels, seinen Anteil in der Wertschöpfungskette auszubauen, beispielsweise Logistik als internes Profit Center, vielleicht sogar als neues Geschäftsfeld (mit Dienstleistungen für Dritte) zu entwickeln.

Als wesentliche Fit-Dimensionen lassen sich die Kooperationsbereitschaft und die Kooperationsfähigkeit der Partner herausstellen. Die Erzielung von Win-Win-Situationen erfordert eine Kooperationskultur, die sicherlich heute bei vielen Handels- und Industrieunternehmen (noch) nicht gegeben ist.

Literaturempfehlung

Swoboda, B. (1996): Multimedia - Chancen und Voraussetzungen für Inhome- und Instore-Anwendungen, in: 2. SaarLorLux Multimedia-Kongreß 1996, (Hrsg.) Karrenbauer, R., Lauer, Th., Weißgerber, D., (Shaker) Aachen, S. 49-58.

Swoboda, B. (1997): Wertschöpfungspartnerschaften in der Konsumgüterwirtschaft. Ökonomische und ökologische Aspekte des ECR-Managements, in: Wirtschaftswissenschaftliches Studium, 26. Jg., (1997), (in Druck).

Zentes, J. (1983): Produktivität gewinnen durch Steuerung der Warenwirtschaft, in: Tagungsbericht der Handelstagung '83: Handeln zwischen Rezession und Wende, (Gottlieb Duttweiler Institut), Rüschlikon, Zürich, S. 195-206.

Zentes, J. (1984a): Aufbau und Konzeption integrierter Warenwirtschaftssysteme in kooperativen Gruppen, in: Moderne Warenwirtschaftssysteme als Planungs- und Führungsinstrument der Einkaufszusammenschlüsse, Unternehmenspolitische Tagung der IVE 1984, Köln, S. 1-48.

Zentes, J. (1984b): Compunication, in: Management Wissen, (1984), Nr. 2, S. 29-30.

Zentes, J. (1984c): Tendenzen der Entwicklung von Warenwirtschaftssystemen, in: Moderne Warenwirtschaftssysteme im Handel, Tagungsband, (Gottlieb Duttweiler Institut), Rüschlikon, Zürich.

Zentes, J. (1984d): Warenwirtschaftssysteme: Hersteller-/Händler-Beziehungen auf neuem Niveau, in: Absatzwirtschaft, 27. Jg., (1984), Nr. 2, S. 52-57.

Zentes, J. (1985a): Der Handel in der Informationsgesellschaft - Chancen und Risiken der neuen Technologien, in: Mit Visionen und Spitzenleistungen zu konkreten Erfolgen, Nixdorf Handelsforum, (Hrsg.) Nixdorf Computer AG, S. 229-251.

Zentes, J. (1985b): Teleshopping, in: Die Betriebswirtschaft, 45. Jg., (1985), S. 719-720.

Zentes, J. (1985c): Tendenzen der Entwicklung von Warenwirtschaftssystemen, in: Marketing - ZFP, 7. Jg., (1985), S. 91-98.

Zentes, J. (1986): Integration der Warenwirtschaftssysteme des Handels mit der Warenverteilung der Hersteller, in: Mehr Erfolg durch Logistik, (Hrsg.) BVL Bundesvereinigung Logistik, (Huss) München, S. 311-334.

Zentes, J. (1996a): ECR - eine neue Zauberformel?, in: Efficient Consumer Response (ECR) - Wie realistisch sind die versprochenen Vorteile?, (Hrsg.) Töpfer, A., (SFV Verlag) Mainz, S. 24-46.

Zentes, J. (1996b): Electronic Retailing: Potentiale - Visionen - Illusionen, in: 2. SaarLorLux Multimedia-Kongreß 1996, (Hrsg.) Karrenbauer, R., Lauer, Th., Weißgerber, D., (Shaker) Aachen, S. 39-48.

Value Chain - das Szenario der Zukunft

Dietmar Saddei

Zusammenfassung

Neben neuen Ideen zur Gestaltung der Absatzwege vom Produzenten zum Konsumenten stehen die vorhandenen Absatzwege im Fokus der aktuellen Diskussion. Der Schwerpunkt wird von den beteiligten Marktpartnern auf die automatisierte und optimierte Gestaltung der gesamten Abwicklung gelegt. Diese Wertkette (oder Value Chain) und die Analyse ihrer einzelnen Glieder stehen im Vordergrund des folgenden Beitrags.

1 Motivation

Ausgehend vom Lieferanten über die Funktionen des Handelsunternehmens bis hin zum Konsumenten stellt die Wertkette ein wesentliches Betrachtungsobjekt aller beteiligter Marktpartner dar. Vor dem Hintergrund der Gestaltungsnotwendigkeit der Value Chain soll im folgenden eine Klassifizierung und Betrachtung der wesentlichen an der Wertkette beteiligten Marktpartner vorgenommen werden. Dabei werden alle Glieder der Kette, vom industriellen Lieferanten bis zum Endkunden, kurz charakterisiert und eingeordnet (vgl. Abb. 1).

Basierend auf den Erfahrungen, die SAP mit verschiedenen Stufen der Wertschöpfungskette gesammelt hat, soll abschließend das Potential zur gemeinsamen Gestaltung der Wertschöpfungskette identifiziert werden. Dabei soll die Frage geklärt werden, wie sich einzelne Partner in dieser Kette positionieren und ihre Teilaufgaben ausgestalten sollten, damit eine Gesamtoptimierung der Wertschöpfungskette erreicht werden kann.

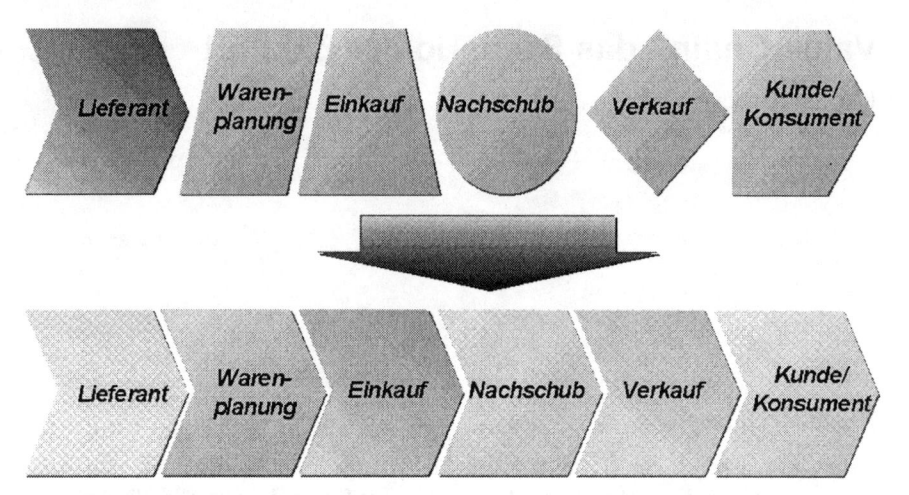

Abb. 1: Optimierung der Wertkette durch aufeinander abgestimmte Teilfunktionen

2 Die Marktpartner

2.1 Der Konsument als Ausgangspunkt der Betrachtung

Der einzelne Konsument stellt den Dreh- und Angelpunkt der Value Chain dar. Händler in den Industrienationen sind zunehmend in der Lage, Informationen über den Konsumenten mit Hilfe von Kundenkarten und anderen Instrumenten des Direct Marketing zu gewinnen. Scannerkassen ermöglichen die Auswertung einzelner Kaufentscheidungen von Kunden im Einzelhandel, während Instrumente des Database Marketing insbesondere im Katalog- und Versandhandel eine immer weitergehende Auswertung der Kundenwünsche ermöglichen. Durch die genannten Werkzeuge bekommt der Handel zunehmend Informationen über den Konsumenten. Dieses Wissen kann der Handel für sich oder im Sinne der Wertkette mit den Lieferanten zum gemeinsamen Vorteil nutzen. Technische Voraussetzung dafür ist ein integriertes Data-Warehouse, welches die enorme Menge an gewonnenen Daten aggregiert und zu Auswertungszwecken nach vordefinierten Regeln aufbereitet.

Neben diesen positiven Trends im Unternehmensumfeld sind andererseits negative demographische Entwicklungen zu erkennen, denen die Unternehmen ausgesetzt sind. Geringes Bevölkerungswachstum, stagnierendes frei verfügbares

Einkommen und ein hohes Niveau an Arbeitslosigkeit lassen sich dabei als die zentralen Effekte konstatieren. Erschwerend kommen für den Handel Änderungen im Kaufverhalten wie z. B. die mangelnde Zeit zum Einkaufen bei kaufkräftigen Konsumenten hinzu.

Diesen spezifischen Entwicklungen auf unserem Kontinent sind die Entwicklungen auf anderen Kontinenten (z. B. Südamerika, asiatischer Raum) entgegenzuhalten, die für den Handel ein grundsätzlich positiveres Bild erkennen lassen. Auf Basis eines erheblichen Bevölkerungswachstums in diesen Teilen der Welt ist eine erhebliche Steigerung der Kaufkraft zu erwarten. Andererseits sind die Marktsegmente des Handels in diesen Kontinenten durch einige negative Eigenschaften belastet. Neben ungewöhnlichen Geschäftspraktiken und moderatem Einkommen sind hohe Dynamik und Inflation Probleme auf Märkten, wie z.B. in Argentinien und Brasilien.

Sowohl der Vertrieb als auch der Bezug von Waren ist durch eine zunehmende Globalisierung geprägt. Die Konsumenten als Treiber der Value Chain wollen weltweit zunehmend die gleichen Waren kaufen. Dies führt zwangsläufig durch die Nutzung mehrerer Sprachen, den Umgang mit mehreren Währungen und der zunehmenden Abwicklung von Im- und Exportgeschäften zu einer zunehmenden Internationalisierung des Geschäfts.

Die Präferenzstruktur des Konsumenten entwickelt sich derzeit in der Weise, daß der Wunsch nach steigender Qualität bei angemessenem, tendenziell gleichbleibendem Preisniveau festzustellen ist. Konzepte wie eine extreme Kosten- oder Serviceführerschaft genügen den Anforderungen des modernen Konsumenten nicht mehr und sind als Differenzierungsmerkmale unzureichend.

2.2 Die Integration zwischen Handel und Industrie

Das Interesse der Entscheidungsträger fokussiert zunehmend weniger auf den Rohertrag als die Differenz zwischen Umsatz und Warenkosten, als vielmehr auf das Ergebnis, daß sich unter zusätzlicher Berücksichtigung der Gemeinkosten ergibt. Ziel der Geschäftstätigkeit ist die Verbesserung des Ergebnisses durch die Erhöhung der Umsätze und eine Verringerung der Waren- und Gemeinkosten. Zur Verringerung der Warenkosten liegt der Fokus auf der Erreichung besserer Einkaufskonditionen, die durch entsprechende Mengen bei der Abnahme erreicht werden können. Das gestiegene Preisbewußtsein hat dazu geführt, daß der Kunde zur Zahlung von höheren Preisen nur unter der Voraussetzung bereit ist, daß diese entsprechenden zusätzlichen Leistungen gegenüberstehen. Über die reine Preisbetrachtung hinaus, wird zwischen den verschiedenen Stufen der Wertschöpfungskette im Hinblick auf den Faktor Gemeinkosten die Notwendigkeit bestimmter

Arbeitsschritte in Frage gestellt. Dies führt ggf. zu einer Elimination einzelner u. U. redundant ausgeführter Aufgaben und zur Verbesserung der Koordination zwischen den Marktpartnern. Betroffen von Optimierungen in diesem Bereich ist insbesondere der logistische Warenfluß und die Lagerhaltung. Zur Verringerung der Lagerhaltungs- und Bestandskosten genügt eine einmalige Lagerhaltung innerhalb der gesamten logistischen Kette. Um die Effizienz bei der Transportlogistik zu erhöhen, ist die Auslastung der Transporte durch eine Vermeidung von Leerfahrten zu erhöhen. Voraussetzung hierfür ist insbesondere die Synchronisation des Warenflusses mit dem ihm begleitenden Informationsfluß.

Zur Steigerung des Umsatzes in einem von Verdrängungswettbewerb gekennzeichneten Marktumfeld, befindet sich wiederum der Konsument im Mittelpunkt der Betrachtung. Die Ausrichtung der Sortimente auf grundsätzliche aber auch regionalspezifische Bedürfnisse des Kunden ist dabei neben der ständigen Verfügbarkeit der Waren von erheblicher Bedeutung. Kaufanreize sind durch Aktionen, hohe Qualität und Frische der Ware zu schaffen. Voraussetzung für den Erfolg dieser Maßnahmen ist eine effiziente Logistik, die durch Informationstechnik entsprechend zu unterstützen ist.

Zur Verringerung der Gemeinkosten sind detaillierte Analysen der Prozesse in Unternehmen erforderlich, im Rahmen derer eine Beurteilung einzelner Geschäftsaktivitäten vorgenommen wird. Jede Geschäftsaktivität ist in diesem Zusammenhang bzgl. ihrer Eigenschaft als Kernaktivität und ihres Wertschöpfungsbeitrags zu untersuchen. Ineffiziente Prozesse sind in Abhängigkeit von ihrer Bedeutung einer Prozeßverbesserung zu unterziehen (Kernprozesse), an externe Dienstleister auszulagern (z. B. Logistikleistungen) oder, falls als redundant in der Wertschöpfungskette erkannt, zu eliminieren.

Aus der Summe der Funktionen in der Value Chain ist zu diesem Zweck eine koordinierte Gesamtabwicklung über Unternehmensgrenzen hinweg zu konzipieren, die einem durchgängigen Prozeß entspricht. Die elementare Basis der koordinierten unternehmensübergreifenden Abwicklung ist ein automatisierter und elektronischer Austausch von Informationen. Die Probleme der Nutzung bestehen in der inhaltlichen Gestaltung der auszutauschenden Nachrichten. Zu diesem Zweck sind die Nachrichtenstandards zu verwenden, die sowohl für den amerikanischen als auch für den europäischen Markt seit längerer Zeit vorliegen (vgl. Abb. 2). Dabei sind zu Pilotprojekten mit einer begrenzten Zahl an beteiligten Unternehmen bereits ausreichende Standards verfügbar (z. B. EDIFACT, SEDAS), die schon mit einer geringen Anzahl von Feldern genutzt werden können. Diese können anschließend sukzessive erweitert werden, um den Umfang der elektronisch ausgetauschten Nachrichten zu vergrößern.

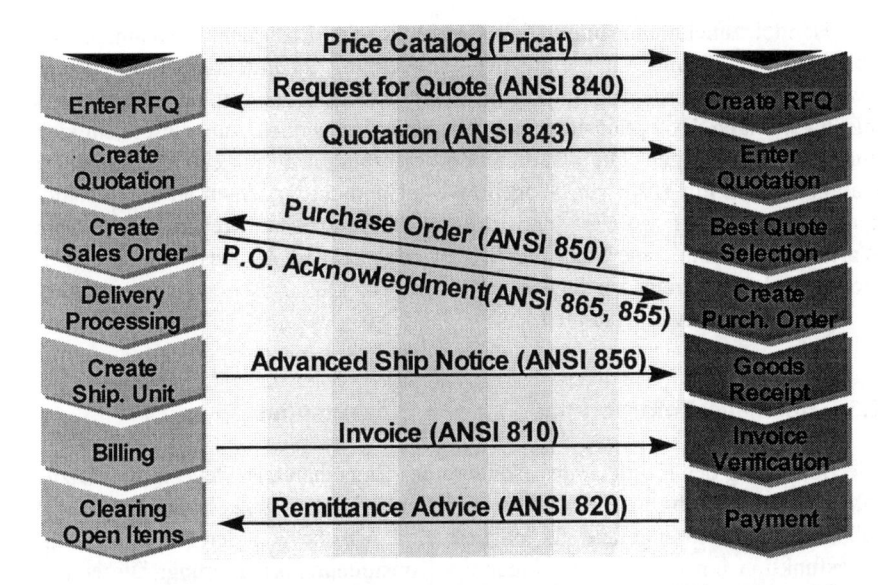

	Price Catalog (Pricat) →	
Enter RFQ	← Request for Quote (ANSI 840)	Create RFQ
Create Quotation	Quotation (ANSI 843) →	Enter Quotation
Create Sales Order	← Purchase Order (ANSI 850)	Best Quote Selection
Delivery Processing	P.O. Acknowlegdment (ANSI 865, 855) →	Create Purch. Order
Create Ship. Unit	Advanced Ship Notice (ANSI 856) →	Goods Receipt
Billing	Invoice (ANSI 810) →	Invoice Verification
Clearing Open Items	← Remittance Advice (ANSI 820)	Payment

Abb. 2: US-amerikanische Nachrichtenstandards zur Unterstützung der automatisierten Kommunikation zwischen Handel und Lieferant

In diesem Zusammenhang spielt das Internet eine wesentliche Rolle in der Business-to-Business Kommunikation und Koordination von morgen. Dabei bestehen im wesentlichen zwei mögliche Ausprägungen der Geschäftsabwicklung zwischen Handel und Hersteller: Auf der einen Seite steht die Automatisierung der Kommunikation und damit die Nutzung der Möglichkeiten des elektronischen Datenaustauschs. Der zweite und weiterführende Trend geht im Zuge eines zunehmenden Vertrauens zwischen den Marktpartnern hin zu einem Wegfall der Nachrichten und zur Durchführung von On-demand-Abfragen beim Marktpartner. Dies führt zu einer weiteren Effizienzsteigerung im Geschäftsverkehr, da nur Kommunikation anfällt, wenn auch ein entsprechender Bedarf dazu besteht. Beispielsweise sind Abfragen über den aktuellen Stand eines Auftrags durch den direkten Zugriff auf den Webserver des Lieferanten denkbar.

In bezug auf die globale Vernetzung einzelner Unternehmen spielt die Industrie gegenüber dem Handel seit langem eine Vorreiterrolle. Die Problemstellung der Verteilung von Produktionsstandorten stellt eine analoge Problemstellung zur derzeitigen Situation der Expansion im Handel dar.

Die Verkürzung der Lebenszyklen einerseits und der rasche Wandel der Kundenbedürfnisse andererseits führt zur Notwendigkeit, Warenflüsse in Produktion und Handel zunehmend automatisiert abzuwickeln. Lediglich Ausnahmen vom üblichen Ablauf sind einer expliziten Abwicklung zu unterziehen. Zu diesem Zweck ist die Anforderung an die Informationstechnik zur Implementierung von leistungsfähigen Exception-Reporting-Systemen zu stellen, die dieser Entwicklung Rechnung tragen. Die resultierenden Informationen aus einer Ausnahmesituation können mit Hilfe von Workflow-Management-Systemen an die zuständigen Sachbearbeiter geleitet und dort weiterverarbeitet werden. Ein Data-Warehouse ist somit aus Sicht der SAP weniger ein reines Auswertungstool als vielmehr ein Werkzeug zur Steuerung des Regelzyklus zwischen Auswertungssystemen und operativen Systemen.

2.3 Spezielle Anforderungen an den Einzelhandel

Die Bedeutung des Handels, insbesondere des Einzelhandels, steigt in den letzten Jahren. Dieses Phänomen wird unter dem Schlagwort „Rückkehr der Händlergesellschaft" zusammengefaßt. Es existiert eine Abkehr von der reinen Beschaffungsfunktion hin zu einer zunehmenden Konsumentenorientierung. Dieser Entwicklung wird durch Tendenzen wie z. B. dem Category Management Rechnung getragen. Der Trend zum „mittelalterlichen Markt" oder zum „Tante-Emma-Laden" in einer hochtechnisierten Gesellschaft mögen diese Aussage belegen.

Der Handel hat mit seinen POS-Daten eine wertvolle Ressource. Die Basis zur Nutzung dieser Daten stellt die Analyse der bongenauen Abverkaufsdaten dar, um dem Kunden das seinen Anforderungen entsprechende Sortiment anbieten zu können. Die POS-Daten ermöglichen dem Handel die Optimierung des Geschäfts und eine Erhöhung der Kundenbindung. Aus der Kundenorientierung resultiert die Forderung nach einem zunehmenden Pull-Gedanken, welcher sich in der Auslösung der Disposition durch die Kundennachfrage niederschlägt. So ist es denkbar, daß die Versorgung der Filialen aus einem Verteilzentrum bzw. sogar aus der Produktion beim Hersteller heraus direkt durch den Abverkauf am POS ausgelöst werden. Entsprechende Materialflußtechniken sollten diese Tendenz unterstützen.

Die Nutzung von Vertriebswegen, die durch die moderne Technik geöffnet werden (z. B. Internet), ist dem Einzelhandel zu empfehlen. Andernfalls werden die entsprechenden Potentiale durch andere Marktpartner genutzt. Eine Transformation des aktuellen Sortiments ins Internet mit dem Resultat, daß man eine 1:1-Umsetzung als Online-Store erhält, ist dabei nicht der richtige Weg. Vorher sind genaue Analysen bzgl. geeigneter Produkte und Zielgruppen sowie Maßnahmen (z. B. Aktionen) vorzunehmen, die den sukzessiven Aufbau eines erfolgversprechenden Geschäfts ermöglichen. Handelsunternehmen, die sich dem Übergang auf diese neuen Vertriebswege verschließen, werden sich langfristig mit einem geringen oder keinem Marktanteil in diesem Segment abfinden müssen.

Eine weitere Möglichkeit zur Verbesserung des Geschäfts ist die Möglichkeit zur vertikalen Erweiterung des Geschäfts. Neben der Übernahme von Großhandelsfunktionen sind dabei die Einführung von Handelsmarken oder der Eingriff in den Produktionsprozeß bzw. die Produktgestaltung mögliche Maßnahmen für den Einzelhandel. Die Übernahme der Abwicklung vom Produzenten bis zum Konsumenten ermöglicht die Steuerung der vollständigen Wertschöpfungskette durch den Handel und damit ein erhebliches Machtpotential in der Value Chain.

2.4 Spezielle Anforderungen an den Großhandel

Der Großhandel wird durch seine Stellung zwischen den verschiedenen Wirtschaftsstufen in der nächsten Zukunft z. T. erhebliche Probleme bei der Behauptung seiner Geschäftsfelder haben. Die Tendenz des Großhandels hin zum „Händler von Informationen" ist insbesondere im amerikanischen Markt deutlich zu erkennen. Die logistischen Funktionen des Großhandels werden in nächster Zeit zunehmend in den Hintergrund treten. Wesentliche Aufgabe des Großhandels ist die Umsetzung der quantitativen Überbrückungsfunktion durch die Zusammenfassung von Einkaufsvolumina, um Einkaufskonditionsvorteile bei den Herstellern zu erzielen. Wesentliche Aufgabe für den Großhändler wird in den nächsten Jahren die Service- oder Dienstleistungsfunktion gegenüber den versorgten Einzelhändlern sein (vgl. Abb. 3). Die Grenzen zwischen klassischem Großhändler mit Einzelhändlern als Kunden und hierarchisch geführtem Einzelhandelskonzern werden zunehmend verschwimmen, da die Anforderungen an den Großhändler als dienstleistende Instanz zunehmen werden und dieser immer mehr die Funktionen einer Einzelhandelszentrale übernehmen wird. Auch in diesem Bereich wird der leistungsgerechten Entlohnung der Leistung des Großhändlers aufgrund des diversifizierenden Angebots eine erhebliche Bedeutung zukommen, um individuelle Leistungen an die Kunden kalkulieren und berechnen zu können.

In der zentralen Geschäftsart des Großhändlers, dem Lagergeschäft, bestehen eine Vielzahl von Möglichkeiten zur Effizienzsteigerung. Neben der Avisierung der Warenflüsse sind dabei das gemeinsame Wissen über die Packstücke von Bedeutung. Die weitgehende Transparenz der geplanten Warenflüsse ist Grundlage einer optimierten Ressourcenplanung zur Optimierung der Abwicklung des Lagergeschäfts beim Großhändler. Diese Planung betrifft insbesondere die Ausgestaltung der Kommissionierung in sog. Kommissionierwellen. Um den Anforderungen der Abnehmer besser gerecht werden zu können, sind Konzepte wie das „Floor Ready Merchandise" zu unterstützen, so daß der Kunde die Ware in der für ihn optimalen Form angeliefert bekommt. Neben der Kommissionierung ist auch die Verpackung der Ware von diesem Aspekt betroffen. Die Notwendigkeit von Umsortier- und -packvorgänge beim Kunden kann dabei verringert werden, wenn im Großhandel die entsprechende Vorarbeit geleistet wird. Zusammenfassend ist zu fordern, daß im Sinne einer optimierten Wertkette, Aufgaben an der Stelle in der Value Chain vorgenommen werden sollten, an der der erforderliche Aufwand am geringsten ist.

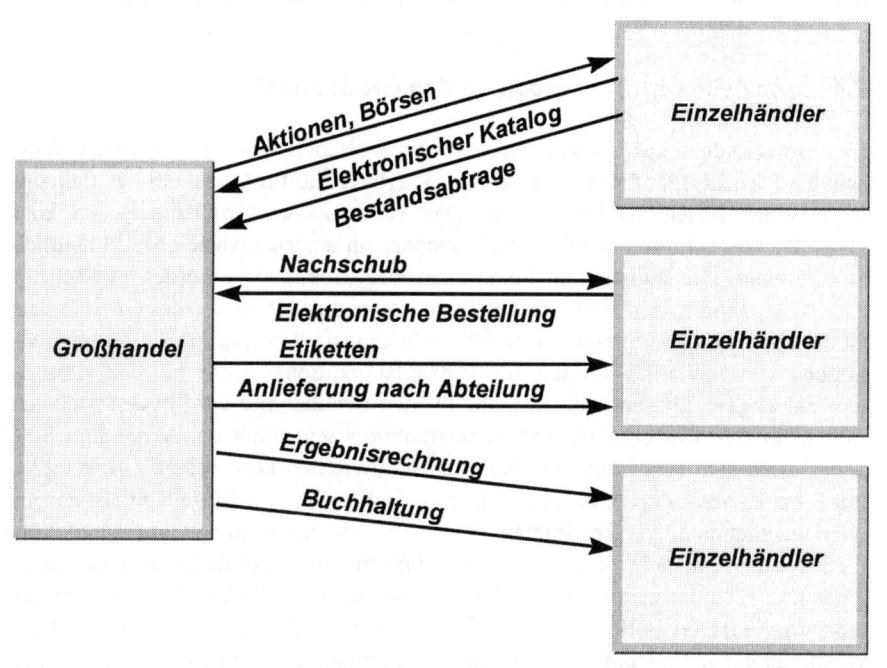

Abb. 3: Anforderungen an den Großhändler als Dienstleister gegenüber dem Einzelhandel

Die Hauptaufgabe des Großhandels, die Versorgung des Einzelhandels mit Ware, kann neben der klassischen Lagerabwicklung auch per Streckengeschäft oder Zentralregulierung erfolgen. Wesentlich für den Großhandel ist hierbei lediglich die Erfüllung der Versorgungsfunktion für den Einzelhandel.

2.5 Die Bedeutung der Konsumgüterindustrie

Die Konsumgüterindustrie strebt eine Rückwärtsintegration ihrer Zulieferer an. Andererseits werden zunehmend einzelne Aktivitäten an Dritte ausgelagert, die Spezialisten für den entsprechenden Bereich darstellen. Die Bindung der Zulieferer an das eigene „Mutterunternehmen" steigt dadurch erheblich. Ein Vorbild für eine solche koordinierte Abwicklung stellt die Automobilindustrie dar, die ihre Zulieferer in großem Umfang in die Produktion integriert hat und damit Koordination in erheblichem Umfang leisten muß.

Gleichzeitig existiert eine Tendenz der Annäherung zwischen Konsumgüterindustrie und dem Konsumenten. Direkter Fabrikverkauf, Direktvertrieb oder auch die Eröffnung eigener Filialen (factory outlets) sind Maßnahmen der Industrie, um den Handel als Zwischenstufe zu übergehen. Ziel dieser direkten Vertriebsformen ist nicht primär die Konkurrenz zu den bestehenden Handelsformen als vielmehr die Gewinnung von Informationen über das Kundenverhalten und die Kundenwünsche auf dem Absatzmarkt, welche der Konsumgüterindustrie als Basis z. B. für die Planung des Sortiments dienen können.

3 Kooperation versus Konfrontation

Eines der wesentlichen Probleme für den Handel besteht in den vorhandenen Organisationsstrukturen, die eine Umsetzung moderner, kooperativer Konzepte behindern. Sonderabwicklungen sowie die Flexibilität in der Umsetzung moderner Geschäftsarten im Handel werden durch z. T. statische Aufbauorganisationen verhindert.

Um dennoch eine Kooperation zwischen Handel und Industrie zu initiieren, können Instrumente des Electronic Data Interchange (EDI) genutzt werden, um erste Erfahrungen beim elektronischen Datenaustausch zu sammeln. Eine Kooperation auf dieser Ebene eignet sich besonders deshalb, weil es sich hierbei um ein relativ wettbewerbsunkritisches Gebiet der Kooperation handelt. Die technologischen Grundlagen sind bereits vorhanden und können in einem ersten Schritt auf dem Weg zu einer umfassenden Kooperation kostengünstig genutzt werden. Wichtiger als eine strategische Planung derartiger Kooperationen ist die Initiative zu einer raschen Umsetzung dieser Konzepte.

Formen der Kooperation können differenziert werden nach dem jeweils dominierenden Marktpartner. Für den Fall, daß die Industrie die Kooperation dominiert, sei beispielhaft die Firma Reebok, für den Fall, daß der Händler die Kooperation dominiert seien als Beispiel die Disney-Stores genannt. (vgl. Abb. 4 und Abb. 5).

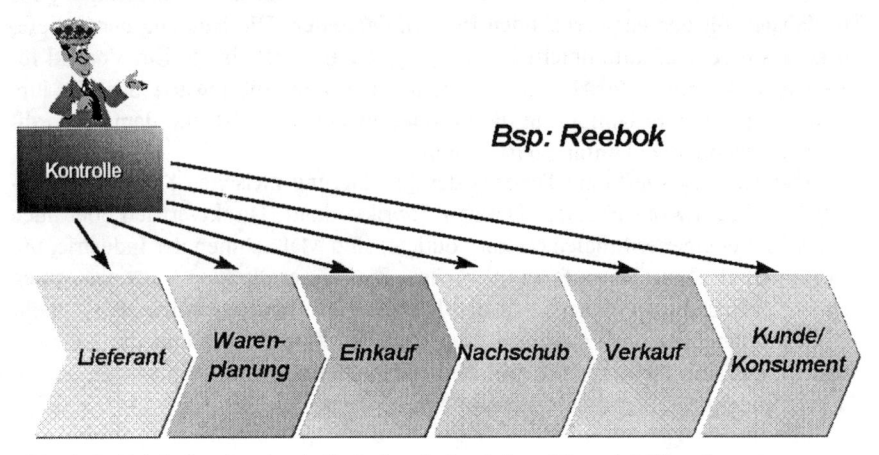

Abb. 4: Beispiele für eine durch die Industrie dominierte Wertschöpfungskette

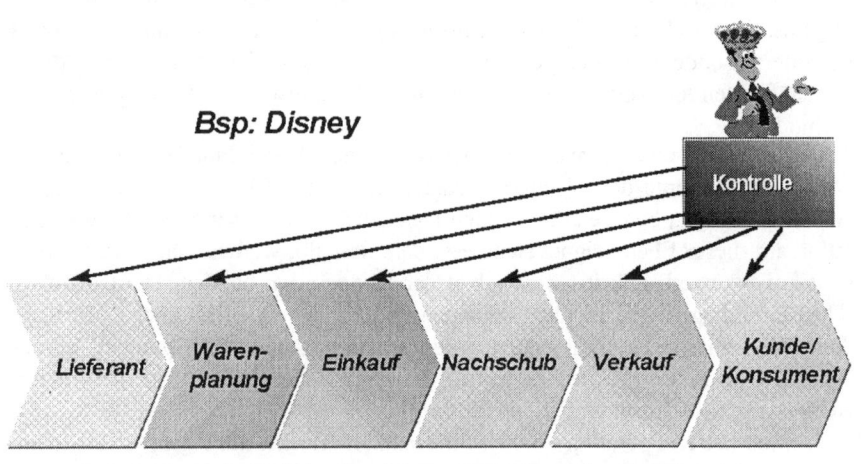

Abb. 5: Beispiel für eine durch den Handel dominierte Wertschöpfungskette

4 Rückbesinnung auf die Kernkompetenzen

Eine wesentliche Frage bei der Suche nach einer abgrenzbaren Kernkompetenz jedes Teilnehmers an der Wertschöpfungskette ist die nach der eigenen Kernkompetenz. Die in der Zukunft bedeutsamen Kernkompetenzen der Marktpartner lassen sich nach der Ware und der Information klassifizieren (vgl. Abb. 6).

....an der Ware	....an der Information
• Produktion	• Hardware
• Lagerhaltung	• Software
• Spedition, Fuhrpark	• Datapool für Stammdaten
• Warennachschub	• Outsourcing
• Inventuren durchführen	
• Warenauszeichnung	
• Eigenes Filialnetz	
• Electronic Retailing	

Abb. 6: Strukturierung von Kernkompetenzen im Bereich von Dienstleistungen

Ein Ansatz ist die tabellarische Darstellung eines Prozesses und die Beschreibung der Beiträge verschiedener Marktpartner an diesem Prozeß. Mit Hilfe dieser Darstellung können bestimmte Typen von Unternehmen identifiziert werden, die nach ihrem Beitrag an dem Prozeß zu differenzieren sind.

Anhand Abb. 7 ist erkennbar, daß zunehmend eine Vermischung der Betriebstypen erfolgt. Der Einzelhändler in der reinen Form, der in eine fest definierte Schablone eingeordnet werden kann, existiert nicht mehr. Auch durch die Differenzierung der Geschäftsarten (Übernahme von Bankfunktionen o.ä.) erfolgt zunehmend eine komplexere Abwicklung unternehmensübergreifender Geschäftsprozesse, die die Typisierung eines Unternehmens zunehmend erschwert.

Vor diesem Hintergrund darf die Frage der langfristigen Fokussierung auf die Kernkompetenzen nicht außer Acht gelassen werden. Diese Gestaltungsaufgabe ist von allen beteiligten Marktpartnern zu erfüllen, um ein langfristiges Bestehen am Markt zu gewährleisten. Aufgabenbereiche, in denen die Kernkompetenz nicht liegt, sollten demgegenüber besser anderen Marktteilnehmern (z. B. Dienstleistern) überlassen werden.

	Firma 1	Firma 2	Firma 3	Firma 4
Produkte entwerfen	X			
Bauteile produzieren	X			
Enderzeugnis produzieren	X			
Lagern		X		X
Verteilen		X		X
Bedarf wecken	X		X	X
Anbieten			X	X
Verkaufen			X	X

Abb. 7: Tabellarische Darstellung zur Analyse der Kernkompetenzen in einer Value Chain

Literaturempfehlung

König, R. / Krampe, H. (1995): Supply Chain Management, in: Jahrbuch der Logistik 1995, (Hrsg.) Hossner, R., Düsseldorf, S. 153-156.
Laurent, M. (1996): Vertikale Kooperationen zwischen Industrie und Handel: neue Typen und Strategien zur Effizienzsteigerung im Absatzkanal, Frankfurt am Main.
Petri, C. (1990): Externe Integration der Datenverarbeitung - Unternehmensübergreifende Konzepte für Handelsunternehmen, Berlin u.a.
Rupprecht-Däullary, M. (1994): Zwischenbetriebliche Kooperation, Wiesbaden.
Scheer, A.-W. (1987): Betriebsübergreifende Vorgangsketten durch Vernetzung der Informationsverarbeitung, in: Information Management, No. 3, 1987, S. 56-63.
Zentes, J. (1994): Supply Chain Management: Erfolgspotentiale kooperativer Logistik, in: DACOS Anwenderforum Handel '94, Saarbrücken.

Efficient Consumer Response (ECR) - ein neuer Weg in der Kooperation zwischen Industrie und Handel

Klaus Eierhoff

Zusammenfassung

Der Beitrag vermittelt exemplarische Erfahrungen bei der Schnittstellengestaltung zwischen Industrie- und Handelsunternehmen aus der Sicht der KARSTADT AG. Die Generierung von Wettbewerbsvorteilen durch den Einsatz von Standards bei der Gestaltung von Schnittstellen wird dargelegt. Insbesondere wird die Notwendigkeit einer standardisierten Schnittstellengestaltung für den Einsatz von Quick-Response-Systemen erläutert. Abgeschlossen wird der Beitrag mit einer Analyse der derzeitigen Hemmnisse.

1 Einleitung

Bei der Diskussion über die Gestaltung von Schnittstellen zwischen Handel und Industrie ist es sinnvoll, sich mit dem Thema *„ECR - Efficient Consumer Response"* zu befassen. Anhand der Inhalte und Definitionen von ECR läßt sich zeigen, welche konkreten praktischen Auswirkungen diese auf den Handel haben.

Angesichts der Vielzahl neuer Begriffe (Total Quality Management, Business Reengineering, Lernende Organisation, Lean Management, Fraktale Fabrik, Kaizen, Virtuelle Organisation, Netzwerkorganisation, Consumer Driven Company, Category Management) liegt der Verdacht nahe, das seien alles Modeerscheinungen, die morgen vorbei sind und durch neue abgelöst würden, so daß ECR morgen XYZ hieße.

ROLAND BERGER analysiert intensiv die Probleme des „Ideal Replenishment", A.T. KEARNEY untersucht die Optimierung der „Ladehöhen", COOPER & LEIBRAND'S befaßt sich mit „Controlling" und K.S.A. entwickelt geeignete Einführungsmethodiken. Die Tatsache, daß vier europäische Beratungsfirmen das ECR-Projekt auf europäischer Ebene begleiten, könnte diesen

Verdacht, daß es sich nur um ein neues, nämlich ECR-Modeprodukt der Berater handelt, möglicherweise sogar erhärten. Die Frage des Geschäftsansatzes ist zur Zeit aber sicherlich keine bloße Mode.

2 Definition und Inhalte

In der Vergangenheit wurden Betriebe nach dem *Meisterprinzip* geführt (vgl. Abb. 1). Dieser „Meister" hieß deshalb so, weil er einer war und den gesamten Unternehmensprozeß von A bis Z kannte. Seine Mitarbeiter, die eigentlich Befehlsempfänger waren, wurden von ihm von A nach B geschickt. Sobald sie bei B angekommen waren, hatten sie zu sagen „Jawohl, Meister, ich bin da. Gib mir einen neuen Auftrag!".

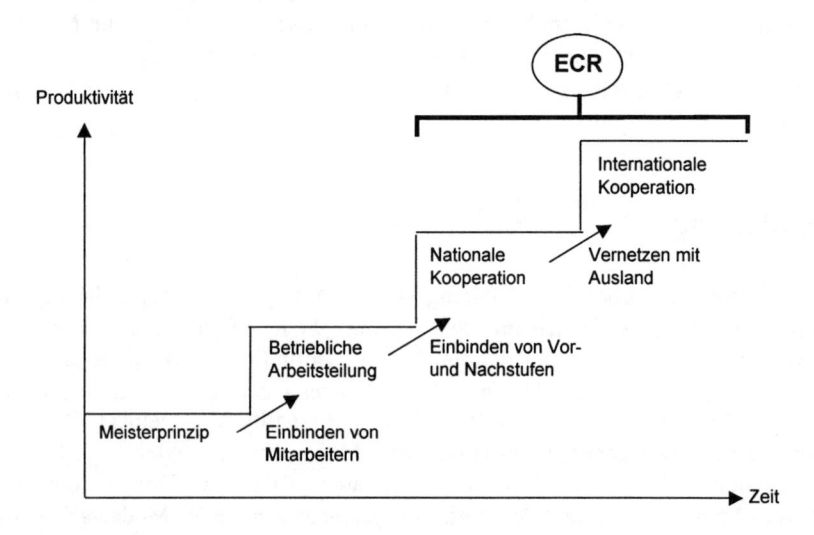

Abb. 1: Geschäftsansatz

Das ist nun vorbei. Der Meister von heute kann nicht mehr alles. Die *komplexer werdenden Aufgabenstellungen* erforderten Spezialisierung und innerbetriebliche Arbeitsteilung. Die Mitarbeiter waren einzubinden und gewannen an Know-how. Aufgrund zusätzlicher außerbetrieblicher Funktionsverlagerungen spielen jetzt neben innerbetrieblichen Arbeitsteilungen auch nationale bzw. internationale Kooperationen eine wesentliche Rolle. Es gibt - nicht nur innerbetrieblich - wesentlich *mehr und neuartige Schnittstellen*. Diese stellen in Frage, ob die bisher gewählten Abläufe innerhalb des Unternehmens, branchenübergreifend und zu seinen Partnern, national und international, noch richtig sind. Damit entsteht das Problem der Optimierung dieser Schnittstellen unter Hinzunahme moderner Technologieentwicklungen, beispielsweise der EDV.

Als Zwischenergebnis kann festgehalten werden, daß die reine innerbetriebliche Optimierung suboptimal ist. Statt dessen muß die überbetriebliche betrachtet werden, um ein neues Optimum zu erreichen. In diesem Sachzusammenhang ist es notwendig, die *ECR-Thematik* zu behandeln, denn sie stellt einen *überbetrieblichen Ansatz* dar. Sie ist eine internationale, über Branchen hinausgehende Betrachtungsweise.

Eine offizielle Definition von ECR lautet:

„ECR ist eine Kooperation zwischen Industrie und Handel, die durch den Austausch von sensiblen internen und externen Informationen und Daten sowie durch gemeinsame Vorgehensweisen und Abläufe im Bereich der Entscheidungsfindung gekennzeichnet ist mit dem klaren Ziel, entsprechende Vorteile gemeinsam zu nutzen."

Die Begriffsbestandteile von ECR geben Aufschluß über die damit verfolgten Ziele:

- *„Efficient"*: Es geht um die prozeßorientierte, wirtschaftsstufenübergreifende Harmonisierung der Wertschöpfungskette zwischen Industrie und Handel unter Einbeziehung aller nationalen und internationalen Geschäftspartner, d.h. vom Hersteller bis zum Konsumenten.
- *„Consumer"*: Damit kann sowohl der wirkliche Kunde, Abnehmer gemeint sein. Es können aber auch sonstige Dienstleister sein, die sich in einem entsprechenden Vertragsverhältnis befinden.

Der Aspekt der Effizienz steht eindeutig im Vordergrund. Sicherlich ist der „Kundennutzen" in jeder Definition ein willkommener, nicht zu unterschätzender Mitnahmeeffekt. Gleichwohl scheint die *„Harmonisierung der Wertschöpfungskette zwischen den Partnern zum Wohle des Kunden"* die richtige Definition zu sein. Denn diese hat unmittelbar Auswirkungen auf die Kundschaft im engeren Sinn. Große Mengen zu kleinen Terminen mit werblicher Unterstützung in die entsprechenden Outlets zu bringen, ist eine schwierige logistische Aufgabenstellung. Die Vielzahl der in den Zeitungen täglich beworbenen Konsumgüter läßt ahnen, welche Absprachen zwischen den beteiligten Partnern bis hin zu den Transporteuren notwendig sind. ECR beinhaltet daher mehrere Teilgebiete, die sich wie folgt detaillieren lassen:

- *Elektronischer Datenaustausch (Electronic Data Interchange):*
  - Genormte, automatisierte Datenübertragung zwischen Geschäftspartnern nach internationalen Standards (EANCOM),
  - Vorgangsarten für Artikelinformationen, Bestellungen, Lieferankündigungen oder Lieferscheine, Rechnungen, Lagerbewegungen, Frachtaufträge, Verbrauch,
  - Hilfestellung bei der Bewertung und Nutzung von Standardsoftware und Dienstleistungsangeboten,
  - Errichtung eines internationalen Artikelkataloges (z.B. SINFOS),
  - Erstellen weiterer Nachrichtentypen für neue genormte Geschäftsvorfälle,
  - Nutzung von EDI-Nachrichten im Internet;
- *Ladeeinheiten (Efficient Unit Load):*
  - Einsatz ganzer LKW-Ladungen zur Direktanlieferung,
  - Einsatz sortenreiner Palettensendungen,
  - genormte Palettenhöhen,
  - Einsatz wiederverwendbarer Transportverpackungen,
  - einheitliche, übersichtliche Kennzeichnung der Einheiten und des Inhalts;
- *Branchenverantwortung (Category Management):*
  - Produktgruppen- und Kundensicht über alle Prozeßschritte (statt funktionaler Zuständigkeit),
  - diese führt zu neuer Führungsverantwortung und zur Berücksichtigung der Prozeßkosten in allen Prozeßschritten;
- *Aktionsmanagement (Efficient Promotions):*
  - frühzeitige Absprachen über geplante Werbe- bzw. Preismaßnahmen bzgl. Inhalt, Mengen, Preise,
  - frühzeitige Absprachen über die logistischen Maßnahmen zur Aktionsabwicklung,
  - Absprachen über die Aktionsbewertung einschließlich Verwertung der Restanten;
- *Produkteinführung (Efficient Product Introduction):*
  - gemeinsame Absprachen über neu einzuführende Produkte,
  - frühzeitige Information über die Artikel und deren Absatzerwartungen,
  - Aufbau einer allgemein zugänglichen Artikeldatenbank,
  - Absprache über die logistischen Maßnahmen zur Artikeleinführung;
- *bedarfsgerechte Warenbeschaffung (Efficient Replenishment):*
  - regelmäßige, kurzfristige Belieferung der Handelslager aufgrund aktueller Bestandsdaten (Continuous Replenishment),

- filialbezogene Lieferung über die Lager aufgrund von Bestands- / Verbrauchsdaten (Quick-Response-Service (QRS) / Cross-Docking-Delivery (CDD)),
- Bestandsführung durch den Lieferanten aufgrund regelmäßigen Datenaustauschs (Vendor-Managed-Inventory (VMI)),
- automatische Prognosen durch den Lieferanten anhand aktueller Verbrauchsdaten.

Bei der Frage nach den Partnern darf der *Blick nicht auf Industrie und Handel verengt* werden, denn es gibt eine Vielzahl von Prozeßbeteiligten. Der Warenanlieferungsprozeß vom Lieferanten über den Handel an den Kunden ist sicherlich einer der Kernprozesse. Aber dieser wird umgeben von einem Netzwerk verschiedener Dienstleister, die es zu betrachten gilt (vgl. Abb. 2). Dabei ist zu berücksichtigen, daß in Abb. 2 nur Kategorien stehen. Ein Handelsunternehmen (Warenhaus- oder SB-Warenhausbetrieb) hat eine fünfstellige Lieferantenzahl, die entsprechend so zu tarifieren ist. Auch in den übrigen Kategorien, im Bereich der Transporteure, der DV-Dienstleister, Kunden, Versicherungen, Banken, ist das Beziehungsgeflecht stark besetzt. Alle diese Partner sind zu integrieren.

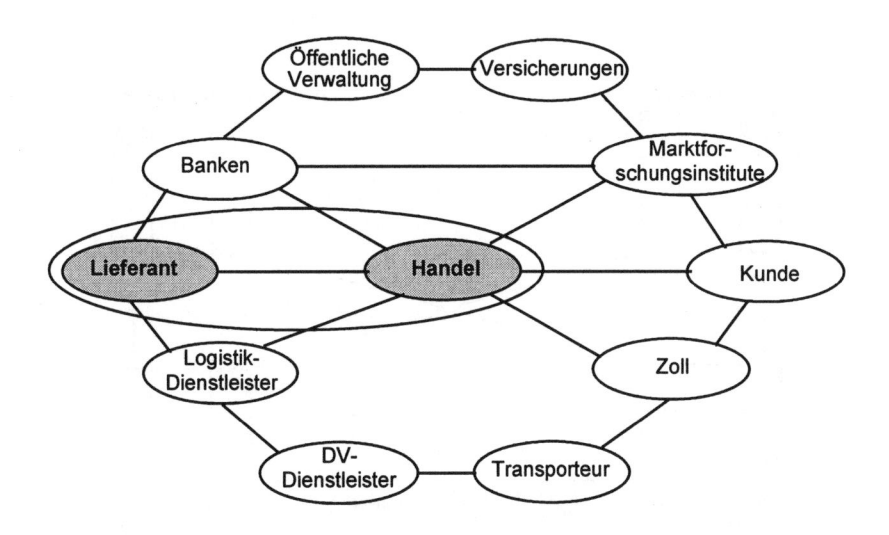

Abb. 2: Beziehungsgeflecht der Prozeßbeteiligten

Bei der Vorstellung, wie diese Integration heute geschieht, wieviel Tausende von Mitarbeitern dabei jeweils ihren individuellen „special approach" wählen, ist zu fragen, ob dieses sich zukünftig weiter so fortsetzen kann, ob dieses angesichts der heute verfügbaren Technologie optimal ist, oder ob das nicht eigentlich alte Zustände, alte Arbeitsweisen sind.

3 Vereinfachung der Geschäftssysteme

An einem Beispiel wird - unabhängig von der Geschäftsart - deutlich, wie vier (statt tausende) Unternehmen ohne Standards miteinander kommunizieren (vgl. Abb. 3). Jedes Unternehmen hat drei Partner und - wenn es stimmt, daß in der Marktwirtschaft individuell gearbeitet wird - in der Regel Kontakt mit diesen Partnern über drei unterschiedliche Systeme. Das heißt, es herrscht ein nicht geordneter, *unkoordinierter Zustand*. Demzufolge muß sich jedes Unternehmen individuell mit jedem Unternehmen bilateral vereinbaren. Also werden Übersetzer, Transformatoren, *Konverter notwendig*, um Informationen, egal für welche Geschäftsart, zum jeweiligen Partner zu übermitteln. Die eigenen Anwendungsprogramme müssen übersetzt werden in eine Sprache, die das Anwendungsprogramm des Partners versteht.

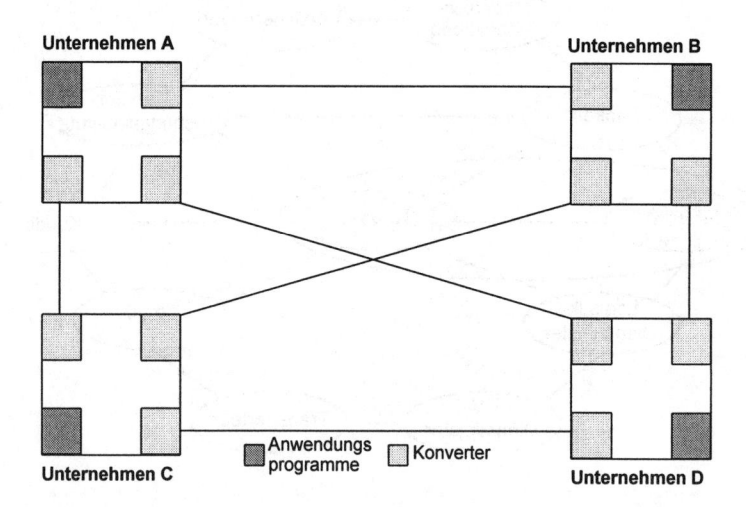

Abb. 3: Verknüpfung der unterschiedlichen Geschäftssysteme *ohne* Standards

In Abb. 3 ist das durch die unterschiedlichen Farben in den Quadern symbolisch ausgedrückt. Die unterschiedlichen Farben stehen also für jeweils individuelle Abläufe bilateraler Art. Dabei kann es sich um Bestell- und Rechnungsverkehr, Avisierung oder um Vereinbarungen im Bereich der Logistik handeln. In diesem Beispiel sind in jedem Unternehmen drei Konverter notwendig. Bei Tausenden von Partnern in dem o.g. Beziehungsgeflecht (vgl. Abb. 2) wächst diese Zahl bei fehlenden Standards enorm an.

Standardisierung im gleichen Beispiel heißt, daß mit der Einführung eines gemeinsamen Standards die *Anzahl der Konverter reduziert* wird, im o.g. Beispiel von drei auf eins. Es gibt nur eine einmal festgelegte Verabredung. Neu eintretende Marktpartner können sehr schnell bei entsprechender technischer Infrastruktur diesen Standard übernehmen. Sie können dann mit allen übrigen Beteiligten, d.h. mit Banken, Versicherungen, Zoll, DV- und Transport-Dienstleistern, Handel und Industrie, sofort kommunizieren, ohne daß sie in bilaterale Absprachen mit allen an diesem Geschäftssystem Beteiligten eintreten müssen. Somit *entfallen Zeit, Mitarbeiter* und damit *Ressourcen beanspruchende Anpassungsprozesse* (vgl. Abb. 4).

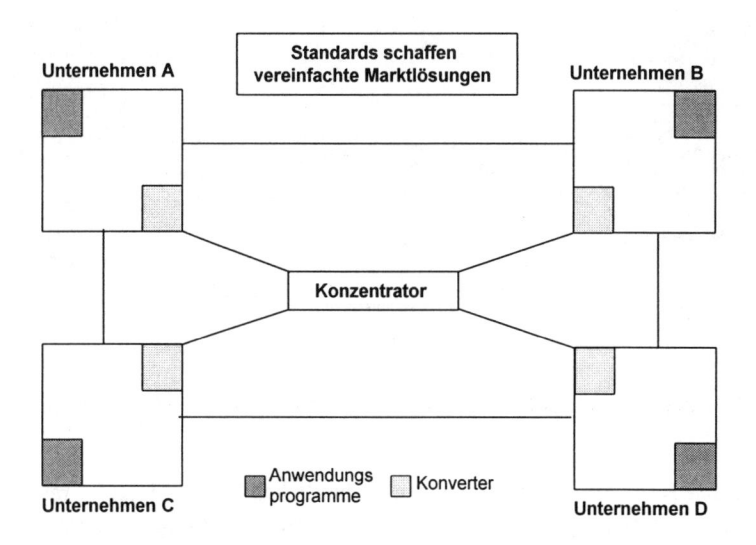

Abb. 4: Verknüpfung der unterschiedlichen Geschäftssysteme mit Standards

Das Beispiel zeigt, daß Standards bilaterale respektive multilaterale Verabredungen ersetzen und den Aufwand zur Pflege und Einhaltung der Absprachen in diesen Bereichen erheblich reduzieren.

Es ist zu fragen, was die gemeinsame Sprache, was der Kern dieser Verabredung ist. Womit, wodurch, worüber können die Partner sich unterhalten? *EDIFACT bietet* derartige *gemeinsame Standards an.* Es lassen sich für alle genannten Bereiche, für alle Arten von Geschäftsvorfällen Verabredungen treffen, zum einen für alle Teilnehmer und zum anderen für den kompletten Vorgang. Die Geschäftsvorfälle werden einzeln strukturiert, damit standardisiert und können dann rechentechnisch verarbeitet werden. Wenn es gelingt, für Millionen von Vorgängen eine einheitliche, standardisierte EDV-Sprache, nämlich EDIFACT, einzusetzen, kann damit eine automatische Koppelung der Rechnersysteme beider oder vieler Beteiligter hergestellt werden, anstatt diese Vorgänge manuell zu erledigen. In bezug auf die Vereinfachung der Geschäftssysteme ist dann ein Optimum erreicht.

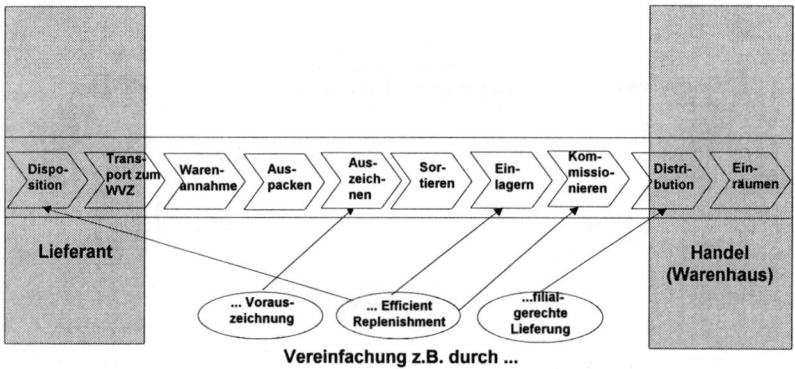

Abb. 5: Rationalisierungspotentiale durch aufeinander abgestimmte Prozeßstufen

Um den Kern dieser Sprache, diese einheitlichen Standardregeln, ranken sich nun die Anwendungsfelder und Vorgangsarten: Auftrag, Transportauftrag, Stammdaten, Bestandsbericht/-veränderungen, Verbrauchsplanung, Avisierung, Rechnung usw. Diese Standards sind möglich und nötig zur Identifizierung der Betriebe, der Partner, der Produkte, der Verpackung. Dazu gehören ILN, EAN für Bestell-, Lager-, Versand- und Verkaufseinheiten, Paletten, Beladung usw. Bei der

Betrachtung eines dieser Kernprozesse vom Lieferanten zum Handel ergeben sich in den unterschiedlichen Prozeßschritten *Rationalisierungspotentiale* (vgl. Abb. 5).

Durch entsprechende Kennzeichnung der Sendung ist bekannt, wo welche Sendung wann ist oder eintrifft. Der *transparente Dienstleister ermöglicht Sendungsverfolgungskontrollen.* Damit ist auch bei der Warenannahme die Ankunft der Ware avisiert. Der Händler weiß zum Beispiel genau, daß am Freitag mittag um 11:00h ein Lastwagen des Spediteurs mit einer bestimmten Ware eintrifft. Diesem LKW wird bereits vorab für eine bestimmte Zeit ein bestimmtes Ladetor zugewiesen. Dadurch werden Staus vor den Wareneingängen vermieden.

Beim anschließenden Auspacken der Ware hat sich der Einsatz von Verpackungssystemen bewährt. Der Einsatz von *Mehrwegtransportsystemen*, welche die Ware als solche beinhalten und als Kunststoff-Verpackung zusammengeklappt wieder zurück zum Lieferanten transportiert werden, führte bei KARSTADT zum Wegfall von über 40.000 Tonnen Kartonage im Jahr. Mehrwegtransportsysteme rechnen sich durch den Wegfall von Kartonage bereits nach drei, vier oder fünf Umläufen. Dabei bleibt der ökologische Aspekt sogar noch unberücksichtigt. Ökonomie und Ökologie rechnen sich also auch in diesem Bereich, so daß zum beidseitigen Vorteil gesprochen und investiert werden muß.

Das sind alles Inhalte, die sich bereits heute realisieren lassen, wenn es gelingt, sich mit den Geschäftspartnern darüber zu verständigen, sowohl im Interesse des Handels als auch der Industrie und der übrigen Dienstleister. Auch der Lieferant oder der Transportdienstleister hat ein Interesse zu wissen, wann er im Warenverteilzentrum welches Tor zur Verfügung hat. Denn wenn er es fest hat, muß er nicht warten. Auch der Händler ist an einer solchen Information interessiert, damit er seine Wareneingangsplanung und somit die Kapazität an Mitarbeitern und Sachmitteln entsprechend steuern kann. Als Zwischenergebnis kann festgestellt werden, daß die Vorteilssituation relativ klar und eindeutig ist. Durch standardisierte Verabredungen auf nahezu allen o.g. Gebieten ergeben sich:

- *Beschleunigungen des Warenflusses* durch Einsparen von Zwischenlagerung und Abstimmung der Prozeßstufen,
- *Beschleunigungen des Informationsflusses* durch EDI und integrierte, am Prozeß ausgerichtete Datenverarbeitung dieser Nachrichten,
- *bedarfsgerechte Bestands-/Auftragsmengen* durch Berücksichtigung der Filialdaten,
- Abstimmungen und *Einsparungen von Prozeßstufen* sowie
- *Senkung der Variantenvielfalt* der Prozesse.

Insgesamt führt das zu einer *deutlichen Kosten- und Bestandsreduktion,* sofern Industrie, Dienstleister in allen Gebieten, sonstige Prozeßbeteiligte und Handel sich an einen Tisch setzen und Verabredungen, die auf der Basis von Standards vorliegen, einsetzen und zum gemeinsamen Vorteil verwenden. Am Beispiel des Einkaufs soll das noch einmal detailliert werden (vgl. Abb. 6).

Bisher werden alle Bearbeitungsstufen des „Einkaufs" per Brief oder, wenn besonders „modern" gearbeitet wird, mit Telefon oder Fax abgewickelt. Was passiert konkret? Auf der einen Seite wird beim Händler eine Bestellung in die EDV eingegeben. Die Bestellung geht dann möglicherweise per Fax an den Lieferanten. Es liegt ein *Systembruch* vor. Der Lieferanten gibt die Bestellung manuell in sein EDV-System ein, dadurch entsteht der nächste Systembruch. Es mutet eigentlich wie „Stille Post" an, was in der deutschen Wirtschaft geschieht. Schätzungsweise 95% aller Beschaffungsvorgänge im Konsumgüterbereich der deutschen Wirtschaft laufen noch so ab. Wie viele *Quellen von Fehlern*, wie viel *Zeitversatz* und wie viele *Unwirtschaftlichkeiten* entstehen dadurch, daß auf beiden Seiten doppelt und mehrfach eingegeben wird?

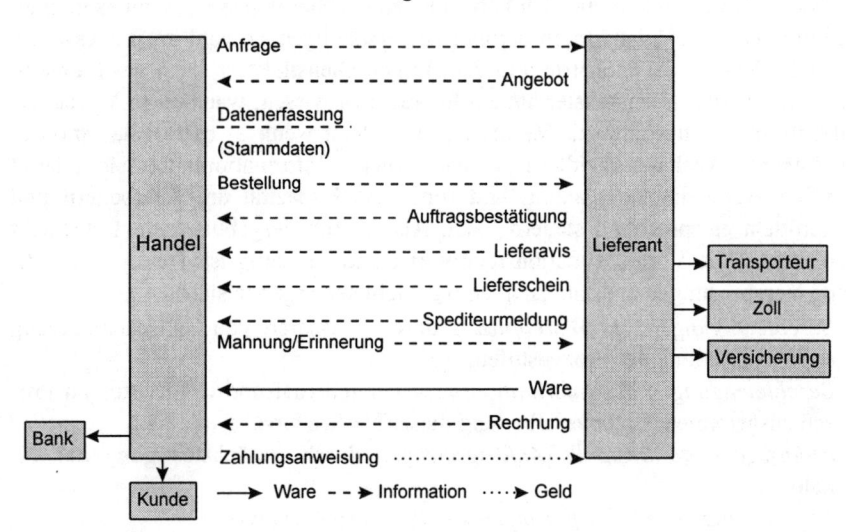

Abb. 6: Beispiel: Einkauf

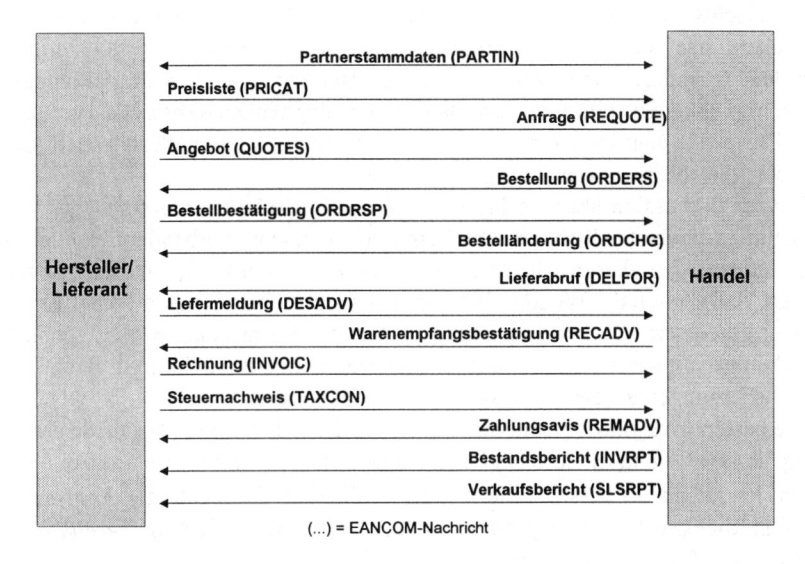

Abb. 7: Standardisierung durch EANCOM (1)

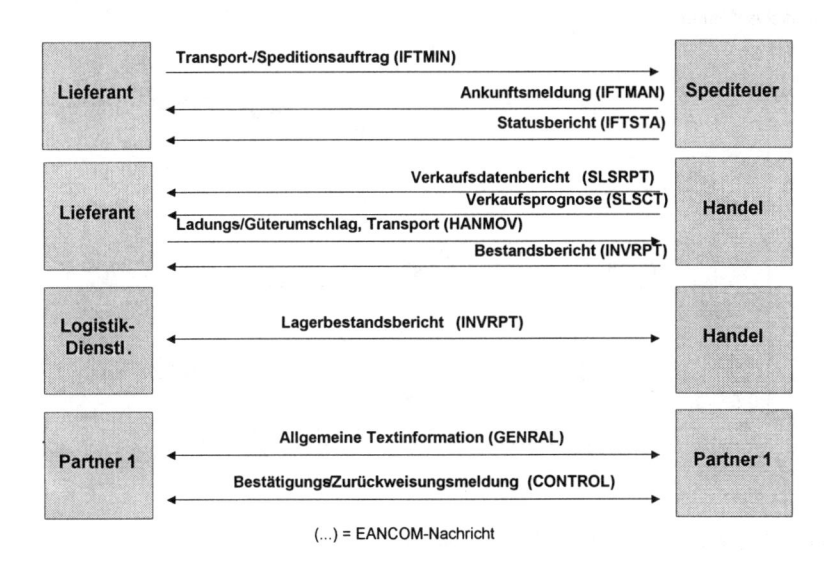

Abb. 8: Standardisierung durch EANCOM (2)

Angesichts der Vielzahl weiterer Partner wie Banken, Transporteure, Zoll, Versicherungen und Kunden provoziert die Ähnlichkeit der Vorfälle und der Vorgänge geradezu eine Standardisierung. Bei der Suche nach Automatisierungsmöglichkeiten stellt man fest, daß solche Möglichkeiten natürlich verfügbar sind. Diese sind standardisiert und direkt anwendbar. Es gibt natürlich auch schon Betriebe, die solche anwenden (vgl. Abb. 7, 8).

Bei der Diskussion über die Problematik des Wirtschaftsstandorts Deutschland erscheint es unverständlich, warum Repräsentanten von Verbänden, Handel und auch Industrie an diesen Themen vorbeigehen. Es muß nicht darüber geredet werden, daß pauschal 20% oder 30% der Löhne gekürzt werden müßten. Es muß darüber geredet werden, wie vernünftig miteinander umgegangen wird. Zunächst sind die direkt handgreiflichen und erkennbaren Dinge zu realisieren, bevor martialische Lösungen als der Königsweg propagiert werden.

Die besten Investitionen sind immer solche, die sich rechnen. Wenn sie darüber hinaus innovativ und modern sind und damit dem Unternehmen ein neues Image geben, ist das um so besser. Eine von KARSTADT durchgeführte Analyse und Wirtschaftlichkeitsberechnung hat ergeben, daß in dieser *Thematik bereits bei 16 Partnern ein Break-even* erreicht wird (vgl. Abb. 9).

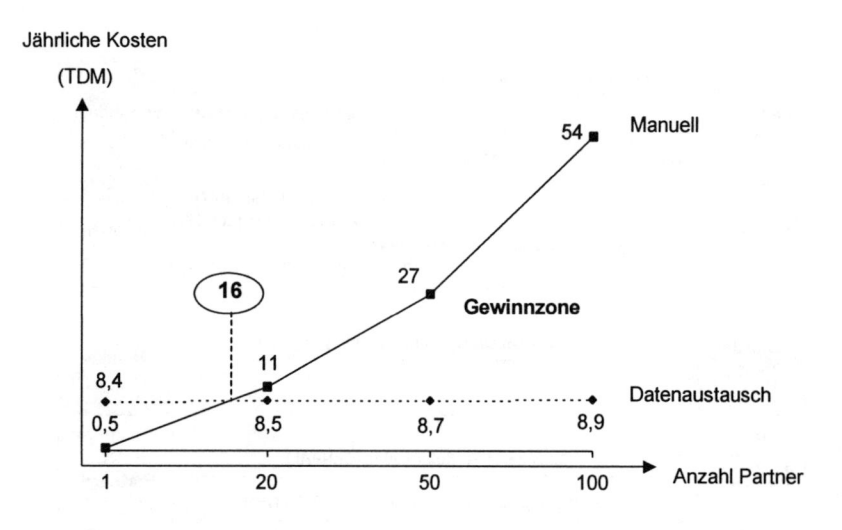

Abb. 9: Break-Even des elektronischen Datenaustauschs

Bei dieser Berechnung wurden die jährlichen Kosten bei manueller Abwicklung und automatisierter Bestellabwicklung gegenübergestellt. Wenn die gesamten Investitionen in derartige Systeme berücksichtigt werden und 16 Lieferanten mit durchschnittlichen Bestellvolumina damit entsprechend arbeiten, wird bereits eine wirtschaftlich darstellbare Größenordnung erreicht.

Auch die Coca-Cola-Studie macht im Rahmen ihrer ECR-Analyse klare Bekenntnisse, daß die operativen Logistikkosten sich erheblich reduzieren ließen und die Marketingaufwendungen beträchtlich fielen. Die Prämissen und Ergebnisse solcher Studien mag mancher in Zweifel ziehen. Auch die mangelnde Vergleichbarkeit des amerikanischen und des deutschen Marktes wird oft als Kritikpunkt derartiger Untersuchungen genannt (Das ist immer das Schöne am deutschen Markt: Jedem fallen sofort sieben tolle Argumente ein, warum es hierzulande nicht geht.).

Die Exaktheit von Ansätzen aus Studien müssen i.d.R. jedoch hingenommen werden, denn sie sind im wesentlichen richtig und können per Test wirtschaftlich nachgebildet werden. Daher sollte im eigenen Unternehmen ein konkreter Versuch unternommen werden. Bei der Berechnung der Vorteilhaftigkeit einer solchen Investition ist festzustellen, daß die EDIFACT-Thematik eine sich glänzend rechnende Investition ist. Aufgrund der Erfahrungen, die KARSTADT damit gemacht hat, wird dringend empfohlen, sich mit diesem Thema zu befassen. Die Expansion, die sich für KARSTADT ergeben hat, ist derart, daß nun *über 200 Partner* an der gemeinsamen Bestellabwicklung beteiligt sind (vgl. Abb. 10).

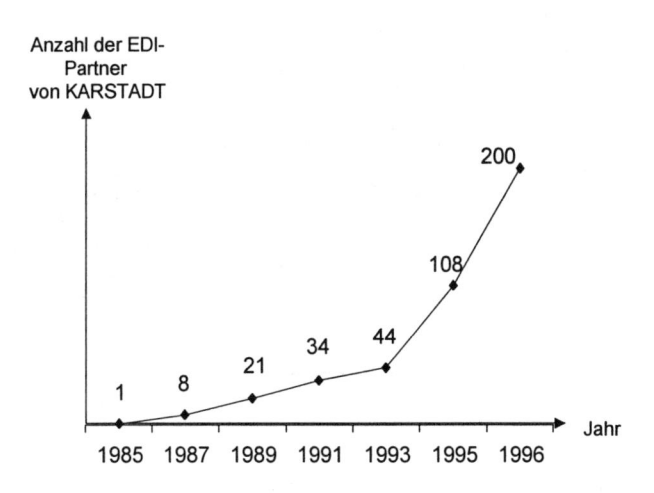

Abb. 10: Expansion EDI bei KARSTADT

Durch eine große Initiative wird dieses Vorhaben massiv ausgedehnt, indem natürlich weitere Nachrichtenarten neben Bestellung, Avisierung, Rechnung sowie Artikelstammdaten hinzukommen. Mit Sicherheit wird diese Zahl sich binnen zwei Jahren mehr als verdoppeln, so daß dann nicht nur relativ, sondern auch absolut interessante Ersparnisbereiche erreicht werden.

Im Zusammenhang mit der ECR-Thematik ist ein weiterer Aspekt relevant, die Auftragsabwicklung (vgl. Abb. 11).

In der Vergangenheit gab es, insbesondere im Textilbereich, zwei Saisons und halbjährlich neue Artikel. Diese wurden gemustert, die Industrie hat die Ware beschafft, es gab Nachaufträge, die Lieferzeiten betrugen sechs Wochen bis zu einem halben Jahr. Heute dagegen sind regelmäßige Bestellungen und Nachaufträge möglich, die Lieferzeiten betragen drei bis sechs Wochen. In der *Zukunft* - KARSTADT testet diese bereits heute - wird mit EDV-gestützten Prognosesystemen ein *ständiger Verkaufs- und Bestandsdatenaustausch* zwischen Handel und Industrie bestehen. Dann wird die *Produktion auf Prognosen basieren.* Der Handel wird zukünftig in manchen Bereichen völlig auf Zwischenlagerung verzichten. Die *Lieferzeit wird gleich der Transportzeit* sein.

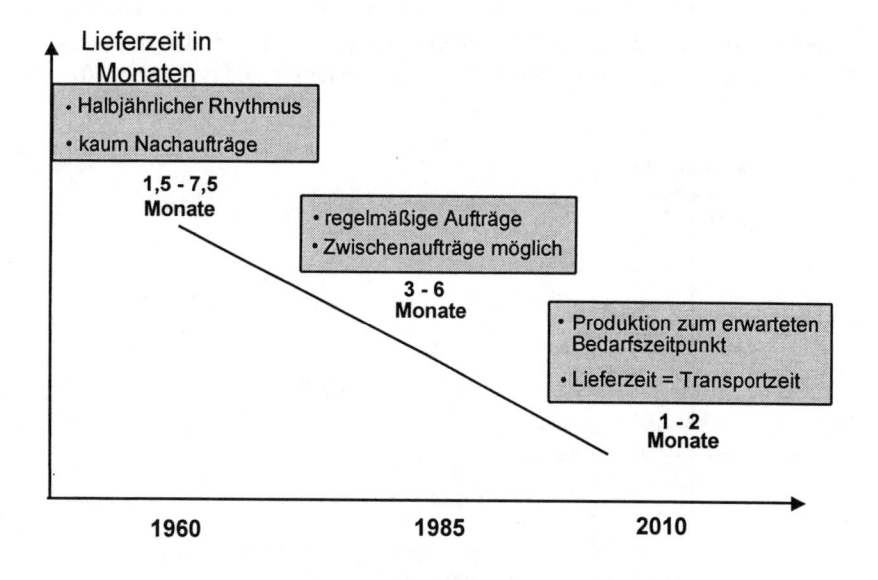

Abb. 11: Auftragsabwicklung gestern – heute – morgen

Quick-Response-Systeme, die in den USA schon weitaus länger im Markt sind und sich in Deutschland in Teststadien befinden, bieten sich dort an. Seit mehreren Jahren arbeitet KARSTADT mit einigen Partnern zusammen, um dieses auszuprobieren. Dabei wird gemeinsam ein entsprechender Plan festgelegt. Es werden bestimmte Artikel und Artikelmengen vereinbart, die Verkaufsdaten werden an den Kassen erfaßt, anschließend geht die Auftragserstellung auf der Basis von Bestand, Verbrauch und Prognose an den Hersteller. Zugleich besteht die Möglichkeit, Daten zu korrigieren und Mehr- oder Mindermengen anzugeben. Danach wird entsprechend ausgezeichnet, verpackt und an die einzelnen Filialen geliefert (vgl. Abb. 12).

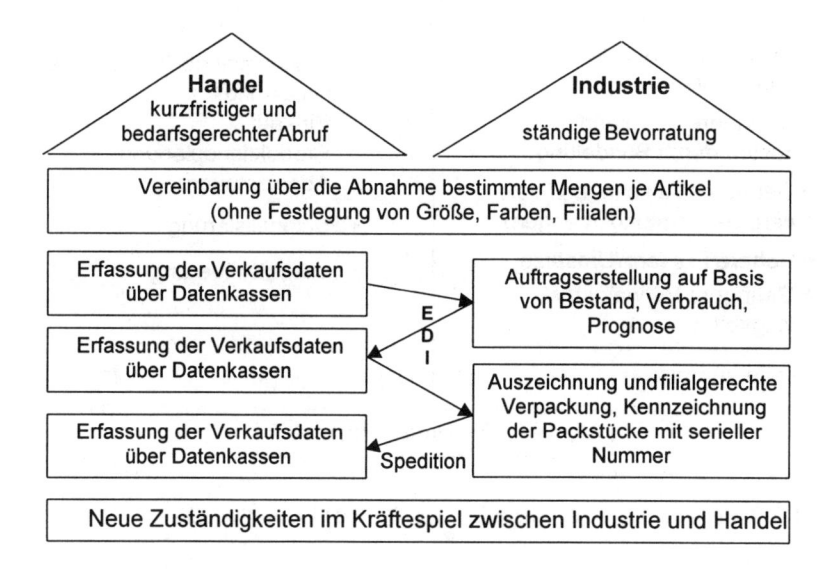

Abb. 12: Quick-Response-Service (Cross-Docking-System)

In diesem Zusammenhang ist jedes gute Prognosesystem besser als ein Mitarbeiter am Markt in seiner Abteilung. Denn wer kann schon im Einkauf 3.000 Artikel dahingehend kontrollieren, ob sie in den Beständen richtig dimensioniert in den Verkaufsregalen liegen? Bei in etwa konstanten Nachfrageverläufen der Artikel kann jedes gute Prognosesystem dieses besser. Auch bei der Industrie ergibt sich durch *rechtzeitige Information* eine im Hinblick auf kontinuierliche

Produktionsauslastung und entsprechende Rationalisierung wesentlich *bessere Produktion- und Absatzsteuerung*.

Das ist nur ein Beispiel, wie zwischen Partnern vernünftig umgegangen wird. Das kann nicht von einem Tag auf den anderen komplett eingeführt werden, sondern muß ausprobiert werden. Aber bei partnerschaftlicher Organisation in entsprechend geschulten Teams erreichen beide Partner die oben genannten Vorteile (vgl. Abb. 13).

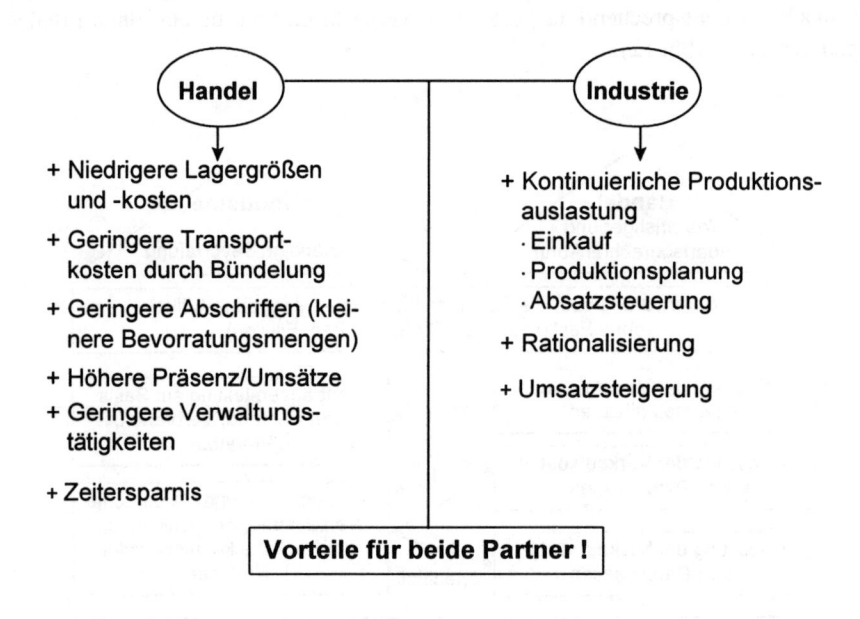

```
          ( Handel )                    ( Industrie )
              │                              │
              ▼                              ▼
+ Niedrigere Lagergrößen         + Kontinuierliche Produktions-
  und -kosten                      auslastung
+ Geringere Transport-             · Einkauf
  kosten durch Bündelung           · Produktionsplanung
+ Geringere Abschriften (klei-     · Absatzsteuerung
  nere Bevorratungsmengen)       + Rationalisierung
+ Höhere Präsenz/Umsätze         + Umsatzsteigerung
+ Geringere Verwaltungs-
  tätigkeiten
+ Zeitersparnis
              │                              │
              └──────────────┬───────────────┘
                             ▼
                 | Vorteile für beide Partner ! |
```

Abb. 13: Vorteile des Quick-Response-Service (Cross-Docking-System)

KARSTADT hat vor einigen Jahren mit den Cross-Docking-Systems begonnen und zunächst dieses ganz vorsichtig getestet, weil das natürlich ein erheblicher Bruch gegenüber bisherigen Vorgehensweisen war. Aber mittlerweile wird dieses System mit einer Reihe von Firmen praktiziert (vgl. Abb. 14). Im Jahr 1997 wird die Zahl der Beteiligten noch erheblich erweitert werden.

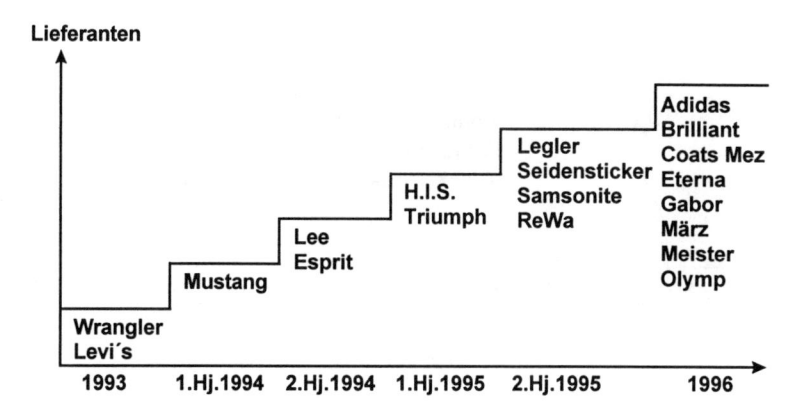

Abb. 14: Quick-Response-Partner von KARSTADT

Wie immer sind die dabei gemachten Erfahrungen wichtig. Es ist wichtig, bei neuen Dingen keine große Philosophie-Diskussion zu führen. Diese ist bei einem vernünftigen strategischen Ansatz überflüssig. Niemand kann im vorhinein am grünen Tisch sagen, was sich wie auswirken wird. Wichtig ist es, mit fünf bis sieben Pilotunternehmen zu beginnen und diese Dinge ausprobieren, denn bei einem entsprechenden Test lernt man am meisten.

Es stellt sich die Frage, warum sich der Handel mit solchen Themen befassen muß? Daher sei an dieser Stelle ein völlig anderer Aspekt, nämlich das Thema Multimedia und Internet, eingeführt. Das folgende Beispiel möge veranschaulichen, welche Implikationen diese modernen Kommunikationstechnologien für den Handel haben könnten:

Ein Informationsbroker, ein Makler, weiß, daß beispielsweise SONY 20.000 Stück eines Markenartikels XY zusätzlich wie Blei auf dem Lager liegen hat. Diesen Artikel bekommt der Makler günstiger und bietet ihn im Internet weltweit an. Parallel dazu schaltet er U.P.S. als Dienstleister ein. Bei dem hohen Discount, den er vorher von SONY bekam, hat er im Internet einen Preis mit geringen Gestehungskosten, denn er kauft die Ware nicht, sondern er vermittelt nur. Er hat keine Bestände, er hat keine Lager, folglich hat er auch keine Outlets, sondern er bietet via Internet an. Insofern kann er einen Preis machen, den ein stationärer Händler nicht halten könnte - und dieses ohne Kapitalbindungskosten. In den USA gibt es eine Firma, die macht mittlerweile genau mit diesem Ansatz Milliardenumsätze.

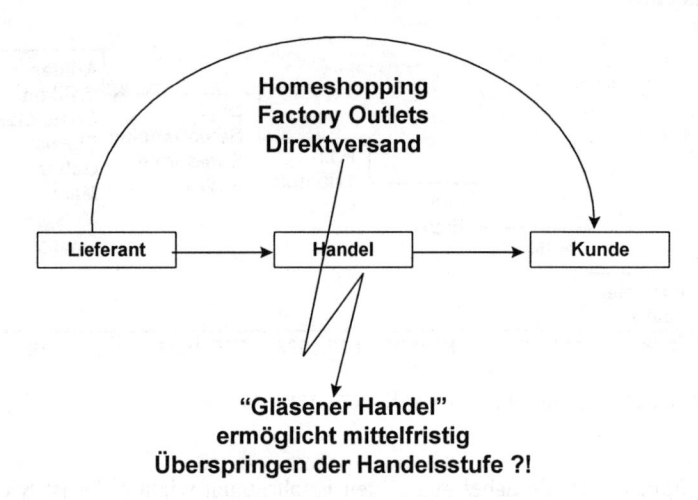

Abb. 15: Risikobetrachtung

Es entsteht also *neue Konkurrenz*. Die Industrie wird versuchen, am Handel vorbei neue, *innovative Vertriebsformen* zu nutzen, oder Dritte, z.B. Makler ohne eigene Bestände, nutzen in Partnerschaft mit Logistik-Dienstleistern das Internet als Verkaufskanal. *Diese Gefahr muß der Handel sehen!* Er hat dann zwei Alternativen: Entweder läßt er dieses geschehen, oder er beteiligt sich an diesem Spiel. Aus den genannten Gründen engagiert sich KARSTADT zur Zeit sehr stark im Bereich Internet. Wenn der Handel nicht mit seinen Partnern, der Industrie und den sonstigen Geschäftspartnern, ständig besser wird und die vorhandenen Technologien und Systeme nutzt, muß er aufpassen, daß er nicht rechts überholt wird (vgl. Abb. 15).

Der Handel muß also übergreifend, d.h. *betriebsübergreifend* mit seinen Partnern aus Industrie und Dienstleistung *Projektteams organisieren*. Es muß *Gesamtverantwortlichkeit* definiert werden. Wer ist der Prozeßmanager zur Einführung von ECR zwischen den Betrieben? Zwischen den Unternehmensleitungen der Firmen A, B und C müssen klare *Ziele bezüglich der gemeinsam zu organisierenden Prozesse* (z.B. Bestellverkehr, Rechnungsverkehr, Replenishment) abgestimmt werden. Dazu gehören auch die *Absprache von Terminen und Investitionsbudgets*, der Aufbau einer *Projektorganisation*, die Benennung von *Projektverantwortlichen* und ein *Projekt-Controlling*.

4 Vorgehensweise

„Warum funktioniert das alles nicht?", wird sich der eine oder andere fragen. Warum sind Dinge, die sich rechnen, Dinge, die modern sind, Dinge, die man auf allen Kongressen mittlerweile hört, die man jetzt auch in der Presse nachlesen kann, damit es dann auch allgemein verständlich ist, so schwer umzusetzen. Warum wird das nicht gemacht? Warum dauert das alles so lange?

Bei der *Hemmnisanalyse* werden oft folgende Punkte genannt:
- mangelnde Verfügbarkeit und Genauigkeit der Daten,
- Sorge vor Einblicken der Geschäftspartner,
- Bedenken wegen personeller Auswirkungen,
- Warten auf funktionsfähige Modelle,
- unterdurchschnittliche Internationalisierung in Deutschland,
- bisherige Fokussierung auf Lebensmittel,
- mangelnde technische Voraussetzungen,
- mangelnde Standardisierung,
- Investitionen und Kosten,
- kritische Masse,
- Warten auf die einheitliche Willensbildung des Handels,
- fehlendes Engagement des Top-Managements.

Im Vergleich dazu lesen sich die o.g. Vorteile wie ein Katalog verpaßter Chancen. Warum also diese langsame Diffusion? Was sind die klassischen „No´s"? Warum „Jetzt nicht!"? Warum „Es gibt wichtigeres zu tun!"? Speziell hier *in Deutschland* scheint nach wie vor die *Furcht* zu bestehen, *mit Partnern* in Industrie und Handel oder sonstigen Dienstleistern *offen zu kommunizieren*. Der Handel muß Umsatzdaten an die Industrie geben, die Industrie muß dem Handel Produktionsdaten und -kosten nennen, damit beide erkennen, wo die Vorteile einer gemeinsamen Produktionssteuerung liegen, wenn sie miteinander sensible Daten austauschen.

Eine *wichtige Voraussetzung*, um solche Prozesse gemeinsam zu gestalten, *ist Vertrauen*, das in vielen Fällen fehlt. Der entscheidende Schlüssel sind weniger die Systeme und Informations- oder Kommunikationstechnologien, sondern vielmehr die Bereitschaft, seinem Geschäftspartner dieses Vertrauen entgegen zu bringen. Wenn dieses Vertrauen vorhanden ist, ist die Einrichtung einer Projektorganisation und die Nutzung der Technologie leicht. Wenn es an gegenseitigem Vertrauen fehlt, werden keine sensiblen Daten ausgetauscht. Ohne die Bereitschaft, tiefergehende Daten auszutauschen, funktioniert ECR nicht.

Wenn ein Unternehmer diese Bereitschaft nicht aufbringt, möge er sich um andere Dinge in seinem Unternehmen kümmern. Allerdings ist dann zu fragen, wie lange er sich diese Absenz wird leisten können. Denn Handel und Industrie können sich sehr schnell darüber einig werden, daß die Warenanlieferungen auf Euro-Paletten geschieht. Das sieht auch jeder ein, daß nicht der A mit einer anderen Palette arbeitet als der B, sondern beide die genormte Euro-Palette nutzen.

Wenn dann aber darüber gesprochen wird, wie der sonstige Geschäftsverkehr gemeinsam zu organisieren ist, und die Hersteller sträuben sich dagegen, dann hat die Industrie ein Problem. Dann muß KARSTADT sich nämlich fragen, warum mit solchen Industriefirmen zusammengearbeitet werden soll, die nicht bereit sind, den Geschäftsdatenverkehr mit ihnen zum beidseitigen Vorteil - so wie oben geschildert - zu organisieren. Dann stellt sich auch die Frage, welche Produkte diese Firmen haben, und ob sie für KARSTADT wichtig sind. Gibt es dafür Alternativprodukte von Firmen, die bereit sind, den Geschäftsdatenverkehr mit KARSTADT so zu organisieren, daß keine übermäßigen Aufwendungen entstehen? Solche Aspekte müssen in Zukunft Bestandteil von Gesprächen im Einkauf werden, damit die *Prozeßkosten auf ein deutlich niedrigeres Niveau gesenkt* werden.

Ein weiterer Grund, der neben Vertrauen und vielleicht noch mangelnder Technologiedurchdringung, mangelndem Gefühl und Sensibilität für dieses Thema immer wieder als Hemmnis geäußert wird, ist der *Kostenaspekt*. Es wird behauptet, die Organisation der Bestellverkehre, die Nutzung von EDIFACT, der Einsatz von EANCOM-Systemen sei teuer. Das ist eine wunderbare Ausrede. Ein leistungsfähiger PC kostet heute fünf- bis sechstausend Mark. Was kostet eine solche Standardsoftware? Die Herstellung einer Schnittstelle zwischen dem DV-System des Lieferanten und diesem Konverter kostet vielleicht zusammen 20.000 bis 25.000 DM. Das sind die halben Kosten eines namhaften Dienstwagens in Deutschland. Doch während der Dienstwagen Geld kostet, bringt diese Investition Geld. Das *vermeintliche Kostenargument überzeugt also nicht*. Es müssen ja nicht gleich en bloc alle Geschäftsarten erfaßt werden. Wichtig ist es, bei *stufenweisem Vorgehen* einfach mit einer Geschäftsart anzufangen, Vorteile zu realisieren, Erfahrungen zu sammeln und damit auch Mut zu gewinnen, in weitere Geschäftsfälle einzusteigen (vgl. Abb. 16). Notwendig ist viel mehr ein *neues Denken* (vgl. Abb. 17).

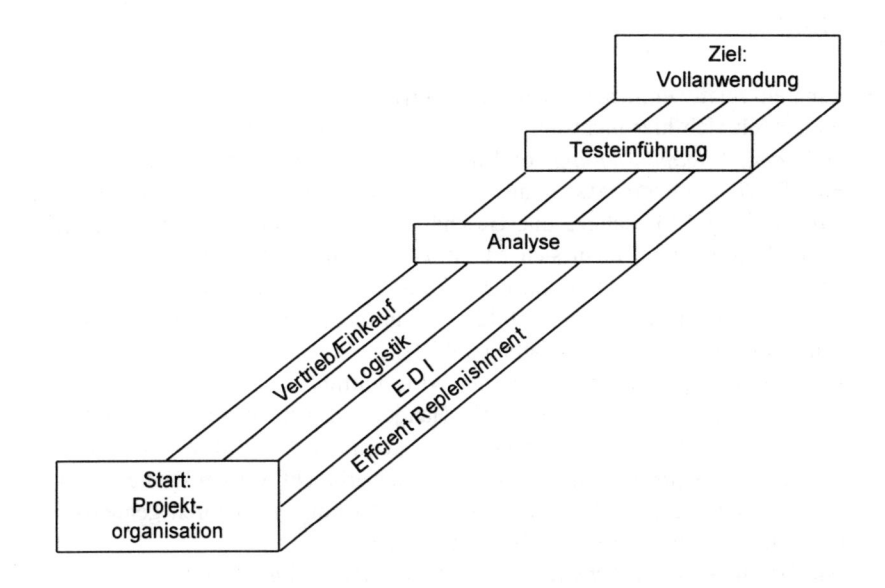

Abb. 16: Stufenweises Vorgehen

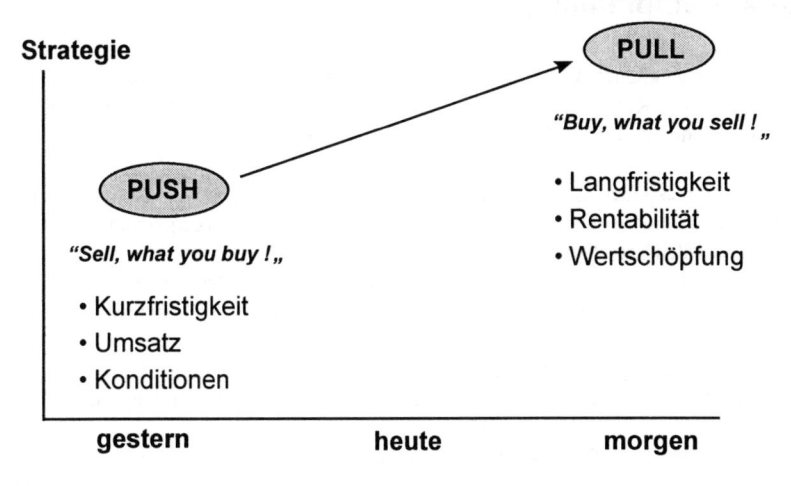

Abb. 17: Neues Denken erforderlich

5 Fazit

Es kann ein relativ einfaches Fazit gezogen werden:
1. Es handelt sich hier nicht um ein individuelles Problem, sondern um eine *gemeinsame Aufgabenstellung* von Handel, Industrie und weiteren Beteiligten.
2. Für alle Geschäftsprozesse können vorhandene Standards genutzt werden. *Alle Standards* sind für nahezu alle Geschäftsvorfälle *verfügbar*. Wer zusätzliches Know-how braucht, kann sich an die CCG wenden. Er wird es en bloc frei Haus geliefert bekommen und kann sofort mit ECR beginnen. Es haben sich Dienstleistungsfirmen herausgebildet, die in diesem Bereich der EDV und Organisation entsprechende Beratung anbieten.
3. Die Umsetzung ist für alle Beteiligten wirtschaftlich.
4. Wenn es gelingt, zwischen Industrie, Handel und den sonstigen Geschäftspartnern zu einem *besseren Prozeßniveau* zu kommen, wenn also *Leistungen* besser, d.h. *kostengünstiger* und *wirtschaftlicher* erbracht werden können, sind die Unternehmen auch in der Lage, ihre Dienstleistungen für ihren gemeinsamen Kunden, den Endverbraucher, besser zu leisten.
5. *Wer sich nicht daran beteiligt, katapultiert sich aus dem Markt!*

Literaturempfehlung

Ahlert, D. / Dieckheuer, G. (Hrsg.) (1994): Kooperationen in der Textilwirtschaft - Perspektiven und Konzepte zur Zusammenarbeit zwischen Industrie und Handel, Dokumentation des 2. FATM-Textil-Symposiums für den Management-Nachwuchs, Münster.

Ahlert, D. / Dieckheuer, G. (Hrsg.) (1995): Erfolg in schwierigen Märkten - Internationale Konzepte und Strategien für den Modeeinzelhandel von morgen. Dokumentation des Internationalen Trendkongresses Fashion Retailing, Münster.

Ahlert, D. / Olbrich, R. (Hrsg.) (1997): Integrierte Warenwirtschaftssysteme und Handelscontrolling, Konzeptionelle Grundlagen und Umsetzung in der Handelspraxis, 3., neubearbeite Aufl., Stuttgart.

Cole, D. (1988): Experiences with Quick Response in the USA, in: Gesamttextil, Kurt Salmon Associates (Hrsg.): Quick Response - Neue Formel der Partnerschaft in der Textilwirtschaft, Frankfurt, S. 55-75.

Krönfeld, B. (1995): Erfolgsforschung in kooperierenden Handelssystemen - Eine empirische Analyse des organisationalen Lernens von erfolgreichen Vorbildern, in: Schriften zu Distribution und Handel, Bd. 13, (Hrsg.) Ahlert, D., Frankfurt a. M., Bern, New York.

Efficient Consumer Response - Kooperation statt Konfrontation

Heinz Wiezorek

Zusammenfassung

Efficient Consumer Response (ECR) beinhaltet mehr als die Kostenoptimierung zwischen zwei Marktpartnern. Bei ECR handelt es sich um ein strategisches Konzept, welches Logistik, Marketing, Organisation und Informationstechnik zwischen Marktpartnern gestaltet und eine langfristige Gewinnmaximierung in der gesamten Wertschöpfungskette ermöglicht.

1 Motivation

Der Begriff ECR wird mittlerweile als Lösung für die vielfältigsten Probleme in der Industrie und im Handel propagiert. Zur begrifflichen Präzisierung der mit ECR intendierten Inhalte sollen kurz drei charakteristische Thesen skizziert werden:

1. Die unter dem Begriff ECR subsumierten Konzepte stellen kein Synonym für Reengineering dar, vielmehr fokussiert ECR auf Wachstumsaspekte.
2. ECR soll nicht als „Vehikel" dienen, um die Umverteilung von Kosten zuungunsten von Geschäftspartnern zu verschleiern („Mein Gewinn ist Dein Verlust", „Meine Hand in Deiner Tasche").
3. ECR ist kein neues akademisches Schlagwort oder praktisches Modewort. Die Umsetzung der mit ECR verknüpften Inhalte ist mit großen Problemen behaftet, die auch zum Scheitern von ECR-Projekten führen können.

ECR repräsentiert damit insbesondere einen Konzept-Mix zur Gestaltung des Spannungsfelds Verbraucher-Handelsunternehmen-Industrieunternehmen (vgl. Abb. 1).

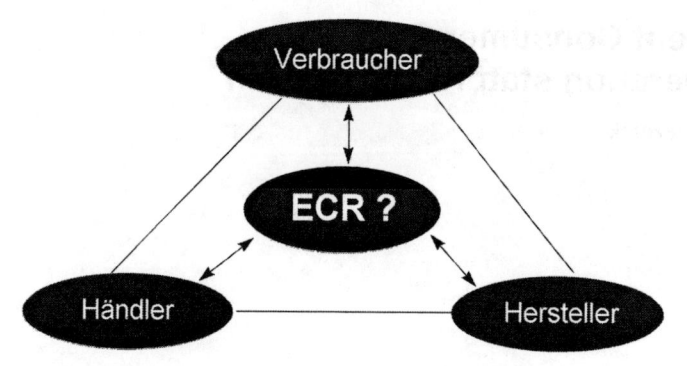

Abb. 1: Spannungsfeld zwischen Verbraucher, Handel und Industrie

1.1 Verbraucher

Die Entwicklung auf Verbraucherseite ist geprägt durch ein geringes Bevölkerungswachstum, ein steigendes Durchschnittsalter und schnelle Informationsbeschaffungsmöglichkeiten (vgl. Tab. 1). Die Anzahl der traditionellen Haushalte sinkt, z. B. sind 52 % der Haushalte in München Single-Haushalte. Diese Tatsache hat erheblichen Einfluß auf die Darbietung von Produkten (z. B. Packungskonfiguration). Gleichzeitig stagniert das frei verfügbare Einkommen, was sich auch zukünftig nicht ändern dürfte. Die Preis-Wert-Betrachtung der Verbraucher wandelt sich. Sie kommt beispielsweise in der Bezeichnung „Smart-Shopper" zum Ausdruck. Aus den genannten Tendenzen resultiert eine geänderte Erwartungshaltung der Verbraucher. Diese wollen qualitativ hochwertige Ware billiger, besser, schneller und ggf. frischer kaufen.

1.2 Händler

Resultierend aus dem skizzierten Verbraucherverhalten stagnieren die Ausgaben für den Konsum (vgl. Abb. 2). Der Handel hält für das derzeitige Umsatzvolumen zu viele Verkaufsflächen vor. Insbesondere in den neuen Bundesländern dürfte es in den nächsten Jahren zunehmend zu Marktschließungen kommen. Der Verdrängungswettbewerb nimmt zu, wobei die Einkaufsmacht durch Großfusionen weiter steigen wird. Exemplarisch für diese Entwicklung stehen sog. Hochzeitsrabatte, die z. B. die REWE bei der Übernahme von Billa eingefordert hat. Aus dem

Wachstum der Discounter resultiert eine neue Armut in bezug auf den vielgepriesenen Erlebniseinkauf in Deutschlands Handelslandschaft („stack them high and price them low"). Diese Entwicklung wird dazu führen, daß qualitätsorientierte Unternehmen nicht überleben. Neben der Zunahme von Handelsmarken ist die Zunahme des Wissens über die Verbraucher als wesentliches Potential des Handels zu nennen. Über Kartensysteme und unmittelbare Abverkaufszahlen erhält der Handel die Informationen.

1.3 Hersteller

Die Entwicklung der Händler hat Auswirkungen auf den Hersteller (vgl. Abb. 2). Neben Überkapazitäten in der Produktion ist die Vielzahl neuer Produkte zu nennen. Von 1.600 als neu bezeichneten Produkten der Hersteller in 1996 waren nur 35 wirklich innovativ. Bei den übrigen Produkten handelte es sich lediglich um Kopien bestehender Produkte („me-too"-Produkte). Es kann davon ausgegangen werden, daß in 2 Jahren von diesen 1.600 Produkten noch 5 % existieren.

Verbraucher	Händler	Hersteller
geringes Bevölkerungswachstum	Ausgaben für Konsum stagnieren	Überkapazitäten
steigendes Durchschnittsalter	zu viele Verkaufsflächen	viele neue Produkte
schnelle Informationsmöglichkeit	Verdrängungswettbewerb nimmt zu	Marketingaufwand wächst
weniger traditionelle Haushalte	Großfusionen erhöhen Einkaufsmacht	Globalisierung der Marken
frei verfügbares Einkommen stagniert	Discounter o. ä. wachsen	Forderungen des Handels nehmen zu
veränderte Preis/Wert-Betrachtung	Handelsmarken nehmen zu	Anforderungen der Verbraucher wachsen
verändertes Einkaufsverhalten	mehr Wissen über den Verbraucher	
→ billigere Preise für qualitativ hochwertige Ware, jederzeit verfügbar	→ Druck auf Preise und Kosten nimmt zu	Druck auf Preise und Kosten nimmt zu

Abb. 2: Volkswirtschaftiche Rahmenbedingungen

Der Aufwand, den die Hersteller für das Marketing aufzuwenden haben, wächst angesichts schlechter Aussichten für neu definierte Markenprodukte. Problematisch aus Sicht der Hersteller sind darüber hinaus die zunehmenden Forderungen des Handels und die wachsenden Anforderungen der Verbraucher. Resultat ist ein wachsender Preis- und Kostendruck für die Hersteller.

2 Konfliktstrategie oder Kooperationsstrategie

2.1 Allgemeines zum Spannungsfeld Industrie-Handel

In Deutschland ist der Grad an Konflikten zwischen der Industrie und dem Handel erheblich größer als in anderen europäischen Ländern. Beispielsweise herrscht in England und Holland eher ein Klima der kooperativen Zusammenarbeit. Bei Entscheidungen zugunsten eines kooperativen Vorgehens ist die Auswahl der Partner von erheblicher Bedeutung.

2.2 Organisation des ECR-Europe

Entstanden ist ECR-Europe aus der Überlegung, wie Erfahrungen aus den USA oder aus Studien genutzt werden können, um die überbetriebliche Zusammenarbeit zwischen den Marktpartnern in Europa koordiniert zu gestalten.

Im Executive Board des ECR-Europe sind es die Industrie- und Handelsunternehmen, die seit über drei Jahren die Idee ECR-Europe vorantreiben. Die Mitglieder des ECR-Europe kommen aus allen Ländern. Neben Vertretern aus Handel und Industrie sind auch Verbände Mitglieder des ECR Europe (Abb. 3).

Grundlage für die gemeinsame Zusammenarbeit sind einige Grundsätze, auf die sich die Kooperationsmitglieder geeinigt haben:
- „Wir setzen uns ein für Wertsteigerung für den Verbraucher"
- „Wir setzen uns ein für die gemeinsame Aufteilung des Nutzens"
- „Wir setzen uns ein für ständige Verbesserung"
- „Wir haben eine langfristige Sichtweise"
- „Wir haben den festen Willen zur Umsetzung"
- „Wir ziehen praktische Lösungen vor"
- „Wir haben die Verpflichtung, an der Spitze dieses Prozesses zu stehen"
- „Wir sind ergebnisorientiert"
- „Wir unterstützen auf Daten basierende Entscheidungen"

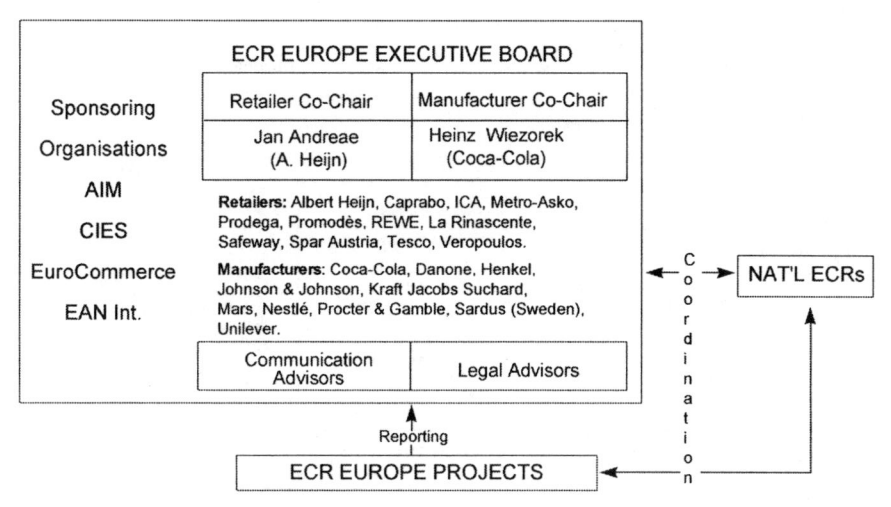

```
                    ECR EUROPE EXECUTIVE BOARD
Sponsoring       | Retailer Co-Chair  | Manufacturer Co-Chair |
Organisations    | Jan Andreae        | Heinz Wiezorek         |
                 | (A. Heijn)         | (Coca-Cola)            |
AIM
              Retailers: Albert Heijn, Caprabo, ICA, Metro-Asko,
CIES          Prodega, Promodès, REWE, La Rinascente,
              Safeway, Spar Austria, Tesco, Veropoulos.
EuroCommerce  Manufacturers: Coca-Cola, Danone, Henkel,
              Johnson & Johnson, Kraft Jacobs Suchard,
EAN Int.      Mars, Nestlé, Procter & Gamble, Sardus (Sweden),
              Unilever.
              | Communication      | Legal Advisors |
              | Advisors           |                |
                       Reporting
              ECR EUROPE PROJECTS                 → NAT'L ECRs
                                         (Coordination)
```

Abb. 3: Aufbau von ECR-Europe

Diese Glaubensgrundsätze haben ihre Konkretisierung in einer gemeinsamen Vision, die nach anfänglichen Definitionsproblemen gefunden wurde. Die Vision lautet: „Zusammenarbeit mit dem Ziel, die Wünsche der Verbraucher besser, schneller und kostengünstiger zu erfüllen."

„Efficient Consumer Response" ist eine einzigartige Initiative, in der sich Hersteller, Großhändler und Einzelhändler zusammengeschlossen haben. Ihr Ziel ist es, durch gemeinsame Anstrengungen die Versorgungskette zu verbessern, um so den europäischen Verbrauchern ein Optimum an Qualität, Service und Produktvielfalt zu bieten. In dem äußerst wettbewerbsintensiven Umfeld des wachsenden internationalen Handels und der rasanten Entwicklung der Technik bietet ECR Europe den Beteiligten auf allen Ebenen eine echte Gelegenheit, an den Vorteilen eines umfassenden Lösungsversuchs zur Effizienzsteigerung der gesamten Versorgungskette teilzuhaben.

Die bislang durchgeführten Projekte setzen sich aus einem Handelsunternehmen und einem Industrieunternehmen zusammen. Ein wesentlicher Lerneffekt war die Erfahrung, daß die Kooperationen durch Personen manifestiert werden. Inzwischen existieren eine Vielzahl nationaler Projekte, die hinsichtlich ihrer Umsetzung des ECR-Gedankens unterschiedlich weit in der Implementierung sind.

Eine Übersicht über die Projekte von ECR-Europe und die beteiligten Kooperationspartner gibt Abb. 4.

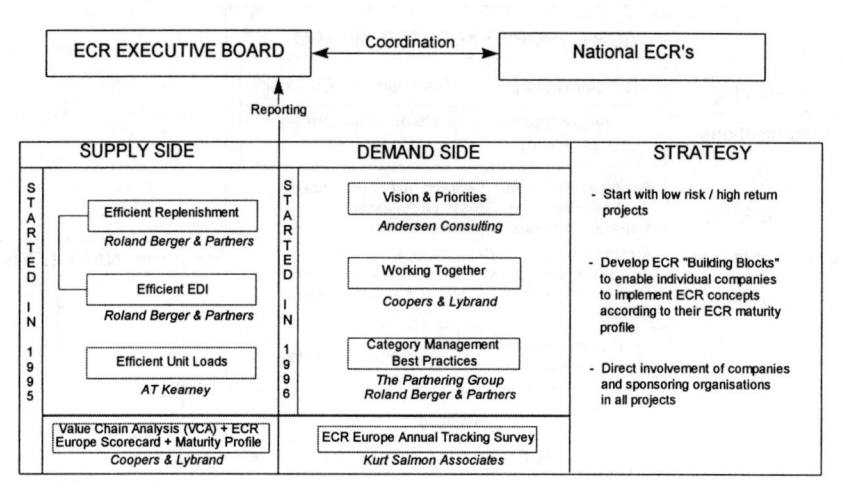

	SUPPLY SIDE	DEMAND SIDE	STRATEGY
STARTED IN 1995	Efficient Replenishment — Roland Berger & Partners; Efficient EDI — Roland Berger & Partners; Efficient Unit Loads — AT Kearney	(STARTED IN 1996) Vision & Priorities — Andersen Consulting; Working Together — Coopers & Lybrand; Category Management Best Practices — The Partnering Group, Roland Berger & Partners	- Start with low risk / high return projects - Develop ECR "Building Blocks" to enable individual companies to implement ECR concepts according to their ECR maturity profile - Direct involvement of companies and sponsoring organisations in all projects
	Value Chain Analysis (VCA) + ECR Europe Scorecard + Maturity Profile — Coopers & Lybrand	ECR Europe Annual Tracking Survey — Kurt Salmon Associates	

ECR EXECUTIVE BOARD ←Coordination→ National ECR's (Reporting)

Abb. 4: Projekte von ECR-Europe

2.3 Kooperationsformen

2.3.1 Allgemeines

Ein Phänomen bei der Ausgestaltung überbetrieblicher Kooperationen ist die Sensibilität der auszutauschenden Daten, die häufig ein Hindernis der Zusammenarbeit darstellt. Es läßt sich konstatieren, daß die Kooperationen in operativen Bereichen einfacher zu realisieren sind als im Marketing. Demzufolge wurden zuerst Projekte mit einem operativen Fokus durchgeführt, ehe im letzten Jahr erste Kooperationsvorhaben im Marketing realisiert wurden.

Das erste Projekt auf der Versorgungsseite war die Value Chain Analysis (Coopers & Lybrand), um das Einsparungspotential von der Industrie bis zum Konsumenten zu quantifizieren. Roland Berger & Partner haben in Zusammenarbeit mit Mitarbeitern aus den verschiedenen Unternehmen die Bereiche EDI und Efficient Replenishment untersucht. AT Kearney hat sich mit dem Konzept der Efficient Unit Loads beschäftigt. Zusätzlich wurde eine European Score Card entwickelt. Es handelt sich dabei um eine Auflistung von 14 Bausteinen, die - in Abhängigkeit vom Entwicklungsstadium des Unternehmens - individuelle ECR-Projekte konstituieren. Diese ECR-Klassifikation wird in Zukunft als Kommunikationsmedium fungieren, wenn Kooperationen zwischen Handel und Industrie begonnen werden sollen.

Jährlich wird ein Statusbericht verfaßt, in dem auf den Stand der ECR-Implementierung in Europa eingegangen wird. Einer der wesentlichen Aspekte der ECR-Konzeption ist es, eine kritische Masse zu erreichen. Dieses soll durch verschiedene Veröffentlichungen vorangetrieben werden (Value Chain Analysis, European Score Card, Best Practices of Category Management, usw.).

2.3.2 Value Chain Analysis

Die Value Chain Analysis befaßt sich mit der Ermittlung des Kosteneinsparungspotentials in der gesamten Versorgungskette. Die neuesten Zahlen prognostizieren 6,1 % Rationalisierungspotential vom Endverbraucherpreis, wobei 5,2 % aus einer Kosteneinsparung im operativen Bereich und 0,9 % aus einer Kapitalkostenreduktion (Verringerung von Beständen) resultieren soll. In absoluten Zahlen ausgedrückt, wird ein Einsparungspotential von ca. 50 Mrd. DM in Europa pro Jahr prognostiziert. Die Einsparungen im operativen Bereich sollen insbesondere durch fünf Schwerpunktmaßnahmen realisiert werden. Die Bestandsreduktionen sollen vor allem durch die Synchronisierung der Produktion mit dem Abverkauf und den kontinuierlichen Warennachschub (CRP) erzielt werden.

2.3.3 Efficient Replenishment

Im Rahmen von 11 Partnerschaften, die in den Bereichen kontinuierlicher Warennachschub, Cross Docking und Einsatz von Roll-Containern durchgeführt wurden, konnten die prognostizierten Verbesserungen erzielt werden. In Efficient-Replenishment-Projekten kam es zu einer deutlichen Reduzierung des gebundenen Kapitals. Bestellvorlaufzeiten wurden um bis zu 80 % von 10 Tagen auf 2 Tage verringert. Im Rahmen von Cross-Docking-Projekten konnten die Kosten des Vertriebs auf 70 % der ursprünglichen Kosten reduziert werden. Ein erheblicher Teil der Einsparung konnte durch ein verbessertes Handling erreicht werden. Die wichtigste Voraussetzung für die Implementierung der Maßnahmen war die verstärkte Nutzung von EDI zur Kommunikation zwischen den Marktpartnern.

Der Nutzen der durchgeführten Efficient-Replenishment-Projekte lag im wesentlichen in der Vermeidung von Out-of-Stock-Situationen und einer besseren Fahrzeugauslastung. Insgesamt ist die Frische der Produkte in Deutschland deutlich - bis zu 3 mal - schlechter als in anderen europäischen Ländern. Der Nutzen des Verbrauchers wird durch die verbesserte Frische erreicht. Durch die Bestandsreduktion im Einzelhandel können zusätzliche Verkaufsflächen erschlossen werden.

Zusammengefaßt ergeben sich folgenden Nutzenpotentiale durch Efficient Replenishment:
- Vermeidung von Out-of-Stock-Situationen
- Reduktion von Warenvorräten
- Bessere Fahrzeugauslastung
- Verbesserter Lagerbetrieb
- Abschriftenreduzierung (Verminderung unverkäuflicher Ware)
- Effizienterer Einsatz der Ressourcen des Herstellers
- Effizientere Produkteinführungen
- Geringere Verwaltungskosten
- Weniger Kundenbeschwerden (weniger Rückgaben und Annahmeverweigerungen)
- Schnellere Belieferung

Durch die Einigung auf einheitliche Verpackungen innerhalb der Wertschöpfungskette („Efficient Unit Loads") sollen Einsparungen in Höhe von 1,2 % bzw. 8 Mrd. DM erreicht werden.

2.4 ECR-Potentiale

2.4.1 ECR für Wachstum

Entwicklungsbausteine für ECR sind in der Versorgungskette die Integration der Zulieferer, die zuverlässige Arbeitsweise und das Cross Docking. Als konzeptionelle und technologische Konzepte werden EDI, Electronic Fund Transfer, EAN-Nutzung, Scanning und Activity Based Costing erforderlich. Nur wenige Handelsunternehmen scannen heute mehr als 80 % ihres Umsatzes. Für die strukturierte Analyse der Abverkaufsdaten sowie für strategische Marketingmaßnahmen ist eine ausschließliche Erfassung der Abverkäufe durch Scanner-Kassen erforderlich. Durch die manuelle Erfassung werden moderne Konzepte langfristig zum Scheitern verurteilt.

Bei der Einführung von „neuen" Produkten zeigt sich die ungenügende Kommunikation zwischen Handels- und Industrieunternehmen. Während Industrieunternehmen - verständlicherweise - jede Produkteinführung als Innovation empfinden, sind die Handelsunternehmen in ihrer Einschätzung kritischer. Durch statistische Untersuchungen kann ebenfalls nachgewiesen werden, daß die kooperative Durchführung von Aktionen bzw. Promotionen zu höheren Umsatzsteigerungen

(40 % anstatt 20 %) und Bruttospannen (20 % anstatt 15 %) führt als die Durchführung unkoordinierter Aktionen in Regie der Handelsunternehmen.

2.4.2 Category Management

Sofern Category Management als traditionelles Warengruppenmanagement begriffen wird, liegt keine konzeptuelle ECR-Spezifität vor. Anders verhält es sich hingegen, wenn beispielsweise eine Berücksichtigung der Verbraucherstruktur zu differierenden Definitionen der Category Soft-Drinks führt. Ziele des Händlers bei der Ausgestaltung des Ladenlayouts (z. B. Differenzierung nach Anlässen wie Frühstück, Mittagessen, Abendessen) können im Gegensatz zur Untersuchung der Einkaufsgewohnheiten der Verbraucher (z. B. in bezug auf die Einkaufshäufigkeit oder den Kundenservice (Bequemlichkeit, Gourmet)) zu einer anderen Gestaltung von Categories führen. Die Definition der Category kann im Handel sehr unterschiedlich sein. Sie wird geprägt durch die Struktur des Ladens und des Einkaufsverhaltens der umliegenden Demographie. Ein Beispiel für diese Tatsache ist die Existenz von Windeln als Traffic Builder bei Toys R'Us.

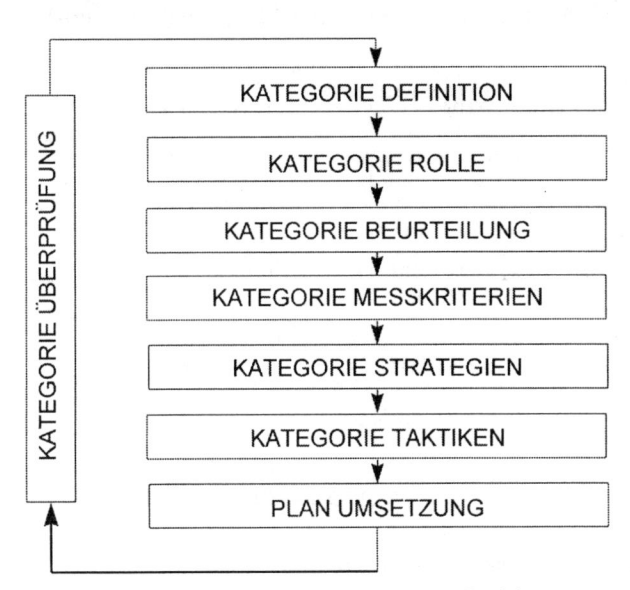

```
                    ┌──────────────────────────────┐
                    │   KATEGORIE DEFINITION       │
                    └──────────────┬───────────────┘
                                   ▼
┌──────────────┐    ┌──────────────────────────────┐
│              │    │   KATEGORIE ROLLE            │
│              │    └──────────────┬───────────────┘
│              │                   ▼
│  KATEGORIE   │    ┌──────────────────────────────┐
│              │    │   KATEGORIE BEURTEILUNG      │
│ ÜBERPRÜFUNG  │    └──────────────┬───────────────┘
│              │                   ▼
│              │    ┌──────────────────────────────┐
│              │    │   KATEGORIE MESSKRITERIEN    │
│              │    └──────────────┬───────────────┘
│              │                   ▼
│              │    ┌──────────────────────────────┐
│              │    │   KATEGORIE STRATEGIEN       │
│              │    └──────────────┬───────────────┘
│              │                   ▼
│              │    ┌──────────────────────────────┐
│              │    │   KATEGORIE TAKTIKEN         │
│              │    └──────────────┬───────────────┘
│              │                   ▼
│              │    ┌──────────────────────────────┐
└──────────────┘    │   PLAN UMSETZUNG             │
                    └──────────────────────────────┘
```

Abb. 5: Exemplarischer Ablauf eines Category Management-Projekts

Das Vorgehen zur Umsetzung des Category Management (vgl. Abb. 5) wird geprägt durch die Rollendefinition einer Kategorie, d. h. der strategischen Bedeutung der Category. Nach der strategischen Positionierung von Rollen werden Beurteilungskriterien festgelegt, die zu meßbaren Kriterien für den Erfolg des Category Managements führen. Aus den Meßkriterien werden Strategien und Pläne (Taktiken) abgeleitet. Die Umsetzung der Pläne führt zu einem Zyklus, indem die Kategorien einer Prüfung unterzogen werden.

Beispiele von ECR-Projekten:
- Ergebnis eines ECR-Projekts im Kaffeebereich war die Elimination von 25 % der Artikel der Kategorie Kaffee, so daß das Sortiment erheblich gestrafft werden konnte. Eine Reduktion der Out-of-stock-Situationen war begleitet von einer Umsatzerhöhung, einer Erhöhung des Marktanteils und einem Produktivitätszuwachs um 45 %.
- Ein weiteres Beispiel aus dem Bereich Waschpulver war geprägt durch eine Einteilung der Ware in traffic builder, convenience products und Gewinnbringer. Die Preise der verschiedenen Artikel entsprachen dieser Klassifizierung. Ergebnis des Projekts war eine Erhöhung des Umsatzes um 27 %, eine Erhöhung des Marktanteils um 12 % und eine Steigerung der Netto-Marge um 8 %.

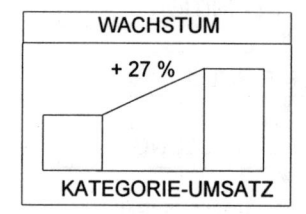

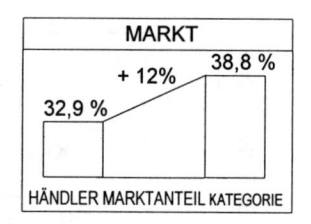

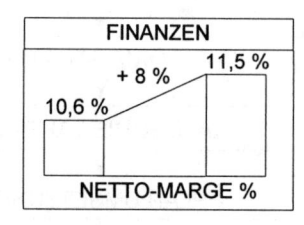

Abb. 6: Best Practices Category Management

2.4.3 Probleme für ECR

Angesichts der nicht nur prognostizierten, sondern bereits in Projekten realisierten Einsparpotentiale, stellt sich die Frage, warum die Marktpartner das bestehende Potential nicht nutzen und in erheblichem Maße in ECR-Projekte investieren. Eine Ursache hierfür ist die hohe Komplexität der Geschäftsbeziehungen zwischen den Marktpartnern. Bei der Umsetzung der ECR-Gedanken sind viele technische und organisatorische Rahmenbedingungen zu beachten, so daß bereits Einzelprojekte einen erheblichen Arbeitsaufwand bedingen. Neben der Notwendigkeit zur überbetrieblichen Koordination treten innerbetriebliche Barrieren auf. Ein Beispiel ist die Diskrepanz zwischen gewährter Listungsgebühr des Artikels an den Einkauf und Umschlaghäufigkeit des Artikels. Analoge Probleme interner Zielkonflikte existieren auch in der Industrie zwischen Marketing (Ziel: Extreme Produktvielfalt), Verkäufer (Ziel: häufige Produktwechsel) und Produktion (Ziel: geringe Produktvariation und große Produktionslose).

Händler und Hersteller nennen gleiche Barrieren bei der Umsetzung von ECR. Neben dem mangelnden Willen zum Austausch von Informationen existieren interne Konflikte. Die inflexiblen Informationssysteme, ungeschulte Mitarbeiter und die fehlende Bereitschaft zur Änderung der gesamten Organisation stellen Hindernisse dar.

2.4.4 Zusammenarbeit von Handel und Herstellern

Der Gegensatz zwischen der Ist-Situation mit den skizzierten Barrieren und den erforderlichen Voraussetzungen für die Umsetzung von ECR ist evident. Eine wesentliche Basis für ECR ist das persönliche Engagement des Top-Managements. Der heutige Zustand ist geprägt durch das Nadelöhr zwischen Key-Account-Manager auf der Industrieseite und Einkäufer auf der Handelsseite (vgl. Abb. 7 links). Auf Basis der bestehenden hierarchischen Strukturen ist eine moderne Zusammenarbeit nicht denkbar. Es ist eine Teamstruktur erforderlich, in der der Category Captain aus den Reihen des Handels stammt. Der Hersteller muß die Rolle des Category Advisors übernehmen, der gemeinsam mit dem Category Captain des Handels die Kooperationsaktivitäten der verschiedenen Fachleute koordiniert. Die Interaktion zwischen diesen Fachleuten muß vor dem Hintergrund einer Verbesserung der Koordination durch häufige Projekttreffen intensiviert werden.

Hersteller / Händler

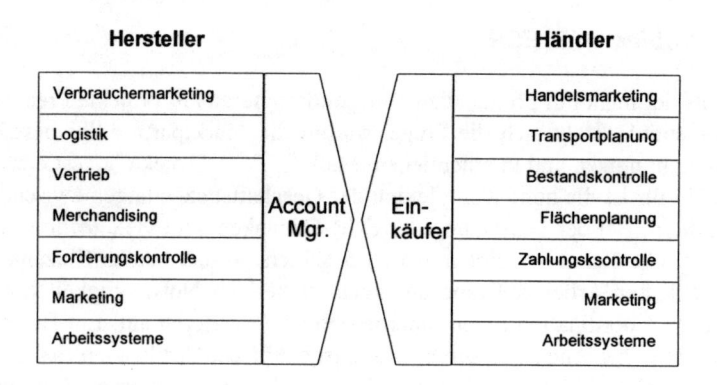

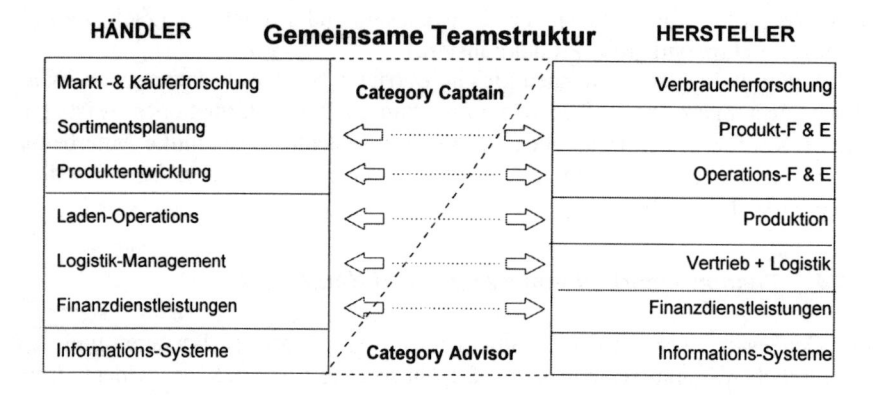

Hersteller			Händler
Verbrauchermarketing			Handelsmarketing
Logistik			Transportplanung
Vertrieb	Account Mgr.	Ein-käufer	Bestandskontrolle
Merchandising			Flächenplanung
Forderungskontrolle			Zahlungskontrolle
Marketing			Marketing
Arbeitssysteme			Arbeitssysteme

HÄNDLER	Gemeinsame Teamstruktur	HERSTELLER
Markt -& Käuferforschung	Category Captain	Verbraucherforschung
Sortimentsplanung	⇔	Produkt-F & E
Produktentwicklung	⇔	Operations-F & E
Laden-Operations	⇔	Produktion
Logistik-Management	⇔	Vertrieb + Logistik
Finanzdienstleistungen	⇔	Finanzdienstleistungen
Informations-Systeme	Category Advisor	Informations-Systeme

Abb. 7: Engpaß und Überwindung des Engpasses zwischen Hersteller und Händler

3 Fazit

Für eine langfristige Umsetzung der ECR-Idee muß eine kritische Masse sowohl auf Industrie- als auch auf Handelsseite erreicht werden. Die Beteiligten müssen sich an den entwickelten Standards orientieren. Das ECR-Konzept kann unabhängig von der Größe des Unternehmens eingesetzt werden. Unternehmen mittlerer Größe sind durch ihre Flexibilität besonders gut in der Lage, eine schnellere Umsetzung der Maßnahmen vorzunehmen. Das für die erstmalige Ausstattung erforderliche Investitionsvolumen fördert eine Einführung bei mittelgroßen Unternehmen, weil diese mit einem verhältnismäßig geringen Investitionsbetrag von ca. 10-15.000,- DM - zzgl. Personalkosten - ein erhebliches Nutzenpotential erschließen können (vgl. Abb. 8).

	Frankreich	Deutschland	Italien	Schweden	England
PC incl. Modem	3040	1980	1820	2040	1230
Installation & Training	800	1000	520	-	-
Software (Annahme: 2 Anwendungen z. B. Rechnungen/Bestellungen)	560	1570	3640	3000	800
Einmalkosten	4400	4550	5980	5040	2030
Jährliche Service Gebühren (Annahme: 4,8 Mio Daten pro Jahr)	920	830	440	350	1290

Abb. 8: EDI Start-Kosten für kleine Anwender (alle Kosten in ECU)

Die erfolgreichen ECR-Projekte belegen, daß neben der größeren Effizienz und den niedrigeren Kosten in der Belieferungskette Einsparungen in Höhe mehrerer Prozentpunkte des Verkaufserlöses zu Einzelhandelspreisen zu erwarten sind. Die Verkäufe können durch bessere Sortimente, gesteigerten Erlebniseinkauf und zusätzlichen Service gesteigert werden, um eine gemeinsame Politik im Sinne des Verbrauchers durchzuführen.

Literaturempfehlung

Münzberg, H. (1997): Wertschöpfungskooperationen: Handel und Industrie rücken enger zusammen, in: Gablers Magazin 2 (1997), S. 36-39.
Ritter, S. (1995): Coorganisation - gesehen als ECR-Infrastruktur, in: Coorganisation, o. Jg., 1/1995, S. 26-30.
Ritter, S. (1996): Auf den Spuren der Praxis - Continuous Replenishment in den USA, in: Coorganisation, o. Jg., 3/1996, S. 25-28.
Rupprecht-Däullary, M. (1994): Zwischenbetriebliche Kooperation, Wiesbaden.
Tietz, B. (1995): Efficient Consumer Response (ECR), in: Wirtschafts-Studium, o.Jg., S. 529-530.
Töpfer. A. (1995): Efficient Consumer Response - Bessere Zusammenarbeit zwischen Handel und Herstellern, in: Handelsforschung 1995/96, Kooperation im Handel und mit dem Handel, (Hrsg.) Trommsdorf, V., Wiesbaden, S. 187-200.

Zentes, J. (1996): ECR - eine neue Zauberformel?, in: Efficient Consumer Response (ECR), 1. CPC TrendForum, (Hrsg.) Töpfer, A., Mainz, S. 24-46.

Allgemeine Literaturempfehlung

Ahlert, D. (1990): Strategisches Controlling als Kernfunktion des evolutionären Managements - Dargestellt am Beispiel der Betriebstypenevolution im stationären Einzelhandel - , in: Finanz- und Rechnungswesen als Führungsinstrument, (Hrsg.) Ahlert, D., Franz, K.-P., Göppl, H., Wiesbaden.

Ahlert, D. (1996): Auf der Suche nach den Spitzenleistungen in Handel und Distribution - Evolution mit Benchmarking oder Revolution durch Business Process Reengineering als 'Königsweg zum Erfolg'?, in: Größenmanagement und kundenorientierte Restrukturierung, Wege in neue Strukturen aus der Perspektive von Industrie und Handel, Schriften zur Textilwirtschaft, Bd. 49, (Hrsg.) Ahlert, D., Dieckheuer, G., Münster.

Ahlert, D. / Kollenbach, S. / Korte, C. (1996): Strategisches Handelsmanagement - Erfolgskonzepte und Profilierungsstrategien am Beispiel des Automobilhandels, Wiesbaden.

Ahlert, D. / Olbrich, R. (1997): Integrierte Warenwirtschaftssysteme und Handelscontrolling: Konzeptionelle Grundlagen und Umsetzung in der Handelspraxis, 3., neubearb. Aufl., Stuttgart.

Battenfeld, D. (1997): Kostenmanagement und prozeßorientierte Kostenrechnung im Handel - konzeptionelle Grundlagen einer internen Marktorientierung durch Verrechnungspreise, in: Schriften zu Distribution und Handel, Bd. 24, (Hrsg.) Ahlert, D., Frankfurt a. M., Bern, New York.

Becker, J. (1991): Objektorientierung – eine einheitliche Sichtweise für die Ablauf- und Aufbauorganisation sowie die Gestaltung von Informationssystemen, in: Integrierte Informationssysteme, (Hrsg.) Jacob, H., Becker, J., Krcmar, H, Wiesbaden, S. 135-152.

Becker, J. / Schütte, R. (1996): Handelsinformationssysteme, Landsberg/Lech.

Ebert, K. (1986): Warenwirtschaftssysteme und Warenwirtschafts-Controlling, in: Schriften zu Distribution und Handel, Bd. 1, (Hrsg.) Ahlert, D., Frankfurt a. M., Bern, New York.

Ferstl, O. K. / Sinz, E. J. (1994): Grundlagen der Wirtschaftsinformatik Band 1, 2. Aufl., München u. a.

Fischer, Th. (1993): Computergestützte Warenkorbanalyse - dargestellt auf der Grundlage von Scanningdaten des Lebensmitteleinzelhandels unter besonderer Berücksichtigung einer selbsterstellten Analysesoftware, in: Schriften zu Distribution und Handel, Bd. 11, (Hrsg.) Ahlert, D., Frankfurt a. M., Bern, New York.

Hansen, H. R. (1996): Klare Sicht am Info-Highway - Geschäfte via Internet & Co., Wien.

Hansen, H. R. (1996): Wirtschaftsinformatik I - Grundlagen betrieblicher Informationsverarbeitung, 7. Aufl., Stuttgart, Jena.

Hertel, J. (1997): Warenwirtschaftssysteme - Grundlagen und Konzepte, 2., überarb. und erw. Aufl., Heidelberg.

Horváth, P. (1991): Controlling, 4., überarb. Aufl., München.

Kimberley, P. (1991): Electronic Data Interchange, New York u. a.

Kinnebrock, W. (1994): Marketing mit Multimedia: Neue Wege zum Kunden, Landsberg.

Klein, S. (1996): Interorganisationssysteme und Unternehmensnetzwerke - Wechselwirkungen zwischen organisatorischer und informationstechnischer Entwicklung, Wiesbaden.

Mertens, P. (1995): Integrierte Informationsverarbeitung 1, Administrations- und Dispositionssysteme in der Industrie, 10. Aufl., Wiesbaden.

Mohme, J. (1993): Der Einsatz von Kundenkarten im Einzelhandel - Konzeptionelle und praktische Probleme kartengestützter Kundeninformationssysteme und Kundenbindungsstrategien im stationären Einzelhandel, in: Schriften zu Distribution und Handel, Bd. 10, (Hrsg.) Ahlert, D., Frankfurt a. M., Bern, New York.

Olbrich, R. (1992): Informationsmanagement in mehrstufigen Handelssystemen. Grundzüge organisatorischer Gestaltungsmaßnahmen unter Berücksichtigung einer repräsentativen Umfrage zur Einführung dezentraler computergestützter Warenwirtschaftssysteme im Lebensmittelhandel, in: Schriften zu Distribution und Handel, Bd. 8, (Hrsg.) Ahlert, D., Frankfurt a. M., Bern, New York.

Rosemann, M. (1996): Komplexitätsmanagement in Prozeßmodellen. Methodenspezifische Gestaltungsempfehlungen für die Informationsmodellierung, Wiesbaden.

Scheer, A.-W. (1992): Architektur integrierter Informationssysteme, 2. Aufl., Berlin u. a.

Scheer, A.-W. (1995): Wirtschaftsinformatik. Referenzmodelle für industrielle Geschäftsprozesse, 6. Aufl, Berlin u. a.

Schütte, R. (1997): Grundsätze ordnungsmäßiger Referenzmodellierung. Diss., Universität Münster.

Zentes, J. / Exner, R. / Braune-Krickau, M. (1989): Warenwirtschaftssysteme im Handel - Studie über den Stand und die weitere Entwicklung von Warenwirtschaftssystemen im Einzelhandel mit Konsumgütern des täglichen Bedarfs, Essen, Rüschlikon.

Autorenverzeichnis

Ahlert, Dieter, Univ.-Prof. Dr.
 Westfälische Wilhelms-Universität Münster,
 Lehrstuhl für Betriebswirtschaftslehre, insbesondere Distribution und Handel,
 Direktor des Instituts für Handelsmanagement (IfHM) und der Forschungsstelle für Textilwirtschaft (FATM),
 Am Stadtgraben 13-15, 48143 Münster,
 E-mail: 02anfe@wiwi.uni-muenster.de

Barrenstein, Peter, Dr.
 Direktor McKinsey & Company Inc.,
 Prinzregentenstraße 22, 80538 München

Becker, Jörg, Univ.-Prof. Dr.
 Westfälische Wilhelms-Universität Münster,
 Lehrstuhl für Wirtschaftsinformatik und Informationsmanagement,
 Direktor des Institut für Wirtschaftsinformatik,
 Steinfurter Str. 107, 48149 Münster,
 E-mail: becker@wi.uni-muenster.de

Eierhoff, Klaus, Dr.
 Vorstandsmitglied der KARSTADT AG,
 Theodor-Althoff-Str. 2, 45133 Essen

Hansen, Hans Robert, Univ.-Prof. Dr.
 Wirtschaftsuniversität Wien,
 Abteilung für Wirtschaftsinformatik,
 Augasse 2-6, A-1090 Wien,
 E-mail: hansen@wu-wien.ac.at

Kagl, Rudolf
 Projektleiter R/3-Einführung der Julius Meinl AG,
 Julius-Meinl-Gasse 3-7, A-1171 Wien

Milde, Heidrun
  Research- und Developmentmanagerin bei A.C. Nielsen GmbH,
  Ludwig-Landmann-Str. 405, 60486 Frankfurt am Main

Niederhausen, Peter S.
  Abteilungsdirektor Warenwirtschaft der KARSTADT AG,
  Theodor-Althoff-Straße 2, 45133 Essen

Piquet Jean
  Directeur A.T. Kearney,
  8-10 rue Victor Noir, F-92521 Neuilly-sur-Seine Cedex

Robicheaux, Robert A., Univ.-Prof. Ph.D.
  University of Alabama,
  Hess Institute for Retailing Development,
  105 Alston Hall, P.O. Box 870225, Tuscaloosa, Alabama 35487-0225,
  E-mail: RRobiche@Alston.CBA.UA.EDU

Saddei, Dietmar, Dr.
  Program Direktor Retail & Consumer Products der SAP AG,
  Neurottstraße 16, 69185 Walldorf,
  E-mail: dietmar.saddei@SAP-AG.de

Salfeld, André
  Westfälische Wilhelms-Universität Münster,
  Institut für Handelsmanagement,
  Am Stadtgraben 13-15, 48143 Münster,
  Geschäftsführer der Unternehmensberatung M&C Management & Controlling Consulting GmbH,
  Friedrich-Ebert-Damm 112, 22047 Hamburg,
  E-mail: asalfeld@mc-consulting-gmbh.com

Schütte, Reinhard, Dr.
  Westfälische Wilhelms-Universität Münster,
  Institut für Wirtschaftsinformatik,
  Steinfurter Str. 107, 48149 Münster,
  E-mail: isresc@wi.uni-muenster.de

Thaler, Georg, Dr.
  Leiter Informationsmanagement der KAUFHOF WARENHAUS AG,
  Leonhard-Tietz-Straße 1, 50599 Köln,
  E-mail: thaler@khof.com

Wiezorek, Heinz
  Mitglied des Aufsichtsrates der Coca-Cola Erfrischungsgetränke GmbH,
  Schliepersberg 77, 48043 Essen

Zentes, Joachim, Univ.-Prof. Dr.
  Universität Saarbrücken,
  Institut für Handel und Internationales Marketing,
  Im Stadtwald, Geb. 15, 66123 Saarbrücken,
  E-mail: him@rz.uni-sb.de

H.-J. Bullinger, H.-J. Warnecke (Hrsg.)

Neue Organisationsformen im Unternehmen

Ein Handbuch für das moderne Management

1996. XXXIV, 1128 S. 508 Abb. Geb. **DM 198,-**; öS 1445,40; sFr 179,- ISBN 3-540-60263-1

„Das monumentale Werk ist auf dem besten Weg, der neue Klassiker unter den Management-Handbüchern zu werden... Dem Anspruch, ein Hilfsmittel zu sein, um notwendige Kurskorrekturen im Unternehmen zu erkennen und einzuleiten, wird das Nachschlagewerk voll und ganz gerecht. Das Buch ist seinen Preis wert."

Management & Seminar

M. Bruhn

Qualitätsmanagement für Dienstleistungen

Grundlagen, Konzepte, Methoden

2., überarb. u. erw. Aufl. 1997. XIII, 401 S. 133 Abb. Geb. **DM 78,-**; öS 569,40; sFr 71,- ISBN 3-540-61420-6

„Das Buch zeigt die Handschrift des ausgewiesenen Marketingfachmanns mit großer didaktischer Erfahrung. Bei aller Exaktheit der Darstellung liest es sich gut. Einprägsame Bilder ergänzen den Text. Besonders dankenswert: Auf jeder Seite finden sich den Inhalt skizzierende Notizen. Das erleichtert die Übersicht. Ein empfehlenswerter Text."

Qualität und Zuverlässigkeit

Springer

Preisänderungen vorbehalten • d&p.BA 63584/SF

Springer-Verlag, Postfach 31 13 40, D-10643 Berlin, Fax 0 30 / 827 87 - 3 01 / 4 48 e-mail: orders@springer.de

A.-W. Scheer, H. Trumpold (Hrsg.)

Qualitätsinformationssysteme

Modell und technische Implementierung

1996. XVIII, 277 S. 120 Abb. (Qualitätsmanagement) Geb.
DM 78,-; öS 569,40; sFr 71,- ISBN 3-540-60524-X

Das Buch beschreibt eine Methodik zur Modellierung von Qualitätsinformationssystemen (QIS) sowie Aspekte ihrer technischen Implementierung. Das vorgestellte objektorientierte Referenzmodell kann als Ausgangspunkt zur Abbildung aller betrieblichen QIS genutzt werden.

W. Eversheim (Hrsg.)

Qualitätsmanagement für Dienstleister

Grundlagen - Selbstanalyse - Umsetzungshilfen

1997. X, 205 S. 120 Abb., 2 Disketten. (Qualitätsmanagement) Geb. **DM 68,-**;
öS 496,40; sFr 62,- ISBN 3-540-60967-9

Als Einführung und Nachschlagewerk ist das Buch unentbehrlich für jedes Dienstleistungsunternehmen. Es begleitet den unternehmensspezifischen Einstieg in ein umfassendes Qualitätsmanagement, unterstützt durch das Bewertungsinstrumentarium ServAss. Mit zahlreichen Praxisbeispielen und einer Diskette für die Auswertung und Selbstanalyse.

Springer

Preisänderungen vorbehalten • d&p.BA 63584/SF

Springer-Verlag, Postfach 31 13 40, D-10643 Berlin, Fax 0 30 / 827 87 - 3 01/4 48 e-mail: orders@springer.de

Springer und Umwelt

Als internationaler wissenschaftlicher Verlag sind wir uns unserer besonderen Verpflichtung der Umwelt gegenüber bewußt und beziehen umweltorientierte Grundsätze in Unternehmensentscheidungen mit ein. Von unseren Geschäftspartnern (Druckereien, Papierfabriken, Verpackungsherstellern usw.) verlangen wir, daß sie sowohl beim Herstellungsprozess selbst als auch beim Einsatz der zur Verwendung kommenden Materialien ökologische Gesichtspunkte berücksichtigen. Das für dieses Buch verwendete Papier ist aus chlorfrei bzw. chlorarm hergestelltem Zellstoff gefertigt und im pH-Wert neutral.

Springer

Druck: Mercedesdruck, Berlin
Verarbeitung: Buchbinderei Lüderitz & Bauer, Berlin